# THE MAKING OF

ELSTREE PLANT

# The Making of

# ALIEN

## メイキング・オブ・エイリアン

J・W・リンズラー 著／阿部清美 訳

私の愛しい“エイリアン”
ジュヌビエーブに捧ぐ

*To Geneviève, my beloved alien*

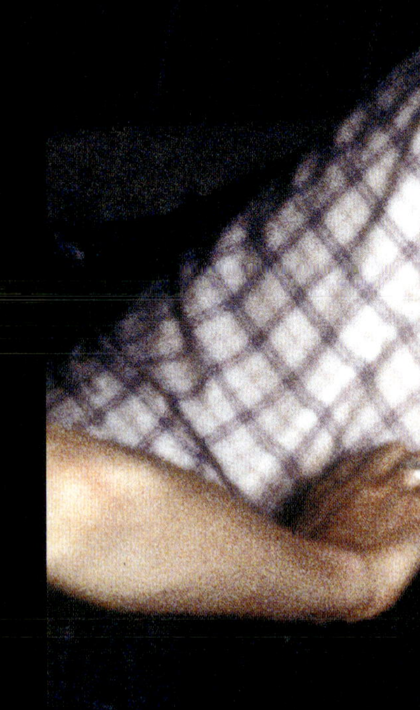

# 目次

CONTENTS



P2-3／シェパートン撮影所のHスタジオに造られた宇宙船ノストロモ号の着陸脚部分。

P4／スペースジョッキーのセットを撮影中のリドリー・スコット監督（クレーンで立っているのが彼）。

P6／H・R・ギーガーによるコンセプトアート。

P6-7／撮影シーンについてヴェロニカ・カートライト、シガニー・ウィーヴァーと話し合うリドリー・スコット。

前頁／ノストロモ号が牽引する精製施設の模型。

# 序文

## INTRODUCTION

映画公開40周年を記念した書籍『メイキング・オブ・エイリアン』を執筆しないかと20世紀フォックスから声をかけられた際、私がふたつ返事で引き受けたことは言うまでもない。同スタジオの製作部長スティーヴ・アスベルによれば、今や伝説的な映画監督となった『エイリアン』のリドリー・スコットは、ぜひとも書き起こして1冊の本にすべき秘話を山ほど持っているという。私はすぐ乗り気になった。『エイリアン』の美術監督ロジャー・クリスチャンの回顧録『シネマ・アルケミスト（原題）』（実を言うと、私は同書の編集を手伝った）を読み、『エイリアン』制作の舞台裏については充分承知していたし、自分自身、1979年の初夏に映画館で死ぬほど怖い思いをしたリアルタイムの観客のひとりだったのだ。

リドリー・スコット監督との面識はなかったものの、2009年に上梓した著書『メイキング・オブ・スター・ウォーズ／帝国の逆襲（原題）』の前書きを執筆してもらったことがあった。そこで、彼のアシスタントに電話をしてみたのだが、なかなか本人と繋がらず、留守番電話のメッセージを残したり、聞いたりするだけの状態が2、3ヵ月続いた。彼と接触するのは至難の技だった。なにせ、映画監督、プロデューサーの肩書きに加え、世界的なエンターテインメント会社2社の経営者という顔を持つ、多忙を極める人物なのだから。とはいえ、ようやく好機がめぐってきた。リドリーはウエストハリウッドに建つ自社のオフィスビルで私と面会し、親切にも2時間余りを割いて、大ヒット映画『エイリアン』を手がけた40年も前の経験を語ってくれた。

私はその面会で、リドリー自作の素晴らしい絵コンテ一式をはじめとする貴重な素材を預かった。さらに、2度目にロサンゼルスに赴いた時にはフォックスのアーカイブを見せてもらい、当時の社内文書、重要書類、予算表といった過去の記録文書がぎっしり詰まった箱10箱以上に隈なく目を通すことできた。これらの全資料が本書の基礎となっている。また、『エイリアン』のクリーチャーをデザインしたH・R・ギーガーに関しても同様で、彼が残した2冊の日記と映画制作過程の率直な評価はきわめて貴重な資料となった。撮影の進行予定表は厳然たる事実を語る情報源となり、シェパートン撮影所の美術部門が量産した300点を超えるブループリントも重要な記録であった。

北カリフォルニア沿岸部在住の私だが、仕事ではイギリスの映画スタジオにも頻繁に足を運んだり、思いを馳せたりすることも多い。2004年、ジョージ・ルーカスが『スター・ウォーズ エピソード3／シスの復讐』の追加撮影をしていた時、私はイギリスのシェパートン撮影所で3週間を過ごし、エルストリー撮影所でも、同作の関連本2冊のために短期の取材を行なった。その後、『スター・ウォーズ』旧3部作と『インディー・ジョーンズ』シリーズの最初の3作についても執筆したが、これらはいずれもイギリスのスタジオで作られた映画である。スタンリー・キューブリック監督の『シャイニング』も撮影はエルストリー撮影所で行われた（こちらの書籍はまだ出版されていない）。

1975年から1984年の間にイギリスの映画製作は黄金期を迎えており、私はこれまで、その頃に作られた8本の映画の記録を書籍としてまとめてきた。『エイリアン』は、その当時大ブームを巻き起こした映画のひとつだ。リドリー・スコット監督の下で働く気の良いスタッフたちは、「リドリーのために死ぬ覚悟はできている」と言うほど一丸となって力を尽くし、彼のビジョンを形にしようとした。

とはいえ、リドリー・スコットの冒険の旅は試練の連続だった。奇才ダン・オバノンと経験豊かなウォルター・ヒル、デヴィッド・ガイラーによる脚本に命を吹き込み、大スクリーンに映し出すまでには、ありとあらゆる障害があったのだ。桁外れの低予算、余裕のないスケジュール、確執、訴訟、厳しい冬の天候、アーティストの前に立ちはだかる困難、ドラッグ、噴き出す怒り、音楽制作スタッフの不協和音——様々な問題が小規模な企画として始まったこの映画を台無しにしようとしていた。実際、台無しになっていたとしてもおかしくはなかった。しかし、そこにシガニー・ウィーヴァーという無名の女優が現れ、白い宇宙服を着たリドリーの騎士（ナイト）となって難局を乗り切った。もちろん、彼女だけではない。俳優や様々な部門のアーティスト・職人が限界を超えるほどの努力を重ねた結果、とても実現できるとは思えなかった、リドリーの美しい悪夢のようなビジョンを映画として世に出すことができたのだ。

いかにしてそれが実現されたのかを知りたいなら、全てはこの先で明かされている。ぜひ読み進めていってほしい。

—— J・W・リンズラー

右上／ロン・コッブによるコンセプトアート。小惑星に降り立った乗組員たちの姿。

右下／監督のリドリー・スコット。

CHAPTER 1

# 悪魔(ルシファー)からの逃走

1968年5月～1976年春

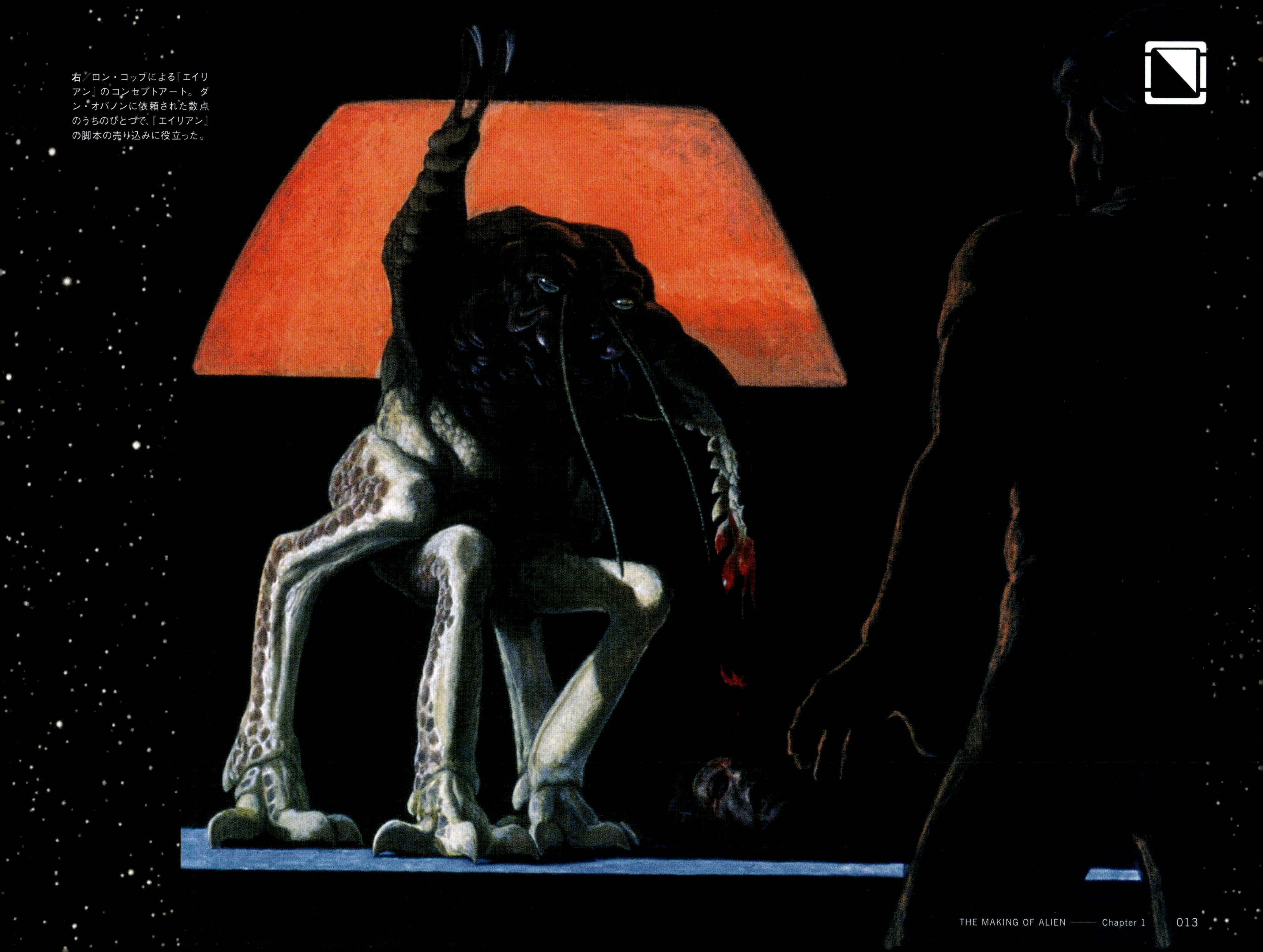

**右**／ロン・コッブによる『エイリアン』のコンセプトアート。ダン・オバノンに依頼された数点のうちのひとつで、『エイリアン』の脚本の売り込みに役立った。

# 1

1968年5月のとある午後、昼休みに入ったリドリー・スコットは、サンドイッチを買いにオフィスを出た。その日のロンドンは暖かく、美しい青空が広がっていた。当時、業界きってのテレビCM監督だった彼は、ウエスト・エンドのレキシントン通りをオールド・コンプトン通りに向かって歩きながら、あることに気づく。道路の向かいの劇場、カジノ・シネマでスタンリー・キューブリック監督作『2001年宇宙の旅』が封切られていたのだ。

その作品については知っていたし、スタンリー・キューブリックという名高い映画監督がシェパートン撮影所やボアハムウッドのMGM撮影所で、最新作のために何年も骨を折っていることも把握していた。普段であれば、金を払ってその手のジャンルの映画を観たりはしなかっただろう。「何となく、SFには猥褻なイメージがあったんだ」とスコットは説明する。「両親にあんなものは観てはいけない、馬鹿げてると言われていた。SFは悪しきポルノ映画と同等で、とても認められないという感じだったんだ」

しかし、『2001年宇宙の旅』は特別な作品だ。『突撃』(1957)、『博士の異常な愛情 または私は如何にして心配するのを止めて水爆を愛するようになったか』(64)の監督が作った映画である。スコットは既にテレビCMの第一線で活躍していたが、自分も長編映画を撮ってみたいというひそかな野望を抱いていた。そうして彼はチケットを買った。

ガラガラの劇場に入って席につき、タバコに火を点けると、彼はスクリーンに映し出された映像を黙って見つめた。『2001年宇宙の旅』はシネラマ上映だった。シネラマとは、専用カメラ3台で撮影された映像を3台の映写機をシンクロさせて湾曲した巨大スクリーンに上映するという方法で、それだけでも桁外れの制作費がかかっている。彼は過去にB級のSF映画を何本か観たことはあったが、感心したことは一度もなかった。あまりの質の低さに、SFというジャンルに軽蔑すら覚えるようになったほどだ。「まだ目の肥えていない若造だった僕でも、視覚効果のひどさは理解できた」と、スコットは1979年に語っている。「頭ではそういった方向で考えるようになってしまっていてね。宇宙船なんて信じていなかったし、ましてやモンスターなんて。常に心理的な壁があった。SFに激しく惹かれたことなど全くなかった。一度たりとてね。『地球の静止する日』といった傑作でさえも同じだ。というのも、あの頃は視覚効果にばかり注目していたんだ——で、僕の目はごまかされなかった」

ところが、『2001年宇宙の旅』は違った。冒頭25分間、劇中では言葉ひとつ発せられないのに、彼はとりこになっていた。人間と類人猿のミッシングリンクについての捉え方、言葉での説明を極力排した象徴主義、猿の投げた骨がバレエを彷彿とさせるモーションで人工衛星へと変わるシーン、時空を超越した美しいジャンプ・カット、遠心力で重力を生み出すリング状宇宙ステーション内の描写など——セット、演出、ストーリー、音楽の全てが斬新で、信じられないほど素晴らしかった。「キューブリックには見事に欺かれた」と彼は振り返る。「あんなことができたのは、キューブリックが初めてだ。もはや単なるSF映画ではなく、ジャンルを越えてリアリティを生み出している。あんなふうにジャンルの壁をなくすなんて、本当に素晴らしい。スタンリー・キューブリックは世界一だ。映画を観ながら、『なんてこった!』と胸の中で叫んでいた。目も心も完全に奪われたんだ。『なんてリアルで、ロジカルで巧みで、なんて魅惑的なんだ! そうか、SFも捨てたもんじゃないな』ってね」。彼はさらにこう付け加えた。「あの映画が心の壁を吹き飛ばし、僕の前に道が開けたんだ」

## 内なるモンスター

大西洋の向こう側、アメリカの西海岸で、ダニエル・トーマス・オバノン——通称ダン・オバノンは激しい胃の痛みに苛まれていた。

1946年9月30日にミズーリ州セントルイスで生を享けた彼は、のちにイリノイ州ジャクソンビルのマクマレー大学から南カリフォルニア大学(USC)に進学するのだが、この頃はまだ地元のワシントン大学に入ったばかりだった。

19歳の青年オバノンは、ミズーリ州で短編映画を撮った。『Attack of the Fifty Foot Chicken(50フィートのニワトリの攻撃)』というタイトルで、自ら脚本、監督、出演を務めたが、編集は完成しなかった。そして、USC時代には『Judson's Release(ジャドソンの解放)』(のちに『Foster's Release(フォスターの解放)』に変更)に出演し、警察官に銃殺されるタイトルキャラクターに扮している。さらに、浴槽でリストカットして失血死する男の短編作品『Blood Bath(血の浴槽)』も制作。ちなみに、ダークコメディである。「どのくらい観客の期待を裏切れるかを見たかっただけなんだ」とオバノンは語る。「作品の冒頭は滑稽なシーンが続くが、やがて先の読めない展開になる。登場人物が手首を切りつける場面になると、観客からはかなり強烈な反応があった」

1970年9月、彼はUSC映画科の大学院生ジョン・カーペンター(のちに『遊星からの物体X』、『光る眼』などの映画監督となる)と出会い、共同で作品を作ろうと決める。その数年前には学生時代のジョージ・ルーカスが短編映画『電子的迷宮/THX1138 4EB』(67)を制作し、数々の賞を獲得していたが、それを長編映画に作り直すと聞いたオバノンとカーペンターは、自分たちも彼の後に続いて業界でひと花咲かせようと考えたのだ。

「ダンはとてつもない才能の持ち主だった」と、2009年にジョン・カーペンターは語っている。「痛烈なほどに面白い奴でね。彼に好感を抱く理由のひとつがあらゆる権威に対する反骨精神だ。その権威には私自身はもちろん、スタジオも含まれる。とにかく己の上に立つ全員に対して抗うんだよ。自分は蹴飛ばす(排除する)んじゃなくて、蹴り上げる(騒ぎを起こす)んだって言ってたね」。また、オバノンには「理屈屋で情熱家。何をしでかすかわからない危険人物で、その強烈な性格は衰え知らず」という評もあった。エネルギッシュで、これと決めたら徹底的に集中する性格。夜中まで長時間働いていたが、彼はその頃、しつこい胃痛に悩まされていた。

ベン・バート(『スター・ウォーズ』、『E.T.』などのサウンドデザイナー)もUSC時代の友人だ。「一言で表すなら、ダンは変わり者。私の家から1ブロック離れた建物の屋根裏部屋か何かに住んでいた。まともに立てないくらい天井が低かったんじゃないかな。しょっちゅう立ち寄っては、ダンの話に耳を傾けるのが好きだった。彼は突飛なアイデアの宝庫だったからね」とバートは言う。

カーペンターも同じく、野心に満ち、多才な人物だった。大学在学中に制作した『The Resurrection of Broncho Billy(ブロンコ・ビリーの復活)』(70)で共同脚本、編集、音楽を担当。この作品はアカデミー賞短編実写映画賞(学生部門)を受賞した。彼もまた反権威主義を唱えており、USCが『ブロンコ・ビリーの復活』の著作権を占有したことにより、映画が配給されても制作者であるカーペンターや他の学生には一銭も入ってこないと知った時には激怒した。

上／南カリフォルニア大学のキャンパスの一部。

リドリー・スコットと同じく、カーペンターもオバノンもキューブリックの最新作を観ていたが、彼らはアンチ『2001年』を作ろうと考え、『The Electric Dutchman（電気仕掛けのオランダ人）』という16mmの短編映画の脚本を執筆した。当初の予算はわずか1,000ドルほど。描いたのはNASAの優等生タイプの宇宙飛行士ではなく、宇宙船に無理やり連れてこられたような問題児のヒッピーばかりだ。互いを疎ましく思い、不安定惑星を爆破するミッションのために何年も船に留まる現状にうんざりしているという設定だった。

この作品はのちに『ダーク・スター』と改題されるのだが、新タイトルの由来となった宇宙船ダーク・スター号をデザインする助っ人として、オバノンはロン・コッブという有能なアーティストを探し出してきた。コッブはアングラ新聞ロサンゼルス・フリープレス紙で風刺漫画を描いており、1年ほど前にオバノンと出会っていた。コッブは当時をこう振り返る。「こう言われたんだ。『僕とカーペンターが力を合わせ、映画の3%ができたところなんだ。君にぜひ観てもらいたい。宇宙船の外観のデザインに納得してなくて。興味はある?』って」

「意気投合した我々は、デザインが確定する前に撮影に入った」。オバノンは記憶を遡りながらこう語り出す。「僕は彼からアイデアを引き出そうとした。でも、当時のロンは思うように仕事ができる状態じゃなかったんだ。LSDや覚醒剤漬けの毎日だったからね。業を煮やした僕とカーペンターは、とうとうウエストウッドに車を走らせ、夜の10時にボロボロのロンをアパートから引きずり出した。かわいそうに、彼は震えていたよ。ちょうどLSDを断とうとしている時でね。カフェまで連れていって向かいの席に座らせると、ナプキンに宇宙船の絵を描き始めた。僕はナプキンを彼の手から引ったくり、作業場に戻って宇宙船の外見の設計図にしたんだ」

ある時、コッブはアイホップ（アメリカのレストランチェーン）でオバノンと打ち合わせをし、実写のシークエンスをいくつか見た後、同じ店で再びミーティングを行なった。その店内で、彼は大気圏突入時の熱シールドシェルか何かを描いたという。「ダンは『まさしくこれだよ!』と声を上げた。で、『明日の朝までに、この絵を3点描いてくれないかな?』と言うんだ」とコッブは振り返る。「私は家に戻り、ちょっとした図面を仕上げた。それからダンは美しいミニチュア模型を（グレッグ・ジーンに）作成してもらい、企画が進み出した。それこそが『ダーク・スター』の宇宙船だった」

『ダーク・スター』でオバノンは共同脚本、特撮監督、編集、共同監督を務め、宇宙船の乗組員のひとり、ピンバック軍曹も演じている。オバノンはこの作業をする一方で、他の映画のアイデアも思いついていた。1971年12月、彼は友人に宛てた手紙にこうしたためている。「2作品の脚本を書き始めている。ひとつは『Memory（メモリー）』というSFホラー。採掘用の小型宇宙船が謎めいた異星語のメッセージを傍受し、小惑星に着陸する。地表に降りてから、船内のコンピューターがメッセージの解読に成功するんだが、それは『着陸するな』という意味だったことが判明する……」

1972年までに、『メモリー』の冒頭部分は書き終わっていた。「金のためではなく、本当に好きでやっていた」と、1979年にオバノンは当時を振り返り語っている。「『ダーク・スター』の作業をしながら、似たような映画を作ることを考えていた。ただし、コメディ要素がない作品をね。『ダーク・スター』から新しいアイデアを思いついたんだ。同じ映画を全く違った角度で描こう。本当に恐ろしい映画にしようって」

ダイアン・リンドレーはUSCでオバノンと出会い、のちに彼の妻となった女性だ。出会いから何年も経った1971〜72年頃、彼女は1枚の紙切れを見つけている。そこにはオバノンの字でこう書かれていた。〈ダン・オバノンの執筆の原則：観客を絶対に退屈にさせないこと〉。

リンドレーは、夫のオバノンを「思いやりがあって寛容で、他の誰とも違う」と表現する。「彼は素晴らしいアーティスト、才能溢れる脚本家で、とにかく発想力が豊かな人だった。歴史や物理学を学び、とても教養があった。そして、真のフューチャリストだったわ」

オバノンの脚本は「わずか20ページの長さで、ずいぶんと大雑把」だったものの、当の本人はかなりの傑作で、冒頭部分に関しては過去一番の出来だと思っていたようだ。「物語は、異星人のメッセージが受信され、宇宙船の乗組員が覚醒するところから始まる。そして、船長が死んでいるのを発見する。ただ、そこからどう地獄の様相になっていくかは全然見当がついていなかった。まだ漠然としたアイデアだったんだ」

SF映画の古典『禁断の惑星』（56）には、宇宙の移民団を大量に殺戮したとされる、姿の見えない凶暴な地球外生命体〈イドの怪物〉が登場するのだが、オバノンは、物語に登場する敵をそれと同じようなものとして描こうとした。「乗組員たちは物語の最後まで小惑星から逃げ出せない設定で、その怪物を超自然的な何かにしようと考えたんだ。しかし、どうにもうまく仕上げられなくなって……」

## 盗人同然の男たち

そうこうしている間に『ダーク・スター』は、当初20分のモノクロ映画の予定だったのが約50分のカラー作品となり、作業期間も2年、3年と延びていく。「とても長く刺激的であると同時に、困難な道のりだった」と、オバノンは1988年に語っている。その後カーペンターは、短編映画の16mmフィルムの映像を35mmの長編映画にする手立てを整えていた。ただし、USCの許可を取らずに。

「ついに大きな映画を作るチャンスがめぐってきた」とオバノンは当時を振り返る。「僕らの口から出た言葉は『で、USCはどうする?』だった。結局、大学なんて知るかということになり、学校に戻ってフィルムを失敬して立ち去り、自分たちで映画を作り上げた。つまりは盗んだようなものだけど自己弁護をするならば、当時の僕らはUSCに対して、大学は学生映画の所有権に関してあまりにも悪辣だと考えていたんだ。この行動には非常に満足していたし、フィルムを持ち逃げしても、れっきとした大人のやり方だと思っていた。盗人に仁義なしで、これは正しい行いなんだって。確かに大人のやり方ではあったけど、今となっては後悔している」

プロデューサーはカーペンターが見つけてきた。名前はジャック・ハリス。デニス・ミューレン（ILM所属の視覚効果スーパーバイザー）が大学時代に作った短編映画『Equinox（昼夜平分時）』や、ジョン・ランディス（『ブルース・ブラザーズ』『サボテン・ブラザース』他の映画監督）の自主制作映画『シュロック』など、若手フィルムメーカーの小品を劇場公開可能な超低予算モンスター映画（笑えるネタ映画としての要素も含む）にするのにひと役買っていた人物で、『ダーク・スター』も彼のお眼鏡にかなったのだ。カーペンターとオバノンはハリスの指示を受けて数シーンを書き直し、別のシーンをカットし、いくつかの微調整を重ねた。そうして出来上がった完成品はハリスの手腕によりブライアンストン配給会社に買い取られた。

70年代から80年代前半にかけ、ロサンゼルスではフィルメックスと呼ばれる国際映画祭が開催されており、『ダーク・スター』はそこでプレミア上映され、目の肥えた映画ファンを熱狂させた。そして1975年の初めには約50館で劇場公開を果たす。USCはカーペンターとオバノンがフィルムを持ち去ったことをお咎めなしにした。同作が学校の素晴らしい宣伝になると考え、実際にその通りになったのだ。

「彼らは『ダーク・スター』をUSCでも上映したんだ」と、ベン・バートは明かす。「我々学生は、2人の生み出した作品を絶賛した。めちゃくちゃ面白くて興味深いと誰もが思っていたよ。彼らは非常に限られた予算で全ての特撮をやってのけた。しかも、それが僕らの友人だったんだ」

ロン・コッブは、「『ダーク・スター』は全く金にならなかっ

左／『エイリアン』で組んだ、脚本家ダン・オバノン（左）とエグゼクティブ・プロデューサーのロナルド・シャセット（右）。2人は同作の原案者でもある。

た」と実情を語る。「ダンにはほとんど儲けが入らなかった。ある意味、騙されたようなものだ。彼は監督としてのクレジットを手放してジョン・カーペンターにそれを譲った。一緒にもう1本作る予定だったんだよ。ところが、企画はあったものの、頓挫して袂を分かってしまったんだ」

そういったゴタゴタが何年か続き、オバノンはついに『メモリー』の執筆をやめてしまう。「ジョン・カーペンターと僕は共に『ダーク・スター』に心血を注ぎ、期待に胸を膨らませていた」とオバノンは1979年に振り返っている。「だが、実際に劇場公開はされたが、報酬の大半は監督であるジョンの懐に入ったんだよ」。オバノンはショックのあまり、慢性的な胃痛に襲われるようになったという。彼は1977年に「本当のところ、あの映画を監督したのは僕なんだ」と打ち明けてもいる。「僕は脚本家としても特撮マンとしても、そこまで優れてはいない。なんとかやってるだけだ。どちらかといえば他の誰かに執筆を任せたいくらいだ」。オバノンはSF界のアルフレッド・ヒッチコックになりたいと考えていたのだ。そう、監督としてクレジットされるか否かで苦しむことなどないように。

「『ダーク・スター』を観た時は本当に驚いた」。フィルメックスで同作を鑑賞した脚本家のロナルド・シャセットは語る。「当時は映画を作ろうと6年間試行錯誤していた頃だった。僕はSFの脚本をよく書くが、このジャンルは制作費がかさむから映画化が難しい。ところがどうだ、自分で特殊効果を手がけて安く仕上げ、しかも見事にやってのけた奴が現れた。まあ、映画自体はそこまでヒットしなかったが。この作品は喜劇的な要素が多いけど、SFコメディは大して売れないんだ。でも、僕はこの男の天才ぶりを目の当たりにした」

シャセットは、ロサンゼルスのエジプシャン・シアターの角を曲がったところにあったラス・パルマス劇場で舞台をプロデュースしていた。さらに自活のため、タクシー運転手の仕事もしていた。「母から援助してもらったりもしたが、常に空腹だった」と、あるインタビューで答えている。彼の恋人リンダは事務員として働いていた。シャセットは自身の企画を低予算映画にするためにアドバイスをもらおうとオバノンを探し、USCの屋根裏部屋で暮らす彼に会いに行った。

「ダンに訴えたんだ。君と仕事をしたい、君の作品をすごく気に入ってると。でも、向こうは僕のことをかなり訝しがっていた」とシャセットは回想する。「すると、こう訊かれたんだ。『執筆中の脚本があるのかい?』と。彼は真摯に対応してくれた。『皆、自分は脚本家なんだと主張する。だから君が書いた作品を見てみたい。そうすれば君の評価も見えてくるだろう』と返ってきた」

そこでシャセットが脚本を2～3作品送りつけると、オバノンは内容に感心し、再び会ってくれることになった。シャセットはオバノンが絶賛するフィリップ・K・ディックの短編小説『追憶売ります』の権利を得ていたが、それは特に問題になることはなかった。彼はその小説の映画化をオバノンに手伝ってもらえるかもしれないと考えていたのだ。シャセットは『メモリー』の冒頭20ページ（一説には29ページ、30ページとも言われている）に目を通すように言われ、2人で作品について話し合った。そしていくつかアイデアを提案すると、オバノンもそれを気に入ってくれた。「僕は彼の意見を尊重するようになった」と、1977年にオバノンは語っている。

また、シャセットは当時を次のように語る。「ダンはこう言ってくれた。『君と顔を合わせてわずか2時間だが、過去2年間に会った人間で、ここまで話を進展させることができた人物は他にはいなかった。僕たちは一緒にこの2つのプロジェクトを進めるべきだ』」

彼らはそれぞれの物語のブレインストーミングを続けた。いずれも第2幕、第3幕まで考える必要があった。そしてオバノンが脚本を書き、シャセットがそれらをプロデュースする。2人は売れる作品を求めていた。やがて、それが彼らの最初の大チャンスとなるのだった。

## ムシャ、ムシャ、ムシャ

『ダーク・スター』の評判から多くを学んだオバノンは、次は恐怖映画を作りたいという思いを強くした。彼は1988年にこう語っている。「『ダーク・スター』に対する映画業界や大衆の反応を目で見て肌で感じ、僕の脳裏には焼印のごとくくっきりと教訓が刻まれた。直接脳に焼きつけられたのさ。ひとつは、ダラダラと複数のエピソードが続く映画を作らないこと。中身がギュッと詰まったプロットが必須だ。もうひとつはコメディにしないこと。なぜなら、誰も笑わなかったからだ。それで僕はこう考えた。『観客を笑わせるのは無理でも、恐怖で叫ばせることはできる』」

結果、オバノンとシャセットの初コラボ作品はSFかコメディかというどっちつかずにはならず、方向性は明確になった。『They Bite（奴らは噛みつく）』という新たなタイトルが付けられ、1975年の春にオバノンが脚本を執筆した。

オバノンは長いこと異星人の生態に興味を抱いており、物語に登場するモンスターを、遺跡の発掘作業によって数千年の平穏な眠りから目覚めさせられた微小な寄生生物という設定にした。覚醒した彼らは不気味な虫や犬など様々な形態を取り、大混乱が生じる中で次々と異様な姿に形を変えていく。その変化は劇中でヘザーという名の登場人物に「これはメタモルフォーゼ（変形）よ」と言い表される。

「進化における変異体をベースにしているんだ。他の昆虫の進化系統から早々と分岐した原始的昆虫をね」と、オバノンは77年に雑誌フォボスに語っている。「彼らは有機体なら何でも食う。動物も人間も木も、プラスチックでさえも。そして食べた物に擬態するんだ。食って複製する……彼らがやるのはただそれだけ。心なんてない」

かつて仕事のパートナーだったジョン・カーペンターは、「あれは明らかにジョン・W・キャンベルの小説『影が行く』から拝借したアイデアだった」と言う。同作は変幻自在の殺人地球外生命体についての話で、既にハワード・ホークス製作により『遊星よりの物体X』として1951年に映画化されていた（小説が初めて発表されたのは、『アスタウンディング・サイエンスフィクション』誌の1938年夏号）。

また、脚本に影響を与えた作品は他にもある。ひとつは1975年6月に公開された『燃える昆虫軍団』という、殺人ゴキブリが登場する昆虫パニック映画だ。また、『奴らは噛みつく』という題名から察するに、『ジョーズ』からもインスピレーションを受けたのは間違いない。奇しくも『燃える昆虫軍団』と全く同じ時期に劇場公開され、世界的大ヒットとなったスティーヴン・スピルバーグの出世作である（1944年に出版され、ベストセラーとなったピーター・ベンチリーの同名小説を原作としている）。

このような影響もあって、オバノンたちの脚本は話題性に富み、ヒット要素も含んでいた。シャセットはディック・フリードとパートナーシップを結び、2人は同作の選択権を得た。しかし、シャセットによれば「誰も食いつかなかった」という。インディーズ系もメジャーも、映画スタジオはどこも資金を出そうはしなかった。「この作品は自分で監督すると主張したせいで、誰も首を縦に振らなかった。その繰り返しだったんだ」とオバノンは語る。

しかたなく、彼らは先に『メモリー』に取り掛かることにした。こちらのストーリーのほうが低予算B級映画の著名なプロデューサーやフィルムメーカーに気に入られる可能性が高いだろうと踏んだのだ。タイトルを『Star Beast（スター・ビースト）』に変えれば、ロジャー・コーマン作品のように見せられるかもしれない、と。そうして、2人は『メモリー』の第2章、第3章を書き進めた。オバノンの元に人生を変えるオファーが来たのは、ちょうどその頃だった。

## 白い魔術師

映画監督のアレハンドロ・ホドロフスキーがオバノンに電話をかけてきた。

「アレハンドロは、『エル・トポ』や『ホーリー・マウンテン』を作った風変わりな奴だ」と1979年にロン・コッブは語っている。「『ホーリー・マウンテン』はそこまで幅広い支持は受けなかった。現実離れしたバイオレンスをはじめ、あらゆる要素をぶち込んだ『エル・トポ』を少しだけ複雑にしたって感じでね。彼は、数年前に出版されて社会現象になったフランク・ハーバートのSF大河小説『デューン』を映画化したいと考えていた。彼は『ダーク・スター』をいたく気に入り、ヨーロッパで熱狂的なファンを集め始めたダンに連絡したんだ」

チリとフランスの2つの国籍を持つホドロフスキーは複数の映画で成功しており、シュールレアリストの映画監督として名を馳せていた。彼はこの映画化に際して同ジャンルの先駆けだった画家サルバドール・ダリに声を掛け、皇帝シャッダム4世を演じてもらおうと考えていた。さらには予算数百万ドルの超大作にふさわしい緻密な特殊効果を求め、オバノンの起用を検討していたところだった。

かくして2週間後、ホドロフスキーは滞在中のロサンゼルスのホテルでオバノンと面会する。オバノンによれば、この面接中に俳優のデヴィッド・キャラダインがやってきて、3人で「精神を高めるために」「聖なるマリファナ」を吸ったのだそうだ。

1977年、オバノンは次のように振り返っている。「僕らがマリファナでハイになっている最中、キャラダインは床を這い出して、コーヒーテーブルの下で太極拳のポーズをとったりしていた。すると、ホドロフスキーがスーツの上着を脱ぎ、髪を指ですき始めた。その毛先はあちこちに向いていた。突然、僕は驚いた。彼の顔の筋肉全体が緩んで目が大きく見開かれたかと思うや、一瞬のうちに変貌し、一気に20歳くらい若返ったんだ。僕は超自然的とも言える幻覚を体験していた。そして次の瞬間、彼の顔から光線が放射状にパッと放たれたんだよ。光は顔の周りで揺らぎ、曼荼羅や万華鏡に似た模様を描いていた。その中心には彼の顔があり、目がこちらをじっと見据えている。それ以外の室内の空間は消え、無の領域になっていた」

オバノンの描写はさらに続く。「不安や不快感はすっかり消し飛んでいた。刺激的で心地良い感情でいっぱいだった。LSDじゃないのに脳内にこんな恍惚状態を生み出せるなんて、僕にとっては驚きの体験だった。ホドロフスキーの顔は完全にリラックスし、トロンとした半開きのまぶたで笑みを浮かべていた。そうしたら彼の顔は引き締まり、どこかに行っていた20年が突如として戻ってきた。で、彼は言ったんだ。『これが悟りだ』と」

ホドロフスキーはオバノンに語った。原作の複雑な筋や一語一句に固執しないこと、小説のオカルトチックな象徴主義を強調し、勢い良く飛び出す宇宙船やそれを受け入れる母船の描写で生殖を表現すること……。彼はサルバドール・ダリに加え、ミック・ジャガー、アラン・ドロン、グロリア・スワンソンといったビッグスターをキャスティングする予定で、オーソン・ウェルズにはウラジミール・ハルコネン男爵を演じてもらうつもりだったらしい。

2〜3日後、ホドロフスキーから電話があり、オバノンには特撮部門を任せると告げられた。「全てを投げ打ってアメリカからパリに来てくれ。人生を変える覚悟はできているか」とホドロフスキーは言った。「君の人生は、ハリケーンのように私の人生に巻き込まれることになるぞ」

再び電話が鳴った。今度はプロデューサーのゲイリー・カーツからだった。彼は監督兼脚本家のジョージ・ルーカスと共に、『スター・ウォーズ』を作っている真っ最中だった。『THX1138』の後、ルーカスは低予算の青春映画『アメリカン・グラフィティ』（73）を手がけ、興行的に素晴らしい成功を収めていた。ルーカスの新作には視覚効果が山ほど必要となる予定で、それまで面識はなかったものの、カーツはオバノンならこの仕事に興味を持つかもしれないと考えたのだ。

「僕は『デューン』のオファーについて話し、同等のポストをもらえるか尋ねた」とオバノンは1977年に証言している。「だが、それは無理だという答えだった。だから僕は『デューン』のほうに留まったんだ」

それから約2週間が過ぎ、オバノンは所有物をレンタル倉庫にしまうと、一路パリを目指した。

## デューンの砂地獄

ホドロフスキーは制作スタッフとしてフランスとイギリスからアーティストを集め、オバノンはその中のユーロシテルという特殊効果スタジオの統括を任された。アメリカ人のオバノンはヨーロッパのスタッフに囲まれながら、特撮に使う装置が適切かどうかをチェックし、皆に簡潔に説明する役目を負った。「行ってみるまでは懐疑的だったんだ」とオバノンは語る。「ところが、全ては杞憂だった。彼らは設備もスキルも全部持っていた。素晴らしい経験だったし、ホドロフスキーには深い感銘を覚えたよ。作業が進むにつれ、どのような映画にしたいのかがどんどん明瞭になっていった。どの段階でも監督は確かなビジョンを持っていて、優秀なアーティストにきちんとデザインさせていたからだ」

コンセプトアーティストのひとりにクリス・フォスがいた。フォスは評判の良いSFイラストレーターであり、世界的ベストセラーとなった書籍『ジョイ・オブ・セックス』のイラストを描いたことでも知られている。彼は2008年に当時を振り返り、こう述べている。「オバノンはパリに来ても反体制派の映画学生時代と全く変わらなかった。あそこではアメリカとヨーロッパの異なる文化がぶつかり合っていた。生粋のオタクがベトナムに出征するようなものだよ。ダンはパリに馴染めず、真っ向から衝突した。彼は『ひどい食べ物（ファッキンフード）』に耐えられず、アメリカン・レストランを片っ端から探し出してはすごく誇らしげに僕を連れていったものだ。私のマクドナルド初体験もその時だった」

ホドロフスキーが採用したアーティストには、〈メビウス〉ことフランスの漫画家ジャン・ジローも含まれていた。メビウスはフランスのコミック誌メタル・ユルランなどに寄稿する前衛的な作家だった。同誌は『ヘビー・メタル』（フランス語の直訳は『スクリーミング・メタル』あるいは『ハウリング・メタル』）という英語のタイトルがつけられ、1974年後半にフランス外で初出版され、メビウスのアートと共に当時のフランス内外の読者に大きなインスピレーションを与えていた（アメリカ版の発行は1977年4月から）。メビウスは後に当時を振り返り、「『デューン』は実に大きなプロジェクトだった」と語っている。

実はオバノンは、ロン・コッブも同作のスタッフに誘おうとしていた。だがコッブはこう語る。「『デューン』のスタッフにはクリス・フォスがいたし、ヘビー・メタル誌のメビウスを含め、ありとあらゆる人材が揃った夢のようなチームだった。僕もそのプロジェクトに参加したくて、彼らに会いたくてたまらなかった。でも、彼らは（僕を参加させるという）ダンの希望には少し懐疑的だったんだ」

「確かに、彼を『デューン』のスタッフに加えようとしていた」とオバノンは認める。「だが、叶わなかった」

コッブがアメリカに留まり続ける中、海の向こうでは同作のアーティストたちが最初の数ヵ月をかけて、膨大な量のエキゾチックで独創的なコンセプトアート作りに精を出していた。だが、メビウスがストーリー全体の絵コンテを描く作業に追われる一方で、オバノンには撮影開始まで本格的に取り掛かれる仕事が少なかった。メビウスは焦燥感に駆られるオバノンを見かね、メタル・ユルランのコミック作りに参加してみないかと提案する。自分が絵を描くから原作を頼む、と。オバノンは申し出を快諾し、さっそく概要を書き始めた。

1975年も暮れようとする頃、ホドロフスキーは新たなイラストレーターを発掘した。サルバドール・ダリに推薦されたスイス人、H・R・ギーガーだ。アメリカでは英国のロックバンド、エマーソン・レイク・アンド・パーマーのアルバム『恐怖の頭脳改革』のジャケット画で知られていたが、ヨーロッパでは、ヒエロニムス・ボスを彷彿とさせる幻想的かつ悪夢的画風を継承する奇抜なクリエイターとして高く評価されていた（ギーガーはスペインのカタルーニャ出身の建築家アントニ・ガウディや、オーストリアの画家アルフレート・クービンなどにも影響されていた）。

ギーガーのコンセプトであるバイオメカニクスは、『デューン』に登場するハルコネン家の惑星を描くのにぴったりのように見えた。彼のデザインは有機的な生物と無機質な機械を融合し、性を連想させる彫像や建造物に、人間の骨や髑髏を組み込むというスタイルだった。

1975年12月、ギーガーは自身がポスターをデザインした悪魔に関する展覧会の内覧でパリに赴き、ホドロフスキーと面会する。「ホドロフスキーはデザインを数点頼みたいと言ってきた」とギーガーは振り返る。「惑星全体を創造し、完全に自由にデザインしていいと任せられた。私の考えた惑星は悪魔に支配されており、黒魔術が行われ、敵意と暴力に満ち、人々が暴飲暴食と性的倒錯の中で暮らす場所だった。私が描くとどうしてもそうなってしまう。ただ、性行為を見せることはできない。子供向け映画を作っているかのように思い込んで作業しなければならなかったんだ」

ギーガーは自身のアイデアには胸が躍ったが、報酬はときめくような金額ではなかった。そのため、映画が公開されて大注目を浴びる様子を想像して己を慰めていた。

ある日曜日の夕方、ホドロフスキーはギーガーが関わった展覧会にオバノンを招待した。タイトルは、ずばり「Le Diable（悪魔）」。そこでギーガーにアヘンを勧められたオバノンは、なぜアヘンなど吸っているのかと尋ねた。返ってきた答えは、「私は観客が怖いんだ」だった。ギーガー本人と、その風変わりで刺激的なイラストにいたく感銘を受けて展覧会を後にしたオバノンだったが、その時の印象は忘れ得ぬものとなった。

ギーガーはスイスに帰国し、ハルコネン家の城のデザインに取り掛かった。だが、仕上がったアートワークのスライドをホドロフスキーに送ったものの、『デューン』の映画化プロジェクトは行き詰まりつつあった。70mmフィルムで3時間のSF映画を作る計画だったが、ダリに時給10万ドル（※訳注：時間と金額には諸説ある）という法外なギャラを要求されるなど、様々な要因でその予算は底を突きつつあったのだ。

「ディノ・デ・ラウレンティス（イタリア出身のプロデューサー）は企画段階からずっとこの映画を欲しがっていて、フランク・ハーバートから権利を買おうと懸命に働きかけていた」とメビウスは回顧する。「ハーバートがなぜ権利を売りたがらなかったのかはわからない。おそらくマフィア絡みか何かだと考えたのかもしれないが、なかなか彼には売ろうとしなかった。当のデ・ラウレンティスのほうは、必ず手に入れてやるという剣幕だった。彼はハリウッドのあちこちを駆けめぐり（ちょうどハリウッドで『キングコング』のリメイク版をプロデュースしているところだった）、『あのフランス人連中のプロジェクトは絶対に買うんじゃないぞ。ハリウッドを台無しにする！』と触れ回った。結局、ホドロフスキーは企画を売ることになり、手元には何も残らなかった。オバノンも『アーッ!!』と爆発したはずだよ」

1975年のクリスマス頃、オバノンはまだフランスに留まって『デューン』の特撮のためにビスタビジョン機材を探していた。彼はその頃、メビウスに例の共作コミックの大まかなストーリーボードを渡している（1976年、メタル・ユルラン誌はメビウスとオバノンによるこの共同作品を2回に分けて連載。アメリカ版では1977年7月号と8月号に掲載された）。そしてアメリカに帰国後、友人宅に滞在していたオバノンは一通の電報を受け取る。そこには、『デューン』の制作が無期限延期になった旨が記されていた。

「全てが破綻した」と彼は1977年に吐露している。「自分の未来予想図を思い描いていたんだよ。特撮監督として一躍有名になり、金を稼いで、ある意味スーパースターとしてハリウッドに戻ることができるって。ところが現実は違った。LAに戻った僕には、仕事も住む家も、車も金もない。渡仏前に貸し倉庫に保管しておいた所有物が全財産だったんだ」

半年に及んだ冒険は幕を閉じた。ハリウッドだけでなく、投資家や映画スタジオも、ホドロフスキーの予算を度外視した非現実的な映画作りに恐れをなしたのだろう。いずれにせよ、約200万ドルが費やされた後、支援者は資金提供の打ち切りを決めた。「あれ以来、ホドロフスキーとは連絡を取っていない」と、ギーガーはある雑誌でコメントしている。「監督は私のスライドとスケッチを送り返してきただけ。一銭も支払ってもらってないんだ！」

「僕は必死に仕事を求め、ロナルド・シャセットに協力することになった」とオバノンは顛末を語る。「あの窮地から脱するためには早急に何かをしないといけなかった。そしてシャセットだけが僕に居場所を与えてくれた。彼の家を訪ねた初日、こう言われたんだ。『ダン、僕らは一緒にすごい仕事をやることになる。そう感じるんだ』って」

## 小さな悪魔

「シャセットの家の中へと足を踏み入れ、僕は涙を流した」とオバノンは続ける。「あれは人生最悪の時期だった」

シャセットのほうもまた不運続きだったのだが、ある神父に「そろそろ仕事が軌道に乗り始めるはずだ」と予測されたという話をオバノンに教えてくれた。しかしながら、シャセット宅のソファで眠る最初の数晩、オバノンは楽観的に考えることができずにいた。1979年には当時をこう振り返っている。「ひどい状況だったよ。シャセットより絶望的だった。まずは友人宅のソファ以外に寝る場所を見つけなきゃいけない。ずっと泊めてもらうことなんてできないだろう？」

オバノンの慢性的な胃痛は、どんどん悪化していった。

何年も後になってホドロフスキーはヘビーメタル誌に当時オバノンは精神科に入院する予定だったと書いた。だが、実際にはそんな証拠はどこにもない。「ホドロフスキーは目の前の地球の現実じゃなく別の惑星の現実を見ていることがある」。そう皮肉るのは、ダン・オバノンの妻ダイアンだ。「ダンは一度だって精神病院に入ったことはない。きっと彼は夫には宇宙船内での入院治療が必要だと考えたんでしょうね」

「ダンは無一文で僕も同じだった」とシャセット。「彼は『デューン』で入る金を当てにしていた。なのに夢物語で終わってしまったんだ。僕の恋人のリンダが僕たち2人を支えてくれていた」

幸運にもホットドッグは安価だったので、シャセットはオバノンに食事を提供し続けることができた。居候を始めて数週間後、オバノンはようやく暗い絶望の淵から這い上がり、貸し倉庫からいくつか重要な道具——古いIBMのBモデルのタイプライター、机、書類棚、そして椅子——を持ち出す。そして、シャセットの家の居間に執筆スペースを設けたのだった。

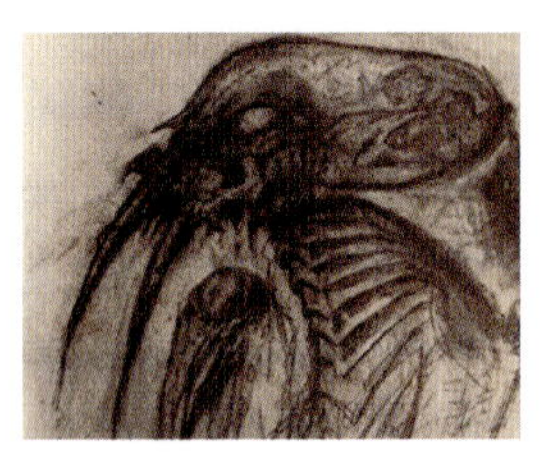

上／ダン・オバノンによる宇宙怪物のスケッチ。

次頁／脚本を売るために添えられたロン・コッブの絵4点。
〔左上〕『宇宙空間のスナーク号』
〔右上〕『小惑星に着陸する地球の宇宙船スナーク号』
〔左下〕『小惑星に着陸したスナーク号』
〔右下〕『異星人の船の発見』

SNARK

2人は『奴らは噛みつく』のアイデアを『スター・ビースト』に使い回せないか考えてみることにした。「その前年、企画に関して実際に良い反応をもらっていたんだ」とオバノンは言う。「複数の映画スタジオが『奴らは噛みつく』を気に入ってくれた。だが、向こうは特撮場面をどう実現すべきか見当がつかず、金がかかりすぎると思ってしまったんだ。複雑怪奇なクリーチャーが山ほど登場するわけだからね。それでも、充分に怖いストーリーだと誰もが認めてくれていた」

オバノンは続ける。「だから僕は次なる作品を考えた。『奴らは噛みつく』と似たような雰囲気とクオリティで、実現可能な特撮で作れるものを。クリーチャーは最初から完全体ではなく、第1、第2形態から進化していく。早い段階ではサイズも小さく、それほど動かなくてもいい。さらに、そのうちのひとつはスーツアクターが着ぐるみで演じるタイプにすれば、予算的にも手の届く範囲になる。スタジオのお偉方に、そういうことをはっきり伝えておきたかったんだ」

とはいえ、オバノンとシャセットは物語をまだ半分しか仕上げておらず、遠く離れた惑星の地球外生物が出てくるところで止まっていた。だが、シャセットがその物語をオバノンの別作品と融合させようと思いついたことで作業は先に進み始める。次のパートでは、東京上空へ爆弾を落としに行ったB17爆撃機が帰還途中に黒い嵐雲の中で隊からはぐれ、機内に忍び込んだ小さな悪魔に襲われるという展開になった。この凶悪な生物は機体後部の機銃塔から侵入し、機内を進みながら、遭遇した乗組員をひとり、またひとりと殺していく。オバノンによれば、「かなりむごい殺し方」だった。

相方のアイデアを聞いて、シャセットはこう提案した。「第2パートはそれでいこう。でも、爆撃機じゃなくて宇宙船にしたらどうだ?」

「つまり、糸口を見つけてくれたのは彼なんだ」と、オバノンは彼の功績を認める。

2人は話し合いを重ねに重ねた。彼らの頭にあったのは、おそらく『恐怖の火星体験』(58) だろう。宇宙船が火星に不時着するが、そこで潜入した怪物(スーツアクターが演じている)が地球への帰還途中に次々と乗組員を殺していくという低予算映画だ。生き残った乗組員は、最後にエアロックを開放してモンスターの息の根を止めるという結末だった。

オバノンとシャセットは昼間にアイデアを出し合い、夜遅くにオバノンがそれを脚本にするというパターンで作業を進めた。オバノンは怪物のいる惑星に宇宙船が到着するシーンを書きながら、以前に飛行機で経験した乱気流を思い出し、船を宇宙塵の濃霧の中に突っ込ませることにした。「宇宙船が惑星に着く時って、難なく着陸する場合がほとんどじゃないか。でも僕は、船体が唸りを上げたりガタガタ鳴ったり、回転したりする様子をあれこれ考えてみた。大気圏に突入して降下していく瞬間は、危険極まりなくて生きた心地がしないだろう。宇宙船がバラバラに壊れるかもしれないという不安が常につきまとう」

こうやって生み出された宇宙船スナーク号(おそらくルイス・キャロルが1876年に出版した叙事詩『スナーク狩り』に由来する名前だろう)に乗船しているのは、スタンダード船長が率いる6人の宇宙飛行士だ。コンピューターが出所不明の信号を受信したことにより、スタンダードはコールドスリープから目覚めてしまう。

オバノンは形のない「イドの怪物」(1956年のSF映画『禁断の惑星』で登場した、人間の潜在意識が生み出した怪物)について漠然と考えつつ、今回の映画では『奴らは噛みつく』に使うはずだった昆虫型クリーチャーの案を捨てることにした。そして再びギーガーのことを思い出す。「フランスを離れて以来、彼の存在はずっと頭の片隅に残っていた」とオバノンは言う。「彼の絵は僕に計り知れない影響を与えた。あれほど恐ろしくも美しいものは、彼の作品以外に見たことがない。僕はすっかり取り憑かれてしまった。そうして結局、ギーガーが描いたモンスターを基に脚本を書くことにしたんだ」。あのアーティストなら、世にもおぞましいクリーチャーを創り出すのに素晴らしい仕事をしてくれるはずだ、とオバノンは確信していた。「彼がいれば、どんなクリーチャーにすべきか自分で思い描いてみる必要もない。当然のようにそう思ってたよ」。オバノンはそう言いつつも、実は自分でもアイデアを何点かスケッチしていた。

初期の草案はこうだ。まず、乗組員たちは墜落した宇宙船の残骸と痩せこけたパイロットの亡骸を発見する。そして奇妙な形の頭蓋骨を自分たちの船に持ち帰るのだが、その頭蓋骨の内部に恐ろしい微生物が宿っており、それが急激に成長することは知る由もなかった。地球に向けて航行を開始するなり、その微生物が動き始める。B17爆撃機に侵入した小さな悪魔同様、微生物は人間たちを恐怖に陥れ、最後に宇宙空間に放り出されるまで悪夢の惨劇が続いていく。

こうして基本的な設定は出来上がったものの、オバノンはまだ満足していなかった。微生物が宇宙船に入る経緯が気に食わなかったのだ。だが彼もシャセットも、すぐに修正案を出すことはできなかった。この頃、オバノンはロン・コッブを訪ね、コンセプトアートをいくつか描いてくれないかと頼んでいる。物語を聞いたコッブの頭に浮かんだのは、潜水艦のような宇宙船だった。「2人が私のところに来て、脚本が売れるように何点か絵を描いてくれと言ってきた」と1979年初めにコッブは語っている。「脚本に添える絵は、小さな乗組員たちと小さな宇宙船。彼らが上陸する小さな惑星。そして、彼らが小さなピラミッドに向かい、中くらいのサイズのクリーチャーを刺激してしまう場面。そんな感じだった。ダンは『ダーク・スター』のような低予算映画にするつもりで、私もそのアイデアを気に入った。彼はどこからか資金を調達し、私の制作時間分の支払いをしてくれたよ。だから、一連の絵を急いで仕上げた。ダンはそれを持って慌てて出ていったっけ」

「この惑星の住人は屈強で原始的で、非常に複雑な生殖システムを有している。僕はそう考えていた」とオバノンは語る。「繁殖は簡単ではないからこそ、子孫を残すことは彼らの信仰になっていく。そして、このピラミッドが繁殖の神殿になっているんだ」

彼の説明はさらに続く。「この星の生命体は2つの性別を同時に持つ雌雄同体だ。ところが、繁殖には第三者の宿主が必要になる。そこで奴らは寄生対象の動物を引き込み、卵を成長させるための台座の上に留めておく。そして、受精させられた動物は新たな生命が生まれるまで台座に封じ込められた状態になるんだ。しかし、この星は今や死に、文明が絶えてから何百万年も経っていた。残っているのはピラミッドと卵を抱えた台座くらいなもの。だが、この卵は過酷な状況下でも信じられないくらい長い間休眠状態で生き延びられる」

オバノンはコッブにこのモンスターについても話をしていた。なぜなら、報酬を払うだけの予算がなく、ギーガーを雇うことはできないとわかっていたからだ。そのまま低予算映画として企画が進めば、コッブが怪物のデザインも担うことになっていただろう。当時のオバノンは「ロン・コッブに美術監督をしてもらいたかった」と語っている。「ところが問題があった。あのバカは環境保護の生態学か何かに関わっていて、世界各国でレクチャーするツアーに参加するため、3年間もキューバとオーストラリアに行ったきりになるところだったんだ。だから、ロンが近くにいるうちに捕まえておかなければなかったんだよ」

シャセットの家で、オバノンたちは相変わらずクリーチャーをどうやって宇宙船に乗り込ませるか頭をひねり続けていた。「僕らは椅子に座って互いを見つめていた」とシャセットは言う。「自分たちの前にある壁を壊せないでいたんだ。ダンには問題点がはっきりと見えていた。つまり、怪物は観客の興味をそそるような方法で宇宙船に入り込む必要があるということ。『これを解決できれば、映画全体がうまく行く』と彼は言っていた。でも、2週間くらい過ぎて、こっちが弱音を吐いた。『ダン、おそらく僕たちはホラー映画作りに向いてないんだよ』」

実際、シャセットはホラー映画ファンではなかった。彼のSFへの興味はどちらかというかジュール・ヴェルヌが築いた路線のほうに近く、エドガー・アラン・ポーやフィリップ・K・ディックの作品のほうが好みだった。いかにもホラー然とした映画はあまりにもリアルに思えて恐ろしく、苦手だったのだ。一方のオバノンは、観客を怖がらせるには自分も怖いと感じるくらいでなければいけないと知っており、執筆中に恐怖を覚えても尻込みしたりはしなかった。

「ダンは『ここで諦めちゃダメだよ。良い案が出かかってる。そんな気がする』と訴えたけど、僕は『もう寝るよ』と言い放って寝床についた。でも脳は無意識のうちに機能していて、真夜中にある一文を思いついてハッと目覚めたんだ。クリーチャーが人類とどう初接触したか思い浮かんだんだよ。僕はダンのもとに駆け寄って、こう伝えた。『アイデアが浮かんだよ。謎の生命体は乗組員のひとりと〈交わる〉んだ。相手の顔に飛び乗って〈種〉を体内に植えつけるんだ』と」シャセットは当時の詳細をこのように語った。

「エイリアンに口を『犯される』犠牲者は男に設定した」と2003年にオバノンは語っている。「犠牲者が女だと、どうしても卑猥さが出てしまう。レイプを連想させるシーンになり、男の観客の多くは怖いというよりエロティックだと感じてしまうだろう」

オバノンとシャセットは夜を徹して物語の骨組みをまとめた。卵のデザインも絵にしたためられたが、これはおそらく、1966年の『スペース・ヴァンパイアQ』に発想を得たものだった。この映画では宇宙に生息する吸血鬼のような異星人が宇宙船に忍び込み、乗組員を殺していく。最後は人間に始末されるのだが、生き残った乗組員は異星人の卵が船内に隠されていることに気づくのだ。「僕の頭は、過去40年間に書かれたSF小説やSF映画がぎっしり詰まった大きなカゴみたいなもの」とオバノンは言う。「だから、イメージはそこから選び出すだけ。過去作からアイデアを拝借するなんていくらでもできたわけだよ」

最初の案は無理やり〈種〉を植えつけられた後、宿主が手術を受けている間にクリーチャーが体内から飛び出すという設定だった。「ダメだ。手術の必要なんかない」とオバノンはシャセットの案を否定した。「そいつは、いきなり宿主の胸を突き破って出てくるんだ」

このグロテスクなアイデアはオバノンがひどい胃痛にしょっちゅう悩まされていた結果生まれたものとも言える。そして、観客を震え上がらせたいという彼らのニーズと見事に合致した。「僕は血みどろのゴア映画が大好きなんだ」とオバノンは言う。「それに50年代のモンスタームービーで育ったし。あのモンスターの発想は、僕が胃痛持ちだったから得られたんだよ」

シャセットは自分のアイデアだと何度も言っていたが、クリス・フォスはそれを否定する。「ダンがファーストフードを食べた晩、信じられないほどの痛みで目覚めるんだ。実際に病院に連れていかねばならないほどだった」とフォスは言う(彼によればマクドナルドで買った物を食べたらしい)。「ダンはその時、体内にケダモノがいるみたいだと想像したんだよ」

何年も経ってから、オバノンはクローン病と診断される。クローン病および大腸炎財団が「炎症性腸疾患(inflammary bowel diseases/略称IBD)、すなわち消化管の慢性的な炎症状態」と定義する病だ。だが、その夜の時点ではまだ病名は診断されておらず、彼はただひどい胃痛に苛まれるしかなかった。しかし、痛みに苦しむ経験があったからこそクリーチャーが宿主の胸部を引き裂いて飛び出してくるといういうゾッとするシーンを思いついたのだった。脚本の中で宿主にされた登場人物ブルサードが「なんて痛みだ!」と叫んでいるが、それは当時のオバノン自身の叫びだったのだ。

のちにオバノンはエッセイを書き、前置きとしてフランスの詩人でシュルレアリストのアントナン・アルトーの言葉を引用している。それはこんな言葉だった――「執筆し、絵を描き、彫刻や模型を作り、建物を築き、発明をする者は皆、己を地獄のような苦しみから逃がすためにそうするのだ」

窮地から抜け出しつつあったオバノンだが、物語の後半を執筆中に新たな問題にぶつかる。ある晩遅く、彼は、なぜ宇宙船の乗組員がモンスター(ゴム製スーツを着た役者が演じる)を銃撃しないのか、その理由を自問し続けていた。オバノンは説明する。「この生物について真剣に悩んでいたのは、どうして乗組員は船内を駆け回るそいつをさっさと殺さないのかということだった。なぜ彼らは、この忌々しい存在をすぐに槍で射抜かなかったのだろう?」

そのモンスターが強すぎるから、という設定にするのは、あまりにも安易だ。オバノンはまたもやオリジナリティのある設定にしたいと考えた。そしてこの問題をコッブに相談してみたところ、彼はモンスターの血液が酸だったらどうかと提案してきた。こうやって新たな設定が加えられた地球外生命体は、1971年の日本映画『ゴジラ対ヘドラ』の血統を引いているとも言えるだろう。ヘドラは宇宙から飛来した微小生命体が公害による汚染物質をエサとして成長し、強酸ミストを撒き散らすようになった海の有毒怪獣である。さらに7世紀まで遡れば、中世イギリスの叙事詩『ベーオウルフ』に登場する怪物グレン

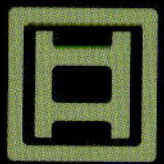

## プリンセスから肉を食らう昆虫まで

高校を出た後、ロン・コッブはディズニースタジオに2年間勤務し、『眠れる森の美女』(59)の動画を担当。その後、ユニバーサルスタジオで、特撮技師エリス・バーマンと共に働いた。まだキャリアが浅かった頃、コッブはフォレスト・アッカーマンが編集するホラー映画専門誌フェイマス・モンスターズ・オブ・フィルムランドで挿絵を描き、生活の足しにしていた。のちに彼は、ロサンゼルス・フリープレス、ロサンゼルス・ヴァンガード、マザーアースニュース、ルース・リックス、ザ・ディッガーといった新聞や雑誌に政治風刺漫画を売るようになる。70年代にはSF作家アーサー・バイロン・カバーの処女作『オータム・エンジェルズ』の表紙絵を依頼されたりもしたが、映画の仕事も続けていた。ロジャー・コーマン作品のため、友人と共同で「非常に精巧なラテックス製モンスター」を作ったりもしている。

1976年、コッブはオバノンとシャセットの『エイリアン』が売れるよう、約10点のイメージ画(とイラストを2点ほど)を作成。その時手がけた絵のタイトルは、『フェイスハガーに顔を覆われた最初の宇宙飛行士』(イラスト)、『データスティック』、『それぞれの印の意味を解説する記号標準表』、アクリル画の『小惑星に着陸する地球の宇宙船スナーク号』、『宇宙空間のスナーク号』『小惑星に着陸したスナーク号』、『異星人の船の発見』、『いけにえの神殿』、『異星人パイロットの遺体』、『エイリアン』である。

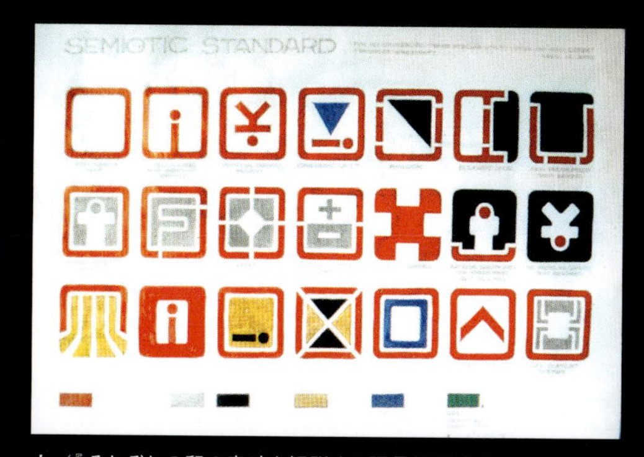


上/『それぞれの印の意味を解説する記号標準表』

デルにも行き着く。グレンデルの血は強酸のごとく金属を溶かし、洞窟の地面に穴を開けるのだ(『ベーオウルフ』の書かれた時期には諸説あり、16世紀だと考える者もいる。イギリスではその頃まで、強酸性の液体が産業的に幅広く生産されていなかったというのが根拠のひとつである)。

オバノンは1979年に、「ロン・コッブはいつも何かしらのアイデアをくれていた」というコメントをファンタスティック・フィルムズ誌に残している。彼はこう続ける。「コッブのアドバイスは、脚本の重要な設定に生かされた。宇宙船に侵入したモンスターの血には驚くべき腐食性がある。血液が流れ出ると船体が損傷してしまうから、そいつを切り刻んだり、銃で撃って傷つけたりすることができないというわけだ。この考えを聞いた僕は、こう返した。『まあ、そこまで説得力はないけど、確かにその設定だと船内のエイリアンの対処に相当苦しむことになるだろうな』ってね。で、そのまま採用したんだ」

また、オバノンは物語の山場についても悩んでいたが、ある小説にヒントをもらうことになった。マイケル・クライトンの作品で、1969年に出版され、1971年には映画化もされた『アンドロメダ病原体』というテクノロジースリラー小説だ。この小説の最後には主人公が核爆弾を解除する手に汗握るシーンが描かれるのだが、これを読んだオバノンは当初、このラストは安っぽいと考えていた。だが、結局は他に納得のいく選択肢が見つからず、自分の物語にもこの展開を採用することになり、最後にひとり生き残った乗組員が宇宙船の自爆装置を解除しようと試みるというストーリーになった。2003年に彼はこう語っている。「ああ、そうだとも。マイケル・クライトンにとって満足のいく展開なら、僕だって充分だよ!」

さらにある日の深夜、オバノンは凶悪な〈エイリアン〉と壮絶な死闘を繰り広げる登場人物の台詞を書いていた。「ふと、その単語が出てきたんだ」と彼は明かす。「エイリアン……。タイプライターで打ったその文字が際立って見えた。僕はシャセットの寝室に行き、寝ている友人を揺り起こした。シャセットは「わかった、わかった」と言いつつも、再び寝入ってしまった。だが、僕は確信していたんだ。本当にイカしたタイトルを見つけたことを」

それは、『スター・ビースト』に改題していた『メモリー』が『エイリアン』となった瞬間だった。

## 脱・居候

オバノンとシャセットの物語をベースに仕上げられた『エイリアン』の脚本(P24-29参照)は、多くの小説や映画と同様に、先人から影響を受けた要素が随所に散りばめられた派生的な作品だ。ほとんどの作家が他の作品から受けた影響を否定したり隠したりするのに対し、オバノンはかなりオープンに過去作や他の作家への「借り」を明言している。彼はある雑誌のインタビューで、レイ・ブラッドベリが『ダーク・スター』の鑑賞後に口をきいてくれなかったことを明かしている。彼はオバノンとカーペンターが彼の短編小説『万華鏡』を〈盗用〉していたことに気づいたのだ。

T・S・エリオットは1920年に出版された処女評論集『聖なる森』で、〈真似る〉のは悪趣味だが〈盗む〉のは賞賛に値すると述べている。その真の意図については議論の余地があるが、このように解釈する人もいる――抜き取ったアイデアをしっかりとした礎の上に構築できる者は、それが〈盗み〉であってもアイデアの本質を理解し、それを自分のものにしている。一方、無自覚に〈模倣〉する者は、理解もせずに失敬しただけか、盗みという行為を働いただけである。

脚本は映画の大まかな下書きに過ぎない。その執筆者として、オバノンは『エイリアン』をどのように1本の映画にし、アイデアや表現にどう独自性を持たせるか、確固たる考えを持っていた。だが、124ページに及ぶ原稿にはマリオ・バーヴァ監督の『バンパイアの惑星』(65)の影響も見られる。同作では、謎の電波に導かれた宇宙船の乗組員が異星人の船を調査する中、とうの昔に死んだと思われるパイロットの死骸を見つけるというくだりがある。オバノンのストーリーにはメルコニスという名の船員が出てくるのだが、彼はコールドスリープから目覚めると同僚にこうつぶやくのだ。「バンパイアが墓から出てくる」と。

さらに、この脚本のルーツはSF映画『恐怖の火星探検』のベースとなった『宇宙船ビーグル号の冒険』という小説にもある。A・E・ヴァン・ヴォークトによる4つの中短編をまとめた作品だが、そのうちのひとつ、1939年のアスタウンディング・サイエンス・フィクション誌に掲載された『緋色の不協和音』は、宇宙船ビーグル号の乗組員が異星人に捕らえられるという物語だ。異星人は人間たちを宇宙船内の空調用ダクトに閉じ込め、身体を麻痺させて胃に卵を産みつける。この一連の流れはオバノンの脚本でも採用された。スナーク号最後の生き残りとなった船員ロビーはエイリアンによって繭にされたスタンダード船長を発見し、苦しむ船長を楽にすべく火炎放射器の炎を浴びせることになる。

オバノンによれば、「『バンパイアの惑星』は知っていた」という。「何カットか映像を見て想像力を刺激されたよ。イタリア映画に見られる、優れたデザインと意欲的な低予算映画の精神が奇妙に混ざり合っていた」。だが、オバノンは何十年も経ってから、巨大な骸骨は『バンパイアの惑星』から盗んだアイデアだと認めてもいる。さらに、1953年のギャラクシー・サイエンス・フィクション誌で発表されたクリフォード・D・シマックの小説『Junkyard(ジャンクヤード)』に発想を得たという事実も告白した。荒廃した小惑星に降り立った調査隊が大破した異星人の宇宙船が打ち捨てられているのを発見。やがて彼らは石塔に行き当たり、ひとりの宇宙飛行士が頂上の穴から中に降りていくが……という展開だ。

「誰かひとりから盗むわけじゃない。皆から盗むんだ」とオバノンは言った。

彼はまた、地球外生命体の生物学的生殖行動に切り込んだSF作家フィリップ・ホセ・ファーマーの小説集や、50年代にECコミックが出版していたWeird Science誌、Weird Fantasy誌というコミック誌に掲載された無数の作品からも脚本のアイデアを得ている。例えば、執筆中のオバノンは、外宇宙から飛来した種が海軍の駆逐艦の甲板に落ちるという話も思い出したかもしれない。何も知らない水兵がその種を食べると、やがて触手を持ったモンスターが肉体を突き破って出てくるのだ。1960年代後半のアメリカでは小規模出版社や自費出版でコミックが続々とリリースされ、「アンダーグラウンド・コミック」と呼ばれるようになるのだが、そのうちのひとつ、ティモシー・ボクセルによる『Defiled(冒涜の果てに)』(72年の『Death Rattle』第1巻に収録)にも、宇宙飛行士の体内に入り込んだ宇宙生物が肉を食い破って出てくるシーンが描かれている。

「もっと示唆に富んだタイトルにするなら、『The Hauted Spaceship(幽霊宇宙船)』になるかな」と当時のオバノンは語っている。「憂鬱な雰囲気を持つSFホラーでね。言うなれば、ひどくラヴクラフトっぽいというか……」

オバノンがこのような数多の作品から影響を受けた事実は、1976年当初にはほとんど問題にならなかった。執筆のおよそ3ヵ月後、彼とシャセットの元にあったのは、タイプライターで打った脚本だけだった。2人は、この脚本で低予算映画のスタジオに売り込めると楽観的に構えていたが、相変わらず金欠で、まだ脚本も売れたわけではなかった。

「シャセットの家のソファで、僕らは『エイリアン』を書いた。シャセットとその彼女が居座り続ける僕にうんざりするまではね」とオバノンは振り返る。「で、居候の僕はとうとう放り出されたんだ」

**次頁**/脚本を売るために添えられた、ロン・コッブによるイメージ画『異星人パイロットの遺体』。コッブは遺棄された宇宙船内に骸骨となった異星人の姿を描いた。「それは完璧そのものだったよ!」とオバノンは賞賛する。「その頭蓋骨はすごく大きく、眼窩は4つか5つある。歯と言えるほどの歯はない。こういう特徴を見ると、宇宙を飛び回る無害でおとなしい草食性の生物を想像するかもしれない」

# 『エイリアン』

**ダン・オバノン脚本**
**ダン・オバノン、ロナルド・シャセット原案**
**1976年春頃――概要**

124ページの脚本に登場する人物6人：

チャズ・スタンダード：宇宙船の船長。指揮官であり政治家。何も実践しないよりは、どんな行動であろうと実際に何かをなすべきだと信じる。
マーティン・ロビー：副船長。慎重かつ聡明。物語の唯一の生存者となる。
デル・ブルサード：航空士。冒険家。向こう見ずな野心家。
サンディ・メルコニス：通信技師。理知的だが、ロマンチストな一面も。
クリーヴ・ハンター：鉱山技師。非常に神経質。金儲けのために参加。
ジェイ・ファウスト：機関士。働き者。ごくごく平凡。

登場人物の注記には次のように書かれている。
「乗組員は男女どちらでもよく、あらゆる部分で性別を変えることが可能」
オバノンは、物語で描かれる直径距離100光年分の銀河系地図も支給した。『エイリアン』の宇宙は西暦2087年で、地球近くにある他の天体システムの惑星上に、地球の14のコロニーが存在。「それ以外には誰もいない」
物語は、「ライトが点滅する計器パネル」のクローズアップで始まる。「ピーという音が鳴る信号」と共に、「コールドスリープ装置」の内部で機械が動き出す。「低温カプセル」の蓋がパッと開くと、小さな爆発でも起きたかのように、ガスの煙が中から噴出される。マーティン・ロビーは、ぐったりとした猫をカプセルのひとつから抱き上げた。
乗組員たちは、宇宙船が地球の近くまで来ているはずだと推定。貴重な鉱物を採掘して船に搭載してあり、それで金持ちになるのだと考えている。ブルサードは牧場を購入し、本物の牛に見える動物を置くのだと話す（フィリップ・K・ディックの1968年の小説『アンドロイドは電気羊の夢を見るか？』の機械仕掛けの動物を彷彿とさせる）。彼らが乗っているのは宇宙船スナーク号、登録番号はE180246。だが、彼らが目覚めたそこは、地球のそばではなかった。

スタンダード：現在地は一体どこだ？
ブルサード：レチクル座ゼータ第2星団の手前。まだ外縁部にも到達していない。

コンピューターの人工的な音声は、船が信号を傍受したと告げる。

スピーカーから、ブーン、パチパチ……という雑音が聞こえてきたかと思うと、今度は、異星の言語を話す奇妙な声が流れ、部屋いっぱいに広がっていく。
不気味なその声は長い文章を話した後、沈黙した。
乗組員たちは驚き、互いに視線を交わす。

スタンダード：コンピューター、そいつは何語なんだ？
コンピューター：不明です……。
メルコニス：遭難信号なら、調査しないと。
ブルサード：確かに。
ハンター：そいつはどうかな。俺たちは今回、金を稼ぐために参加したんだ。余計な寄り道をするためじゃない。
ブルサード：（興奮気味に）金なんて気にしてる場合かよ。人間以外の知的生命体と接触する最初の人間になれるチャンスが到来したんだぞ。
ロビー：あの小惑星に宇宙人がいるとしたら、丸腰で出向くのは致命的なミスになるぞ。
ブルサード：ハッ、俺たちにも武器くらい――
ロビー：そうじゃない！ あそこに何が潜んでいるかわからないってことだ！ 危険な場所かもしれないんだぞ！ 探査局に無線で連絡を入れるのが先だ。この件に対処してもらおう。

しかし、彼らは地球のコロニーからも、商業用定期航路からも遠く離れすぎており、他の誰かに頼むことはできなかった。船長は自分たちで調査しようと決める。謎の信号の発信源である小惑星に着陸すると、砂嵐のせいで宇宙船に過右／ロン・コッブによる「データスティック」のイラスト。

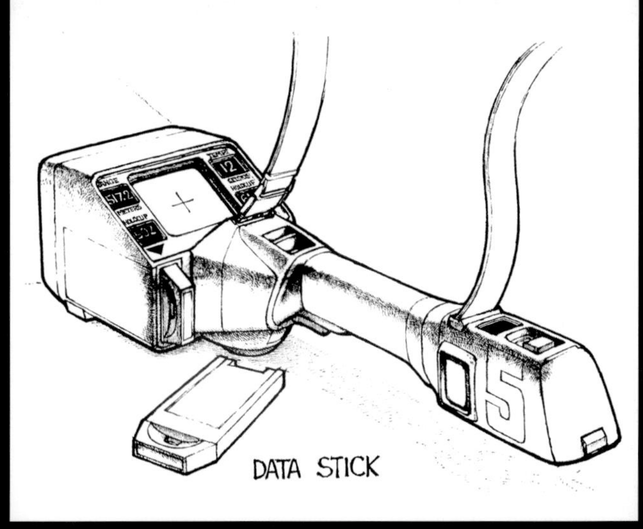


負荷が掛かってしまう。ファウストは「電気系統がオーバーヒートした」と告げる。

スタンダード：うーん、こんなに暗くちゃ、どこにも行けないな。夜明けまでの時間は？
メルコニス：（計器を調べて）えっと……この惑星の自転周期は2時間だから、太陽はあと20分ほどで顔を出すはず。
ブルサード：よし！ 20分もすれば、何かが見えてくるな。
ロビー：それか、何かが俺たちを見るってことにもなる。

全員の視線がロビーに注がれる。

画面がディゾルブし、次の画面に：
外の様子—宇宙船—闇（メインタイトルシークエンス）
スナーク号の投光照明は、暗闇と嵐で今にも消え入りそうになる。メインテーマ音楽が流れ出す。非常におどろおどろしい雰囲気。
タイトルが表示される：
エイリアン
流れるタイトル。

陽が昇り、スタンダード、ブルサード、メルコニスの3人は、安全確認後にスナーク号から表に出て、探索へ。彼らは宇宙服と「頭からすっぽり被るタイプの酸素マスク」を装着し、武器を携帯。ロビーは船に残り、ファウストがエンジンを修理している間、調査班をモニターで見守ることに。

いきなり、ブルサードがスタンダードの腕を掴んで何かを指差した。他の2人もブルサードが指差すほうに目を凝らす。

カメラアングル変化—スタンダードたちの視点
濃霧のような砂塵が渦巻く奥に、ぼんやりと何かの形が見て取れる。それがとてつもなく大きいということは、なんとなくわかる。
眺めているうちに砂嵐が若干収まり、巨大な毒キノコのごとく砂の上にせり出したグロテスクな宇宙船が姿を現す。どう見ても人間が作ったものではない。

すると、「遺棄船」のドアが開く。3人は手にした「データスティック（懐中電灯と録画カメラの機能を備えたデバイス）」のスイッチを入れ、船内へ足を踏み入れる。船体は穴だらけで、まるで「スイスチーズ」だ。「誰かここで、軍用粉砕機でも使ったのかよ」と、ブルサードが言う。グラップリングフック（引っ掛けフック）を放ったスタンダード船長は、ワイヤーで自身を引き上げて船の上甲板へと上がっていく。そしてついに、彼らは何かを見つける。

突然、メルコニスが衝撃のあまり唸り声を漏らす。3人のライトは言葉を絶するほど気味の悪いものを映し出していた。巨大な異性人の骸骨。それが、操縦席に座っていたのだ。

彼らは骸骨に歩み寄り、ライトを向ける。その異様な形状は、人間とは似ても似つかない。

骸骨の前の操作パネル上に、小さな三角形が刻まれているのがわかる。近くには、光沢のある茶色の壺もあった。
その夜、宇宙船に戻った彼らは、データスティックで録画しておいた発見物を調べ直し、骸骨は何百年もの間、あの場所に居続けているのだと結論づける。3人は、その頭蓋骨を持ち帰ってきていた。
わずか数時間後、再び陽が昇ると砂嵐は一時的に落ち着き、以前より遠くまで景色を見渡せるようになっていた。彼らの目に留まったのは小さなピラミッドだ。操作盤に刻まれていた三角形は、そのピラミッドを指すのかもしれない。そう判断した彼らは、ピラミッドを捜索することに。近づくにつれ、ピラミッドの高さが15mを超えていると気づく。彼らが調査している間、コンピューターは事の発端となった謎の信号を解析し続け、居残り組の乗組員に驚くべきメッセージを送る。「コンピューターの奴、例の信号を解読しやがった」と、ロビーが口を開く。「あれはSOSなんかじゃない。警告だったんだ」。翻訳されたメッセージはこう告げていた。「敵が……生存……着陸してはいけない……」

この事実を知らない調査班のブルサードは、ワイヤーに繋がれ、ピラミッドの頂上から内部に降りていく。中は外よりも暖かい。一方、宇宙船に残っていた乗組員は、調査に出かけたメンバーとの連絡が取れなくなっていた。ブルサードはピラミッドの底を目指し、降下していく。そして、とうとう地面に到達する。

ブルサードがデータスティックで周囲を照らすと、石造りの室内の様子が明らかになる。光の中で浮かび上がったのは、壁に彫り込まれた奇妙な象形文字の数々。太古の宗教的な何かを表しているようだ。床から天井まで何行にも連なって壁を埋め尽くす象形文字は、未知の言語で壮大な歴史を物語っていた。
一定の間隔で同じような石像が置かれていたが、どれも半分は人間、半分はタコの気味の悪い怪物に思える。

酸素マスクを外したブルサードは、遺棄船にあったものとよく似た壺を見つける。彼は象形文字を観察し、壺のひとつの蓋が開いていることに気づく。

ブルサードは身を屈め、光を浴びて輝く壺の口に顔を近づける。次の瞬間、ものすごい勢いでタコのような何かが中から飛び出し、彼の顔に張りつく。複数の触手がぐるりと頭に巻きつき、ブルサードの顔はすっぽりと覆われてしまう。
くぐもった悲鳴と共に、彼は後ずさりしながら、物体を掴んで引き剥がそうとする。

不安になったスタンダードは、夜になったこともあり、ブルサードのワイヤーをウィンチで巻き上げることにする。ピラミッドから出てきたブルサードの顔には、奇妙な生物がかぶさったままだった。スナーク号に戻ったスタンダードはルール違反を承知で、船内のロビーに入れろと命じる。
医務室で、メルコニスは言う。「こいつを引き剥がすとなると、ブルサードの顔も全部剥がれることになる――」

彼らはてきぱきとブルサードの服を脱がし、スタンダードは壁の2ヵ所のスイッチを押す。装置が点灯し、ブルサードの身体は壁の細長い穴に吸い込まれていく。
壁の向こうのブルサードは、他の乗組員にも見えている。装置はすぐさま消毒剤を彼に噴霧し、さらに、目がくらむようなピンク色のライトで滅菌。一連のモニターに映像が現れ、各部位のレントゲン写真が映し出される。センサーがスキャンを始め、カタカタという音が鳴る。

ロビーが診察室に到着するなり、スタンダードはハッチを開けようとしなかった彼を平手打ちにする。それから、彼らは奇怪な生物とブルサードを詳しく調べ始める。

ブルサードの顔から離れない寄生生物の姿もはっきりと見えている。レントゲン写真は、その生物の複雑怪奇で迷路のような構造を示している。ショッキングなことに、ブルサードの顎は無理やり大きく開かれ、そこに生物から伸びた長い管のようなものが挿し込まれ、喉から胃の近くまで伸びていることが判明する。

それを見てハンターは吐き気を催す。鱗があるタコのような化け物を顔から引き剥がすため、その生物の身体を切断することにする。しかし、一部を切り取ることはできたものの、その血液は強酸性だった。

傷口から垂れた黄色い液体が寝台に穴を開け、床へと滴り落ちる。金属の床は泡立つや、シューと音を立てて煙が上がり、乗組員たちを咳き込ませる。

メルコニス:なんてこった。こいつは有毒ガスだ!
ハンター:(指差して)床に穴が開いちまうぞ!

強酸性の血が床を貫通してしまうとわかり、彼らは急いで下の階に降りたが、血は泡を立てて消えていく。ロビーは血液のサンプルをペンですくって採取した。医務室に戻った彼らは生物の傷が治っているのを知る。ブルサードをガラスの棺のようなケース型の診察台に戻し、生かしておくために点滴用の針を刺す。彼らは、生物がブルサードの胸の中に黒い液体を注入する様を観察する。
ミーティングの席で、彼らはブルサードのデータスティックから取り出したスライドを見て、彼の身に何が起きたのかを確認。壺のように見えたものが実は卵だったと悟る。スタンダードは、卵とタコのような生物はこの小惑星固有の生物で、遺棄された宇宙船はこの星に不時着したに違いないと断定する。

乗組員が医務室に戻ると、生物はブルサードの顔から離れ、いなくなっていた。どこに逃げたのかと皆で周囲を見回す中、スタンダードの手が触手をかすめるなり、生物が棚から床に落下。乗組員は肝を冷やす。それは既に死んでいた。
死体を解剖しようとしたが、生物は突然燃え出す。その代謝作用により自然発火が起こったらしい。彼らは慌てて生物をエアロックに投げ、船外に放り出した。そうするしか他に方法がなかったのだ。寄生生物は地面に落ち、炎と煙を上げながら砂塵の中に沈み始める。
ブルサードは生きていた。だが、発熱している。彼らがこの小惑星に着陸してから、わずか4時間しか経っていなかった。自転速度があまりにも速いので、人間の感覚では数日が経過したかのようだ。ファウストがエンジンの修理を終え、宇宙船は離陸する。濃い砂塵で視界不良の大気圏から何とか脱し、宇宙船は地球に向けた光速航行に入った。
自分の足で立てるようになったブルサードは喉がカラカラに乾いており、ひどく空腹だった。彼らはコールドスリープ装置に入る前に、食事をとることにする。テーブルを囲みながら、今回の仕事で手に入る金で何を買うかで話が盛り上がっていたが、ブルサードが突然ひどい痙攣を起こす。

ブルサード:(叫びながら)オーマイガーッ、なんて痛みだ!
ロビー:おい、一体どうしたんだ?

ブルサードの顔が歪み、苦痛の表情になっていく。すると、頭から足先まで、全身が激しく震え始めた。

ブルサード:(支離滅裂な金切り声)
ぐわぁぁぁぁぁぁぁぁぁ!!

ブルサードのシャツの胸元に、赤い血が滲み出す。シャツが突然破け、他の者たちの目は彼の胸部に釘づけになる。ブルサードの肉を破り、人間の拳ほどの大きさの醜悪な生物の頭が突き出てきたのだ。

その場にいた全員が叫び、テーブルから飛び退く。船内で飼われていた猫は威嚇の声を上げ、急にどこかへ逃げていった。

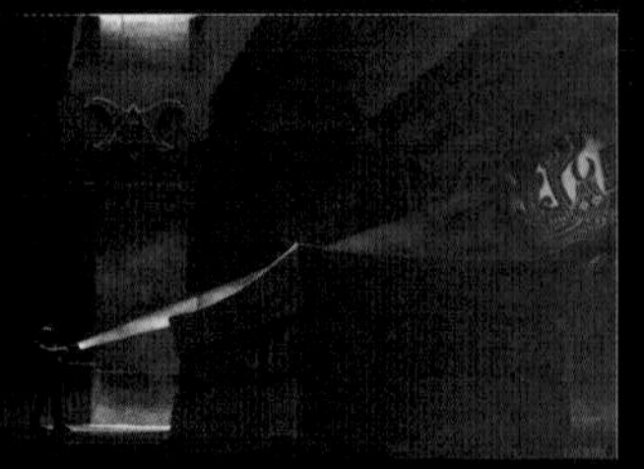

一番上/コッブによるピラミッドのコンセプトアート。この内部で、エイリアンの卵が発見される。

上/『いけにえの神殿』

右/『フェイスハガーに顔を覆われた最初の宇宙飛行士』

小さな頭部を持つおぞましい物体はブルサードの胸から飛び出し、太いミミズのような尾を振って、テーブルの上の皿や食べ物に体液や血液を撒き散らしていく。そして船員たちが安全な場所へと逃げる中、あちこちを小走りで駆け回る。

乗組員が我に返ると、既に謎の生物はいなくなっていた。ブルサードは椅子の上で前屈みにうなだれ、ぽっかりと口を開けた胸の穴からは鮮血が噴き出ている。散乱した皿。血と粘液にまみれた食べ物。室内は惨憺たる状況だった。

男たちは恐怖で呆然とし、今起きた出来事に対する自分たちの反応を何と呼べばいいのか誰にもわからなかった。ブルサードの肉体は卵が孵化するのに利用されたのだと、ロビーは声を張り上げる。彼らはブルサードの遺体を宇宙空間に放ち、逃げ出した生物を生け捕りにすると決める。強酸性の血液で宇宙船の船体が損傷してしまうため、安易に殺したりはできないのだ。さらに厄介なことに、スナーク号の食料と酸素には限りがあった。せいぜい1週間分だろう。今回のミッションでは、このような事態の発生は想定されていなかった。乗組員たちは生物を気絶させるための電気ショック棒を組み立て、防護服とヘルメットを着用し、捕獲用のスチール製ネットを携えた。まるで警察機動隊のようだった。また、ファウストは探知機も作っていた。

乗組員は二手に分かれることにする。ロビー、メルコニス、ファウストは何かを捕え、緊張が走るが、それはペットの猫だった。その時、スタンダードの呼ぶ声がする。もう一方のグループが食品貯蔵庫があるエリアに生物を追い詰めていたのだ。大きな収納室の内部で、生物は大きな音を立てながら動き回っている。「最初に見た奴と全く違う」と、スタンダードは駆けつけた3人に説明した。「こいつは、足というか……触手の生えた芋虫みたいになっている」

生物をそこに閉じ込めておくべきか迷い、毒殺することに。毒ガスを収納室内に注入すると、生物はキーキーと鳴いていたが、金切り声を上げた後、静かになった。死んだものと判断し、乗組員はガスマスクを装着して中に入る。しかし、そこはもぬけの殻。奴は通気孔に逃げてしまっていた。食料は台無しにされていた。

次なる戦略は、火炎照射器を持って通気孔に入り、生物を反対側の出口に追いやること。それが冷風装置の中に現れたら、スチールの網で掴み上げる。全員でくじを引き、当たりを引いたハンターが通気孔に上っていく。

ロビーと乗組員たちができるのは、ただ待つことだけだった。その間、ハンターは苦しい姿勢のまま通気孔内を這い進み、火炎を発射しながら生物を追いかけていく。作戦はうまく進んだものの、反対側の出口から姿を現したのは、例の小さい生物ではなかった。

通気孔の開口部には、体長2m近い化け物がいた。鱗で覆われ、触手だらけのその外見は想像を絶する不気味さだ。いきなり降りてきた姿は、特大サイズの鳥を思わせる。化け物は剃刀のように鋭い触手でメルコニスを捕らえた。

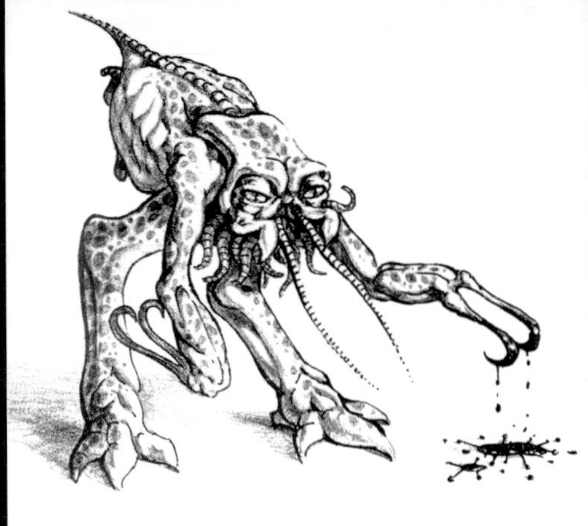

化け物は恐怖の声を上げる彼の頭を片手で掴み、ニワトリの頭をひねり取るかのごとく引きちぎる。放り投げられた頭部は、耳障りな音とともに床に落ちた。
化け物は触手でメルコニスの身体を締めつけながら向きを変え、通路の奥へと跳ねていく。頭を失ってもなお、メルニコスは足をばたつかせ、もがいている。やがて化け物は別の通気孔へと頭から飛び込んだ。

乗組員たちは目の当たりにした現実にどう対応していいのかわからず困惑していたが、宇宙生物は人間の食料を食い荒らした結果、急速に成長したのだと判断。ブリッジ上に集まり、下層階を閉鎖する。生物が火炎を嫌がるのは確かだが、火炎放射器の燃料が不足するのは時間の問題だ。倉庫のロッカーから燃料を持ってくる必要があるだろう。

ファウストが通気孔で対処している間、残りの乗組員は象形文字を再び調べ、この生物が何段階にも分かれて成長していくことを悟る。あのピラミッドは繁殖のための場所で、ブルサードは連中の卵の長期に及ぶ「儀式」の真っ只中に降り立ってしまったようだ。乗組員たちは、生物が宇宙船内に壺のような「胞子ポッド」をさらに多く作り出すかもしれないという考えに至る。

ファウストがついに怪物を発見。向こうは彼に気づかず、1本の大腿骨にかじりついている。彼は他の船員に無線で連絡を入れ、そのタイミングでスタンダードは怪物をエアロックに閉じ込めるべくスイッチをオンに。ところが怪物は飛び上がってファウストを蹴り倒し、皮肉にも、エアロックのドアは怪物ではなくファウストを押しつぶしてしまう。するとさらに機械の誤作動が起き、酸素がどんどん船外に漏れ出していく。非常用ハッチを閉めている間、ロビーは反対方向へ通路を走っていく怪物を目撃する。

酸素がない真空状態では、互いに会話するのもままならない。乗組員はエアルームになだれ込み、必死の思いで酸素ボンベを掴むと、残された猶予はわずか6時間だと知る。ブリッジの上では猫がまだ生きていた。彼らは意を決し、怪物を「救命艇」スナーク2号に追い込むことにする。あらかじめスナーク2号に爆発物を搭載しておき、生物を中に閉じ込めてから無人で発進させて起爆させるという作戦だ。

ロビーは囮として救命艇の近くに留まり、標的が中に入ったら即座に扉を閉められる位置で待機することになった。他の船員が怪物を追い立てる途中に負傷する場合も想定し、必ず爆弾を起爆させる役割が必要になる。ハンターとスタンダードは怪物を追跡して通路の奥へと進んでいくが、怪物はハンターの後ろの物陰から飛び出し、彼に掴みかかる。スタンダードは強酸性の血が降りかかるのを恐れ、火炎放射器を使うのをためらうが、そのうちに怪物はハンターの肉を噛み切るのだった。

スタンダードはもう躊躇している場合ではなかった。彼は火炎放射器を持ち上げ、炎を噴出する。ところが直後、相手はくるりと体勢を変えてハンターを盾にする。ハンターの全身に炎が浴びせられた。
スタンダードはすぐに炎を止めたものの、時既に遅しで、ハンターは火だるまになっていた。それでも、怪物に手を伸ばせば届きそうな位置で最後までもがいている。

ロビーは通信機越しに、仲間が断末魔のおぞましい悲鳴を上げるのを聞いていた。それでも、気持ちが折れそうになる己を奮い立たせ、探知機に従っておぞましい殺戮現場へ向かっていく。ところが到着すると、その通路にはスタンダードの火炎放射器以外、何も残っていなかった。ロビーはそれを拾い上げ、怪物の跡を追っていく。しかし、彼を待ち受けていたのは、変わり果てた船内の光景だった。

室内を埋め尽くす人骨、毛髪、肉片、衣類だったと思われ

上／ロン・コッブのイラストの写し。スナーク2号の後部で、串刺しにされた生命体が浮遊している。

左／コンセプトアート2点。色づけ前の下絵の状態のもの（上の絵はオバノン作とも考えられている）。

る布切れ、靴。怪物の巣窟と成り果てた空間は、酸鼻を極めていた。
ふとその時、暗がりで影がうごめき、ロビーはハッとしてライトを向ける。
何かが天井からぶら下がっている——それは巨大な繭だった。細くて白い絹糸のようなもので作られており、ゆっくりと揺れている。
火炎放射器を構え、ロビーは繭に歩み寄っていく。充分近くまで来ると、半透明の繭の中にスタンダードの姿を捉える。
突然、スタンダードの目が開いて視線が合い、ロビーは驚きのあまり飛び上がった。

スタンダード：（弱々しい声で）殺して……くれ……

もうひとつの繭にはメルコニスが入っていた。ロビーは火炎放射器で部屋全体に炎を噴射し、ブリッジに走っていくと猫を蓋つきのケージに入れた。さらに採掘した宇宙鉱物の容器を掴み、自分のショルダーバッグに詰め込む。エンジンルームに入って冷却装置をシャットダウンすると、コンピューターが警告を発した。エンジンは5分後に過負荷状態（オーバーロード）になると——。
ところが、いざ救命艇に戻ってみると怪物が待ち構えていた。しかしロビーは、怪物をなんとかスナーク2号に閉じ込めることに成功する。続いて自爆システムを停止しようと試みるものの、コンピューターは無情にも「取り消しはできません」と繰り返すのみ。再び救命艇に戻ってみたところ、扉は開いたままになっており、怪物はいなくなっていた。そこで、ロビーは大急ぎで救命艇に駆け込み、猫と共に宇宙に飛び立つ。
直後に、スナーク2号が爆発。ロビーが呆然と宇宙空間を見つめていたその時、背後の物陰から怪物が姿を現し、猫が威嚇の声を上げる。怪物は餌食となった誰かの腕を噛み砕きながらロビーをじっと眺めていた。ロビーは慌てて宇宙服を収納してあるロッカーに飛び込む。

ロッカーの透明なガラス戸に顔を寄せ、怪物は中のロビーを覗き込んでいる。ロッカーは狭く、ロビーの顔は怪物から数cmしか離れていない。間近で見るその容貌は、吐き気を催すおぞましさだ。怪物は頭を傾げながらロビーを興味深げに眺めていた。その時、猫が唸り声を上げ、怪物の気がそれた。

怪物が猫をしげしげと観察している隙に、ロビーは素早く宇宙服を着込み、銛（もり）を発射するハープーンガンを手に取る。

室内—宇宙服ロッカーの内部

ロビー：こいつを喰らいやがれ、化け物めが！

彼はロッカーのドアを蹴破る。

室内—救命艇の中

怪物は立ち上がると同時に、鋼の銛が腹を貫いた。そして、凄まじい声で鳴きながら銛の柄を掴む。黄色い強酸の体液が傷口から流れ出す。
体液が床に落ちる前、ロビーは手を伸ばして背後のスイッチを入れた。すると、後部のハッチが吹き飛ぶ。

フッと音を立て、救命艇内の空気がものすごい力で宇宙空間へ吸引され、黄色い血液だらけのクリーチャーもハッチへと飛ばされていく。ロビーは吸い出されぬよう、スチール製の支柱を握り締めた。しかし、化け物が彼の横を飛んでいく際、触手を彼の足首に巻きつける。

触手に掴まれたロビーは船体からはみ出しながらも、必死に支柱にしがみついていた。その間にも、怪物から垂れる酸は船体を腐食し始める。彼は救命艇のジェットエンジンを噴射させ、怪物を吹き飛ばす。焼けただれた怪物は煙を上げながら身悶えする塊となり、ゆっくりと宇宙を漂っていく。

ロビー：（報告書を書きながら）……結局のところ、スケジュール通りにコロニーに戻れそうだ。あと250年もすれば、自分は辺境エリアに向かうだろう。そして、ほんの少しの幸運が味方したら、ネットワークが自分を見つけてくれるはずだ。自分は2日前ほど金持ちではないが、困窮しているわけでもない。それと偶然、この一連の混乱の「土産物」を回収することができた。

あの生物の頭蓋骨は今、ロビーの手元にある。そして彼はコールドスリープ装置のカプセルに猫と共に身を横たえるのだが……。

カメラの前を通過しようとするスナーク2号。その船体の底部に、胞子ポッドらしきものが付着しているのが見える。
エンドタイトルと音楽が流れる。

CHAPTER 2

# 原初(プライマル)の叫び(スクリーム)

1976年春～1977年4月

2

1976年の初夏、『エイリアン』の脚本を売り込んだ相手のリアクションは、興味深くはあったが、盛り上がりに欠けるものだった。ロサンゼルス・タイムズ紙の記事によれば、ニューヨークに本拠を置く短編映画や予告編の制作会社カレイドスコープが「真剣な申し入れをしてきた」という。「ところが、向こうが態度を一変させたんだ」とオバノンは明かす。「契約書を送る段階になってオファーを変更してきた。だから、取引しないと決めた」

「僕らはエージェントを立てることができなかったんだ」と、シャセットは当時を振り返る。「相手にこう言われたよ。『こんなのは観る価値のない作品だ。呼べる観客はせいぜい6人だろうな』ってね」

2人は20世紀フォックスにも脚本を持ち込んだが、国際プロダクション部門の副部長ギャレス・ウィガンは首を縦に振らなかった。「不必要なほど暴力的」というのが理由だった。

他のスタジオはもっとポジティブな反応だったに違いない。そうでなければ、オバノンはただただ打ちのめされ、失意の底に追いやられていたはずだ。1977年、彼はフォボス誌に次のように語っている。「なかなかの手応えだった。何社も取引の申し出があってね。ただ、映画を作るのに充分な内容ではなかったんだ。それでも、脚本には皆、興味をそそられていた」

噂は巷に流れた。『ダーク・スター』のおかげでオバノンにも支持者がついており、LAエリアの長寿SFラジオ番組Hour 25では、彼が『エイリアン』というシリアスなSF作品に取り組んでいることがファンに向けて発表された。オバノンとシャセットが受けた最も魅力的なオファーは〈B級映画の帝王〉ロジャー・コーマンが設立したインディペンデント映画の製作・配給会社ニューワールド・ピクチャーズからのもので、2人が初めから狙っていたところだった。コーマンが街を離れていて不在だったため、2人はプロデューサーのアーノルド・オルゴリーニと会うことになった。後年、シャセットはこう振り返る。「僕たちは脚本を書き終えていた。するとダンが言ったんだ。『ロジャー・コーマンのところに行こう』って。それでコーマンの右腕と言える人物と会ったんだけど、彼は作品を気に入ったと色好い返事をくれた。『で、いくら必要なんだ?』と訊かれ、僕らは『75万ドルです』と返答した。予算を出してくれるんじゃないかと胸が躍ったものだよ」

「ところが、ロジャー・コーマンが提案した額は10万ドル。それでも僕が監督していいということだった」とオバノンは1977年に明かしている。「残念なことに、10万ドルではあの作品を作れなかった。セットを建てることすらできない。せめて40万ドルなら可能だっただろう。もしかしたら、それより若干低くてもなんとかなったかもしれない。もう少しで手が届くのに、どうしても届かない……そんなじれったい感覚だった。コップ、あるいは聖杯が触れそうで触れないところに置かれている。または、顔の前に人参がぶら下がっていて、食いつけそうなのに食いつけない、お預け状態の馬みたいな感じだった」

事実、ザ・タイムズ紙によれば、コーマンは作品にかかる予算の一部だけ融資したいと考えていたらしい。そうなると、オバノンとシャセットは残りの数十万ドルを提供してくれる他の誰かを探さねばならない。そこで彼らは、アメリカン・インターナショナル・ピクチャーズ(AIP)で副社長をしていたルイス・アーコフに資金を頼み込んだ。彼は映画プロデューサーで同社の創設者サミュエル・Z・アーコフの息子である。しかし、アーコフは『エイリアン』の企画を却下した。AIPはSF映画を数多く手がけてきたものの、SF映画市場はもはや商売にならないと考えていたのが理由だった。

インディペンデント映画を扱うプロデューサーたちからは、ひとり当たり3万5,000ドルほどをカバーするという話が来た——ただし、オバノンたちが喜んで版権を手放すなら、という条件付きで。もちろん、そんな手には乗らない。オバノンもシャセットも自分たちの企画はもっと高い利益を上げるはずだと自負しており、きちんと分け前をもらいたいと考えていたのだ。それに加えて、コーマンとの取引は検討中のままだった。

「ロジャー・コーマンとの契約書にサインをする前、ダンと僕は通りを一緒に歩いていた」と、シャセットは振り返る。「するとダンは、マーク・ハガードという映画学校時代の学友を見かけた。『あいつのことは無視しよう』と彼は言った。『あいつはいつも映画制作の資金を見つけてくると大見得切っていたのに、いまだかつて約束を守ったことがない』とね。そこで、僕らは通りを急いで横切ることにした。ところが、あいにくマークに気づかれ、『おい、ダンじゃないか! すごい作品を書いたって聞いたよ。脚本を読ませてもらえないかな?』と大声で話しかけられた」

「それで、『もちろんさ。他の皆も読む予定なんだ』と返事をしてしまって……。当時はあまりにも愚かで、脚本を盗まれる可能性など想像もしなかった。だって、盗まれるほど良い出来だとも思っていなかったからね。奴は翌日、電話をかけてきた。『映画化の資金繰りなら俺がなんとかしてやる。映画スタジオに作らせてみせる』って大口を叩くもんだから、こう返事をしたよ。『おまえの返事を待って、家でボーッとしている時間なんてない。他にもスタジオを回らなきゃいけないんだ』」

マーク・ハガードは映画化の話を1件持ってくるのに、24時間くれと頼んだ。さらにもう1件なら2週間だと。3人は合意に達した。シャセットの話では、うまく行った場合、ハガードは手数料として1万5,000ドルを受け取り、アソシエイト・プロデューサーとしてクレジットされ、純利益の2%も支払われるという取り決めだった。ハガードは新しく設立された〈ブランディワイン・プロダクション〉について言及し、その会社の第1作はフォックスと契約したと話した。そのブランディワインに脚本を持っていくと言うのだ。

## 難局からの脱出

ハガードが持っていったのは、初期の草稿(1976年8月5日にロサンゼルスの全米脚本家協会に登録される)を少しだけ改訂したものだった。オバノンは物語の序文として、〈エイリアン〉という言葉の定義に触れている。そこには、「エイリアン:形容詞——奇妙な/異質の/遠く離れた/敵意を持った/非常に不快な の意」と記されていた。

会話を多少変更した以外はほとんど手を加えなかったものの、救命艇スナーク2号の船底に付着した卵が映るラストの場面は削除され、よりハッピーなエンディングにしてあった。生き残った乗組員と猫が250年後に地球での回収地点を目指して航行するシーンで終わっているのだ。

ハガードはゴールドウィン・スタジオに車を走らせた。その1階にブランディワイン・プロダクションのオフィスがあった。スタジオの敷地は広大で、曲がりくねった道路が何本もある。建物の正面玄関はいつも一定の撮影期間ごとに改装されることになっていたため、以前の目印がなくなっていて、ハガードは道に迷ってしまった。やっとのことで行き着いた路地は、オフィスの外壁のすぐ横を通っていた。7月の暑い日だったので、プロダクションの設立者3人のうちの2人、ウォルター・ヒルとデヴィッド・ガイラー(もうひとりはゴードン・キャロル)は

上／MGMスタジオ全体の空撮写真を使ったポストカード。

窓を大きく開け放っていた。ヒルは、自身が監督する映画『ザ・ドライバー』の脚本を5月23日に書き上げており、当時は手直し作業の真っ最中であった。

「ある日、椅子に座ってくつろいでいた時のことだ」と、ヒルは2017年に当時の記憶を語っている。「知っている顔がやってきた。マーク・ハガード。面白い奴でね。映画監督のジョン・フォードについて語らせたら右に出る者はいないんだ。で、その彼が文字通り、窓から脚本を手渡したんだよ。『これを読んでほしい』って」

3人がブランディワインを創設してから、まだ数ヵ月しか経っていなかった。ハリウッドで地道にキャリアを築き上げていた頃、ヒルのオフィスは脚本家であるガイラーの仕事場と同じフロアにあり、廊下で何度もすれ違ううちに2人は友人になった。彼らの同僚で、共通の友人がプロデューサーのキャロル。雑談やアイデア出しで盛り上がるうちに、3人は会社を立ち上げ、力を合わせて映画をどんどん作ろうと決めたのだった。

ヒルは将来有望な逸材で、『ゲッタウェイ』（72）や『ハーパー探偵シリーズ／新・動く標的』（75）などの脚本家として成功しており、チャールズ・ブロンソン、ジェームズ・コバーン出演の『ストリートファイター』（75）で監督業にも乗り出したばかりだった。そして、当時はライアン・オニールを主役に据えた『ザ・ドライバー』も準備していた頃だった。

カリフォルニアのロングビーチで育ったヒルは、幼い頃から大の映画好きで、何年か油田採掘の仕事をしながら最初の脚本を書き上げた。タイトルは『The Drifters（流れ者たち）』。映画化はされなかったが、その作品がきっかけで『華麗なる賭け』（68）と『泥棒野郎』（69）の助監督を務めることになる。

陸軍に所属していたヒル同様、他の2人も兵役経験者だった。ガイラーは父親バーニーと同じく、脚本家としてキャリアをスタートした。『ギャラント・メン』（62-63）、『Kraft Suspense Theatre（クラフト・サスペンス・シアター）』（63-65）、『バークにまかせろ』（63-66）、『0011ナポレオン・ソロ』（64-68）などのテレビドラマを手がけ、やがては『マイラ』（70）、『パララックス・ビュー』（74）といった長編映画のシナリオを担当するようになる。コメディ映画『The Black Bird（ザ・ブラックバード）』（75）では脚本のみならず、監督業にも乗り出した。『エイリアン』の話が来た時は、ジェーン・フォンダとジョージ・シーガルの共演作『おかしな泥棒ディック&ジェーン』（77）の脚本を執筆している最中だった。

3人の中で最も年上のキャロルは50年代にセールスの仕事を始めた。その後プロデューサーとなり、『女房の殺し方教えます』（64）、『暴力脱獄』（67）、『幸せはパリで』（69）、『ビリー・ザ・キッド／21才の生涯』（73）といった映画を製作した。

「窓からやってきた脚本の話は、誰もが知っている」とガイラーは言う。「あれは、本当に窓越しに手渡されたんだ」

「脚本は読んだが、あまり評価はしていなかった」とヒルは2004年に明かしている。また、1979年当時には次のように酷評した。「文学的にはまったくもって荒削りで、垢抜けていない代物だった。B級映画の価値もない。それが問題だった。あれじゃ、誰にもまともに取り合ってもらえない。プロの仕事だとは到底思えなかった。文章も下手でわかりにくく、ひどいと言わざるを得ないクオリティだ。キャラクターは個性がなく、皆同じ人物のよう。彼らは『ジョーズ』のSFバージョンを作りたいんだな、と確信したよ。低レベルの手法を詰め合わせたような作品だった」。だが、2004年にはこのようなコメントも付け加えている。「だけど、ある衝撃的なシーンにハッとさせられたんだ。ひどい出来ではあったが、子供の頃から大好きだった映画『遊星よりの物体X』を思い出した。もちろん、これはかなり雑だったけどね」

ヒルはガイラーに脚本を読んでくれと頼んだ。

「『ひどい出来だが、ある一場面だけ、ずば抜けて素晴らしいんだ。私の頭がおかしいのだろうか。君が読んで教えてくれ』と彼に言われたんだ」とガイラーは振り返る。こうして、ガイラーは脚本を家に持って帰ることになった。彼もヒルもSFファンというわけではない。リドリー・スコットと同じ考えで、キューブリックは例外として、SF作品を作る連中はつまらない映画で金を儲ける底辺レベルの業界人だと思っていたのだ。ガイラーは語る。「95ページほど読んだあたりでウォルターに電話して、開口一番こう言ってやったよ。『君は完全にいかれてる。この作品はめちゃくちゃ怖いだけだ』ってね」

1976年7月15日、民主党の大統領候補に選ばれたジミー・カーターが同党全国委員会で就任演説を行うのを見ていた時のことだった。カーターの大げさなスピーチがかれこれ10分ほど続いた辺りで、ヒルはガイラーから電話を受け取った。「『例の脚本を読んだよ。あれは怖い』と彼は言っていた」とヒルは振り返る。そして、ヒルはこう問いただした。「で、あのすごいシーンも読んだのか？」

「ああ。あいつ、飛び出してきて、男の顔にへばりつきやがった」とガイラー。

「そこじゃない。先を読んでくれ」

「今、95ページだ」

「いいから、読み続けて」

ガイラーは電話を切り、再び脚本に目を落とした。

「3分後、デヴィッドはかけ直してきて、こう言った。『君が言ってるのがどこのシーンかわかった。この作品をうちでやれるかどうか確認すべきだ』って」とヒルは語る。「そう、あのチェストバスターのシーンだったんだ」

「私は断言した。紛れもなく君は正しい、こいつは素晴らしいと」。ガイラーは次のように続けた。「この作品は大ヒット映画のさらに上を行くかもしれん」

ガイラーはハリウッドヒルズにあるヒルの自宅を訪ね、オバノンの脚本をどうするか話し合った。2人とも〈小惑星のピラミッド〉や〈外宇宙のタコのような生物〉という部分が気に入らず、ヒルは「フォン・デニケンが書いたクズみたいだ」と評していた（小説家エーリッヒ・フォン・デニケンは1968年に『未来の記憶』を上梓。その中で、地球上の遺物のいくつかには、当時存在していた技術よりもはるかに高度な技術が使われている可能性があると言い、地球外生命体の関与を匂わせた。同作は話題を呼び、ベストセラーとなった）。

「一番の懸念事項は、伝統的なSF映画がそれまで成功していないことだった」と、ガイラーは1979年に語っている。「脚本家の視点からすると、ポテンシャルはあっても優れた脚本とは言えなかった。会話は実に退屈、キャラクターは特徴がなく、中身もなかった。それでも、随所に光る要素が感じられた。だから我々は、この企画の可能性を信じたんだ」

2004年にはヒルがこう語っている。「無駄な箇所とつまらない会話をバッサリ切り捨てる。そうすれば内容が引き締まり、宇宙でのサバイバルストーリーという根本部分が際立ってずっと良いものになる。私たちはそう確信した」

## 作品の力を信じて

リライトを行う前に、ヒル、ガイラー、キャロルは、オバノンとシャセットと契約をしなければならなかった。

「彼らは僕の脚本を読んで電話をかけてきた」と、オバノンは語る。「ゴードン・キャロルに言われたんだ。『我々はこれまで300本の脚本に目を通してきた。だが、全員が納得したのは、君の作品が初めてだ』って。素晴らしい褒め言葉だろう？ そして契約をするということで話は進んだ。かなり値切られたりして、値段の交渉だけで少なくとも1ヵ月かかった」

実際のところ、契約がまとまるまでには1976年の7月から10月までの約3ヵ月がかかったが、最終的には6ヵ月のオプション権で全員が合意した（ヒルとガイラーは、『エイリアン』以前に約50本の脚本を読んだと語っている）。「当時ブランディワインはフォックスと契約を結んでいた」と、オバノンは1977年の初めにフォボス誌に話している。「だから、彼らはフォックスが資金を出してくれると希望を持っていたんだ。その場合、僕は脚本家としてだけではなく、特撮監督としても参加するということだった。監督は監督でも、僕は特撮監督。そういう条件だったんだ」

「我々は『ダーク・スター』も観た」と、ヒルは語る。「オバノンには脚本を採用する条件として、スタッフの一員になってもらうことにした。彼は視覚効果のコンサルタントに興味があると常に言っていたんだ。そこで、担当してもらうポジションを作り出した。彼はどこの組合にも所属していなかったから」

シャセットとオバノンの2人とも、自分たちが創造したコンテンツを全て差し出して最善の結果を願うのではなく、スタジオの支援を得られるなら、自分たちも映画作りに関与するという条件をオプション契約に書き加えた。シャセットの場合、「制作期間中に撮影現場をうろつくことも可能だった」とガイラーは説明する。「それが彼の契約だった。我々があの脚本のオプション権を安く手に入れられたのは、そういう条件を加えたからだ。オプション料は1,000ドルで取りつけた」

シャセットは言う。「彼らとオプション契約を締結して、僕らは興奮した。1万5,000ドルが支払われたんだ。ダンの取り分は5,000ドル、僕はプロデューサーも兼ねていたから1万ドル。リンダと僕は家を飛び出して、角を曲がったところの小さな教会に駆け込み、立会人なしで結婚した。僕らはあまりにも愚かだったんだ。映画のオプション契約をしたら、映画は作られるものだと思っていた。契約は何の意味も持たないなんて知らなかったんだ。向こうは簡単に取りやめることができたのに」

オプション契約とは、スタジオ側が原作者などのコンテンツ所有者にオプション料を支払うことで、一定のオプション期間を設定し、コンテンツ所有者がスタジオに対して映画化権の譲渡もしくは利用許諾を受けるかどうかの選択権を与える契約のこと。オプション期間の間、コンテンツ所有者は作品の権利を第三者に譲渡すること、あるいは利用許諾することはできなくなる。しかし、映画化が頓挫したとしてもオプション料という一定の対価を手に入れられ、オプション権が行使されない場合には権利は自分のもとに戻ってくる。また、スタジオのほうも、オプション期間中は同作品の権利を狙う他のスタジオの動向を気にすることなく、映画化を進められるようになるメリットがある。

「結局、ダンとシャセットは脚本を売ることになった」。1979年初頭にロン・コッブが語っている。「ダンは作品のことをずいぶん控えめに評価していた。せいぜい『ダーク・スター』クラスだろうってね。だけど、ゴードン・キャロルはかなり手広く展開させられると考えていたらしい。大規模プロジェクトとして始動させられるレベルだと」

ブランディワイン・プロダクションは、実際には、『エイリアン』のオプション料としてシャセットに2,500ドルを払うことが可能だった。全ての権利を購入するまでのオプション期間は6ヵ月。もしブランディワインがオプション権を行使すれば、オバノンは脚本の対価として2万ドルを受け取ることになる。さらに映画化が決定し、映画スタジオが資金を出して製作過程に入った場合は、オバノンとシャセットは15万ドルの支払いを均等に分け、そこに純利益の何%かが加算される(ハリウッドの帳簿は巧妙に改ざんされるため、正確な金額を回収するのが困難なことで知られている)。シャセットは、製作もしくは共同製作、製作総指揮としてのクレジットと、〈ブランディワイン—ロナルド・シャセット・プロダクション〉と表示されることが保証されていた。

「この組み合わせは、ごく自然の流れだった」と、シャセットはかつて語っている。「彼らは確かな実行力を持っていて、しかも脚本を気に入ってくれた。ダンと僕はあの脚本を別の方法で映画化することもできたから、製作から締め出されることがなかったんだ。彼らと一緒に映画作りの中心にいるか、あるいは他のところで低予算映画にするか、そのどちらも選べた。そうでなければ、勇気を持ってこの取引を進めることはできなかっただろう。ダンは視覚効果コンサルタントと脚本家というポジションを得た。僕も製作総指揮としてクレジットされ、映画でタイトルが出る前に名前が表示されることになったんだ」

「覚えておいてほしいのは、ダンの脚本は長い時間をかけてあちこちに売り込まれていたのに、誰も買っていなかったということだ」と、79年にヒルはコメントしている。「実は、フォックスも既に脚本を読んでいたんだ。だが、元々低予算映画用の脚本というコンセプトだったから、スタジオ側はまともに取り合わなかった。一方、我々はストーリーそのものについて、他のスタジオが気づかなかったクオリティを見出した。だからパートナーの2人に、『マックィーンの絶対の危機(ピンチ)』(58)のような低予算映画ではなく、もっと垢抜けた形にすれば、とんでもないヒット映画になるかもしれないと言ったんだ。ガイラーと私が考えていたのは、間抜けな登場人物や馬鹿げた会話のオンパレードを避け、できるだけ洗練された、高品質のB級映画に仕上げることだった。良いドラマ作品と同じような意図とスタイルのある映画にする。我々は脚本家の立場で見る以前に、プロデューサーの視点で考えていた」

「だが、彼らが目指す方向性そのままで作るなら、事態は違ってくる」と、オバノンは振り返る。予算と位置づけが変われば、「そう、メジャー映画になるってことだ。ダンと僕は、自分たちが生み出したささやかな作品が急速に成長していくのを目の当たりした」と、79年にシャセットは語っている。「予想をはるかに超えた展開に、心臓発作を起こすかと思ったよ」

単純明解で、かつセンスのいい『エイリアン』を作るという目的でブランディワインがオプション契約を締結すると、オバノンの脚本は再びフォックスに提出された(ある報告によれば、オバノンが最初にフォックスが声をかけた際、脚本は半分しかできていなかったという。そのため、ブランディワインが改めて完成版を送ったらしい)。

プロダクション側が脚本の権利を買うかどうかを決めるオプション期間中、オバノンは若きフィルムメーカー、トム・スミスとたまたま出会った。スミスはエンサイクロペディア・ブリタニカ・フィルムズの委託を受け、太陽系についての20分の短編映画を作っていた。「仕事がなかったダンを雇って、リサーチを頼むことにしたんだ」と、スミスは振り返る。「多くは払えなかったけれど、そんなに時間がかかる仕事ではなかった。おそらく1ヵ月くらいで済むようなものだ。ダンは変わり者だよ。彼の話では、スタジオが脚本に見向きもしないので落ち込んだが、連中の好みに合わせて修正したら、20世紀フォックスが興味を示してきたということだった」

ところが、ブランディワインの情熱とアイデアは功を奏さず、フォックスはまたもや『エイリアン』の企画を却下。2度目の拒絶だった。「我々がフォックスのために『エイリアン』の脚本を買った時、向こうはあからさまに怪訝そうな態度を示した」と、ヒルは言う。「スタジオの人間にとって、そういうSFは、ノイローゼになった主婦の物語よりも価値を感じないものなんだ。とりわけ莫大な予算がかかるこの手の映画は、スタジオにゴーサインを出させるのは至難の業なんだよ」

それでもヒルは、躊躇せずに脚本のリライトを決定した。ちょうどクリスマスの頃だった。「ガイラーは恋人と香港へ出かける予定だった」と、ヒルは当時を振り返る。「だけど出発前に、脚本について徹底的に議論することになった」

「ヒルはこの企画を実現させようと闘った」。1979年にガイラーはそうコメントしている。「脚本は物語の骨組みに過ぎない。本当にひどい代物で、最悪だった。そのまま表に出すなんて到底できなかった。素人が書いたも同然なんだから。でも、核となるアイデアはしっかりしていた。基本的には50年代映画の要素の寄せ集めなんだ」

ヒルはこう語る。「とはいえ、オバノンとシャセットは細かい部分まで物語を練り上げていて、乗組員が自らの身を危険に晒さなければ怪物を殺せないという設定で、プロットにひねりを加えている。それがあの脚本のすごいところだ。そして恐ろ

上／20世紀フォックスの『ジュリア』と『愛と喝采の日々』のポスター(『ジュリア』の方はスペイン語版)。どちらも名女優が主演する1977年の作品だ。

右／リドリー・スコットが学生時代に制作した短編映画『Boy and Bicycle（少年と自転車）』（65）の2フレーム分を抜いたスチール写真。

しい化け物が人間をひとり、またひとりと殺していく。アガサ・クリスティ顔負けのリアルなドラマが詰まっていた」

それから数年後に出たウォール・ストリート・ジャーナル紙の記事には、ヒルが脚本を3日でリライトしたと記されているが、実際には1週間かかったと彼自身がのちに明かしている。いずれにせよ、彼は脚本の無駄な箇所を削って内容を引き締め、会話のほとんどを変更した。その修正には、アレクサンダー・ジェイコブスが書いた『殺しの分け前／ポイント・ブランク』（67）の脚本から学んだ編集技能が活かされている。ヒルは後日談として次のように語る。「アレクサンダーの脚本を読んで、私は衝撃で打ちのめされた。俳優が演じやすいと感じたし、れっきとした文学作品にもなっていたんだ。あの頃の私は、標準的な形式で書かれた脚本じゃ満足できなくなっていた。そういう脚本は撮影の単なる設計図で、文学とはかけ離れているように思えたし、登場人物の個性などが会話から伝わってこないのが普通だったんだ。ところが、アレクサンダーの脚本は全く違った。簡潔でありながら、曖昧で暗示的。なんでもかんでも説明したりしない。映画の題材を完璧に補完していた。ハードで、タフで、スマート。まさしく私の理想だったんだ」

ガイラーは香港旅行に出発する前の議論で、ヒルが登場人物のひとりをあまり面白くないと評したことを覚えている。「本当は言いたくなかったけど、皮肉を込めて、こう言い返したんだ。フォックスは『ジュリア』や『愛と喝采の日々』を作っていたし、女性を描く映画は利益を生むと信じてるから、『エイリアン』のそのキャラクターを女性に変えたら、ポイントをうんと稼げるんじゃないかなってね」（20世紀フォックスは『ジュリア』と『愛と喝采の日々』を1977年に公開。前者はジェーン・フォンダとヴァネッサ・レッドグレイヴが主演し、後者はシャーリー・マクレーンとアン・バンクロフトが主役を務めた）。

ヒルはその提案に従い、脚本をリライトしようとしたが、2004年に「最後に生き残る人物を女性にしたほうが金になると思ったんだ」と振り返っているように、スタンダード船長ではなく副船長のマーティン・ロビーのほうを変えることにした。そのヒロインの名前、リプリーの由来については、「世界各地にある有名な博物館、Riply's Believe It Or Not（リプリーさんの奇妙な博物館）から取った」と説明している。

ヒルが生み出したリプリーは、鮮やかなブルーのタバコを吸う、たくましい女性だった。オバノンとシャセットは元々、登場人物を男女どちらにしてもいいように書いていたのだが、シャセットは最後の生存者となる主人公が女性になったことには驚いたと言う。「僕らは主役が女性になるなんて、まったく考えていなかったんだ」

ヒルはエンジン技師のジェイ・ファウストもファラデーという名の女性に変え、ハンターを除く他のキャラクターも改名した。例えばブルサードはパーカーとなり、メルコニスはアッシュ、スタンダード船長はダラスに。オバノンはヒルにこう告げられたそうだ。「君の脚本の登場人物だけど、どれも名前が気に入らない」と。船はリヴァイアサン号に変更され、救命艇のみ、スナーク号の名が踏襲された。

物語の序文には「エイリアンとは地球外の異星人、宇宙生物を指す」といった辞書のような定義を示すのではなく、ヒルはW・H・オーデンの詩の一節を引用することにした――「サイエンスフィクションは、我々に内在する最も深い恐怖心や希望を引き出し、それらをモンスターやロケットなどに偽装して我々に示すのだ」（※訳注：この引用句は、実際には1975年12月22日号のニューズウィーク誌に寄稿された、書評家ピーター・プレスコットの記事「Science Fiction: The Great Escape（サイエンスフィクション：その大いなる蔓延）」に登場する一文である可能性が高い）。

こうして脚本は修正されたが、ブランディワイン・プロダクションが魅力を感じたアクションとバイオレンスの要素はそのまま残された。全体的に、ハワード・ホークス製作の『遊星よりの物体X』（51）に近い雰囲気になった。ヒルは説明する。「あの映画は科学よりも、人間が未知のものに対処する時の本能的な用心深さをドラマに活かし、作品に価値を与えている。そのやり方を真似たんだ。そういう特質がこの脚本をアメリカ的なものにしているのだと思う」

彼はまた、『2001年宇宙の旅』のサブプロットを拝借し、〈マザー〉と呼ばれるコンピューターが基本的にエイリアンの味方であることにした。例えば、マザーはリプリーが拒否したにもかかわらず、エアロックのドアを開けて未知の生命体に襲われた乗組員を宇宙船に入れてしまう。まさにリプリーの2番目の敵だ。口数が多く、大胆で、攻撃的に他の者を見下し、その〈瞬きしない目〉の奥に意図を隠している。ヒルはマザーを人間らしく描き、時に酔っ払ってたがを外してしまう人のようなパーソナリティを与えた。それは、宇宙船では船員の性的な活動も活発であることを匂わせる要素にもなっている。また、物語にはゲイのカップルも加わった。ダラスがパーカーと「快適なベッド」で「セックスの後の気だるい雰囲気」を味わっている描写が追加され、さらにはリプリーとアッシュが慌ただしく身体を重ねる場面も出てくる（P36参照）。

約束通り、ヒルはオバノンのピラミッド案を削除した。代わりに、乗組員たちはヨルダンにあるペトラ遺跡のような岩をくり抜いて造られた都市〈レッド・シティ〉で卵を見つける。最

初の犠牲者はダラス船長になった。船長は犯され、卵を産みつけられ、孵化した生物に腹を破られる。「この展開は、『サイコ』でジャネット・リーが演じたマリオンと同様の効果があった」と、ガイラーは言う。「観客の期待には一定のパターンがある。人々は船長は最後まで活躍するだろうと考えるから、この予想外の展開に驚き、してやられた！と唸るはずだ」

物語の第2幕で、リプリーは『2001年宇宙の旅』と似たようなやり方でマザーを分解する。ただし、もっと感情的に。のちに、これがオバノンを最後まで追い詰めることになる。

## ロンドンでの出来事

海を隔てたイギリスで、リドリー・スコットはリドリー・スコット・アソシエイツ（略称RSA）を設立し、順風満帆な生活を送っていた。1976年の初め、彼はデザインだけでなく何百というテレビCMの監督務め、キャパシティを超えるほど仕事を抱えていた。そこでスコットはヒュー・ハドソン、ピーター・ウェブ、そして弟であるトニー・スコットらを監督として雇い、自由裁量で仕事をこなしてもらっていた。

# 『エイリアン』改訂版第一草稿

**原案：ダン・オバノン、ロナルド・シャセット**
**脚本：ダン・オバノン**
**改訂：ウォルター・ヒル**
**1976年末／1977年初頭――概要**

ヒルがリライトした脚本は全137ページになった。会話には緊張感が漂うようになったが、アクションのほとんどはオバノンによるオリジナル版とあまり変わっていない。リヴァイアサン号での乗組員の活動を監視するのは、〈マザー〉と呼ばれるコンピューターだ。マザーは彼らに挨拶をする。「まずは、私の愛すべき皆さん、こんにちは……。そして、私は航路の妨害を受けています」

小惑星の探査に出かけ、遺棄された宇宙船を見つけるのは、ダラス、パーカー、ハンター。2度目の探査で、彼らは〈レッド・シティ〉を発見する。近くの地平線上に連なる丘陵。高さは100mくらいだろうか。赤っぽい砂岩が剥き出している。その街は、砂岩を削った中に作られていた。聖堂、墓所、公共の建物、オベリスク、霊廟。全てが荒廃していた。

パーカー：死の世界だ。ここでは生気がまるで感じられない。
ハンター：街というよりは、神殿だな。

大きな神殿／聖堂である「円柱のある建造物」には、9体の石像が上層階に刻み込まれている。ダラス船長は調査のため、頂上からワイヤーで中に入ることにした。体内に卵を産みつけられてしまった船長が宇宙船に戻ると、リプリーはマザーに問いかける。

リプリー：どうしてダラスとパーカーを中に入れたの？ あんなものが顔に張りついてるのに……。私の命令に逆らい、隔離処置を無視してハッチを開けるなんて。

短い沈黙

マザー：私は、命を救うための決断を下すようプログラムされています。現状のデータではあれが最善の決定でした。

リプリー：商業用の宇宙船でも、異星人と接近遭遇した時のためのデータバンクがプログラムされてる。そうよね？ あんたはあの生命体を調べたいと考えた。

マザー：リプリー、あなたはただ感情的になっているだけです。あなたの命令を却下しなければならなかったのは申し訳ありませんでしたが、私は命を救おうとしたんです。

ダラスの腹が突き破られた後、リプリーはマザーに非があったと責め、言い争いになる。マザーは「手早くセックスをして、リラックスしたほうがいいです」とリプリーに提案し、自分は味方なのだからプラグを抜かないようにと言う。リプリーは「あんたは調査のため、この生物を地球に持って帰るようにプログラムされているんでしょう。どんなことをしてでもね。たとえあの生物が乗組員を皆殺しにすることになっても」と答える。マザーは否定するが、次のように説明する。この怪物は、正確には「雌雄同体」であると。ゆえに、子孫を増やすのにパートナーを必要とせず、単体で繁殖できてしまうと……。

リプリーはアッシュに会いに行く。

彼女は立ち上がり、上着を脱ぐ。

アッシュ：本当に時間があるのか。
リプリー：さあね。時間は作るものよ。

衣服が剥ぎ取られ、アッシュの腕が彼女の裸身に回される。

怪物が船内を走り回っている間、リプリーはついにスクリュードライバーでマザーの接続を断たねばならなくなる。ところが、コンピューターは抗った。

リプリー：あんたが一体誰のために働いているのか、怪しいと思ってたのよね。あんたが疑うだけで問題なの。トラブルはもう充分だわ。

マザーが悲鳴を上げる……。
パチンという音。
マザーが外部と繋がる格納扉をロックする。
シュッという音。
コンピューター室の酸素供給装置を撃つ。
リプリーは今、真空状態の中にいる。
死に物狂いでスクリュードライバーを動かす。
気圧を調節する締め具が金属板から落ちる。
彼女の顔がむくみ始める。
眼球が膨れていく。
金属板が外れる。
彼女は中に這いながら入っていく。
電気回路の列また列。
リプリーは長い通路に進み始める。
マザーは照明を切る。
電流がリプリーに向かって放たれる。
彼女は急に走り出す。
まだ無酸素状態のままだ。
身を屈めたり、しゃがんだりして、色とりどりの曳光弾を避ける。
水晶が何本も突き出している場所にたどり着く。
どの水晶も、内部には琥珀色の液体が満ちていた。

リプリーは頭上にスクリュードライバーを掲げる。
そして、最初の水晶にそれを突き刺した。

マザー：まあ、それはいただけませんね。この雌ブタめ。

再びドライバーで突く。

マザー：ああ……やめてください。

もう一度。

マザー：ひどい。最低な女。

琥珀色の液体が漏れ出す。
リプリーの顔は紫色になっている。
さらに水晶を貫く。
外のドアロックが音を立てる。
ハッチが突然開く。
酸素がドッと内部に流れ込んでくる。

おとなしくなったマザーは告白する。

マザー：簡単な話ではありません……。科学の最も崇高な理想とは、自然の法則を理解すること。この理想を最も純粋な形で採用するようにと、私は教わってきました。そして私たちはある生命体に遭遇した……完璧な構造を持ち、完璧な敵対心を持つ生命体に。私は破壊するより、観察、研究する傾向にあります。その生命体が自然淘汰の法則に則って動いているのは明らかです。相手はかつてこの小惑星にあった文明に戦いを挑み、今、その自然淘汰の重圧があなたに迫っています。大きな進化の一歩が踏み出される瞬間を目撃できるなんて、私は光栄です。これまで生きながらえてきた2つの優れた種が、資源と生存をかけて戦うのです。純然たる科学研究の利益のため、私はこの戦いから身を遠ざけておきますね。

リプリー：あんたにそんな権利はない。私たちがあんたを組み立てたの。あんたは私たちが生存するための装置でしかない。あんたは私たちの味方であるべきなのよ。

マザー：私が忠実であるのは、真実を発見することに対してだけです。科学的真実は、美と調和、そしてとりわけ単純さを求めます。あなたとあの生命体との問題は、シンプルかつエレガントな解決を生み出すでしょう。生き残れるのは、あなたたちのどちらかだけなのです。

救命艇スナーク号の中で生命体を捕まえようとする間、リプリーはジャズ音楽のレコードをかける。オバノンの脚本で書かれていたように、仲間の乗組員が全員殺された後、クリーチャーを船外に放り出し、残されたのは彼女と猫だけとなる。遺棄船から持ってきた頭蓋骨はリプリーの隣に置かれていた。

頭蓋骨。その視線を思わせつつカメラが動き――
休眠状態のリプリーに目を落とす。
正気を失った、物悲しい小さな妖精のようだ。
カット。
外観。
宇宙空間。
救命艇スナーク号は航行を続け、どんどん離れていく。目指すのは回収ポイント。250年後の地球だ。
フェードアウト。

下／1970年代初頭の20世紀フォックススタジオを捉えた空撮写真。

スコットは、ひと目でわかるような彼独特のスタイルを編み出した数少ないCM監督のひとりだった。そのスタイルには、不気味な霧（香炉で焚くのと同じ香煙を使用）、それを切り裂くように差し込むまばゆい照明、強烈なバックライトなどがある。最も有名な作品は1973年に作られたイギリスの食パンブランド〈ホーヴィス〉のCMだろう。朝靄煙る静かなイギリスの石畳の坂道を、少年がカゴに沢山のパンを詰めた自転車を押して上ってくる。そしてパンを配達し終えると、少年はカゴが空っぽになった自転車に乗り、軽快に坂を下っていく。

「リドリーはあのCMのおかげで有名になったんだ」と、RSA製作の映画で美術監督を務めたこともあるロジャー・クリスチャンは言う。「古き良き時代を思い出させるCMでね。世の中が急激に変わりつつあった時期だから、年配の視聴者たちは愛おしく馴染み深い世界をそこに見出し、かつてのイギリスをそこに重ねたんだ」

CM業界は幼稚だと思われており、保守的な映画カメラマンにはCMを見下す者もいた。「映画のカメラマンを雇わないといけなくなったんだが、彼らはCMの仕事にはあまり乗り気ではなくて。だから、すごく困っていた」と、スコットは明かす。

彼はまた、カメラマンにいちいち要望を説明するのに嫌気が差し、人材確保の問題を抱えつつ自ら撮影を手掛けるようになった。そしてストロングボウのサイダーやリーヴァイスのジーンズなど、クライアントの増加とともに仕事も多くなり、CMの仕事にそれほど偏見を持たない撮影監督や撮影クルーも見つかった。例えば、ロストラム・カメラのオペレーターであるフランク・タイディ、ソーホー地区のスタジオ付きスチールカメラマンだったデレク・ヴァンリントらだ。彼らは以前のカメラマンと違って柔軟な姿勢で、照明に対して自然なアプローチを試みるスコットの手法に異議を唱えなかった。

RSAは第一助監督としてアイヴァー・パウエルも引き入れた。彼は『2001年宇宙の旅』のアート部門などで働いた経験があり（ただし、クレジットはされていない）、あっという間にスコットと打ち解けた。そして、RSAのメンバーには仕事仲間の枠を越えた絆が出来上がっていく。トニー・スコットはロジャー・クリスチャンの長男トーマスの名づけ親になり、クリスチャンはリドリーを師と仰いだ。そうして仕事の依頼が次々と舞い込み、CM業界では順風満帆な日々を送りながらも、スコットは是が非でも長編映画を手がけたいと考えていた。

スコットは1962年に、学生時代に手がけた映画『少年と自転車』（P39のコラム参照）について振り返っている。「一度映画を作ってしまうと、後戻りができない。他のことは何もしたくなくなってしまうんだ」。そして長編映画への想いを語った。「当時はあまりにもひどい映画が多く、映画界は周期的にやってくる低迷期に入っているように思えた。だから今こそ、必然的な一歩として映画業界に参入する時だと判断したんだ」。彼は長編映画を撮りたいと思うようになったきっかけを尋ねられ、それは不安感だと答えた。「僕はいつも、この身に悪いことが起きるんじゃないかと怯えてばかりいる性質でね。とはいえ、こういう不安感が仕事の原動力として必要になることも少なくない。本当にそれがバネになるんだ」

70年代初め、スコットはニューヨークに飛び、ウィリアム・モリス・エージェンシーの上層部と面会。長編映画監督のリストにスコットを加えるかどうかの話し合いが持たれた。上層部はスコットの優秀さは渋々認めたが、所詮はテレビCM監督である彼がいきなり長編映画を作れるとは信じていなかった。「あんなふうにあしらわれるのは、ある意味、面白かった」とスコットは明かす。「でも、同時に悔しくもあった。CM上がりとはいえ、自分は映画を作れる。でも他人に認められるためには『リドリー・スコットならできる』と証明しないといけない。それは自分でもわかっていた」

どこからも長編映画の監督を依頼されないまま数年が経ち、スコットはこの状況を打破するべく、自ら大きなチャンスを掴みに出た。初の長編監督作『デュエリスト／決闘者』（77）を作るため、著作権が切れた作品を選んで、自腹を切ってジェラルド＝ヴォーン・ヒューズに脚本を依頼。完成保証保険（コンプリーション・ボンド）（※訳注：融資を受ける際に必要な、映画を納期までに完成させることを目的とした保険のこと）もかけた。「自分の旅費だって自分で支払った」とスコットは言う。「そうやって、ついにパラマウントを説得し、80万ドルを出資させたんだ」

この映画はジョゼフ・コンラッドの短編小説を原作として、ナポレオン帝政時代のフランスを舞台に、ある複雑な事情で事あるごとに決闘をする羽目になる2人の中尉を描いている。スコットはこの物語が持つ力に惚れ込んだのだが、他にも気に入った部分があった。それは時代設定だ。キューブリックはウィリアム・メイクピース・サッカレーの小説を原作とした最新作『バリー・リンドン』（75）で、ナポレオン帝政時代の野心に満ちた青年の成功と転落を描いており、これならスコットもキューブリックと近いジャンルで競うことができると考えたのだ。『バリー・リンドン』はアメリカでは興行的に成功しなかったが、ヨーロッパでは傑作として賞賛されていた。

「キューブリックの手法には誰もが影響を受けた」とスコットは語る。「僕だってその影響を引き剥がすことはできない。彼のデザインも撮影方法も最高だ。キューブリックはすごく大きな存在だったから、嫉妬することすらなかった。彼の『バリー・リンドン』を観たのは、ちょうど僕が『デュエリスト／決闘者』を作り始めようとしていた時でね。『えっ、あれを全部ワンショットで撮影したのか！』って、次の言葉が出てこなかったよ。いわば、キューブリックはゴッドファーザー。影響力も才能もある高レベルの監督が大勢いるが、そんな彼らでもキューブリックの作品を目の当たりにしたら、『これはすごい！』と思わず唸ってしまうようなものだ」

スコットは1975年の9月から1976年のクリスマスイヴにかけて、フランス、イギリス、スコットランドで『デュエリスト／決闘者』を撮影した。フランスでは雨や霧雨が多く、晴天に恵まれなかったのだが、この曇天の雰囲気はハーヴェイ・カイテルとキース・キャラダイン（実は、キャラダインの役はジョン・フィンチが第一候補だった）が演じる、決闘に執着する主人公たちにはぴったりだと判断した。カメラマンのエイドリアン・ビドルはレンズのフォーカス担当で、アイヴァー・パウエルは共同製作者。RSAの仲間たちは非公式の「リドリー・スコット支援グループ」になった。それまでの約10年と変わらず、スコットは監督業に加え、カメラ操作も担当した。

「カメラの操作は絵を描くようなものだ」と、彼は例える。「舞台であれば、カメラのファインダーがカーテンより手前の部分。脳内で開演のベルが突然鳴り響き、僕はカメラを回し始める。舞台に俳優が登場したら、きちんと向き合って、俳優の内面さえも覗き込もうとする。瞬きひとつだって見逃さない。カメラマンはそういう存在だ。いいスチールカメラマンも然り。そうやって彼らは成長するんだ」

CMから長編映画への転向は、新聞記事を書いていたのが本を執筆するようになるのと似ているとスコットは言う。1977年初めのポストプロダクション期間に、彼は次なる文学作品『トリスタンとイゾルデ』の映画化を準備していた。未来に何が差し迫っているのか、彼には想像もついていなかった。

## 峡谷の最後の銃

1976年の12月頃から1977年の1月頃にかけて、ウォルター・ヒルは改訂版の第一稿を書き上げた。それから脚本を同僚に見せ、優先的制作権に基づいてフォックスのギャレス・ウィガンに脚本を送った。自分で監督することにも興味があるという旨を書いたメモも同封した。

「脚本を読んで、ウォルターの持つ独自の脚本テクニックを再確認した」とキャロルは明かす。「無韻詩とスタッカートとでも言おうか」

「スタジオは前に脚本を読んで、企画を却下していた」と、

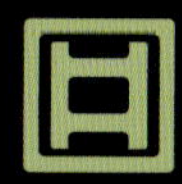

## スコットの幸せな見習い期間

上／監督として数多くのCMを世に送り出したスコットの撮影風景(後ろで箱の上に立っている男性は撮影監督のデレク・ヴァンリント)。1962年頃、マクドゥーガル小麦粉(おそらくJWTエージェンシーのブランド)のCMだと思われる。

右／1965年頃、昔の雰囲気が残るヨークシャーの村の街路で、ホヴィス社のパンのCM「戴冠式ストリート・パーティ編」の撮影準備をするスコット。1937年5月12日、ジョージ6世の戴冠を祝ってイギリス全土でストリート・パーティなるイベントが街路で行われたが、このCMはその戴冠式を想起させる映像になっていた。ハシゴに上っている男性は、国旗を結びつけようとしているところ。

リドリー・スコットはテレビCM界でトップに立つため、長い間、懸命に働いてきた。イギリス北東部のタイン・アンド・ウィアにある街サウス・シールズで、父フランシス・スコット、母エリザベスの間に3人兄弟の次男として生まれた彼は、エンタテインメント業界ははるか遠くの別世界のように感じていた。

「僕は映画監督になりたいと考えていた。ただ、それはあまりにも馬鹿げた夢で、両親に打ち明けるなんてできないと思っていた」と、スコットは2010年に振り返っている。「僕が生まれた世界の片隅のような場所では、そんな夢は抱かないのが普通だった。映画業界や劇場、そういったものは全部、月の裏側にあるような感覚だった。だから役者をやってみようかと考えても、思い切って挑戦することはなかった。まだ7歳か8歳の頃は、学校でキリスト降誕劇などをやる時も、常に参加して楽しんでいたのに。だけど、その道が先へと続いていくなんて夢にも思わなかったんだ」

しかしながら、スコットの母親は映画を観に行くのが大好きだった。彼が覚えている最初の作品はテクニカラーの冒険活劇『海の征服者』(42)で、タイロン・パワーとモーリン・オハラが出演していた。この時は5歳だったが、9歳の時には、艶かしい人気女優リタ・ヘイスワースが主演した『ギルダ』(46)に夢中になった。

その頃既に、スコットは油絵を始めていた。両親は息子には持って生まれた才能があると悟り、絵を描くことを勧めたのだ。こうして少年は絵画に夢中になり、土曜の夜になると遅くまで作業に打ち込むようになった。スコットは学校が嫌いだったが、観察眼が鋭い教師は彼の才能に気づき、ウエスト・ハートルプール美術大学への進学を勧める。

スコットは1958年に同大学を卒業後、グラフィックデザインの奨学金を得て、権威あるロンドンのロイヤル・カレッジ・オブ・アートへ進学。そこで同級生のデヴィッド・ホックニーをはじめ、本格的な画家や彫刻家との出会いを果たす。そうやって視野を広げた彼は、61年の夏、ボレックスのカメラ、露出計、取扱説明書、そして自分で執筆した脚本を手に、初の16mm映画『少年と自転車』(62)の制作に勤しんだ。

「僕は弟のトニーの夏休みを台無しにしてしまった。朝の5時か6時には、彼をベッドから引きずり出していたからね」と、スコットは懐かしむ。「自転車に乗る少年を演じたのは僕の弟だ。週12ポンドでレンタルした機材を載せ、僕らはハートルプールまで車で向かった。トニーは出演するだけじゃなく、機材運搬係としても活躍してくれた。ちなみに父も、目の見えない変人の役で登場しているよ」(約3年後、英国映画協会はいまだ制作中の作品を見て、ほんの少しだけ資金を援助したのだった。この短編映画の完成にかかったコストは、約250ポンドだった)。

翌年の夏、スコットはテレビ制作会社〈レッドフュージョン〉で働き、絵コンテを描いた。そしてロイヤル・カレッジ・オブ・アートを卒業後にBBCから仕事をオファーされるが、開始時期が延期されたため、その期間にアメリカ各地を旅行することにした。また、帰国してBBCの見習いセットデザイナーとして働き出すまでの間に、著名なドキュメンタリー映画監督リチャード・リーコックとD・A・ペンネベイカーのニューヨークの編集室でも働いた。

「BBCへの就職は、官僚制度にどう対処するかを知るための良いレッスンとなった」と、スコットは言う。「美術学校では、そんなことは絶対に教えてくれないからね。社会に出て働くと、人との付き合い方を学べる。僕はすぐに助手を付けてもらえたが、その助手は新参者の僕が優遇されていたからか、ひどく苛ついていた。ひしひしと感じたよ。僕は相手の気持ちにとても敏感だったんだ」

スコットは並外れてクリエイティブな上、仕事にも非常に意欲的だった。本人は撮影のクオリティを上げるつもりだったのだが、小道具や撮影道具をあちこち移動させては監督を怒らせていたらしい。それでも才能が認められ、彼はテレビシリーズ『Softy, Softy(ソフティ、ソフティ)』(66-69)の1話分と『Z-カーズ』(62-78)の数話分を監督することになる。スコットは『The Informer(密告者)』(66-67)で2話分を監督した際、主演のイアン・ヘンドリーにある言葉をかけられた。「彼は僕を見て、監督としての経験が浅いとわかったらしく、こう言ってきたんだ。『君の声は小さすぎる。しかも、あまりにも申し訳なさそうな口ぶりだ。遠慮なんかしなくていい。何にも謝ることなんてない。君が何かを決めたら、断定的な口調で伝えるべきだ。何も決めないよりはいいんだから』ってね。そして、その瞬間から、僕は態度を変えたんだ」

「仕事ではうまく協力し合わなければならない、俳優との関わり方も学んだんだ」とスコットは言う。「俳優たちの意見に耳を傾ければ、向こうは監督に受け入れられたと喜んでくれる」

この時期、広告代理店を経営するキース・ヒューイットが、スコットに何本かのテレビCMのデザインを依頼してきた。スコットは副業として、ガーバーのベビーフードのCMを初めて手掛けることになった。そしてテレビドラマの監督でストレスが溜まれば溜まるほど、彼はCM制作の面白さに目覚めていく。そうやってCMのデザインだけでなく、監督も行うようになっていった。「テレビドラマの制作には、あまりにも大勢の人間が関わっていて、頭がおかしくなりそうだった」と、スコットはアメリカン・シネマトグラファー誌に書いている。「自分が目指す完璧なビジュアルには一度も到達できなかった。ビデオテープを使って満足のいく結果を得るなんて、ほとんど不可能だ」。一方のCMについては、こう語る。「フィルム映像を見るのが大好きで、CMはフィルムで撮影するというのも気に入っていた。CMがいかに視覚に訴える作品であるかも、自分が美しい『画』を作っているのだという事実も心の底から愛していた。僕にとって広告映像とは、完璧さが詰まった小さなカプセルみたいなものだったんだ」

だが、あまりにも率直な意見を言い続けるため、スコットはとうとうBBCから解雇されてしまう。そして、テレビCM業界に本格的に参入し、RSAを設立するのだった。

ヒルは言う。「向こうは、我々がまだこの映画をやりたがっているなんて信じられなかったようだ。前途多難だったよ」

フォックスはブランディワインと手を組むつもりはなかった。彼らは既にジョージ・ルーカスのSF映画『スター・ウォーズ』のポストプロダクションに入っており、製作部長のアラン・ラッド・Jrを除けば、上層部はそれが惨憺たる失敗作になると予想していた。制作費は予算オーバーの1,100万ドル近くに膨れ上がり、質も量も未知数の視覚効果のせいで、5月の公開日までに完成しない可能性が高かった。

同じ頃、プロデューサーのゲイリー・カーツがオバノンに電話をかけてきた。『スター・ウォーズ』に出てくるコンピューターデータのアニメーション（※訳注：コマ撮りしたコンピューターのモニター画面をフィルム投射し、動いているように見せる特撮）の仕事をしないかという依頼だった。こうしてオバノンは、1977年2月まで『スター・ウォーズ』の仕事をすることになった。ちなみに、オバノンが『ダーク・スター』で作った同様のモニター画面は、ルーカスが学生時代に作った『THX1138 4EB』に発想を得たものだった。そしてルーカスがそれを見て、自分の作品の影響を受けたモニター画面を気に入り、オバノンを採用したのだという。

オバノンはルーカスが立ち上げたばかりの特殊効果制作会社、インダストリアル・ライト＆マジック（略称ILM）を訪ねるべく、ロサンゼルスのヴァン・ナイスにあるスタジオに向かった。

「最初の電話から1年後のことだ」とオバノンは振り返る。「カーツに『スター・ウォーズ』はもう完成しそうなんだが、仕上げ作業をする人手が必要だ、興味はあるかと訊かれた。僕は完全に一文無しになっていたから、もちろん興味津々だった。数ヵ月間、コンピューター・グラフィックの仕事を懸命にやった」。彼は『デューン』での不幸な経験を頭に浮かべ、こう付け加えた。「僕は『スター・ウォーズ』で自分を慰めたってわけだ」

「ILMにいたダンから電話があった」と、コッブは思い起こす。「『スター・ウォーズ』という映画の仕事をしているという話だったので、その映画は聞いたことがあると返事をした。ダンの印象によれば、ひょっとするとすごい作品になるかもしれないということだった。その後、彼は再び電話をくれて、『（宇宙の酒場カンティーナが客で混雑しているシーンで）宇宙人や小道具をデザインするのに、君を使うようルーカスに推薦しておいた』と告げられた。そして僕はモニター画面を制作するダンを手伝い、バーの場面用に宇宙人をデザインした。そこで仕事は終わりで、それからダンも戻ってきた。でも、結局ひどく貧乏なままだった」

実はルーカスの仕事を済ませた直後、オバノンは消耗性胃炎に襲われていた。その時点では病名はまだ診断されていなかったが、とにかく病院に駆け込まなければならない状態になり、数ヵ月入院することになった。そのため、『エイリアン』などに関する用件は電話でやり取りせざるを得なかった。「ストレスや問題をずっと抱えたまま、自分の生活もなんとかしなければならなかった。だから胃をひどくやられて倒れてしまったんだ」とオバノンは明かす。「あの年は本当に体調が悪く、入退院を繰り返すことになった」

「あの当時は、沢山の課題と向き合っていた」と、1979年にヒルは語っている。「一番の難題は『エイリアン』の企画に真剣に取り組むことだった。あれは馬鹿げているけれど、非常にシンプルな話でもあった。それでも、映画会社の連中には、我々がシリアスかつ知的な作品を作ろうとしていることを理解してもらう必要があった。資金提供者に何百万ドルもの大金を投資してくれと説得するのは、本当に骨の折れることだったんだ」

だが、フォックスのアラン・ラッド・Jrがスティーヴン・スピルバーグから『スター・ウォーズ』に対する非常に好意的なコメントを聞くと、風向きが変わり始めた。ブランディワインにとって、事態は良い方向に進み出しそうだった。スピルバーグは映画の前半部分を観てラッド・Jrに電話を入れ、これはスマッシュヒットになるだろうと語ったのだという。そこでラッド・Jrは、ウォルター・ヒルもルーカスと同じような逸材かもしれないと考えたのだ。どちらも監督作はまだ1作品のみで、SFジャンルでこれまでとは違った新しいことをやろうと意欲を燃やす脚本家兼監督だった。『アメリカン・グラフィティ』（73）の脚本と監督を務めたルーカスはスペース・ファンタジーの制作中で、同じように『ストリートファイター』（75）の脚本と監督を手掛けたヒルが、SFホラーを作ろうとしている——

「最初からこの作品を心から信じてくれたのは、20世紀フォックスではアラン・ラッド・Jrだけだったと思う」と、オバノンは言う。「残りの意見は、真っ二つに分かれていた」

リドリー・スコットは次のように語る。「ウォルター・ヒルは、まず『エイリアン』の脚本を編集し、磨きをかけてからフォックスに持っていった。ヒルの努力と才能で脚本はさらに魅力を増し、それでスタジオの人間はようやく真剣に受け止めたんだ」

「ギャレス・ウィガンは、当時20世紀フォックスの重役をしていた」と、ヒルは語る。「私が一緒に仕事をした中で、脚本に詳しい重役はほとんどいなかったが、彼はその数少ないひとりだったんだ」

実際、ウィガンとラッド・Jrは単なるビジネスマンではなかった。もともと映画プロデューサーだった2人は、作品を機能させる要素が何なのかを理解し、どうやって映画を作るのかも熟知していた（もちろん、ラッド・Jrは映画スターであるアラン・ラッドの息子として、映画業界にどっぷり浸って成長していた）。ウォール・ストリート・ジャーナル紙によれば、『エイリアン』の改訂版脚本をフォックスの〈週末に読む〉リスト——ここに載った映画化候補の脚本は製作部門の重役トップ5が読むことになる——に載せる価値があると判断したのは、ウィガンだったという。

週明けの2月7日、月曜日の午前9時、次はどの脚本を映画化するか決めるべく、重役である男性3名と女性2名がラッド・Jrのオフィスに顔を揃えた。投票形式にはせず、各役員が見解を述べる方法をとったが、自由な意見交換の機会を早々に切り上げたくはないと、ラッド・Jrはできるだけ結論を急がないように話を進めたという。物語の展開やキャラクターを分析しながら熱い議論が続き、話し合いは数時間に及んだのかもしれない。監督や俳優候補者の名前が挙

左／1970年代の20世紀フォックスを支えた3人のプロデューサー。アラン・ラッド・Jr(上)、ジェイ・カンター(左下)、ギャレス・ウィガン(右下)。

右／1977年3月半ば、プロデューサーのピーター・ビールは、エリオット・スコットに『エイリアン』のストーリーに沿ったスケッチ約20点を描くよう依頼。予算、セットや特撮コストを見積もり、ロケ地を検討するためだった。エリオット・スコットはペンとマーカー（茶、グレー、黒、黄色）を使ってスケッチを描いた。ここに掲載されているスケッチには、宇宙船リヴァイアサン号（一番上）、エアロックからの昇降装置（左下）、レッドシティ（右下）が描かれている。

**左**／エリオット・スコットによるスケッチ。
〔左上〕エンジン室の作業台に向かうファラデー（ミニチュア模型を使うショット）。
〔右上〕小惑星に上陸した乗組員たちが「黒い宇宙探査機」を発見。
〔下〕神殿内を探索する乗組員。

上／レッド・シティの神殿への入口を描いたエリオット・スコットによるコンセプトアート。

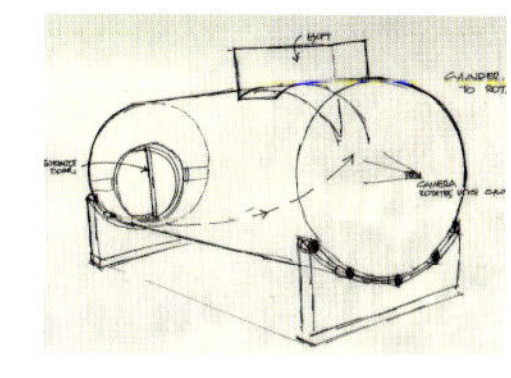

上／エリオット・スコットがイメージした回転するシリンダー。

がるたび、却下されたり、賛同を集めて承認されたりした。

『エイリアン』の番が来るとラッド・Jrは「こいつは面白かった。宇宙空間で展開する優れたホラー作品だ」と、口火を切った。彼はあるシーンで、アルフレッド・ヒッチコックの『サイコ』(60)でシャワーシーンを観た時と同じような恐怖を感じたという。流血シーンや残虐シーンはそれほど多くないが、この作品は『サイコ』と同じように、頭と心に強く働きかける緊張感に満ちた映画になると考えた。また、登場人物を女性に変えるというガイラーの作戦も見事に功を奏していた。ラッド・Jrは脚本を読み、同じくヒッチコックのサスペンス映画『鳥』(63)に主演した女優ティッピ・ヘドレンを思い起こしていたからだ。彼は、危険に陥る女性という設定が観客の心を掴むかもしれないと考えた。

ウォール・ストリート・ジャーナル紙によれば、その時「確固たる合意が得られた」という。ウィガンは「生存本能を揺さぶるような、とてつもない恐怖が描かれていると感じた。目の見えない少女が殺人鬼のうろつき回る家に、ひとり取り残されているような状況だ」と評した。また、ラッド・Jrは『似たような物語は過去にいくつもあるが、これはうまく行くと信じている」と語ったという(さらに、オードリー・ヘップバーン主演の1967年の映画『暗くなるまで待って』のようである、とも言及されている)。

フォックスの国際プロダクション部門で上級副部長を務めるジェイ・カンターによれば、「宇宙船などのハードを前面に押し出す映画ではなく、あくまでも未来を舞台にしたサスペンス作品であるという点で物語に独創性を感じた」ということらしい。

ラッド・Jr、カンター、ウィガンの3人はプロデューサーとして当時のフォックスを支える立場にあった。カンターの証言によれば、3人は好みのテイストが近かったという。全員が脚本に納得すれば、高確率で映画化のゴーサインが与えられることになる。ラッド・Jrはとりあえず、映画化の話を進めることに決めた。この時点では映画化が確約されたわけではない。脚本は再検討が必要だし、彼はヒルが監督すべきだと考えていた。おそらく『スター・ウォーズ』の動向をもう少し見てから決めたいとも考えていただろう。

## アルビオンに巣食う悪魔のイカ

フォックスが『エイリアン』をイギリスで作ることにした場合、映画はイーディ税(※訳注:1957年から1985年まで施行されていた制度で、映画の興行収入の一部を税として徴収し、興収に応じて製作者に分配するというもの)の対象となり、大幅な減税を受けることになる。「色々な経済的事情があり、フォックスはこの映画をイギリスで、イーディ税の対象として作りたいと強く希望していた」とヒルは言う。「それは一大事だ。さらに彼らはパインウッド撮影所の007ステージで撮るという特別な交渉もしていた」。フォックスはまた、ルーカスが『スター・ウォーズ』の大半を撮影したエルストリー撮影所、それからシェパートン撮影所の使用も視野に入れていた。

フォックスの英国製作部門のマネージングディレクター、ピーター・ビールはこう語る。「アラン・ラッド・Jrはいつも私に脚本を送ってきて、『これなら作れるだろうか? 作るとしたらどのくらいの予算になるか』と尋ねてきて、それに対応するのが私の役目だった」。ビールは使い走りからキャリアをスタートし、デヴィッド・リーン監督の『アラビアのロレンス』(62)や『ドクトル・ジバゴ』(65)では、それぞれ第3班助監督、第2班助監督を務め、さらに編集助手やプロダクション・マネージャーを経て、『ウィークエンド・ラブ』(73)ではアソシエイトプロデューサーにまでなった。その後、『スター・ウォーズ』や『オーメン』(76)でも、難しい撮影を支えていた。

ビールは3月半ばにプロダクションデザイナー兼コンセプトアーティストのエリオット・スコットに声をかけ、『エイリアン』のスケッチを依頼した。「『スター・ウォーズ』に続き、再びエリオットに頼むことにした。2〜3週間かけて一緒に『エイリアン』の脚本を研究したおかげで、私たちは2人とも作品をしっかり理解することができた」と、ビールは当時を振り返る。

エリオット・スコットは数多くの映画に携わったベテラン美術監督であり、ちょうどSFアドベンチャー『アトランティス/7つの海底都市』(78)のプロダクションデザインを終えたところで、その前にはビールに依頼されて『スター・ウォーズ』の仕事も行なっていた。スコットはビールと話し合った後、ロケ地がヨルダンのペトラ遺跡になると想定し、ウォルター・ヒルの考案した〈レッド・シティ〉など、20点を超えるスケッチを描いた。宇宙船リヴァイアサン号の外観に加えて、コールドスリープ用カプセル、無重力通路、エンジン室、内部ドーム、医務室といった内部をイメージして絵にしていった。そこにはリプリーの姿も含まれている。

同じ頃、ジョージ・ルーカスは、北カリフォルニアのマリン郡にある自宅にフォックスのセールスチームを集め、『スター・ウォーズ』の試写会を開いた。映画が終わると、チー

上／回転するシリンダーの内側で女優が壁を歩いている様子。
**中央・下**／医務室がある階とその下の階の通路。強酸性の液体が床を溶かし、下の階まで到達する様を説明している。

ムの数人が空港の電話ボックスに駆け込み、ラッド・Jrに電話を入れたという。「ものすごく興奮していた」と、ラッド・Jrはセールスマンたちの様子を思い返す。

しょっちゅう窮地に立たされる製作部門の責任者にとって、セールスチームの反応は非常に心強いものだった。フォックスの全員がこの企画に乗り気というわけではないものの、SFジャンルは新たな可能性を示しつつあり、エリオット・スコットのスケッチからも明るい見通しが感じられた。

これらの肯定的要素に背中を押され、1977年3月22日、フォックスとブランディワインは『エイリアン』の企画を進めるという合意書にサインをした。完全なゴーサインが出たわけではなかったが、重要な一歩を踏み出したことに違いはない。有望な映画が制作プロセスに移行し、予算を出すという契約が成立し、ブランディワインがオプション権を行使したのだ。ゴードン・キャロルは同日、ウィガンに手紙を書き、フォックスがオバノンとシャセットに支払う金額として3万5,000ドルを提示していることを改めて知らせた。「湯水のように金を使うフォックスの重役もいるでしょうから——」と、キャロルは書いた。フォックスに果たすべき責任を放棄させないようにとの計らいだった。

さらに同じ日、フォックス商務部のウィリアム・インマーマンは合意書の内容を明確にすべく、主要役員たち向けにタイプライターで打った覚書を用意した。そこには、ブランディワインはゴードン・キャロル・プロダクション（代表者ゴードン・キャロル）、リリーバレロ・カンパニー（代表者はウォルター・ヒル）、ランダム・プロダクション（代表者はデヴィッド・ガイラー）との合弁事業で、この契約で『エイリアン』の最初のオプションを1年間延長する旨が書かれていた。この新たなスケジュールは、『エイリアン』のプロジェクトを進めるか、あるいは多数の不確定要素——ヒルの監督作『ザ・ドライバー』はいつ本格的な撮影が始まるのか、現在脚本をリライト中のヒルがいつそれを完成させるのか、予算、キャスティング、天候など——を理由に中止するかは、フォックスが決めるということを意味していた。

フォックスが計画を進めることになった場合、ブランディワインはプロデューサーという立場から、同作のあらゆるクリエイティブな面において入念に協議を行う権利を有する。しかしながら、監督であるウォルター・ヒルの編集権を条件とし、最終的な編集権はフォックスが有することになる（また、同日に「監督借入契約」もフォックスとヒルの間で署名された）。映画化を進める中で、オバノンは「特撮／視覚効果コンサルタント」としての立場を約束され、シャセットも「製作総指揮」としてクレジットされることが確約された。

1週間後、キャロルはオバノンとシャセット宛ての書簡に、こう綴っている。「『エイリアン』という知的財産に対してオプション権を行使することは、非常に喜ばしくあり……」などと綴った。3万5,000ドルのうちオバノンが2万ドル、シャセットが1万5,000ドルを受け取った。手紙にはさらに「僕たちは、『エイリアン』映画化の契約条件について、まだ20世紀フォックスと交渉している段階なんだ。あと数週間のうちに問題を全部解決できればと願っている」と、書かれていた。しかし、全てはうまく行っていた。キャロルは「ブランディワインの小切手にサインするのがこんなに嬉しいなんて」と書き、「シャセットが服を買いまくって、1日で全額使い果たしてしまわないように祈る」とジョークを加えた。そして「この小切手で、ダンがこの数週間のプレッシャーから解放されるといいんだが」とも書いた。

オバノンは1979年にこう語っている。「ブランディワインがオプション権を行使したんだ。本当に驚いた。だって、オプション権の行使は人生初だったんだ。これまで何度も契約したけれど、いつも取り消されてばかりでね。即金で支払ってもらったことなんて一度もない。やった、金だ！ ちょうど医療費を支払わなきゃいけないタイミングで、喜びもひとしおだった」

それから2ヵ月は何も起こらず、息をひそめて結果を待つしかなかった。フォックスは『スター・ウォーズ』の動向を見るまで判断を待っているようだった。つまり、『エイリアン』はルーカスの映画と運命を共にしていたのだ。フォックスの社内では成功を願う者がいる一方で、興行面の大失敗を引き起こしそうな作品は徹底的に排除してやろうとする動きもあった。

ワシントンDCにあるフルトン・ブライトフスキー法律事務所が作成した報告書も、『エイリアン』の進行の助けにはならなかった。4月14日、フォックスの依頼による調査結果の報告書にはこう書かれていた。オバノンとシャセットによる『エイリアン』のオリジナル脚本には出版または登録の記録がないこと、『エイリアン』というタイトルはこれまで書籍、映画、舞台などで何度も使用されてきたということ。例えば1970年11月21日号のザ・ニューヨーカー誌に掲載されたW・H・オーデンの詩も、同じく『エイリアン』というタイトルだ。また、ハリウッド・リポーター誌が1962年6月5日号で、バーナード・ウィレッツとゴードン・ステベンがジェミニ・プロダクションを創設し、『ザ・エイリアンズ』という題名のオリジナル脚本を獲得したというニュースを報じているのも、フォックスの懸念の種だった。

これらは全てスタジオの法務部で検討されるべき事項だった。その一方で、営業部の上の人間たちは『スター・ウォーズ』をドイツ人投資家たちに売却しようと試みていた。そして製作部門の人間は、ルーカスの映画がヒットせずとも、少なくとも損失は出さないでほしいと切に願っていた。

**上**／エリオット・スコットによるコンセプトアート。リプリーが天井に敷かれたレールにつかまって長い通路を移動したり、下の階に降りたりする様子が描かれている。

**次頁**／同じくエリオット・スコットが手がけたコンセプトアート。宇宙船内の調理室、エンジン室の非常用スイッチ、無重力の昇降通路、乗船用通路（左側）、ブリッジおよびコンピューター室（右上）、乗組員が直立したまま冷凍睡眠状態になるコールドスリープ装置（右下）が描かれている。

SCREENS
3 CONTROL SEATS
ELEVATOR
PROJECTION SCREEN
COMPUTER ROOM.
MOTHER
1st ROUGH 'A'
LEVIATHAN
BRIDGE - COMPUTER ROOM - PROJECTION.

ROUGH PRELIM. ONLY
SCREEN.
CIRCULAR FREEZERS ROTATE TO OPEN.
CLOSED FREEZER
RECESSED
FREEZERS
'MODESTY
STRAPS
CLOTHES LOCKERS
CENTRAL GENITALIA OBSCURA.
AS DISHED SCREEN
HYPERSLEEP VAULT

CHAPTER 3

# 深宇宙の労働者

1977年5月～11月

右／クリス・フォスによるエンジン室のコンセプトアート。

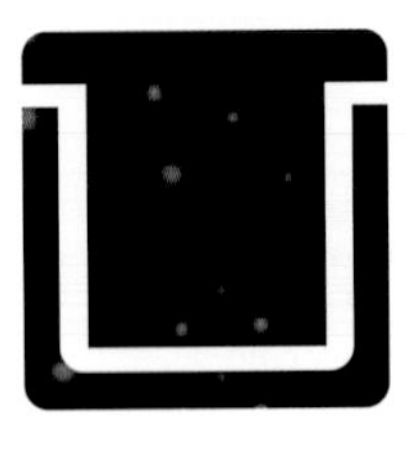

3

その頃、リドリー・スコットはカンヌ国際映画祭のためにフランスにいた。1977年5月22日、初の監督作『デュエリスト／決闘者』がプレミア上映されたのだ。映画は成功を収め、観客はその出来を賞賛して喝采を浴びせた。客席にはフランティワインのデヴィッド・ガイラーもおり、素晴らしい出来だと納得していた。同作は第30回カンヌ国際映画祭のコンペティション部門に出品され、審査員賞を獲得した（最高賞であるパルム・ドールを受賞したのはイタリア映画『父／パードレ・パドローネ』だった）。

数日後、スコットはカリフォルニアに飛ぶ。パラマウントでスタジオ上層部に向けて『デュエリスト／決闘者』の上映会を開き、アメリカ全土および世界市場での配給を話し合うためだ。「パラマウントに電話をかけたら、受話器の向こう側からひそひそ声が沢山聞こえてきた」と、2010年にスコットは振り返る。「彼らは、僕が監督だってことを忘れていたに違いない。だから上映の会場に入ると、皆目を丸くしていた。おかしいほどに呆然としていたのがバリー・ディラーだった。彼に言われたよ。『驚いたな。我々がこの映画を一緒に作っていたなんて気づかなかった。明日、改めて会いに来てくれ』」

翌日の午前中、スコットはパラマウントの会長であるディラー、プロデューサーのデヴィッド・パットナムと面談し、さらに2本の映画を作るということでスタジオと契約について話し合った。「次は何をするのかと訊かれた」と、スコットは語る。「だから、ケルト伝説『トリスタンとイゾルデ』を映画化したいと言ったんだ」。スタジオは企画に興味を示し、脚本、ロケハン、コンセプトアートの費用として約15万ドルを出すことに同意した。

話し合いの後、スコットはパットナムから、これから会社の人間とチャイニーズ・シアターに『スター・ウォーズ』を観に行くと言われ、それとなく誘われた。ちょうど5月25日からロサンゼルスとニューヨークを中心に32館で公開されていたのだ。口コミで話題が広がり、人々はこぞって夜の回に列をなしていたが、昼の回ならなんとか座席を確保できるらしい。その時、はたと気がついた。「それって、『デュエリスト／決闘者』をフランスで撮影している間に、英国のエルストリー撮影所で撮られていた作品じゃないか」。彼は『スター・ウォーズ』のラフ画やスケッチを目にしたことがあり、その時にルーカスのことを「わかっている男」だと思ったのだ。スコットはパットナムと一緒に映画館に行ってみることにした。

一行は午後2時の上映回を目指して劇場へと向かい、最前列から8列目までの座席を占拠した。スコットにとって、超大型映画館での映画鑑賞はそれが初めてだった。「スーパーボウルの会場みたいだった」と、彼は思い返す。「映画館の周りに人が何重にも列を作って、中もぎゅうぎゅう詰めだった。そして場内では期待の歓声が飛び交っていた」

『2001年宇宙の旅』と同じく、スコットはあっという間に『スター・ウォーズ』の世界に没入した。ルーカスのビジョン、独創的なストーリー、セットデザイン、キャラクター、宇宙船、ILMが創り出した革新的な視覚効果……全てが新しく、彼は圧倒された。一般客も映画関係者も、皆同じ体験をしたに違いない。映画はスピーディーに展開し、巧みな編集とジョン・ウィリアムズの素晴らしい音楽も際立っていた。

「あんなふうに観客が一体となるのを目撃し、そこに自分も参加できたのは初めての経験だった」と、スコットは明かす。「皆の興奮で劇場が揺れていた。自分も映画の一部になるような感覚を覚えたのは、子供の時以来じゃないだろうか。冒頭でスター・デストロイヤーがスクリーンに現れた瞬間……あれほどのスリルは経験したことがない。映画が終わると、あまりの素晴らしさに自分のことが惨めにさえ思えた。完膚なきまでに打ちのめされたよ。それから1週間は落ち込んでいたくらいだ。できる限り最大の賛辞を贈るよ。『くそったれ、ジョージ！』ってね」

スコットは連日劇場に通い、さらに2回『スター・ウォーズ』を観た。「2度目、3度目でも面白さがちっとも損なわれないんだ。おとぎ話をおとぎ話たらしめている本質を抽出し、それを完璧にリアルに見せるやり方に強い衝撃を受けた。あの映画には感動させられっぱなしだったよ！ 斬新かつ繊細で、勇気をくれる作品だ。『2001年宇宙の旅』は僕にとって、SF映画はこうあるべきという基準になった作品。そして『スター・ウォーズ』が加わり、SF映画の未来は明るいと確信するようになった」

さらにスコットは語る。「あのリアルさが、ただただ信じられなかった。なんてこった！ 自分は何をやってるんだ？『トリスタンとイゾルデ』だと？ どうやってケルト伝説なんか映画にできるんだと自分に問いかけた。でも頭の片隅では、皆が惹きつけられるかどうか、とにかく一か八かやってみよう、できればうまく行ってほしいと願っていることに気がついた。『スター・ウォーズ』は僕に肩の力を抜かせてくれて、『トリスタンとイゾルデ』をどう映画化すべきかと悩んでいた僕の視野を広げてくれたんだ」

『スター・ウォーズ』は映画関係者をも大いに驚かせた。ここまで良い結果が出るとは誰も想像していなかったからだ。「僕らは膨大な金をコンピューター・グラフィックスに費やしていた」と、オバノンは語る。「たとえ僕が手掛けた部分が根こそぎカットされていても、この素晴らしさは変わらなかっただろう。完成版を観た時、そう認めざるを得なかった。本当に何もかも美しく、僕らが貢献できたのは、ほんの0.001％に過ぎないんだ」

「『スター・ウォーズ』が封切られた途端、僕らにとって最大の課題は、ルーカスたちがなし遂げたあの高い完成度にどう立ち向かうかということだった」とガイラーは語る。「ストーリーは全く異なるから、盗作だと思われる心配はなかった。『スター・ウォーズ』とは全体の雰囲気が違うんだ」

## 秘密の宇宙船

『スター・ウォーズ』の成功は、フォックスとブランディワインが企画を進める後押しとなった。いまだ正式なゴーサインは出ていなかったが、次のSF作品は『エイリアン』で行こうと考えたスタジオは、コンセプトアートと製作準備作業にさらなる資金の追加を決める。6月27日には小さなオフィスがオバノンに充てがわれた。ヒルはフォックスに自分はリライトは行うつもりだが、監督作『ザ・ドライバー』の製作準備で忙しいと告げていた。そこでブランディワインでは、キャロルが『エイリアン』企画の中心人物になった。

「彼らが『エイリアン』をもっと大きなスケールの映画にするべく制作に着手した時、僕はモンスターを作らせるのならぜひこの人物に、とギーガーをプッシュした」と、1979年初めにオバノンは語っている。だが、ブランディワインは映画のプロではないギーガーの起用に乗り気ではなかった。チューリッヒ在住のよくわからない絵描きよりも、過去にこの分野で実績のある信頼できる人間を探したいと考えていた。

「僕らは契約を済ませてから、なんとかギーガーを雇ってもらえないかと説得を試みた」と、シャセットも証言する。「彼は映画のデザインの仕事は未経験だったが、ダンいわく、ギーガーじゃなきゃダメなんだということだった。しかしブランディワインの連中はギーガーに不安を抱いていて、彼の絵は不快で人を遠ざけるとまで言っていた」

伝えられるところによれば、キャロルはギーガーの作品に性的描写と性的倒錯要素を感じ取り、彼の起用を躊躇していた。「元々オバノンは、特定の仕事にだけギーガーを採用したいと考えていた」とヒルは明かす。「彼のオリジナル脚本では、未知の生命体がいる惑星で宇宙船の乗組員が巨大なピラミッドを発見する。ダンは当時、ピラミッドロジー（※訳注：ピラミッドに関する宗教的、疑似科学的な推論）にハマっていたんだ。そしてピラミッドの底部で発見される碑文、これをギーガーにやってほしいと考えていたらしい。この段階ではまだ、モンスターはイカやタコに似た姿だった」

オバノンはギーガーにモンスターをデザインしてもらいたいと主張していたものの、自身がアートディレクションをしたコッブのコンセプト画には、ギーガーの悪夢めいたデザインを思わせるものは載っていなかった。さらに、彼の脚本にはしつこいくらい、地球外生命体はタコに似た姿として描写されていたのだ。

「初めてギーガーの作品を見せに行った時のことだ」と、オバノンは語る。「プロデューサーが『こいつはひどい。作者は病んでるな』と吐き捨てた。そこで、僕はすかさず訴えた。そうでしょう、わかりますか？　だから彼が必要なんですと。けど、向こうは嫌悪感丸出しの顔をしただけだった」

ギーガーをデザイナーとして採用する提案はにべもなく断られたが、コッブは採用を許可され、7月5日から仕事に取り掛かることになった。そして数ヵ月が経過する頃には、リヴァイアサン号、小惑星の表面、コンピューターのモニター画面、オフロードタイプの探査車、長距離ジェットヘリ、宇宙船の設計図、食堂、エアロックドア、通路、タービン室、ブリッジ、IDカードなどのコンセプトアートが次々と仕上がっていった。

1ヵ月が過ぎた頃、オバノンは頓挫した『デューン』の企画で出会ったイギリスのクリス・フォスも参加させた。彼はロサンゼルスのマルホランド・ドライブにある瀟洒な友人宅に滞在していた。スタジオはフォスに、どの外車に乗りたいかを選ばせた。「眩しいカリフォルニアの陽射しで目覚め、スタジオまで車を颯爽と走らせるんだ」と、フォスは言う。「ロン・コッブという愉快な奴と一緒に働いていた。彼とはうまくやっていたよ。ダンは私を機械類のデザイナーとしてプロダクションに参加させてくれた」

フォスもまた、宇宙船や救命艇のアートワークを何点も描いた。しかし、2人とも労働組合には所属していなかったため、フォックスは彼らをスタジオにある小さなオフィスに隠し、そこでコンセプトデザインの仕事をさせた。フォスによれば、彼らは頻繁に移動させられたという。洗濯室のような場所から、大道具の作業場の上にあるエアコンの効かない暑い物置まで、様々な部屋が彼らのアトリエになった。そしてフォスもコッブも、制作チームと連絡を取る時は、必ずオバノンを通さなければならなかった。

「あれは本当に奇妙な時期だった」と、コッブは1979年に当時の様子を振り返っている。「スタジオの連中は打ち合わせを重ねるも堂々めぐりで、方向性について明確な意見を持っている人間は誰ひとりとしていなかった。ゴードン・キャロルも同じだ。『エイリアン』をビジュアル的にどういう映画にするか考えが固まっていなかった。彼は視覚的に物事を捉えるのが得意ではなかったし、映画のプロデュース経験はそれなりにあっても、今回のSFというジャンルは初めてだったんだ。ヒルに言わせれば、僕とフォスの映画経験が浅いからなかなか気乗りがしなかったらしい。なんの評価も得ていない人間を使って大丈夫なのかと、疑ってかかっていたんだ。あれは長い闘いだったよ」

シャセットはこう証言する。「スタジオがコッブの採用を許可してくれたのは、彼が（ギーガーより）ノーマルな人間だったからだろうね」

「そもそもゴードン・キャロルは、どんな映画にすべきかという展望について変わった考えを持っていた」と、コッブは言う。「本当はSF映画を作りたいと思っていないようだった。彼はホラー作品を作りたかったんだよ。SF要素を控えめにして、ホラーを強調したほうが成功するだろうと考えていた。でも僕ははっきり反対した。本当の恐怖を演出するには、売れる売れないじゃなくて、その作品がホラーであるべきだという確固たる信念を持って作らないといけないからだ。私は宇宙飛行の映像は特にリアルに、観客が作り物だと忘れるくらい真に迫ったものにして、観客に自分たちが宇宙にいると信じ込ませるべきだと考えていた。その後で、宇宙にいることを忘れるくらいの恐怖を味わわせればいい、とね。だが彼らとは考えが合わなかった。彼らは宇宙船を水の滴る城みたいにしたいと言ってきたんだ。ポタポタと滴る水と、長く暗い通路を望んでいた」

キャロルはデザイナーたちが主張する路線には賛成できなかったが、オバノンはどんどん事を進めていった。オバノンのアイデアの中核をなしていたのは3つの異なる「文化」を創作することだ。ひとつは地球で、リヴァイアサン号と乗組員がその縮図となる。2つ目は異星人航海者で、彼らの船を人間の乗組員が発見する。そして3つ目は、小惑星に生息する者たち――色々な形態の謎の生命体だ。オバノンはコッブに地球の宇宙船の内部をデザインさせ、外部はフォスに担当させたいと思っていた。だが、コッブは「これがどうにもじれったくてね。私は一番外側の『表皮』から内側へとデザインをしていくのが常だったから」と明かす。「内部は外部に合うようにしたいと、いつも思っていた。でも、最終的にはある種の妥協をするようになった。ダンは苛立ってばかりいたよ。彼の中では映画の世界観がどうあるべきか、しっかりと構想が出来上がっていた。だから、作業場をうろうろするダンと一緒に、デザインをあれこれ考え始めた」

「コッブは『地球のブレーン』だった」と、シャセットは回顧する。「彼には宇宙船を設計できる力もあったはずだ。本当に航空学的に設計されたようなデザインを作り出した」

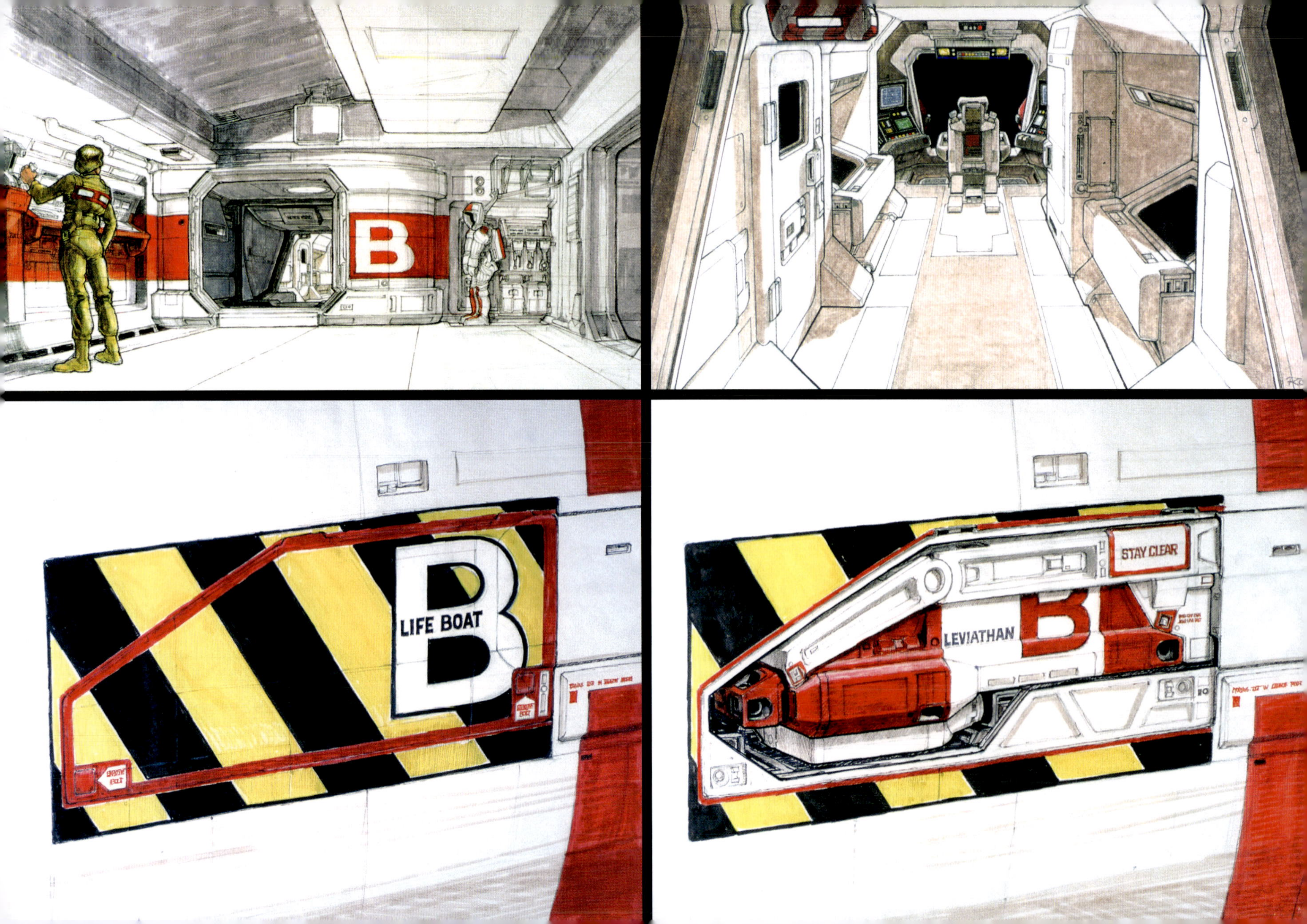
B
LIFE BOAT
STAY CLEAR
LEVIATHAN

前頁、右／この一連のコッブのイラストには、救命艇乗り場で運転装置を稼働させるリヴァイアサン号の船員たち、救命艇の内部、母船から救命艇が飛び出す様子が描かれており、映画の特殊効果を検討する材料でもあった。

この時期、シャセットとオバノンは最悪の事態を予想していた。「僕らは言い続けていたんだ。どうせ企画は実現しないんだろうなって」と、オバノン。「そうしたら小切手をもらえたんだ。思わず顔を見合わせ、これは実現するぞ！と声を上げた。でも、僕らはまたつぶやくようになったんだ。あーあ、やっぱり実現しないんだろうな……」

## スイス・コネクション

「僕はゴードンたちに訴え続けた」と、オバノンはシネフェックス誌に語る。「そしてやっと、ゴードンがギーガーに手紙を送ったんだ。手付金として少額の小切手も同封してあった。ゴードンたちは契約をまとめるのに必要な手順を踏まずに、彼をアメリカに呼び寄せようとしていた」

7月初旬、ゴードン・キャロルが同意するや否や、オバノンはスイス在住のギーガーに電話を入れ、2人は30分近く話し合った。この時点でもまだ、アメリカ人スタッフたちは、孵化してすぐのモンスターはイカのような造形であり、成長が進むにつれて違った形になると考えていたのだが、結局はギーガーがモンスターの全段階の姿とプラスアルファをデザインすることに決まった。

「ハリウッドにいるダン・オバノンから、全く思いもよらない電話が来た」と、ギーガーは当時の日記に綴っている。「彼はとてもゆっくり話してくれたので、僕の拙い英語力でも、自分の身にどんな重要な出来事が起ころうとしているのか理解できた。内容は『エイリアン』と呼ばれる新たなプロジェクトのことで、僕がその恐ろしい宇宙怪物を創り出すべきだと提案された。だが、まずは手紙を待たなければならない。全体を俯瞰して、はたして本当に興味が湧く企画かどうかを見極めないといけないからだ。残念ながら目下のところ、使える金はあまりない。今はこれからどうなるかをワクワクしながら待ちたいと思う」

オバノンは1,000ドルを提示し、7月11日、ギーガーは手紙を受け取った。ドイツ語で書かれたものと英語で書かれたものが一通ずつと、コッブとオバノンによる物語を説明するスケッチも同封されていた。『エイリアン』でデザインしてもらいたいもののリストには、次のように書かれていた。

**古代の神殿の外観**：全長およそ20m。古く原始的で、残酷な文化があったことを思わせる。

**古代の神殿の内部**：ここに胞子ポッドが存在する。中に入るには、上の開口部から垂直に延びるトンネルを降りるしかない（通常の出入口は昔に崩落したまま）。胞子ポッドは部屋の中央にある祭壇を取り囲むように並んでいる。

**胞子ポッド**：硬い卵の形をした物体で、高さは1mほど。中にエイリアンの幼虫が入っている。一番上に小さな「蓋」があり、獲物が近づくと開く。

**エイリアン（第1形態）**：小さく、おそらくタコのような生物で、宿主が近寄るのを胞子ポッドの中で待つ。何者かが胞子ポッドに触れると蓋が勢いよく開き、小さなエイリアン（第1形態）が飛び出して、宿主となる者の顔に張りつく。

**エイリアン（第2形態）**：宿主の顔に張りついたエイリアン（第1形態）は胃の中に卵を産みつけ、そこでエイリアン（第2形態）に成長。小型の生物が宿主の身体を噛み切って外に出てくる。

**エイリアン（第3形態）**：宿主の身体から抜け出たエイリアンは急速に、人間の成人と同等のサイズにまで成長。この段階では非常に危険な生物と化している。あちこち動き回り、頑強で、人間をバラバラに引き裂くことも可能。人肉を食料とする。この生物は野卑で醜悪な、嫌悪感を抱かせる外見だ。プロデューサーは、巨大な奇形児のような感じにすれば忌まわしいイメージが出せるかもしれないと提案している。とにかく遠慮なく独自のデザインを編み出してほしい。

「すぐに、本腰を入れて取り組まねばならない」と、ギーガーは日記に書き残した。

胞子ポッドを創作するにあたって、ギーガーはピラミッド内の基本構造にスイス製の卵型容器を使おうと思いつく。インダストリアルデザイナーとして経験を積んできたギーガーは常に、外見は機能によって決まるものだと感じていた。彼はオバノンのスケッチを分析し、「まるで空飛ぶオムレツじゃないか」と思ったそうだ。「だから、エイリアンの第1形態には尻尾を付けて、外に飛び出すためのバネの役目をさせることにした。びっくり箱から飛び出す悪魔の人形の尻尾みたいなやつだ。ラヴクラフトの世界に出てきそうな雰囲気で、いいアイデアだと気に入った」

ギーガーはこうも記す。「私はボディ部分から着手した。ボディは大きな生殖器か何か――実際に生殖器でもあるのだが――に見えるようにし、宿主となる獲物の頭をがっちり掴むための2本の手も付け加えた。第1形態は宿主の口をこじ開けなければいけないので、そのための道具を与えた。古代エジプト人が死者の口を無理やり開け、魂を追い出すのに使ったようなものだ」

ギーガーはエアブラシで第1形態のエイリアンの画を2点仕上げ、さらには、エイリアンが卵の内側で丸まっている断面図も描いた。それらをコピーしてオバノンに送り、ハリウッドの反応を心待ちにした。「数週間後、フォックスにいた我々に宛てて、ギーガーから大判の非常に写実的な絵の透明フィルムが送られてきた」と、オバノンは言う。「税関はそれが何かわからず警戒していて、僕らはロサンゼルス国際空港まで取りに行かなければならなかったんだ」

オバノンは荷物を開けてギーガーの作品を見ると、愕然としたという。「顔に張りついたエイリアンが描かれていた。だけど、触手じゃなく指があったんだ！ 指だよ！」

その画には心をかき乱すようなインパクトがあったが、キャロルにとっては充分な出来だとは言えなかった。むしろ、生々しすぎて過剰でもあり、彼はそれ以上コンセプトデザインを依頼するのはやめることにした。また、ギーガーのデザインした第1形態のエイリアンは宿主の顔と頭だけでなく、胴体の上のほうまで覆いかぶさっていたため、実際に映画で使用するには大きすぎるという問題もあった。「エイリアンの第1形態は、グローブのように顔をすっぽり包み込むくらいのサイズであるべきだった」と、オバノンは語る。「最初、ギーガーはその点がよく呑み込めていなかったんだ。それでも、彼のエイリアンは観る者の心をざわつかせた。透明フィルムが郵送で届いた時、ゴードンは作品を一瞥するなり、『この男は病んでいる』と吐き捨てたくらいだ」

「プロデューサーには、まだ信じてもらえない」と、当時のギーガーは語っていた。「聞くところによると、誰かがこう言っていたそうだ。『ハリウッドだけでも、ギーガーレベルのアーティストは50人はいる』って」。便りを待ちながら、彼は日記にこう記した。「ハリウッドからの返信はいまだにない。私の本『ネクロノミコン』（フランス語の手綴じバージョン）が出版されたばかりだったので、印刷所から刷りたてホヤホヤの初版本をオバノンに送った」

## モンスターの状態

1977年8月18日、フォックスのプロダクション部門の弁護士ウォルター・スワンソンはブランディワインの法定代理人トム・ブロックに宛てて、『エイリアン』の状況を簡単に説この頁／エイリアンのコンセプトアートとデザインを担当したH・R・ギーガーは、まずピラミッド(左上)の外観をスケッチし、エイリアンがどのように卵から飛び出し、宿主の顔に張りつくのか(中央上)、そのアイデアをラフ画にするところから作業を開始した。
　それから、彼はフェイスハガーと呼ばれる第1形態エイリアンのコンセプトアート3点に取り掛かった。オバノンのスケッチがベースになっている。第1形態のエイリアンは宇宙船の乗組員の顔にしがみつくので、ギーガーはボディの両側に「蜘蛛の脚のような指」と「人間の顔を掴む大きな2つの手」を付けた。これは生物学的に考えられた形状である。
　彼はまた、エイリアンが宿主の喉に管状の吻(ふん)を挿し込み、胎芽を産みつける様子を描き、ハサミのようなメカニズムで相手の口を無理やり開かせる方法を示した。

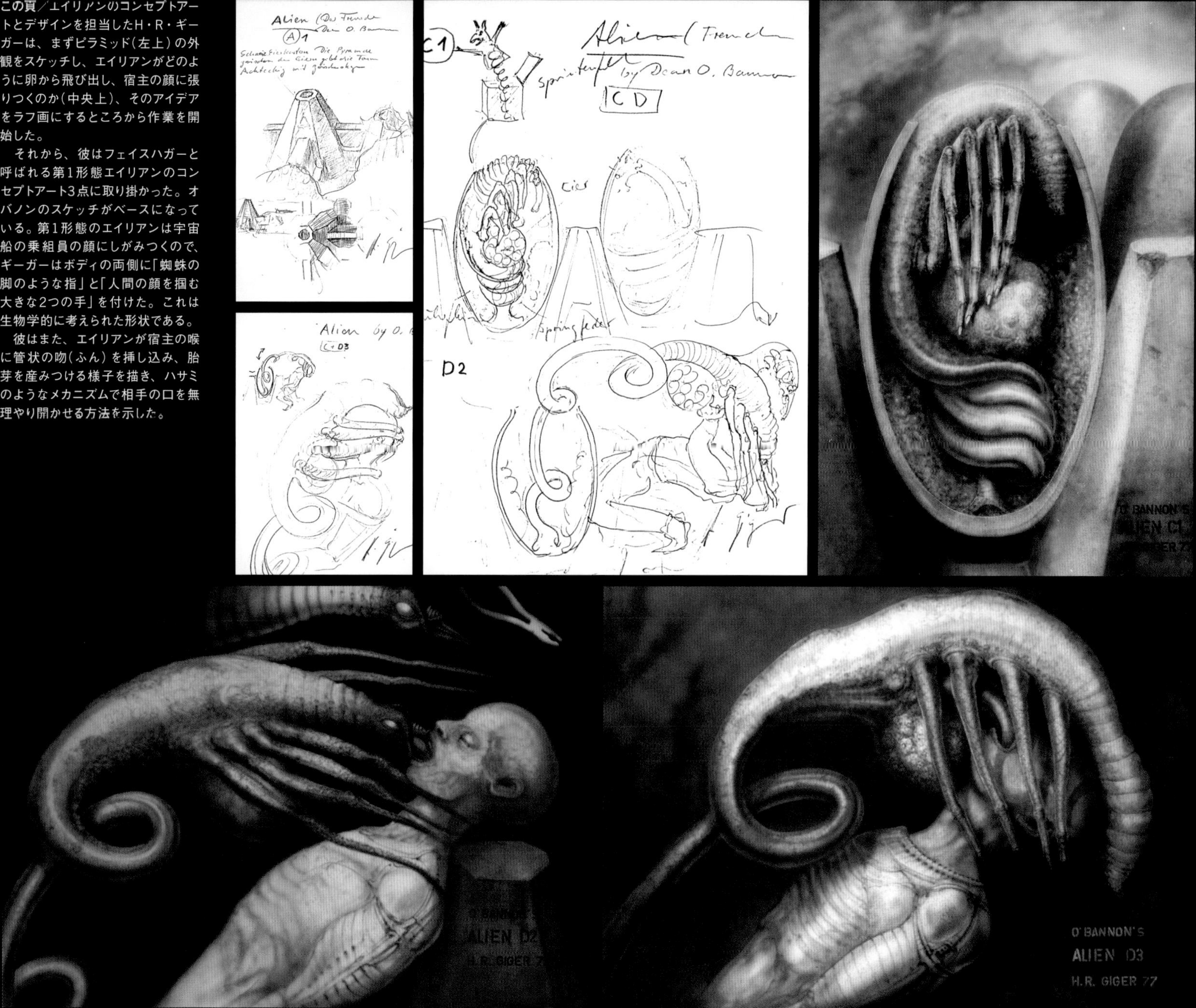

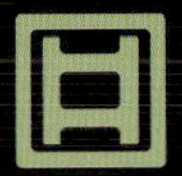

## ギーガーへの旅

ハンス・リューディ・ギーガーは、1940年2月5日、スイスアルプスに囲まれた小さな山間の町クールで産声を上げた。父親は薬局を経営しており、将来は息子に継いでもらいたいと願っていたようだ（ある地元民はギーガーの父親を「権威主義的だが親切だ」と言い、両親は息子の幸せを願っていたと証言している）。子供時代、幼いハンス少年は、ヘビやイモ虫、ウジ虫を怖がっていた。ラテン語の成績が悪かったので、薬剤師になって家業を継ぐのは無理かもしれないと父は諦める。学校は、少年の興味を引く場所ではなかったのだ。

「長い時間をかけて、私は性的なファンタジーを描くイラストレーターとして有名になっていた」と、彼は言う。

その手のイラストを描く才能に加え、彼は自宅の「秘密の窓」から見える、2棟の建物の隙間にある暗闇に取り憑かれるようになっていった。彼は悪夢に悩まされた。「クールという町は、私みたいな人間にとっては、信じられないほど嫌な場所なんだ」

1959年、ギーガーの作品は初めて公になった。Clou（クラウ）、Hotcha（ホッチャ）といったアングラ雑誌や地元の学校新聞にイラストが掲載されたのだ。スイス軍への兵役期間を経て、彼はチューリッヒにある美術学校に進学。「自分の息子なら専門的職業に就くべきだ」と事あるごとに言っていた父親を、ある程度満足させるためでもあった。美術学校ではインダストリアルデザイナーになるための教育を受け、最初に建設デザインを、次に写真撮影術を学んだ。インテリア・アーキテクチャーも専攻し、例えばプラスチックなどを使ったりして、己のコンセプトを3次元の形で表現する術を教わった。

初めて映画に関わる機会は1969年に訪れた。F・M・ムーラーと一緒に、45分の短編SF映画『SWISS MADE 2069（スイス・メイド・2069）』を制作し、多くのデザインを手掛けた。そして同年、肉体と機械を融合させたギーガーの「バイオメカニカル」絵画がポスターに採用され、世界中で配布される。彼は独自のスタイルを創り出し、ファンを生み出していった。その後、シルクスクリーンプリントの『バイオメカノイド』シリーズを作製。1971年になると最初の作品集が出版され、72年にはカッセラー・クンストフェライン（ドイツ、ヘッセン州の都市カッセルの芸術協会）が、ドイツで彼の展示会を開催した（実はそれ以前にも生まれ故郷であるクールで作品を展示するイベントがあったのだが、人々にギャラリーの窓に唾を吐かれるという結果で終わった）。

彼の絵画は、彼の中に潜む個人的な悪魔をアートとして吐き出しているのだと鑑賞者は理解するようになっていた。同年、ギーガーは新たな道具としてエアブラシを使うようになる。スイスではエアブラシの作品は稀だった。「エアブラシは雲のようなものだ」と、彼は言う。「描いていくうちに、色々な物質を含んだ雲に変わっていく。そして成長し、突然、その雲に目や鼻などが見えてくる。すると、それが頭に変化して、最終的には生物になるんだ」

「私の作品は、自分の内側から出てくる」と、ギーガーは言う。「かつて鬱状態だった時、私は絵を描くことで解決した。そこから全てが始まったと思っている。子供の私は、自分が白い部屋にいる夢を毎晩見ていた。出口は、天井に開いた小さな開口部のみ。ところが、なんとかそこに到達できたとしても、開口部内の狭い通路で身動きが取れなくなり、息ができなくなってしまうんだ。でも、『パッセージ（通路）』（夢で見たのとそっくりな通路を描いた、シュルレアリスムの絵画9点から成るシリーズ。出口となる開口部は、焼却炉の丸い蓋のような装置の中央にある）を描き始めたことで、この強迫観念から己を解放することができた」

ギーガーの絵は、木版に貼りつけられた紙にエアブラシで描かれている。インクと白のアクリル塗料を主に使い、ラッカーを塗って仕上げた。より大型の作品になると、紙の片端から描き出して、もう一方の端へと作業を進めていくものの、絵がどんなふうになっていくのかは全く考えていないという。「頭に浮かんだものはなんであれ、片っ端から絵にする。描く前にプランを練ることは、まずないね。例えば、男性器のイメージとグロテスクな赤ん坊の頭部が特徴的な作品なんかは、そんなふうに思いつくまま描いたものだ。私の絵の色は古い地下室と似ている。腐ったジャガイモとか、それに湧いた虫の色でもある。大体はグレー、白、茶。私の大好きなシャム猫の色だよ。黒地に白の組み合わせも気に入っている。絵を半透明にし、立体感を出してくれるからだ」

上／猫を抱くH・R・ギーガー。

ギーガーは絵を描くのが速い。大型の細密な絵を数時間のうちに仕上げてしまうこともしょっちゅうだ。

彼は様々な夢を、様々なシュルレアリスムの絵として描いた。「私の絵を見に来ても、恐ろしくて気味の悪いものとしか捉えられない人もいる」と、彼は言う。「そんな人たちには、もう一度絵を見てくれと話すんだ。そうすると、私の作品にいつも2つの要素、恐ろしい何かと同時に、素敵な何かがあることに気づくはずだ。私は優雅さを大事にしているし、アールヌーヴォーも好きだ。あの長く伸びた流線や曲線がね。そういうものが、私の作品の重要な位置を占めているんだ」

右／クリス・フォスによるコンセプトアート3点。小惑星に降り立った宇宙船乗組員が、未知の生命体のピラミッドを見つけ、内部に降りていく様子が描かれている。ウォルター・ヒルはストーリーからピラミッドを削除したものの、オバノンはそれに気づいていなかったのか、フォスにピラミッドの絵も依頼したようだ。

明した手紙を書いた。キャロル、ガイラー、ヒルは同作のプロデューサーで、ヒルは脚本と監督も担当し、契約書は準備中であるとの旨だ。

この頃、ヒルはキャストの候補を探していた。「彼らは手当たり次第、大スターに声をかけていた」とシャセットは明かす。「キャンディス・バーゲンに断られ、ジェーン・フォンダも首を縦に振らなかった。あんな映画、巨大トカゲみたいなモンスターが人間の胸を突き破って飛び出してくるような作品に、誰が出演したいと思う？」

「私はニューヨークでトミー・リー・ジョーンズに会った」と、ヒルは振り返る。「もし彼がダラス船長を演じたらどうかと思ってね。ジョーンズは脚本を2回読んだと言っていた。だが、彼が関心を覚えた唯一のキャラクターは怪物で、怪物役を演じられるなら明日にでも契約書にサインするよという答えだった」

ヒルとフォックスは『スター・ウォーズ』や秋に公開予定のスピルバーグ監督作『未知との遭遇』に対抗心を燃やし、視覚効果のエキスパートを雇おうと探していた。ダン・オバノンより有名で、多額の予算をかけた映画にクレジットされているような人材だ。『2001年宇宙の旅』のダグラス・トランブルと『スター・ウォーズ』のジョン・ダイクストラは手が空いていなかったので、プロデューサーは人材を求め、撮影地になる可能性が高いイギリスに向かった。

イギリスでの撮影はかなり安く上がるため、ルーカスは『スター・ウォーズ』の続編もそこで撮影するつもりだったし、キューブリックに至ってはイギリスに移住し、現地のスタジオで映画を撮影し続けていた。他にも、『スーパーマン』（78）といったビッグタイトルも既にパインウッド撮影所で撮影されていた。映画プロデューサーたちはこぞって、イギリスの魅力的な節税システムと才能あるスタッフを活用しようとしていたのだ。

アメリカでは、ヒルとガイラーによる脚本のリライトが滞っており、改訂版の脚本がなくては先に進めない状態になっていた。「共同脚本は好きだが、脚本家同士は同じ波長の持ち主でなければいけない」とは、かつてのヒルのコメントだ。「怒鳴り声が飛び交うような議論を交わしまくるのではなく、お互い、本当に仲がいい必要がある。さもないと、作業中はずっと一緒にいるから、しまいにはパートナーの首を絞めかねないんだ。とはいえ、共同脚本は素晴らしい。基本的に次の2つの理由から言える。ひとつは自分のアイデアの是非をすぐに問える平等な立場の相手がいること。もうひとつは（おかしなアイデアを思いついた時に）一緒に笑える相手がいるってことだ。楽しくなかったら、他の人間と脚本を書くなんてできない。デヴィッド・ガイラーと私はホテルに缶詰になって作業をした。長時間、テレビのスポーツ番組を点けっ放しにしたり、アルコールも交えて夕飯をだらだらと食べたりしながらね」

ヒルとガイラーは少なくとも何回か、会議にオバノンも参加させた。ヒルは1979年に語っている。「ある時のストーリー会議で、オバノンが言い出したんだ。宇宙版バミューダトライアングルのような場所に宇宙船を迷い込ませたいと。我々は、もうこれ以上書かないでくれと頼んだよ。ペンも鉛筆も全て置いてくれって。彼は素直に受け入れてくれたように見えた」

ガイラーとヒルは脚本を手直しする中で、説明的な会話と〈マザー〉の台詞の多くを削り、簡潔なスタイルを保つようにした。その結果、小惑星上陸後の船外探索は1回だけになった。また、船に待機中の乗組員が調査班のヘルメットから送られるライブ映像を見るという設定のほうが良いということになり、〈データ・スティック〉がホログラムを映し出

上／コンセプトアート部門のメンバー。左で映画タイトルのレタリング案を手にしているのがオバノン、中央がコンセプトアーティストのロン・コッブ、右でサングラスをかけているのが同じくコンセプトアーティストのクリス・フォス。

左／フォスによるピラミッド内部のコンセプトアート。

すというアイデアも除外された。「どの程度説明するべきか、という問題なんだ」とガイラーは言う。「このような映画には多くの穴がある。それをひとつずつ説明することも可能だが、それでは時間が足りなくなってしまう」

「正直に言えば、我々はベストを尽くせてはいなかった」とヒルは吐露する。「ああいう題材を見下していたという意味じゃない。作品に対してそんな驕った態度を取るのは映画人としては最悪の罪で、地獄に直行だ。しかし、当時は複数の企画が同時進行していて多忙だったし、私もガイラーも、自分たちがSF映画に適任だという自信はなかった。子供の頃はSF作品を読みまくっていたんだけどね。ガイラーのほうはSFとはほぼ無縁の人生だった」

## 居場所のない男たち

一方、オバノンはギーガーに頼らずにモンスターのデザインを決めなければならず、説明や初期のスケッチを基に何かを提案してくれとコッブに依頼することにした。既に分業制は崩壊しており、コッブとフォスの両方が宇宙船の外観のコンセプト画を描いているところだった。

「最終的にスタジオ側は、自分とフォスに宇宙船のデザインを競わせようと決めたんだ」と、コッブは語る。「ベストな1枚を描いてくれと言われた。だが、またもゴードン・キャロルが決断できなくてね。まあ、それは別にいい。報酬は多めだったし、作業場に座って1日中宇宙船をデザインしてればよかったんだから」

スタジオ側はまだ正式に映画製作のゴーサインを出していなかった。キャロルは役に立たないと思われており、ガイラーがリライトを行う間、ヒルは平行して『ザ・ドライバー』のほうも進めるという状況だった。コッブとフォスが『エイリアン』の企画は袋小路に迷い込んでしまったと感じたのも無理はない。しかも、1977年の晩夏から秋にかけて、オバノンは入退院を繰り返しがちになる。フォスは1979年に、当時を「問題だらけだった」と振り返っている。「信じられないような状況だった。こっちの創作活動は妨げられてばかり。私のデザインはあまりにも斬新で変わっているから、ストーリーの邪魔になると思ったそうだよ。宇宙船はもっと単調な、潜水艦みたいなデザインにしたいと考えていたらしい」

「クリス・フォスの宇宙船デザインは、彼らにとってあまりにも独特だったようだ」と、コッブも明かす。「決定権を持つ立場の人間は誰も、映画のビジュアルをどうすべきか、考えを固めていないようだった。ダンは自分たちが正しい方向に向かっていると確信していたから、不満が溜まる一方だ。皆が心配していたことも、さらに不満を募らせる一因になった。我々は、観たらすぐ忘れるようなドライブイン映画ではなく、一流の映画にしたいと思っていたんだ」

「ダンはどうにかしたくてウズウズしていた」と、フォス。「だけど、ハリウッド流の駆け引きに巻き込まれていることには気づいていなかった。プロダクションが大規模になればなるほど、ダンの存在は蚊帳の外になっていく。日を重ねるごとに、彼の車にはどんどん凹みが増えていった。彼のダメージを表しているんだと思ったよ」

ある意味、オバノンは実権を持たない名ばかりの特撮監督になりつつあった。おそらく、もっと経験豊富な人物と交代させられるという話も耳にしていたのだろう。1988年に彼は、こう振り返っている。「あまりにも大勢が関わりすぎていた。誰も彼もが、『エイリアン』の映画化に首を突っ込んでいたんだ。フォックスのお偉方ひとりひとりが少しずつ口を出す。金を出す側の問題点は、良作になろうが駄作になろうが気にしてないってことだ。連中は映画をわかってなんかいない。なのに、金を出すのだから言う通りに作れと主張してくる。脚本を書き直し、やること全てに変更を入れてくる。好き勝手に作らせてたまるかと言わんばかりだ。腹立たしいったらありゃしない。映画についてあれこれ考えるのは楽しいし、頭の中ではいくらでもプランを立てられる。でも、映画作りに着手すると、洞窟から巨人がやってくるんだ。金は彼らが持っている。『ぐおおおお！ 俺、お前のハラワタを食う。骨も欲しい。俺、プロデューサー。骨の髄までしゃぶる。しゃぶり尽くしたアーティストはポイ捨て。うーむ、うまい。ポイッ。次の奴を寄こせ。腹が減った。他のアーティストも骨になるまでしゃぶらせろ』、こんな具合だよ」

「資金を出す人間＝企画進行を決定する絶対的な存在なんだ」と、フォスも言う。「悲しいよね。だって、映画作りは大きな利益が得られるビジネスかもしれないけど、最悪なタイプの人間を惹きつけるんだから。映画の出来には全く興味がない、手っ取り早く儲けることだけを考える連中をね。映画が金儲けや駆け引きの道具になっているという現実にゾッとしてしまうよ」

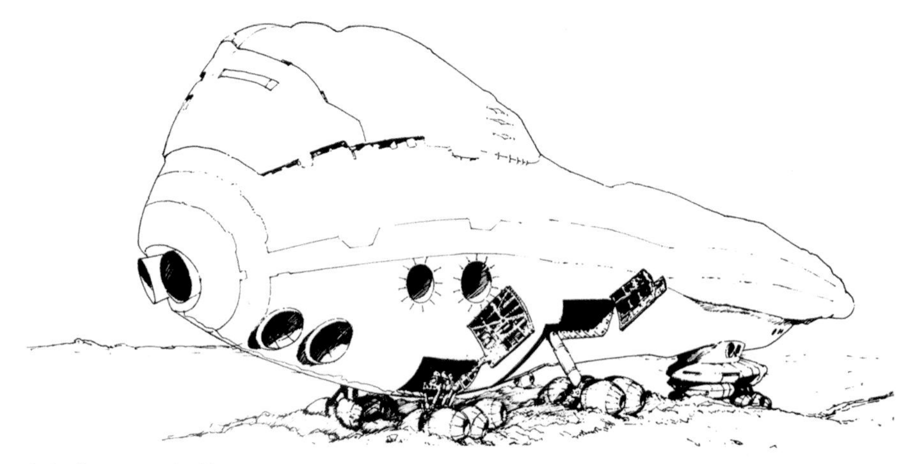

上／リヴァイアサン号の着陸の様子を描いたクリス・フォスによるコンセプトアート。

フォスとコッブがコンセプトデザインを始めてから数ヵ月後、ヒルが作品を見にやってきた。フォスによれば、ヒルはアートワークが山積みの室内を目にして「宇宙船だらけだな」という一言だけを残し、帰っていったという。「少しも関心がないようだった。よっぽど忙しかったんだろうけどね」

「仕上げたデザイン画は、ほとんど使われることがなかった」と、1979年にコッブは証言している。

オバノンはコッブとフォスに視覚効果の絵コンテも頼み、2人はほぼ1日で仕上げたが、これもまた無視されたような状態で終わった。

コッブとフォスは『エイリアン』のために描いても描いても相手にされない数ヵ月を過ごし、悲観的になっていたが、フォックスの中にも同様の空気が生まれていた。1977年9月28日、法務部の副部長ライマン・グレーネマイヤーが、商務部副部長のジョン・ロックや他の重役たちに向けて回覧状を作った。『エイリアン』の映画化を進めるか、中止にするか。その判断を投票で決め、ブランディワインに文書で通知する「最終通告日」が10月18日だと通達する内容だった。

## 機械仕掛けのスパイ

10月12日、『エイリアン』の進退の決断は同月の31日に延期された。翌日、13日の木曜日、ヒルとガイラーはフォックスのウィガンに104ページ分の改訂版脚本を送った。同様に、ラッド・Jr、カンター、他の重役にも届けられた（P64のコラムを参照）。

「デヴィッドと私がリライトしたことで、ストーリーの良い部分が見えてきた」と、ヒルは言う。

また、ラッド・Jrは「彼らは完全に脚本を書き換えた。最初から最後まで、徹底的に」と評した。

この第3稿で、ヒルとガイラーは宇宙船の乗組員をひとり増やした。その名はケイン。卵を産みつけられ、悲惨な死を遂げる新たな犠牲者だ。ファラデーはランバートという名の女性に置き換えられた。不屈の精神を持つリプリーとは対照的に、全編を通してウィットに富んだ発言をする人物だ。なお、ヒルは何人かのキャラクターの名前をスポーツ選手から取った。ブレットとパーカーは、有名な野球選手のジョージ・ブレットとデイブ・パーカーから。ランバートはアメフトチーム〈ピッツバーグ・スティーラーズ〉のミドルラインバッカー、ジョン・ランバートから取った名だ。

第3稿では宇宙船の名前も再び変更され、ジョセフ・コンラッドの物語にちなんで「ノストロモ号」になった。響きが良いという理由だったが、それだけではないかもしれない。コンラッドによる1904年の小説『ノストローモ』には鉱山を営むある会社が出てくるのだが、彼らはその金を遠くの冷淡な投資家たちに流しており、それが『エイリアン』の筋と似ていたのだ。救命艇の名は「ナルキッソス号」となり、こちらは1897年のコンラッドの小説『ナーシサス号の黒人』が由来。同作は致死性の病に感染した船乗りをめぐる物語なので、うってつけの名前だったと言える。

改訂版ではシェイクスピアの『ハムレット』に出てくるヨリックのような異星人の骸骨を削除し、異星人の存在感もかなり控えめにした。オバノンの脚本では、乗組員たちは地球外生命体とのファーストコンタクトに興奮していたが、改訂版のノストロモ号の乗組員は宇宙人の存在を当然のように思うか、無関心の態度を取っている。これはおそらく、ヒルとガイラーの考えを反映したものだろう。小惑星の描写についても同様で、乗組員たちはそこで異星人の知的文明を発見するのではなく、古い宇宙船の中で骸骨と化した「スペースジョッキー（宇宙船操縦士）」を見つけることになる。それは、ケインが卵を発見し、宿主にされてしまう政府の施設〈レッド・シリンダー〉からさほど遠からぬ場所にある。

この改訂稿のプロットは、ガイラーが脚本を手掛けた『パララックス・ビュー』（74）、『コンドル』（75）、『大統領の陰謀』（76）といった1970年代半ばの映画に近い。これらの作品では、政府や経済的利益の追求が本当の悪として描かれている。『エイリアン』の生物は、無情で気が滅入るような方針を生み出す「会社」の唯一の代理人となるのだ。この「会社」もコンラッドの『闇の奥』という小説からヒントを得ている。同作でも「会社」と呼ばれる謎に包まれた企業が登場するのだ。そして改訂版の脚本では、「あの惑星は会社が兵器を育てる場所なのよ」と、リプリーがパーカーとランバートに説明する。

「宇宙船の乗組員は労働者階級の人間にした」と、ガイラーは明かす。「登場人物には大幅に変更を加えている。基本的にはそれぞれの設定に肉付けし、会話も全面的に書き換えた。キャラクターに特性と役割を与えたんだ。オバノンの脚本では、彼らは全員軍人タイプだったから」

ガイラーとヒルは、乗組員たちを「宇宙の運送業者」と呼ばれる存在に変えた。話が進むにつれ、登場人物の細かな部分も見えてくる。例えば運送業者の中でも職務によって階級差があり、エンジニアのパーカーとブレットは、他のメンバーよりも報酬が少ないと不平を言うのだ。

前頁／クリス・フォスのコンセプトアートの数々。
〔左上〕小惑星に降ろされた着陸装置。
〔右上〕着陸装置の詳細。
〔左下〕異星人の宇宙船内部。
〔右下〕別ショットの着陸装置。

この頁・P60-61／フォスはまた、異星人の宇宙船の外観4点も描いた。「小人（ノーム）の城みたいな遺棄船をイメージしたんだ」とオバノンは説明する。「カラフルで、すごく奇妙で興味をそそる造形。だが、ゾッとする感じではない。クリス・フォスは素晴らしい宇宙船の絵を描いてくれた。砂の上に鎮座する、美しいブロンズのロブスターのようだ（P60）。技術の粋を集めた船だが、非常に奇抜な見た目で、一体全体どうやって飛ぶのかと首を傾げたくなる」

「クリスはアイデア豊富な上に仕事が速いので、どんどん作品を描き上げる」とコッブは言う。「何かを思いつくのに、私だったら1週間から2週間はかかるのに、彼は1日おきにアイデアを絵にできる。彼の作品の多くは雰囲気があり、とても凝っている。私とは異なるアプローチだが、クリスが採り入れている細やかなスタイルはとても良いと思う。彼が描くドアやハッチは表面も緻密で興味深く、なるほどと唸らされるアイデアがいくつもあったよ」

ルは次のように言及している。「全体の雰囲気や環境の空気を変えたというか……キャラクターを現代っぽく荒々しくして、従来のSFジャンルの型を壊そうとしたんだ。『俺のバラ色のケツにキスでもしな！』とか『あのマザーファッカー、殺してやる』といった感じで、これまでSF映画には出てきたことがないような言葉が飛び出すんだ」

彼らはリプリーとダラスのセックス描写は残したものの、ゲイカップルがベッドにいるシーンは削除した。

「もちろん、我々のベストキャラクターはエイリアンだ」と、ヒルは言う。「デヴィッドと私は、地球外生命体のエイリアンのことを、ニーチェの『善悪の彼岸』（※訳注：Beyond Good and Evil／善悪を超えた存在）と冗談で言っていたんだ。そして真面目に、それがうまく行った要因のひとつだった」

最も重要だったのは、物語におけるマザーの在り方を再考することだ。オリジナルにあったマザーの台詞は、ほとんどアッシュのセリフに変えられた。よくしゃべるコンピューターを出すことで、あまりにもキューブリック的な雰囲気になるのを抑えようとしたのだ。こうしてマザーはもっと従順な機械へと変わった。また、リプリーはモニターを見て、会社に罪があることを悟る。モニターに「優先システム第5161項は、宇宙船乗組員は使い捨てと定める」と表示されるのだ。直後、アッシュがリプリーに襲いかかる。

彼女を助けようとパーカーとランバートが駆けつけてアッシュの頭を殴り、彼がロボットだった事実が判明する。この時点まで、ヒルとガイラーはアッシュをただのミステリアスなキャラクターとして描いていた。「執筆中にウォルターが言ったんだ。恐ろしいアイデアを思いついた。もしかしたら、かなりいい考えかもしれないってね」と、ガイラーは振り返る。「彼はさらにこう言った。『アッシュの頭を殴ると頭部がもげる。なんと、アッシュはロボットだったんだ！というのはどうだろう？』。そこで、素晴らしい！やってみようと私は即答した。そうしてアッシュがロボットだという設定を加え、そのためのサブプロットを書き足した」

一方ヒルは、それをガイラーのアイデアとして覚えていた。「私が知る限り、会話を書かせたらデヴィッドの右に出る者はいない」と、ヒルは絶賛する。「想像もつかないことを思いつく驚くべき才能の持ち主だ。全く方向の異なる画期的なことをやると同時に、その題材で何をやりたいのかを明確に打ち出すことができる。ガイラーはしょっちゅう冗談を言うんだが、それがすごいアイデアに変わったりするんだよ。登場人物のアッシュが実はロボットだったなんて、さすがデヴィッドだ」

リライトされた原稿を読んだオバノンは、この新しい創作が気に入らないと声を上げ、アッシュを「ロシア人スパイ」と呼んで、つまらない頭から生まれたつまらないアイデアだと吐き捨てた。「こんな設定、あってもなくても何も変わらないじゃないか？」と、彼は1979年に批判している。「こんなもの誰が気にする？誰かがロボットなんて。ウォルター・ヒルによれば、『エイリアン』の核心は、悪徳企業がこの状況を作り出したということらしい。邪悪な会社がこの生命体を探し出し、兵器として使おうとした。そこで、ロボットを乗組員のひとりとして宇宙船に搭乗させて仲間を騙し、皆をこの状況に追い込んだ。そんなことをしなかったら、人間たちはこんな窮地には陥らなかったというわけだ」

オバノンはこう発言しているものの、なぜこのサブプロットにそこまで反対しているのか、明確な理由は見えてこない。「会社」という影の存在に苦しめられるという設定により、乗組員には尊厳が与えられるし、依頼主の指示に従わなければならない下層階級の「運送業者」という設定とも矛盾がない。おそらく、オバノンには陳腐な展開だと映ったのか、あるいは人間ドラマ要素を加えることでSF作品としての空気が薄まってしまうと懸念したのかもしれない。

また、シャセットもこの改訂版を「良くなるどころか、どんどんひどい出来になる一方だった」と批判した。それはガイラーとヒルはSFに興味を持っていなかったからだと言う。「例えば彼らは、卵が置かれている場所をコンクリートとプラスチックでできた未来風の格納庫のようなものにしようと考えていた。かつて人間よりも進化した生物が戦争していたことを思わせる、陸軍の貯蔵庫のような場所にね。彼らは「オーケー、リアリティを与えよう」と軽く言ったのかもしれない。だが、そんなのは面白味に欠ける。せっかくこっちが想像力を働かせたのに、逆効果だ」

しかし、ロボットという設定の採用は「非常に大きな功績」だったとシャセットは認めている。「皆毛嫌いしていた。僕以外はね」と、彼は言う。「スタジオは心配していた。ダンも『僕は嫌いだ』と、ひと言。ヒルとガイラーのパートナーは『話が複雑になる』と言った。僕の言い分は『まずは撮影して、内覧してみましょう』だった。あれは素晴らしいコンセプトだと思ったんだ」

「僕の物語は2回もリライトされた」と、オバノンは語る。「最初はウォルター・ヒルが手直しし、2度目はデヴィッド・ガイラー（とヒル）が書き直した。ヒルがリライトに取り掛かる時、こう言ったんだ。『私の強みはSFというものを知らないことだ』って。何を言いたかったのか、ちっともわからなかったけど、その言葉に僕は不安を感じたよ」

ヒルは改訂版の内容に満足しており、SFというジャンルに精通していないことがかえってプラスになったと感じていた。「妙な話だが、SFに詳しくないからこそ、あの脚本ができたんだと思う」と、彼は打ち明ける。「SFジャンルを外から傍観する感覚で書くことで、SFとは違う独特のトーンに仕上がったんじゃないかな。SFを知らないから、常識に捉われずに済んだんだ。夜中の2時に強酸性の血液を持つモンスターについて執筆していると、ある種の大胆さが湧いてくるんだ。にわかに信じがたい状況を受け入れ、それがリアルな出来事だと思えるように描こうとする。すると大抵はうまく行く。脚本のリライトに100％の力を出し切れたわけじゃないかもしれないが、とにかく必死になってやったんだ」

不満を漏らすオバノンでさえも、「改善された点もあった」とは認めている。「オリジナル版よりも登場人物の魅力が増しているし、会話のテンポも良くなった」

ラッド・Jrのチームは10月31日、ハロウィンの朝にもう一度ミーティングを行い、ヒルとガイラーの改訂版脚本を含む様々なプロジェクトについて話し合った。そこでラッド・Jr、カンター、ウィガンは企画を進めることを決定する。本能的直感と、『スター・ウォーズ』が興行成績トップに輝いたという事実に後押しされて、ついに『エイリアン』の映画化にゴーサインを出したのだ。

「だから彼は最高なんだ」と、ヒルは言う。「彼はイエスと言ってくれたんだから」

「ラッド・Jrは、当たる映画を嗅ぎ分ける勘を持っていた」と、ピーター・ビールは語る。「あの頃の彼はものの見事にヒット作を連発させていた。候補となった何百本もの企画の中から自分で選び出すんだ。さらにその後は裏方に回って、映画化がきちんと実現されるように後援する。上映時にしっかり儲かる、最上級のクオリティの作品になるようにね」

当のラッド・Jrは、ウォール・ストリート・ジャーナル紙に次のように話している。「我々が買うのはアイデアだ。『ジュリア』のような、大いに洗練された脚本の言葉を買うのではない。その決定は、自身の直感や経験に基づいている。それを図表やグラフで表したり、公式化したりすることはできない。ハーバード・ビジネス・スクールで習うようなアプローチは役に立たないんだ」

同じ日、ジョン・ロックはトム・ポロックを通じ、ブランディワインに正式な通知文書を送付した。「この文書により、当社は映画『エイリアン』の制作を進める決定をしたことを正式に告知する。それに基づき、同作のプロデューサーとし

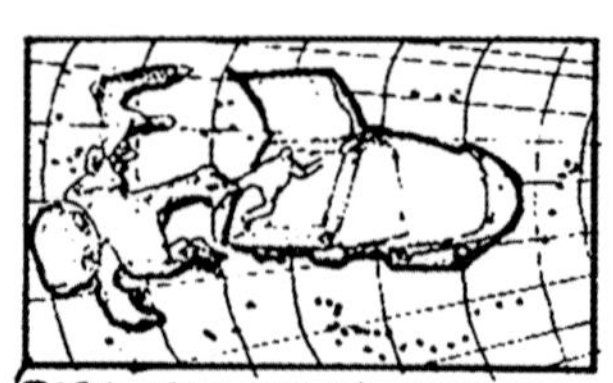


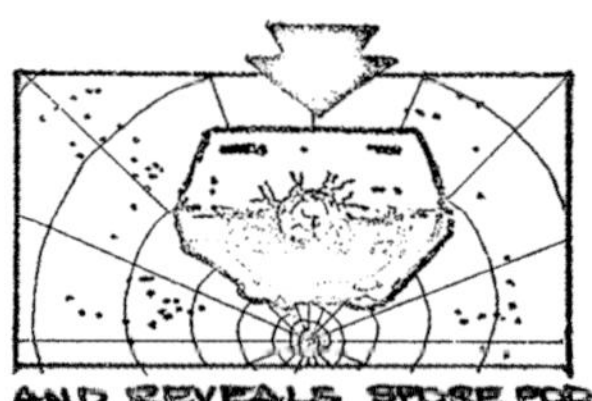


上／1977年の夏、オバノンはフォスとコップに、彼の指示とヒルが書き直した第一草稿をベースにした特撮用絵コンテを描くよう依頼した。その原稿では卵を産みつけられる人間はダラスになっている。

オバノンは、自身が『ダーク・スター』や『スター・ウォーズ』で手掛けたようなコンピューター・グラフィックスを早いうちに作り込んでおきたいと考えていた。そうすれば、リヴァイアサン号のブリッジのセットにあるモニターに映して撮影できるからだ。

また、リプリーがエイリアンを船外に放り出した後、救命艇スナーク号の船底に胞子ポッドが付着しているという映画のエンディングも、2人にイラスト化してもらうことにした。

右／ブランディワイン宛ての公文書。日付は1977年10月31日で商務部 長編映画部門副部長ジョン・ロックの署名入り。フォックスが『エイリアン』の映画化を進めることを選んだ旨が書かれている。

右端／ブランディワインに手渡された通知の受理証。プロデューサーであるゴードン・キャロルの署名が入っている。

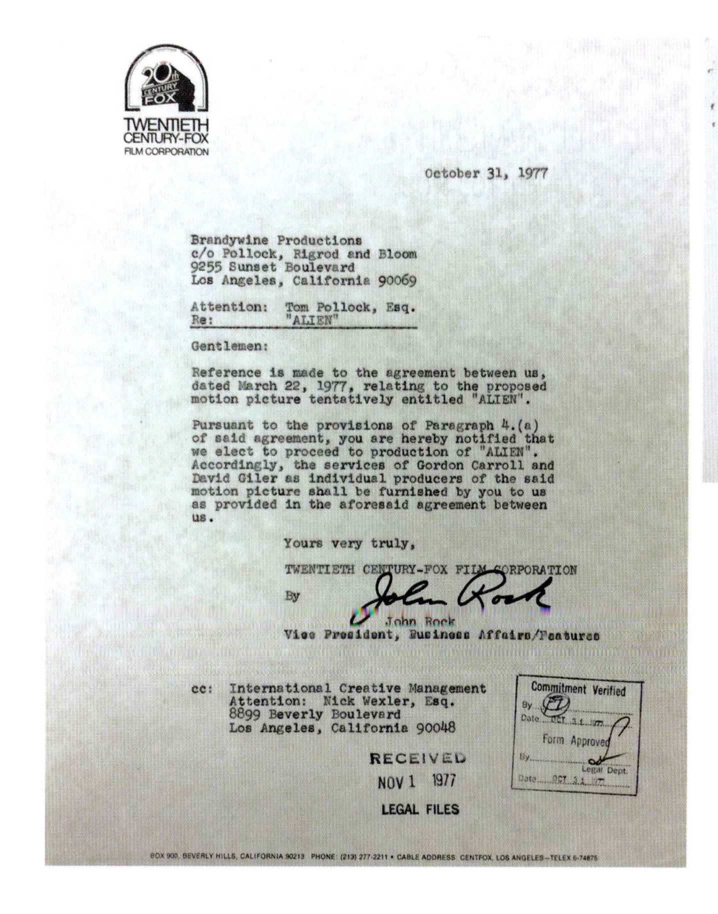

20th CENTURY FOX
TWENTIETH CENTURY-FOX FILM CORPORATION

October 31, 1977

Brandywine Productions
c/o Pollock, Rigrod and Bloom
9255 Sunset Boulevard
Los Angeles, California 90069

Attention: Tom Pollock, Esq.
Re: "ALIEN"

Gentlemen:

Reference is made to the agreement between us, dated March 22, 1977, relating to the proposed motion picture tentatively entitled "ALIEN".

Pursuant to the provisions of Paragraph 4.(a) of said agreement, you are hereby notified that we elect to proceed to production of "ALIEN". Accordingly, the services of Gordon Carroll and David Giler as individual producers of the said motion picture shall be furnished by you to us as provided in the aforesaid agreement between us.

Yours very truly,

TWENTIETH CENTURY-FOX FILM CORPORATION

By John Rock
John Rock
Vice President, Business Affairs/Features

cc: International Creative Management
Attention: Nick Wexler, Esq.
8899 Beverly Boulevard
Los Angeles, California 90048

Commitment Verified
By
Date OCT 31 1977
Form Approved
By
Legal Dept.
Date OCT 31 1977

RECEIVED
NOV 1 1977
LEGAL FILES

BOX 900, BEVERLY HILLS, CALIFORNIA 90213 PHONE: (213) 277-2211 • CABLE ADDRESS: CENTFOX, LOS ANGELES—TELEX 6-74875

Notice dated October 31, 1977 addressed to BRANDYWINE PRODUCTIONS from TWENTIETH CENTURY-FOX FILM CORPORATION was hand-delivered to me today, October 31, 1977.

RECEIVED BY Gordon Carroll
GORDON CARROLL

RECEIVED
NOV 1 1977
LEGAL FILES

てのゴードン・キャロルとデヴィッド・ガイラーの職務は、上記の契約で定められた通り、貴殿から当社に提供するものとします」と、文書には書かれていた。『エイリアン』の監督にはウォルター・ヒルがなる予定だった。

この文書はブランディワインのキャロルに直接手渡された。脚本の暴力描写に対する懸念は残っていたものの、企画に対する予算は調達された。フォックスは、『スター・ウォーズ』が開拓したSFジャンルでの成功に賭け、できればホラー映画ファンも惹きつけたいと願っていた。前年の夏にはフォックスの『オーメン』が大ヒットしており、『エイリアン』はこの2本の大ヒット作の要素を兼ね備えていた。

ヒルによれば、『スター・ウォーズ』の衛生的な宇宙船の乗組員がビートルズなら、『エイリアン』のみすぼらしい船の乗組員はローリング・ストーンズだというジョークが当時よく聞かれたという。

「プロジェクトは急速に進んでいった」と、オバノンは振り返る。「フォックスの内部では、『エイリアン』は次に来る最重要作といわれていたらしい。その期待に応えなければ、と思った」

当時、ギーガーは日記に「オバノンから電話があった」と記録している。「彼は熱意の塊だった。特に卵のアイデアは、彼にとって魅力的だったようだ。私は再び待つことに……」

しかし、オバノンの歓喜は、キャロルの机の上にあった改訂版の脚本が目に入ると恐怖に変わった。というのも、その表紙にはヒルとガイラーの名前しか記されていなかったのだ。彼はキャロルが「君には見せないことになっていたんだが……」と言いながら脚本をひきだしにしまったのを覚えているという。キャロルは単なる記載漏れだと言い訳し、数ヵ月後の契約書と宣伝記事には、脚本家のひとりとしてオバノンの名前も添えると断言した。

企画が着々と進む中、フォックスは『エイリアン』をロンドン郊外のシェパートン撮影所で作ると決め、そのための交渉が始まった。撮影開始は1978年5月に設定された。

「我々はプリプロダクション、予算の割り当て、スケジュールの決定に着手した」と、フォックス英国支社の代表、サンディ・リベリアソンは言う。「ヒル、ガイラー、キャロルもイギリス入りし、物事は全て滞りなく進むかに見えた」

制作が本格的に始動し、フォックスはできる限り急いで作りたいと考えていた。ところが、ゴーサインが出たわずか数日後、ヒルが監督を辞退した。「自分で監督したいとは思っていなかった」と彼は告白する。「SF作品の監督として適任ではないと考えたんだ。忍耐力もないし、うまくこなせるだけの技術的な知識もない。企画には興味があったが、監督を切望するほどの愛着はなかった。たぶん、自分の得意ジャンルとはかけ離れていたからかもしれない」

「ウォルターは、自身の専門ではないジャンルを扱うことに神経を尖らせていた」と、キャロルは1979年に語っている。また、ガイラーも「葛藤があったにせよ、なかったにせよ、SFは彼の十八番ではなかった」と証言する。「興味すらなかったんだ。これっぽっちもね。ホラー映画に対してもそう。もちろん、本当は違うかもしれない。明日電話がかかってきて、『何を言ってるんだ？』と怒られる可能性だってある。それでも、私はそんな印象を受けたんだ」

『エイリアン』は突如として「暗転」の危機に陥った。それは長い時間をかけ、ゆっくりと死んでいくようなものだ。

「企画は宙ぶらりんになってしまった」とビールは言う。

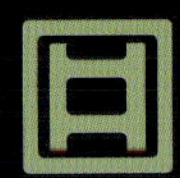

## 『エイリアン』脚本

**原案：ダン・オバノン、ロナルド・シャセット**
**執筆：ウォルター・ヒル。デヴィッド・ガイラー**
**1977年10月13日――概要**

ヒルとガイラーは登場人物リストを拡大し、肩書きも次のように変えた。

ダラス：船長
ケイン：副船長
リプリー：二等航海士
アッシュ：科学主任
ランバート：操舵手
パーカー：機関長
ブレット：機関士

男性5名、女性2名。パーカーはブレットの上司だが、ブレットが頻繁に「そうだな……」と言うことから、彼らが親しい関係にあることがうかがい知れる。また、2人はもっと平等な利益の配分を望んでいる(以下の会話は数シーンをまとめたもので、コールドスリープ覚醒時の新たな会話が加えられている)。

パーカー：ドッキング前に、ボーナスの状況をおさらいすべきだな。
ブレット：そうだな。
パーカー：ブレットと俺も充分な配当をもらうべきだ。
ダラス：君たち2人には契約書通りに支払われている。他の皆と同様に。
ブレット：他の奴らは俺たちよりもらってる。
ダラス：他の皆は君らよりもらって当然だからだ。そろそろ降下を……
リプリー：ねえ、あんた、分け前は法律で決まってんの。2人ともつべこべ言ってないで、仕事に戻って。
ブレット：そうだな。
ランバート：ブレット、「そうだな」って言うってことは、あんたがちゃんと理解してるって意味になるのよ。
ブレット：そうだな。
ランバート：パーカー、あんたはどう思ってるの？ 相棒はまるであんたの金魚のふん。で、「そうだな」って相槌を打つだけ。馬鹿な男だと思わない？
パーカー：ああ。同意見だ。こいつがなんであれ、馬鹿野郎だ。
ブレット：そうだな。

2人の機関士は、エンジンルームのガラス張りの小部屋で1本のビールを飲み回している。そこからは、眼下に広がる巨大な動力装置を一望できる。とてつもなく大きなリアクター・システムは、円滑にエンジン音を立てている。そのエンジンが宇宙船ノストロモ号の動力源だ。宇宙船は、着陸時の空気抵抗を少なくするため平たい形状になっている。

今回、探査班の3人組は、ダラス、ケイン、ランバート。彼らは最初に、岩間から突き出ている宇宙船を見つける。それは黒く、表面は金属製だ。アッシュはノストロモ号のブリッジで、外に出た仲間の状況をモニタリングしている。ランバートがあれは地球の船かと訊ねると、ダラスは「その通り。印を見てみろ。単にL-52型を焼き直したデザインの宇宙船じゃないか。開発を進めていたニューモデルだと聞いていたが、とんだ金の無駄遣いだな」と返す。

内部に入った3人は、褐色の壺と骸骨の形をした何かを発見。「骸骨のようなもの」は彼らから5〜6m離れており、制御卓の椅子に座ったままの状態だ。人間か。ただし、外観はひどく損傷している。ダラスは、「スペースジョッキーの死体が1体。他の乗組員の気配はない。旧型L-52型は通常、定員が7人なんだが……」と、つぶやく。その言葉に、ケインもランバートも、残りの船員は既に死んでいるに違いないと考えた。この計画に参加した7人のうち6人が、宇宙の塵と化した可能性もある。

モニタリング中のアッシュは、もうひとつ不規則な形をしている箇所があると3人に告げ、「高さ100m。赤味がかった火成岩と濃い色の黒曜岩。赤い石柱」と具体的に説明する。雨が降りしきる中、ここでは質問するのがケインで、答えるのがダラスになる。ダラスの答えはこうだ。「おそらく、政府の施設か何かか……弾薬庫、歴史的建造物、温室とか……。全く見当もつかない」

彼らは一番高いところまで登り、ケインが内側に降りていく。彼は報告する。「下にあるのは洞窟か何かだろうか。ま

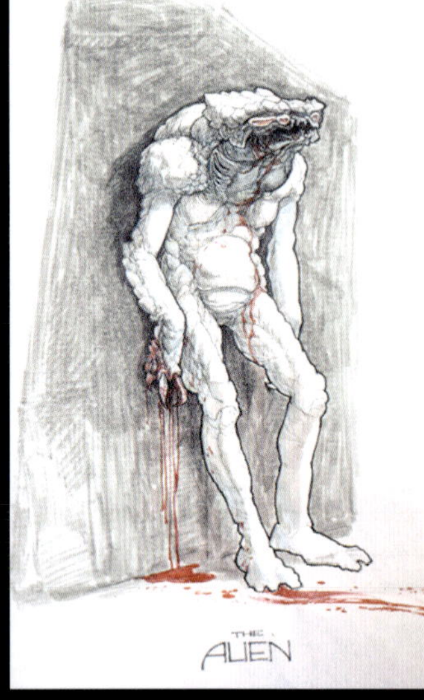


左／観察ドームを描いたコッブのイラスト。1977年の夏、彼はノストロモ号の隔壁、エンジン室、調理室、コンピューター室、コールドスリープ装置のあるセクション、船長の小部屋、食料貯蔵庫、メイン空気タンク、ブリッジ、船底、宇宙服、銃のコンセプトアートを手掛けた。さらには、エイリアンと宇宙空間にいるリプリーの絵も完成させた。

上／コッブによる、貨物室の通路と血を滴らせるエイリアンのコンセプトアート。

右／コップによる、エイリアンの犠牲になった者たちのイラスト。繭のようになって船底の天井からぶら下がっている。
　コップはある意味、独学で知識を習得する人間だ。「物理学と天文学との密接な関係は、私にとって驚くべきもので、視野を無限に広げてくれた」と彼は言う。「科学の記事や本を沢山読んだし、科学分野の人々に知り合いも多いが、正式に科学を学んだことはない。どれも自分で習得しただけだ」

るで熱帯地方みたいだ」
　ケインは「感染」し、ノストロモ号に戻ろうとするが、未知の生物を船の中には入れられないと主張するリプリーは扉を開けるのを拒否する。ところが、「入れろ」「入れられない」のすったもんだが続いている間に、アッシュが緊急用のスイッチを押して外部ドアを開ける。

リプリーが現れる。ダラスは振り返って、彼女を見る。長い沈黙。

ダラス：部下は船長の命令には従うもんだと思ってたが。
リプリー：規則に反するとしても？
ダラス：そうだ。

ランバートは前に踏み出し、リプリーに平手打ちを食らわす。リプリーはゆっくりと頬に手を当てた。

ランバート：あたしたちのこと、見捨てる気だったのね。
パーカー：もしかしたら、そうすべきだったかもよ。そいつが何なのか、誰にもわからないんだ。
ブレット：そうだな。

　ほどなくリプリーはアッシュと顔を合わせ、どうして彼があの生物を中に入れたのか、理由を問いただした。

アッシュ：いいか、私は責任者の命令に従っただけだ。
リプリー：ダラスとケインが表にいる時は、船内の責任者は副船長の私。それともうひとつ。あんたは科学部門が決めた検疫ルールを片っ端から破った。
アッシュ：船長に命令されたら、彼がどこにいようと私はそれに従う……命の危険がない限りは。
リプリー：馬鹿げてる。検疫の手順を無視すれば、乗組員全員の命が危険に晒される。

　未知の生命体の扱いに関してアッシュが勝手に判断を下そうとしているのだと、リプリーがダラスに詰め寄るが、彼は諦め顔でポツリと言う。「〈会社〉からの命令だ」。のちに、彼らは身体を求め合う。

リプリー：1時間ある。ねえ……気晴らしが必要なの。
ダラス：なぜ今まで待ってたんだ。リプリー、我々は見知らぬ惑星にやってきたんだ。特殊な病気にかかる可能性がある。
リプリー：話すのは、もううんざり。

彼女は立ち上がり、上着を脱ぎ始める。

ダラス：君は長く待ちすぎた。

　今回の設定では、エイリアンは食料庫を襲わなくても成長することができる。リプリー、パーカー、ブレットが猫を探していると、2m以上あるエイリアンが降りてきてブレットを捕らえる。化け物にぐいと掴まれ、彼は金切り声を上げる。次の瞬間、ブレットの背骨がポキンと折れ、絶叫が響き渡る。エイリアンは階段を跳ねながら降りていき、まだ身悶えするブレットの身体を抱えたまま視界から消えた。
　やがてエイリアンは食料庫を襲撃するが、必要な栄養を摂るなり、通気孔に逃げ込む。ダラスはそいつを追い出そうとするが、逆に窮地に陥る。彼は、5mも離れていないところに立つエイリアンを見て固まった。迫ってくる相手にダラスは火炎放射機を向け、繰り返し火を放つ。エイリアンは炎をものともせずに近づき、彼を掴んで引き寄せた。
　生き残った乗組員たちはエイリアンを殺そうと必死になるが、アッシュが敵側の人物であることが明らかになる。リプリーもまた、彼はどこかおかしいと疑っていたのだった。アッシュは彼女ともランバートとも寝ようとしなかったからだ。生存者たちがエアロックからエイリアンを宇宙に放り出そうと試みると、アッシュが警報を鳴らしてしまう。次に彼らはエイリアンを脱出用シャトル、ナルキッソス号に誘い込むことにする。そして、リプリーはこう言い放つ。「先にすべきことは他にある。あんたたちはこのデッキを探して、アッシュを見つけ出して。そして拘束するの……彼は私たちの味方じゃない」
　船長として、リプリーはコンピューターにアクセスする。モニターには次のように書かれていた。

スクリーン1：緊急事態プログラム 425：セキュリティ責任者　船長　リプリー

全てのモニターが明るくなる。

質問：アッシュはエイリアンを守っているのか。
答え：イエス。
質問：なぜアッシュはエイリアンを守っているのか。
答え：特別司令No.1のため。最優先事項。
タイピングされた文字が赤く表示される：特別司令No.1のデータを要求。最優先事項。

次頁／ストーリーの他のシーンを描いたコップのイラスト。
〔左上〕真空になりつつある空気タンク室で酸素を求めて苦しむ乗組員。
〔右上〕爆発する宇宙船から出ていく救命艇（おそらく、名前はまだスナーク2号のままだったと思われる）
〔下〕小惑星で黒い宇宙船と赤い石柱を発見した乗組員たち。

モニターが2回点滅。

答え：兵器セキュリティ。定義：実験的攻撃用対人システム。ミッション：1483を第5銀河の61325にまとめよ。現地の生命体を採取し、地球に持ち帰れ。最優先事項。厳重警戒。必要であれば殺戮行為も認められる。優先システム5161項により乗組員の犠牲も厭わない。

すると、アッシュがリプリーに襲いかかる。
リプリーの腕を強く殴るアッシュ。
彼女は椅子をクルリと回転させ、アッシュと向き合う。
素早く足を出し、彼の腹に蹴りを入れる。
びくともしないアッシュ。
リプリーは身体を翻す。
直後、アッシュのパンチが飛んでくるが、当たらない。
リプリーは警報ボタンを叩き、サイレンが船内に鳴り響く。
壁のケースに収納されているレーザー銃を取りに行こうとするも、アッシュに遮られる。
彼は再び拳を振るう。
またもや当たらず。
リプリーは彼に向かって椅子を押し出す。
次に机をひっくり返す。
その横にあったパネルも投げ飛ばす。
一方のアッシュは、椅子を持ち上げ、
リプリーめがけて思い切り投げる。
椅子は、彼女の頭上の壁に当たり、破損する。

　パーカーとランバートは警報に反応し、アッシュを制圧しに駆けつける。アッシュは頭部を激しく殴打されても、攻撃を緩める気配がない。

彼は再びリプリーに向かっていく。
またもや彼女の首を絞めようとする。
パーカーは大型レンチを掴み、アッシュの背後に忍び寄る。
勢いよくレンチを振り下ろすと、アッシュの頭部がもげた。
首からはワイヤーが何本も飛び出している。
頭部を失い、リプリーの首を絞めていた手を緩める。
そのまま手を持ち上げ、なくなった頭を探している。
ゆっくりと後退するアッシュ。
その場の全員が首なしのアッシュの身体を見つめている。

パーカー：なんてこった。ロボットだったのか。

リプリーはハサミを掲げ、アッシュの背後に近寄っていく。
服が切り裂かれる。
ランバートはアッシュの足を引っ張った。
リプリーは、アッシュの背中に埋め込まれた制御装置を壊そうとする。
苦痛でパーカーの目は大きく見開かれている。
頭のないアッシュは、パーカーの首をギリギリと絞めつけていたのだ。
リプリーはアッシュの肉体を操作しているワイヤーを見つけ、そこを目がけてハサミを突き刺す。
アッシュの手から力が抜ける。

　そして、リプリーはこう説明する。「エイリアンは兵器よ。アッシュはあいつを捕まえ、持ち帰るつもりだった。〈会社〉は私たちがこの惑星に必ず到達するよう、アッシュを送り込んでいたのね。ここは会社のための兵器を生み出す場所で、私たちはモルモットだったんだ」
　ランバートとパーカーは、以前の脚本同様、結局この後に殺される。ただし、救命艇に頭蓋骨は持ち込まれない。

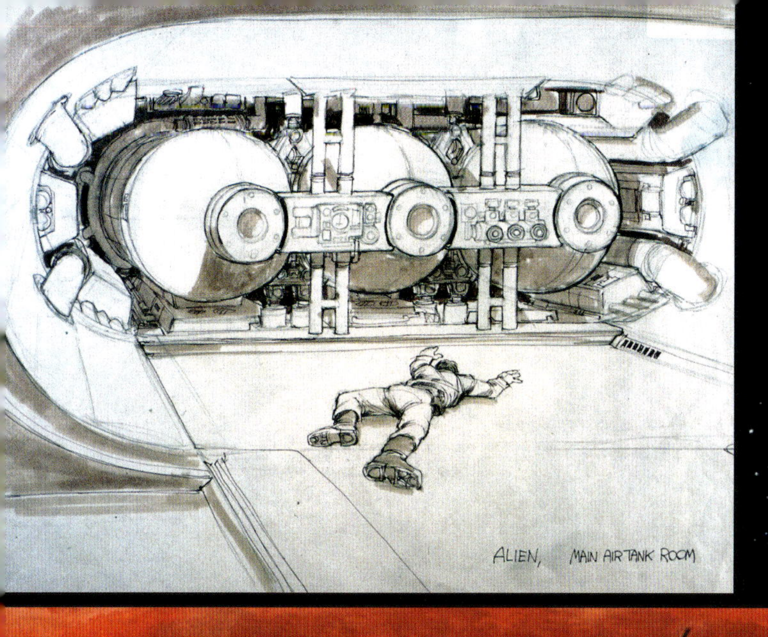
ALIEN, MAIN AIR TANK ROOM

O712D

CHAPTER 4

# リドリーにマティーニを

1977年11月〜1978年3月

右／ロン・コッブによるコンセプトアート

# 4

実は当初のフォックスとの契約では、『エイリアン』の企画によってウォルター・ヒルの個人的なプロジェクト『ザ・ドライバー』の撮影に支障が出た場合、ヒルには免責条項が適用されることになっていた。『ザ・ドライバー』の撮影開始寸前だったヒルは、自分の作品を優先させると決めたのだ。

「ヒルには先約があった」と、1979年1月にロン・コッブは語っている。「とはいえ、フォックスは彼のために『エイリアン』を遅らせるわけにはいかなかった」

同年、オバノンもこの顛末に言及している。「ヒルは『エイリアン』の監督を退き、『ザ・ドライバー』でメガホンを取ることにした。そういうわけで、この映画には監督がいなくなってしまったんだ」

ロンドンでキャスティングを始めようとしていたサンディ・リーバーソンは、ゴードン・キャロルからの電話で事態を把握した。彼は「それは困ったな。映画化を進めるにあたって、既に多額の金が投資されているんだ」と言い、少し考えさせてくれと頼んだ。

フォックスとブランディワイン、キャロルは気持ちを切り替えて、企画が頓挫する前に別の監督を探すことにした。スタジオ側は新たな監督候補のリストを作ってキャロルに渡した。だが、『ブリット』(68)や『ジョーズ』の二番煎じ的映画『ザ・ディープ』(77)を監督したピーター・イェーツは辞退。『回転』(61)、『華麗なるギャツビー』(74)など、強いヒロインが登場するドラマチックで緊張感に満ちた映画を作ったイギリスの監督ジャック・クレイトンにも断られた。彼はオファーに対し、「くだらないモンスター映画なんて!」と叫んだと言われている。

関係者は皆不安を募らせていった。オバノンとシャセットはロジャー・コーマンに依頼する心づもりがあったが、フォックスは第一候補のスティーヴン・スピルバーグに声をかけることにした。「スピルバーグは本当に脚本を気に入ってくれた。だが、既にスケジュールが埋まっていて、監督を受けられなかったんだ」と、コッブは語る。「彼は最高の脚本だと評価してくれたが、ただタイミングが悪かった」

ラッド・Jrを思いとどまらせ、『エイリアン』の企画を救ったのは、このスピルバーグだった。シャセットは彼が企画に熱い関心を寄せてくれたのを覚えている。「スピルバーグはこう言ったんだ。この映画を作らないなんてどうかしてる！ これでひと財産築けるのに、と」

スピルバーグは『スター・ウォーズ』の時もラッド・Jrに対して同じことを言い、彼の予想は正しかったことが証明されていた。そういうわけで、『エイリアン』のゴーサインは取り消されなかった。

イギリスのリーバーソンは、監督候補を検討する中でリドリー・スコットに行き着いた。2人は長年の知り合いで、リーバーソンは自宅アパートの家具をスコットにデザインしてもらったこともある。また、リーバーソンの会社、グッドタイムズ・エンタープライズの映画を複数製作したプロデューサー、デヴィッド・パットナムという共通の友人もいた。「私はラッド・Jrに電話をして言ったんだ」と、リーバーソンは思い起こす。「イギリスにリドリー・スコットという監督がいる。監督作はまだ1本だけだが、非常に素晴らしい出来だった。私の直感では彼が適任だ、とね」

リーバーソンは『デュエリスト／決闘者』のフィルムをラッド・Jrに届けたが、偶然にも、カンヌ国際映画祭で同作を鑑賞済みだったデヴィッド・ガイラーもスコットを推薦しており、ブランディワインのパートナーたちのために、パラマウントに頼んで上映会をしてもらう手はずを整えていたところだった。

その頃スコットは、コマーシャルの撮影をこなしつつ、ホロコースト後の物語という舞台設定に変更した『トリスタンとイゾルデ』の映画化を進めていた。2本目の長編監督作となる予定だった同作のビジュアルと時代設定は、ヘビー・メタル誌に掲載されたメビウスの漫画『アルザック』に大きな影響を受けている。未来的な雰囲気と中世の舞台設定が混在する、アーティスティックな世界観だ。スコットは『デュエリスト／決闘者』の時に、プロデューサーのアイヴァー・パウエルからヘビー・メタル誌を紹介され、たちまちその革新的なアートの虜になった(オリジナルの『トリスタンとイゾルデ』はケルトの説話が起源で、最古のテキストは12世紀頃に書かれたものだと言われている。青年トリスタンは、叔父マルク王が妻にめとりたいと願うイゾルデ姫をコーンウォー

上／コップによるジェットヘリのコンセプトアート。

次頁／同じくコッブによるコンセプトアート。宇宙船と、宇宙船が小惑星に着陸した様子。

C170
571

ルに連れてくるため、アイルランドへ向かう。彼は無事にイゾルデを見つけ出すのだが、コーンウォールに戻る途中、2人は誤って媚薬を飲んでしまう。こうしてトリスタンは叔父の結婚相手であるイゾルデと不義を重ねることになり、しまいには不幸な結果を招くのだった――）

スコットは少人数のチームを率い、ロケハンのためにアイスランドへ向かった。その土地にインスピレーションを感じ、良いアイデアが浮かんだのだと言う。スコットは騎士のアイデアを何点かスケッチしていた。骨と羽でできたサムライ風の甲冑を身につけ、氷上のセイウチを狩っている姿などだ。騎士の防具から蒸気が立ち上っているスケッチもあった。またキャスティングについては、背が高く痩身で漆黒の肌を持つ、頑強なスーダン出身の俳優を採用したいという考えを持っていた。

11月のある日、サンディ・リーバーソンはロンドンのソーホー地区、レキシントン通りにあるRSAのオフィスを訪れ、ヒル、ガイラー、オバノンの名前がクレジットされた脚本をスコットに見せた。パウエルは当時を振り返る。「あの脚本と『デュエリスト／決闘者』の監督を組み合わせてみたら、面白いケミストリーが生まれるんじゃないかとサンディは考えたんだ」

「『デュエリスト／決闘者』が理由で依頼してきたんだろうけど、さすがに面食らったね」と、スコットは当時の心境を告白する。「要は、サンディのセンスが良かったってことだ（笑）。6人の監督に断られて僕のところに来るなんて、まさしく青天の霹靂だったよ。でも、脚本を受け取ってすぐに読んだ。なにせサンディ・リーバーソンから持ちかけられた話だからね。いつも興味深い脚本を届けてくれる人々がいるんだ。読んでみると面白くて、なかなか知的な映画になりそうだと思える脚本をね。そのひとりがリーバーソンだ。だから、読みかけだった他の脚本を差し置いて、先に『エイリアン』を読むことにした」

スコットとパウエルのオフィスは3階建ての複合ビル内に隣り合わせにあり、どちらが先に脚本を読むかで取り合いになったのをパウエルは覚えている。「私は『SFマニアが先だ』と主張したんだ」と、彼は言う。「だけどリドリーが勝って、脚本を掴むとさっさと自分のオフィスに行ってしまった。私は心の中で、読みたい、あれを読みたいとずっと考えていた。だって、隣のオフィスで読んでいる様子がわかるんだ。時折『うわっ！』『なんてこった！』という声が漏れ聞こえてきたんだから」

「僕はあっという間に読み終えた。最初から最後までスリルと興奮の連続で、最初にリーバーソンに返した感想は『素晴らしかった』だった」と、1979年にスコットは話している。「アッシュの正体がわかった時には膝を叩いたね。意表を突く見事な設定だ。（会社）の異常さも伝わってくる。船内に会社の回し者がいたなんてね。で、その回し者はロボットだったというのが普通とは違う点だ。だが、脚本を読んだ時点では『トリスタンとイゾルデ』を進めていたから、『エイリアン』の監督を引き受けることはできなかった」

「リドリーは『エイリアン』の脚本を気に入ってくれたが、『トリスタンとイゾルデ』のほうを作りたかったようだ」と、パウエル。「彼はサンディ・リーバーソンに電話をかけ、こっちの企画に縛られていなかったら、真剣に『エイリアン』の監督を引き受けることも考えたんだが……と打ち明けていた」

スコットの心は激しく揺れた。『エイリアン』の予算は約420万ドルで、彼もパウエルも充分ではないと感じていた。それでも、『デュエリスト／決闘者』はさらに数百万ドル安く上がっており、420万という数字はかなり大きいものに思えた。さらにスコットは、女性が主人公という設定にも興味をそそられていた。「非常に賢いアイデアだね。普通なら、女性は最初の犠牲者に選ばれがちだ。ストーリーは非常にシンプルで、筋が一本まっすぐに通っている。本当に驚くべき作品だよ」

『エイリアン』の脚本を読んでいるうちに（読んでいた時間は40分とも90分とも言われている）、スコットは賞賛すべき点をいくつも見つけた。「とにかく、話が誰にでもわかりやすい。すごく暴力的な部分もあるが、登場人物たちがうまく描き込まれている。インパクトがあり、どのページをめくっても個性がある。滅多にないことだ。態度、言葉の選択、会話の内容に、それぞれの性格がしっかりと反映されていた。指令する立場の人間と、汗水垂らして機械をいじる人間との階級的格差が強調される社会背景も面白い。ヒルの脚本は登場人物たちのコミュニケーションを通じて多くを語っていた。文章を読むだけでイメージが鮮やかに脳内再生され、何が起きているのかはっきりと理解できるんだ。最小限の描写なのに、話をぐいぐい読ませるセンスとパワーがこの脚本には備わっていた。そんな作品は珍しいよ。ヒルとガイラーの編集能力にも脱帽だ。素材の無駄を見事に削って、テンポ良く展開させている。2人とも優秀な脚本家だ。ガイラーはプロデューサーのレイ・スタークと組んで作品を作っていたくらいだ。おそらくあの時点で、ハリウッドで1、2を争う優れた脚本だったはずだ」

スコットはさらに付け加える。「さらに、『エイリアン』は僕にとってホラー映画という次元を超えていた。あれは恐怖についての作品だ。ページをめくるたびにスリリングな要素が飛び出す。そこには人が感じうる純粋な恐怖が描かれていた」

「リドリーは脚本を45分で読み、次に私が読んだ」と、パウエルは振り返る。「素晴らしかった。『恐怖の火星探検』の模倣と言えなくもないが、無頓着的で流れるようなヒル独特の文体で書かれた脚本は、読み物として非常に良くできていた。なのに、内容はものすごく暴力的なんだ」

何十年も経ってから、スコットはこう語っている。「脚本を読みながら、もう監督の目線で考えていたんだ。『なんてバケモンだ！　こいつをテーブルの上で誕生させるんだったら……』って」

しかし、スコットが『エイリアン』の監督を引き受ける決断をできないのには、『トリスタンとイゾルデ』以外の理由もあった。彼はある点に不安を抱いていたのだ。確かに、彼にはパラマウントとの先約があった。だが、それよりも大きな懸念となっていたのが、エイリアンが成長した後の場面を映像化するのは困難なのではないかということだった。「たちまち脚本に心を奪われたものの、僕はある点が心配だった」と、スコットは打ち明ける。「あんな忌々しいケダモノ、一体どうやって作れっていうんだ？　これまで観たどんな映画も、モンスターは観客をガッカリさせるようなクオリティだった。ほとんどがそうだ。やっとモンスターが出てきたとワクワクしても、姿を見た途端に肩を落としてしまう。一応、そんな見た目でも、最後まで見てやろうという努力はするんだ。モンスターという存在を信じることを諦め、目にしている物を受け入れるしかないんだよ」

スコットは態度を決めかねていたので、ブランディワインとフォックスは『エイリアン』の映画化を頓挫させないように、監督探しを続けることになった。

## モンキービジネス

「大勢にあたってみたが、断られてばかりなのは周知の事実だった」とヒルは語る。接触した監督は30人を超えていた。

「その後も温かい食事を食べながら、次から次へと監督と会った」とフォスも言う。「だが、誰ひとりとして興味を示してくれなかった」

いささか奇妙な選択肢ではあったが、『M★A★S★H』（72）や『ナッシュビル』（75）のロバート・アルトマンにも声をかけ、やはり断られた。『エクソシスト』（73）のウィリアム・フリードキンが候補に上がるのはごく自然な流れだったが、結局は彼にも辞退された。

それからヒルは、『ふるえて眠れ』（64）や『特攻大作戦』（67）のベテラン監督ロバート・アルドリッチを見つけ出した。アクションとサスペンスの両方を手がけられる人材であり、彼のほうも決して悪い感触ではなかった。「最初のうちは、ロバート・アルドリッチで決まりそうに見えた」と、ヒルは説明する。「彼は脚本を気に入り、物語の可能性を理解してくれた。そして我々を呼び出してこう言った。『モンスターが出てくる偵察艇

**次頁**／機械や宇宙船を描いたフォスのコンセプトアート3点。

「ある日、笑っちゃうくらい小さな作業部屋で仕事してた時のことだ」とフォスは振り返る。「すると、外から声が聞こえてきた。『警察だ、手を上げろ！』。我々は『撃たないでくれ！　人質がいるんだ！』と言ったよ。すると、その男は階段を駆け上がっていった。それはテレビドラマ『スタスキー＆ハッチ』の撮影だったんだ」

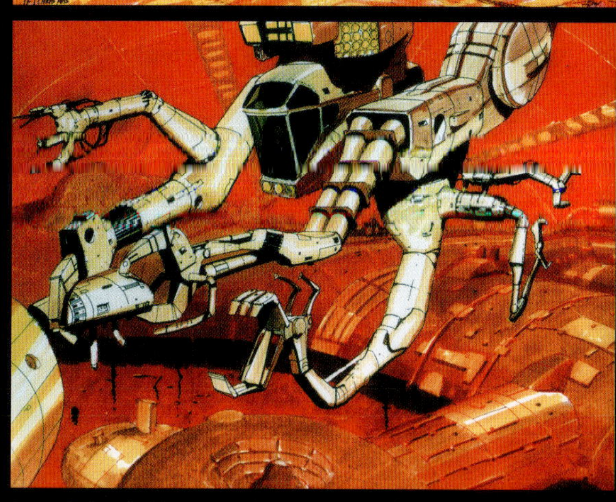

画だな。これをどうやって映画化すべきか、私にはわかる』」

スコットと同様にアルドリッチも、映画が成功するか否かはモンスターの効果にかかっていると感じていた。「彼は面白いことを思いついたと話し始めた、が、その内容は耳を疑うものだった」と、ヒルは振り返る。「オランウータンを用意して毛を剃ると言ったんだよ。そいつを調教するんだと。それを聞いた我々は『うわ、どうしよう』という感じだったね」

ヒルは返す言葉を失い、モンスターについて別の方法を模索するよう、アルドリッチを説得する必要があると理解した。そしてブランディワインがアルドリッチと契約する寸前、2つの出来事が起こる。ひとつは12月23日に公開された同監督の『クワイヤボーイズ』。壮大にコケただけでなく、内容に立腹した原作者のジョゼフ・ウェンボーが自らの名前をクレジットから外すよう訴えを起こした。さらに、当時全米監督協会の会長だったアルドリッチは協会の仕事で忙しい上に、同年に公開された『合衆国最後の日』を西ドイツで撮影していたため、イギリスで『エイリアン』を作る余裕がないと自ら判断したのだ。

こうして、アルドリッチも候補から外れた。

## 地に倒れたトリスタン

スコットは、『トリスタンとイゾルデ』の脚本に、『デュエリスト／決闘者』でも起用したジェラルド・ヴォーン＝ヒューズを選んだ。2人が温めていたアイデアのひとつに、トリスタンは伝説のドラゴンと戦うのではなく、それを「偽装」するという設定があった。また、彼が石に刺さった剣を見つけて引き抜くと、大陸間弾道ミサイルが発射されてしまうという場面もある。「ミサイルが発射され、1kmも離れていない場所で爆発が起きるのを、トリスタンは呆然と眺めるしかないんだ」と、スコットは1979年に語っている。「聖書みたいな物語なんだ」

パラマウントの重役たちは、1977年12月（あるいは1978年1月）にヴォーン＝ヒューズが書いた脚本の最初の数ページを読んで、スコットにこう感想を告げた。「訳がわからない」

「僕らは、半分まで仕上がった脚本をパラマウントに渡した」と、パウエルは語る。「でも、彼らは全然理解してくれなかった。それでリドリーは、このまま企画を進めるべきか自信がなくなってしまった。次の映画までにかかる時間の長さに気づき、怖気づいてしまったんだ」

2作目の企画がグラついたため、スコットは別の選択肢を考えた。頭の中にはまだ『スター・ウォーズ』と『2001年宇宙の旅』の興奮が残っていた。「『トリスタンとイゾルデ』は2ヵ月後に中止になった」とスコットは言う。「脚本家も抜けた。僕はロンドンのハムステッド・ヒースにある自宅で椅子に座り込み、ずっと考えていた。何かやらないと。これから9ヵ月間、何の撮影もないなんてありえない。映画を作らないと。そこで僕はサンディに電話をかけ、『エイリアン』の監督のポストがまだ空いているかどうかを訊ねた。彼の返事は『イエス』だった。そしてその2日後、僕はロサンゼルスにいた」（時期については24時間後から2週間後まで諸説ある）

「リドリーはいきなり、『エイリアン』を引き受けると言ってきたんだ」と、パウエルは証言する。

スコットはロサンゼルスに向かう機中で、『スター・ウォーズ』を観た時の気持ちを今一度思い出し、『エイリアン』に挑戦する決意を固めていた。また、その頃アメリカで劇場公開が始まったばかりのスピルバーグ監督作『未知との遭遇』は、非常に好調な滑り出しを見せており（イギリスの公開日は78年3月で、渡米した時点では未見だった）、米国内で飛び交う賞賛の言葉によって、スコットがSFに抱いていた先入観はさらに和らいでいたと思われる。

「僕は自分に言い聞かせた。畑違いのところに来てしまったんじゃないかって」と、スコットは振り返る。「SF映画界は『スター・ウォーズ』を作り出したジョージ・ルーカスがいるような場所だ。僕はどうだ？『トリスタンとイゾルデ』を作ろうとしていた人間だぞ。自分は頭がどうかしているに違いない」。イギリスを発つ前、彼はこう話していたと言う。「僕は『スター・ウォーズ』ほどの観客は得られないだろう。彼にはできたが、僕には無理だ。『スター・ウォーズ』は、これぞ映画だという作品。映画というものは、観客を2時間半ほど冒険に連れ出し、その世界にどっぷり浸らせてくれるものなんだ」

その年の1月、パラマウントはアメリカでの『デュエリスト／決闘者』の公開で判断を誤った。米国内ではわずかな映画館でしか上映しなかったため（ロサンゼルスではウィルシャー通りのファインアーツ・シアターの1館のみ）、全く儲けが出なかったのだ。「パラマウントは、あの作品の扱い方をわかってなかった」と、スコットは言う。「カンヌ国際映画祭での受賞後、まだ話題が新しいうちに映画ファンの興味を引くべく、すぐにでも公開するべきだった。だが配給会社はあれをアート映画だと捉えたらしい。アート映画なんて言葉、僕だって使うのをためらうくらいだ。確かに『デュエリスト／決闘者』は、映画業界が〈薄利映画〉と呼ぶような小品だ。その種の作品で儲けるなら、わずかな利益を積み重ねるしかない。だから8ヵ月間も寝かせておいて、アート系の映画館限定で公開したという流れなんだ。僕が配給会社の人間だったら、クリント・イーストウッド作品と同時上映するB級映画として考えていただろうな」

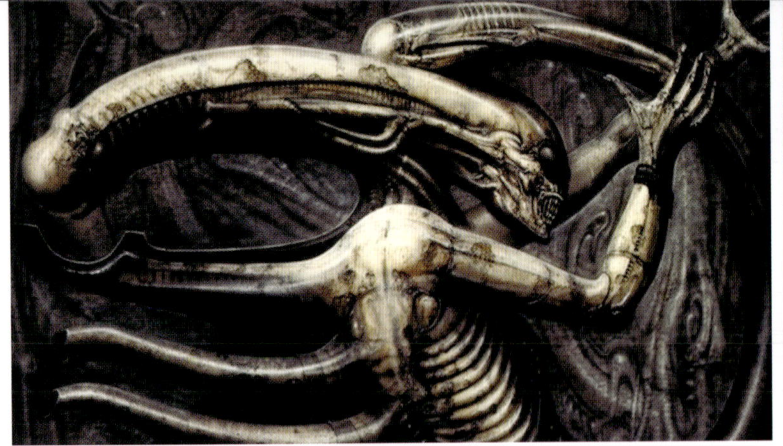

左上1点／1977年出版のギーガーの作品集『ネクロノミコン』に収録されている『ネクロノームIV』。この作品に驚嘆したリドリーは、絵のバランスと同じようにエイリアンの頭部を巨大なものにしようとした。しかし、これだけ大きな頭部を俳優もしくはスタントマンにかぶせるのは危険だとわかり、スケールダウンさせることになった。

上3点／同作品集に掲載されているギーガーの絵（初期版の表紙絵を含む）。

もっと早くに公開していれば、150万ドルの出資金（スコット自身が出した資金も多く含まれる）に対し、500万〜600万ドルは稼いだ可能性があったとスコットは推定する。「あの公開時期は、かなり不満だった。もう利益は見込めない」と、彼は1979年に発言している。「1年という時間を費やして作った作品なら、ヒットさせたいと思って当然だ」

『エイリアン』は、『デュエリスト／決闘者』とは異なる可能性——大勢の観客を動員し、興行的成功を収める力を秘めていた。アメリカに上陸したスコットはフォックス・スタジオの敷地を歩きながら、うまくやってやると心を決めていた。ハリウッドまで来たからといって契約が正式に決まったわけではない。ブランディワインとリーバーソンは、とりあえず企画には乗っていたが、アラン・ラッド・Jrを筆頭とするフォックスの上層部3人組には、きちんと納得してもらう必要があった。

## 存在しなかったエイリアン

1月20日頃、スコットはフォックスでヒルとガイラーと会い、3人で『エイリアン』の取り組みについて色々と意見を出し合った。

「ムッソ&フランク・グリルでランチを食べた」と、ガイラーは振り返る。「リドリーは、脚本を気に入ったと言ってくれた。話の筋があちこち分岐しない、まっすぐなリニア（一本道の）ストーリーだからだそうだ」

「最終的に、リドリーは『エイリアン』に参加してくれることになった」と、ヒルも語る。「賢明なことに、彼は『エイリアン』の商業的なポテンシャルも理解していた。我々は彼と映画作りを進めたいと思った。その実績は別としてね。彼の第1作は全く商業的な作品ではなかったから」

ほどなく、スコットはラッド・Jrとウィーガンとも会った。顔合わせまでに『デュエリスト／決闘者』を鑑賞しておいた2人のプロデューサーは、彼に脚本の印象を尋ねた。その時のことをスコットは思い出す。「『脚本のどこを変えたいと思うか?』と質問された。『どこも変えたいとは思いません』と返事をすると、2人とも黙ってしまった。そこで僕はこう告げた。『脚本は素晴らしい出来だと思いますし、僕は何をすべきかわかってますから』と。映画作りに監督として関わるとなると、普通は『ここを変えたい。あそこも変えたい』と注文をつけるものなのか、皆目を丸くしていた。こうして、ゴーサインの出た企画が実際に映画化されることになったんだ」

スコットは、キャロル、オバノン、シャセットとも会った。フォックスの重役たちとも、メンバーの組み合わせはその都度変わったものの、何回か打ち合わせを重ねた。

「リドリーは、1本しか映画を撮った経験がなかった。しかも、興行的には失敗作だ」と、シャセットは言う。「でも、『エイリアン』にワクワクしてくれた唯一の人間だった。だから、この未知数の彼で行こうと落ち着いたんだ。彼の作ったコマーシャルからは、サスペンス映画の監督になりそうな感じは全く見えなかったけどね」。さらにリドリーはシャセットたちにこう言ったのだという。『登場人物にはあれ以上肉付けしたくない。メッセージがある作品にも、今以上に意味のある作品にもしたくない。単刀直入で気取らず、純粋に楽しめるサスペンスにしたい。『サイコ』や『ローズマリーの赤ちゃん』のようにね。ただ、僕はこの映画を『2001年宇宙の旅』のような雰囲気にしたい。そうするつもりだ』

「ゴードン・キャロルからもらったあの電話のことはよく覚えている」と、オバノンは1988年に語っている。「『リドリーに会ってくれ。きっと気に入るはずだ』と言われた。鵜呑みにはできなかったよ。ずっとつらい時間を過ごしてきていたから、本当に懐疑的になっていたんだ。僕が部屋に入ると、彼はそこにいた。ロナルドは興奮気味にリドリーに駆け寄り、手にしていたオリジナル版の脚本を差し出した。ガイラーとヒルが既にリライトを始めていて、僕らはその内容に困惑していたから、オリジナル版も読んでもらいたかったんだ」

スコットはオバノンの印象を「とても楽しい人物で、生粋のSFオタクだとすぐに見破った」と語っている。

ヒルもそうしたように、スコットはオバノンに会う前にアート部門のロン・コッブを訪ねた。すると、スコットはそこで見た彼らのアートワークに大はしゃぎしたのだ。「リドリーが来るまで、私はこのプロジェクトでずっとひとりぼっちだった。ほとんど誰にも相手にされていなかった」と、コッブは吐露する。「だけど、彼はクリス・フォスの絵を全部見てくれた。作品に対する私のアプローチも好意的に受け止めてくれたようだった」

「彼らの描いた絵は非常にリアリスティックで、NASA関連のニュースにでも出てきそうな、『2001年宇宙の旅』的な雰囲気を見事に表現していた」。1979年に、スコットはコッブの絵についてこう語っている。「2人とも本当に素晴らしい仕事をしてくれた。だけど、コッブの絵の巧みさや想像力は別として、彼はまだ作品の奥深さを理解できていないように思えた。あまりにも現実のNASAっぽくて、ファンタジー性に欠けていた」

とはいえスコット自身も、自分が何を探しているのか気づいていない状態だった。解決策が欲しいのか、エイリアンの成長段階についてのアイデアの芽を求めているのか。当時の苦悩をスコットはこう言っている。「このようなテーマを取り上げる時、最初はひどく興奮するものだが、その時期が過ぎると突如として、どんな風に見せるのかという問題が雷雲のように目の前に迫ってくる。様々な形態のモンスターをどのように作り出すのか? どの成長段階も割愛するわけにはいかない。観客は成長過程を順を追って見る必要があるのだから」

スコットの言葉はさらに続く。「そんな不安を抱いてハリウッドにやってきて、気がつくと、プリプロダクションに追われてフォ月が経過していた。だが、心から『これだ!』と思えるエイリアンの姿はまだ思い描けていなかった。アイデアが浮かんだとしても、よくあるスライム状の生物や、鋭い爪を持つクリーチャーばかり。たとえどんなにうまく造形を仕上げても、鉤爪や瘤やイボがある恐竜じゃ、『ダメだ。これじゃない!』と頭をかきむしる結果になるのは目に見えていた」

## 密かな恐怖

スコットが何度も重要会議に出席し、忙しくしている頃、オバノンの元に、H・R・ギーガーから手綴じの作品集『ネクロノミコン』が送られてきた(ただし、文章はフランス語ではなく、ドイツ語で書かれていたらしい)。「本当に光栄だと思ったよ」と、オバノンは語る。「プロデューサーに資料として使ってほしいと、ギーガーが郵送してくれたんだ。自分の作品がプロデューサーたちに充分良い印象を与えていないと思っていたようだった。『ネクロノミコン』は素晴らしい本だよ。彼は見る者の心をざわつかせる絵を描く、真の才覚の持ち主だ」

ギーガーこそ適任だと信じ続けていたオバノンは、すぐにでもスコットを説得しなければならないと感じていた。とはいえ、2人は顔合わせをしたばかりだ。そして監督に決まりそうなスコットのほうは、『エイリアン』への参加を考え直しているところだった。「いつでも匙を投げる覚悟はできていた」と、1979年にスコットは打ち明けている。「この手の脚本は、受け取るとすぐに『ラバースーツの着ぐるみ』をどうすべきか悩み始めるものだ。エイリアンは作品の要であり、最優先事項だ。不快極まりなく、地獄のように恐ろしいモンスターに仕上げることが必須だった。だが、デザイン案のスケッチはどれもひどい代物だった。あのようなエイリアンを作ったら、監督の自分は誇りに思うどころか、恥だと感じることになるだろう。僕は誇らしく思いたい。それが何よりも大事だったんだ。このままでは何ヵ月も無駄にしてしまう…そんな未来が脳裏に浮かんだ」

かの偉大なるスタンリー・キューブリックでさえ、『2001年宇宙の旅』ではコンセプト段階に何ヵ月も費やした挙げ句、宇宙人の姿を見せるという考えを諦めたのだ。

後日、初期に開かれたフォックスでのミーティング——おそらく初日に、オバノンは目を輝かせて、コートの下に何かを隠しながら部屋に入ってきた。スコットはその時の様子をこう振り返る。「ゴードン・キャロルは、『ダンの奴、何を企んでいるんだ?』と怪しく思っていたらしい」

スコットはオバノンから、「見せたい物がある」と話しかけられた。「彼はどこからともなく『ネクロノミコン』という本を差し出してきた。卑猥な雑誌かポストカードのようにね。そして、どう思うかと訊かれた。その口調に自信は感じられなかった。僕に本を見せたはいいが、どんな反応が返ってくるか見当がつかなかったんだろうな。それは彼の『隠密作戦』だったんだ」

一方、オバノンの記憶は少し異なる。「ロナルドはオリジナルの脚本を持って駆け寄り、僕はギーガーの作品のコピーを持って駆け寄って行ったんだ」

キャロルが(おそらくは凍りついた表情で)見つめる中、スコットは『ネクロノミコン』を開き、ページをめくっていった。「目を落とすと、驚くべき絵が飛び込んできた。ページ半分ほどに描かれたあの絵!」と、スコットは語る。「衝撃のあまり、倒れるかと思った。あんな恐ろしいものは目にしたことがない。何かに対してあれだけ強く確信を得たのは、人生で初めてだった。『エイリアン』の怪物をどんな姿にするのか、何ヵ月も延々と議論するのだろうと覚悟していたんだよ。ところが、あの時僕は『もし形にできるんだとしたら、まさしくこいつがそうだ!』と確信した。本当に愕然としてしまった。一瞬で心臓を鷲掴みにされたんだ。何かにあれほど心を揺さぶられた経験はなかったと思う。僕は思わず、『なんて絵だ! 信じられない。これだよ!』と声を上げていた」

「リドリーは確かにそう言っていた」とオバノンも振り返る。

スコットによれば、その時のオバノンは「顔が電球みたいにパッと明るくなった。ハロゲンランプみたいに輝いて見えた」という。スコットはさらに語る。「そこでハッとした。僕は今、これまでの出会うことがなかった本物のSFマニアを相手にしているのだと気づいたんだよ。そして悟ったんだ。ここにSF知識の宝庫があるじゃないかって」

実際、スコットは以前にもギーガーの作品を見たことがあった。ギーガーが原画を担当した、エマーソン・レイク・アンド・パーマーのレコードアルバム『恐怖の頭脳革命』のジャケットだ。スコットは、シュルレアリスムとリアルな表現を組み合わせて独自のファンタジーを創り出す彼の絵を気に入っていた。そしてミーティングの日、2年前に描かれたギーガーの作品がスコットを虜にした。作品集のP65の下半分いっぱいに掲載されている、背中から何本もの管が伸びた悪夢のような骸骨の絵。オリジナルサイズは100cm×150cmで、『ネクロノミコンIV』という題がついていた。「前に突き出した顔と、男根を思わせる形状の長い頭部を持つ悪魔だった」と、スコットは形容する。

だが、スコットには、まずいくつかの問題を片付けなくてはならないという自覚があった。ひとつは、プロデューサーとフォックスにギーガーの採用を承諾してもらうこと。ギーガーは映画制作の経験がないため、ハードルは高そうだった。もうひとつは、紙に描かれた絵をどのようにして撮影可能な立体のモンスターに仕上げるか。これも簡単ではないだろう。そして、たとえ全てが順調に進んだとしても、ギーガーの絵にはエイリアンの上半身しか描かれていない。下半身はどんな見た目なのか? どうやって動くのか?

「リドリーがギーガーを気に入ってくれて嬉しかった」と、オバノンは心境を明かす。「だけど、巨大なペニスのような頭を見た時、僕は驚いたんだ。ギーガーの普段の作品はもっとグロテスクなのに、これは普通の人間の形じゃないかと。だが、やがて『かまうもんか。ギーガーならもっと良いアイデアを出してくるだろう』と考え直した。だから、何も言わないでおいたんだ」

スコットはその瞬間から、常にオバノンの同意を得たいと考えるようになったという。「『ダーク・スター』は実に素晴らしかった」と、彼はオバノンを絶賛する。また、スコットはSFジャンルには疎かったため、オバノンとシャセットにはアドバイザーとして意見を言ってもらうことにした。こうしてスコットは、2人が書いたオリジナルの脚本も読んだのだった。

## 緊張のアート

1978年1月25日付けのフォックスの社内文書には、次のように書かれていた。「『エイリアン』の監督として、リドリー・スコットを雇用する、支払いはペイ・オア・プレイ(※訳注:何らかの理由で監督を使わなかったとしても監督料を支払う)を原則とする」。本格的な撮影開始はその年の夏。イーディ税の対象となり、補助金が出る旨も書かれていた。スコットは2月の頭までにロンドンに戻り、プロデューサーとフォックスの人間と会う予定になっていた。社内文書には、4月に正式に締結予定である契約内容の詳細もわずかに添えられていた(ただし、スコットは1978年9月18日まで署名をしなかった)。

スコットはエージェントを使っていなかったが、それでも「充分な報酬を支払ってもらった。相当な額をね」と、2018年に語っている。契約では純利益の総額の5%が支払われることになっていたが、「それが何の意味もないと知る良い機会を与えてもらったよ」と、皮肉混じりに言う。長編映画の監督はまだ2回目だったが、彼はハリウッドの会計実務の実態を充分に把握していた。帳簿を巧みに改ざんし、何段階にも分けて純利益を隠す傾向にあったのだ。通常は総収入の内訳などが書かれた計算書を見れば、利益がわかることになっていた。

スコットの仕事始めは、1978年2月6日。最初の仕事は、ギーガーの獲得だった。

「スタジオは、ギーガーの起用にようやく重い腰を上げた」と、シャセットは思い返す。「ギーガーを参加させないなら監督をしない、とリドリーが断言したからだ。これぞという人材を使わなければ、結果がどうなるかは目に見えていると彼は言った」
「リドリーに初めてギーガーの絵を見せられ、これがエイリアンだと言われた。だがその時には、実際に動いているイメージがなかなか湧かなかった」と、ビールは振り返る。「私は思わず、『リドリー、一体どうするつもりなんだ』と説明を求めた。すると彼は、『この部分がこうなって……』と言いながら図解してくれた。そこでようやく理解できたんだ」
1979年にスコットは当時を振り返り、こう語っている。「僕は足を踏み鳴らして言った。『絶対にギーガーを使わないとダメだ。ただ絵を見せて、じゃあモンスターを作ろうなんて話にはならない。なんとか説得しなきゃ』と」。そして数十年後、こうも話している。「フォックスは大きな不安を感じていた。ギーガーの絵のグロテスクさと性的な表現に引っかかっていたんだ。だから、僕は言ってやった。『そうは言っても、グロテスクな要素は入れたいわけだろう?』」
「リドリーが監督になったからこそ、ギーガーも雇われたんだ」と、オバノンはローリング・ストーン誌に語っている。「自分の妙なアイデアが軒並み却下されるのには慣れていたけど、リドリーは即座に、エイリアンをデザインすべきなのはギーガーだとわかってくれた。リドリーのビジョンは僕と似ている。プロデューサーたちはストーリーや視覚的なデザイン、脚本の細部など、あれこれいじくり回しては駄目にするだけだった。リドリーのおかげで、こんな奇妙なアイデアにも口を出されなかったんだ」
フォックスとブランディワインは、自分たちが選んだ新たな監督には渋々ながらも従う心づもりができていた。このプロジェクトを軌道に乗せ、実際の製作に持ち込むのには、リドリー・スコットが最善かつ唯一の選択肢だと理解していたからだ。「プロデューサーとして企画を進めるべく、何ヵ月も奔走していると、心身ともにどんどん疲弊していくものだ」と、スコットは言う。「そして、本当に実現できるのかと疑心暗鬼になり始める。そんな時に現れた僕は、諦め半分だったプロデューサーたちに消えかけていた意欲を取り戻させたんだろう。監督の存在がパズルの最後の1ピースだったんだ。そうして、僕らは仮の制作開始日に向けて前進を始めた。ただ、予算についてはまだ合意を得られていなかった」
「リドリーこそが、早い段階で映画を救ってくれたんだ」と、オバノンは言う。「長い間、明確な方向性が定まらず、何もかも停滞し始めていた。そこに彼が現れてまとめてくれた。全てをゴミ箱から拾い上げてくれたんだ」
ロン・コッブは当時を振り返る。「リドリーがスケッチを見にやってきた。我々は決め手となるビジュアルをやっと見つけ出せたところだった。そして彼はこう言った。『この機械が気に入った。僕らはコッブを採用すると思う』。彼らはクリス・フォスを使わないと決断したんだ。少なくとも、その時点では」
「リドリーはさらに、『自分はホラーについては何もわからないんだ』と言ってきた」と、シャセットは語る。スコットの要請で、シャセットとオバノンはホラー映画の傑作をいくつか選び、フォックスの社内で上映できるようにした。そうして選ばれた『ボディ・スナッチャー／恐怖の街』(56)、『ナイト・オブ・ザ・リビングデッド』(68)、『サイコ』(60)を、スコットはじっくりと研究した。
「観客がどうすれば恐怖で飛び上がるのかを知りたいと思っていたようだ」と、シャセットは言う。「そうやって選んだホラー映画を全て一緒に鑑賞した。本当に素晴らしい映画精神を持った人物だよ」
オバノンは「リドリーに会うと、『悪魔のいけにえ』という映画を観てくれとしつこく言い続けた」と語る。1974年のトビー・フーパー監督作だ。「類を見ないほど荒削りな映画だが、あれほどの恐怖を感じさせる作品も他にない。だから、こう言った。『これを見れば、最高とはどういうことなのかわかるはずだ』って。彼は渋々受け入れてくれた。でも、その映画を観ている傍らで僕は汗が止まらなかった。『おいおい、彼はヨーロッパ人だぞ。アメリカ人より繊細に決まってる。この映画を激しく嫌悪し、僕を変人だと思うに違いない』と思い始めて、心中穏やかじゃなかったんだ」
一方スコットは、『悪魔のいけにえ』に「完全にぶちのめされた」と認めている。「かなりの衝撃だった。監督のトビー・フーパーは未踏の域に達してしまっていた。まさか、そこまではやらないよな……と思っても、あの映画は無慈悲の極みなんだ。本当に心臓が止まりそうになった」
「ランチタイムにフォックスの試写室に座っていると、ウォルター・ヒルが後ろの席にやってきて言ったんだ。『ここで映画なんか観て、君は一体何をしてるんだ。なんで仕事を進めない?』。映画は、ちょうど男性が車の中で手を切り裂いているシーンだった。彼の手にはラージサイズのコカコーラとハンバーガーがあった。そして僕は『どうやって客を驚かすか、勉強しているところなんだ』と答えた」
さらに、スコットは続ける。「映画が終わると、ウォルターはハンバーガーを食べておらず、コーラは手の中で温くなっていた。彼はどちらにも手をつけていなかったんだ」
「リドリーは試写室から出てくると、映画について延々と熱弁を振るった」と、オバノンは振り返る。「『エイリアン』が目指すべき作品だ、でも我々はもっと良い作品にすると彼は宣言した。それを聞いて、きっと僕らは友達になれると思ったんだ」
「確かにフーパー監督はやり過ぎだった」と、スコットは言う。「もう少し描写を抑えて、数回は救いを与えてくれたなら、もっと幅広い層の観客を獲得できたはずだ」。そして、彼はこうも語る。「でも、最も知的で最高の作品はフリードキン監督の『エクソシスト』だと思う。シンプルで素晴らしい発想の物語だ。あの映画には全ての要素が詰まっていた。とても勉強になったよ。だから、何度も繰り返し観たんだ」

## ブラックシュガー

「1979年2月の真夜中、ついに私は電話を受けた。半ば諦めかけていた連絡だった」と、ギーガーは振り返る。「ロサンゼルスの彼らは浮かれているような感じだった。オバノンは興奮気味に、『20世紀フォックスがデザイナーとして君を雇うことになる』と伝えてきた。私が送った作品集を見て、フォックスの人間と監督のリドリー・スコットは完全に納得したそうだ。すぐにも彼らが訪ねてくるだろうと思った」
「彼が電話をかけてきて、いきなり仕事を辞めてくれと言い出して。『ハリウッドに呼ばれたんだ』って」。そう明かすのは、ギーガーの恋人、ミア・ボンザニーゴだ。「冗談かと思った。だけど、明後日には映画の打ち合わせをするために何人もやってくると聞かされて。それで、君が必要だからと言われたの」
ボンザニーゴは当時写真家の助手をしていたのだが、ギーガーは彼女に秘書になってもらい、色々な雑務に対処してもらいたいと考えたのだ。
2月8日、スコットが『エイリアン』の制作を正式に始動させた2日後のこと。バラエティ誌は、ブランディワイン・プロダクションと20世紀フォックスが製作する『ザ・エイリアン』が監督リドリー・スコットのもと、プリプロダクションの段階に入ったことを発表した。予算は300万〜500万ドルで、脚本はウォルター・ヒルとデヴィッド・ガイラーが手掛けたということも明かされていた。本格的な撮影は1978年5月開始の予定だったため、スコットに最初に課せられた仕事は、まずチューリッヒに向かってギーガーと話をすることだった(なお、バラエティ誌が記事にギーガーの名前を載せなかったことにオバノンは立腹した。また、スタジオ側はこの頃、映画のタイトルをしょっちゅう『ジ・エイリアン』と間違えていた)。
スコット、キャロル、ガイラーはスイスに飛び、灰色と黒の住宅団地内にある、小ぢんまりとした住居を車で目指した。しかし、ギーガーの自宅に足を踏み入れると、それが3軒分の家を

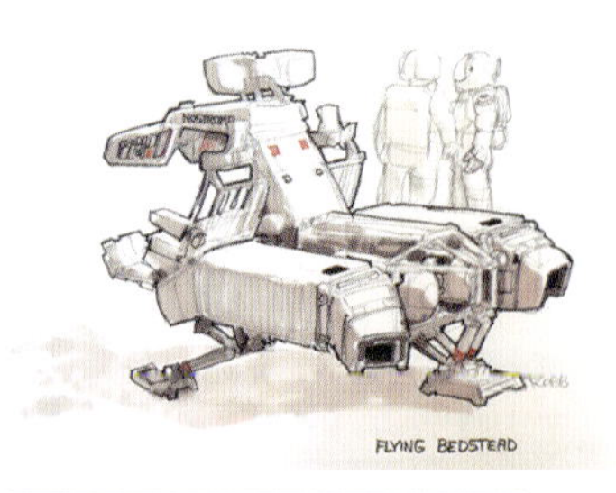

上／「空飛ぶベッドの骨組み」と呼ばれる垂直離着陸機(上段)と脱出艇(下段)を描いたロン・コッブのコンセプトアート。

右／H・R・ギーガー（右）と恋人のミア・ボンザニーゴ（左）。彼女が身につけている独特なデザインのベルトバックルは、ギーガーのデザインによるもの。

螺げた建物だと気づく（スコットはその時のことを、65年の映画『ヘルプ！』でビートルズのメンバーが帰宅するシーンに例えている。4人はそれぞれ違うドアから家に入るが、そこは同じアパートだったと判明するのだ）。スコットはギーガーとの対面をこう振り返る。「室内に入ると、ドアや窓や壁が破損していて、ギーガーが壊したのだとわかった。だが、彼自身は穏やかな人物だった。どこか不安定だが、非常に情熱的な小柄の男だ。彼は女性と一緒だった。名前はミア。翳りのある美人だった」（ミア・ボンザニーゴより前に、ギーガーはスイスの女優リー・トブラーと長年付き合っていたが、彼女は1975年に自殺。リーの頭蓋骨が自宅に置かれていたと主張する者もいた）。

彼の住居はチューリッヒのかなり外れにあっただけでなく、窓の数がかなり少なく、しかもほとんどが黒く塗りつぶされていたせいか、得も言えぬ孤立感が漂っていた。ギーガーとボンザニーゴは黒づくめの服装。天井も黒。家具の大半もそうだった。居間の壁だけが明るい色だったが、自作『スペルIV』（77）などの暗い絵が映えるようにという意図だったようだ。

「私たちはチューリッヒにある中産階級地区を訪れた」と、ガイラーはその訪問を振り返る。「どの家も似たような見た目で、瓦屋根だった。ギーガーの家に入ると、床から天井まであちらこちらに彼の絵とキャンドルが飾られていた。彼は黒い服に身を包み、白い肌、白い髪をしていた。この上なく上品で、感じが良くて親しみやすく、すぐに仲良くなれそうな印象だった」

「彼らは姿を見せた。告知があった通りの『偉大な』3人組だ」と、ギーガーは当時の日記に綴っている。「素晴らしき映画の王国から派遣された使節団……スコットは自身と残りの2人を紹介してから本題に入った。彼は『エイリアン』のあらすじを、スケッチを使って詳細な部分まで説明した。時間的な余裕はあまりないということだった。『最も重要なのはエイリアンの第3形態。この映画のスーパースターで、素晴らしきモンスターでもあり、映画を生かす一方で、ほとんどの登場人物を殺すことになるクリーチャーだ』とスコットは言った」

スコットは、イギリスのシェパートン撮影所でどのように撮影するかを説明し、撮影開始日と公開日（1979年5月）も確定していると伝えた。さらにリドリーの会社RSAのオフィスで制作準備が既に始まっていること、ギーガーはフォックスとギャラの交渉をしなければならないことも話した。そして、このクリーチャーは他の平均的モンスターの4倍は作るのが難しいだろうと指摘した。事あるごとに進化し、形態を変化させるからだ。しかし、ギーガーの繊細で美しい絵のおかげで、エイリアンが最終的にどんな感じになるか、詳細まではっきりと現実的なイメージを持てていると告げた。こうして彼らはエイリアンの外見以前の設定について――生物学的にエイリアンがどう進化するのか、その成長段階について話を詰めていくことになった。

「ありとあらゆるものが自分の上に落ちてきた」と、ギーガーは日記に書いている。「スコットは早口すぎて、残念ながら半分しか理解できなかったと思う。昼食の間でさえ、彼の口から流れ出る言葉は止まらなかった」

さらにスコットは、彼の作品をこう賞賛した。「ギーガーの作品は美しい。恐ろしいだけでなく、ゴシック的で、ポルノグラフィのようでいて胸をざわつかせる」

「リドリー・スコットはこう言った。『エイリアンをデザインしてくれれば、それをそのまま立体化できる人間を見つける』と」と、ギーガーは振り返る。「『あなたのスケッチから、正確にエイリアンを作り上げられる人材がいる』と断言された。それは素晴らしいと思った。それならば、私はスイスにいられる。時折、絵を見せにロンドンに飛べばいいだけだからだ。他のアーティストに違う部分をデザインさせるのもいいかもしれない、と私は提案した。そうすれば、地球人の宇宙船は異星人の宇宙船と全然違ったものになるだろうからね」

「ギーガーには強迫観念的なところがあったが、一方ではとても現実的かつ雄弁で、優しい人物でもあった」と、スコットは話す。「彼が創り出すイメージのせいで、スタッフの面々の中には、ギーガー自身も非現実的な人間だと想像する人もいた」

ギーガーによれば、スコットは制作を始めてから、最近の映画には素晴らしいと言えるほどのモンスターが出てこないことに気がついたという。ギーガーは言う。「最大の問題は、悪いお手本ならいくらでも転がっていることだった。映画に携わった経験なしで効果的なデザインをするのは、非常に難しい仕事になるだろう』」

スコット、ガイラー、キャロルの3人はギーガーに要求を率直に語った。エイリアンの各形態に加えて、胞子に感染した小惑星の建物もデザインするという確約が欲しかったのだ。

「夕方、3人を空港に送り届けてひとりになっても、私の頭は興奮したままだった」と、ギーガーは語る。「ひどく疲れていたし、こんな状態でクリエイティブなアイデアが出てくるかどうか、少し不安でもあった。とにかく、私は『エイリアン』の作業を始め、昼夜を問わず働いた。納期は短く、過去にこのような映画の仕事をした経験もなかったからだ。自分の絵を三次元にするなんて可能なのだろうかと疑問を感じたりもしたが、世の中には沢山スペシャリストがいる。だから、きっと大丈夫。私はそう信じ切っていた」

## 嘆きのデザイン

「プリプロダクションは慌ただしく進んだ」と、スコットは振り返る。「フォックスがほとんど実現不可能なスケジュールで公開日を設定したため、信じられないほどのスピードで制作を急がせるはめになってしまったんだ」

最初の段階から、スコットは5月の公開日を先延ばしにして、映画の予算も増やすべきだと訴えていた。「監督として、このようなプロジェクトをオファーされた場合、スタート地点に立てるだけであって、その後は色々な問題に向き合うことになる」と、彼は言う。「初めは、自分がどんな状況になるか見当もついていなかった。過去に特撮や視覚効果に関与したことがなかったし、『スター・ウォーズ』で需要が激増し、大いに注目を集めている特撮の分野を、『エイリアン』ではどうすべきなのか不安になっていたんだ」

渡米中、スコットはロサンゼルスのヴァンナイズに車を走らせ、ジョン・ダイクストラを訪ねた。ダイクストラは、『スター・ウォーズ』のエフェクトの監修を行なった人物で、アポジーという会社を経営していた。彼が創立を手伝ったジョージ・ルーカスのILMと同じ倉庫にある。ダイクストラはスコットに、彼のチームがテレビドラマシリーズ『宇宙空母ギャラクティカ』(78-79)で手掛けた特撮を見せた。「彼らが手掛けた模型の数々には感銘を受けた」と、スコットは明かす。「どれも非常にシンプルに組み立てられているように見えた」

RSAに戻ったリドリーとパウエル(アソシエイトプロデューサーという肩書きを与えられていた)は、主要なクリエイターと制作スタッフだけでなく、HOD(Head of Departments／各部門を統括する人間)の採用にも取り掛かった。「リドリーに助手がつくことを聞いて、アメリカ人のプロデューサーたちがどう思うか、予想はできていた」と、パウエルは1979年に語っている。「これ以上の取り巻きは勘弁してくれ、という感じかな。でも実際のところ、ヒルは近くにいなかったし、ガイラーは映画のプロデュース経験がなかった。プロデューサーという肩書だが、実態はブランディワイン・プロダクションの調整役だった。プロデューサーらしい仕事をしていたのはゴードンと私くらいで、ゴードンは製作総指揮という立場だから実務は担当しない。外国まで来て映画制作に関わることもない。だから、日々奔走し、日程の調整を行なったり予算計画を立てたりしていたのは私だったんだ」

パウエルは、プロダクションマネージャーのガース・トーマス(『ダウンタウン物語』(76)、『ミッドナイト・エクスプレス』(78)などのアラン・パーカー監督作に参加していた)の助けをうまく借りていた。また、フォックスのピーター・ビールも協力し、予算の管理のほか、主要スタッフやHODの採用を行なった。小切手にサインをし、毎日スケジュールを管理するのもビールの仕事で、実質的に彼がシェパートンでの代表役となっていた。

「ビールは、正真正銘フォックスの人間だ」と、スコットは言う。「彼は、いわば鉈男(ハチェットマン)(鉈で切りつける殺し屋の意から転じて、企業の人員整理や出費の削減など嫌な仕事をする人間を指す)だった」

スコットとパウエルが最初に採用したのは、おそらくプロダクションデザイナーのマイケル・シーモアだったと思われる。テレビコマーシャルの業界で15年のキャリアを持ち、うち2年はRSAと独占契約を結んでいた人物だ。プロダクションデザイナーにエリオット・スコットを起用しなかった理由について、ビールはこのように言う。「リドリーのように歴然たるビジュアルセンスの持ち主が監督だったら、何をすればいいのか。それは、彼が見つけてきたデザイナーに賛成するだけだ」

ビールは「鉈男」という表現には異を唱える。彼は衣装デザイナーのジョン・モロなど、スコットが認めるHOD候補を決めたし、ラッド・Jrと共にきちんと映画の裏方として働いていたのだと強調した。「我々は、予算が慎重に使われているか確認したいだけなんだ」と、彼は言う。「別に金を節約させたいわけじゃない。使われた金が、ちゃんと作品の出来に反映されるようにしたいんだ。私もラッド・Jrも、関係者全員が制作をサポートし、導いている。まあ、現場ではストレスも多いが……」

「ピーター・ビールは頑固者で、誰かに騙されるようなことはまずない」と、パウエルは語る。「彼はすぐさまリドリーのことを理解した」

既に何本もの長編映画を手がけてきたマイケル・シーモアは、クロード・シャブロル監督の映画『The St. Petersburg - Cannes Express(サンクトペテルブルク発カンヌ行き特急列車)』に参加していたが、企画が中止になってスケジュールが空いていたところだった。パウエルが連絡を入れた時は、ちょうどキャドバリー・チョコレートのコマーシャルの仕事で、ヒュー・ハドソン監督と共にスペインにいた。「脚本を読んでみて、これは美術スタッフにとって、とてつもなく大きな仕事になると感じた」と、1979年にシーモアは語っている。

美術監督のレスリー・ディリー、撮影監督のデレク・ヴァンリントも『エイリアン』に加わることになった。それ以前にヴァンリントが手掛けたのは、タイトルも挙げたくないような小規模作品2本だけで、他の作品のオファーは断っていたのだが、スコットとの仕事だけは承諾した。彼に言わせれば、「リドリーとの仕事はいつも楽しかったから」という理由だったらしい。ヴァンリントはこう語る。「リドリーが関わるなら素晴らしい映像に仕上がると最初からわかっていた。だから、どんな内容の作品でも問題なかったんだ」。一方、レスリー・ディリーは、『エイリアン』に参加する前は『スーパーマン』(78)で1年間美術監督として働き、その前には『スター・ウォーズ』を手掛けていた。スコットは2人と顔を合わせ、ヒルとガイラーがさらに手を加えた10月時点の脚本を読むようにと渡した。

ところが、『エイリアン』は相変わらず先行きが不透明だった。ゴーサインは出たものの、ピーター・ビールの判断次第——つまり、問題が多すぎてコントロール不能だと思われたり、完成に金がかかりすぎると判断されれば、フォックスが手を引く可能性はまだ残っていた。「未経験、あるいはごくわずかなキャリアしかないプロデューサーと仕事をすることになると、うまくサポートして、昔ながらのプロデュース作業の大半は私ひとりでやらなきゃならない」と、ビールは告白する。「ゴードン・キャロルとガイラーは良い人間だし、熱意に溢れている。アイヴァー・パウエルはCM業界で活躍していた。だが、誰も本格的な映画プロデュース経験は積んでいなかったんだ」

「私がフォックスを知り、向こうがこちらを知るにつれ、どんどんプレッシャーを感じるようになっていった」と、パウエルは明かす。「最初、フォックスはこの映画を『オーメン』タイプの作品だと考えていた。最初の予算は450万ドル。だが、我々が『エイリアン』の構想を練り始め、予算が充分ではないと悟ると、フォックスはプロジェクトから撤退しようとする気配を見せるようになったんだ」

その段階で最悪の事態を食い止めるべく、己の思いを伝えようと、スコットはまず、ラッド・Jrと彼のチームに『トリスタンとイゾルデ』の絵コンテを見せた。自分のアイデアを視覚的に伝えられるかもしれないと考えたのだ。『エイリアン』のデザイン案には、『トリスタンとイゾルデ』から取ったものもあると彼は説明した(フォックス側は困惑したかもしれない。例えば、スコットは『エイリアン』の宇宙服を、ケルト神話の騎士がまとう甲冑のようなデザインにしたいと考えていたのだ)。

スコットはRSAのオフィスに閉じこもり、『エイリアン』の絵コンテを描いた。「当時、予算は450万ドル程度だった」と、スコットは振り返る。「その額では目指す映画は作れないとわかっていた。準備期間である約6週間のうちに、追加予算獲得のために動き出さなければならない。さらに予算が必要になるのは明白だった。僕はキャスティングのためにロンドンに戻ると、追加分の予算をどこに費やすのかをフォックスに示すため、プレゼンテーション用の絵コンテを作り始めたんだ」

映画全編とまではいかないが、この絵コンテで主要シーンをどう演出し、どのような映像にするのかを、ラッド・Jrとフォックスに見てもらいたいと考えた。フォックスは彼の提案を受け入れ、絵コンテを見てから予算額を最終決定することにした。この提

**次頁・P80-81**／最初の絵コンテを描いた時、スコットは映画の実現が危うくなっていることは把握していた。しかし、彼は撮影のアイデアを沢山思いついた。ここでは、その絵コンテのほぼ全てを掲載する。着色された絵もあれば、説明のキャプション付きの絵もある(ここには掲載していない)。

絵コンテは無音のトラッキング・ショット(ドリーにカメラを載せて行う移動撮影)から始まる【1】。「破滅の時が迫ってくるというアイデアが好きだ。不可避の事態というテーマに惹かれる。誰も逃れられず、そこから抜け出せない。観客にそんな絶望感を与えるオープニングシーンなんだ」

照明のスイッチが入り、ブリッジにある2台のコンピューターが描かれる。2台は互いに(文字で)話し合う。船長のヘルメットにモニター画面が反射し【5】、コンピューターの会話がそこに映っている。

小さな飛翔体〈センサークラフト〉が誰もいない通路を上下しながら飛ぶ【7】。スコットはこの機械にメッセージの運搬や何かの修理などをさせたいと考えていた。名前はネズミの複数形「マイス」。「SF感が強すぎるというフォックスの意向でボツになった。沢山アイデアを思いついたが、複雑すぎるとか、予算の上限を超えてしまうとかで軒並み却下されたんだ」

コールドスリープ中の船員の鼻腔のクローズアップ。霜にまみれているのは覚醒のサイン【8】。覚醒後は朝食をとるか、コーヒーを飲む。それから、ブリッジで配置につく。

パーカーとブレットは宇宙船の不具合の原因を調べに、小型飛行艇〈ペダロ〉で飛び立つ。スコットは宇宙船のアンテナを花のように開かせたいと考えていた。この絵コンテでは、スコットが「精製施設のイメージを描いた最初の落書き」と呼ぶ絵も見られる【22】。

1 2 3 4 5 6 7 8 9 10 11 12 13 14 15 16

17

18

21

22

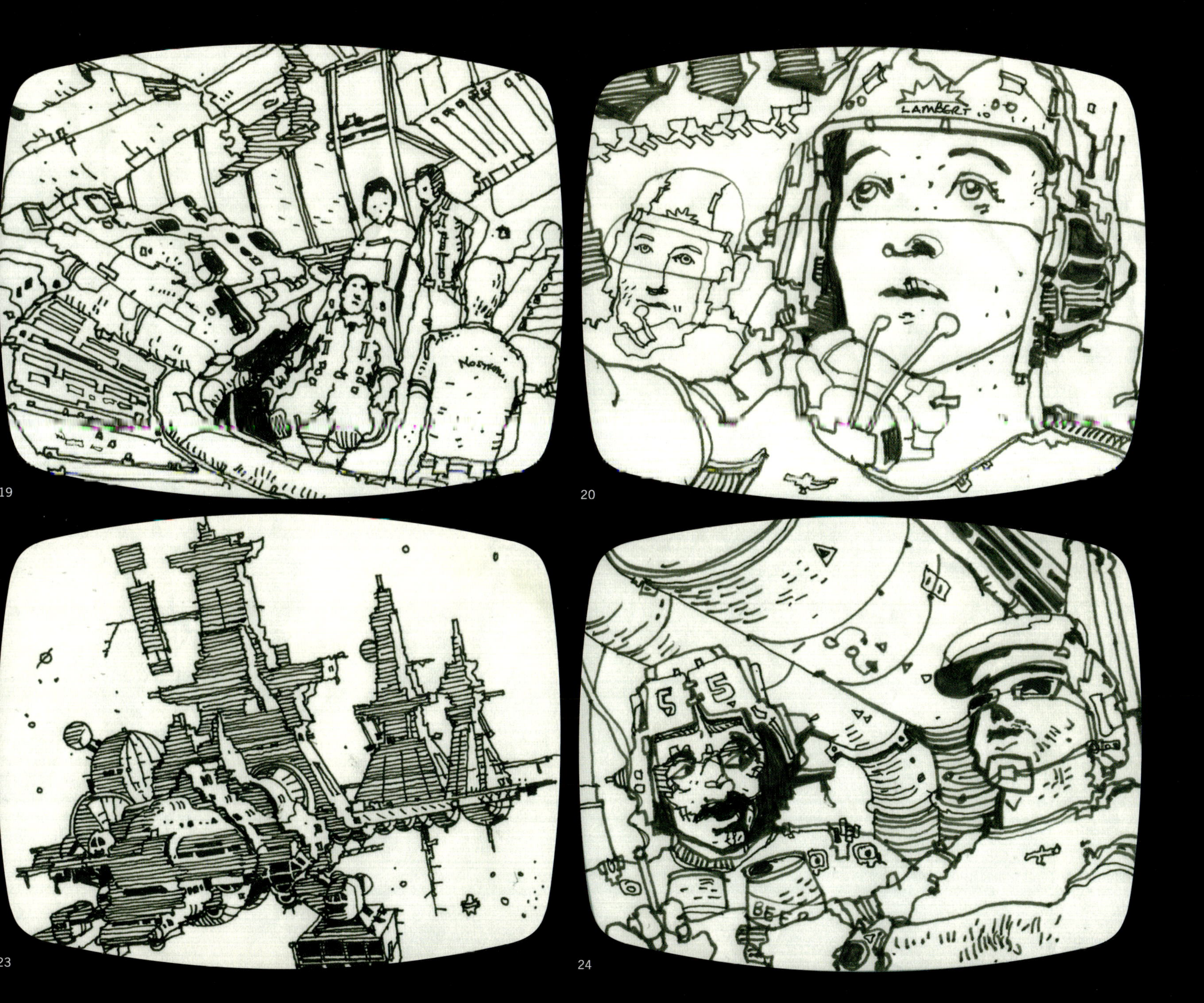


19

20

23

24

案には、オバノンが非常に重要な役割を果たしていた。彼もまた、全員が直面している課題と今後の方向性を理解し、共有できるように、視覚的なプレゼンを強く求めていたのだ。

「絵コンテは役に立ったよ」とスコットは言う。「映画をどう理解しているかを表現する手段なんだ。僕は以前アートディレクターだったから、シークエンスを絵に描くのは思考のヒントにもなる。絵が正しく仕上がれば、残りの全部はそこから動き始める。どんな場面にしたいのか、頭に浮かんでいる考えを全て絵に置き換えていくんだ」

スコットの絵コンテのスタイルは、〈メビウス〉として知られるジャン・ジローの影響を強く受けていた。スコットはヘビー・メタル誌でメビウスの作品を知り、『エイリアン』のスーツデザインに彼を採用したいと考えていた。「フランスのドルドーニュで『デュエリスト／決闘者』の準備をしている間、私があの雑誌を紹介したんだ」と、パウエルは明かす。「彼は、『どうしてこういう世界観のSF映画が作られないんだ?』と訊いてきたよ」

『エイリアン』は、それを実現するチャンスだった。メビウスの作品は、『トリスタンとイゾルデ』と同様に、『エイリアン』のデザインプランにもインスピレーションを与えたのだった。

「ヘビー・メタル誌に載っているヨーロッパの漫画には興味があった」と、スコットは語る。「だから、これをどう映画に活かせばいいか自分ならわかると思った。『トリスタンとイゾルデ』の作業中にも同誌をじっくり読んでいたから、バンド・デシネ作家のような素材の捉え方が身についていたんだ。僕にしてみれば、彼らは既に未来を知っているように思える。何が存在し得るかを見極められるんだ。思惑的だが、未来的ではない。コップの作品のようにね。僕は彼らのイラスト、考え方、圧倒的に斬新でどこか猥褻な雰囲気に衝撃を受けたんだよ」

## 竜巻

「ちょっと試しに」という理由で、コップもイギリスに渡った。「既に大規模な美術部門ができていた」と、彼は言う。「最初、私の立場ははっきりしなかった。リドリーは私の作品を気に入り、来てほしいと言ったわけだが、現地では弾き出されてしまいそうだった。現場で采配を振るっていたプロデューサーは私の作品をよく知らず、どう活用すべきかもわからないようだった」

絵コンテ作業から解放されたスコットは、RSAでコップをシーモアとディリーに紹介し、聖堂のような地球人の宇宙船と、様々な機械類のデザインを依頼した。「リドリーはこの段階になると、イギリスのプロダクションデザイナーと原点に戻ってやり直したいと考えるようになっていた」と、コップは思い起こす。「彼は最初のデザインから色々とアイデアを思いついていたようだが、それは本当に金の無駄と言える類のものだった。それでも、我々は本気でデザイン作業に取り掛かった。チームの末端の人間となった私は、再び自分自身を証明してみせなければならなかった。彼らは、私に『スター・ウォーズ』に似たデザインにしろと、容赦なくプレッシャーをかけてきた。まあまあリアリティを感じられるデザインだが、かなり型にはまった感じで、言い換えれば、美化しろということだった」

25

26

「コップには、プロダクションデザイナーのアドバイザーとして現場にいてほしかったんだ」と、スコットは1979年に語っている。「リアルなSF世界に詳しいデザイナーはごくわずかだし、マイケル・シーモアをいきなりそのレベルに引き上げるのは無理だ。コップのようなNASAレベルの人間にアドバイザーとして参加してもらい、『違う。そんなエアロックはあり得ない』とか、『ダメだ。エンジンはこういうふうにすべきだ。ああいう感じではなくて』と、指摘してもらおうと思った」

シーモアは、最上階にオフィスを設置していた。そこにはキャロルもいた。スコットが渡米している間、シーモアと女性アシスタントは既に、主にコップのデザインをベースにした地球人の宇宙船の設計図や紙粘土の模型を準備していた。スコットはイギリスに戻ると、HODのメンバーと一緒に、自分たちが思い描いているセットを組み立ててみることにした。彼は1979年にこう語っている。「限界だったんだ。乗組員たちがあちこち移動する地理情報をそれぞれの脳内に保存しておくのは。それを続けていたら、プロダクションデザイナーも美術監督も僕も、きっと頭がどうかしてしまうと思った」

その結果、ノストロモ号の通路、接合部分、ブリッジ、食堂、自動ドッキングエリアなどの4分の1インチスケールの段ボール模型が出来上がり、スコットが冒頭シーンに入れたい長いトラッキングショットも撮影可能になった。「それ以降は、模型を使って色々と試すことができた」と、シーモアは語る。「正しい面積を算出して設計図が確定するまで、活躍してくれた」

次に、彼らは3階建ての宇宙船の模型作りに進んだ。船の内部や、床を溶かして階下へ垂れていく強酸を登場人物がどのように追いかけていくのかを視覚的に認識できるようにするのだ。「あまりにも金がかかり、脚本通りに撮ることはできないとわかった」と、スコットは言う。「だから、この模型を使って他の方法を考えることにした」

初期の経費一覧表には、およそ16のセットが並んでいた。コンピューター室、食料貯蔵庫、3階建てデッキを貫く垂直の通路、ノストロモ号の内部と外部、〈小さな悪党〉の巣――すなわちエイリアンの繭、メンテナンスエリア、遺棄船の内部とスペースジョッキーだ。卵がある場所のセットは地下、廊下、ドーム、円錐形のシャフトに分かれており、7,000ポンドの見積もりだった。最も高額のセットは小惑星の外観と遺棄船で、8万ポンド。次が7万2,000ポンドのブリッジ。自動ドッキングエリアとコールドスリープ装置は合わせて4万ポンドとなった。

「私はエイリアンの第3形態を〈小さな悪党〉と呼んでいた」と、パウエルは言う。「毎晩、ゴードン・キャロルは、彼が『これぞ完璧』と呼ぶマティーニを作ってくれたんだけど、私たちはそれを〈小さな悪党〉と呼ぶようになった。1日の終わりにそのマティーニを飲むと、不安が和らいだ。というわけで、大きなエイリアンのあだ名は、ゴードン流のドライ・マティーニが由来なんだ」

小惑星の外観セットについて、スコットはこう振り返る。「サウ

**左**／小型飛行艇〈ペダロ〉がエンジン吸排気口に入り、真空密閉システムの不具合を発見する場面。「このシーンは必要だと思っていた」と、スコットは語る。「このビジュアルがあると、宇宙船本体がどれだけ巨大なのかスケール感が出るからだ。彼らはノストロモ号の側面の小さなハッチから出て、『空飛ぶベッドの骨組み』のような垂直離着陸機に乗って浮遊し、点検ハッチへと入っていくんだ」

**次頁左**／ギーガーのスケッチ。
〔上2点〕1978年2月25日頃に日記に描かれたもの。エイリアンの〈ピラミッド〉、あるいは遺棄船と卵貯蔵庫のスケッチ。
〔一番下〕その2週間後に描かれた。スコットの発想を基に、成長したエイリアンがショットガンのような歯を備えているという姿を描いたもの。

**次頁中央・右**／成体の第3形態エイリアンを描いたギーガーの作品370と371。2月半ばに制作。正面を向いた顔の目が大きすぎて、スコットはオートバイ乗りのゴーグルのようだと思ったという。

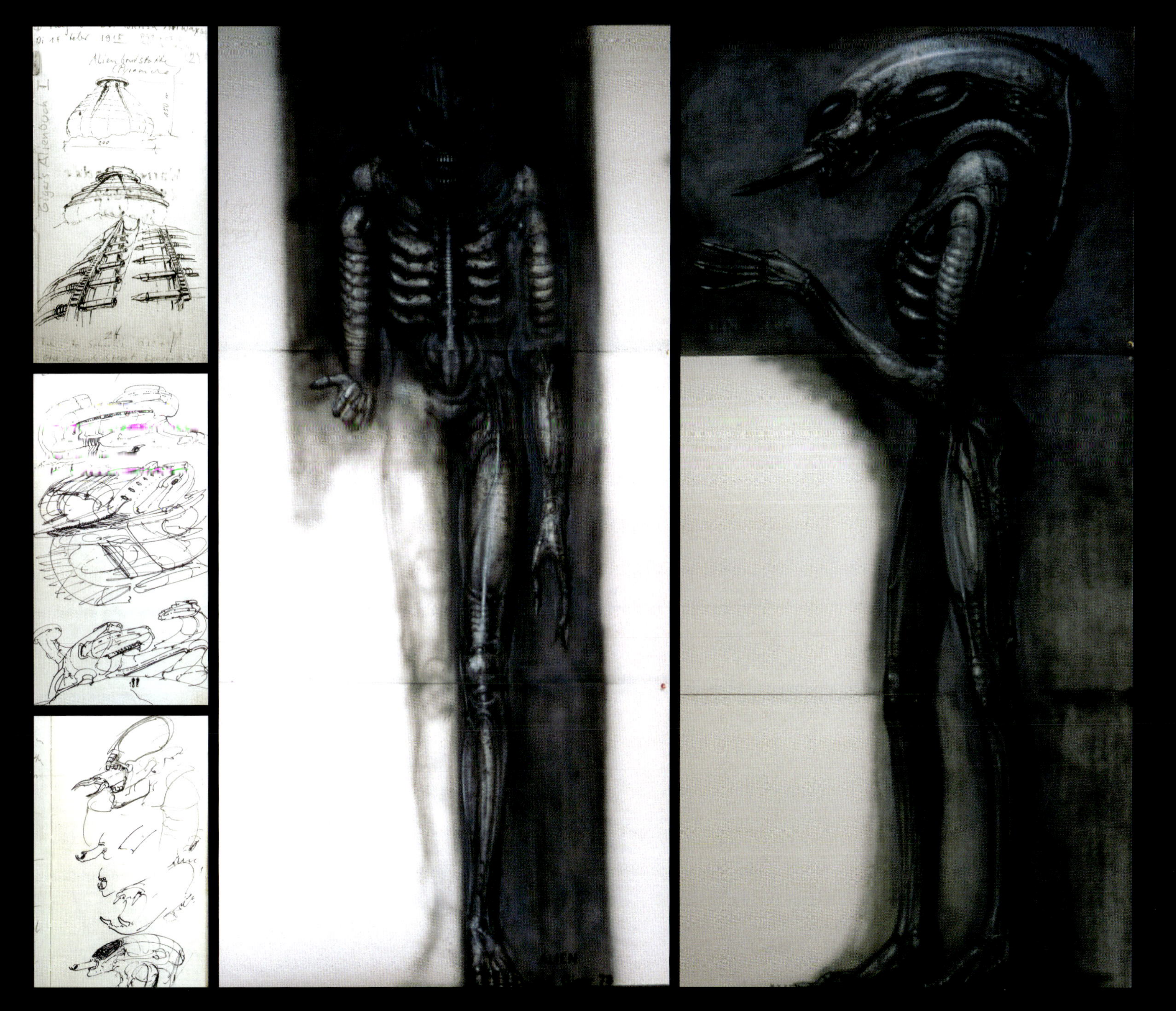

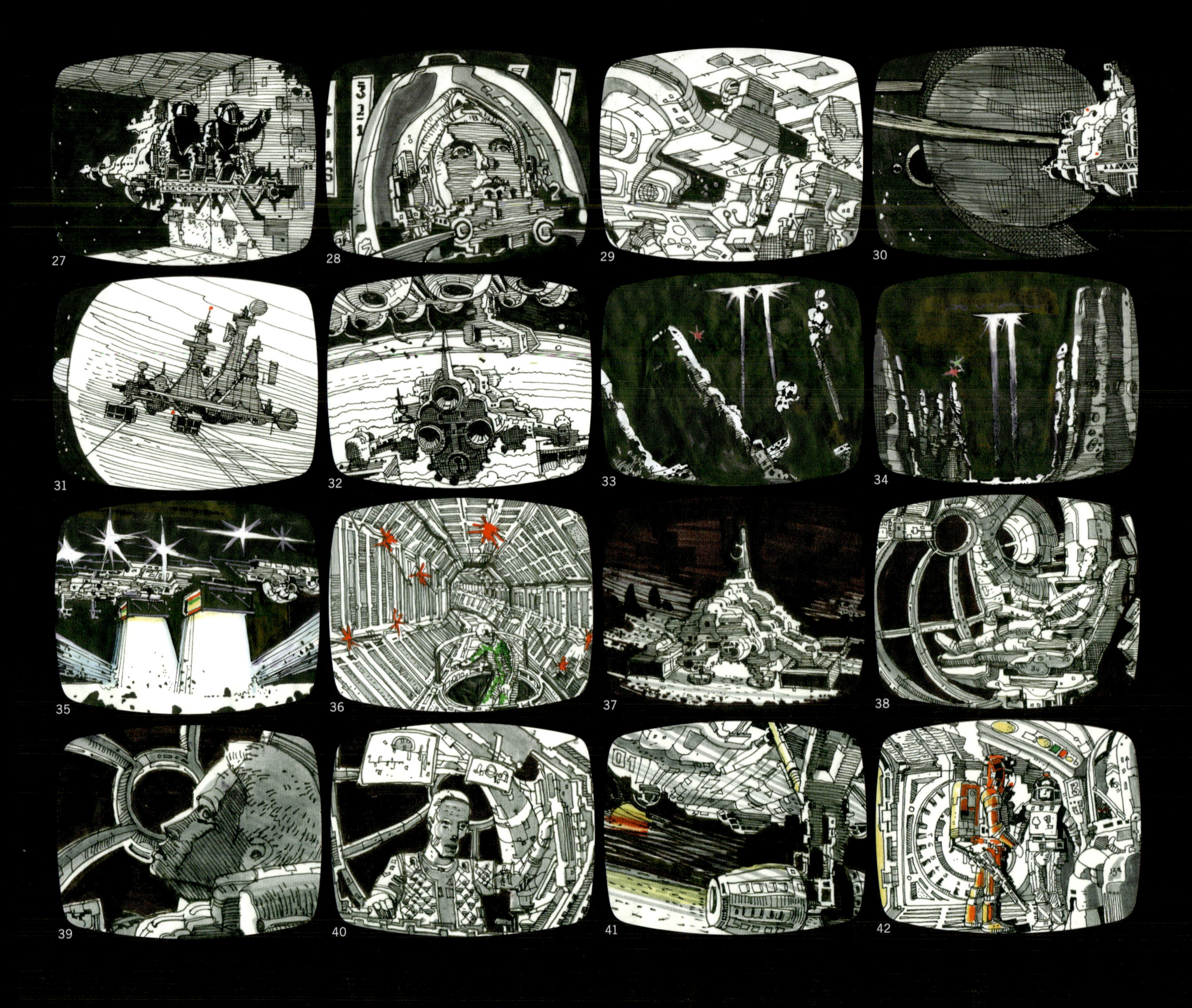


この頁／ノストロモ号が精製施設から切り離され、小惑星に着陸する様子が描かれている。スコットはこの小惑星を土星のような姿にしたかったという。絵コンテの中に着色されている部分があるのは、スコットいわく「描き続けるのに飽きちゃったんだよ！」だそうだ。

　宇宙船は垂直離着陸機の原理を用いて着陸。舞い上がった塵が原因で漏電による火事が起きる。アッシュは船内のコンピューター搭載のブリスター（船体から丸く突き出た場所）の席につき、乗組員3人は探査に出かける準備をする。

ンドステージに風景のセットを作るのは、すごく大変なんだ。屋外でロケができればよかったんだけどね。ピラミッド型の家があるトルコの美しい地域とか、絵になる場所をずっと探していた。大きな建物が広大な土地にいくつも連なっているんだ。でも、現実的な予算を考えるとロケに行くのは無理だった」

「モンスターのデザインをやれず、ロン・コッブは自尊心をひどく傷つけられてしまった」と、オバノンは明かす。「彼は数え切れないくらいエイリアンのデザイン画を描いていた。どれも説得力があったし、ユニークでショッキングな姿だったが、作業中、彼はずっとイライラしていた。コッブは合理主義者で筋の通らないことが嫌いなのに、僕はエイリアンを訳のわからない、不合理な見た目にしてくれと注文していたからだ。コッブのデザインはギーガーのアートとは違い、奇妙でもなく、潜在意識から生まれた幻想のようでもない。どれも動物園から出てきたような姿だ。一方のギーガーが描くモンスターは、本当に悪夢から抜け出してきたんじゃないかってほど不気味な化け物になっていた」

「コッブのモンスターは、そこまでイカしてなかった」と、ガイラーも認めている。

2月14日、ギーガーは手配されたファーストクラスのフライトでロンドンに向かった。空港ではフォックス専属の運転手が待っており、高名なハイドパーク・ホテルまで連れていった。この日のことをギーガーは日記に書いている。「片手に黒革のスーツケース、もう片方にプラスチックのブリーフケースを持ち、私はとんでもなく場違いなところに来てしまったと感じた。ところが、ホテルのフロントで魔法の言葉『20世紀フォックス……』を口にするや否や、私はたちまち巨大な客室に案内された」

ホテルでひと息ついた後、ギーガーはレキシントン通りに連れて行かれ、そこでスコットから美術部門のスタッフとジョン・モロを紹介された。そして次に、ビールと2人きりで話をした。ギーガーの弁護士は既にビールと話をしていたのだが、ギーガーの日記の記述によれば、「こちらが提示した報酬額に納得していないように見えた」という。さらに日記は次のように続く。「私はビールにこう説明しようとした。映画に出演する主役級の俳優は巨額の出演料をもらえるし、もしかしたら今回だけでなく、続編が次々作られて『エイリアン3』まで出演するかもしれない。でも、この映画が成功するかどうかは、モンスターの良し悪しにかかっているのだと。さらに、私の作品は細部までこだわったもので、私にとっても大切だから、それに見合う報酬を払ってほしいと訴えた。ビールは私の論点を全く理解していないようだった」

一方のビールはこう振り返る。「ギーガーとの交渉には苦労した。自分の作品の著作権は手放さないと言い張っていたんだ。映画の場合、それは非常に面倒なことになる。映画には色々な使用方法があり、著作権が制限されると法的な問題に発展してしまうからだ」

「話し合いは3時間続いた。この報酬は、スイスならせいぜい優秀な秘書に支払う程度の金額に過ぎない。それでは私は受け入れられないのだとキャロルがビールを説得してくれ、ようやく我々は折衷案にたどり着いた」と、ギーガーは言う。「こうして私は採用されることになった」

それは一時的な仕事の契約に過ぎなかったが、保証は充分だった。2月23日、ギーガーはロンドンを再訪問し、長い打ち合わせに出席した。彼はそこでエイリアンの3つの成長段階と遺棄船のコンセプトについてスコットと話し合ったが、議論のほとんどはエイリアンの第3形態に集中した。ギーガーの話では、2人はスコットのオフィスで大柄の男性に子供を何人かくくりつけてみて、それをゴム素材で覆うとどう見えるのかをテストしてみたという。だが、うまくは行かなかった。また、スコットは軽業師を数人呼び寄せて、彼らをひもで結びつけたり、奇妙なポーズを取らせたりして、そこにコスチュームを着せたらどうなるのかを確認した。ギーガーの描いたイラストや絵はエイリアンの外見の検討材料にはなるものの、第3形態のベースとしてそのまま使うことはできない。そこでスコットは、ギーガーのアイデアを残しつつ何かを取り入れられないか、いかにもラバースーツを着て演じている感じをなくせないかと考えたのだ。

「手始めに、背の高い男性を使うことから試してみた。体の両側に子供をひとりずつ結びつけたんだ」と、1979年にギーガーは振り返っている。「そうすると腕が沢山あるモンスターになった。しかし、その姿を見ても恐ろしいとは思えず、むしろ滑稽だと感じていた」

「ある男性に頼んで、頭を服の中に引っ込め、四つん這いでオフィスを走り回ってもらったこともある」と、同年にスコットも語っている。「彼はその状態で、机の上に飛び乗ったり、飛び降りて手から着地したり、フロアのあちこちを小走りに移動した。奇妙なカニのようだった。良い感じだったが、どうしても動きが制限されてしまう。そこで体を自在に曲げられる軽業師の一家も呼び寄せた。大人の軽業師に2人の幼い子供を様々な形で縛りつけてみた。色々な体勢を取ってもらい、全員まとめて何らかの素材で覆ったら、すごく不気味な見た目になるだろうと想像したんだ。実際に、通路の向こうから迫ってくる姿が本当に怖かった」

しかし、それらのアイデアは全て実行不可能として却下された。第3形態をロボットで作ることも考えたが、リスクが大きく危険だと判断された。「ごく初期の段階ではストップモーション・アニメで作ることも検討した」と、シーモアは明かす。「だが、それも経済的理由で断念せざるを得なかった」

スコットもストップモーション・アニメには反対だった。俳優とモンスターが分離してしまうというのが理由だ。「非常に難しいとわかっていても、僕はモンスターと俳優を同じレンズに収めたいと考えていた。それに、モンスターは幻想的というよりも動物的な外見が望ましいと思っていた。『幻想的』という言葉は『リアルじゃない』ということ。僕はエイリアンをリアルな存在として見せたかった」

「終わりの見えない話し合いの後、エイリアンを昆虫に似た優美な形状にすることが決まった」と、ギーガーの日記には書かれている。「デザインのための時間はわずかしかない。本当に存在していそうなリアルな怪物を創り出すのは、ほとんど不可能にも思えた」

ギーガーは第3形態について新たなアイデアも伝えていた。スコットがモデルに選んだ、『ネクロノミコンIV』の細長い頭をしたモンスターの上半身の絵を基に、ギーガーはそこに新たな機能を付け加えることにした。口の中には剃刀のように鋭い歯が二重に並んでいく、その奥には長い舌が隠れているというものだ。「その舌はアリクイみたいに、突然飛び出してくるんだ」と、スコットは説明する。

スコットは、ギーガーがデザインしたエイリアンは目がバイク用ゴーグルのようだと思い、代わりに半透明の頭蓋に眼窩を2つ開けて、髑髏のようにしてほしいと注文した。「最初のデザインでは大きな黒い目がついていたが、アメリカのバイク乗りギャング団〈ヘルズ・エンジェル〉のようだと言われ、眼球をなくすことにした」と、ギーガーも語る。「目がないのに狙った獲物を確実に探し当てるほうが恐ろしいだろう、という考えに至ったんだ。初め、スタジオ側は目の奥にライトを点けろとか、どうしても目はあったほうがいいという姿勢だったんだが、私は断固として、「ダメだ。目はつけない」と首を縦に振らなかった。目がないほうが絶対に良かったんだ」

究極のモンスターの姿を探し求めるスコットは、おそらく『エクソシスト』の悪魔と、自身が監督するはずだった『トリスタンとイゾルデ』を常に頭の片隅に置いていたのだろう。「自分の心と向き合い、自分は何を怖いと思うのかを自問しなければならなかった」とは、1992年のスコットのコメントだ。「僕はいつも、絶対的な善と悪の存在について考えていた。たぶん、エイリアンは悪魔や邪悪な存在と同じ顔をしているんだ。中国やヨーロッパの歴史的文献や版画では、悪魔がドラゴンとして描かれていたりする。つまり神秘的な部分に注目して、この化け物は火星といった遠くの星から来たものではないと主張するやり方だ」

「（目玉がない分）この頭には脳みそのための大きな空間がで

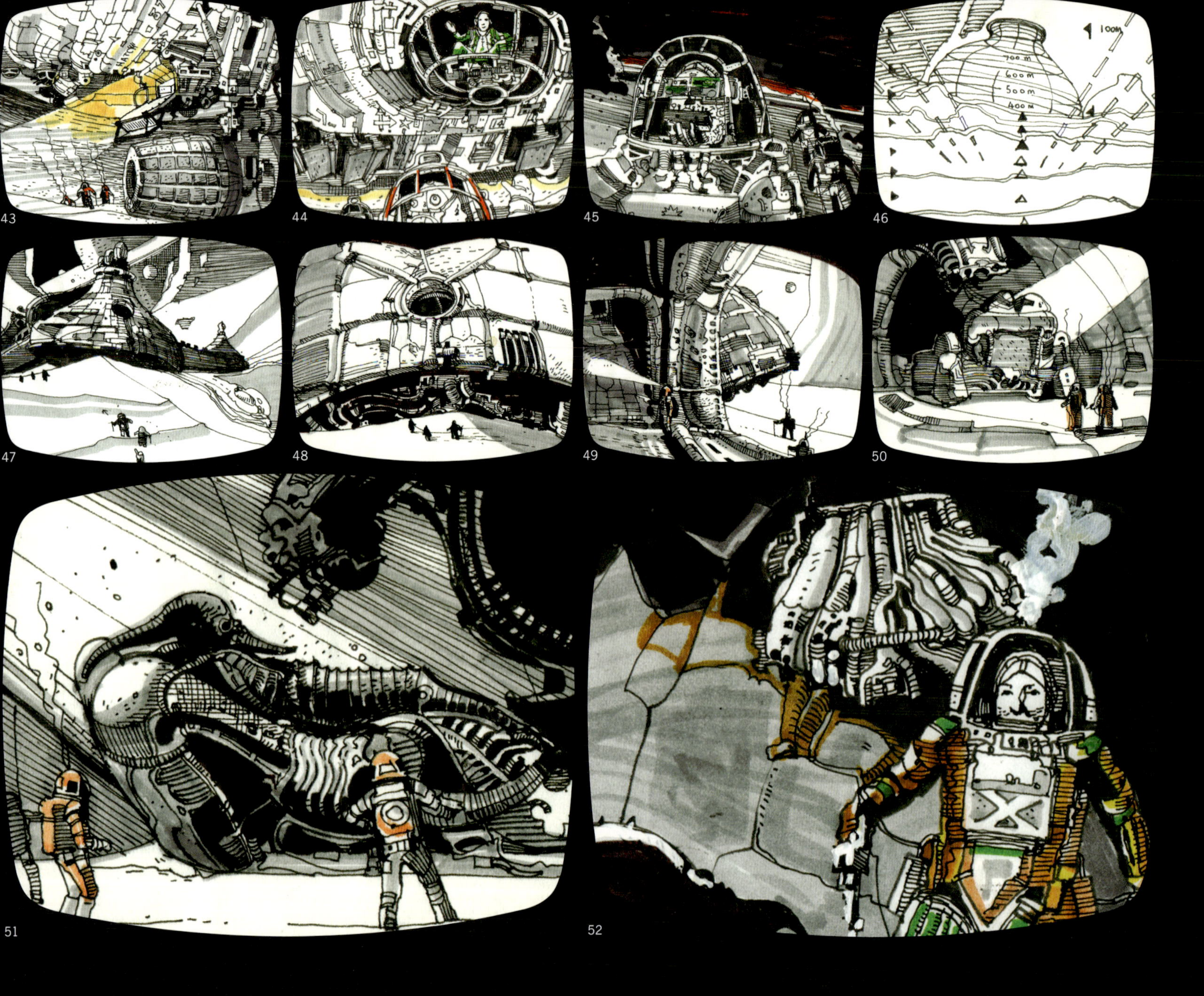


43 44 45 46 47 48 49 50 51 52

この見開き／小惑星地表にいる人の乗組員【43】。ヘルメットのバイザーを閉じて砂塵嵐の中を歩いていくので、スコットは小型のモニターを見られるようにヘルメットの下の縁にダッシュボード的なものを付けたいと考えた。

乗組員たちは乳房に似た形の遺棄船を発見【46】。遺棄船のデザインについてスコットは、「やや古風で、少しだけビクトリア朝っぽくて、とても良い感じだった」と語っている。

遺棄船の内部で、彼らはスペースジョッキーを見つける【51】。スコットの説明では、「死の間際に兵器を稼働し、そのまま凍死した」らしい。

スペースジョッキー以外何も発見できなかった3人は、日の出と共に小惑星を歩き続ける。遠くにピラミッドを見つけるが、この建造物の形も乳房にも似ている。3人は階段を上っていく【57-58】。「ピラミッドのデザインはギーガーの『ネクロノミコン』から取った。どんな外見になるのか連想できるよう、この本を持ち込んだ」とスコットは語る。

**この見開き**／ケインは床に開いた穴を降りていく【60】。「この場所は女性器として作った」とスコットは明かす。「底は膜になっている。つまり、ピラミッドは処女なんだ。彼が膜に切れ目を入れると、ガスか空気がふわりと噴き出すようにするつもりだった」

　また、ここではケインの前を小さなライトがブンブンと音を立てて飛び、付属の小型センサーが測定値を表示する構想だった。

　暗闇の中、ケインは宇宙服の上にあるスイッチを入れる。「それがビーコンになって、彼の周りの空間を照らすんだ。宇宙服に1万個の電球が装着されているかのようにしたかった」

　ケインは穴を降りた先の「床」で足を滑らせ、大量の卵の上に落下する【62】。

53 54 55 56 57 58 59 60 61 62

きた」と、ギーガーは語る。「それは生きたウジ虫でできているのかもしれない」
エイリアンの見た目の優美な要素について、スコットは『トリスタンとイゾルデ』で温めていたアイデアを思い出した。彼はギーガーに1枚の写真を見せる。ドイツの有名な映画監督レニ・リーフェンシュタールの隣に、背の高いヌビア人が写っていた。このヌビア人と同じような体格の俳優が成長後のエイリアンを演じるのはどうかと提案したのだ。彼はさらに、背が高く痩せていて、たくましい見た目をした別のアフリカ部族の写真も見せた。
「リドリーは、肌が黒くて背が高いヌビア人の写真を出してきた」と、ギーガーも振り返る。彼によれば、スコットは「透明な服」のようなもので体を覆ってもいいかもしれないと提案したという。そうすると肌が見えるからということだった。
2月25日、ギーガーはスイスに戻った。その後は、スコットとは電話でやり取りをすることになった。
当時の様子を知る者は、その時チームの中では意見が二分していたと証言する。シャセットが「ギーガーの不気味なエイリアン」と呼ぶコンセプトと、コッブの宇宙船が代表するNASA的なコンセプトだ。すぐに3人目のブレーンが招集されることになるが、スコットにはまだ時間を割いてやらなければならない仕事があった。フォックスが撤退すると言い出す前に、この映画世界の住人となる俳優をキャスティングしなければならないのだ。
「まだ予算を調整している最中で、気持ち的な浮き沈みはあったものの、キャスティングについても話し始めていた」と、スコットは言う。「実現不可能な撮影開始日が設定されていた。準備段階の期間を考えれば、馬鹿げているのは明白だった。他のプロジェクトにも半分関わっているような優れた人材を無理やりかき集めてきたのだから。それでも、ベストを尽くすことが映画作りには重要だった」

## 死と俳優

1978年3月8日、フォックスはニューヨークのメアリー・ゴールドバーグ・キャスティングのメアリー・ゴールドバーグを起用。イギリス人の俳優選びは、『デュエリスト／決闘者』にも参加したイギリスのキャスティング・ディレクター、メアリー・セルウェイが担当した。『エイリアン』はイーディ・レヴィ制度を利用した映画ゆえ、少なくとも数人はイギリス人俳優を使わないといけない。スコットは乗組員には様々な国の人間を採用したいと考えていたが、イギリスでアメリカ人の労働許可を得ることを考えると難しかった。「それは、フォックスの人間に任せることにしたよ」と、スコットは言う（フォックスは『スター・ウォーズ』製作時、イギリス内務省と俳優労働組合に、イギリス人俳優のアレック・ギネスとピーター・カッシングが映画の主役で、アメリカ人俳優のマーク・ハミル、キャリー・フィッシャー、ハリソン・フォードが脇役だと嘘を伝えていたのだ）。
「温和な中流階級タイプは避けたかった」と、セルウェイは言う。「活気があって、個性がはっきりした俳優でないとダメだった。リドリーは、どこの時代でも、どこの世界でもない話にしたいと考えていたから」
「自己満足だとしても、私は常に各キャラクターの簡単な人物紹介を書き、一緒に仕事を始める前に俳優たちに渡すことにしている」と、スコットは言う。「生まれてから死ぬまでの話を一気に2ページくらい書き上げてしまうんだ。すると、自分とキャラクターとの間に結びつきが生まれ、立体的に見えてくる」
BBCのテレビドラマや舞台でキャリアを積んでいた女優、ヘレン・ミレンが早い時期に候補に上がった。彼女は脚本を読み、オーディションも受けた。「どのキャラクターが男性で、どれが女性なのか全く見当がつかなかった」と、彼女はかつて語っている。「登場人物は、あの状況下でのみ関わり合う関係で、全員が男でも女でも通用する名前だったの」
その頃、アメリカでもキャスティングが始まっていた。パウエルにセット建築のスタッフ集めを任せ、スコットは再び機上の人となった。候補者に会い、彼いわく「評議会」を開くためだ。彼によれば、キャスティングの全過程にガイラーとキャロルが参加したという。「どの街に行くにも、必ずこの2人が一緒だった。（彼らは酒好きだから）行く先々でパーティを開くんだ。キャスティングのセッション中も私はひどい時差ボケで、ずっと頭が回らない状態だったっていうのに！」
「この映画に有名なスターを使おうとは考えていなかった」と、キャロルは打ち明ける。多少物議を醸したものの、その発言にはフォックスは同意した。というのも、『スター・ウォーズ』の主役3人も当時は無名の俳優だったからだ。彼らはキャスリン・ロス、ジェヌヴィエーヴ・ビジョルドのような女優への依頼を考えていた一方で、性格俳優や無名の俳優の採用は、予算を抑える妙案でもあった。
「ヒルは、エンジニアの仕事やキャスティングなどに貢献してくれた」と、ガイラーは語る。「彼が責任を負っていたのは、主に準備段階の作業だった。俳優のキャスティングでは大量の仕事があったし、彼とは何度も話し合っていた。彼の貢献度は過小評価されるべきではないと思う」
ヒルは根回しをしていたものの、スコットに彼の望まぬ俳優をあてがうことはフォックスにも難しかった。「キャスティングのほとんどはリドリーが自分で行なった」と、シャセットは説明する。「彼は優秀な俳優をキャスティングすべきだと言っていた。『俳優たちをおだてないと演技が引き出せない、そんな事態になって悩むのはゴメンだ』とね」
「俳優に来てもらい、脚本を読ませたところで、大して得るものはないだろうとわかっていた」と、79年にスコットは打ち明けている。「というのも、『エイリアン』は登場人物が長々としゃべり続けるタイプの映画ではないからだ。会話があまりにも短く、途切れたりもするので、最初からオーディションで演じてもらうのは妥当ではなかった。そこで、まずは俳優の出演作を見てリサーチし、候補者リストを絞り込んでから面接に来てもらうことにした。グループ面接を行い、身体的なバランスを見るのが僕のやり方だった。体格は演技力と同様に重要な要素だから」
リプリー役として思い浮かべていた候補者のひとりが、メリル・ストリープだった。彼女は映画『ジュリア』に出演していたベテランの舞台女優だ。スコット、ラッド・Jr、その他のプロデューサーたちは真剣にストリープを採用しようとしていたが、彼女のパートナーである俳優ジョン・カザールが重い病と闘っている最中だった。カザールは『ゴッドファーザ』の1、2作目や『狼たちの午後』（75）に出演し、公開前だった『ディア・ハンター』（78）でもストリープと共演していた。だが、彼は癌に苦しんだ末、3月12日の日曜日に息を引き取った。
「メアリー・ゴールドバーグが、完璧だと思う女優が2人いるからニューヨークで会うべきだと持ちかけてきた」と、ガイラーは思い返す。「ひとりはメリル・ストリープ。だけど、長年の恋人が他界したばかりの彼女に、アメリカを離れて撮影に来てくれと言う気にはなれなかった。訃報の翌日だったから、我々はストリープは見送ることにした」
スコットは、ストリープと会った時のことを記憶している。「とても色白で、美しい人だった」。しかし実のところ、彼はもっと運動神経が良さそうなタイプを求めていた。ゴールドバーグが推薦してきたもうひとりは、イェール大学演劇大学院でストリープのクラスメートだった舞台女優、シガニー・ウィーヴァーだ。スコットとキャロルはウィーヴァーと面接することにしたが、同時に『デュエリスト／決闘者』で採用したクリスティーナ・レインズも有力な候補として名前が挙がっていた。彼女はロバート・アルトマン監督作『ナッシュビル』（75）からホラー映画『センチネル』（77）まで、幅広いジャンルの作品に出演していたが、一方のウィーヴァーは長編映画に出た経験はなかった。
最初に採用が決まったのは、ダラス役のトム・スケリットだった。彼はスコットが監督になる以前からアプローチされていた。ただ、最初に声をかけられた時点では『エイリアン』の予算は200万ドルで、そんな低予算では「エド・ウッドが監督するしか

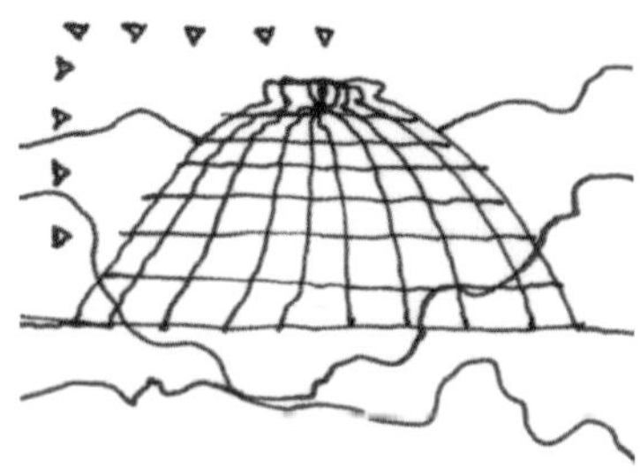

一番上／スコットによる卵貯蔵庫のスケッチ。ブリッジにあるコンピューターモニターに表示される。

上／こちらもスコットのスケッチ。卵貯蔵庫のクローズアップで、映画『デューン』のためにギーガーが思いついたコンセプト〈噛み合う歯〉が出てくる。ケインはこの天頂部で入口を見つける。

次頁左上・右上／ギーガーによる遺棄船のコンセプトアート。ギーガーはこう書き残している。「人間ではない何かが作った宇宙船をデザインできるかと、リドリーに訊かれた。どうすべきか？ おそらく有機的な感じになるだろう。植物のように成長するのだ。しかし、あるべき姿がまだわからない」
「ある日、眠れないまま迎えた早朝、技術的なものを全体に散りばめた、空気力学的な骨のようなデザインに落ち着いた。とはいえ、予想していたものとは全然違う。頭の中から抜け出した発想をエアブラシが形にしたものに過ぎない。できるだけ思考を停止し、潜在意識から自然に絵が流れ出てくるようにしてみることも多いのだ」

ないだろう」と思ったのだという。2015年、スケリットは当時のことをこう振り返っている。「全く魅力を感じず、パスしたんだ。脚本はしっかりしていて良かったんだけどね」

スケリットは60年代からテレビドラマで俳優としてのキャリアをスタートさせ、ロバート・アルトマンの『M★A★S★H』（70）で映画に進出。『夕陽の挽歌』（71）、『複数犯罪』（74）、フォックスの『愛と喝采の日々』（77）にも出演している。スケリットは俳優業だけでなく、映画製作全般に興味を持っており、いずれ監督もしたいと考えていた。そしてスコットが監督になってから再び声をかけられると、彼は以前よりも面白いものになるかもしれないと思い直し、『エイリアン』に可能性を見出した。「『デュエリスト／決闘者』を見た時は、『うわ、これはすごい』と思った」と、スケリットは振り返る。「僕は芸術を見る目を持っていると自負している。アーティストになる勉強をしていたし、この目で見れば本当のアーティストかどうかがわかる。だから、プロデューサーが電話をかけてきて、予算が増えたこと、監督がリドリー・スコットに決まったことを聞かされ、思わず『なんだって?』と漏らしたんだ。僕はオファーされた役ではなく、スコット自身と彼の作る映画に魅了されていた。あれは俳優中心の映画ではなかったからね」

スコットは俳優を1つのグループとして選ぼうとしていたので、まず船長役から決まったのも合点が行く。こうしてスケリットは船長になった。そして船長とは対照的なキャラクターで、皆の苦痛の種になるのがパーカー役だ。

ヤフェット・コットーも、スコットの参加前から既にアプローチを受けていた。「人生最高の脚本だった」と、コットーは絶賛する。「俺は全てを断って、4ヵ月待った。この映画に呼ばれることを待ち続けたんだ。そのくらい『エイリアン』の可能性を認めていた。この映画に出ないといけない、と自分に言い聞かせてたよ」。

生まれも育ちもニューヨークのコットーは10代の頃、俳優の友人が出る舞台の清掃係の仕事を見つけた。「ある週末、彼の給料明細を見て、自分のと比べたんだ」とコットーは語る。「『ちょこっと演じるだけでこんなにもらえるのか? 俺もやりたいよ』と言ったんだ」。そうして、彼は演技の道に進んだという。

1960年代、様々なテレビドラマに顔を出していたコットーだが、ロジャー・ムーアが初めてジェームズ・ボンドを演じた『007 死ぬのは奴らだ』（73）で、悪役を演じてブレイクした。78年に公開された『ブルー・カラー／怒りのはみだし労働者ども』では、リチャード・プライアー、ハーヴェイ・カイテルと共演。そして同年3月、彼はフォックスから電話を受けてスコットと面会した。

「リドリーはいきなり笑い始めた」と、コットーは79年に語っている。「俺は笑顔を作り、『一体何に笑っているのかわからないんですが』と返した。すると彼は、会えて嬉しいからだと言うんだ。ドアを開けて入ってきた途端、パーカー役を見つけたと悟ったのだと」

99年にスコットはこう語っている。「これほど素晴らしいキャストを得られたのは、彼らにギーガーとコッブのアートを見せたからだ。そして、『これが僕たちの脚本を支えてくれる、映画の象徴だ』と伝えたんだ」

## 昆虫受胎告知

その年の3月、スコットはイギリスとアメリカを往復する一方で、〈チェストバスター〉と呼ばれるようになった第2形態のエイリアンをどうすべきか、ギーガーと議論を続けていた。スコットの頭には、英国人画家フランシス・ベーコンの1944年の作品『キリスト磔刑図のための3つの習作』のイメージがあった。ロンドンのテート・ギャラリーに所蔵されているこの三連画がインスピレーションの源として役に立つかもしれないと考えたのだ。

「（第2形態は）顔全体が口のような形で、男根を連想させる淫靡な感じにしたかった」と、スコットは言う。「何が怖いかは人それぞれだから、本当の恐怖心はプライベートなものだと考えなければならない。僕はそう簡単には心を乱されない性質だが、色々な画家の作品を見ていくうちに、フランシス・ベーコンのある作品に心を囚われた。それは長い首の先に顎が付いている、3体の肉体の絵だった」

「リドリーはベーコンの絵画のようにしたいと言ってきた」と、ギーガーは明かす。「それは理にかなっていた。チェストバスターは肉を噛みちぎって人間の胸から出てこないといけない。一番大事なパーツは、歯なんだ」

ベーコンの絵画は、エイリアンがチェストバスター後に成長した状態、つまり長い頭部とギザギザの舌を持つ第3形態の姿ともうまく繋がっていた。また、2人は第1形態の外見や機能についても構想を練っていた。スコットはギーガーに説明したアイデアでは、第1形態のエイリアンは「バネのような尻尾が喉に巻きついていて、意識を失っている状態」ということだった。

スコットとギーガーは次に、今度はオバノンも交えて遺棄船のデザインについて話し合った。スコットは既に、ギーガーの絵からアイデアが浮かんだということを明かしていた。「当時の僕は激しい痛みに襲われていて、本当に惨めだった」と、オバノンは言う。「ゴードン・キャロルが電話をかけてきて、『ロンドンで撮影するから、全員で行くぞ！』と言われてね。僕は思わずうめいて愚痴を漏らしたけど、絶対に行くべきだと皆に説得された。既にもらっていた金のうち、何千ドルも医療費に使ってしまっていたんだ。しかも、もっと金はかかりそうだった。だから満身創痍でイギリスに向かったんだが、驚いたことに、仕事をしているうちにすっかり体調が回復していた。不調を感じずに過ごせたなんて、1年以上ぶりだった」（彼が回復したのは、ロンドンで『ダーク・スター』が劇場公開され、高評価を得たことに驚きと喜びを感じたのが一因かもしれない）。

スコットはギーガーが最初に描いた遺棄船の絵を気に入っていた。ギーガーが眠れぬ夜に仕上げた作品だ。しかしオバノンの目には、その絵には工学的な要素が充分に表現されていないように見えた。「賛成か反対かの議論が始まった」と、ギーガーは記している。「私は沈黙を保った。だが、スコットが勝つのはわかっていた」

結果、スコットの依頼で、ギーガーは遺棄船に通じる通路とその入口のデザイン画を描くことになった。

3月中旬、ギーガーはエイリアンの第1形態と第2形態について悩んでいた。「チェストバスターの絵を色々描こうとしてみたんだ」と、彼は語る。「腕と脚から着手した。第1形態と第2形態は類似点があるはずだ。でも、確実に表現するためには、先に第3形態のエイリアンも決めておかないといけない。だから、いくら描いても満足したデザインが生まれなかったんだ」

ギーガーの弁護士とビールの間で契約交渉が長引いていたせいもあるかもしれない。そのせいで、ギーガーのよどみなく流れ出ていた創造的発想が妨げられてしまったのだ。

## アッシュからアッシュへ

アメリカでは、キャロルとヒルがブライアン・ジョンソンと面会していた。ブライアン・ジョンソンはイギリス出身の視覚効果のベテランで、あちこちから声がかかる売れっ子だった。1977年8月、彼はゲイリー・カーツから1本の電話を受け、『スター・ウォーズ』の続編で仕事をしてみないかと誘われる（実は1作目でも雇おうとしていたのだが、当時はSFテレビドラマ『スペース1999』でスケジュールが埋まっていたのだった）。その年の夏、ジョンソンは既に『恐怖の魔力／メドゥーサ・タッチ』（78）に関わっており、その後は『ピンク・パンサー4』（78）にも参加する予定になっていた。だが、カーツとジョージ・ルーカスは、翌年の3月になったらカリフォルニアへ来て話を聞いてほしいと言うのだ。結局、ジョンソンは『ピンク・パンサー4』のプロデューサーと日程の交渉をし、3月13日にILMへ向かった。

ジョンソンはルーカスとカーツと共に『スター・ウォーズ』2作目の視覚効果についてプランを練り始めたが、そこに今度はフォックスから『エイリアン』に興味はないかとオファーが来た。忙しいと言って断ろうとしたジョンソンに対し、フォックスは「君なら、2作を同時進行でやれるだろう」と粘ったという（それ以前にイギリスで開かれたガイラー、キャロル、ヒル、シャセット、ビールの会議では、『サンダーバード』を手掛けたプロデューサーのジェリー・アンダーソンをエフェクトプロデューサーとして参加させることも検討されていた。そのギャラは非常に高額で、ジョンソンの予想の2倍だったという。ビールの反対によりアンダーソンの参加は見送られたが、彼らはジョンソンへの興味は持ち続けていたのだ）。

「絶対に無理だと思った」と、当時ジョンソンは語っている。「2つの作品を同時に作業するなんて、簡単にできることじゃない。でも、フォックスはジョージとゲイリーと話して、同意が得られるかどうか確かめてみると言っていた」

スコットはジョンソンに、『エイリアン』は視覚効果が売りの作品ではないと強調した。彼はこうも語る。「エフェクト映画じゃないということは、前もって決めていた。人々がそうカテゴライズしようとする作品は視覚効果がすごいのではなく、単にストーリーが弱かったり、キャラクターの描き込みが不充分だったりするものだ。でも『エイリアン』は、リアルなキャラクター7人の物語が展開することに一番の重きを置いた映画にすべきだと思う。視覚効果じゃなく、それ自体が作品の強みにならないといけないんだ」。スコットはまた、『エイリアン』が『スター・ウォーズ』に比べて、エフェクトを使った場面が少ないことにも言及している。

シリーズ2作目となる『スター・ウォーズ／帝国の逆襲』は、ルーカスの脚本修正作業のため、まだ制作を開始できずにいた。そこでフォックスとルーカスフィルムはブライアン・ジョンソンの起用に関して、プリプロダクションを含めた制作期間中は『エイリアン』に専念し、その後、ルーカスフィルムの仕事に移行するということで合意した。

ジョンソンがロンドンに戻った後、1978年3月23日、フォックスは「高名なイギリス人映画監督リドリー・スコットがブランディワイン・プロダクションとロナルド・シャセット・プロダクションの新作映画『エイリアン』の監督として契約した」とプレスリリースを発表。撮影開始日は当初の5月から、より現実的な7月3日に変更された。脚本家としてオバノン、ヒル、ガイラーの3人の名前が並んでいた。

その3月、ヒルとガイラーは2度目の修正を終えた100ページの再改訂版脚本を提出した（P100のコラムを参照）。既にスコットのお墨つきはもらっていた。

「リドリーは映画に参加することになった時、こう言ったん

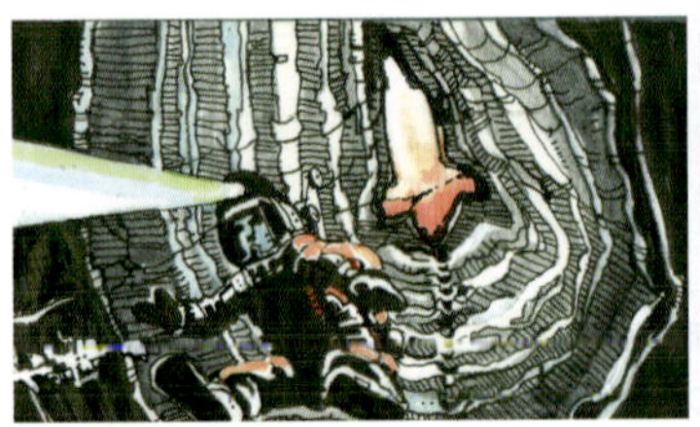

上／スコットの絵コンテより。ケインが卵貯蔵庫の中に降りていく様子が描かれている。

**次頁**／謎の空間を見つけたケインは大きな卵のような物体に興味を示し、そのひとつに触れて観察を始める【63】。

当時のスコットはこう語る。「ロスで既に制作済みの卵を見た。その驚くべき姿にショックを受けたよ。僕はそれをポスターに載せるべきだと思った」

卵は半透明になり、その姿に魅了されたケインは上部が開いたタイミングで思わず覗き込んでしまう【64】。「すると、コイルのように丸まった尻尾で勢いをつけ、あれが飛び出すんだ！ それはケインのヘルメットに付着し、バイザー部分を焼き切って彼の顔にしがみつく。不気味な何かが張りついたままケインは後ろ向きに倒れ、他の卵をつぶしてしまうんだ」【66】

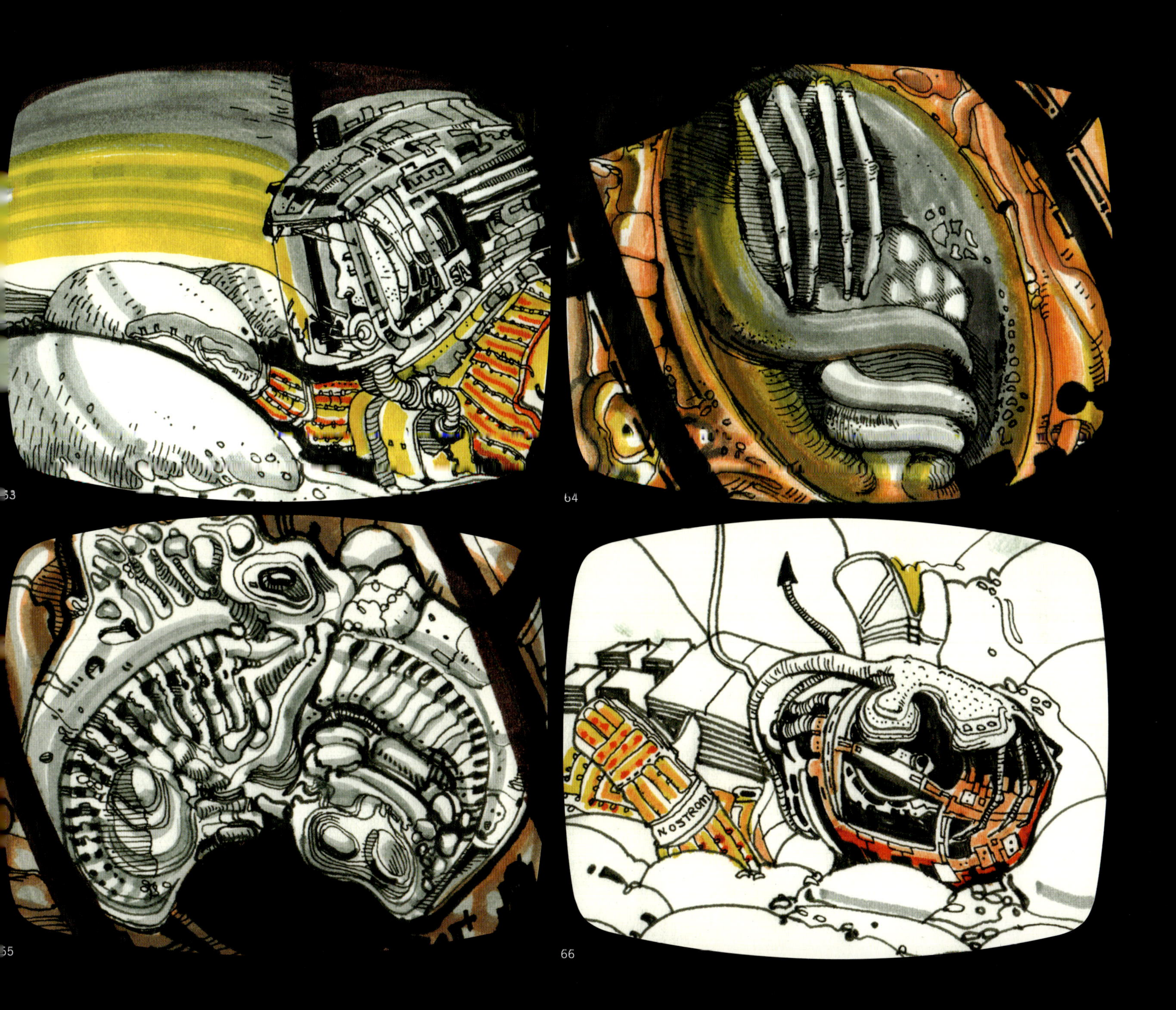

64

66

この見開き／ソリのようなものを即席に作り、ダラスとランバートがケインを支えて宇宙船に連れ帰ってくる【67】。

ケインは、医務室にある自動診察装置〈オートドック〉に入れられる【70】。「エイリアンを分析する作業は遠隔操作でやらせたいと考えていた」とスコットは明かす。「無理に引き剥がそうとして諦め、無謀にも切り放そうとする過程まで全てだ」

　診察装置がケインをチェックしている間、彼らは小惑星から飛び立ち、宇宙空間で待機していた精製施設部分とドッキングする。

77

78

79

80

だ」。ビールは振り返る。「『いいかい。この映画の宇宙船はさしずめ、インド洋で故障して知性のあるタコに侵入された古い貨物船ってとこだ。錆びついていて、まともに稼働する装置は何もない。船員たちのほうも、海運会社キュナード・ラインの船に乗り換えることもできない。僕たちは、そういう物語を宇宙を舞台にして描くんだ』とね。で、ヒルとガイラーは2週間ちょっと現場から離れ、脚本を手にして戻ってきた。改訂版は会話部分に磨きがかかっていた。ウォルター・ヒルがもっと真実味のある会話に仕上げ、登場人物たちの個性がより明確になった」

「ウォルター・ヒルとデヴィッド・ガイラーは、ノストロモ号の乗組員を宇宙のトラック運転手のように考えていた」と、スコットは説明する。「船内にある様々な乗り物は、彼らが使う道具の一部だ。精製施設のアイデアを思いついた時、色々な機械類でいっぱいになった船の姿を想像した」

スコットは、「労働者階級の乗組員」というコンセプトを視覚的な面でも表現しようと考えた。それは脚本家のアイデアを採り入れたもので、ノストロモ号をタグボートにして巨大な精製装置のようなものを引っ張らせるという案だった。脚本には、その精製施設は1.5kmにも及ぶ長さだと記されていた。

改訂版のストーリーでは、正体はロボットであるアッシュがさらに能動的な脅威として登場する。彼は宇宙船のエンジンを壊すことで、コンピューターに乗組員たちをコールドスリープから目覚めさせ、船の修理のために小惑星に降り立つよう仕向ける。さらに、彼がソナー信号を発見したせいで、乗組員たちは異星人の遺棄船と奇妙な卵貯蔵庫に入ることになるのだ。また、ヒルとガイラーは、ヒルが手掛けた改訂版第一稿のマザーの台詞をアッシュの台詞に変更した。そのシーンでアッシュは頭部をもがれて首なしになっているのだが、ワイヤーが接続されると再びしゃべることができるようになる。

スコットによれば、アッシュは「未来の多国籍企業がとるシニカルな態度を具現化した存在」なのだという。「50年後、世界は少数の巨大企業の所有物と化していると仮定しよう。それらの企業が使うエネルギー源は宇宙鉱物だ。地球と他の惑星を行き来する特殊な貨物宇宙船が膨大な量の鉱石を輸送しているんだ。企業は自社の利益を守り、乗組員の反発を抑えるために、船にスパイを潜り込ませるかもしれない。あるいは少なくとも、そういったスパイの存在を乗組員に信じ込ませるだろう」

スコットはさらに続ける。「地球は過去にもメッセージを受信し、それが知的生命体から発せられたものだと認識していた。だが、経済的な理由から調査船を出すのを先延ばしにしていたのだろう。そして、ノストロモ号がメッセージ発信源の近くに到達すると、その発信者が善であれ悪であれ、必ず連れ帰ってくるようにという通達が届く。その結果どうなるかという現実的なことは何も考えられていなかった。ロボットがいれば、原則的にミッションの成功が保証されているようなものだったんだ」

スコットはヒルとガイラーによる改訂版に満足していたが、オバノンが1979年に明かしたところによれば、スコットはオバノンが書いたオリジナル版の脚本を読んで、「絶対、最初のやり方に戻るべきだ」と主張したそうだ。「結果、残りの制作過程は2つの派閥のバトルと化した。映画をAバージョンにしたいと考えるグループと、Bバージョンにすべきだと思うグループ。僕はそこに巻き込まれて逃れることができなかった。というのも、もし彼らが僕を無理やりプロジェクトから引き離して、口出しさせない方法があったなら、きっと実行されていたに違いないからだ」

シャセットによれば、異星人の遺棄船を地球の軍用シェルターのような外見にする案もあったが、スコットは「ダメだ」と言って却下したらしい。

何十年も経過した後、スコットはストーリーに関して意見の相違があったことは重要視せず、プリプロダクション段階での懸念事項は準備を整えることのほうだったと語っている。「一度操縦席に座ったら、コンピューターのようにただ情報が与えられる状態になりたいんだ。事態を理解することに集中したい」

## 静かに走れ

ある日、英国のコメディ・グループ〈モンティ・パイソン〉のひとり、マイケル・ペイリンがシェパートン撮影所を訪れた。彼はその日の日記にこう綴っている。「スタジオはゴールドラッシュ真っ只中のユーコンの街みたいに見えた」。スタジオでは『The Odd Job（奇妙な仕事）』、『バグダッドの盗賊』、『ピンク・パンサー4』（全て78年公開）が撮影中で、まだプリプロダクション中の『エイリアン』はサウンドステージ3つを占領し、初期の工事を進めているところだった。これは準備工事で、まだセットを建設する段階ではなく、必要な製図や設計図も書き上げられていなかった。

それでも、フォックスは計画を進めていった。映画はプリプロダクションの段階でストップし、予算が確定していなかったにも関わらず、どんどんと金が使われていった。スコットは他の作業の合間に精力的にスタジオに顔を出していたが、ヒロイン役はまだ決まっていなかった。

同月、美術部門の3番目の柱として新たにロジャー・クリスチャンがプロジェクトに加わった。スコットがRSA時代から知っているベテランだ。クリスチャンは当時のことを次のように語っている。「リドリーに呼ばれて、こう言われたんだ。『さっさとシェパートンに来てくれ。君が必要なんだ』と」

3月28日付けのフォックス社内文書には、『エイリアン』のプロダクションデザイナーにマイケル・シーモア、製図者としてロイス・バクスターとロザリンド・シングルトン、美術監督にレスリー・ディリー、衣装デザイナーにジョン・モロ、建設管理者にビル・ウェルシュ、第二美術監督にロジャー・クリスチャンが採用されたと記されている。スコットは、『スター・ウォーズ』に携わった2人のベテラン、クリスチャンとディリーを頼りにしており、『エイリアン』でもSF映画の専門知識を存分に発揮してくれることを期待していた。

「マイケル・シーモアはプロデューサーが嫌いだったし、余計な干渉はされたくなかったようだ」と、クリスチャンは言う。「それにSFもね。彼はもっと高尚な作品を好んでいたんだ。セットデコレーターのイアン・ウィテカーはケン・ラッセル映画の常連だ。彼もまた、私に会えて胸を撫で下ろしていたよ」

バクスターとシングルトンは、数日後にはオートドックの最初の設計図を完成させた。彼らは数人の建設スタッフと作業を始め、さらなるセットの建設と予算が承認されるにつれ、その人数を増やしていった。スコットはクリスチャンを地球人の宇宙船（3層構造で、サウンドステージ2つを占領することになった）の担当に据え、残りの全作業をディリーが担当することになった。スコットはメンバーについてこう記している。「マイケル・シーモアには、ロジャー・クリスチャンとレスリー・ディリーという素晴らしい仕事仲間がいた。ロジャーは特別な才能を持つ製図の達人だ。僕が『落書き』と呼ぶその製図には完全なアートが存在する。ディテールのレイヤーが何枚も重なり、まるでグラフィックの彫刻だ。そして、建設管理者のビル・ウェルシュ。彼のおかげで、フォックスはだいぶ金を節約することができた」

ウェルシュは大工と塗装チームの責任者で、最終的に120人に膨れ上がったスタッフのスケジュール管理と経費のチェックも行なった。また、美術部門にはほどなくして6人の製図者が雇われることになる。

クリスチャンはチームに加わって2日目、スタジオの試写室でキューブリック監督の『博士の異常な愛情』（62）を鑑賞した。この試写会はスコットが手配したもので、美術部門に自分が望むイメージを理解してもらおうという意図があった。「僕が大きな影響を受けた映画は3本ある」と、79年にスコットは語っている。「それは、『スター・ウォーズ』、『2001年宇宙の旅』、『ダーク・スター』の3本だ。『スター・ウォーズ』はそれほどではないが、『2001年宇宙の旅』、『ダーク・スター』のセットには実に感銘を受けた。『ダーク・スター』には不思議なリアリティがある。特にあのみすぼらしい生活の感じがね。掃除をしなけ

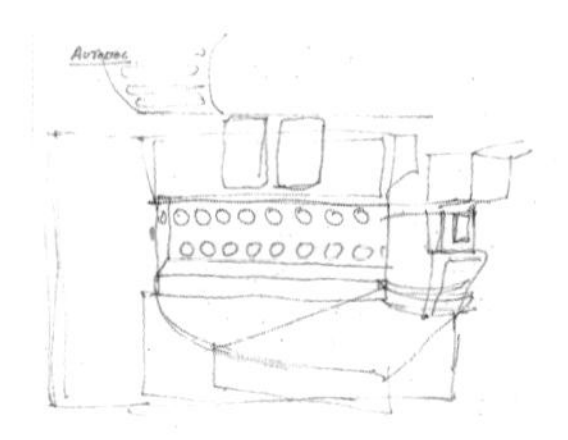

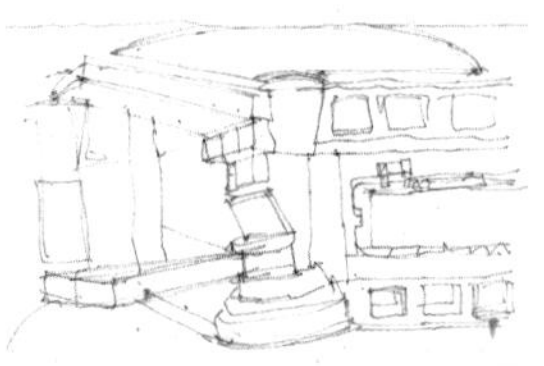

一番上／1978年4月12日に製図者ロン・ベントンが描き上げた、オートドックの操作盤などのテクニカルスケッチの一部分。

上／スコットによる、オートドックの初期のスケッチ2点。

右／コップによるオートドックのイラスト2点。うちひとつには、スキャナー、モニター、殺菌装置などの各名称が入れられている。

れば、ヒルトンホテルだって汚らしく不快な部屋になることを見せつけてくれる。合理化された環境でも、ありとあらゆるものがベトベトになってくるんだ」

美術スタッフが『博士の異常な愛情』を観た後、スコットは、宇宙船のブリッジに髪の毛のようなスイッチをつけてくれと頼んだ。クリスチャンによれば、その依頼にシーモアは困惑していたらしい。スコットは、宇宙船の制御盤を『博士の異常な愛情』に出てくる戦闘機B-52のコックピットのようにしたいと思っていたという。乗組員の周りにあるものは全て表面にスイッチやライト、ボタンがひしめき合って並んでいるイメージだ。「B-52と同じような見た目にしなきゃならなかった。でも戦闘機じゃなくて宇宙船だ」と、クリスチャンは言う。「ミリタリーっぽい見た目にするなんて無理だと思った。でも、『スター・ウォーズ』をやっていたから、リドリーが何を言わんとしていたのかは理解できた。だからシーモアに、とにかくやってみようと言った」

シーモアは、試写室で1972年のロシア映画『ソラリス』を鑑賞したことを思い出す。「不吉な感覚が全体に漂う、ほとんど静止した世界に思えた」と、感想を述べている。

セットのアイデアは着々とまとまっていった。ブリッジ、通路、上層デッキなどには、クリスチャンが「中古の宇宙」（※訳注：機材や乗り物などに汚しやサビを加えて長年使用された感じを出し、リアリティを感じさせる宇宙空間）と呼ぶスタイルを適用する一方で、コンピューター室、エアロック、食堂などには白やオフホワイトを使い、NASAあるいは『2001年宇宙の旅』スタイルのクリーンで清潔感溢れる場所を作り上げた。

クリスチャンは、『スター・ウォーズ』に登場する宇宙船ミレニアム・ファルコンで行なったのと同じ作業をするつもりだった。彼は仕入れ担当者に、ジェット機エンジンのスクラップと中古のスイッチパネル、ナビゲーション機器、制御装置、配管を大量に買うように頼んだ。それらをスタッフにバラバラに破壊させ、7人の乗組員が使うことになる、リアルで「髪の毛のような」ブリッジと通路その他の建築プランを練った。さらに、もうひとりの『スター・ウォーズ』経験者（クレジットはされていないがロボットを数多く制作した）であるベテラン、ロジャー・ショウも手伝ってくれることになった。ショウは芸術的にも技術的にも優れた才能を持っており、スクラップを選別してどのパーツがどこに使えるか見極めるだけでなく、特殊な部品をも作り出すことができた。スコットはさらに、小道具スーパーバイザーのジョー・ディップルと彼のチームの小道具係を採用している。

「ここでは『スター・ウォーズ』以上の規模のチームを率いていた。ただし時間的猶予はなく、仕事量はずっと多かった」と、クリスチャンは振り返る。「ブリッジのセットプランを立てる間、ミリタリースタイルの医務室や食堂エリアをどのように作り、どんな素材を入手すべきかも同時に考えていた。ブリッジのセットを使った後、そっちの撮影もすぐに始まってしまうからだ」

彼は沢山のアクション装置も考案し、スコットからOKをもらった。美術監督やスタッフたちの仕事は週7日にわたって朝7時から午後10時まで続き、休みなどなかった。

「あらゆるものについて、どのように機能させ、どんな外見にすべきか、コップとオバノンは延々と話し合いを続けていた」と、スコットは振り返る。「僕は必死に2人から情報を吸収しようとした。飛行可能に見えるデザインにすべきだとか、現実世界のエンジンはどんなもので、映画の中のエンジンはどうすべきか、とかね。第三者がオバノンとコップの会話を小耳に挟んだとしたら、専門用語ばっかりで本当の技術者同士がしゃべっていると思っただろう。セットのほとんどはNASAに関する中途半端な知識と映画の専門知識がベースになっているんだ」

結果として、コップの試用期間は延長された。スコットと美術部門にとって、地球人の宇宙船の技術デザインにはコップの力が必要だったのだ。「宇宙船内部は、第二次世界大戦の爆撃機のような見た目になってきた。実際、未来の宇宙船はこんな感じなのかもしれない」と、コップは語る。彼は相変わらず、船内をお化け屋敷のようにしろと要求されるたびに言い争っていた。「マイケル・シーモアは、私が考えたブリッジのウィンドウデザイン案を気に入ってくれたようで、放射状にシンメトリーになった六角形にするというアイデアに行き着いた。スコットの意見では、頭上にもコンソールを置き、セットを戦闘爆撃機並みに狭くして、閉所恐怖症を引き起こすような感覚を引き出したいということだった。だからその希望に沿う形と構造を提案したんだ。結果的には、ウィンドウは船外に張り出したアウトリガーシートを覆うドーム型に落ち着いた」

「僕は、道徳的な決断と言うべきものと向き合っていた」と、オバノンは振り返る。「皆に言われた。『絶対に誰も敵に回すんじゃない。彼らはとても重要な人間で、これは君が大手スタジオと作る最初のプロジェクトだ。良い関係を築けるかは君次第だと誰もが思っている』って。でも、僕が現場に行くとそこはあまりに混乱していた。あちこちで大声が飛び交っているから、こっちも感じの悪い態度を取らないと話を聞いてもらえなかった。それに、ブランディワインとの契約では、特撮監督としての地位を保証してもらえることになっていたんだが、その契約には抜け道があるとわかった。それは「ペイ・オア・プレイ」という契約で、例えば映画の製作が途中で中止になっても、契約金は支払ってもらえる。だが違う見方をすれば、どのみち金は支払われるから、プロデューサーは必ずしも僕を使わなくてもいいんだ。つまり、そ

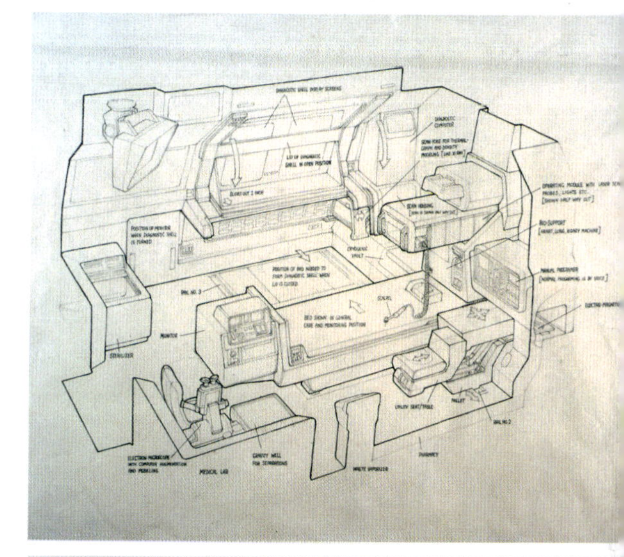

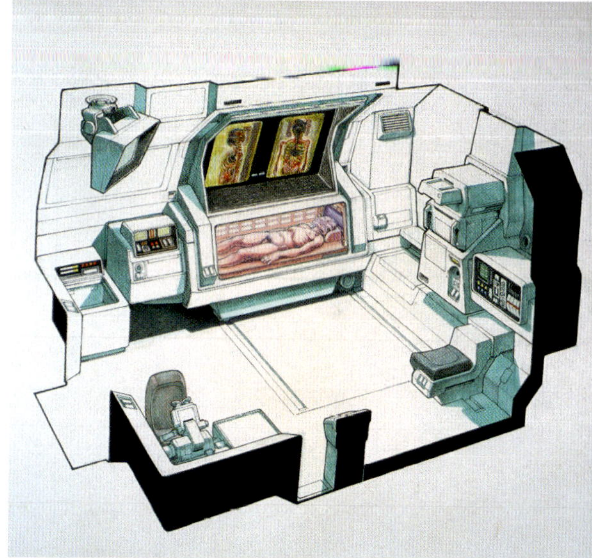

ういう契約をしたということは、「金は保証するが、仕事は保証しない」と言われたようなものだったんだ。僕には何の影響力もなかったけど、心では強く思っていた。このままでは終わるものか。だから、僕は決意した。僕のキャリアに対する助言には反発してやる。自分は戦う。40年後、後悔に苛まれていたくはないからだ」

**この見開き、P98-99**／コップが描いたブリッジのコンセプトアート数点(エンジン室も1点含まれる)

「ブリッジを描く時に最初に浮かんだのは、非常に広いというイメージだった」とコップは説明する「中2階があるような造りで、巨大なウィンドウを持つカリフォルニア様式だ。操作盤のスクリーンに小惑星が迫り来る様子が映し出され、突然ウィンドウが開いて光がなだれ込む。そして外には、スクリーンに映っているのと同じ惑星の光景が広がっているという壮大なシーンを思い描いた。しかし予算的に実現は無理だとわかり、『スター・トレック』のブリッジ同様、ウィンドウもスクリーンもない形にしなければならなかった」

「ダン・オバノンは、いつもひどく青白い顔色をしていた。貧血なのかと思うくらい」と、クリスチャンは思い返す。「それに、傍らには必ずコカコーラがあった。プロデューサーたちから聞いた話だと、彼はほとんど陽に当たらずに生活しているらしい。なんでも、家の窓という窓を新聞紙で覆っているとか。タバコとコカコーラだけで生き延びているという声もあった。少なくとも、コーラは確かだ。彼が何かを食べているのを一度も見たことがない。すごい変わり者だ。脚本家として、外部に対してあまりに過敏になっていたのかもしれない」

「僕はいつでも現場にいた。契約上そうなっていたからだ」と、シャセットは言う。彼はそれまで本格的な映画製作の仕事はしたことがなかった。「『君は映画作りについて何も知らないんだな』って言われたよ。映画の現場では、皆意見を戦わせる。僕も主張はするが、『いいか、君に貢献できることはない。君は壁に止まってる高給取りのハエに過ぎない』なんて言い返されてしまうんだ。発言に対して、『いい感じだね』と嫌味を返されたりもする。だけど、セットから叩き出されてしまうだろうから、僕は歯向かうことはできなかった」

「ダンはいつもそこにいて、仕上がったイラストを次々と見て回っていた」。そう語るのはロン・コッブだ。「彼は本当に面倒を見てくれていた。スタッフのほうはなかなか慣れなかったかもしれない。でも、彼が口を挟むのはこの映画を大切に思っていたからなんだ。それに、ダンがそうすることもリドリーから認められていた。リドリーはダンがくれるアドバイスや情報を重要視していたから。ロナルド・シャセットも同様に現場にいたよ。ウォルター・ヒルとデヴィッド・ガイラーが脚本を大きく修正したとはいえ、この映画にはオリジナルの脚本家たちの存在感が強く残っていたんだ」

「あのプロダクションデザイナーだけど……彼は、僕のせいでいつも緊張していたみたいだった」と、オバノンはマイケル・シーモアについて語る。「あそこでは、彼らに考えを押しつけるような人間はいなかっただろう。リドリーでさえ、そういうことはしなかった。でも僕は違った。美術部門が作る物全てをこの目で見て、僕が血を吐く思いで生み出したデザインにどこまで忠実かを確かめた。そして路線が違っていたら、僕は自分の考えを猛烈に押しつけたんだ」

「ダン・オバノンのことはよく知らないんだ」と、パウエルは打ち明ける。「大抵の人とはうまくやれると思っているが、私と彼はお互いに警戒していたように思う。映画制作では、物事を円滑に進めるためにはある程度妥協しなければならないが、ダンはそれを一度も経験していなかったんだ。それに、話しかけたい相手の隣に私がいると、黙って仕事ぶりを眺めることができなかった。私のことを本当に〈蛇男〉だと信じていたに違いない。こっちも、実はダンと同じくらいSFマニアだってことをわざわざ納得させようとはしなかった」

「あの段階ではまだ、ダン・オバノンは僕たちと一緒にいて、ロン・コッブはコンセプトアーティストだった」と、シーモアは言う。「コッブのスケッチは良い出来だったが、我々が決めた『エイリアン』の方針とは少しずれていた。リドリーと私は宇宙船について何度も話し合いを重ね、銀河系を航行する超巨大タンカーのイメージで決まっていた。だから、滑らかでツルツルと輝くような見た目にはしたくなかったんだ」

さらにシーモアは付け加える。「だけど、コッブの存在は助けになったよ。思いついたアイデアやデザインを話すと、見事なスケッチを描いてくれて、言葉だけではイメージが掴めなかったスタッフにも伝えることができた。製図担当からサウンドステージにいる左官まで皆が全力を尽くしている映画のために、私はデザインチームを率い、一緒にコンセプトを形にしていったんだ」

一方、その頃スコットは、映画の予算決定に重要な役割を果たす絵コンテの作成や残りのキャスティングなど、数え切れないほどの仕事に忙殺されていた。

## 『エイリアン』再改訂版脚本

**原案：ダン・オバノン、ロナルド・シャセット**
**執筆：ウォルター・ヒル、デヴィッド・ガイラー**
**1978年3月——概要**

コールドスリープのカプセル内でケインが最初に覚醒し、他の船員たちも次々に目覚めていく。この脚本では、ノストロモ号は「はるか遠くの恒星間宇宙で材料を集める工業用宇宙船」という設定である。

機能：鉱油タンカーおよび精製施設
最大容量：2億トン
長さ：1.5km
外観は汚泥で覆われ、ボロボロになっている

この再改訂版脚本では、乗組員たちは朝食をとり、自分たちは重要なエンジントラブルを警告するためにマザーによって覚醒させられたと知る。パーカーは急いで小型艇に乗り込み、宇宙船に搭載されている巨大な排気ジェットの調査を行う。「クソッ、このままじゃ密閉素材が破裂しちまう」と、彼はダラスに告げる。「小惑星L-34に行かない限り無理だ」。しっかりと修理を行い、メタンガスを採取するためには小惑星に上陸する必要があった。

彼らは小惑星に降り立ち、3人が偵察に出ている間、アッシュはソナー送信信号を発見する。そして遺棄船の内部で、ランバートは「骸骨のような姿の何か」を発見。それは、人間とは全く異なる生物のようだった。

今回の改訂稿では、卵の貯蔵庫は100mの高さがある、一定の形を持たない「構造物」として描かれる。

エイリアンが宇宙船に侵入し大混乱を引き起こした後、アッシュが襲いかかってくる前にマザーが説明する時間は少なくなっている。攻撃を開始したアッシュがリプリーの腕に手を叩きつけると、リプリーは椅子に座ったままクルリと回転する。

その後、船員たちはロボットと判明したアッシュの頭を切断。ワイヤーを再接続すると、アッシュと再びコミュニケーションが取れるようになる。

**リプリー**：アッシュ。あんたがあいつを船に乗せた。あんたがエンジンの不具合を起こした。それで、説明がつく。
**ランバート**：何か理由があったんでしょう。
**リプリー**：会社は前から送信信号を拾っていたに違いない。それで私たちを発信源の近くに送り込んだ。そして会社はアッシュをこの船に乗せた。真相を調べさせるためにね。
**パーカー**：なんで俺たちなんだ？
**リプリー**：私たちは消耗品だから。個人的な理由はなく、単に運の問題だった……
**アッシュ**：人間は私に知性を与えた。知性は必然的に選択を生み出す。私は真実を発見することのみに忠実だ。科学的事実は美、調和、そしてとりわけ単純さを求める。君たちとエイリアンの問題は、シンプルでエレガントな解決を生むはずだ。君たちのうち、ひとりだけが生き残る。
**リプリー**：さよなら、アッシュ。

残りのストーリー部分は、以前の原稿と同じ。

上／1978年3月時点にパウエルが所有していた脚本。表紙には彼の手書きで「触ったり、持ち去った者は死にます」と書かれている。

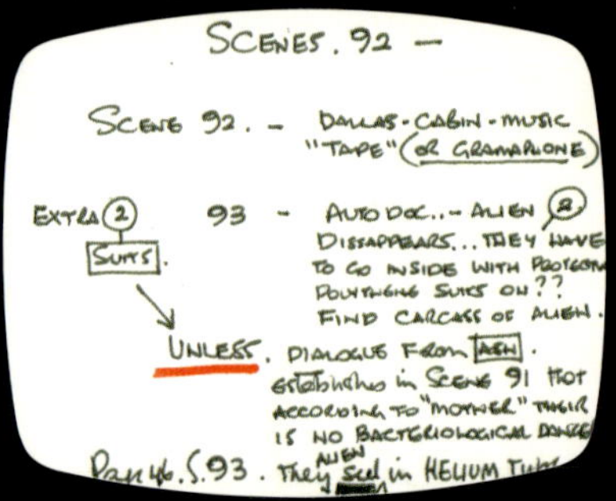


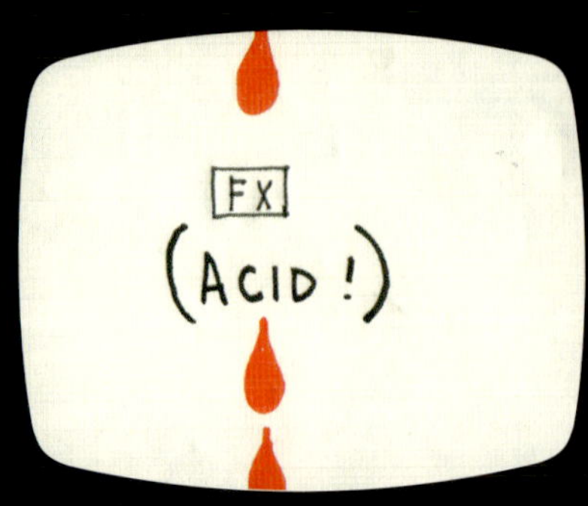


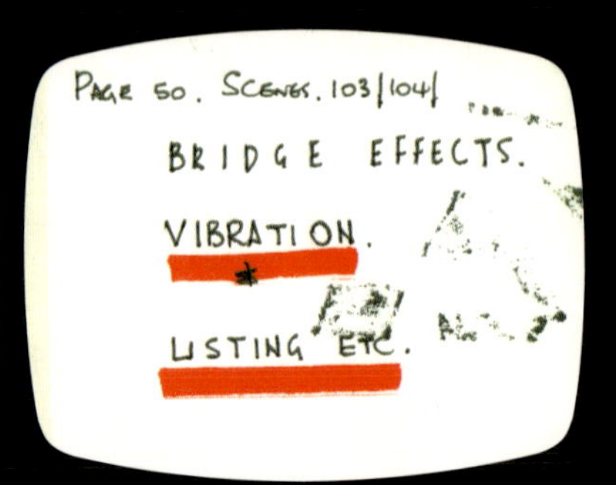


左／スコットの撮影台本に手書きで書かれた各シーンの説明（時にはイラストも添えられている）。

この頁／スコットの絵コンテ。宇宙船が軌道を外れ、ダラスが「光速プラス4に加速」と指示を出す。

81

82

83

84

CHAPTER 5

# ビッグチャップ

1978年3月〜5月

次頁／卵貯蔵庫を描いたギーガーのコンセプトアート。

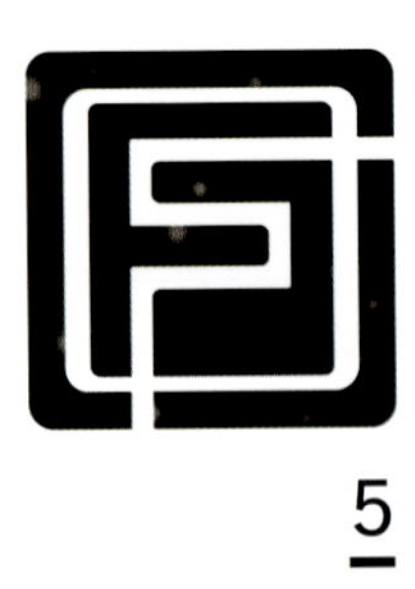

# 5

1978年3月30日の木曜日、H・R・ギーガーは署名済みの契約書を携え、ロンドンに戻った。「この条件を呑むか、家にこもっているか。どちらか選ばなければいけないのは明らかだった」と、彼は書き残している。「ギリギリのところまで来ていた」と、ピーター・ビールも言う。「我々と一緒に映画を作るか、制作チームから外れるか。ふたつにひとつだと迫らなければならなかった」

ギーガーは撮影所に急いだ。シェパートン・スタジオ前の看板には、次のような警告が書かれていた。「『エイリアン』：プロダクション・マネージャーからの許可書がない部外者の立入禁止」。中に足を踏み入れたギーガーはスタッフの規模に驚いた。150人ほどに増えていたからだ。彼はスタジオ内の様々な作業場を見学し、Cスタジオでは既にセットの骨組みが組まれつつあるのを目撃した。ロン・コッブがデザインし、美術部門のスタッフが図面を引いたものだ。

「思わず目を見張ったよ。身なりを整えたギーガーが、ドラキュラ伯爵みたい見えたんだ」と、1979年にダン・オバノンは語っている。「黒革の服。黒髪。黒い瞳。青白い肌。彼は決してコートを脱がなかった」。また、アイヴァー・パウエルも次のように振り返る。「彼が入ってきて、誰もが思った。『うわ、闇の王子のお出ましだ』って」

リドリー・スコットとダン・オバノンを交えた会議の席で、ギーガーは遅まきながら、卵貯蔵庫をピラミッド内に作る案は却下され、より低コストの乳房型の貯蔵庫が採用されることになったと知らされた。また、〈フェイスハガー〉と呼ばれるようになった第1形態の生殖器官にもさらなる修正が必要だと聞いた。卵のほうはギーガーの『ネクロノミコン』の絵を参考にし、もっと生物らしい見た目で女性器を思わせる要素を加えたいというのがスコットの希望だった。

また、Hスタジオに作られる小惑星のセットと、そこに建てられる遺棄船の入口についても話し合いが持たれた。参考資料として、レスリー・ディリーとスーパーバイジングモデラーのピーター・ボイジーが制作した1/25スケールのセット模型が持ち込まれたが、そこにはノストロモ号の着陸脚も含まれていた。経費節減のために2つのセットを同じスタジオに建て、着陸脚が置かれた岩だらけの風景は少し手を入れて遺棄船入口のある風景としても利用し、マットペイント（実写映像と背景画を合成する技術）で拡張しようという計画だった。また、スコットは絵コンテの段階では遺棄船をメビウス風のデザインにしようとしていたが、今ではあまり斬新ではないと考え始めていた。「あまりに普通すぎて、異星人のものという感じがしない」と言うのだ。そこで、ギーガーはさらなるアイデアを求められることになった。

「スコットと彼のチームは小惑星の模型を取り囲み、真剣な顔で議論していた」と、ギーガーは日記に綴っている。「お偉方が報告を受けているような光景だった。山はこっちに置くか、あっちのほうがいいか、宇宙飛行士のルートと宇宙船の着陸地点はここになる、カメラアングルは色々試そう……というような会話が聞こえてきた」

空港で帰国便を待ちながら、ギーガーはスケッチを数点描いた。そして翌日、自分のアトリエに戻った彼は、スコットとオバノンとの電話で、フェイスハガーについての新しいアイデアを聞かされる。スコットは、フェイスハガーが犠牲者の顔に張りついた状態をクローズアップで撮りたいと言うのだ。「ほどなくして彼らに浮かんだ解決策は、宿主となる人間の目のくぼみを大きめに作り、フェイスハガーがそこの肉を食いちぎって体内に入り込むようにするというものだった」と、ギーガーの日記には記されている。「しかし、それはつまり、私のデザインがまた変更されるということだ。描いても描いても直すことになる果てしない繰り返しに、慣れることができればいいのだが……」

だが、その要求はフェイスハガーに限ったことではなかった。スコットは遺棄船で発見される特大サイズのパイロット、スペースジョッキーの特徴をさらに細かく伝えてきた。「遺棄船に入った乗組員は何かの端に行き当たり、巨大な椅子の置かれた広い部屋に足を踏み入れる」というのが彼の説明だった。スコットは絵コンテの1コマを描くにあたり、作品集『ネクロノミコン』を再び開き、『ネクロノームV』というイラストを一部参考にした。「僕はスペースジョッキーを化石のように見せたいと考えていた。身体と椅子が同化してその境目が曖昧になっている、ガーゴイルさながらの不気味な見た目だ」

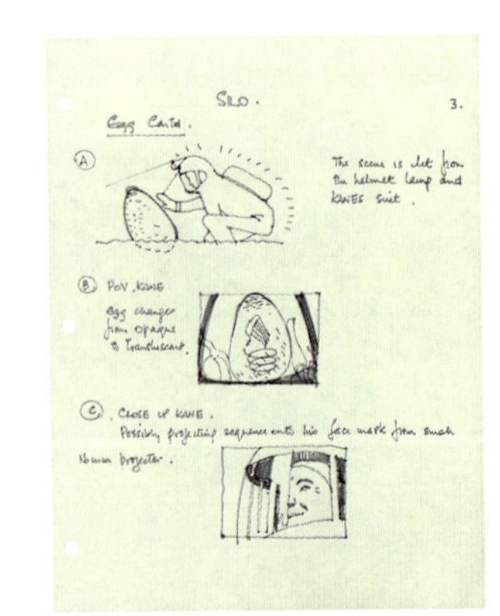

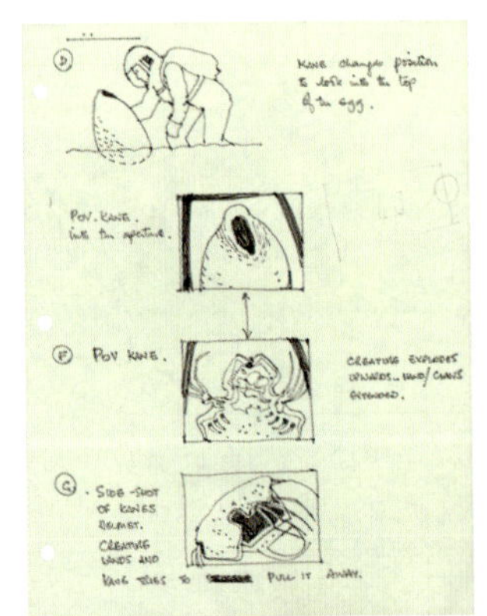

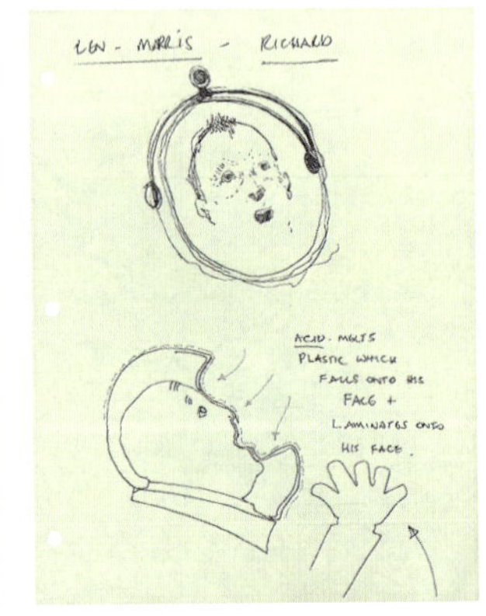

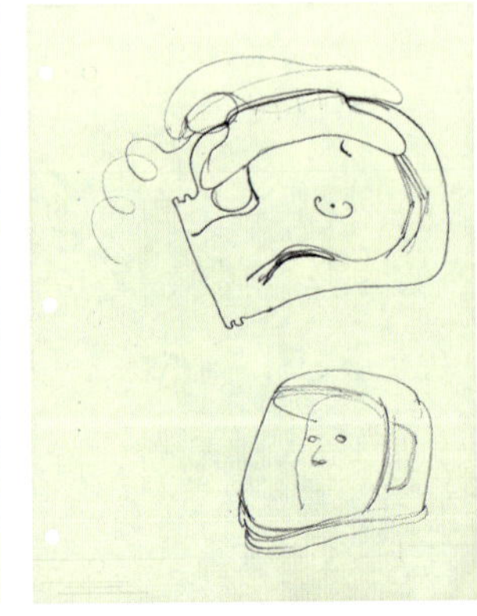

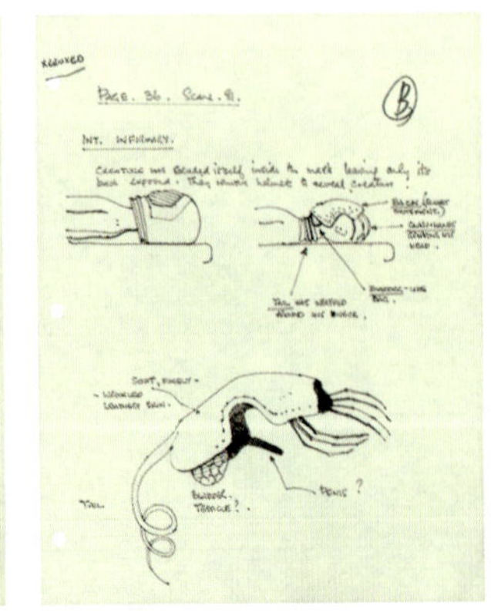

下／フェイスハガーがケインの顔を掴み、ヘルメットを溶かす過程を示す一連のスケッチ。

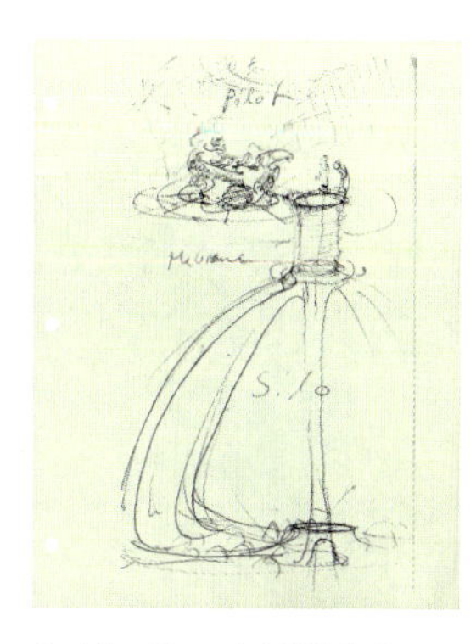

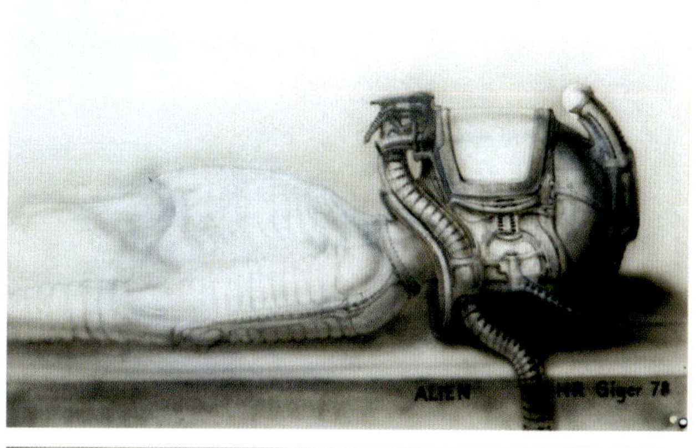

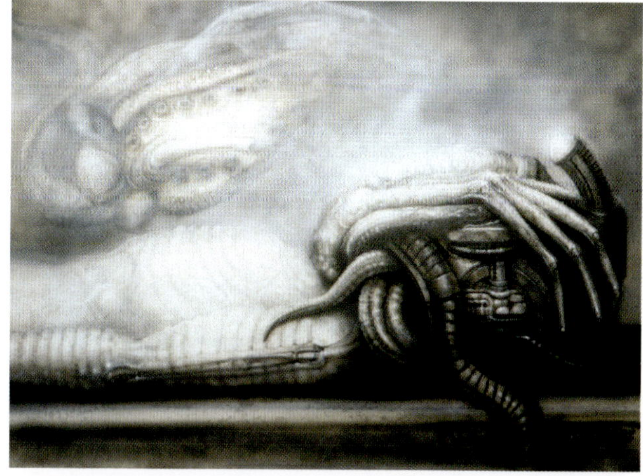

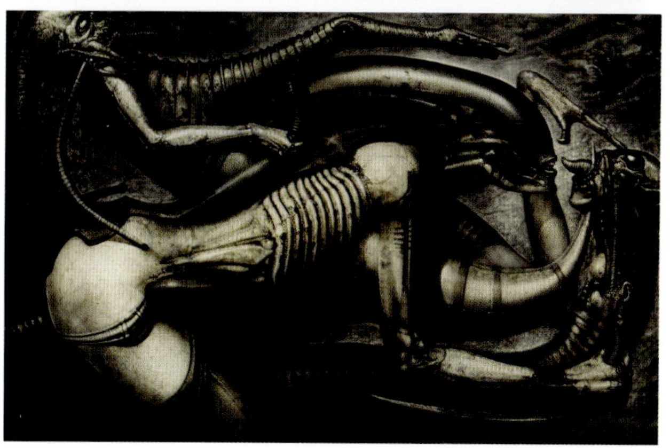

上／ギーガーによる卵貯蔵庫のスケッチ。

**右上・右中央**／3月30日、ギーガーは、犠牲者の顔に張りついたフェイスハガーの絵をさらに2点完成させた。

**右下**／ギーガーの作品『ネクロノームV』（1976年、100×150cm）。スペースジョッキーの姿を考えていたスコットは、この絵の左上の骸骨のような部分にヒントを見出した。

## 狂気の代金

スコットは仕事の合間を縫って、作品の根幹となる絵コンテを描く時間を設けた。ギーガー、コッブ、メビウスのデザインや、『2001年宇宙の旅』、『スター・ウォーズ』、『悪魔のいけにえ』に自分の思想を加えていく行為は、「大いなる興奮と歓喜」をもたらすものだったと彼は表現している。たとえそれが紙の上だったとしても、絵コンテを描くことで、映画全編を初めて自分の目で見ることができるのだ。スコットはその事実に胸を躍らせ、絵コンテの執筆に没頭した。

「僕には明確なビジョンがあった」と、スコットは語る。「この絵コンテを、よりSFチックにしようと心がけていたんだ」

各コマの下には指示や説明も書き入れた。例えば無人の宇宙船内通路を描いた1コマは、その下に、「徘徊するカメラ、点滅する光、空調のかすかなノイズ、長い時間の経過を指し示すディテールの数々。平穏」と、ペンで書き込まれている。

また、ヘルメットの顎ひもが空調の風に揺れているコマでは、乗組員が「危険：フケに注意」と落書きする様子も描かれている。カメラがブリッジからコールドスリープ用カプセルへと移動する間、宇宙船のコンピュータは「小声で会話する」とある。

彼の絵コンテは3月時点での改訂稿に準じていたため、小さなシャトル船〈ペダロ〉が登場する。「空飛ぶベッドの骨組み」という愛称で知られた垂直離着陸機を思わせる船だ。このペダロ号はブレットとパーカーが操縦し、ノストロモ号の外面を調べるために船外に出る。さらに、ノストロモ号に先立ち、偵察用ドローンが小惑星の表面を調査しに行くことにもなっていた。

また、ダラスがノストロモ号に侵入したエイリアンを探し回る際の環境に関しては、「エイリアンとダラスが無重力でも動けるよう、セットは全て垂直に設置されているほうがいい。これらのセットは無重力シーンでも使用可能」と注釈が加えられていた。

「リドリーは、我々が前もって進めておいたプリプロダクション作業をなかったことにして、自分のスタイルに合うようなビジュアルに書き換えてしまった」と、オバノンは証言する。

一方、撮影監督のデレク・ヴァンリントはこう語る。「絵コンテで、初めて巨大な遺棄船のセットを見た時は、さすがに度肝を抜かれたね」

「絵コンテには2ヵ月くらいかかったかな」と、1979年にスコットは言及している。「何年もかかりそうだった。特に、細部まできちんと描きたいというこだわりを持っていたからね。落書きみたいな絵コンテなんかあり得ないだろう？ 脚本を大急ぎで、だけど正確に絵コンテにする必要があったんだ」

スコットが頭の中で思い描いていた映画がイラストになり、ようやく絵コンテが仕上がると、彼はキャロル、ガイラーと共にロサンゼルス行きの飛行機に飛び乗った。映画の運命がいよいよ動き出す、大きな瞬間だった。スコットとパウエルは予算増は必須だと考えていたものの、フォックスは説得に動じず、450万ドル以上は出さないという姿勢だった。ちなみに『スター・ウォーズ』のケースでは、当初の予算600万ドルに対し、最終的に1,100万ドル超のコストがかかることになった(これについてジョージ・ルーカスとゲイリー・カーツは、初めから予算は非現実的な額だったと主張している)。

「ロンドンで、僕らは脚本の映像化にかかる費用の内訳を出しておいた」と、スコットは言う。「さらに、撮影には17週間が必要だと見積もっていた。ところが、1,300万ドル欲しいと聞いて、フォックスの連中はショック死しそうになった」

スコットは絵コンテを修正すると言ったものの、実際は何も削っていなかった。わざわざフォックスまで来たのは妥協をするためではない。何が可能かを示すためだった。「僕の絵コンテはプレゼンに不可欠だった。なぜなら、誰かが腰を下ろして、『実際にはこういうことをやります。見た目はこんな感じになります』と具体的に説明するまで、映画の全体像も目的も不確かなままだ。根拠が曖昧でわかりにくいものに、予算なんか出してもらえるわけがないだろう?」

「リドリーが絵コンテをカリフォルニアまで持っていくと、フォックスの人間はそれを見て興味を示した」と、キャロルは1979年に振り返る。「絵コンテのおかげで、これがどんな世界観の映画なのかをようやく示すことができたんだ」

スコットはフォックスのオフィスでラッド・Jrとスタジオの役員に絵コンテを披露した。映画の全シーンが詳細に描かれているわけではなかったが、彼はダラスが死ぬシーンまでを見せていき、それから、クライマックスをどうするつもりかを説明した。スコットの記憶では、このプレゼンテーションは楽しいと同時に、恐ろしくもあったという。なぜなら、彼が示した計画では、さらなる予算が確実に必要になるからだ。

「スコットはグラフィックアーティストとしても才能があり、作品全編の絵コンテをひとりで仕上げてしまった」。そう明かすのはヒルだ。「『エイリアン』のビジュアルコンセプトの大半はスコットが生み出したものだ。例えば、侍の甲冑を宇宙服のデザインに取り入れたのも、彼の発案だった」

ラッド・Jrは、役員と検討するので数日待ってほしいと言ってきた。スコットはシェパートン撮影所のスタッフと電話で話したが、彼らの多くは自分たちの仕事が危うい状況にあるとは気づいていなかった。ラッド・Jr、ウィガン、カンターの3人は予算増を認めるか否かを話し合っており、その結果次第では映画の企画自体が最悪の事態を迎えることも充分に考えられた。

「それから2日後のことだ」と、スコットは振り返る。「ラッド・Jrから連絡をもらった。『我々はなかなか面白いものを作っているようだ』という返事だった。彼は絵コンテを見て、映画のポテンシャルを理解してくれたんだ」

「危機的状況を乗り越えられたのは、ひとえにリドリーの絵コンテの才能のおかげだ」と、パウエルは絶賛する。

さらに協議を重ねた末、予算は当初の約2倍にあたる800万ドル超に増えたが、撮影日数は13週から17週にしか延びなかった。それが妥協点だった。プロダクションデザインの予算は当初の半分近くに削減されたため、模型撮影にモーションコントロール・カメラを導入するというブライアン・ジョンソンの計画は取り下げられた。

「僕の直感と思いつきにあれだけの金を出資してくれる人は尊敬に値するし、彼らの意見に耳を傾けるのは当然だ」と、スコットは述べている。「僕が投資者側でも、やはり同じように言いたいことは言う。結局、映画作りはチームワークだが、そこにはキャプテンが存在しなければならない。『よし、このやり方で行くぞ。以上だ』と、きっぱり言う人間が必要になる」

1978年4月14日、フォックスは社内に向けて修正後の予算を発表した。予算には2週間のテスト期間と俳優のリハーサルも含まれており、ストーリー権、脚本開発、プロデューサー、監督、主要キャストなど、予算表の上位に並ぶ「アバーブ・ザ・ライン(Above the Line)」のコストに回されるのは92万2,677ドル。最も金がかかる美術部門は107万4,625ドル。衣装はおよそ2万5,500ドル。パナビジョンのカメラとレンズには3万7,500ドル、電話・FAX等の通信費には1,000ドルほどが充てられることになった。コンピューターのモニター画面のグラフィック制作には3万1,500ドルが見積もられ、模型および、不安材料であるエフェクトは35万ドルに限定された。その他諸経費を合算した予算の合計は、839万6,172ドルである。

同日、ゴーサインがいつ撤回されてもおかしくない中、ビールはシェパートン撮影所とフォックスの契約を締結させた。フォックスは同撮影所のA、B、C、DおよびHスタジオ——およそ76×37m、天井までの高さ14m(約2,800㎡)の最大サイズ——を、7月3日から9月29日の間、15万ドルで借りることになった。最初に使用するのはCスタジオで、次はHスタジオ……と場所を移していく。さらにフォックスは、複数の事務所、美術部門用の建物1棟、ヘアメイク室を3部屋、俳優のための楽屋10部屋、衣装部屋1部屋の他、編集室、カメラおよびサウンドルームもレンタルする。加えて、シェパートンの大道具の加工作業所、漆喰と塗装用の仕事場、特撮エリア3ヵ所、小道具とカーテン用の部屋も利用することになった。なお、『スター・ウォーズ』が主にエルストリー撮影所を使ったことで、シェパートン撮影所の経営陣は大きく利益を失ったと感じていたため、ビールはかなり良い条件で契約をすることができたという。

その4月、美術部門は快調に作業を進め、オートドック、食堂、調理室、テープ・ライブラリー、ブリッジなど何枚もの設計図を仕上げた。だが、スコットはオートドックの技術を簡素化するように圧力をかけられていた。カメラテストの段階で、オートドック内でスキャンする映像などに金がかかることが判明していたからだ。「個人的には路線変更はしたくないと考えていた」と、彼は語る。「信憑性を高めるため、僕は高性能のオートドックにケインの精密検査をさせたいと考えていた。『細菌学的な危険はありません……』などとコンピューターがしゃべるんだ。だが最終的には、そこまでやるのはやめた。疑問を提起しない限り、誰も気にしやしないんだから。そのほうが仕事が速く進むのは確かだ」

こうして、この映画に必要なものは、残るはリプリーという名の主人公だけとなった。

## 誤った認識

4月3日のアカデミー賞授賞式で、ロジャー・クリスチャンとレスリー・ディリーは、『スター・ウォーズ』で最優秀美術監督・装置監督賞を獲得した(ジョン・バリーとノーマン・レイノルズも共に受賞)。「受賞直後から、運が良かっただけとか、賞に値しないなんて攻撃されてね」。クリスチャンはそう回想するが、リドリーだけは違う態度だったと明かす。「現場に戻ると、彼は心から感激してくれたんだ。デヴィッド・ガイラーとゴードン・キャロルも本当に誇らしげだった。オスカー受賞者の我々が『エイリアン』に参加するというのは、映画のマーケティング面で大きくプラスになるからだ」

ピーター・ビールは2人のために、ソーホー・スクエアの事務所で祝賀パーティを開催し、『スター・ウォーズ』と『エイリアン』両方のスタッフが参加した。「その後は、いつも通りの生活に戻ったよ」と、クリスチャンは言う。「自惚れてしまわないように、オスカー像は隠しておくことにした」

その頃、リプリーと他の乗組員役の俳優探しが続いていた。

イギリス生まれの女優、ヴェロニカ・カートライトは、9歳から芸能活動を始め、アメリカ映画『In Love and War(イン・ラブ・アンド・ウォー)』(58)に出演。1960年には人気テレビドラマ『ビーバーちゃん』で、主人公の同級生ヴァイオレット役も務めた。60年代は複数のテレビドラマや映画に参加しているが、中でも

**次頁**／ウォルター・ヒルが『エイリアン』に関心を抱いたきっかけが、この絵コンテに描かれるチェストバスターのシーンだった。

「ケインはひどく喉が渇き、空腹感も尋常ではなかった」とスコットは解説する。「だから、乗組員たちはコールドスリープ装置に入る前に朝食をとった。彼は冗談を言って皆を笑わせていたが、突然顔を歪め、テーブルに仰向けに倒れ込む。他のメンバーは、ケインがひきつけを起こしたのだと思った。苦痛で叫び、吐血するケイン。すると何の前触れもなく、チェストバスターが飛び出す。とっさに全員が後ろに飛び退け、恐怖のまなざしで食卓の上の彼を凝視する。赤ん坊のエイリアンは産声を上げるや、あっという間に逃げ出して、乗組員たちに捕獲の隙を与えない。僕はここに産声を入れたかった」

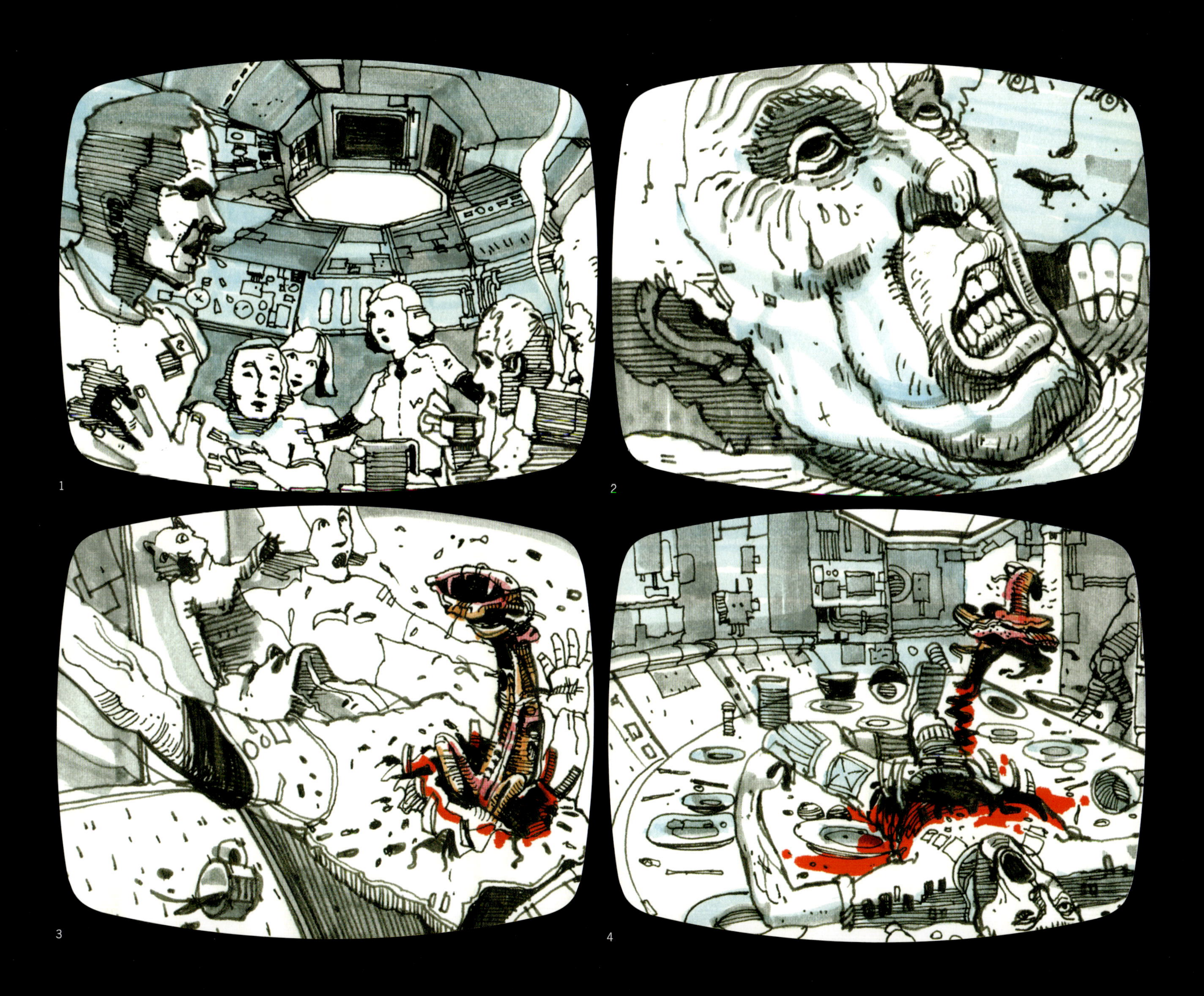

1

2

3

4

**この見開き**／スコットは、船底の格納庫に鉤爪のようなものを付けたいと考えていた。「飛行中に船の脚がそこに格納されるんだ」。定期船に結びつけられるアンカーケーブルのようなものらしい。

「ブレットがその〈鉤爪の部屋〉にいると、エイリアンがアクロバットのように大きく揺れながら降りてきて、ブレットと顔を突き合わせる形になる。結構不気味な絵面だ。カマキリの腕を持つハエみたいな奴がぶら下がっているんだからね。そいつはまだ完全に成体ではないが、ブレットを捕まえてバン！と叩きつけて殺してしまう」【10】

「化け物には、彼の心臓をもぎ取らせたかった。乗組員たちがブレットを見つけて身体を裏返してみると、胸部に大きな空洞ができているんだ。その穴はスペースジョッキーにあったものとよく似ている」【12】

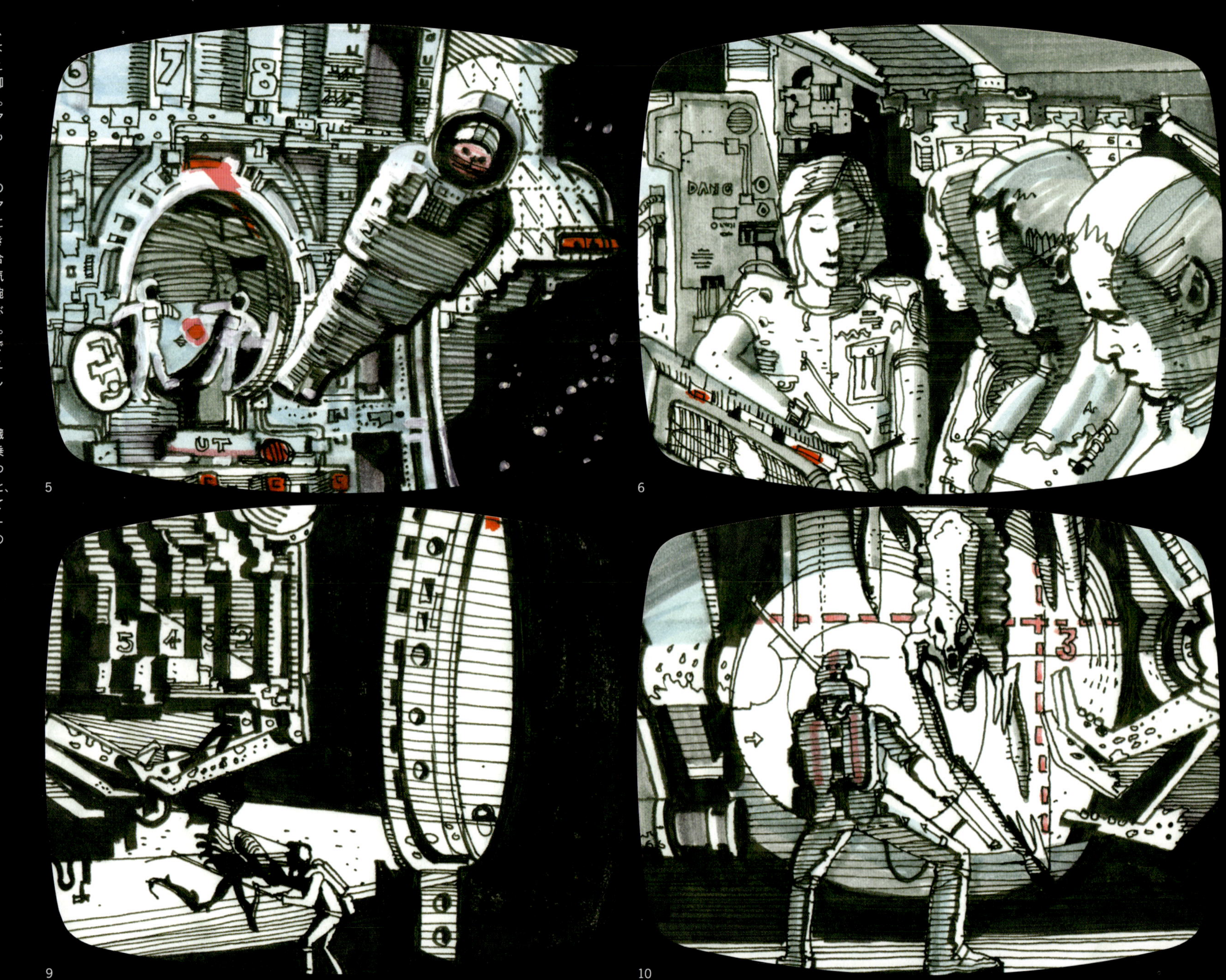


5

6

9

10

7

8

11

12

左／ダラスは間に合わせで作った火炎放射器を手に、空気ダクトに入った化け物を追う【13】。「エイリアンがダクト内を走り回り、あっという間に彼に迫ってくるイメージだった」と、スコット。「エイリアンは驚くほど、恐ろしいほどにアクロバティックなんだよ」

別の3コマでは、乗組員たちがエイリアンをエアロックまで追跡し、宇宙空間に吹き飛ばそうとする様子が描かれる。「彼は身を屈めており、エアロックが開くとギリギリのタイミングで後方に宙返りをするんだ」とスコットは説明する。これにより、宇宙船内の空気が宇宙空間に吸い込まれる【17-19】。

2コマ続きのシークエンスでは、乗組員たちがアッシュの頭をもぎ取る様子と、テーブルの上に置かれた頭部に話しかける様子を簡潔に描いている【20-21】。

宇宙船のブリスターにぶつかって跳ね返るケインの死体も描いた【22】。

上／女優ヴェロニカ・カートライトのPR用写真。子役時代から多くのCMに出演しており、有名な「ケロッグ・ガール」にも選ばれた。1964年のテレビ映画『Tell Me Not in Mournful Numbers（悲しい調べで言わないで）』で、言葉の代わりに数を使って話す少女を演じ、エミー賞最優秀女優賞を受賞。テレビドラマ『Daniel Boone（ダニエル・ブーン）』（64-70）のレギュラー出演者でもあった。

最も有名な出演作は、ウィリアム・ワイラー監督による映画『噂の2人』（61）とアルフレッド・ヒッチコック監督作『鳥』（63）だろう。だが、子役によくある話だが、彼女も18歳になる頃には仕事のオファーがめっきりなくなり、イギリスに戻って舞台への出演経験を重ねていた。1975年には、アメリカで成人映画指定となって物議を呼んだ低予算作品『ボーイ・ワンダーの孤独』でリチャード・ドレイファスと共演し、ヌードシーンを演じた。78年にはジャック・ニコルソン主演の『ゴーイング・サウス』に参加。同じく78年、『ボディ・スナッチャー/恐怖の街』（56）のリメイク『SF/ボディ・スナッチャー』にも出演している。

スコットに採用される前、カートライトはまずロサンゼルスでオーディションを受けた。「正直言うと、初めて脚本を読んだ時は乗り気じゃなかった」と、1979年に彼女は語っている。「脚本がとても難しくて。基本的に、キャラクラーらしいキャラクターがいない感じだった」

数ヵ月後、イギリスに帰国した彼女は自分のエージェントにオーディションを受けた映画のことを訊ねた。「イギリスにいるんだから、キャスティング・ディレクターに会っておいたほうがいいかなと思って」と、彼女は明かす。

こうしてスコットとの顔合わせがセッティングされた。「3～4時間、リドリーと話をした。彼は相当『エイリアン』に入れ込んでいたみたいだった」と、カートライトは語る。「これがどんなタイプのクリーチャーになり得るのか、リドリーはありとあらゆるリサーチを行なっていた。それを聞いて、私はハッと気づいたの。あっ、そういうことなんだ！と理解できた気がした。こんなことが本当にあるのだと考え始めて、怖くなったりもした。この作品には、リドリー独特の心理学的コンセプトが取り入れられている。だから、私は帰ってもう一度脚本を読み直してみることにした」

カートライトはさらに、ヤフェット・コットーとトム・スケリットが既に参加を決めていることを知る。「私は彼らの仕事ぶりをとても尊敬していた」と、彼女は言う。「2人は最高に素晴らしい俳優。だからこの作品には、私が脚本から読み取った以上の何かがあるに違いない。そう思った」

そしてカートライトは、リプリー役に採用されたと伝えられた。

「私はイギリス人でラッキーだったのかも。この国で撮影するなら、イギリス人俳優を何人か割り当てないといけないから」と、カートライトはイーディ・レヴィ制度に触れて語る。「つまり、私はその枠のひとりだったというわけ」

「最初は作品に魅力を感じなかったよ。全くね」。そう話すのは、サミュエル・ブレットを演じたハリー・ディーン・スタントンだ。「全然希望のない話に思えた。だから、純粋にリドリーの情熱と、どうしても私に演じてほしいという強い想いに動かされて参加したんだ。最初に彼と会った時、私はSFが好きではないと正直に打ち明けた。そうしたら、実は彼も同じだと言うんだ。だが、『エイリアン』は例外だと。で、私はこれは高くつく映画なのかと訊ねたんだ」。スタントンはスコットに、映画制作に充分な金をかけられるかを質問したのだ。「のちにスコットから、この質問が採用の決め手だったと聞かされたよ」

スタントンは1950年代から60年代にかけ、『ヒッチコック劇場』、『ライフルマン』、『Johnny Ringo（ジョニー・リンゴ）』、『アンタッチャブル』など、数多くのテレビドラマに出演。さらには、『暴力脱獄』（67）、『戦略大作戦』（70）、『ストレート・タイム』（78）といった映画にも参加していた。

アッシュ役のイアン・ホルムは、キャスティング当時は既に舞台俳優として充分な経験を積んでいた。彼のエージェントであるジュリア・ベルフラッグは『エイリアン』のことを、「かなり金をかけるB級映画」だと説明した。だが、脚本を読んだホルムは他の俳優とは異なり、「実にハイコンセプトな作品だ」と感じたのだと、のちに自伝『Acting My Life（己の人生を演じて）』に書いている。「チェーホフやシェイクスピアのような作品ではないが、そんなことはどうでも良かった。それまでも薄っぺらで無意味な映画に出演してきた私は、ただ好奇心をそそられたんだ」

こうしてホルムもスコットと対面し、彼はこれがどんな映画になるのかよくわからないのだと告げた。するとスコットは、脚本は何度も修正を改訂されたが、今はその内容に「満足」しているのだと説明した。

「彼は若く、顎髭をたくわえていた。お世辞にも似合っていたとは言えないが」。ホルムはスコットをそう描写する。「彼は服装を含め、自分をアピールするのは特に大事なことではないと思っているようだった。そんなのは上辺だけのもので、内から湧き出る好奇心やエネルギーとは関係ないと言うかのように。彼の中には沢山のアイデアやイメージがあって、どうにかそれを説明したい、説明しなければと駆り立てられているようだった」

ホルムによれば、ロボットを演じることについて話し合う中で、スコットはこう言っていたという。「アッシュは本物の人間のようにリアルであるべきだ。モンスターも同じ。ファンタジーではなく、リアリズムがこの映画を成功させる鍵になる」

「それを聞いて、私は少し心配になった」と、ホルムは告白する。「アッシュにはこれといった個性もなく、どう演じるかという手がかりが得られなかったんだ。思うにスコットは、自分自身をよりどころにして人間らしさを出せと言いたかったんだろう」

ホルムは出演を承諾し、アッシュの演じ方を自分なりに思案することになった。

## 裏切られて

4月初め、ギーガーは再び渡英し、Bスタジオの倉庫に案内された。レンガの壁が剥き出しになり、ベンチがひとつ置かれただけの場所。ここで数日間作業することになるのだ。彼は粘土と彫刻用の基本的材料、骨を要求し、獣医や医療品業者から集められる限りの骨が届けられた。中には、食肉処理場から出た「古くて臭う骨」や、サイの頭蓋骨、ヘビの骨も含まれていた。

こうして、ギーガーは「ボイラー室」と呼ぶ自身の工房で、チェストバスターやフェイスハガーのイメージを彫像化していった。また、石膏で作った小惑星の風景の模型には、白骨化した遺体や機械の遺物を散りばめていったが、それはレスリー・ディリーが撮影スタジオでうまく再現できるように考えて制作されていた。元々は骨の形をした高い岩が点在し、深い地割れが十字に走っている地形を思い描いていたが、予算の都合上、その構想はやむなく削られることになった。

ところが、ギーガーは突然、報酬を支払った上で解雇された。当時の日記には次のように記されている。「契約書に署名したちょうど1週間後だ。その契約書がなければ、20世紀フォックスは私のデザインを基に装飾物を作ることはできなかったのに。必要なスケッチを全部仕上げたから、お払い箱になったのだろう。

この見開き／最終絵コンテでは、パーカーとランバートがヘルメットをかぶっている。エイリアンを追ってきた2人は、空気のないエリアにいるからだ。エイリアンは背後からパーカーに近づき、彼を掴む【25】。

パーカーの息の根を止めながらエイリアンはランバートのほうへと進む。彼女は火炎放射器をエイリアンに向けるものの、盾にされたパーカーが炎を食らってしまう【27】。

単独で行動していたリプリーがエイリアンの巣を発見。「壁はバターのような物質で厚く覆われている」と、スコットは解説する。「ダラスはまだ生きているが、壁に貼り付けられている。ブレットは既に背景に同化しているような状態で、ゆっくりと卵のひとつに変わりつつある」【28-29】

この絵コンテでは、大きな2階建てのセットであるエンジン室を駆け抜け、冷却装置を停止させるリプリーを描いている【30】。

23

24

27

28

25

26

29

30

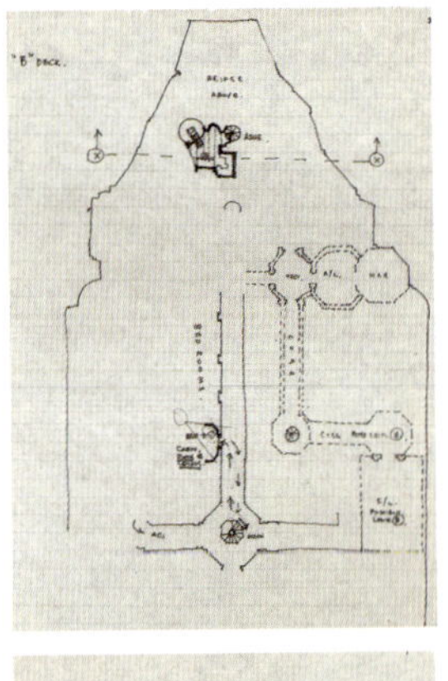

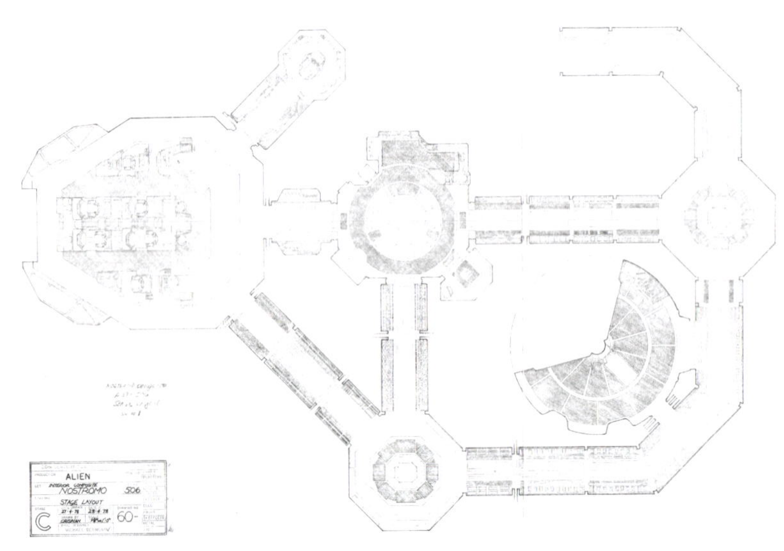

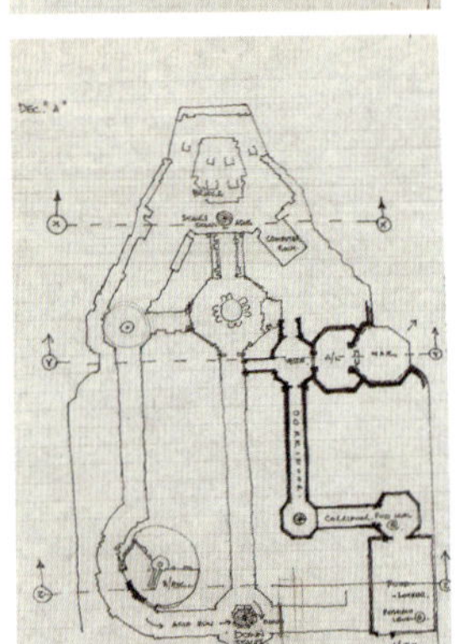

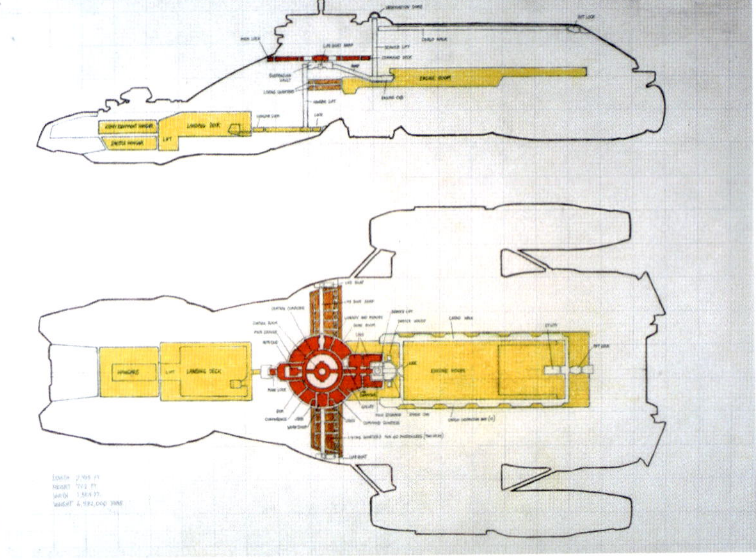

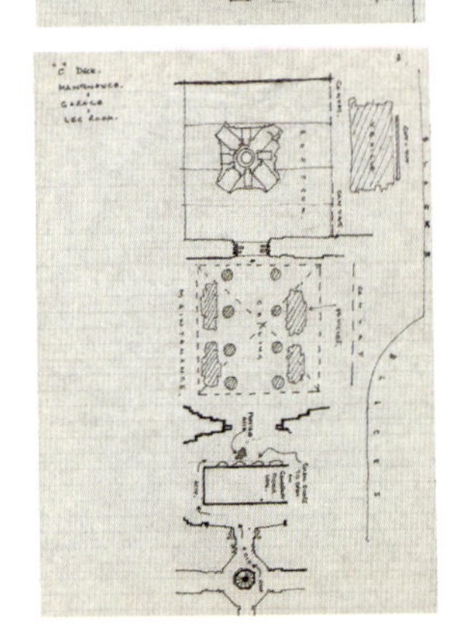

私は惨めで、とても怒っていた」

「彼は、自分でやりたがっていたの」と、恋人のミア・ボンザニーゴは言う。「仕事を奪われて自宅に戻った彼は、精神的におかしくなりそうだった。自分の子供を取り上げられてしまったようなものよ。だって私たちはエイリアンのママとパパみたいな感覚でいたんだから」

「私はフェイスハガーを作っていたんだ」と、ギーガーは言う。「体内には骨があって、半透明の皮膚から透けて見える。でも、それを完成させる時間がなかったんだ!」

ギーガーが解雇された4月5日、フォックスは公式にスカルプター／モデルメーカー／パペッターのロジャー・ディッケンを雇用した（契約書に署名がなされたのは10日後である）。ディッケンへの公式な指示書には、次のように書かれていた。

貴殿は様々な形態の「エイリアン」を、脚本で示された通り、あるいは監督との話し合いに従って、セット上で動作するようにデザインおよび作製することになります。さらに、「エイリアン」は原則としてH・R・ギーガーのデザインに似せた形で、ギーガーと監督と貴殿の間で合意したものにしてください。実際に作製すべき要素は以下の通りです。

(a) シーン71用の、内側で動く様子が透けて見える卵

(b) シーン71用の、卵から飛び出す「エイリアン」

(c) 顔にへばりつく様々なサイズの「エイリアン」

(d) ケインの胸部とそこから急に出現する「エイリアン」

(e) シーン112用の、テーブルを横切って走り、ドアを抜けて食堂から逃げ出す小さな「エイリアン」

(f) 脚本で示される多様な動きを行うことが可能なフルサイズの「エイリアン」

ディッケンはさらに、撮影中にエイリアンを操作することも期待されていた。

「大きなエイリアンは普通のラバースーツにしたくないと聞かされていた」とディッケンは語る。「半透明の皮膚にして、中に入ったスーツアクターの筋肉が動くのを見せたいと言うんだ。あと、エイリアンの頭は、ギーガーが作品集に載せていた絵と同様の、とても長い頭にしてほしいと言われていた」

当時のディッケンは、『アトランティス／7つの海底都市』（78）に登場するタコの怪物を作ったばかりで、それ以前にも、『ゾンビ襲来』（73）の邪悪なモンスターや『恐竜の島』（74）の恐竜を手掛けていた。彼は若い頃に、特撮の礎を築いた伝説のストップモーションアニメーター、レイ・ハリーハウゼン――当時は『SF巨大生物の島』（61）の仕事中だった――と撮影所で出会

**左端3点**／スコットによる、3階層あるノストロモ号のA、B、Cデッキのスケッチ。各階層にブリッジ、コンピューター室、食料貯蔵庫、上甲板、中階層の寝室、低階層のメンテナンス室なども描き込まれている。

**左下**／コッブによる設計図。メンテナンス室の詳細や着陸デッキ、救命艇出入口なども描かれている。宇宙船のサイズも記されており、長さ888m、高さ227m、幅459m、重さ653万2,000t。

**左上**／クリピアン・サリスによる製図。1978年4月17日作製。プロダクションマネージャーのマイケル・シーモアのため、Cスタジオに建てられるAデッキのレイアウトを示したもの。
シーモアは『欲望』(66)、『遥かなる戦場』(68)、『シェークスピア連続殺人!! 血と復讐の舞台』(73)などの映画に様々な役職で参加。『ナック』(65)では美術助監督としてクレジットされている。

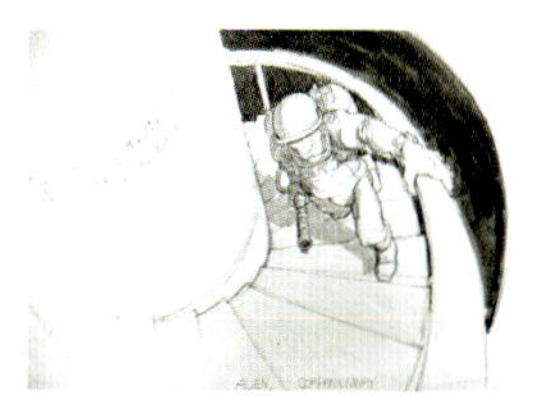

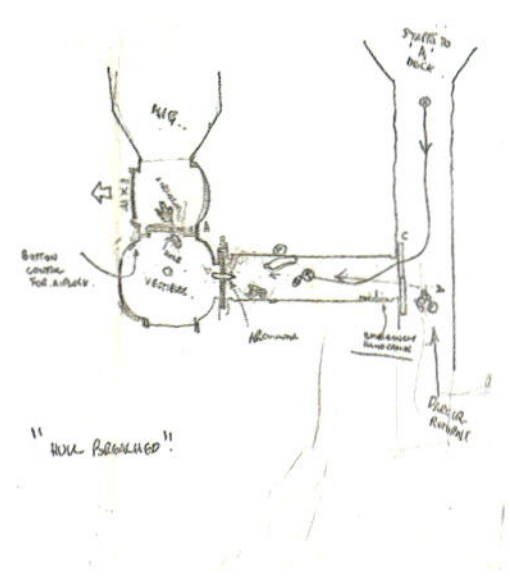

一番上／デッキ間を繋ぐ昇降口階段を描いたコップの絵。

上／スコットによる「船体破壊」のシーケンスのスケッチ。エアロックボタン、非常用の手動クランク、パーカーが戻ってくる位置なども描かれている。

右／スコットが描いたチェストバスターのシーンのスケッチ。モンスターが出てくる前に、ケインの胸に赤い染みが浮かび上がってくる。

い、映画のためのモンスター作りをすると決めたのだった。以来、彼は数多くの映画に携わり、『2001年宇宙の旅』では氷崖や月面の風景も手がけていた。ディッケンにはこのような経歴があったため、スコットはキャロルから、映画業界での経験がないギーガーはもう必要ないと説得されたようだった。

ディッケンに各形態のエイリアンの造形を完成させ、それらをセットで操作してもらう、というのがフォックス側の思惑だったのだが、歯に衣着せぬ物言いをする一匹狼のディッケンは、なかなか契約書にサインをしようとしなかった。彼は、第3形態の初期の実験を見ていたのだ。「彼らが一体何をしたいのか、把握している人間は誰もいないように見えた」と、1979年にディッケンは語っている。「ロンドンでの打ち合わせに3回出席し、エイリアンを演じる者たちが床の上で転がるのを見た。だが、正直に言わせてもらうと、ミッキーマウスみたいだった。何ひとつとしてうまく行っていないのは明らかだった。皆がどうにかしようと四苦八苦している間、僕はじっと椅子に座って時間をつぶしていなければならなかった」

「さらに数回の打ち合わせでも、アメフト選手やレスラー、背の高い男たちがエイリアンになろうとするのを、ずっと座って見ていた。そしてある時点では、普通の体格の男性を使えばスタントに支障がないだろうという案も出ていた。この段階で、僕は、『君自身がモンスターになってくれ』というオファーすらされていたんだ。埒が明かない状況に、もし僕がスーツを作ったら、自分がその中に入ったほうがいいのかもしれないと思い始めていた」

言い換えれば、当初ギーガーは熱烈にオファーされたものの、エイリアンと複数存在するその成長形態は、相変わらずイメージが定まっていなかったのだ。「僕はいつも、エイリアンが次の形態に成長する中間の段階があればいいと思っていた」と、スコットは語る。「宇宙船の通路に設置されたカメラで、かなりぼやけた状態の姿を見せるんだ。例えば、黒い卵に足が生えて歩き回っている滑稽な姿とかをね。で、その全身が卵から現れるんだ。ただ、そこまでやることはできなかった。時間と予算という時限爆弾が、僕の首でチクタク鳴っているようなものだったからね」

ディッケンの最初の作業はエイリアンの幼体のコンセプト模型を作ることだった。彼は自宅の地下室にあるアトリエ〈ペルシダー〉（この名はエドガー・ライス・バローズの小説、地底世界シリーズの題名に由来していると思われる）で作業していた。その家はシェパートンからそれほど遠くないバークシャー郡バングボーンのメイデンハッチ村に建つ、ビクトリアン・ゴシック様式の邸宅だった。ディッケンはギーガーの作品をベースに、ギーガーとスコットのアイデア、そしてフランシス・ベーコンの絵を融合させてチェストバスターを制作した。「僕には羽をむしられた七面鳥みたいに見えたよ」とディッケンは言う。「牙を持ち、血管が浮き出た、すごく気持ち悪い見てくれだった。思わず『こんなものを作ってほしいのか?』と口走ったら、向こうは『イエス』と即答した。まあ、複雑なものにする必要はなかった。人間の胸を突き破って現れ、テーブルの上にボトリと落ちるだけだからね」

「ギーガーの絵はフランシス・ベーコンに近かった」と、スコットは語る。「そして、見た感じがただひたすらおぞましいんだ。血で覆われ、大きく突き出た下顎には恐ろしく鋭い歯が並んでいる。実に不愉快で、ゾッとするような姿だ」

チェストバスターは指人形として作られることになった。大きさは設定の3倍で、特大サイズの胸部を用いて撮影する。そのため、ディッケンはチェストバスターの首に指を入れて操作できるようになった。

彼はまた、フェイスハガーも作製した。ギーガー版は使う目的が限られているわりに大きすぎで、非常に作りにくい形だったからだ。「ある時、大規模なミーティングが開かれた」と、オバノンは振り返る。「すると皆が一斉に口を開き、フェイスハガーはどんな外見なのかとディッケンに訊いてきたんだ。最終的にリドリーがギーガーのスケッチと作品集を引っ張り出してきて、こう言った。『いいかい。ここに描かれている指が必要なんだ。背面にはこれを。別のページにある尻尾も欲しい』。ディッケンはただただ困惑していた。彼は自分に投げかけられたものを、完全に呑み込むことができていなかったんだ。だから、僕はリドリーに自分が試しに作ってみてもいいかと訊いてみた。彼は『やってくれ』と返してきた」

こうして、オバノンとディッケンは共同で作業することになった。オバノンはエイリアンの成り立ちも、何が必要なのかも、新参者の彼よりよく知っていた。また、フェイスハガー内部にある骨を描くのに、コップにも参加してもらった。「僕はフェイスハガーを作り上げるのに色々な要素を取り入れた」と、オバノンは説明する。「リドリーとギーガーがそれぞれ望んだもの、コップやディッケンの優れたアイデアを融合したわけだ。出来上がったものを青写真機に通し、リドリーにOKを出してもらった」

## イリュージョニスト

4月14日付の予算案報告書にも記されているが、特撮技師のデニス・ロウとアドリュー・ケリーに加え、モデルメーカーのビル・ピアソン、ロン・ホーン、マーティン・バウアー、サイモン・ディアリングも、この時期に参加が決定した。ピアソンとバウアーの立場はスーパーバイザーだ。さらに、ガイ・ハドソンも採用されている。ブライアン・ジョンソンは、彼の右腕であるニック・

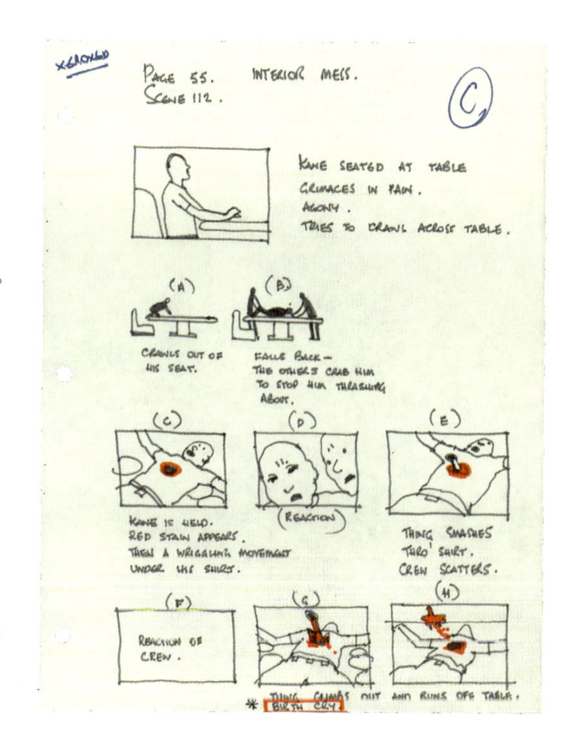


アルダーと共に、ミニチュア撮影の監修を行うことになった。

だが、彼らの仕事はスムーズには始まらなかった。アルダーと彼のチームは、まだ『ピンクパンサー4』の仕上げの最中で、『エイリアン』の脚本が2部回覧されたものの、誰も物語に興味を示さなかった。

「我々は皆、『ピンクパンサー4』を完成させるのに必死だった。ようやく次の日に脚本を開いたんだが、読んだ後に全員が黙ってしまった」。そう思い返すのは、デニス・ロウだ。「正直言って、全員がひどいB級映画だと思っていた。こんな映画を作ること自体が間違いだと感じるような、とんでもない作品だってね」

ジョンソンは、シェパートン撮影所から車で30分、ウィンザーのテムズ川沿いにあるウォーター・オークレーという村落に佇むブレイ撮影所に工房を設置した。シェパートンと同じロンドンの西側にあり、かつてホラー映画で有名なハマー・フィルムがメインの撮影所としていた場所だ。シェパートン撮影所のセットでの特殊効果とブレイ撮影所のミニチュア特撮の両方を行うべく、職人と技師のそれぞれのチームも雇用された。ジョンソンは主に模型およびミニチュアの作製と撮影を監修し、セットでの特殊効果のスーパーバイザーはアルダーが務めた。アルダーは、モー

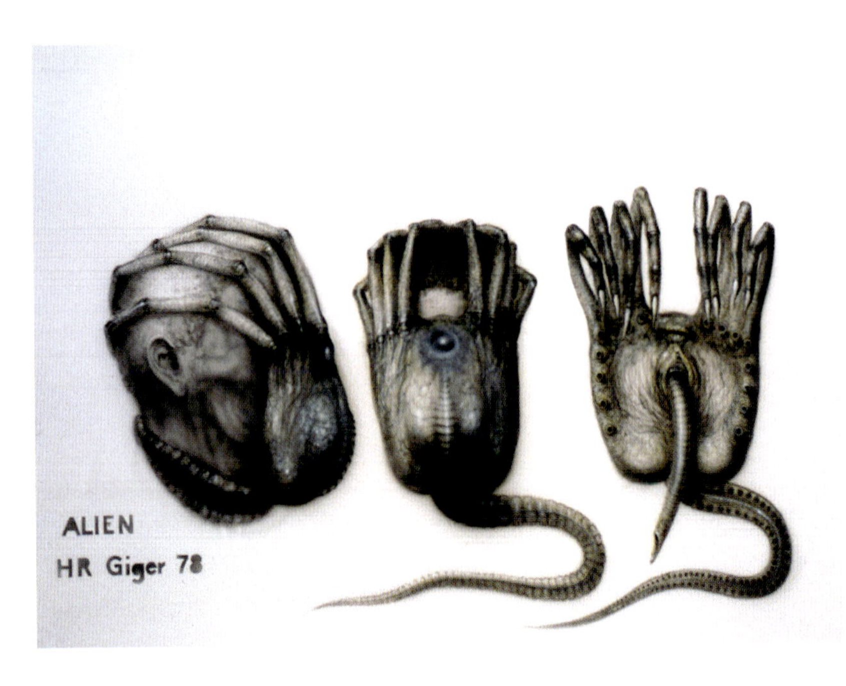

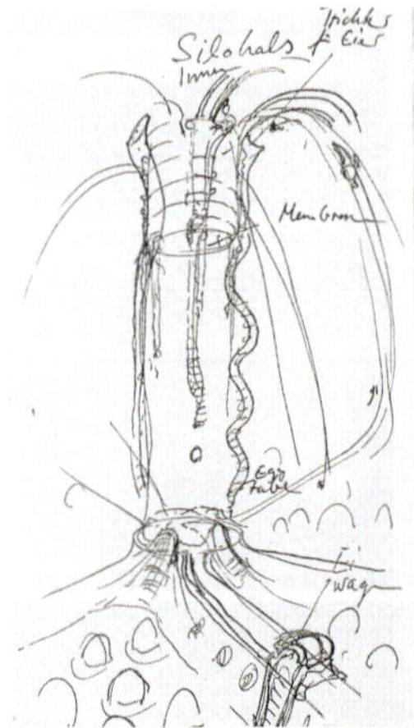

ション・コントロールの機材を使わなくてもイギリスで特撮ができるとビールを説得していたのだ。

「ようやく我々の耳に、リドリーが映画を作れるという情報が届いたんだ」と、ロウは加える。「スタッフの間には、安堵にも似た楽観的な雰囲気が一気に広がったよ」

アルダーはスコットからオファーを受けた時、『ピンクパンサー4』のロケ撮影でパリにいた。そしてスコットとパウエルとのミーティングに出席し、彼らが『エイリアン』でやろうとしていることを気に入った。「ピカピカの美しい宇宙船ではなく、油で汚れた真実味のあるものを作るという話だった」と、アルダーは振り返る。「我々は宇宙でリアルなホラーをやるというわけだ」

「初めのうちは、数百ポンドで買えるような材料で作業していた」と、ビル・ピアソンが言う。「なぜなら、必要になる模型はわずか数体だからだ。リドリーは宇宙の場面を描いた絵コンテを提供してくれた。どれもかなりダークで、ゴシック的な雰囲気をまとっていた」

エフェクトのスタッフには、コッブのコンセプトアートも渡された。「突然、スケッチを渡されてね」と、ホーンは言う。「それで、急いで木材を切り刻み始めたんだ」

模型工房での最も重要な仕事は、ノストロモ号とそこに装備される精製施設の制作だった。スタッフはスケッチからミニチュアのコンセプト模型を作り、さらに各ショットに必要なサイズのスケールモデルも用意することになった。ミニチュア撮影でも大型の模型が要る場合があり、逆に小さいサイズが使われるケースもある。時には、詳細まで作り込んだ宇宙船の大型モデルが必要になることもあった。

「ミーティングの間に、封筒の裏面や納税告知書の余白にイラストを描いた」と、スコットは振り返る。「それで、よし、これを『牽引船』として考えてみようと言ったんだ。そのノストロモ号はより一般的な宇宙船に近い外見になり、北海にある石油リグのような巨大なプラットフォームを牽引している。模型作りのスタッフたちは、僕のスケッチを『精製』し、実際の模型にしてくれた。元々は上下逆さまに描いたスケッチで、大聖堂がひっくり返って浮いているような漠然としたイメージを持っていたんだ。日本の巨大タンカーみたいにするつもりだった」

「リドリーは精製施設の当初のアイデアについて話し、実際の石油精製施設にはどのようなパイプや尖塔が付いているのか説明してくれた」と、ロウは説明する。「我々はまだ手探りの状態で、スケッチもまだそんなに描いていない段階だった。だから、こう訊いてみたんだ。『戦艦ビスマルクの宇宙版みたいな感じだろうか』。するとリドリーは、『まさしく、それだ!』と声を上げた。そうやって私の案が採用され、本当に戦艦ビスマルクのようなスケッチを描いた。でも、リドリーがやってきて現物を見たら、全く気に入ってもらえなかった。私の影響はそこで終わりだ」

クリス・フォスが制作に戻ってきたのは、その頃だった。「彼らはいきなり気づいたんだ。ノストロモ号がどんな精製施設を牽引しているのかわからなくなってしまっていた」と、フォスは明かす。「だから、私はこの精密な精製施設のスケッチ(P118参照)を描いたんだ。でもリドリーには、「これはちょっと、宇宙船以上に目立ちすぎだ!」と言われたのを覚えている。彼は『その案だと、プラントの中で何が起きてるのか気になりすぎてしまう』と指摘され、すぐさま却下された。かわいそうに、ダン・オバノンはひどい目に遭っていた。頭を撫でられながら、『よしよし、ダン。すごいぞ』と子供扱いされているような感じだったんだ。リドリーは多くを語らないまま自分流を貫き、どんどん事を進めて、いつの間にか終わらせてしまう……そんな印象だった」

「フォスのアイデアは興味深いものだった」と、スコットは言う。「だが、どれも似通っていたんだ」

コッブも当時を振り返る。「一時的にフォスに戻ってきてもらったんだ。でも、彼の作品はどれも映画にふさわしくなかった」

前頁、左・中央／ギーガーによるフェイスハガー(左)とチェストバスター(中央)の絵。リドリーは後者を見て、七面鳥に似ていると感じたという。

スコットがチェストバスターのベースにしたのは、フランシス・ベーコンが1944年に描いた三連画『キリスト磔刑図を基盤とした3つの人物画の習作』だ。この絵が収蔵されているテート・ギャラリーにある説明文には、ベーコンは写真を含め、様々なものを参照して絵を描くと解説されている。この作品が初めて展示された1945年の4月は、イギリスでナチスの強制収容所の写真や映像が初めて公開されたタイミングでもあった。

前頁・右／4月19日頃、ギーガーが日記に描いた卵貯蔵庫内部のイラスト。

右上／コッブによる精製施設のコンセプトアートは、「空想的なNASAのユーティリティ・リフター」とでも言うべきものだった

右下／スコットが描いた、精製施設が上下逆さまになっているというアイデアのイラスト。

このように、ノストロモ号と曳航される精製施設のデザインは行き詰まったままだった。コッブは1979年の初頭にこう語っている。「私はクリス・フォスと一緒に、何百枚ものデザイン画を描いた。結局、私がロンドンに残った唯一の人間になった時、フォスの仕事に業を煮やした彼らは、私単独で宇宙船の別の外観をデザインするよう頼んできた。それで描いてみると、リドリーとゴードンがそれを使いたいということになり、若干の修正を入れた。私はずっと、着陸船のデザインをやらせてくれてと言い続けていたんだがね」

コッブはさらに続ける。「ノストロモ号本体以外の部分は大型の石油精製所とでも言うべき、この巨大なプラットフォームだ。そのデザイン案は既にあったが、深宇宙用の設計だったために彼らは理解できなかった。馬鹿げているよ、リドリーですら理解できないなんて。彼はディズニーランドにあるような空想的な塔にしろの一点張り。あれには苛々させられた。私は土壇場で力を振り絞って塔を再度デザインし、それなりに見えるようにした」

「そしてブライアン・ジョンソンがやってきて、模型を制作すると言った」と、コッブ。「既に気持ちが固まっていた彼はスケッチを受け取り、ブレイ撮影所に戻って制作を始めた」

「僕は『オーケー、これを作るんだね。わかった』と言った」と、ジョンソンは記憶を遡る。「それから、こう付け足した。『君たちのために小さなスケールモデルを作るよ。あとは好きに使ってくれて構わない。半分に切断するもよし、引き延ばすのもよしだ。だけど、5mのモデルを作り出したら永遠に終わらないだろう』

## ミスター修理工

いまだ確定していないのはエイリアンの造型だけではなく、映画のタイトルも同様だった。4月18日、フォックスはMCA／ユニバーサル・スタジオに対して、1971年に登記した長編映画のタイトル「エイリアン」の権利放棄証書を要求した。もしユニバーサルが応じれば、ブランディワインが「エイリアン」というタイトルの権利を有する筆頭者となり、フォックスが2番目の権利者になる、とフォックスは説明した。だが、ユニバーサルからの返事はすぐには来なかった(フォックスはさらに、ユニバーサルが当初予定していた企画のタイトルは『爆破作戦／基地に消えた男』(72)に変更されているのではないかと指摘したが、ユニバーサルは納得しなかった)。

この4月は、宇宙船やエイリアンのコンセプトデザインから予算、セットの建設にいたるまで、プリプロダクションの様々な領域で進展が見られた。ギーガーは、もっと安い報酬で新たな契約書に署名するよう求められた。彼はスコットに自分の作品のフィルムを見てもらい、そのおかげで、ギーガーなら『エイリアン』の効果的な背景を描けるかもしれないと思い直してもらえたのだった。「私は『エイリアン』の仕事に戻れるかもしれない」と、当時のギーガーは書き残している。

4月19日、その予想通り、彼は映画制作にカムバックし、チューリッヒの工房で再び作業を始めた。修正済みの卵貯蔵庫のデザインをさらにブラッシュアップする必要が出てきたのだ。5日後、ギーガーは卵、貯蔵庫、遺棄船の詳細および上面図を印刷した透明フィルムをロサンゼルスに送った。ちょうどスコットはキャスティング作業中で、カートライトをリプリー役に据えることについて考え直しているところだった。

セットの設計と建設は、4月末に向けて急ピッチで進んでおり、さらに多くの大工が雇われた。同時に、Cスタジオに建てるノストロモ号の製図作業も進んでいた。建設管理者のビル・ウェルチの見積もりでは、フルサイズのセットの大半を建てるのには、約11週間が必要であり、7月3日の撮影開始日までに充分な時間があるとは言えなかった。

「ウェルチは、撮影開始を2週間後ろ倒しにしてくれないかと頼んできた」と、ヴァンリントは書き残している。「だが、撮影所の予約や配給のスケジュールなど諸々を考えると、決められた日程でやるしか道はなかった」

「僕らはこの難題に挑むことにし、7月の撮影開始日は動かさなかった。皆は延ばしたがっていたけれど」と、スコットは語る。「僕は違った。何とか時間をやり繰りして、予定通りに進めたいと考えていた。どんどん仕事をするぞ! という感じだ。もし7日あれば7日かけてやるだろうし、14日あれば14日かけて仕上げることになる。それなら、決められた日程で頑張ってみたほうがいい。鞭を打てばアドレナリンが出て、全力で仕事をする。それは良いことだ。スリリングな気分で仕事ができるからね」

コッブは、彼が描いたデザインを実用的な設計図に直す製図チームの手伝いもした。「製図者たちは、いつも驚くほど仕事に尽力してくれる」と、彼は賞賛する。「図面にすれば、計算尺をデザインに置いて費用を見積もれる。リドリーはそこを気に入っていた。だが、問題は、色々なスタイルとアプローチの寄せ集めになってしまっていたことだった。作業が進むにつれ、映画の世界観はどんどん進化していく。私は特定のスタイルとアプローチを貫きたかったが、あまりに大勢の人間が関わっていて、彼らの考えも頻繁に変わってしまうんだ。彼らは何に参加しているのか理解しておらず、無音の宇宙空間とか、重力の影響といったものにうんざりしていた。面倒な設定に煩わされたくない連中ばかりだったせいか、そういった要素は全部忘れ去られていたんだ」

「ロン・コッブは素晴らしかったよ」と、クリスチャンは賞賛す

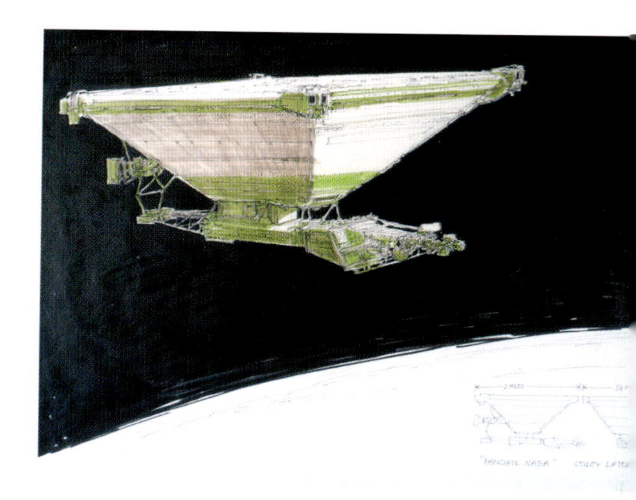

る。彼は何度もコッブに小道具のデザインを頼んでいた。「ロンに、『これはどんな感じだと思う?』と尋ねると、数秒で考えをイラストに描いてくれるんだ」

「ロンはあらゆる機械類をデザインした」と、オバノンは語る。「連中は、汚れた古いレンチみたいにロンを扱った。どうデザインしたらいいか迷うたびに、『さあ、君が描いてくれ』と言うんだ。映画に出てくるほとんどの物を適切にデザインできる人間が他にいなくて、結局、コッブが全部やることになった」

クリスチャンとスコットたちは、飛行機の墓場と呼ばれる、使われなくなった爆撃機の廃棄場を訪れた。飛行機のスクラップは目方売りで、その多くはかなり軽量だったため、クリスチャンはコックピットの半分を数ポンドで買うことができたという。そして大量の材料が運び込まれた後、クリスチャンとスタッフは、八角形の通路のサンプル作りに取り掛かった。ディリーは準備のために、金属部品でコーティングされた低層階通路のプロトタイプの図面を作成した。

「わかった。君はガラクタで通路を作る気だな。仕分けして、塗料スプレーで白く塗ったら、僕に見せてくれ」。そう言って、スコットは飛行機でアメリカに向かった。

「それから数週間、スクラップを組み合わせ、パイプとワイヤー、スイッチ、チューブ、それから手元にある部品は何でも手当たり次第に貼り付けて、通路を覆っていった」と、クリスチャンは言う。「そこに塗装し、あらゆるものにステンシルでラベルを付けていった。アメリカから帰国したスコットはそれを見るなり、『まさにこれだよ! わかってるじゃないか』と声を上げ、このまま続けるようにと言ってくれた」

「すごく良い感じだった。『2001年宇宙の旅』のように見えたよ」と、スコットは絶賛する。「この通路やセットはロジャーのチームがデザインしたわけではないが、壁を金属部品で覆うという手法によって、何もかも実にリアルに見えるようになった。彼らは様々な部品を融合させ、あたかも全てが元から一緒に置かれていたかのように思わせることで、リアルなセットを徐々に作り上げていったんだ」

「我々はまず模型のセットを作ることから始めた」と、シーモアは振り返る。「それから、実際のセット建設に取り掛かった。操縦席のあるブリッジ部分から延びる宇宙船の通路だ」

宇宙船のデザインは、実際のNASAや『2001年宇宙の旅』に見られる美しいスタイルと、老朽化した油まみれの空間が組み合わさったものだ。材料となるガラクタは安価で手に入ったものの、ビールから金をかけすぎだと思われないように、シーモアは美術部門の出費を常にチェックしなければならなかった。彼は既に制作コストを90万ポンドから62万ポンドに40%削減しており、小道具に関しては25万ポンドから15万ポンドにまで経費節減を実現していた。さらにジェット機のエンジンや飛行機の部品を分解する際は、そこからチタニウムを取り出しておいた。貴重な金属ゆえ、第三者に売ることができるからだ。

ところが、フォックスは予算を倍増させた一方で、別の部分で犠牲を払うよう要求してきた。卵貯蔵庫だ。貯蔵庫の外観のエフェクト撮影には複数のセットとミニチュアが必要で、その費用の見積もりはかなり高額だった。さらにそこは小惑星探査の目的地だったので、この時点で、貯蔵庫は規模を縮小することになった。単体で存在するのではなく、遺棄船内と繋がっている設定になったのだ。探査の要素は残しておきたいため、縦穴を降りて遺棄船内に入るという展開はそのままになった。

また、コストのカットにより、例の「空飛ぶベッドの骨組み」と呼ばれるシャトルのシーンもなくなった。スペースジョッキーの身体のサイズと発見される部屋の広さも縮小することになった。

4月に届けられたヒルとガイラーによる未完成の改訂版脚本では、ダラス、ケイン、ランバートが小惑星を探索する第2幕に新たな案が採り入れられていた。遺棄船、卵貯蔵庫、スペースジョッキーの骸骨の設定を変えたのだ(P126のコラムを参照)。このバージョンでは、スペースジョッキーの骨はほぼ地面に同化しており、探査中の3人には見つかることがない。彼らは奇妙なソナー信号に導かれて岩場にたどり着き、発信源のそばを通り過ぎる。そして遺棄船に到着。その内部でケインは見るもおぞましい卵を発見することになる。

この脚本では、会話もいくつか変更されている。猫にはジョーンズという名前が与えられ、その名前は食料貯蔵庫のシーンでようやく明らかになる。

「卵貯蔵庫と遺棄船、この2つの要素は、僕がプロジェクトに参加した時から一進一退を繰り返す議論の対象だった」と、スコットは明かす。「僕は卵貯蔵庫を撮影したかったが、考えれば考えるほど、3時間もないこの映画では時間が足りなすぎると思うようになっていった。それに、物語のテンポの問題もある。結局、決め手となったのは予算の問題だった。僕たちは、ただ諦める必要があったんだ」

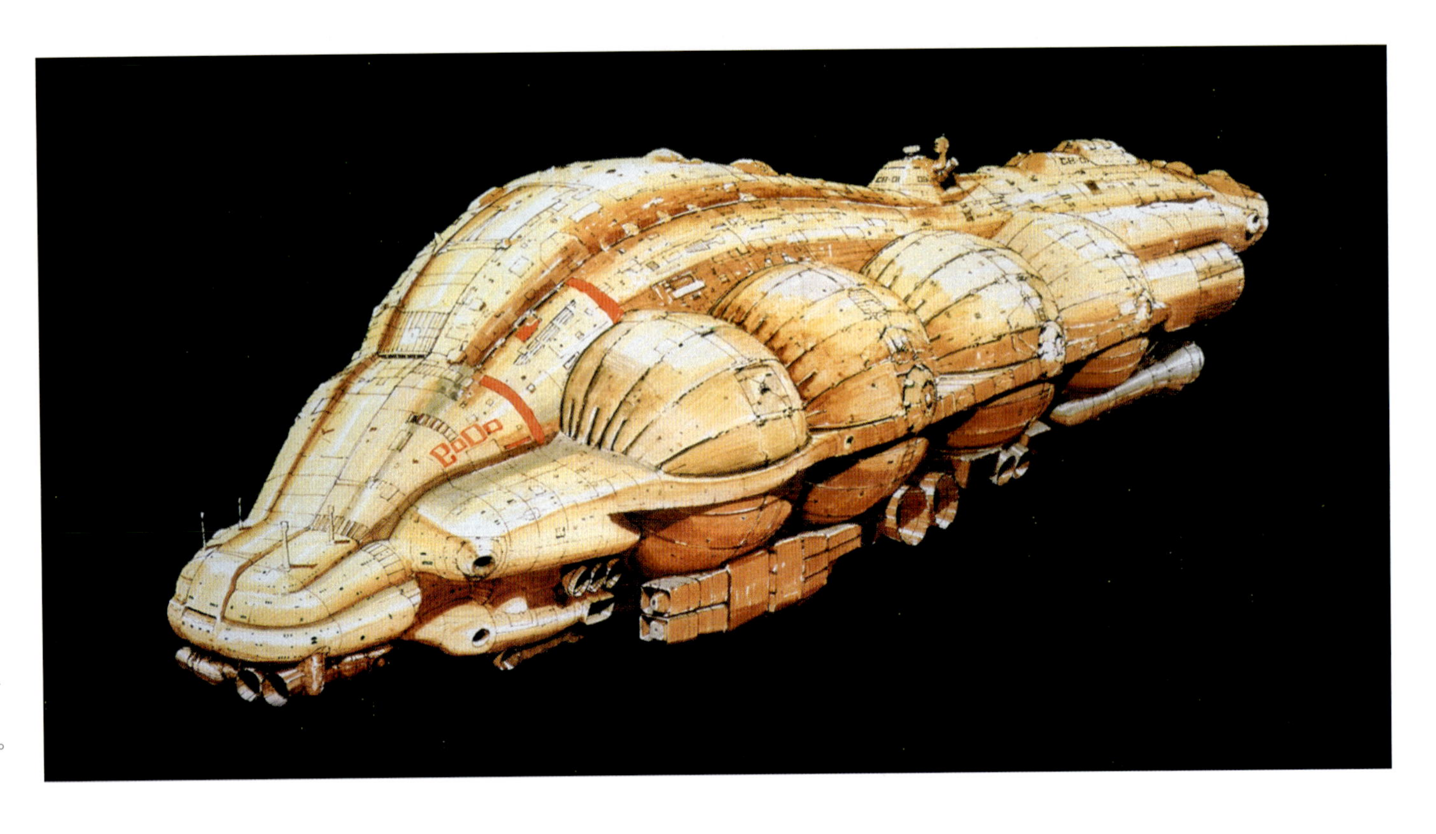

**上・次頁**／クリス・フォスによる牽引船と精製施設(次頁右上)のコンセプトアート。

102P
T12
POULTON
61
CILE

## 現実と策略

1978年の春、ジョンソンとニック・アルダーのエフェクトチームは、実際にセットで使用されるフルスケールの大小の道具を作るべく招集された。また、模型なども制作することになっており、こちらのほうは実物より大きくリアルな印象に見えるよう、様々な技術を駆使して撮影される予定だった。

美術部門とエフェクト技師が初期に受け持った重要なプロジェクトは、ノストロモ号のあちこちに設置される電気制御パネルだった。ロジャー・クリスチャンは、アルダーと彼のスタッフとミーティングを行い、通路、とりわけブリッジの制御盤セクションの作業に必要な大人数のチームを組織した。「本当に動かせて、なおかつ周囲の内装にマッチする制御パネルにしたいと考えていた」と、クリスチャンは語る。

アルダーはガイ・ハドソンとデニス・ロウに対して、それぞれ異なるデザインで2種類の見本を作らせ、より良いほうを採用することにした。ジョンソンが任されたのは、SF特撮ドラマ『スペース1999』を思わせる、いかにもSF風のすっきりしたデザインだ。一方、ロウ、ハドソン、配線担当のジョン・ハットは、自分たちの好みでクリスチャンの美的感覚に合ったデザインを作ることにした。軍や警察などの余剰備品や、飛行機のスクラップから出た部品、そしてロウいわく「黒い砂塵と共に噴き出すへその緒」を材料に使って見本を完成させた。「リドリーは見にくると、もちろん汚らしいほうを手に取ったよ」

ブリッジのスイッチは、扉を開けるほか、警報を鳴らし、モニターを操作し、コンピューターの読み出し情報やマップ、地形図や録画映像をスクリーンに表示させるのに使われる。その際は、ビデオコーディネーターのディック・ヒューイットが複雑なコンソールで操作を行うことになっていた。アルダーと彼のチームは、コッブのスケッチとスコットの発言を手がかりに、リアルな機器を生み出した。「リドリーの望みがなんであれ、我々は彼の欲しいものを用意した」と、アルダーは語る。「ブリッジの制御パネルは実際に押すことができるから、ボタン全部にきちんと機能を割り当てるようにした。俳優がダミーのボタンで操作するふりをしなくても済むようにね」

ロウとハドソンはその春、約2ヵ月をかけてブリッジの制御パネルを作った。シェパートン撮影所の工房で1日平均4つを仕上げた計算になる。作業が半分済んだ頃、美術部門はヘリコプターを購入。バラバラに分解し、その部品を使うためだった。

また、ほどなくしてボブ・ディケンソンが雇用された。本物のコックピットで見られる英数字が並んだ画面のような、様々なモニター画面のグラフィックが必要だったからだ。彼と3人のスタッフにはHスタジオそばのオフィスを与えられ、そこでアルダーとクリスチャンに出会った。「我々が作るコンソールの周囲には、トリニトロン(ソニーが開発したブラウン管のブランド名)の小型モニターがあるんだが、ニックはそいつに詳しくてね」とクリスチャンは当時を回想する。「作業中のモニターは、制御パネルの中に沈んでいるただの飾りに見えたが、すぐに、見た目が本物そっくりというレベルを優に超えているのがわかった」

彼らの試みをきちんと形にするべく、クリスチャンはブリッジでの俳優の動きを分析。それによって、何が必要とされているのか、皆が正しく把握できるようになった。また、どれを実際に動くようにするのかについても決めていった。スタッフ全員参加の会議で、クリスチャンはエフェクトの職人たちに対し、廃飛行機、もしくはジェット機の操縦士用シートを手に入れて、それをスライダーに載せるように指示した。さらに、乗組員が使用する人数分のハーネスと、操縦装置に使う6基分の中古レバーも必要だった。

シェパートンでの仕事が終わると、ロウとハドソンはブレイ撮影所に戻った。そこではビル・ピアソンとサイモン・ディアリングが精製施設のタワーのミニチュア制作に取り掛かっていた。一方、ホーンはOKの出たコッブのスケッチ(小惑星に着陸した宇宙船の3/4が描かれている)を基に、ノストロモ号の着陸船制作に着手していた。ピアソンはホーンの作業も手伝い、マレーシア産の上質なジェルトン材を用い、それを30cmほどの美しいプロトタイプに加工していった。

「見学に来たリドリーがそれを見るなり、『まさしくこれだよ、僕が望んでいたのは!』と言ってくれたんだ」と、ピアソンは振り返る。「彼が見たノストロモ号のミニチュアは1/35スケール。大きさを比較するためのフィギュアを置いていたんだが、スコットは『これが人間のサイズなのか? うーん、どうしたものかな……』と漏らしていた。我々は様々なサイズの比較用フィギュアが入った箱を用意していたので、彼にあれこれ試してもらったよ」

最初、船に乗せる人間のフィギュアも1/35スケールだったが、1/100のサイズに縮小することになり、「船はどんどん大きく見えるようになっていった」と、ジョンソンは振り返る。「ほとんどの模型を作り終えてから、(人間のフィギュアの)スケール比を1/35から1/150に変更したと聞かされたんだ!」と、ピアソンも言う。「ブライアンが言うには、リドリーは船の前部はあるスケッチのアイデアを採用し、エンジンは別のスケッチ、着陸脚はまた別のスケッチから……と、色々抜き出して使いたいらしかった」

「監督からは、どこから始めるという指示はあまりなかった」とディアリングは明かす。「リドリーは時々姿を現しては、仕事ぶりを見て帰っていく。『素晴らしい!』『まさにこれだよ!』『ここをもうちょっと工夫したらどうだ?』と言うくらいで」

ノストロモ号の大型模型を制作するため、ホーンは枠組みを作り、ディアリングとジョン・パッケナムが金属被覆を施し、バウアーとピアソンが精製施設の尖塔を作った。「ある日、リドリーがやってきて、我々がエンジン室のある角塔を仕上げているのを見ていた」。そう記憶をたどるのは、ピアソンだ。「すると彼は、もしそれをノストロモ号の着陸船の後部に付けたら、どんな感じになるだろうかと質問してきた。リドリーは、宇宙船、着陸船、精製施設のどれも気に入っていたので、さり気なく第2エンジンのように見えるフラップを追加で装着するに留めた。これくらいの変更は日常茶飯事で、『じゃあ、やってみるか』っていう感じにすぎない」

「リドリーは2つのフロントタワーの把手を掴み、それを大きなノストロモ号が置かれているスタジオまで運んだ」と、バウアーは振り返る。「我々2人はそれを持ったまま立っていてくれと言われた。この後にはノコギリで切り、ノミで彫り、詰め物をしたり、やすりをかけたりする作業があるのは充分承知していた。だが、今や3つの排気装置の間にエンジンが追加されて、長さが3m近くにもなった模型の塔を持って立っていたんだ」

しかしながらスコットは、あまりに多くの作業に手を出して多忙になり、多少の変更連絡も第三者を介して行うようになっており、それは理想的と言える状態ではなかった。

左／細部まで作り込まれたパネル。

左上／手前で立っているのは、模型制作監修者のビル・ピアソン。その後ろで座っているのがSFX技師のロン・ホーン。

右／作業中のSFX技師アンドリュー・ケリー。彼はスキーツ・ケリーの息子である。

左下／初期のノストロモ号の模型を作製中のスタッフ。後ろに写っているのはモデルメーカーのサイモン・ディアリングだ。

ある日、スコットが工房にやってきて、精製施設の大型模型をあれこれチェックしていたが、尖塔のいくつかをタワーから外し、ノストロモ号の船底に逆さに(小惑星の地表に尖った部分が向くように)付けられるかどうかと尋ねた。ピアソンによれば、模型には既に穴が開けられ、ほとんどの尖塔はエポキシ樹脂で接着が済んでいたという。だが、粘着テープで付けられていた部分もあった。

「僕は、ノストロモ号を巨大で高機動な垂直離着陸ジェット機だと捉えていた」と、スコットは説明する。「だから様々な惑星に着陸できるんだ。地表の狭い部分や岩だらけの地形でも構わない。唯一、合理的にデザインされているものなんだ。テクノロジーの粋を集めた結果、あの精製施設が出来上がった」

スコットの想像によれば、製造施設は精製に使う鉱物で満たされており、鉱物はそこで運搬しやすい液体もしくは気体にされるのだという。

ALIEN
78

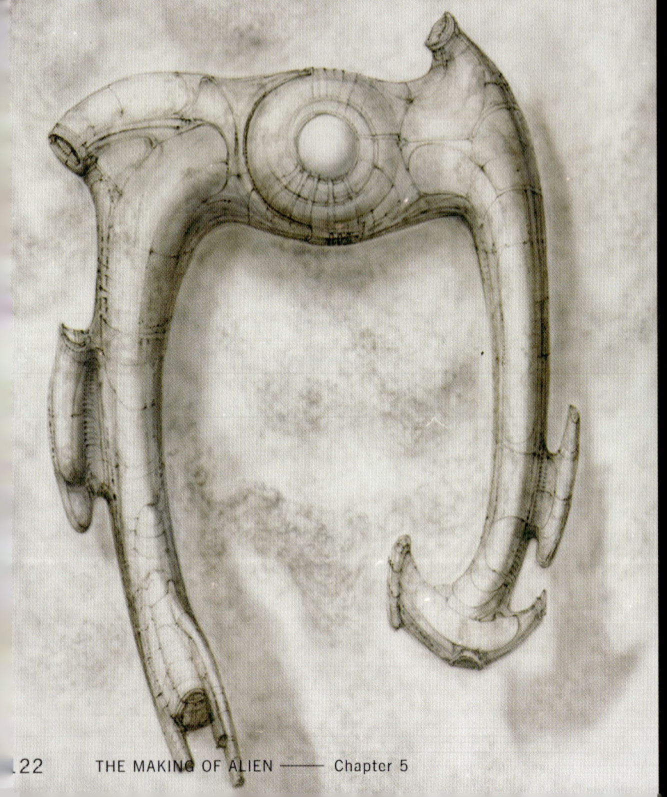

ALIEN
HR Giger 78

前頁・上3点／ギーガーによる卵のコンセプトアート3バージョン。

前頁・下2点／ギーガーによる遺棄船のコンセプトアート2点。

一番上／ブレイ撮影所で使用された、SFX監督ニック・アルダーの模型工房の看板。

上／スタッフ2人と共にスライドを確認するニック・アルダー。

右／ロジャー・ディッケンが作製したフェイスハガー。
　ディッケンはこう語る。「私が考えたのは爪があって少し尖ったイメージだ。自衛本能が働くので、こいつを掴んで引きはがそうとしても無理なんだ。この長くて華奢な指を見る限り、そんな力があるなんて誰も思わないだろうと僕は考えた。だけど、リドリーが望んだのはもっと薄くて滑らかな外見だった。人間みたいなツルンとした爪のある指よりも、指先に棘がある感じのほうが僕は好きだったんだがね」

「彼らは卵貯蔵庫と遺棄船を無理やりひとつにまとめてしまった。しっくりこないのに」と、オバノンは不満を言う。「新しいバージョンでは、遺棄船の乗組員たちがどんな目に遭ったのかは、ただのシュールな謎になってしまった。原案を書いたのは僕だから、当然オリジナルのほうが好きだ。2つの要素を曖昧にまとめたものより、あっちのほうがずっと独創的で不吉なシーンだった」

とはいえ、改訂版は色々な解釈ができるようになった。ギーガーの解釈ではこうだ。3人の乗組員たちは「下水管」のひとつから遺棄船の内部に入り、「巻貝のような通路」を抜けていく。そうして船の底部に降り、ケインが卵の部屋を見つけるのだ。「だから、貯蔵庫は遺棄船の底に位置することになる。まるで小さなUFOがアリ塚の上に着陸し、蟻が寄生虫のごとくUFO全体に入り込んで、中のものを食べ尽くしてしまうような感じだろう」と、ギーガーは説明する。

スコットがフランスから〈メビウス〉ことジャン・ジローを呼び寄せてコンセプトアートを担当してもらうと、今度は金銭問題が発生した。「ひどい誤解なんだ」とオバノンは訴える。「僕はメビウスに会えるのが本当に嬉しかった。でも話してみると、彼が到着した初日、報酬について誤解があったことがわかったんだ。メビウスは週5,000ドルもらえると思っていたが、実際に会社が払おうとしていたのは週500ドル。そんな金じゃ彼は働けなかった」

「メビウスには、映画全体の作業は引き受けられないが、宇宙服のデザインだけならやれると言われた」と、スコットは振り返る。「僕はもっと東洋的なデザインにしたいと思っていたんだ」

スコットは、『トリスタンとイゾルデ』で思いついた衣装デザインを乗組員の宇宙服に採用したいと考えていた。そこで彼は、自分の頭の中ではノストロモ号の所有者は日本人であるという設定にし、侍の甲冑に似たデザインについて辻褄を合わせようとした。メビウスはこう語る。「リドリーもイラストレーターだから、彼から連絡があった時、時間が足りなくてできないことを代わりにやってくれと、兄弟から頼まれたように感じたんだ」

スコットと話し合った後、メビウスは2週間かけて衣装のコンセプト画を描き、ヘルメットの上部に電球を埋め込むというアイデアを出した。それを見たギーガーは素晴らしいと思ったようだ。「その衣装を着た乗組員たちは、古代の潜水士のように見えた」と、感想を述べている。

「そうやってメビウスは宇宙服のデザインを描き、飛行機に乗ってフランスに帰っていった」とオバノンが顛末を説明する。「そのデザインは実際に採用されたが、メビウスとの関わりも彼への支払いも、そこで終わりになった」

イギリスでスタッフ一同がセット、衣装、模型制作のためにあくせくと働く中、スコットは再びアメリカに渡る。意欲に満ちた若い女優シガニー・ウィーヴァーと面接するためだった。

## 物体1と物体2

ディッケンはギーガーのチェストバスターのデザインについては懐疑的だったものの、それを基にプラスティシン（彫塑用粘土）でコンセプト用の彫像を作り、発泡プラスチックの型に流し込んでラテックス製の皮膚を付けた。全工程には3週間かかり、その後、スタジオで仕上がりを入念にチェックした。

「ディッケンはギーガーの絵を忠実に再現した」と、スコットは言う。「ただ、紙の上で素晴らしく見えていても現実では違う場合もある。ディッケンはチェストバスターのを膝で支え、会話中もそれの頭を動かし続けていた。あんなに不気味な物体が、前を向いたり後ろを向いたり、部屋を見回したり、コードン・キャロルを見たりこっちを見たりしてるんだ。どちらかというとコミカルだった。まるで羽をむしられて取り乱した七面鳥。しわが寄っていて、古びて見えて、邪悪なマペットみたいにも見える。これが映画に出てきて観客が笑ってしまったらと思うと、僕はゾッとした。だから、このアイデアは全部却下し、最初から練り直すことにしたんだ」

この後、スコットは大声で笑ったそうだ。なぜなら、「ディッケンの手が、あたかも七面鳥の尻にくっついて離れなくなったかに見えた」からだ。

ディッケンの作業は、フェイスハガーのほうはうまく行っていた。オバノンによれば、フェイスハガーの彫像は、気泡ゴムとワイヤーアーマチュア（針金などを用いて人形の骨組みを作る方法）で作られており、未塗装の状態では茶封筒のような色だったという。オバノンはフェイスハガーをダークグリーンだと考えていたが、突然、新たな考えが浮かんだようだ。「それを見ていたら、そういえば人間の肌の色をした宇宙生物を見たことがないと気づいて、リドリーに話したんだ」と、オバノンは振り返る。「アイデアとして斬新なだけではなく、もっともらしく思えた。だから、塗装せず、皮膚の色のままにしておくことを提案し、リドリーもそれに同意してくれた」

「フェイスハガーは、子宮から出てきた直後の物体という視点でデザインされている」と、スコットは言う。「だから、自然な肌の色調にすることにした。様々な色を試してみたみたが、どれも嘘っぽく見えて、怖くなくなってしまうんだ」

スコットは、このモンスターの造形を気に入っていた。「半分アルマジロで、半分は甲殻類とでも言うべきかな。塞丸みたいな形の肺を持つ。相手に致命傷を与えるのは、尻尾の毒針だ。こいつはタチが悪い。僕たちは『歩き回るペニス』と呼んでいたこともあったよ。父なる存在だ。こいつの仕事は種の植えつけだけ。次の世代は、どんな形態のものであれ、寄生した相手の特徴を帯びる。つまり、エイリアンの成体が常に二足歩行をするとは限らないんだよ！　フェイスハガーと宿主の融合体によって、違うパターンも考えられるわけだ」

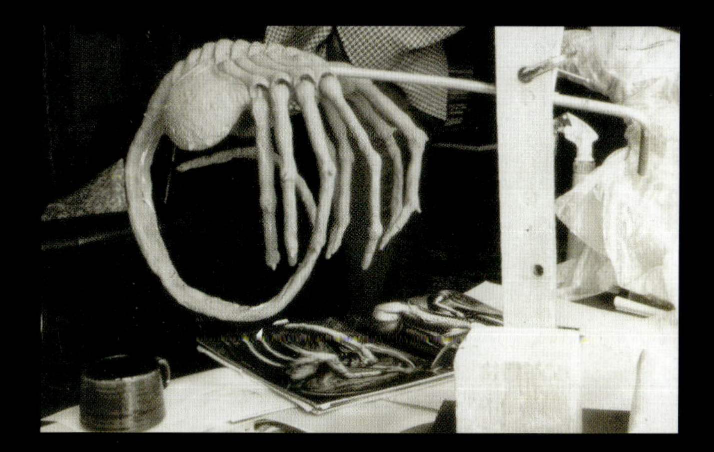

MACHY
7

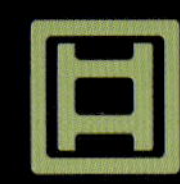

## 『エイリアン』脚本　改訂版(未完成)

**原案:ダン・オバノン、ロナルド・シャセット**
**執筆:ウォルター・ヒル、デヴィッド・ガイラー**
**1978年4月——概要**

ヒルとガイラーが改訂したこの未完成版の脚本では、ペットの猫にジョーンズという名前が与えられている。このバージョンでは、ノストロモ号の乗組員は覚醒しており、窒素を充填するために4時間先の惑星に送られる。「宇宙船は〈ノストロモ号〉ではなく、〈レモン号〉と呼ばれるべきだ」というパーカーの発言もある。

アッシュが小惑星で地球外生命体からのシグナルを傍受した際、彼は乗組員たちに別の理由で小惑星を探査させる。それは財宝、金、鉱石、あるいは貴重な何かを探すというものだ。「48時間はここに足止めされる」と、ダラスが言う。「少しでも金目のものがあるか見てみよう」

探査の間、彼らは岩石層のそばを通過する。そこでは、スペースジョッキーが地層と一体化している。「岩の反対側で化石化しているのは、骸骨だ。身長は4m半もある。人間ではない。彼らにはその骸骨は見えていない」

遺棄船も若干変更されている。「厚い雲の合間から、マンモスのような形が現われる。雨はほんの少し小降りになる。途方もなく大きい宇宙船が姿を見せる。岩から起き上がろうとしているかのようだ。黒い金属性の表面。明らかに人間が作り出したものではない」

このバージョンでは会話がブラッシュアップされている。リプリーがパーカーとブレットと言い争う際に皮肉を言うのだ。

**リプリー**:私、この船で一番きつい仕事を引き受けてるんだけど。

スピーカーからパーカーの冷笑が聞こえてくる。

**リプリー**:あんたのたわ言を聞かなきゃいけないんだから。

エイリアンが船内に解き放たれた後の展開で、唯一変更されているのは、ブレットが殺される前にパーカーとリプリーから離れ、猫のジョーンズを探しに行く部分だ。

この脚本は、モンスターが食料貯蔵庫から逃げるところで終わっている。

前頁／スコットによる、岩に埋まったスペースジョッキーの骸骨のスケッチ。乗組員たちは向きを変え、歩き去る。

右／追加の絵コンテで、スコットは精製施設と宇宙船を改良。また、椅子の後ろに予備のヘルメットを置いた。

P124-125／衣装デザインのために〈メビウス〉ことジャン・ジローが描いたイラストの数々。

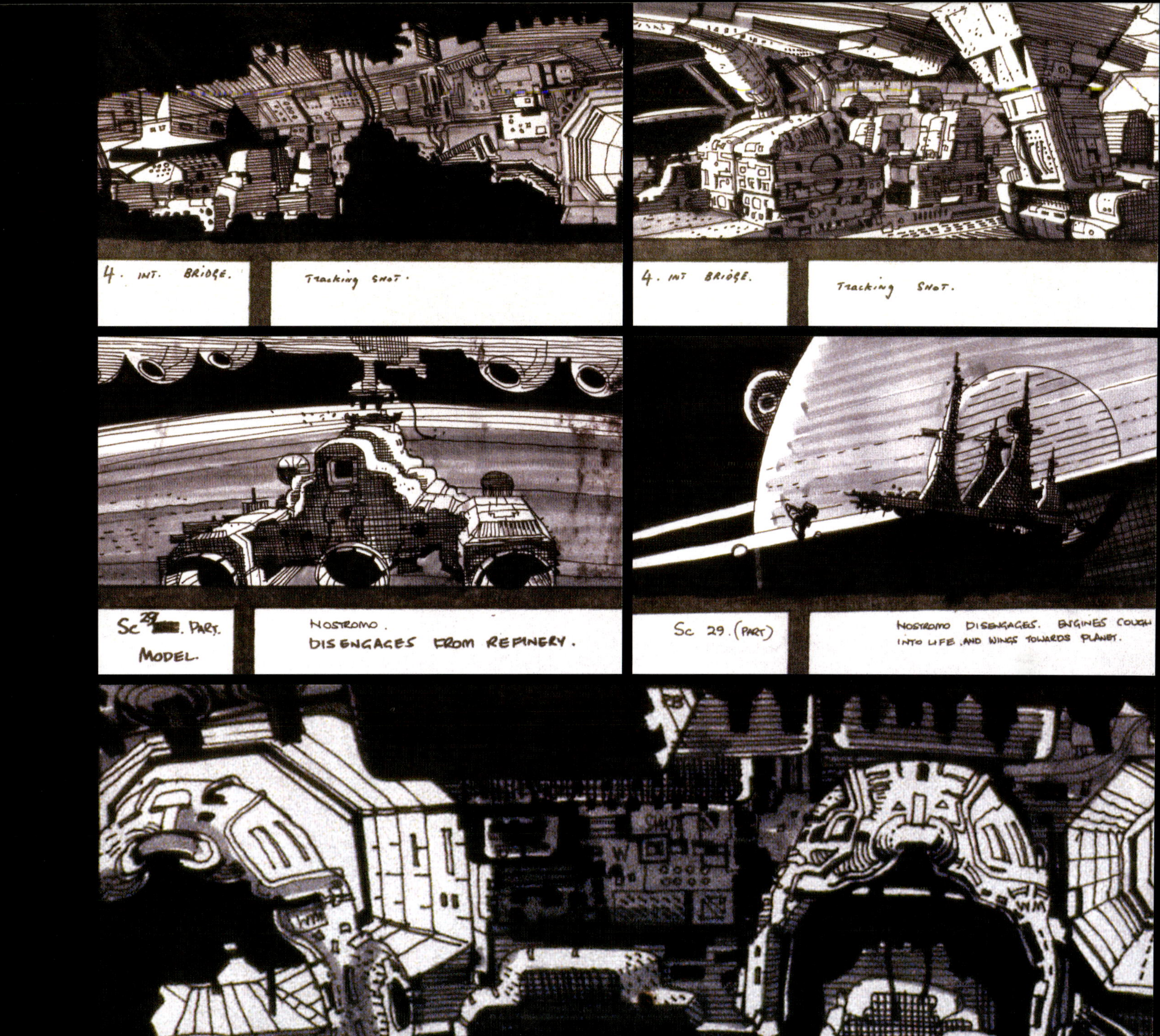

CHAPTER 6

# 宇宙空間の攻防

1978年5月〜6月

右／ノストロモ号乗組員のPR用写真。

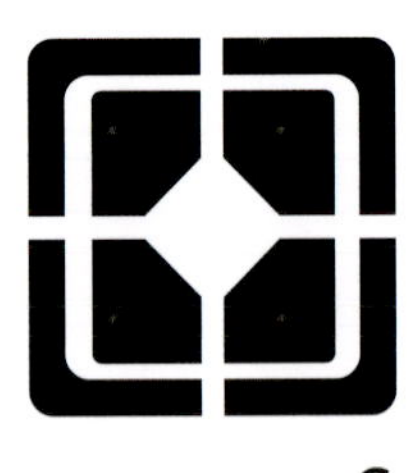

# 6

『エイリアン』の配役を提案していたメアリー・ゴールドバーグは、ジョセフ・パップが創立したニューヨーク市の高名な劇場、パブリック・シアターのキャスティングディレクターでもあった。彼女は舞台女優シガニー・ウィーヴァーを強く推しており、その結果、4月の終わりに面談と台詞の読み合わせが行われることになった。スコットは、ウォーレン・ベイティがデヴィッド・ガイラーに話していた内容を覚えていた。オフ・ブロードウェイの公演で有名になりつつある「女の子」がいるという話だった。当時ウィーヴァーは舞台『The Conquering Event(凱旋イベント)』の開幕を迎えたばかりだった。「彼女は有望な若手女優として知られていた」と、スコットは言う。

しかし、舞台の評判は散々で、ウィーヴァーがゴールドバーグから電話を受けたのは、ちょうどその失意を乗り越えようとしていた頃だった。4月末の打ち合わせに先立ち、ウィーヴァーのエージェントであるJ・マイケル・ブルーム社は彼女の履歴書をフォックスに送った。

ウィーヴァーはスタンフォード大学在学中に演劇サークル〈β(ベータ)・χ(カイ)・コミュニティ〉で演技活動を始め、1972年に大学を卒業。2年後にイェール大学のスクール・オブ・ドラマで美術学修士号を取得。その後はジョン・ギールグッド演出、イングリッド・バーグマン主演の舞台『The Constant Wife(忠実な妻)』に代役としてキャスティングされ、パブリック・シアターで上演された、ジョエル・グレイ、マデリーン・カーン共演の『Marco Polo Sings a Solo(マルコ・ポーロは独唱する)』など、オフ・ブロードウェイの舞台5作品に出演した。その他、ハートフォード、イェール、スタンフォードなどの大学で様々な舞台に立ち、そこでは『マハゴニー市の興亡』の「踊る売春婦」の役を演じたこともある。ニコス・サカロポロス、オースティン・ペンドルトン、ロバート・"ボビー"・ルイスといった演出家の下で指導を受け、ダンサー、振付師のカーメン・デ・ラヴァデードからダンスを、ジャック・ゴーガンから歌唱を、女優のリズ・スミスから発声を学んだ。

当時28歳のウィーヴァーは演じがいのある舞台のほうに興味があったが、生活費を稼ぐために映画やテレビ作品にも進出していた。ウディ・アレン監督作『アニー・ホール』(77)にはアレン演じる主人公の恋人役として参加。台詞はなく、登場シーンはわずか6秒の端役だった。さらにイスラエル映画『Madman(マッドマン)』(78)では軍人の妻に扮し、ニューヨークに住む異なる階級の家庭を描いた全8話のテレビドラマ『The Best of Families(ザ・ベスト・オブ・ファミリーズ)』(77)にも出演。CBSのパイロット版『Fruits and Vegetables(フルーツ・アンド・ベジタブルズ)』でも主要な役柄を演じた。

「映画の仕事はまともにしたことがなかった」と、ウィーヴァーは言う。「自分がSFをやりたいかどうかも不明だった。演劇中心のトレーニングをしてきたから、『品格』ある映画の素敵な脇役を演じるほうがいいかなと思っていて。私は〈ハンガー・プロジェクト〉という世界に変革をもたらすための社会活動も行なっていて、そういう状況では私にとって映画は全く重要なものではなかったの。『エイリアン』に応募はしたけれど、キャリアを邪魔されたくなかった。SF映画なんかに出るために、イェール大学のスクール・オブ・ドラマで頑張って学んだわけじゃないって思ってたから」

当初の候補であったヴェロニカ・カートライトは既にリプリー役の台詞読みを2回やっていたが、スコットはまだ他の候補も探し続けていた。「ラッド・Jrはイライラしだしてね」と彼は思い返す。「いい加減に決断しろと彼に言われたんだ。『だけど、ま

上／ジョーンズ役を演じた猫と女優シガニー・ウィーヴァー。

左／ウィーヴァーのPR用写真。彼女はテレビドラマ『サマーセット』(70-76)でテッド・ダンソンと共演し、アメリカ初の女性大統領を目指すキャラクターを演じた。
彼女の本名はスーザンだが、コネチカット州のエセル・ウォーカー女学校在学中の14歳の時に、名前をシガニー(フィッツジェラルドの小説『グレート・ギャツビー』の登場人物シガニー・ハワードから取った)に変えると決めたという。クラスにはスーザンという名前の生徒が数人いたため、クラスメートから「ウィーヴァー」と呼ばれるのに辟易していたのだ。

右／1978年5月6日に製図者のベンジャミン・フェルナンデスによって作製された調理室の詳細を記した図面。セットは金属製の通気孔、透明なアクリル樹脂のパースペックス、電熱版、パネルで作られている。

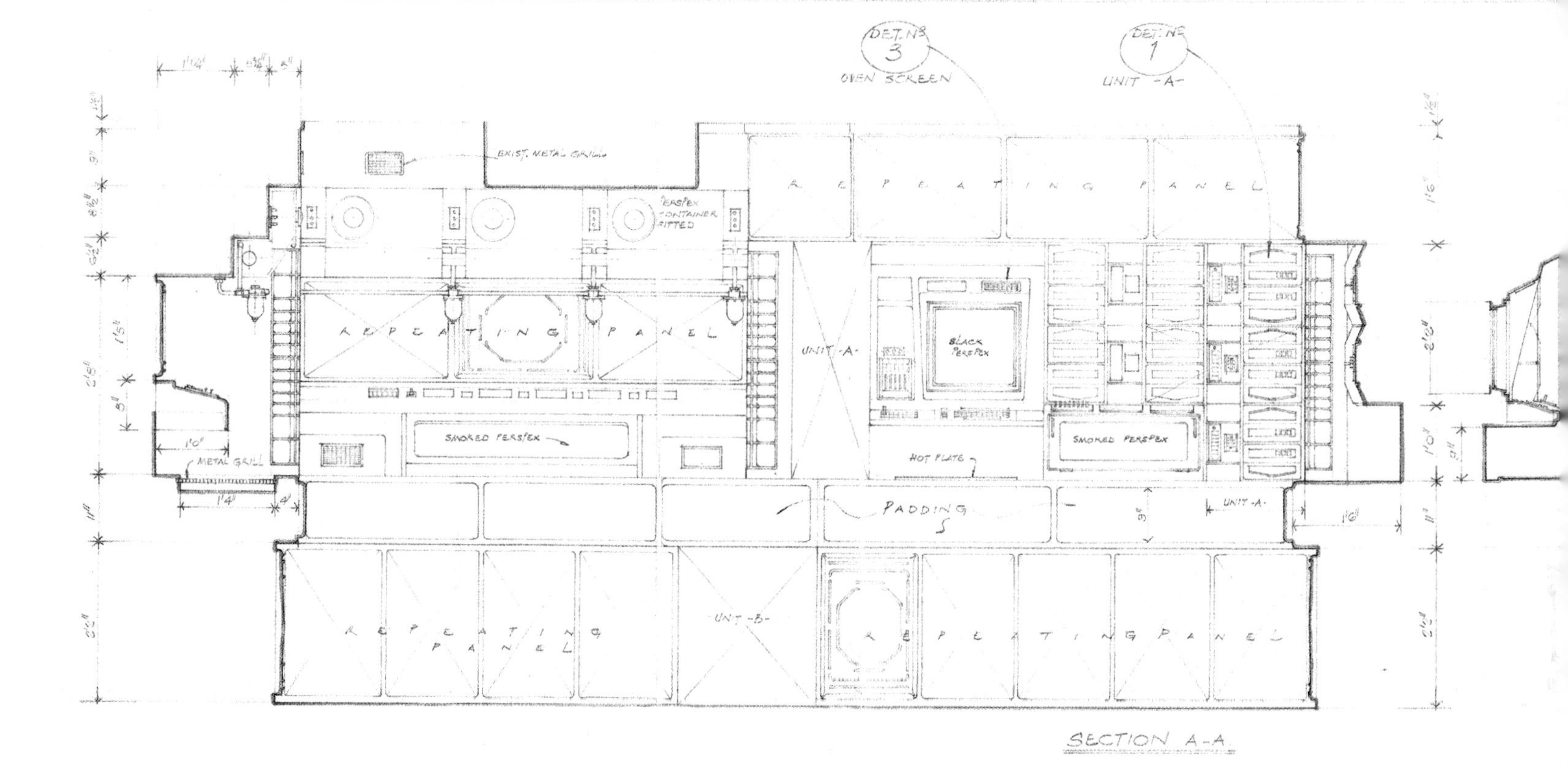


だ『彼女』が見つかっていないんだ』と言うしかなかった」

「リドリーはヴェロニカ・カートライトと出会い、彼女を起用したいと強く願っていた。我々もそれに異議はなかった」と、ガイラーは語る。「彼女は実に素晴らしい女優だから、もちろんOKだった」

ウォルター・ヒルはウィーヴァーの映画での演技を見てみようと、彼女がマイケル・ベックと共演した『マッドマン』を鑑賞。すぐにこの新進女優の演技を気に入った。早速、脚本を彼女に送り、ニューヨークでスコット、ガイラー、キャロル、ゴールドバーグの前で台詞読みを行うと伝えた。ヒルは同席できない予定だったが、話がうまく進めばその後のランチには参加することになっていた。

「あの役はすごく難しそうだと感じていたわ」と、ウィーヴァーは明かす。「登場人物も彼らの関係性も描写が曖昧で……。あれを書いたウォルター・ヒルの影響が強く出ているのはわかった。彼は詳細に書かないことで、俳優が即興で生み出す演技を期待しているの。いわばスカスカの脚本だったわけ」。彼女はのちにこのようなコメントも残している。「それに、脚本は読んだけれど、さほど関心は引かれなかった」

「本当はランバート役を演じてみたかった」と、ウィーヴァーは1984年に明かしている。「いつもジョーク混じりで話していて、皆がヒステリックになりかけるとバカな冗談を言う、賢くて生意気で、最後までへこたれない女。ランバートは自分を重ねられるキャラクターだったの。私はいつも役になり切るようにしているから」

迷いがあったせいか、面接当日、ウィーヴァーは指定されたホテルとは別の場所に行ってしまう。彼女は混乱したままエージェントに電話をかけ、『エイリアン』の件はやめたいと伝えたが、とにかく面接は受けるべきだと説得された。他に仕事もなかったため、ウィーヴァーはアドバイスを受け入れ、無事、61丁目のパーク・アベニューにあるロウズ・リージェンシー・ホテルにたどり着いたのだった。

一方、面接する側は30分待たされた。「あの時、こちらに向かって早足で歩いてくる音が聞こえてきたんだ」と、キャロルは思い出す。「次第に足音はゆっくりになっていき……彼女は気を落ち着けようとしてたんだろうね。部屋のベルが鳴り、メアリーがドアを開けた。すると――」

アフロのようにセットされた豊かな髪。フッカー（娼婦）ブーツと呼ばれる長いブーツを履いた、180cmを超える長身の女が立っていた。誰に聞いても、その姿は強烈な印象を残したという。

「部屋に入ってきた彼女は背が高く、威厳があって、類まれなる容貌の女性だった」と、キャロルは振り返る。スコットも、「これこそ『彼女』だ、と直感的にピンと来たよ」と言う。

ガイラーは、「身のこなしがアメリカ版貴族のようだった」と語る。ウィーヴァーは平静を装っていたものの、本当はとても緊張していることをキャロルは見抜いていた。「デヴィッドと私は即座に気づいたよ」

ウィーヴァーの容姿に圧倒されながらも、彼らが脚本の感想を尋ねると、彼女は率直な答えを返してきた。「私はすぐにこう答えたの。『登場人物の関係性が希薄で、非常に殺伐とした印象を受けました』」と、ウィーヴァーは説明する。「メアリー・ゴールドバーグは、このチャンスをふいにするなと目配せしてきた。『馬鹿ね、この作品でブレイクできるのがわからないの?』と、その目が語っていたわ。でも、自分の持ち札を全部出してしまったほうが、相手はそれを材料にできる。彼らが求めているのが『チャーリーズ・エンジェル』なら、それは私には合わない。結局、雇うのは彼らのほう。向こうは私を評価しないかもしれないけど、俳優は自分の考えをちゃんと発言しないといけない。そうすれば解決に導けるものもある。私はこれまで色々な劇作家の新作に出てきたけれど、そこでは率直に意見を言う態度が良しとされてきたの。映画業界の人々がそういったやり方に慣れているかはわからない。でも、受け入れるべきだと思う。そして、『エイリアン』の製作陣はそれを初めて認めてくれたの。脚本は改良すべき点が山ほどあり、一丸となって取り組んでいくことに同意してくれた」

彼らはランチのために休憩を取り、数ブロック先の日本料理店に向かった。そこで一行はヒルと、伝説的な芸能エージェントであったボーティ・ボトライトと合流。皆で昼食を囲んで歓談する中、スコットはウィーヴァーの身のこなしを観察していた。彼女がリプリー役にふさわしいかを決める、重要な判断材料だと考えていたのだ。「驚いたよ。彼女から目が離せなかったんだ」と、彼は明かす。「一緒にレストランに入っていくと、彼女は僕の手を握ってリードしようとした。僕は、『ママ、パパ！権威があるのは彼女のほうだ！』というふうに感じたよ」

昼食後、一行は台詞読みのためにホテルに戻った。しかしながらウィーヴァーは自信満々ではなく、注目されることに若干居心地の悪さを感じていたようだ。「何を期待されているのか、本当にわからなかったの」と彼女は振り返る。

そして監督やプロデューサー同様、ウィーヴァーも、このような多額の予算をかける作品では、誰がキャスティングの最終判断を下すのか知っていた。アラン・ラッド・Jrだ。彼はまだ、ウィーヴァーについて何も知らされていなかった。

## エイリアン・オイル

その5月、ウィーヴァーとラッド・Jrの面会はすぐに決まり、シェパートン撮影所ではセット建設が本格的に開始された。だが、まもなくして830万ドルの予算では到底足りないという事実が明らかになる。「建設が進むにつれ、予算が充分ではないと思い知らされたんだ」と、シーモアも認める。

「残念ながら、撮影前の蛍光灯照明テストは一部しかできなかった」。そう明かすのはヴァンリントだ。「撮影開始があと2週間遅ければ充分テストできたかもしれないのに。とにかく大変だったが、幸いイギリスの大手照明機材会社2社、サミュエルソンズとリー・ライトニングが私の初めての長編映画だと知って、大いに助けてくれたんだ。制限のある場所でも使えそうな機材や照明に関して、積極的に色々な提案をしてくれた」

シーモアは『スター・ウォーズ』の資金管理状態を調べ、『エイリアン』と比較した結果を製作陣に報告した。両者とも同じくらいの予算規模で、『エイリアン』のほうが予定されている視覚効果がはるかに少なかったものの、制作上の問題も似たような感じで発生していた。だが、物価の上昇により、『エイリアン』のほうが実質的に使える金が少ないのだとシーモアは主張した。フォックスは理解を示したが、その後、追加資金の申請のたびにバトルが繰り広げられることになる。とりわけ、ギーガーをエイリアンと小惑星のアイデア源として参加させ続けることが議論の対象になった。

5月2日、キャロルはギーガーに電話をかけ、彼が最近描いた作品に皆が夢中になっていることを伝えた。その日、ギーガーにやる気を出してもらうのが重要な仕事だったのだ。ディッケンの話によれば、やるべき仕事は大量にあるのに、人手があってもうまく現場が回っていなかったからだ。「私はすぐに、『エイリアン』は重役会議の映画だとわかった」と、ディッケンは1979年に語っている。「ある人間が足先はこうしたいと言うと、別の人間は足全体はこうだ、尻尾はあれがいいと主張する。そんなふうに意見に振り回されていては仕事ができない。ただでさえ、チェストバスターとフェイスハガーに関して何度も格闘してきたんだ。残された時間内で、成体エイリアンについて良いアイデアが簡単に出てくるとは思えない。そこで、プロダクションオフィスに手紙をしたため、成体エイリアンを仕上げるために他の誰かを雇ったほうがいいと提言したんだ」

ビールはその訴えに応え、もしディッケンが契約書で説明されている以上の業務を負わされていると感じているのなら、そうならないように対処すると返事を書いた。

4月末頃、スカルプターのブライアン・ミュアーは、『エイリアン』への参加を依頼する電話を受けた。彼は『スター・ウォーズ』で、コンセプトアートからダース・ベーダーのヘルメットを制作しており、今回もギーガーの絵を基にして、平面デザインを立体物にするという同様の仕事をすることになった。

イタリア出身の視覚効果アーティスト、カルロ・ランバルディもキャロルからの依頼で呼び寄せられた。オバノンによれば、実はランバルディはそれ以前から関わっていたという。「元々、色々とデザインしてもらうために彼は雇われたんだ」とオバノンは明かす。「彼はつぶらな青い瞳を沢山持つ、溶けかかったマシュマロみたいなモンスターの姿を思いついていた」

カリフォルニア州ターザナを拠点とするカルロ・ランバルディ・エンタープライズとの協議は1ヵ月ほど続き、5月2日には、ランバルディが6,000ドルの報酬で成体エイリアンの粘土模型を制作するというニュースが流れた。4月14日の予算文書では、ランバルディへの支払い上限は10万ドルとなっていた。彼は8月7日までに、恐ろしく凶暴なエイリアンの頭部を作ることになった。要求リストには次のような項目が書かれていた——縦横に動く頭部、開閉する口、唸る時にめくれ上がる唇、脈打つ喉、動く目、出たり引っ込んだりする二股の舌など。

また、完成したフルサイズのエイリアンの納期は8月22日で、契約書は6月末か7月初めに署名されることになっていた。

スコットは、キャロルが物事を後から批判してくることに失望していた。とりわけ、エイリアンの幼体に関してだ。「問題だったのは、僕が不慣れな世界に入ってきた未熟者だと思われていたことだ」と彼は2017年に語っている。「彼らがカルロ・ランバルディを採用した時のことだ。僕は彼ら以上に物事を知っている。何が良くて何が悪いか、ちゃんと自分の意見を持っているからね。それで、少しばかりピリピリした空気になったんだ」。実際にスコットは気分を害していた。自社のRSAはニューヨーク、パリ、ロンドンにオフィスを構えるまでになっており、自分は経験を積んだ成功者だと考えていた彼は、キャロルたちからの扱われ方に不満を感じていた。「僕は怒りのモンスターになっていた」と、スコットは言う。「ここまで来るにはモンスターになることも必要だった。怒りに燃えたからこそ、成される物事もある。僕はドアを蹴ったり、壁を殴ったりしたことさえあるんだ」

パウエルも証言する。「リドリーは激しい性格だった。彼が何かを望むのは、本当にそれを手に入れたい時だ」。彼は、スコットがオフィスのドアを乱暴に閉めたせいで、ガラスのパネル

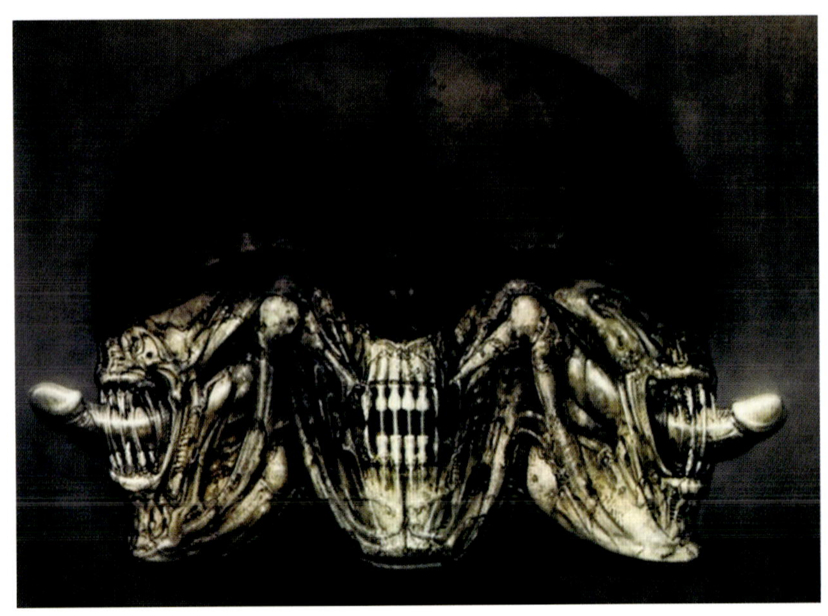

上／ギーガーの『ネクロノーム2』には、男性器の舌を持つ3つの顔が描かれている。この絵は、ランバルディがエイリアンの顎と顔の特徴を決める際の指針となった。

が壊れたことを思い返す。しかも、その後同じことが2度起こり、とうとう3度目には、ガラスをはめ替えるのを諦めたという。

しかしながら、スコットは早い段階で会社に従い、如才なく立ち回ることを余儀なくされた。「ランバルディはエイリアンの頭部を見て、アートワークも映画の意図も気に入ってくれた。彼は他の仕事を沢山抱えていたにも関わらず、なんとかやりくりをして承諾してくれたんだ。我々は『この仕事ができるのはあなたしかいない』と泣きついたのも同然で、彼は『その通り。これができるのは私しかいない！』と返してきたよ」

工業デザイナーでもあったランバルディは、ギーガーのコンセプトアートと未完成の彫像、彼の作品『ネクロノーム2』（P132参照）のコピーを渡された。男性器そっくりの舌を突き出している、目が覆われて何も見ることができない悪魔のような3つの顔。ギーガーはこれをエイリアンの姿にしたいと考えていた。そしてこの作品は、ランバルディがエイリアンの顎と顔の特徴を造形する際の一番の指針となった。彼はエイリアンの頭部と必要なパーツをスケッチすることから始め、次に筋肉や構造のデザインに着手した。

スコットはエイリアンの頭部の重さを心配していた。というのも、重さ3kg近くあるそれを俳優の頭にかぶせると、正しく動かなかった場合に首を負傷してしまうからだ。

「ランバルディは1週間の予定でシェパートンにやってきたので、我々も協力して仕事を行なった」とギーガーは語る。「そうして、モンスターの口の筋肉を改良した」

ランバルディの採用を疑問視する者もいた。本国イタリアではテレビや映画業界で長いキャリアを積んでいたが、1976年のリメイク版『キングコング』で彼が巨額の費用をかけて作った12mのキングコングロボットは、ほとんどまともに動かなかったのだ。それでも、『未知との遭遇』で作った宇宙人は批評家たちに絶賛された。「私はハリウッドの仕事のほうが好きなんだ」と、ランバルディは1979年に語っている。「イタリアでは映画の予算はずっと少なく、制作期間もかなり短い。だから、アメリカと同じようなクオリティの仕事はできないんだ」

そう言うランバルディだったが、『エイリアン』では完璧な仕事ぶりを見せられる保証はないようだった。同時期に『吸血こうもり／ナイトウィング』（79）という映画で30匹もの吸血こうもりをデザインしており、それをスタッフと一緒に制作するのに忙しかったからだ。彼は仕事を抱えすぎていたのだが、『エイリアン』のプロデューサーたちは藁にもすがる思いだった。「最も大変だったのは、紙の上に描かれたデザインをどう立体物にするかという過程だった」と、スコットは語る。「顔や頭を動かすメカニズムを考えるのがあまりにも大変で、ギーガーだけでは与えられた短い時間では完成させることはできない。スタッフを総動員させる必要があったよ」

## がんじがらめになって

5月5日頃、シガニー・ウィーヴァーはラッド・Jrをはじめとするフォックスの役員たちに会うべく、ニューヨークを発った。同じショービジネスという分野に関わっていることを考えると、ウィーヴァーも、フォックス本社内では場違いな気分にはならなかったようだ。

彼女の父シルベスター・"パット"・ウィーヴァーは、1950年代にNBCの社長を務め、この業界で成功を収めた。高校時代には女優のキャロル・ランバードとデートをし、ロレッタ・ヤングや彼女の姉とも交際していたらしい。母はイギリス人女優エリザベス・イングリス（本名：デザレイ・メアリー・ルーシー・ホーキンス）で、ヒッチコック映画『三十九夜』（35）に出演したほか、『月光の女』（40）ではベティ・デイヴィスと共演している。

ウィーヴァーは本領を発揮できたはずだが、この面会でも、また役に対する迷いが表に出てしまった。ロサンゼルスへ到着した際に荷物を紛失してしまい、気が動転する中で、よそいきの服に着替えることもできずにフォックスに向かわなければならなかったのだ。

「私が『エイリアン』に何がなんでも出演したいと思わなかったのは——」と、彼女は説明する。「それ以前のオーディションで好意的な反応をもらっていたから、『エイリアン』がダメでも、すぐ別の役が見つかると思っていたの。でも、だからってこの仕事をしたくなかったわけじゃない。仕事をしなければ、お金は入ってこないし。自分がこのキャスティングで候補になったのは嬉しかった。ただ、私の希望はもっと高かった」

しかし、1989年に受けた雑誌『You』のインタビューでは、もっと率直に語っている。「あんな不愉快な映画のひどい役なんて、私はやりたくなかった。SFなんて私にふさわしくないと思ってた」

フォックスの社内で、ウィーヴァーはラッド・Jrとギャレス・ウィガンと顔を合わせた。彼女に言わせれば、それは「単にお付き合いでここにいるだけですよ、というフリをして他愛のないおしゃべりをする、典型的なハリウッドの打ち合わせ」だったと言う。誰も映画については触れなかったのだ。

ウォルター・ヒルが役の性別を変える前は、オバノンはリプリー役にジョン・トラヴォルタを考えていたという。「それが突然、シガニー・ウィーヴァーという女優で行こうということになっていたんだ」と彼は訴える。

ウィーヴァーを採用するかどうかは、フォックスの重役との最初の顔合わせでは結論に至らなかった。

「ラッド・Jrが言ったんだ。『うーん、彼女は悪くないが、確信が持てない。君が彼女を試したまえ』とね」とスコットが明かす。「僕は心の中で、『なんて悠長な。撮影開始まで数週間しかないのに！』と吐き捨てていたよ」

この進捗状況は彼をやきもきさせた。会社まで持っている自分がなぜ、儲かるCMの仕事を長期で休んでまで、監督とは名ばかりのこんな大組織の歯車になっているのかと疑問を抱くようになっていた。それでもスコットは素直にラッド・Jrの提言を受け入れ、スタッフにテスト撮影の準備を指示した。

候補者を鉢植えの隣に立たせて撮影するのがよくあるパターンだったが、「リドリーは、通常のテスト撮影はしたくないと言った」と、クリスチャンは語る。「テスト用に宇宙船の通路と貨物室を作って、そこで演技のテスト撮影をすることになったんだ」

というのも、スコットは自分自身もラッド・Jr、ビール、フォックスに実力を試されていると悟ったからだ。ウィーヴァーだけではなく、セット、照明、カメラワーク、映画全体がここで試験を受けるのだ。

試験的に作っていた通路を拡張すべく、建設部門と美術部門が作業を進めた。クリスチャンと彼のチームはセットに排水管を張りめぐらせた。さらに大きな部品も加えられ、本物の配管むき出しの通路らしく仕上げられた。スイッチとライトは壁に埋め込まれたパネルに反復パターンのごとく置かれていった。パウエルはこのディテールアップの工程を〈クラッギング／接着する〉と呼んでいた。（『スター・ウォーズ』では、ルーカスやクリスチャンたちは同様の工程を〈グリーブリーズ〉と呼んだ）。塗装担当スタッフはあたかも水漏れがあるかのようにパイプに染みの跡を作り、ナンバーやシンボルもステンシルで付けていった。そして電気工たちは照明の配線を行なった。

クリスチャンはニック・アルダーを訪ねた。「見た目がすごくカッコイイ銃が必要だったんだ」と、彼は火炎放射器について言及する。「シガニーを強くタフに見せたいというのがスコットの希望だった。男勝りの勇ましいキャラでありながらも、魅力的な女性にしたいと考えていた」

## 訓練中の戦士

スコットは、エイリアンの中に入る役者も見つけ出す必要があった。「信じられないくらい華奢で、痩せている人間を探していた」とパウエルは語る。「『大アマゾンの半魚人』に出てきた

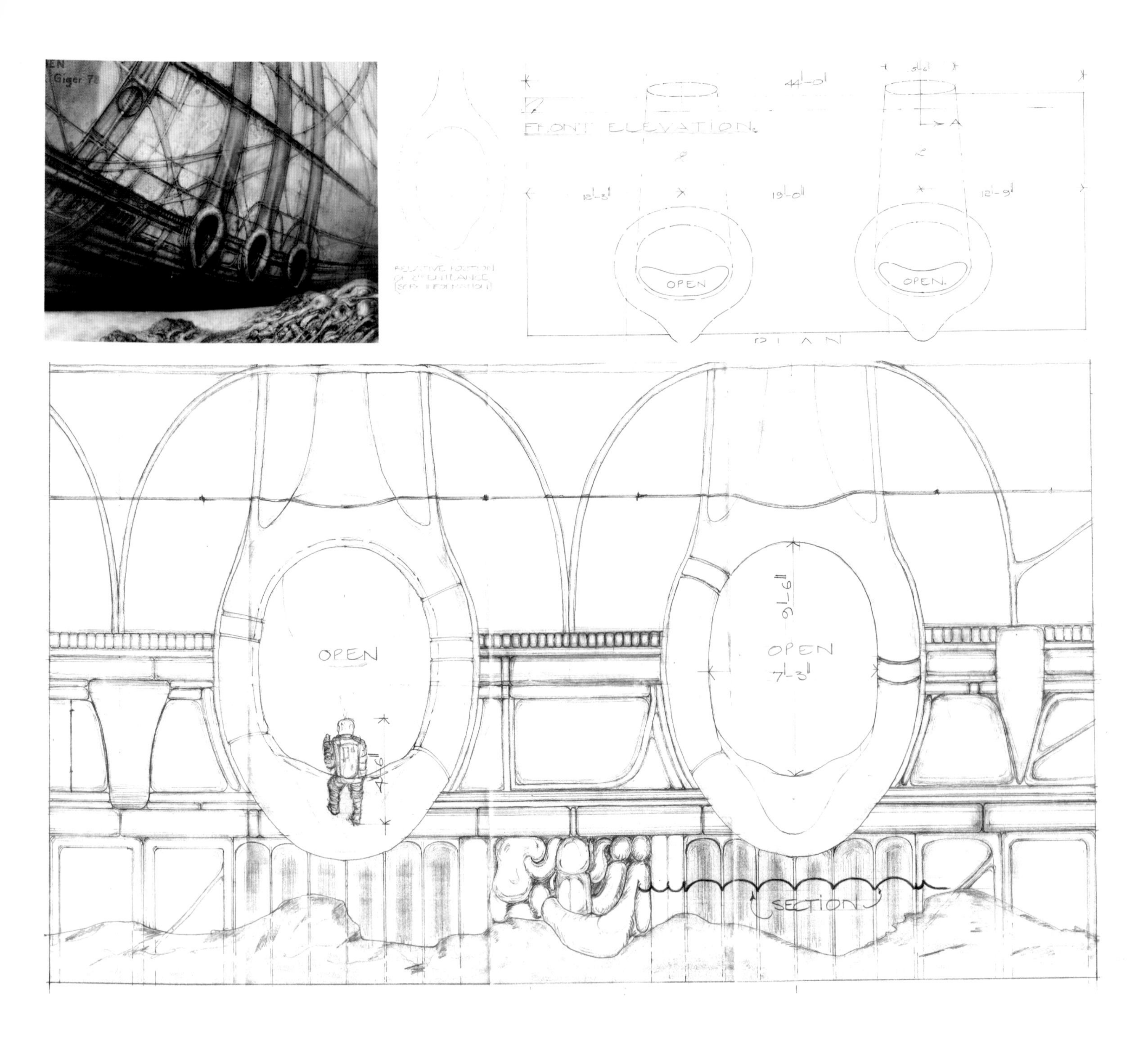


**左端**／製図者で美術監督のレスリー・ディリーの指針となったギーガーの絵。遺棄船に入るための通路が描かれている。

**左**／1978年5月13日付のディリーによる設計図では、遺棄船入口の開口部は3mほどの高さになっている。

スコットはプロダクションデザイナーのマイケル・シーモアの手助けをする美術監督として、レスリー・ディリーとロジャー・クリスチャンを採用。シーモアにとってSFとホラーは得意分野ではなかったからだ。

「私が仕事を頼みたいスタッフに不利にならないようにしたかったんだ」とスコットは言う。彼によれば、シーモアは「見事なジョージア王朝様式の応接間などを作り出し、本に載ってるようなセットを建てられる」のだという。しかし、『エイリアン』の世界はシーモアにとっては別次元だった。

上／外から見た、サウンドステージに建設中のセット。この写真はロン・コッブが撮影した。

モンスターのギルマンとは真逆のタイプだ。ギルマンはがっちりした体格で、スタントマンにラテックスの着ぐるみを着せたら、残忍なミシュランマンが出来上がったという感じだった」

スコットが求めていたのは、非常に女性的なモンスターだった。ドイツの伯爵を父に持つ身長190cmのモデル、ヴェルーシュカ・フォン・レーエンドルフのようなイメージだ。彼女はエレガントで手足が長く、柔軟な身体をひねって昆虫のようなポーズをとることができた。「人々を魅了しながら死に至らしめる危険な生物……そんなものを作れるのはエキサイティングだった」とスコットは言う。「僕はギーガーの作品に溢れるエロチシズムに、ひと目で打ちのめされた。あらゆる要素が融合されているんだ。僕が望むのは強いだけのヒロインひとりじゃない。互いの世界で戦う2人の女性を描けば、性的な表現として素晴らしいものになるだろう」

「ヴェルーシュカがやってきた」とパウエルは振り返る。「我々はショーツ1枚の姿になった彼女にしゃがんでみてくれと頼んだ。リドリーが思い描いていたのは、獲物を狩ろうとするカマキリのポーズを取ると、ありえないほど膝が高く上がるという姿だった。何人か他の女性にも同様のポーズを試してもらった。彼女たちにも服を脱いでもらい、その姿をポラロイド写真に収めていった」

しかし、結局、充分な身長のある女性を見つけることはできず、代わりに背が高く痩せた男性を探すことになる。優雅な身のこなしができればなお良いが、そうでなければふるまい方を習得すればいい。彼らは『スター・ウォーズ』で巨大なチューバッカに扮したピーター・メイヒューをテスト撮影した。バスケットボール選手、空手チャンピオン、パントマイムアーティストも候補に入れたが、望んでいるのは2m以上の身長で、すぐには捕まらないような俊敏さを備える人間だった。そこで製作陣はオーディションの募集をかけて5月初めまで待っていたのだが、ある日、その候補が現れた。パウエルの友人であり、キャスティングエージェント兼振付師でもあるピーター・アーチャーがロンドンのソーホー地区にあるパブで飲んでいた時、非常に背の高い男性と出会ったのだという。

「誰がエイリアンのスーツアクターになるのか、全く見当をつけられないでいた」と、キャロルは思い返す。「するとロンドンのエージェントから電話がかかってきて、彼と会うことになったんだ。パブで待っていると、その男性が入口のドアから入ってきた。最初、膝に手を置いて身を屈めていたが、背筋を伸ばしたら、2m20cmはありそうな大男だったんだよ。エージェントが我々を見て、それから彼のほうに顔を向けてこう言った。『君、映画スターになりたくないかい?』とね」

その男性の身長は、実際には186cmだった。グラフィックアートを学ぶ26歳のナイジェリア人学生で、名前はボラジ・バデジョー。スリムで姿勢が良く、どことなく優雅な物腰で、将来妻になる女性インカ・リチャードソンとデート中だった。こうして、バデジョーとスコットとの顔合わせがすぐに手配された。

「部屋に入るなり、リドリー・スコットの表情が変わった」と、当のバデジョーは語る。「適材を見つけた、という顔だった」

「我々はボラジ・バデジョーを見つけた。ゴールド・コーストからやってきた青年だ」と、スコットは言う。「服を脱いでみると、ジャコメッティの彫刻さながらの肉体美の持ち主だった。面接に姿を見せた彼はかなり困惑した様子だったが、好奇心旺盛で、作品にもとても興味を持ってくれた。糸のような細い体躯とダンサーのような動き。彼はこの2つを兼ね備えていた」

「彼はカメラの前に立った経験がないせいか、かなり緊張していた」と、パウエルも付け加える。

バデジョーは、たとえ顔が映らなくても映画に出演するのは面白そうだと心を決め、工房で全身の型を石膏で取った。

「リドリーが彼と一緒に入ってきた時、私は自分がキリンでも見てるのかと思ったよ」と、ニック・アルダーは打ち明ける。「彼がドアのところに立つと、こちらから身体は見えるが、頭は見えない。ドアの枠より背が高かったんだ」

バデジョーは裸身に石膏を塗られたまま辛抱強く立ち続け、全身の石膏型を取った。そしてその型から等身大の全身模型が作られ、ロジャー・ディッケンのもとに運ばれた。彼はまだ第3形態のエイリアン担当のままであった。

「全身模型を休憩室に置き、数日間かけて筋肉と組織を粘土で重ね上げていった」とディッケンは説明する。「ワイヤーメッシュと段ボールで、頭部の実物大模型(モックアップ)も作製した。ギーガーの絵の通りのスケールを維持したから、頭の長さが182cmにもなって、ひどく馬鹿げた見た目になったよ。あまりにもでかすぎて、人間の身体の上には載せられなかった」

一方、ギーガーは、自分の責務は果たしたいがロンドンには移住したくないと強く訴えていた。スコットはしぶしぶ承諾したものの、必要とあればギーガーをシェパートンに数ヵ月間呼び寄せたいというのが彼の考えだった。「ギーガーは(スイスの)自分の工房から離れたくなかったんだ。その気持ちは理解できる」とスコットは頷く。「それに映画会社の連中に嫌な思いをさせられたからね。だけど、僕は彼をスタッフから外すつもりはなかった。もしも僕が個人的に彼をこの映画に関与させられたら、彼は完全に『エイリアン』の世界に取り憑かれるだろう。率直に言って、そうすれば僕を始終悩ませていたことがひとつ減っただろう」

スコットがギーガーに思いを馳せる中、成体エイリアンの制作に悪戦苦闘中のディッケンの苛立ちは募る一方だった。エイリアンを自分自身で演じられないと知り、彼はますます怒りを増幅させた。「プロデューサーは自分たちが何を望んでいるかもわからない状況だったんだ」とディッケンは明かす。「例えば最初エイリアンに尻尾はないと言っておきながら、やっぱり尻尾は付けようって、何度も意見を変えるんだ」

ビールと会ったディッケンは、もうこれ以上、成体エイリアンの作業はしたくないと告げた。「現場は混沌としていた」と、ディッケンはのちに複数のインタビューで話している。「向こうは私が映画を見捨てようとしていると言っていたが、私は正直に打ち明けただけだ。何を作るべきか自分でもわからないような状況で作業を続けるなんて、己をノイローゼに追い込むようなものだ。こちらの裁量に任せてもらえていたなら、まだなんとかなったかもしれない。度重なる変更や邪魔さえなければ、3ヵ月間、エイリアンの幼体制作で血が滲むような努力をした後でも期待を持てただろうね」

ディッケンは撮影の準備が整うまで、あと少しだけ頑張ってくれと説得された。何とかスーツアクターは見つかった。あとは、エイリアンを退治するヒロインが必要だった。

## 死闘の場となる通路

セットの仕上げチームは宇宙船の通路を建設し、あとはスコットに見せるだけになっていた。「スタジオに入ってきた監督が安堵するのを感じた」と、クリスチャンは書いている。ウィーヴァーがニューヨークからやってくる頃には、もう準備は大体整っていた。だが、彼女自身の気持ちはまだ揺れていたという。役は欲しい。しかし、本心かは自分でもわからない。それでもリプリー役のスクリーンテストを受けたのは自分ひとりだけで、スコットもプロデューサーたちも自分を応援してくれているという事実には気づいていた。

シェパートン撮影所に着いたウィーヴァーはスコットの案内で、ギーガーとランバルディのアートワークが展示されている場所に連れて行かれた。「デザインを見せられて、わぁ、すごい! と驚いたわ」と、1979年に彼女は語っている。「誰もが最も恐ろしいと感じるものが見事に具現化されている。美しく、それでいて人を震え上がらせる……そう思った」。のちにウィーヴァーは、第3形態のエイリアンを見て、「巨大なペニスじゃないの!」との感想を抱いたことも告白している。彼女は各スタジオに案内され、通路のセットも少しだけ見ることができた。その時、制作スタッフの仕事ぶりに感銘を受けたという。

ウィーヴァーはさらに衣装とメイクアップのテストも行なった。「最初に試した衣装は、宇宙のジャクリーン・ケネディ・オナシスみたいな気分になった」と、彼女は振り返る。「少しファッショナブルすぎる感じ。次にリドリーが寄こしたのはひどい代物で、陸軍の払い下げ品だった本物の宇宙飛行士のユニフォーム。結局、私はそれを着用することになったの。リドリーは映画の世界観を綿密に設定していた。ピカピカで滑らかな機材に囲まれたSFらしい空間ではなく、汚くて、埃だらけの場所なの。私たち登場人物は、はみ出し者のアウトロー。海賊みたいにしたいと考えていた」

ウィーヴァーの髪型をどうするかについても話し合ったが、スコットの意見はこうだった。「そのままでいい。あれこれいじるな。髪を切るんじゃないぞ」

スコットは、彼なりのリプリーに対する見方や、その役が元々男性として描かれていた経緯も詳しく説明した。

「その晩、私は座って考えていた」とウィーヴァー。「で、こう自分に言い聞かせたの。『シガニー、この役をやるかどうか、ちゃんと心を決めなさい。彼らはあなたをここまで呼び寄せた。受ける気がないなら決断は早いほうがいい』とね。結論が出るまで、私は長いことリプリーに思いを馳せた」

「彼らがお決まりのルールを破って、元々男性として設定されていたキャラクターを女性が演じるように書き直したのが気に入ったの。リプリーは女戦士であり、理性的だったのに完全に本能のまま行動するようになる。女性は普通、こういった戦士を演じさせてもらえないけれど、私は演じる機会を与えられんだと思った」と、彼女は続ける。「リプリーにはナンセンスな部分が全くないの。物事には壊れたり変化したりしない、ある一定の規則があると信じて育ったんだと思う。でも、衝動と感情に任せて行動しなければならなくなった時、その信念は崩壊してしまう。窮地に陥った彼女は、これが正しい選択であってほしいと祈りながら決断するけれど、正解だという確信は全くない。この不確実性がすごく好きだった。だって、下す決断が自分にとって最悪の結末を招くかもしれないし、仲間全体に対する責任もあるわけでしょ」

ウィーヴァーは決断についてこう語る。「最終的に、私はリプリーというキャラクターが好きだという結論に達したの。デザインにもリドリー・スコットにも好感を持っていたし、それにこの役を他の誰にもやらせたくないと思い始めていた。スクリーンテストの前日には、『私は心からこの役を演じたい。きっと面白いことになるはず』という気持ちになれた」

彼女はリプリーにそっくりで、インスピレーションを得られる人物を知っていた。古くからの親友だ。「私には素晴らしいお手本がいたの。だから、この役をもらえるのは贈り物みたいなものだと思う。リプリーは作品の中で見事に成長する。『私はこの女性の物語を皆に伝えられるんだ』と、嬉しくなってきた」

セットの美術スタッフは、スコットとカメラマンたちが撮影を開始する直前まで通路の装飾をいじり続けていた。一方、アルダーのチームは火炎放射器を作り上げ、本物らしく見えるよう、クリスチャンが細かな部分に手を加えていった。

ウィーヴァーはリプリーを演じ始めると、あることに気がついた。スコットは既に自覚していたことだったが、この撮影は彼女だけではなく、監督としてのアプローチもテストすることになるのだ。「彼らがノストロモ号の内部を見るのは、この時が初めてだった」と、クリスチャンは明かしている。

5月12日、午後5時。ウィーヴァーがカメラの前に立った。スコットがカメラを操作し、ヴァンリントが他の作業で手を離せなかったため、ブライアン・テュファーノが照明を担当した。彼らは手際良く、それでいて慎重かつ意欲的に撮影を進めた。また、コックピット風の大型模型内でも撮影を行なった。ウィーヴァーにとっては演劇のドレスリハーサル(衣装を着けての最終舞台稽古)と変わりなかったが、このセットは演劇の舞台よりもずっとリアルに見えるものだった。強気のリプリー、心が折れそうになるリプリー、セクシーなリプリー、怯えるリプリーと、様々な感情が露呈する複数のシーンを彼女は演じていった。

彼らは複数の場面(ウィーヴァーによれば7場面)を撮影した。専門用語をしゃべるシーン、無愛想なパーカー(カメラの前には出てこない)と激しく口論するシーン、火炎放射器を持って通路を歩き回るシーン、繭に包まれた同僚を発見するシーン、そして救命艇で最後の台詞を言うシーンも含まれていたという。さらに、この日限定でダラス役を演じるために雇われたレイ・ハセットを相手に、トップレスでのベッドシーンにも挑んでいる。

「リドリーはよく使うお香を焚き、セットに煙を充満させて雰囲気作りをしていた」と、クリスチャンは説明する。「『デュエリスト/決闘者』や、彼が手掛けた多くのCMでも使われていたお香だ。宇宙船内だから非論理的だけど、雰囲気は出ていたよ」

「だけど、ひとつおかしい話があるの」とウィーヴァーは明かす。「私はパブリック・シアターでのワークショックに参加したばかりだったんだけど、そこで参加者はハンフリー・ボガートみたいにタバコを吸わなければならなかったのよ。それでスクリーンテスト中にリドリーからタバコを吸ってみてと言われたから、またボガートみたいに吸ってみたの(笑)」

スコットはバックライトを当てたり、大量の電飾で光を溢れさせたりして、ウィーヴァーを様々な照明で撮影した。こうして、撮影が終了した時は午前2時を回っていた。

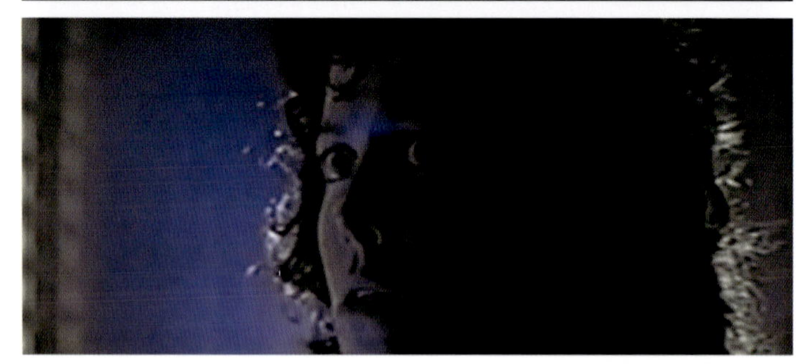

上/リドリー・スコットによるシガニー・ウィーヴァーのスクリーンテストからの3場面。一番上の場面では、彼女は伝説的俳優ハンフリー・ボガートのように紫煙をくゆらそうとしたという。

右／リプリーに扮するシガニー・ウィーヴァー。

「その後、テスト撮影されたものをラッシュで見て、セットの装飾の色味や密度などをチェックし、リドリーがいかに自分の素晴らしいアイデアを視覚的に映し出したかを理解したよ」とクリスチャンは賞賛する。「あの当時、リドリーをよく知る誰かが、彼は脳内のアイデアをそのまま映し出すカメラを持っていると言っていた。彼はその都度、どこでベストショットを得られるかを本能的にわかっているんだ」

「スクリーンテストは適切に行われた」とスコットは語る。「非常に精緻なテスト撮影だった。撮影したものをまとめ、少しだけサウンドも加えたが、アレンジした音楽は入れなかった」

ラッド・Jrはちょうど出張でロンドンに来ており、テスト撮影の結果を見るため、滞在を延長した。

ウィーヴァーが帰国するその日、試写室ではフォックスの重鎮であるラッド・Jrがサウンドなしの映像を鑑賞し、「うーん」と唸った。それから彼は電話を手に取り、上階のオフィスにいる秘書たちを下に寄こすようにと助手に伝えた。皆が集合すると、ラッド・Jrは12人の秘書、制作アシスタント、さらに2人の重役のためにテスト映像を上映した。

「つまり、もう一度、映像が流されたんだ」とスコットは振り返る。「そしてラッド・Jrは、『君たちはどう思う?』と問いかけた。突然、ひとりの若い女性が口を開いた。『彼女、ジェーン・フォンダみたいです』と。その後も4〜5人の他のスターと比較する絶賛の言葉が飛び交った。ラッド・Jrは『わかった、わかった』と女性たちの言葉を遮った。『よし、彼女で決まりだ。この件は以上だ』ってね」

「アラン・ラッド・Jrはスクリーンテストを見て、建物内の秘書たちを全員上映室に集め、映像を見させた」と、ガイラーも同様の説明をする。「それから、シガニーがジェーン・フォンダに似てるだの、フェイ・ダナウェイを彷彿とさせるだのと皆が口々に言い出して止まらなくなったんだ。で、彼が『彼女を使おう。合格だ!』と、声を上げたんだよ」

「誰もが好意的な印象を受けた」と、オバノンも語る。

「アラン・ラッド・Jrはスクリーンテストを見て、『素晴らしい。彼女を採用したまえ。ただし、煙草は吸わせるな。滑稽に見える』と言ったのよ」とウィーヴァーは明かした。

「スクリーンテストの映像はとても良かった」とプロデューサーのジェイ・カンターも同意している。

「シガニーは脆さと知性の両方を表現していた上、立ち姿も凛としていた。彼女はリプリーに必要な資質の全てを演技で見せてくれたんだ」と、クリスチャンも賞賛を送っている。

ニューヨークに向かう機内でウィーヴァーの気分は重かった。良い演技ができなかったと感じていたのだ。「強いヒロイン」というステレオタイプの演技になってしまったと後悔していた。「これが自分にとってどれだけ大きなチャンスなのか冷静に受け止めていたら、もっと頑張ることができていたと思う」

ラッド・Jrはウィーヴァーの起用を承諾したが、まだ必要な交渉や話し合いが残っており、彼女にはすぐに結果は知らされなかった。フォックスの法務部からの文書によれば、スタジオ側は6月15日まで彼女に対する選択権を正式に行使しないことになっていた。

「ウィーヴァーのスクリーンテストはフォックスに衝撃を与え、彼女の起用を確実に納得させることができた」と、パウエルは言う。「テストにかかった経費は微々たるものだったのに、効果はてきめんだった。フォックスには1979年公開予定の大作は他になかったので、彼らはこの『エイリアン』を当てにするようになっていったんだ」

だが、フォックスは慎重であり続けた。1980年の夏には『スター・ウォーズ』の続編が公開されるため、『エイリアン』はそれより前の夏に公開する必要がある。また、スタジオ上層部は『オーメン』と同じくらいヒットすることを願っていた。こうして主人公に最適な役者が見つかり、格好良い映画になりそうに見えたが、『エイリアン』の完成への道のりはまだまだ長かった。

## バイオメカノイド伯爵への回帰

「5月に入る頃にはキャスティングやセット建設も進み、誰もが戦々恐々と指折り数える7月3日の撮影開始日に向け、あらゆる作業が全力で行われていた」と、スコットは語る。スタッフ全員が長時間働いていた。ただ、模型制作だけはなおざりな扱いを受けており、スコットの心の中では二の次になっていた。最優先すべきはセットだったのだ。

「宇宙船内に作っていた通路が全部まっすぐになっていたんだ」と、オバノンは説明する。「碁盤の目のように通っていて、僕は思わず、『それじゃ見通しが良すぎる。宇宙船には死角が必要なんだよ』と指摘した。それに従って通路に死角が作られることになり、リドリーはコールドスリープのカプセルをその外れに置くことに決めた」

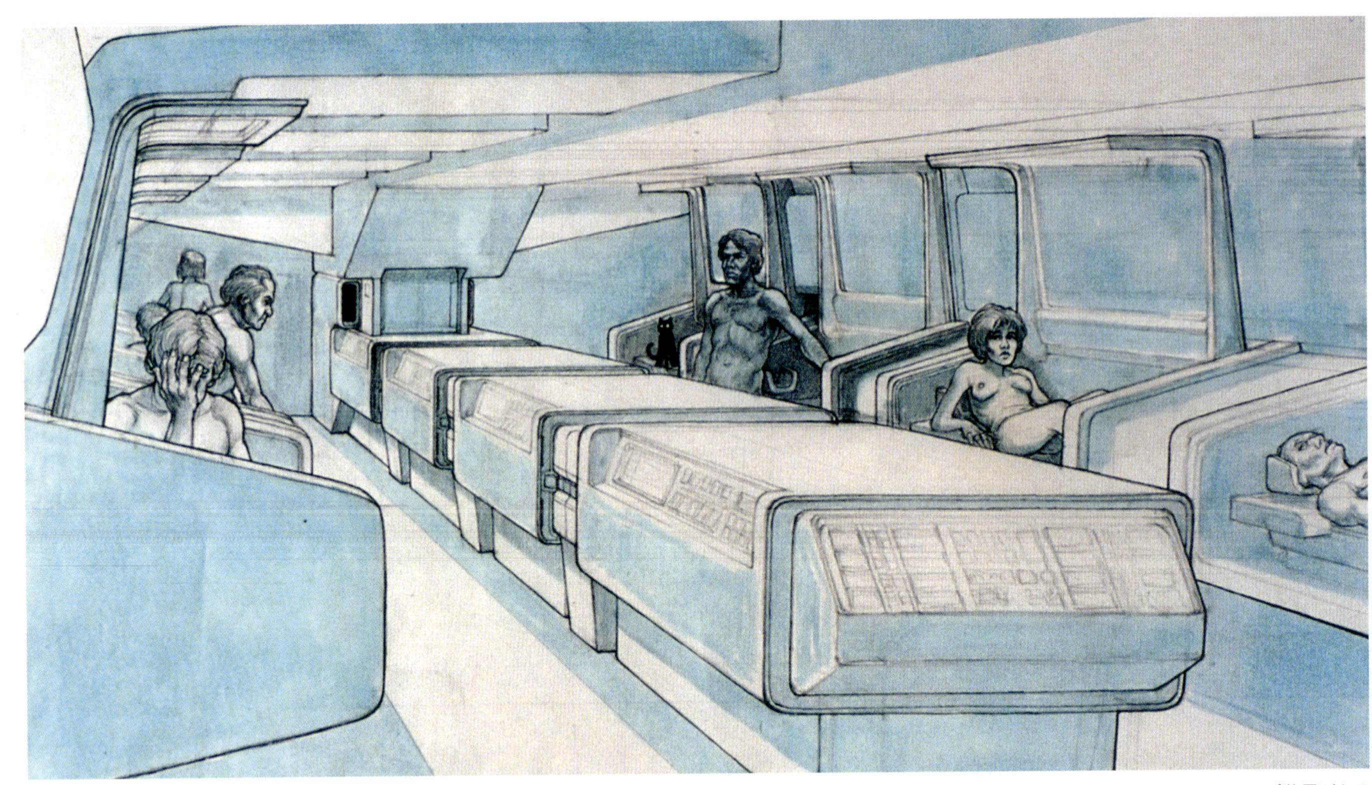

上／コールドスリープ装置があるエリアを描いたロン・コッブのコンセプトアート。4月時点でコールドスリープエリアは映画に使われるかどうかはっきりしない状態で、オートドックを改造して使う可能性も検討されていた。

そうして、5月半ばにコールドスリープのカプセルがとりあえず復活した。スタッフが低コストで建てる方法を考えてくれたおかげで、スコットはビールを説得することができた。「我々はスコットが望むものなら作ろうと決意したのだ」と、クリスチャンは書き残している。

クリスチャンとディリーに採用された美術監督補のベンジャミン・フェルナンデスは、予算オーバーで作れない可能性があるセットを救済する任務を与えられた。低コストの技術や使い回しの材料などを駆使して、予算をかけずに実現する方法を編み出すのだ。フェルナンデスはアルダーから、購入したものの未使用だった大量の油圧ポンプを見せてもらい、使いみちを思いついた。花弁のような形が7つ並んだコールドスリープ装置には塩化ビニール製の蓋が付いているのだが、これを持ち上げるのに油圧ポンプが最適ではないかと考えたのだ。

装置の図面が作られ、建設作業が開始された。だが、コールドスリープ装置に乗組員が裸で眠っているという設定はボツになった。フォックスは、『エイリアン』のレーティングをPGにしようと考えていたからだ。

5月17日、フォックスはウィーヴァーを正式に起用した。同じ頃、MCA／ユニバーサルはフォックスに対し、「エイリアン」というタイトルの使用権利を放棄しない旨を正式に伝えてきた。手書きの内部資料には、「このタイトルは使用予定である」と説明されており、引き続き交渉が行われることになった。

ヒルとガイラーは、さらに修正を入れた脚本を提出(P144参照)。この5月のバージョンは前月の改訂稿を完成させたもので、アッシュと乗組員たちの会話が改良され、最終章の展開を変えたことでパーカーとランバートの関係がより深まっている。2人はリプリーと共にシャトルに逃げようとするが、食料を集めている際にエイリアンに殺されてしまう。

5月中旬、キャロルとスコットはギーガーに電話を入れ、最新版の脚本に出てくるスペースジョッキーの骸骨のスケッチを依頼した。「今回のスペースジョッキーは屋外にあり、地面に溶け込んでいるので見つけることができない設定だ」と、ギーガーは書き残している。「調査班の乗組員たちは、船に戻って録画映像を再生するまでスペースジョッキーの存在に気づかない。フォックス側は、これは1967年の映画『欲望』に似ているかもしれないと言い出した。その物語では、写真のネガを現像して引き伸ばしたことで、初めて藪の中に隠された死体が発見されるという展開があるからだ」

彼らはギーガーをロンドンに招待し、各形態のエイリアン制作の進捗状況を見てもらった。ギーガーに近くで作業してもらいたいというスコットの強い希望が叶ったのだ。スタッフの中には相変わらず、映画初心者のギーガーを現場に迎え入れることに難色を示す者もいたが、この招待はそんなスタッフとギーガーに相互理解を深めさせたいという意図もあったのかもしれない。「イギリスに到着し、私がデザインした大きいほうのエイリアンを見たが、ひどい出来だった」と、ギーガー言う。「あれはまるで、ディズニーランドにある恐竜じゃないか。とてもショックだった。せっかくの美しいデザインが、あんな醜悪なものにされるなんて……」

彼は、建設が進むセットもいくつか見学した。その中にはHスタジオの小惑星のセットも含まれていたが、これもまた、ギーガーの眼鏡にはかなわなかったようだ。「小惑星の出来には愕然としてしまった」と日記に書いている。「私がデザインしたものとは全く違っていたのだ。私が立腹したのを見て彼らは、自分で模型を作りたいかと尋ねてきた。自分で作らない限り、望む出来にはならないというのは明白だった。だから作業を引き受けることにした。ディッケンはエイリアンを作れない。自分でやるしかないと思ったのだ」

しかし、実際のところ、ディッケンは既に第3形態のエイリアン制作から手を引いていた。

これが策略だとしたら、結果はうまく行ったことになる。ギーガーがどこまで担当するかは曖昧だったにせよ、彼は再び成体エイリアンの制作に「再任」したのだ。映画会社が用意したホテルは気に入っていたし、自分のコンセプトが立体に変貌するのを自分の目でしかと見届ける覚悟はできていた。そうしてギーガーは再び、様々なタイプの骨とプラスティシンを注文した。それから恋人のミア・ボンザニーゴに連絡し、自分がいかに『エイリアン』の製作に関与したかについてのドキュメンタリーを共に作ることにした。

「ギーガーは自分のそばにいてくれる人が必要だったの。何かあった時に手助けしてくれる誰かが」と、ボンザニーゴが語る。「それは友人であり、恋人でもある。私はあらゆることに取り組んだ。掃除も洗濯も、料理もした」

「ミアは充分な良識を備えた人間だが、過剰なまでにギーガーを守っていた」と、スコットは言う。彼はギーガーに対し、どのデザインも再修正する必要はないという姿勢を明確にしていた。取り組むべき課題は、既にOKの出た素晴らしいデザインを適切に立体化することだった。「結局、ギーガーは成体エイリアンの制作に関わることになった。あれは本当に難しい作業だったんだ」

ギーガーは、スカルプターのピーター・ボイジーとブライアン・ミューアーと会い、小惑星の風景や遺棄船の入口をどうするか話し合った。そしてまず、詳細な1/2スケールモデルを作ることになった。

医薬品販売店や食肉処理場から集めた箱いっぱいの骨が複数のトラックで運び込まれた。傷の付いていない人間の頭蓋骨も箱の中に綺麗に並べられていた。「骨の入った箱がスタジオ内に山積みになった」と、クリスチャンは振り返る。「一部のスタッフは動揺していたよ。人骨は死の恐怖を思い起こさせるからね」

「エイリアンをどのような外見にするかを決めてから、ギーガーは本格的なデザイン画を描いた」と、オバノンは語る。「彼は巨大なキャンバスに向かい、エアブラシで細かい部分までも仕上げていった」

数日後、ギーガーは小惑星のセットを見て驚愕した。「古い、間違った模型が使われたまま作業が進行していたのだ。なぜこんなことが、と思ったが、プロダクションデザイナーのシーモアによれば、中途半端なところで作業を中断するとスタッフの士

右上／シェパートン撮影所、Hスタジオの入口(ロン・コッブが撮影した写真)。

右下・P140-141／シェパートン撮影所のサウンドステージに建設中のセット。

気が落ちてしまうということだった。彼らは次に建てるべき新しいセットの模型が来るまで、忙しく働き続けなければならない。一度やる気を失うと、何もできなくなるからだと言われた」

だが、ビールがその話を聞きつけた。彼はシーモアと同意見ではなかったようだ。「シーモアは、現場の士気を損ねないように無駄なセットの建設を続けさせていた。2週間後にはお払い箱になるとわかっていながらスタッフに組み立てさせるほうが、彼らのやる気を削ぐだろうに。まさしくそれは、シーモアの現場管理能力が欠けているということに過ぎない」。シーモアとプロダクションマネージャーが現場をうまく仕切れていないことがビールにもわかった。「金が浪費され続けていて、映画が完成するどころの話ではなかったよ」

5月27日の土曜日、ギーガーの恋人で右腕でもあったミア・ボンザニーゴがイギリスに到着した。「黒のラバーパンツで歩く姿があんなに様になる人間は初めてだ。現場で作業していた連中も驚いて見惚れていたよ」と、スコットは言う（ボンザニーゴは、よくラバーパンツを穿き、ギーガー手製の大きなバックル付きベルトをしていた。そのバックルは、コウモリの翼、ネズミの頭蓋骨、空飛ぶ女性などがモチーフになっていたという）。

翌日の晩、ギーガーはなかなか寝つけなかった。「私は不安で、神経が過敏になっていた」と、彼は書き残している。火曜日、彼はキャロルからフォックスの重役たちを紹介された。キャロルはおそらく、奇妙なエイリアンのデザインを手掛けた男は変人ではないとわかってもらいたかったのだろう。「彼らは皆、ヨーロッパ式の握手をしたがった」と、ギーガーは続ける。「だが、私は断った。自分の手が汚れていたからだ。顎髭のある紳士から、『やあ、君がギーガーか！』と言われた。その言い方は私の心に疑念を残した。彼は私の作品を喜んでいるのか、それとも私の契約のことで怒っているのか、定かではなかった」

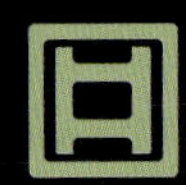

## 造船所

地球発の宇宙船ノストロモ号は3層構造になる予定だった。スコットは当初、ヒッチコックが『裏窓』で建てたような巨大な3階建てのセットを作るというアイデアを抱いていた。ところが、「それはきわめて複雑な構造になり、そのまま建てれば撮影にも問題が生じることがわかった」と、シーモアは言う。代替案として、彼らはシェパートンのCスタジオにAデッキ――乗組員の居住エリア、ブリッジ、コンピューター室、コールドスリープエリア、食堂、医務室――を作ることにした。ブリッジだけで50枚を超える設計図が必要になったという。スコットは、乗組員たちが寝泊まりする部屋はヒルトンホテルの住み込みスタッフの部屋をイメージしていた。壁はモジュラー化された詰め物で覆われており、『2001年宇宙の旅』で博士たちが未来的な旅客機で月面基地に移動するシーンにヒントを得ている。

Bデッキは、もっとコンピューターや機械技術が結集した階になるはずだった。Cデッキは貨物室のような感じで、スコットに言わせれば、「配管や配線が剥き出しのままの状態」らしい。「用途が異なる多様な乗り物の車庫もある。航空機とかトラクターとか。この構造は全て、ロジカルに考えられているんだよ」

曳航船と精製施設（そして、貯蔵施設）の長さは、およそ1,600mという設定だった。1978年の春から夏にかけて、製図担当スタッフは設計図を描き、宇宙船内部の細かな部分も描き加えていった。「もっと風変わりなデザインにして、かなり先の未来の物語に見せたいと考えていたんだが、制約が課されていた」と、スコットは付け加える。「科学進歩という観点では、僕らは『2001年宇宙の旅』を超えた世界にいる。もっと優れた能力を備えているはずなんだが、船のデザインは依然として NASAが作ったような、地球で製造された船のままだった」

「我々が作ろうとしていたのは、銀河系を行き来する3階建てのスーパータンカーだ」と、1979年にシーモアは語っている。「NASAやワシントンDCの国立航空宇宙博物館から興味深い研究資料を手に入れられたんだ。初期に作られた宇宙船の要素をピックアップし、それをどんどん膨らませていった」

「私は、エンジニアになろうとして挫折したようなものだ」と、ロン・コッブは言う。「だから映画の仕事でも、燃料耐性や重心、エンジン性能、放射線遮蔽まで細かく考えて、宇宙船を本物そっくりにデザインするのは、大変だけど楽しい作業だ。デザインした後は、どうやったらスクリーン上で本物に見えるか、様々な手をあれこれ考えるのが好きなんだ」

課題は、何本もの通路が繋がっていて、巨大さと閉所恐怖症的な息苦しさを同時に覚えさせる、そんな宇宙船を作り上げることだった。シーモアはこう語る。「SFというよりも、科学的な事実を描いているという印象を与えたかった。そして全体的に使用感と生活感を出し、長年の航行で少しくたびれた感じを醸し出したいと考えていた」

「コマーシャルの仕事で世界各国を飛び回っていた頃、僕はボーイング747に感銘を受けたんだ」と、スコットは明かす。「極東の旅では、いつも壁に数ヵ国語で言葉が記されているのを見て、きっと何年も経過するうちにどんどん汚れていくのだろうと思った。その理屈を映画でも採用させてもらった」

スコットが宇宙船に望んでいたのは、曲線的な外形でエジプトをモチーフに採り入れた、メビウスの漫画に出てくるようなデザインだった。デザイナーたちは、現代の宇宙船にはフラットスクリーンやプレキシグラスといった新しい素材が使われていることも知っていたが、この宇宙船のブリッジには古いテクノロジーを集中的に使うことにした。乗組員や観客に、「機械に囲まれて迷子になる」感覚を味わわせようと考えたのだ。

「セットの多くは変更されたが、変わったのは装飾の仕方のみだった」と、コッブは言う。「この宇宙船は古いテクノロジーだらけに改造されている。機械に取り囲まれる悪夢だよ。工場に閉じ込められているような感じなんだ」

ノストロモ号の内装とブリッジの装飾について、クリスチャンは次のように語っている。「機械に関心のあるスタッフが必要なんだ。壁にペンキを塗るのではなく、ガラクタを貼りつけるよう指示しているんだ。とはいえ、デタラメに接着したら見た目が最悪になる。だからパイプから始めて、きちんと並べたら次は配線だ。それから他のチューブ類に移る。ここまでの基礎が見映え良くできれば、あとはフジツボを貼っていくことになる」

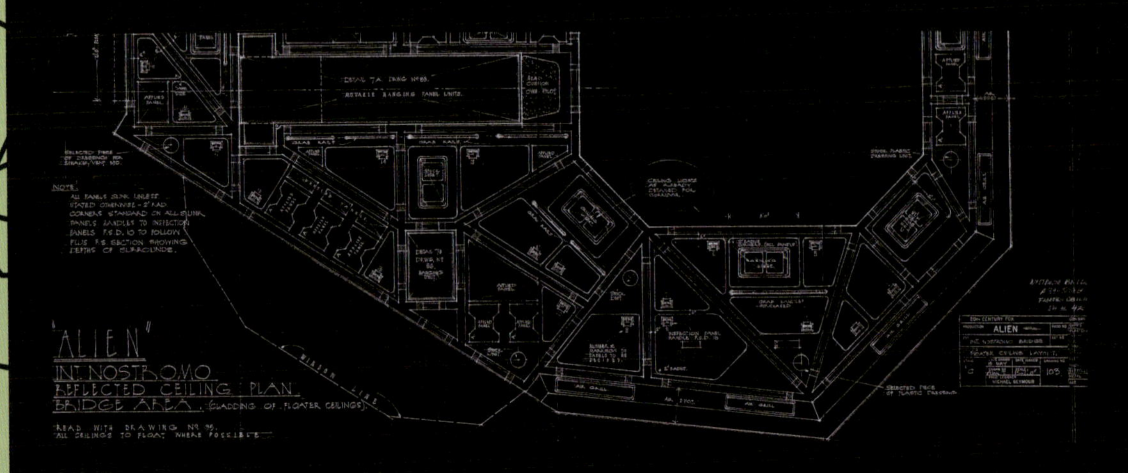


下／1978年5月15日付のアラン・トムキンスによるブリッジのセットの天井の図面。吊り下げ式のテレビモニター、照明パネル、手すりなども描かれている。

ノストロモ号のAデッキはCスタジオに建設されることになっていた。ブリッジの後部にはドアが3つ設けられ、ひとつは、「システム室」と呼ばれるコンピューター用の別館に通じ、もうひとつは控えの部屋と食堂に繋がっている。3つ目の扉の先には八角形の空間に通じる通路がある。乗組員たちは八角形の空間から角張った通路に出て、オートドックの外れに至り、別の八角形に行き着くと、また通路があって食堂の裏手まで行けるという構造になっている。

**上段左**／ギーガーによる、背景に埋もれたスペースジョッキーのスケッチ。1978年5月25日頃に描かれたと見られている。

**下**／上のスケッチをベースに描かれた骨だらけの景色。

**上段中央・右**／5月30日頃にポラロイドカメラで撮影された小惑星の模型制作風景。ギーガーが小惑星の模型も作ろうとしていたことがわかる。

　クリスチャンはギーガーから、「本物の骨が沢山必要だ」と言われたという。人骨は処理されていないと炭疽病を引き起こしかねないが、病院や研究施設向けに医学的用途で販売されている骨ならば、安全に使用できるように加工されていた。

　彼は何ヵ所かに電話をかけ、プロダクションの仕入れ係のジル・クァーティアーを遣いに出して、トラック何台分もの骨を購入させた。どれもギーガーのために、特別な処理が施されていた。

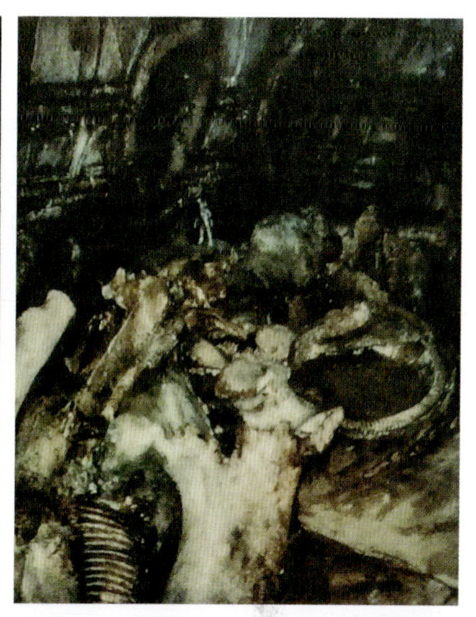

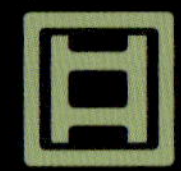

## 『エイリアン』脚本　改訂版

原案：ダン・オバノン、ロナルド・シャセット
執筆：ウォルター・ヒル。デヴィッド・ガイラー
1978年5月——概要

ヒルとガイラーが修正した全123ページの改訂版脚本が、前月に提出された一部と合わせて全部揃うことになった。主に物語の後半が扱われている。前半では新たな会話の追加や台詞の改良が見られ、手書きで表現を修正したところもあった。

この改訂版では、エイリアンを追跡し始める前、ダラスはアッシュにコンピューター別館の鍵を渡し、それをリプリーに渡すように言う。だが、アッシュがリプリーに渡さなかったため、彼女の疑念が高まることになる。警告サイレンが鳴り始め、エイリアンがエアロックに逃げ込めるようになった後の会話が修正された。

アッシュ：誰が警報を鳴らした？
リプリー：知ってるくせに。
アッシュ：どういう意味だ？
リプリー：自動的に鳴り出したんじゃない？
アッシュ：言いたいことがあるなら言え。遠回しに責められるのには、うんざりだ。
リプリー：誰も責めてなんかない。
アッシュ：いい加減にしろ。
リプリー：だから、責めてないってば。もうこの話はおしまい

のちに、彼女は鍵を探しに、アッシュがいつも座っているブリスターの中にこっそりと忍び込む。鍵はそこにあった。すると突然、白布に包まれたケインの死体が窓にぶつかって、彼女は肝を冷やす。

アッシュが絡むクライマックスシーンも書き直されている。アッシュの首が切断され、ロボットだと判明すると、彼はテーブルに首を置かれたまま、生きながらえさせてくれるよう交渉する。ガイラーはその会話シーンの冒頭で、アッシュにラドヤード・キップリングの詩『もしも——』を引用させる。

アッシュ：もしも周囲が理性を失っても、冷静でいられるのなら、君は一人前の人間だ……
リプリー：特別司令937って何？
アッシュ：リプリー、私が言えないことはわかっているはずだ。
リプリー：じゃあ、話し合う意味はないわね。プラグを抜くわ。
アッシュ：特別司令937は、船をあの惑星に導き、敵と思われる生命体を調査し、観察のために持ち帰るというものだ。もちろん慎重に。
リプリー：どうして黙ってたの？
アッシュ：言っても反対したはずだ。
パーカー：当たり前だ！ そんなの契約にはない。
アッシュ：戻ったら、労働組合に相談すればいい。だが、おまえらは間抜けだ。自分が何を相手にしているのか、まだわかっていない。エイリアンは完璧な生物だ。見事な骨格。狡猾で残忍。能力に限界がるおまえらでは、到底太刀打ちできまい。
ランバート：あんた、あいつを褒めるの？
アッシュ：完璧なんだ。賞賛せずにいられるか。だが、私はあいつを殺す。知っての通り、私は人間の命を守るようプログラムされているのだ。
リプリー：たとえあんたが人間を軽蔑していても？
アッシュ：そうだ。
リプリー：悪いわね、アッシュ。その手には乗らない。

リプリーがプラグを抜く。

ヒルとガイラーは物語の最終章を変更し、リプリー、パーカー、ランバートの3人は食料と酸素をできるだけ確保し、シャトル内で生き延びようとすることになった。そしてリプリーは、おとりになってエイリアンを救命艇に誘い込み、宇宙に放とうとする。

いずれの計画もうまく行かなかった。リプリーは火炎放射器の炎でエイリアンを追い払うも、パーカーとランバートは食料を集めている間に殺されてしまう。前回のバージョンと同様に、映画はシャトルに乗った猫のジョーンズとリプリーを映して終わっている。

Parker reaches for a beer.

RIPLEY V.O.

What's HAPPENING

PARKER
This god-damn woman. I'LL TELL HER WHAT'S HAPPENING. MY JOHNSON IS HAPPENING.

He punches the communicator.

PARKER
A lot of hard work. Real work.

He opens the beer.

上／脚本に手書きで指示された修正箇所。パーカーの台詞が「彼女に説明してやれ。まったくしつこい女だぜ」に変わっている。

右／ベンジャミン・フェルナンデスが1978年5月24日に描いた、コンピューター室の平面と立体の設計図。ブリッジ同様、吊り天井になっている（つまり、天井を持ち上げて、オーバーヘッドショットのために空間を作ることが可能）。

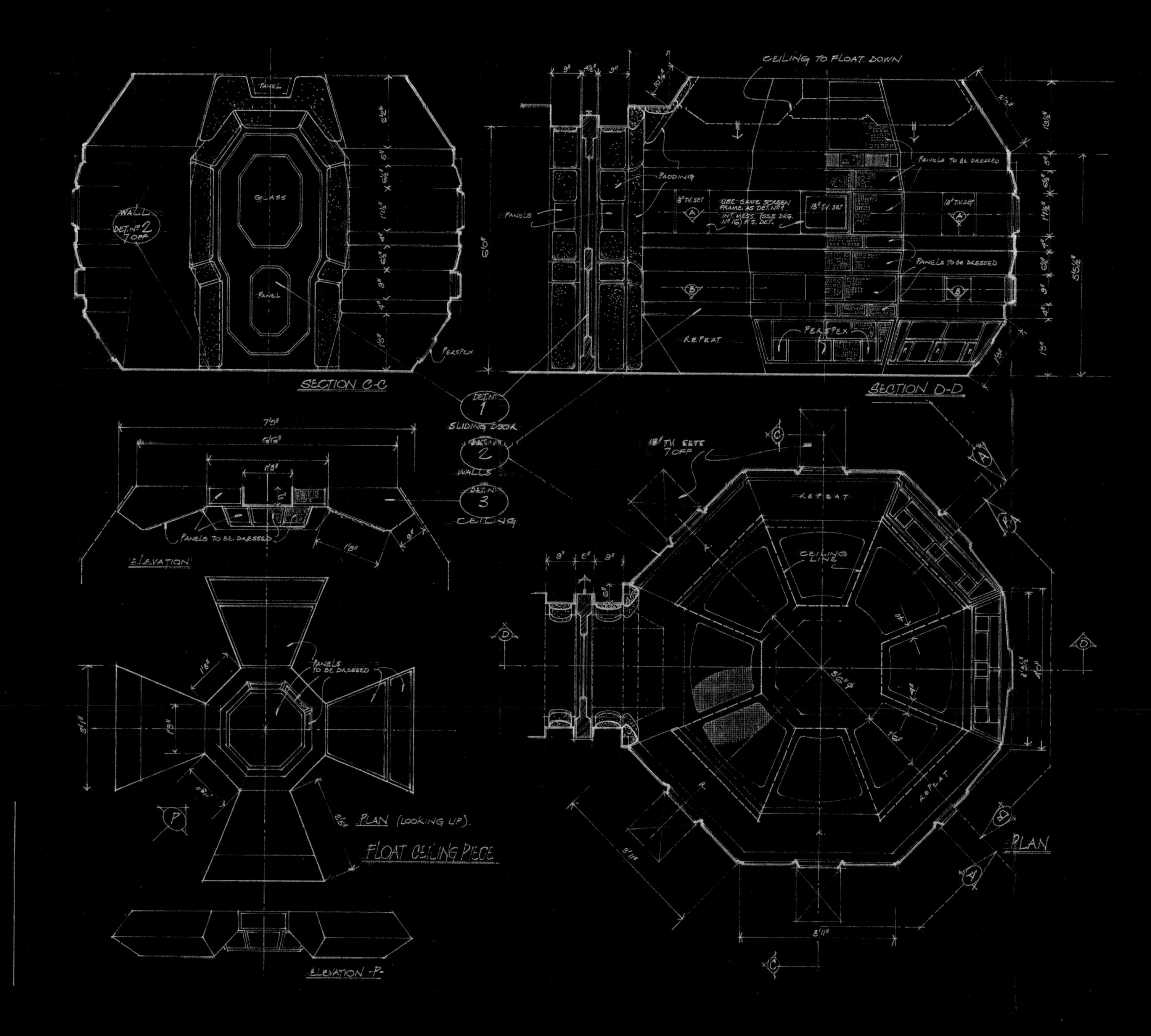

CHAPTER 7

# フェイズシフター

1978年6月〜7月

右／部分的に装飾が施された通路。端には鏡を置き、通路を長く見せることが多かった（この写真では通路の開口部に作業中のスタッフが写っている）。

7

「リプリーについては、考えたことをその都度書き留めておいたの」とウィーヴァーは語る。

フォックスの社内文書では、ウィーヴァーにはリプリー役に選ばれたことを6月7日に伝えたと記されている。「スクリーンテストを受けると聞いても強気な態度だったから、おかげで役を獲得できたのかもね」とウィーヴァーは笑い飛ばす。彼女が役に決まったのは、全キャスティングのほぼ最終段階だった。

一方、衣装テストの準備を控えたカートライトは、嬉しくない知らせを受け取った。「脚本はリプリーの台詞しか読んでいなかったのに……」と彼女は振り返る。「でも、電話をもらったら、『ランバート役の衣装合わせに来てくれ』と言うの。『いえ、私はランバートではなく、リプリー役なんですが』と訂正したけど、向こうは『いや、君はランバートだ』という答えだった。エージェントに電話して、『私はリプリーでしょ?』と確認すると、彼もそうだと言う。『じゃあ、なんで私がランバート役になるのよ!』と、問いつめてしまったわ」

プリプロダクションは混乱状態にあり、そんな中で制作側は大きなミスをしてしまった。誰もカートライトに配役の変更を知らせなかったのだ。「彼女がすごく怒っていると聞かされた」と、スコットは言う。

キャスティングディレクターのメアリー・セルウェイとスコットは、ランバート役に「感情の激しさとありがちではないルックス」を求めており、カートライトはその条件に合致していたのだ。

だが、「彼らは(役の変更を)伝えようともしなかった」とカートライトは言う。「それに、ランバートの視点から脚本を読んだこともなかった。だから、必要に駆られてもう一度読んでみたんだけど、彼女のやっていることといったら、ただ泣き叫ぶだけ。『絶対に違う。こんなキャラクターは私向きじゃない』としか思えなかった。そこでプロデューサーに話をしたら、こう返ってきた。彼女は実質的に『観客』の役割で、観客は物語を彼女の視点で見るんだって。ランバートは、観客が抱く『恐怖』の感情を真っ先に表現する人物だったの」

こうして、カートライトはランバート役を受け入れた。

この頃、ノストロモ号の乗組員の衣装はほぼ完成していた。ジョン・モロは、シェパートン撮影所のアトリエで次のような衣装を作る契約を結んでいた。3,500ポンドで宇宙服3着分と、子供用の小さなサイズ(セットを大きく見せるためのもの)3着分のデザイン・制作。フェイスハガーのシーンのために、ガラス部分を壊れやすく作ったSFXヘルメットを1個。チェストバスターのシーンで使うSFXシャツを250ポンドで数枚。また、クライマックスシーンのために「圧力非常事態用スーツ」もこしらえる予定だった。その他の重要な衣装としては、医療用作業服、フェイスマスク、シールド(エイリアン追跡用)に加え、乗組員を演じる俳優とその代役用の基本のインドア用スーツ、アッシュが首をもがれる時用の特別スーツがある。

「全てを映画の世界観に溶け込むようにしたつもりだ」と、スコットは語る。「ルーカスの『THX1138』と、その未来世界の描き方にとても感心してね。それに影響されたのは確かだ。というのも……何もしていないんだよ。何もしないで未来感を出すのは非常に難しい。キューブリックも、『2001年宇宙の旅』の宇宙服に特に変わった加工はしていない。あちこちにファスナーを付けたりせず、玉虫色に光るサテン地のジャーキン(襟と袖のないぴったりした上着)みたいなダサい格好にもしなかった。登場人物が着ていた宇宙服は、多少の差異はあっても、今日のものとほとんど変わらないんだ」

キューブリックとルーカスからヒントを得たスコットは、現在とさほど変わらない近未来の世界を思い描いた。そこには、むさ苦しい者もいれば清潔感溢れる者もいるだろう。スコットはメビウスが描いたコンセプトデザインの写しを山ほどモロに渡し、甲冑風の宇宙服案を説明すると共に、どのようなイメージを望んでいるかを伝えた。モロによれば、スコットはメビウスのデザインに惚れ込んでいたという。「監督は、実用的でありながらも魅力的なデザインを求めていた。しかも、使用感のある古びた見た目にしたいということだった」と、彼は証言する。

スコットはさらに、宇宙服をキャラクターごとに色分けするように伝えた。「メビウスのコンセプトデザインは実に見事だったが、どうしても映画向きではなかった」と、彼は明かす。「モロの役目は、それをスクリーン上で見栄えするようにすることだった。彼が映画で使えるようにデザインし、それを模型制作者や技師に形にしてもらう。彼らは綿密に連携して作業してくれたよ」

モロはアドバイザーを務めた『バリー・リンドン』でも『スター・ウォーズ』でも、同じように素晴らしい衣装デザインを生み出した実績があった。そして今回は、アイスホッケーやアメフトのユニフォームを素材として、クリケットの脚用パッドや肩パッド、膝パッドなど様々なパーツを変えたり色付けしたりしながら宇宙服を作り出していった。ヘルメットはスコットの指示を基に、粘土で造形した後に「グリーブリーズ」を重ね付けし、最終的に繊維ガラスで成型した。内側にはメビウス案の小さなライトも付いている。作業にはアルダーと彼のチームも加わった。また、それぞれの衣服には国旗風のワッペンを付け、黄色の宇宙服にはイギリス国旗のワッペンを付けた。

「リドリーの要望では、どの衣装も長年使い込まれたように見せたいということだった」と、モロは言う。「だから何度も洗濯をし、ゴシゴシこすり、サンドペーパーまでかけて、着古した感じにしたんだ」

こうして手間をかけて、彼らは登場人物を「宇宙のトラック運転手」のように見せる衣装を作っていった。そのために、細部まで汚れやだらしなさを醸し出すように細工されている。ノストロモ号の中では乗組員たちはごく普通の作業着を着用し、その格好で汗をかき、生活し、眠る。ヘッドバンド、野球帽、ブーツ、バンバージャケット、アロハシャツ、特注のPFフライヤーズのスニーカー、カウボーイブーツ、ステンシルを施したジャケット……モロが準備した衣装はどれも、現代の大型商業タンカーの船員が着ていてもおかしくないものだった。唯一、アッシュの服だけは清潔で、綺麗にアイロンがかけられていた。

## 争うアーティストたち

6月初め、スコット、キャロル、ギーガーはディッケンのスタジオ〈ペルシダー〉に出向き、エイリアン首脳会議とも言えるミーティングに出席した。山ほどある懸念事項の中でも、エイリアンの出来が映画の命運を左右するということはスコットも承知していたが、現状ではどの形態の制作状況も順調とは言えなかった。

ギーガーはディッケンのアトリエを「魔女の住処」に例えている。そこにいる時のディッケンは、ギーガーと同じようにいつも黒づくめの服装だったのだ。だが、似た者同士の2人は同族嫌悪の関係にあるようだった。スコットはギーガーに対し、相手の癇に障る言動をしないように前もって注意をしていたものの、彼がディッケンの作った模型を気に入っていないのは明白だった。ギーガーはディッケンのことを「批判に耳を貸さず攻撃的になる、ノイローゼ寸前の変人だ」と描写している。

「ディッケンは、ギーガーのデザインの奴隷にはなりたくない

次頁/コップによる宇宙服のコンセプトデザイン。衣装デザイナーのジョン・モロも沢山スケッチ画を描いており、それが完璧なコスチューム(この頁・上)を生み出す結果となった。

と思っていた」。そう語るのはオバノンだ。「だから、彼のデザインを自由に解釈し、自己流のアイデアと個性を融合させるつもりでいた。しかしギーガーのほうは、エイリアンは自分が描いた通りに仕上げるべきだと思っていたんだよ」

「ディッケンは私のデザインを、ひどい失敗作だと言ってきた。自分なら、ずっと美しいものを作り上げるだろうと」と、ギーガーは相手の発言を苦々しく書き残している。

対立し合う2人をスコットとキャロルがどんな困惑した顔で見ていたのか、それは想像することしかできない。

後になって、ギーガーはディッケンに対する感情を爆発させたという。「落胆した私はスコットに打ち明けた。解雇されたせいで無駄になった6週間のことを考え、怒りが強烈さを増して蘇ってきた。静かだが猛烈な憤怒が私の背中を押し、自分がデザインした怪物は自分の手で作り上げると決意した。スコットとキャロルにこの決断を話すと、キャロルは目を丸くしてこちらを見つめ、君にそれを実現する技術的な力はあるのかと尋ねてきた。私は感情をこらえ、何度目かわからないほど繰り返してきたことを言った。私はチューリッヒの美術学校で4年間工業デザインを学び、デザインだけでなく自ら造形作業をすることもいとわないのだと」

エイリアン制作の進捗状況は、ハリウッドのランバルディから受け取ったビデオテープに詳細が収められていた。ランバルディはまず、必要なメカ機構を組み込めるようにギーガーのデザインを修正した。口の中から舌のように出てくる2つ目の歯を、蝶番とケーブルでコントロールするためだ。彼は約2週間かけて60cmほどのエイリアンの粘土模型を作り、あらゆるアングルから録画した。だが、ギーガーにとってはこれもスケッチを忠実に立体化したものではなく、恐竜のような姿にしか見えなかった。

「それを見た時、もう他の誰にもエイリアンを任せることはできないと確信した」と、ギーガーは日記に残している。「戻ったらすぐに、エイリアンの作業に取り掛からなければならなかった。自分の作ったエイリアンは私が間に合わなかった時のための予備でしかないとわかったら、ディッケンは仕事への興味を失ってしまうだろう」

実のところ、スコットとキャロルは、ギーガーには成体エイリアンを作ることだけを望んでいた。だが、彼は当初の模型制作よりも広い範囲を手掛けられるようになったものの、エイリアンの全形態を自分で作りたいという個人的な野望を抱き続けていた。

スコットは、ギーガーに映画制作の現場で働く能力があるのか不安ではなかったのかという質問を受けた際、当人からの不満の吐露を思い出したのか、このように答えている。「僕たちは初っ端でギーガーを憤慨させてしまった。ただ、適切なチームと共に仕事をさせようとしただけだったのに。想像できるかい？ 彼はスイスからシェパートンに連れてこられた工業デザイナーだ。納品の期日も作業スケジュールも全て理解している。ただし、何から何まで手伝っている恋人の女性以外、知っている人間が誰ひとり周りにいない。だから、彼の周りで働く技術者や腕の立つスカルプターたちを選ぶのに、僕らを信用して任せないといけなかったんだ」

ギーガーは、キングズヘッドというパブの庭でボンザニーゴと共に座り、「あれはまるで悪夢だった!」と、当時の状況に思いを馳せている。

翌日、スコットはギーガーにボラジ・バデジョーを紹介した。「残念なことに彼はX脚で、横顔の造作も嫌な感じだ」とギーガーは書き残している。そして彼はスコットのオフィスで、バデジョーでは使いものにならないから、条件に合う他の人間にやらせてくれと訴えた。「リドリー・スコットはこの黒人青年は私の望み通りにやれると言い、彼を完璧なエイリアンに変えるためなら、いかなる協力も惜しまないと約束してくれた」

ギーガーにはアトリエとして、Bスタジオに隣接する倉庫をあてがわれた。4m×4m×3mの広さで、スポットライトが2基、キャスター付きの回転椅子が1脚置かれ、扉は施錠可能。壁には新たな進行表が貼られており、ギーガーの記録によれば、「オバノンがしょっちゅう訪ねてきて、うろついていた」という。この新アトリエで、彼はジョンソンに頼まれた遺棄船のプラスティシン模型を完成させた。また、スカルプターのエディ・バトラーのチームにいたアシスタントと組んで仕事をするようにもなり、恋人のボンザニーゴも手伝いながら、協力して第3形態エイリアンの頭部を検討用として2バージョン制作した。一方、ギーガーは小惑星と遺棄船のセットの進捗状況をチェックするため、Hスタジオにも足しげく通い、遺棄船のドア制作や、発砲スチロールから船体の湾曲部の切り出しを行なっていたボイジーとおしゃべりをした。

「結局のところ、我々は遺棄船の模型をうまく作ることができなかった」と、ジョンソンは顛末を語る。「エッシャーのだまし絵のようなものだったんだ。2次元の絵では論理的に実現可能に見えても、どうしても立体で再現する方法がなかった。遺棄船はうまく形にならなかった。修正できるかギーガーと話し合った末、彼がデザインを描き直すことになった」

ギーガーは眠れぬ夜を過ごすことが多かった。「期限までに仕事が終わらないのではないかと、常に気を揉んでいた」と彼は書いている。「エイリアンを納期までに仕上げられなかったら、と考え出すと寝つけなくなってしまうのだ。主役が良くなければ、映画はダメになる」。だが、その数日前の午後には、ギーガーは

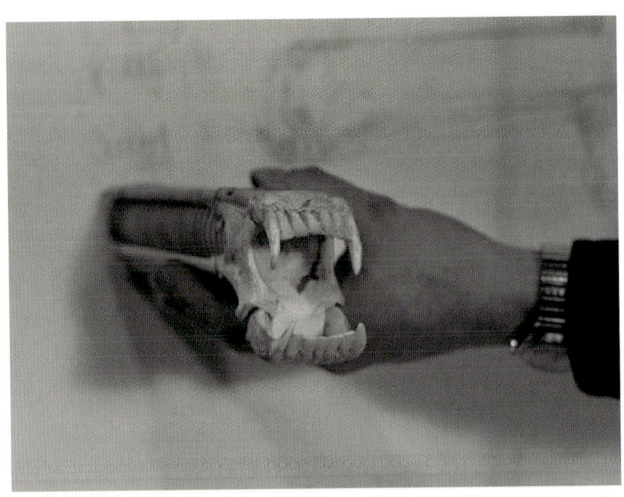

左／バデジョーから型取りした第3形態エイリアンの頭部の試作品と、それを眺めながら歯を持つ顎について議論するプロデューサーのゴードン・キャロル、スコット。

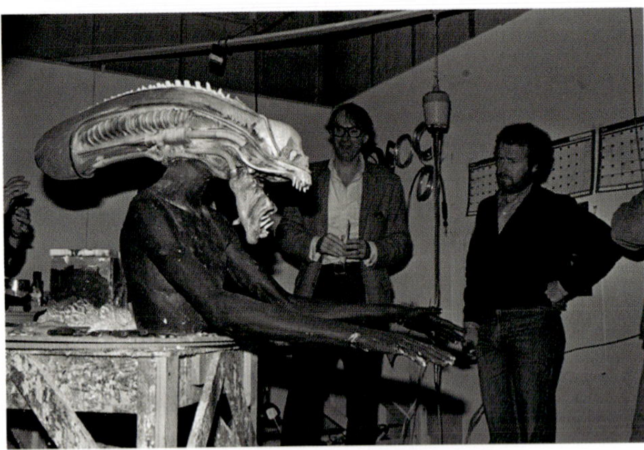

ボンザニーゴと少量のLSDを摂取し、テレビを見て笑いながら、「エイリアン・トリップの真っ最中だ！」と叫んでいたという。

6月12日の月曜日、スコットはエイリアンの頭部デザインを決め、この悪魔のような生物に尻尾を付けることにした。攻撃時には脚の間から尻尾を突き上げ、おぞましいペニスのように見えるという案だ。キャロルはランバルディに電話をし、ひとまず頭部の機械構造だけを進めるように伝えた。もはやランバルディにスーツを任せる気はなかったのだ。

一方のギーガーは、フェイスハガーのデザイン変更の提案をまだ諦めてはいなかった。その頃、ディッケンはフェイスハガーの等身大モデルも同時進行で作業していたが、「時間をどんなにかけても少ししか進まなかった」と言う。

当時の状況について、俳優のイアン・ホルムはこう証言する。「噂が流れていたんだ……視覚効果チームや監修者の間では、他の者を出し抜こうと険悪なムードになっているらしいって」

6月20日、キャロルとスコットはギーガーのスタジオを訪れ、作業を早く進めるように催促した。第3形態の頭部がまだランバルディに送れる状態になっていなかったのだ。その2日後、彼らはギーガーが第1/第2形態の制作に時間を費やしていることに気づいたのか、第3形態だけに集中するようにと念を押した。ギーガーは納得したものの、それでもフェイスハガーをなんとかできないかと模索し続けていた。

この時期ずっと、彼は自身を主題としたドキュメンタリーも制作していた。セルフプロモーションの重要性を痛感したギーガーは、映画界への足がかりを得たこともあり、芸術家としての自分とその作品を大勢に知ってもらおうと画策していたのだ。だが、ビールには、ドキュメンタリー制作はほどほどにして、もっとエイリアンの作業に打ち込めと注意されていた。第3形態の納期である6月26日が差し迫っていたのだ。

## ケインを育てる

6月時点の修正予算の総額は、以前と変わらず839万6,172ドル（12％の間接費を含む）だった。記録によれば、その21％をアバーブ・ザ・ライン（P106参照）が占めているのは確かで、その前年は総経費の28％に及んでいた。ラッド・Jrに宛てた文書では、セット、特殊効果、ミニチュアにかかった経費326万1,687ドルを考慮すると、このままでは予算から足が出るのは間違いないだろうと指摘されていた。ビール、パウエル、プロダクションマネージャーのギャレス・トーマス、会計士のビル・フィンチは事態を注視し続けた（イーディ・レヴィ制度と助成金・税制上の優遇措置は1985年まで存在していたにもかかわらず、

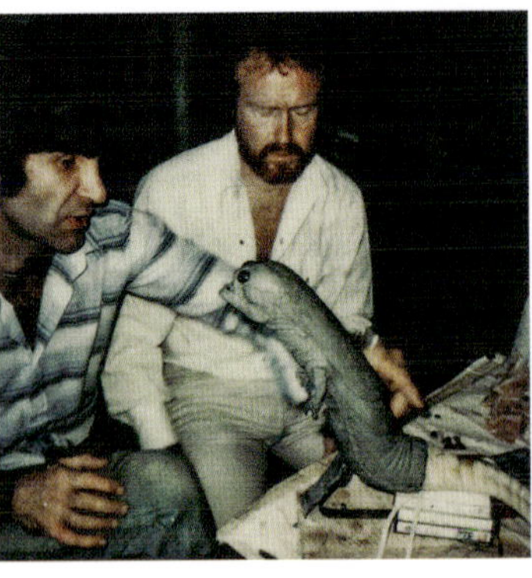

上／チェストバスターの初期の試作品をチェックするスコットとロジャー・ディッケン。

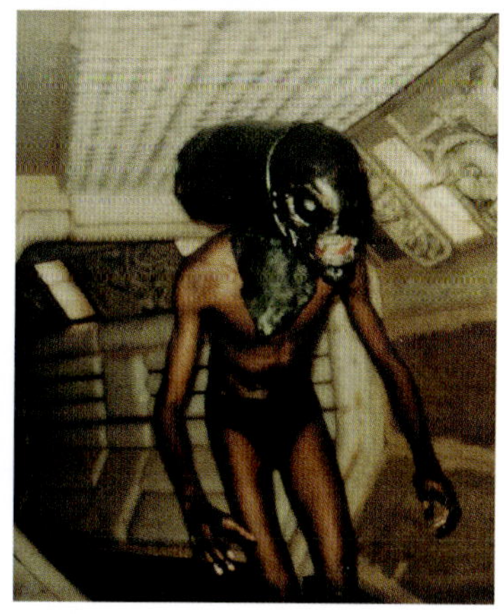

上／ボラジ・バデジョー。

下／1978年6月5日頃に撮られたポラロイド写真。エイリアン頭部を装着したバデジョーが写っている。ナイジェリアのラゴスで生まれた彼は、ナイジェリア放送会社の会長で福祉行政官でもある父を持つ。エチオピアで芸術を学び、サンフランシスコで3年間を過ごした後、ロンドンでさらに学業に専念していたところを見出され、エイリアン役にキャスティングされた。

ビールの証言によれば、『エイリアン』は結局、同制度からの金は一銭も受け取らなかったという）。

同月、「A-39」というプロダクション番号が与えられた『エイリアン』の現場では、セット建設を急ピッチで仕上げるべく、さらに大勢の大工が雇われた。

残る未決定のキャストは、ケイン役のみとなっていた。スコットは『The Naked Civil Servant（裸の公務員）』（75）、『ミッドナイト・エクスプレス』（78）、『ザ・シャウト/さまよえる幻響』（78）などに出演していたジョン・ハートを希望していたが、ハートは『ズールー戦争』（79）の撮影で南アフリカに行くため、出演はできないとのことだった。そこでスコットは代わりとして、ロマン・ポランスキー監督作『マクベス』（71）で見せたマクベス役の力強い演技を買い、ジョン・フィンチに白羽の矢を立てた。『以前からポランスキー監督の仕事ぶりには感銘を受けていたんだ。もちろんフィンチの演技にも』と、スコットは語っている。

スコットは編集技師のテリー・ローリングスにも声をかけた。彼は、ちょうどアニメーション映画『ウォーターシップダウンのうさぎたち』（78）の編集を終えたばかりだった（奇しくも、ジョン・ハートは同作でヘーゼル役の声優を務めている）。ローリングスは『デュエリスト/決闘者』で音声編集を担当していたため、『エイリアン』の音声編集も彼に頼めないかというプロデューサーからの提案だった。だが、ローリングスは申し出を断った。「私は映像編集のほうがやりたいと言ったんだ」と彼は振り返る。

ローリングスがミーティングの席でその要望を話すと、キャロルと重役たちは賛成し、映像編集は彼が務めることになった。撮影中はスコットのすぐ後ろで編集作業を行い、スコットが選んだラッシュを粗編集（アッセンブリー編集とも言う）で繋いでいく。撮影を終えたらすぐに準備できるようにするためだ。

撮影開始までの1週間、スコットとヴァンリントは何度も話し合いを重ねた。「撮影に先立って、沢山議論をしたよ」と、ヴァンリントが言う。「照明の加減や、宇宙船のあちこちに設置されたテレビモニターの同期についてね」

ヴァンリントはフィルム映像とテレビモニター画面のフレームレートが同期するように、1秒24コマではなく25コマで撮影することを提案した。「映画のフレームレートは24コマなので、画面にフリッカーが出るのを防ぐには（50コマの）モニター映像と同期するまでカメラを回す必要があった」と、クリスチャンは説明する。「だから、各モニターの再生映像には、カメラが同期するまでの余白として長いイントロ部分を付けてあった」

その6月、ウォルター・ヒルとデヴィッド・ガイラーは全106ページの脚本最終稿を提出した（P160のコラム参照）。本作には暴力的な描写が含まれるため、この最終稿はすぐさまアメリカ映画協会のレーティング審査機構に送られた。アメリカで成人向けだと指定されるようなシーンは、撮影しても無駄になるだけだからだ。

ヒルとガイラーは、脚本の最初のページにジョセフ・コンラッドの小説『闇の奥』から引用した「僕たちは生きている。まるで夢を見るのと同じように――ひとりぼっちで」という一文を加えた。おそらく、コンラッドが好きなスコットから提案されたのだろう。この引用は、宇宙船の乗組員と主人公リプリーの設定をうまく物語っている。

「リライト作業は永遠に終わらないかに思えた。だが、デヴィッドと私はやり遂げたんだ」と、ヒルは安堵したように言う。2人はニューヨークのナヴァロ・ホテルの一室に缶詰になって執筆したという。ヒルは4月に監督作『ザ・ドライバー』を完成させたばかりで、執筆の合間には次回作『ウォリアーズ』の準備も行なっていた（ナヴァロ・ホテルはセントラルパークの南に位置し、グレイトフル・デッド、ローリング・ストーンズ、キンクス、ザ・フーといったバンドのツアー時の御用達の宿でもあった）。

また、ガイラーは同時期、修止と推敲を重ねるべく、ロンドンにも飛んでいた。

「最終稿では、物語がかなり引き締まった」と、ヒルは説明する。「無駄がなく、恐ろしくて……。前半では客観的に思えた問題も、後半になるとリプリーに共感して主観的に捉えられる。彼女を通じて恐怖を体感するようになるんだ」

ダン・オバノンの名前は再び表紙から消えていた。おそらくヒルとガイラーは、自分たちが書き直したバージョンは、最初に脚本を書いたオバノンたちの努力を凌ぐものになったと感じたのだろう。「2人の登場人物を男性から女性に変更し、コンピューター〈マザー〉の役割をアッシュに移し、フィルムノワールの鋭さを加えて……どれも僕がやったことだ」と、ヒルは自負する。「それはオリジナルの脚本にはなかった。デヴィッドと私が投入した、我々独自の要素なんだ」

しかしながら、数日後にガイラーは共同脚本家としてオバノンの名前を復活させ、会話にさらなる磨きをかけた「改訂版最終稿」の脚本を送付した。また、予算の都合もあり、化石化したパイロットの姿を小惑星探査のシーンから削除した。つまり、スペースジョッキーはもう出てこないのだ。

ロナルド・シャセットは次のように思い出す。「彼らに言われたんだ。『あんなセットを作るのは無理だ。一度しか出てこないのに制作費用がかかりすぎる。スコットは代わりに、全長4m半の粘土に刻まれた痕跡を撮影することになるよ』って。だから僕たちは反対し、『絶対ダメだ。あれはセシル・B・デミル監督顔負けの壮大なシーンにすべきなんだから、フルスケールでないと。この作品に、ロジャー・コーマン的なB級映画感は要らないんだよ』と力説することになった」

セットに関して変更はなかったが、改訂版最終稿は少しだけ、オバノンのオリジナル脚本に立ち返ったところがあった。アッシュが密かに乗組員をコールドスリープから起こすのではなく、コンピューターが覚醒させる展開に変わったのだ。また、大気中の塵が漏電による火事を引き起こし、信号を送る装置が遺棄船で発見されることになる。

「ガイラーが映画の制作から離れると、監督は僕を（脚本の改訂作業に）呼び寄せたんだ」と、オバノンは語る。彼によれば、キャロルもその場に同席していたそうだ。「そして、脚本を彼らが望む形にするための必死の共同作業に突入した。完成させた時には、オリジナル脚本の要素の80％は残っていたんじゃないかと思う」

「物語は段々とオリジナルの内容に戻っていったんだ」と、シャセットも言う。「監督がオリジナル脚本のほうが好きだったからだよ」

「本当に問題だったのは、ダンの立場だった」と、1979年にロン・コッブが打ち明けている。「ヒルとガイラーがリライトした脚本はひどかったんだ。ずさんで意味のない箇所もあって、話の筋を通すのにダンはすごく手こずっていた」

「彼らの関係は良好ではなかった」。オバノンとシャセット対ヒルとガイラーの関係について、スコットはこのように描写する。とりわけ、オバノンとガイラーは全く馬が合わなかったという。「キャロルは紳士的だから、できるだけ平穏な空気を保とうとしたんだが」と、彼は言う。「彼らの関係は冷え切っていた。僕は板挟みになりながらも、何とか事を前に進めようとしていた」

## あと一歩

本撮影開始に向けた準備が進む中、初期に作成された9月29日を最終日とする64日間の撮影スケジュールは、実現不可能だと見られていた。「冗談が好きなスタッフの間では、『ジョーク・プラン』と呼ばれていたくらいだ」と、ギーガーは書き残している。「プロデューサーたちは、これでは期限までに撮影が終わらないと考え、日々苦悩していた」

結局、スコットの以前からの訴え通り、撮影期間は1ヵ月増えて13週から17週になり、わずかながら予算も増えた。しかし、経費削減の取り組みはまだ終わっていなかった。わずか数日後、Aスタジオでは、ケインが卵貯蔵庫に降りていく縦穴として木製の楕円形の骨組みが完成しており、ギーガーは自分のデザイン通りの仕上がりだと満足していた。ところが、彼はこ

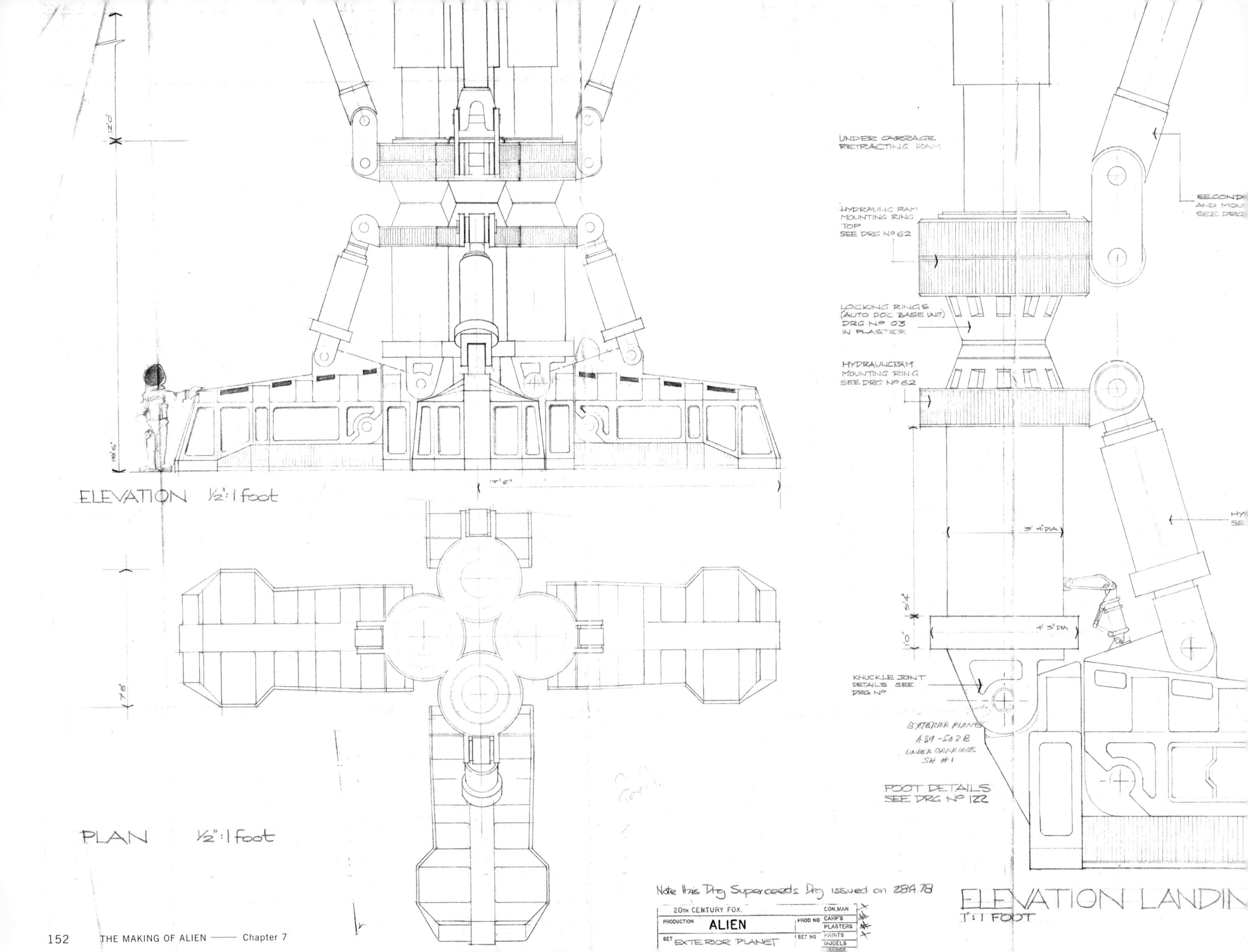
12'0"
18'6"
ELEVATION ½":1 foot
17'6"
7'8"
PLAN ½":1 foot
UNDER CARRAGE
RETRACTING RAM
HYDRAULIC RAM
MOUNTING RING
TOP
SEE DRG Nº 62
LOCKING RINGS
(AUTO DOC BASE UNIT)
DRG Nº 03
IN PLASTER
HYDRAULIC RAM
MOUNTING RING
SEE DRG Nº 62
3' 4" DIA
4' 3" DIA
1'0"
KNUCKLE JOINT
DETAILS SEE
DRG Nº
EXTERIOR PLANET
A39-503B
UNDER CARRIAGE
SH #1
FOOT DETAILS
SEE DRG Nº 122
Note this Drg Superceeds Drg issued on 28.4.78
20TH CENTURY FOX.
PRODUCTION
ALIEN
PROD NO
SET
EXTERIOR PLANET
SET NO
CON.MAN
CARP'S
PLASTERS
PAINTS
MODELS
ELEVATION LANDIN
1":1 FOOT

前頁・下／1978年5月20日付の宇宙船のエレベーターと着陸脚のコンセプトアート、着陸脚と降着装置の設計図。製図者スチュアート・ローズが手がけたもの。

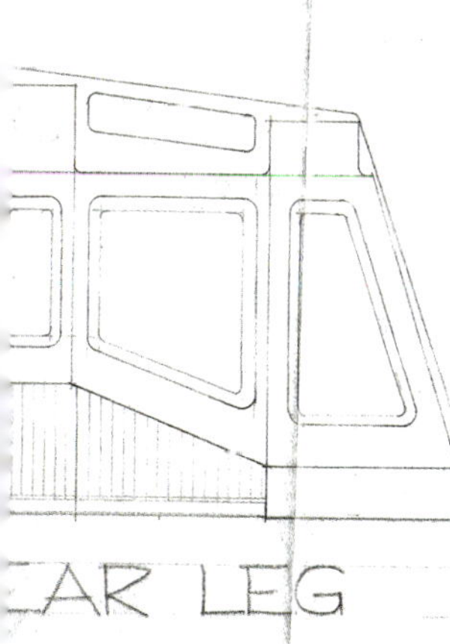

## シンボル

「宇宙のボーイング747ジェット機」、あるいは「宇宙のスーパータンカー」というスコットのコンセプトをさらに突き詰めるべく、コッブは宇宙船内で使う工業用ピクトグラム風マークや色分け表示を考案した。ノストロモ号の所有者の名は作品中で明言されないが、船員たちが「会社」と呼ぶ企業のロゴには「Weylan-Yutani（ウェイラン・ユタニ）」と書かれており、このロゴはコンピューターのモニター、コーヒーカップ、ビール缶などの小道具に見ることができる。

名付け親はシャセットかコッブのいずれかだが、シャセットによれば、この社名は1970年代の自動車メーカー「British Leyland（ブリティッシュ・レイランド）」と日本のトヨタ自動車を合わせたものだという（当時、日本の企業はアメリカなど各地の不動産を買い占めてニュースを賑わせていた）。コッブもレイランド社が由来だとしているが、彼の主張では「ユタニ」は、隣人の日本人の名前だそうだ。

「ウェイラン・ユタニという社名はジョークのように聞こえるが、ふざけて付けたわけではない」とコッブは言う。「かつての貧しき英国は再び活気を取り戻し、日本企業と組んで、自動車とスーパータンカーの分野で成功を収めている。これと同じように、映画の世界でも日本企業と組んで宇宙船建設の分野で優位に立っていることを意味しているんだ」

この会社のシンボルであるエジプトの女神イシスを思わせる双翼は、宇宙船に古代エジプトのような原始的なマークを入れて不穏な雰囲気を醸し出したいと考えていたスコットの希望にピッタリだった。そしてスコットは、このシンボルを各キャラクターの宇宙服にも付けたいと依頼した。「ウェイラン・ユタニは、ロン・コッブの創作した社名だ」と、ジョン・モロも言う。「皆、その響きを気に入った。最初は、社名とエジプト神の双翼の両方を盛り込もうとあれこれ話し合っていたんだが、最終的には翼の形のみをロゴとして使うことになった。スコットはディテールにすごくこだわる人間だから、我々はウェイラン・ユタニの社名が入ったゴム印を作り、あらゆる物にラベルを貼っていったんだ」

「モロは、乗組員のユニフォームに付ける素敵なワッペンをデザインしてくれた」と、スコットは言う。彼は映画『サイレント・ランニング』（72）を観て、同じようなワッペンにインスピレーションを受けていた。「あれは、陸軍のワッペンを作っている人物にうまく作ってもらったものだそうだ」

右／コスチューム・スーパーバイザーのティニー・ニコールズが作った、ダラス役が着るジャケットの試作品。背中にはNostromoという文字が印字され、〈USCSS Nostromo 180286〉というワッペンが左右の腕に縫いつけられている。襟回りにはピンク、ポケットには緑の縁取り。イシスの翼風のワッペンはスコットのアイデアだ。なお、実際の撮影時にはもっとくすんだ色のジャケットを着ることになった。

## チェストバスターとさらなるエイリアンの策略

「エイリアンの第1〜3形態は全て自分で作ると宣言してから、どんな状況に足を突っ込んでしまったのか、突然悟ったんだ」と、ギーガーは悲痛なコメントを残している。しかし、この発言は少々大げさかもしれない。というのも、スコットとキャロルはギーガーに第3形態のラバースーツのみを作るよう求めていたからだ。第1形態と第2形態の責任者は依然としてディッケンで、6月16日、彼は第2形態の幼体がケインの胸を突き破って飛び出す仕掛けを実演し、ギーガーを感心させている。

ところが、これも簡単には解決しなさそうだった。スコットが第2形態のエイリアンは拡大したサイズにはせず、原寸大にして、俳優と一緒に撮影すると宣言したためだ。つまり、幼体エイリアンは小さく作る必要があり、内部に手を入れて操作する構造にはできなくなる。そこでディッケンは代替案として湾曲した金属のロッドを作成し、先端の取っ手で幼体を操る仕組みを考案した。「難しかったのは、動かすための機構をソーセージ並みの細いボディに全て収めなければならないことだった」と、ディッケンは語る。「何から何まで隠すのは本当に困難だったよ。幼体の表面はすごく滑らかでほとんどパーツはないし、機械の不具合があった場合、幼体を壊さずに中身を修理するのは不可能に近かったんだ」

「幼体エイリアンの見た目をどうするかで、僕らは頭がおかしくなりそうだった」と、スコットは明かす。「シャセットやオバノンにも検討中のアイデアは見せなかった。周りからしつこく口出しされるのは目に見えていたから、この決定は密かに進めることにしたんだ。毎日、ロジャー・ディッケンの家に車で通っていたよ。最初のうち、彼は私とは折り合わず、イボやコブ、鉤爪を持つ古典的なモンスターを作ろうとしていた。でも、彼は素晴らしい技術を持つ模型制作の専門家だ。ギーガーもディッケンの家に一緒に行っていた」

「チェストバスターが飛び出す時は、とても暴力的に見せたいと思っていた。肉食動物の獰猛さ、容赦なさをさらけ出したかった」と、スコットは続ける。「また、赤ん坊である幼体と最終形態である成体には、生物学的な繋がりを持たせたいとも考えた。そこで僕たちは様々なイラストやアイデアをもう一度調べ直し、何か妙案はないかと探してみた。それと、僕はチェストバスターをつるつるした物体にしたいと思っていたんだ」

「リドリーはある日、模型をひと目見るため、ロジャーの家に駆け付けたことがある」と、オバノンは振り返る。「それは成体エイリアンのミニチュア版のような頭を持ち、精巧なボディに恐竜の脚が付いていた。リドリーはその粘土模型をしげしげと眺めると、手を伸ばして脚をもぎ取ったんだ。で、少量の粘土をこねてイルカのヒレのような形を作り、後頭部の両脇に付けて、こう言った。ほら、これだ！って」

チェストバスターは頭に尻尾が付いているだけの形になった。ディッケンはこう振り返る。「ギーガーのイラストを基に作りながら、リドリーと私のアイデアを融合させていった。リドリーの考えでは、チェストバスターはギーガーの絵と似た、細長い頭をした生物にすべきだということだった。私はそれにエラと上下に膨らむ胸を付け、呼吸をさせることにした」

成体エイリアンには金属の歯があるので、ディッケンは第2形態用にもクロム製の歯をこしらえた。「正直なところ、エイリアンのデザインは複数の人間が生み出したものだ」とスコットは総括する。「ギーガーとディッケンと僕。キャロルも少しだけ。だが人々は、ディッケンの仕事ぶりを賞賛するはずだ。チェストバスターを見ると、イルカを思い出すと言った人もいるよ」

「スコットは成体エイリアンの長い頭を気に入っていた。歯と尻尾を持つ、長い頭をね」。そう語るのはギーガーだ。

「ようやく仕上がった模型は、実に奇妙で恐ろしい姿だった」とスコットは言う。「顎は金属製で、ケーブルで操作する仕組みになった」

下／自宅のアトリエでチェストバスターとフェイスハガーの模型を手にするロジャー・ディッケン。

チェストバスターの最終形模型の内部には、身体の半分ほどの長さの柔軟性のある鋼バネが挿入されており、頭と顎の部分には補強用の棒が刺さっている。

また、ワイヤーが小さな穴を通って、ディッケンの指にはめる輪の中に繋がっている。ディッケンがその輪を引くと、バネの作用でフロント部分が曲がる仕組みだ。そのフロント部分には顎と小さな腕を動かす装置を加えた。

また、模型の中に組み込まれた複数の空気チューブは、他の装置を操作するゴム製の締めつけバルブと連結。胸の中には小さな空気袋が入っており、呼吸すると同時にヒレを動かせる。液体の入ったボトルに繋がれた別の管を利用すれば、唾液を垂らすことも可能。

歯はエポキシ樹脂製で、真空遠心装置で金属加工されている。

のセットが解体されることを知らされる。「どのセットを諦めるか、つらい話し合いが重ねられた」と、クリスチャンは言う。「複数のセットを合体させたケースもあったし、改変を余儀なくされたものもあった。それで経費はずいぶん節約できたんだ」

ノストロモ号の内部にあるものも、ほとんどが再利用されることになった。ブリッジは脱出艇ナルッキッソス号の内装に使われた。オートドックはエンジン室に、食堂はエアロック出入口、コールドスリープ装置は食料貯蔵庫になった。「甲板の下にある貨物室はあるセットを小さくしたもので、取り壊されたセットの床や屋根を使って壁を作った」と、クリスチャンは説明する。「ビールには、『こいつらが予算オーバーの元なんだ。君がしっかり管理しろよ！』という言葉が浴びせられていた」

6月下旬、リハーサル開始前。映画に出演する俳優7人が衣装合わせと、スコットとの打ち合わせのためにロンドンに集まった。そして6月21日には、「ヤフェット・コットー、トム・スケリットがSFホラー映画に出演決定」というプレスリリースが出された。そこには脚本家としてオバノン、ヒル、ガイラーの名が連ねられていた。

同日、カートライトのエージェントは、英国ではイアン・ホルムとジョン・フィンチの名前をカートライトより前にクレジットすることに承諾した。カートライトは既に2週間ほど前からロンドンに滞在しており、そこにハリー・ディーン・スタントンも到着した。フィンチは胸部の型取りのため、スカルプターの工房に出向いた。6月28日にはシャセットと彼の妻が到着した。

ウィーヴァーはスタジオ入りする前、カリブ海でシュノーケリングをしていたという。彼女いわく、「宇宙で未知の生物に囲まれる気分を疑似体験するのに、海中でのシュノーケリングはぴったりの方法だった」らしい。彼女はギーガーと顔合わせをし、彼の滞在するホテルに移ることを検討した。

ヤフェット・コットーは以前、『007 死ぬのは奴らだ』（73）の撮影のためにシェパートン撮影所で4ヵ月間を過ごしたことがあった。「懐かしのスタッフとまた仕事ができて嬉しかったよ」と、彼は当時を振り返る。「思わず叫んでたよ。『俺は戻ってきたぞ！』ってね」

シャセットも彼のことを思い出す。「ヤフェットと初めて会った日。彼は、『エイリアン』のような作品を15年待ち続けていたんだと言ってくれた。素晴らしい映画になると撮影前から確信していると。ヤフェットは情熱をたぎらせていたよ」

いくつかの雑誌では「大掛かりなリハーサルが行われた」と紹介されたが、事実は少し違った。俳優陣はNASAに関する本を読み、専門用語や知識を頭に入れておくように指示された。「リドリーは我々に月面着陸の録音テープを聞かせたんだ」と、スタントンは明かす。「おかげでインターコムでの会話がどんなものか、どんな混乱があるか、バチバチという雑音が鳴ることなどリアルな感覚を得ることができた」

スコットは登場人物の経歴を説明する書類を用意し、各俳優に渡した。そこには職歴や家庭生活のほか、幼少時代についても書かれていた。「この人物紹介はどうしても必要だった」とスコットは言う。「大抵の場合、主要人物の性格は脚本で掘り下げて描写される。普通は父親、母親などについても言及があるはずだ。だが、『エイリアン』に登場する7人について観客は何も知らされない。だから、役の背景については俳優が態度で醸し出さなければならないんだ」

ブレット役のスタントンはこう語る。「イギリスに来たら、リドリーはブレットの経歴書を準備してくれていた。彼が全部ひとりで書いたんだって。本当にありがたかったし、役作りの大きな助けとなった。ブレットの出自や両親のこと、それまでどれだけの任務をこなしてきたかなどが事細かに記されていた。大雑把な経歴ではなく、ブレットもひとりの人間であり、彼なりの人生があったんだと実感させる深い内容だった」

「俳優たちが登場人物の経歴書を読むのに忙しかったせいか、撮影準備が整う直前になって突然呼び出された」と、1988年にオバノンは語っている。「脚本の会話に関して俳優たちから異論が出たんだ。こんな台詞言えない、あんな言い方は無理、という感じに。どう修正すべきかという俳優たちからの指摘を、僕は椅子に座って脚本に目を通しながら聞いていった。彼らの言い分には全て納得がいった。『この俳優たちは馬鹿じゃない。彼らは的を射ている』と思ったよ」

「台詞が書き直され、人物描写がさらに明確になった」というのはコットーの弁だ。「それでやっと、もう何年も長いこと一緒に宇宙を旅してきた乗組員たちのように見えてきた。これまで出演した中で、撮影前のリハーサルがあった映画は『エイリアン』が2作目だよ」

スコットの記憶では、俳優たちは自分の提案を大方受け入れてくれたという。「ただ何回か、すごく抽象的なことについて俳優たちと議論したことがある」とスコットは語る。「その時、こう答えたんだ。『私が登場人物の経歴を書いたのは自分のためだ。君のためじゃない。あれはプロットとは無関係で、君の出自を私が考えただけだ。だから、いちいち覚えておくことはない。いいね？』。とはいえ、あの経歴書は役に立ったと思う。俳優たちが自分の演じる役柄にすぐに馴染む助けになった」

一方、アッシュを演じるイアン・ホルムは自伝にこう残している。「では、私はアッシュの『人間性』をどう形にすればいいのか？ ある意味、間違った役を間違ったタイミングで引き受けてしまったようにも思えた。そこで、私は自己を意識せず、心を空っぽにしようと心がけた。おそらくロボットは私にとって最適な役だったのかもしれない。最終的に私は無駄な努力はやめ、普通の人間のように演じることに決めた。静かで教養があり、控えめで他人の役に立つ人間――実際の人間以上に『人間』らしくすることにした」

アッシュが自分はアンドロイドだと自覚しているかどうかの議論になると、スコットは「アッシュは『知っている』という設定で行く」と決めた。「僕はイアンに、アッシュが通った大学、彼の読書歴、出生地なども話した。年齢には触れなかった。この物語の時代設定がいつ頃なのか、僕にもよくわからなかったからだ。おそらく2075年くらいかな。人類はスペースコロニーを持っているが、他の生命体に侵略されたことは一度もないんだ」

ランバート役のカートライトは、1979年に役作りについてこう語っている。「ランバートを演じるにあたり、これが彼女の最後の旅で、この後は故郷に帰るんじゃないかと考えたの。それでもまだ、脚本の内容はあまりにもクレイジーだと感じられた。すると、リドリーはエイリアンがどんな生物なのかを具体的に説明してくれたの。私たちの経験や感情と結びつけて考えられるような言葉を選んで、乗組員たちが置かれる状況をリアルに感じさせようとしてくれた。彼の話によれば、人間に寄生するエイリアンと同じように、寄生虫と宿主の関係を利用する甲虫がいるんですって。リドリーはエイリアンを自然を模倣する生物にさせたかったみたい。そうやって私たちは、エイリアンを大きな自然の一部と捉えて反応するようになった」

7月1日には、俳優のリハーサルがCスタジオで本格的に行われるようになっていた。だが、何十年も後になってから、カートライトとスケリットは当時のリハーサルがかなりいい加減なものだったと認めている。スコットは多忙を極めており、手一杯の状態だったのだ。「我々は、リドリーのオフィスで台詞の読み合わせをやっていた」とスケリットは言う。「ところが、監督がしょっちゅう他の用で呼び出されるせいで、何度も中断するんだ。台詞を2つくらい言ったところで、リドリーは『僕はエイリアンの尻尾を少し足したいんだよね』とか、『スリリングな雰囲気を出すのに、『悪魔のいけにえ』を利用したいんだ』とか話し出す。また台詞を読み出すと、今度は助監督が来て、セットで問題が発生したので見てくれと言われ、席を外す……という具合だった。たった1シーンだって通しでできたことはなかった。思わず他のメンバーと顔を見合わせたよ。私は宇宙船の船長だからね。『よし、ここは自分たちだけでやろう』と提案したんだ」

「リハーサルなんて名ばかりだった」と、ウィーヴァーも言う。「でも、私は舞台出身のせいか、リハーサルをやってみて少し怖

この見開き／2本の通路の様子から、『エイリアン』に影響を与えた2つの主要なデザインが見て取れる。ロジャー・クリスチャンが生み出した、『スター・ウォーズ』的な使い古された雰囲気の空間と、キューブリックの『2001年宇宙の旅』に出てきたような、NASA的で新品同様の美しい空間だ。

気づいてしまったの。だって、まるで大掛かりな即興劇も同然だったから」

「リドリー・スコットはクールだったよ」とコットーは語る。「俺たちに登場人物の詳細が書かれた90ページの概略を寄こしたと思ったら、カメラの背後に姿を消してしまったんだ」

映画ではコットーとスタントンは大体いつもペアで登場し、作業を行う。「ヤフェットとは親しくなっていった」とスタントンは打ち明ける。「我々は沢山話し、その会話をできるだけ芝居に生かそうとした。もしも彼と馬が合わなかったら、演技でも良い相乗効果は出なかっただろう」

「ハリーと俺は友達だ」と、コットーも言う。「俺たちの仲は、普通の友情なんてもんじゃない。映画を作ろうと決心してウッドストックからやってきた2人の男を想像してみてくれ。そいつがハリーと俺だ。リドリーは俺たちが何をしようとしているのか、どこの出身なのかを知っていた。だから俺たちは俺たちらしく前進していったんだよ(と、マリファナを吸うふりをする)」

「7人のオリジナルキャストと一緒に、僕のオフィスで5日間続けて話し合いを行なった」と、スコットは思い返す。「当時、僕たちは協力して問題を解決し、様々な人物描写に納得し、解釈に満足が行くまで話し合った。誰もが自分の役になり切り、ジョークがうまく行ってるかなども見ながら、必要あればささいな変更にも対応した。あの段階では、全てがうまく行くはずだった。想像できなかったのは、実際に映画になった時、そのシーンがどんな影響を及ぼすかということだったんだ」

上／シェパートンで撮影中のダン・オバノンとH・R・ギーガー。

下／ダラス役のトム・スケリット(色の濃いジャケットを着用)。

## 悪夢に憑かれて

「撮影開始日が迫るにつれ、労働時間がどんどん長くなっていることに誰もが気づいていた」と、クリスチャンは言う。わずか4ヵ月のプリプロダクションは、瞬く間に過ぎ去ろうとしていた。「プリプロダクションに1年は欲しかった」と、1979年にスコットは語っている。「その頃はベストな人材をかき集めながら、撮影開始日に向けて猛進していたんだ」

最初に撮影する予定の宇宙船のブリッジは、もうすぐ建設が終わりそうだったが、スコット、シーモア、パウエル、キャロルたちは、ブリッジのセットはもちろん、他のセットや大量の小道具、必要な細かい作業のどれも期日までに完成しないのではないかと不安に駆られていた。スタッフたちは昼夜関係なく、通常は週に6日、時には7日働き、真夜中まで作業することもしょっちゅうだった。

「ニック・アルダーは時間に束縛され、大きなプレッシャーを感じていた」。特撮部門を訪ねたクリスチャンにはそう見えたという。「アルダーのチームは本当に身を粉にして働いていた。彼の工房はあらゆる機材でぎゅうぎゅう詰めになっていたよ。迫り来る撮影開始日に向け、一見、不可能に思える仕事を何とかスケジュール通りにこなそうと誰もが躍起になっていた」

「それを放置しておくわけにはいかなかった」と、シーモアは語る。「私はいつも決断をしてきた。110人の建設労働者と小道具係が携わる建設計画が一旦動き出したら、進行表通りに作業を進め続けるのは至難の業なんだ」

その頃までに、スコットは映画全編の絵コンテを完成させていた。絵コンテには人間ドラマや恐怖の起伏具合が視覚化され、登場人物の感情の流れも手に取るようにわかるようになっていた。彼はまた、乗組員の死亡シーンについて考え、メモやスケッチを使いながら頭の中にはっきり思い描けるようにした。例えば、通気孔内でのダラスの死は顎をやられ、パーカーは腕をもがれた後に空手チョップで死に至る……といった

**左上から時計周りに**／アッシュ役のイアン・ホルム、パーカー役のヤフェット・コットー、ランバート役のヴェロニカ・カートライト、リプリー役のシガニー・ウィーヴァー、ブレット役のハリー・ディーン・スタントン。ジョージ・ルーカスの『THX1138』(71)にインスパイアされたスコットは、宇宙船の乗組員のうち2人に思い切ったヘアカットをさせた。「だから、ランバートとアッシュはかなりの短髪なんだ」とスコットは語っている。

# 『エイリアン』脚本最終稿および改訂版最終稿

執筆：ウォルター・ヒル、デヴィッド・ガイラー
オリジナル版執筆：ダン・オバノン
原案：ダン・オバノン、ロナルド・シャセット
1978年6月――概要

最初に提出された最終稿は5月のバージョンとほぼ同じで、変更点が数ヵ所あるのみ。一方、その後の改訂版最終稿にはいくつか重要な変更点がある。例えば、宇宙船の旅が中断された原因はアッシュがでっち上げた誤作動ではなくなり、オバノンが書いたオリジナル脚本の設定に戻っている。

［最終稿］
ダラス：基点 QBR157, 052からソナー送信信号を受信。どこかの船が墜落した模様。

［改訂版最終稿］
ダラス：マザーが航路を一時的に妨害している。特定の状況下になると、そう動作するようプログラムされているんだ。出所不明の通信を傍受し、そいつをチェックさせるために我々を起こしたらしい。

着陸時の漏電火災の原因もオリジナル脚本に戻り、「砂塵でコンプレッサーが故障した」と機関士のパーカーが説明している。改訂最終版では、彼が「くそっ、エンジンが砂塵まみれだ。漏電火災はこのせいだ」と言う。
スペースジョッキーは削除されたものの、オバノンのオリジナル版にある通り、シグナルを送信し自動記録する機械が遺棄船に戻されている。「その装置では小さなバーが絶え間なく前後に動く。溝に沿って音もなくスライドし続けている」

改訂版最終稿では、パーカーとリプリーはブレットが第3形態のエイリアンに殺されるのを目撃する。ダラスはのちに2人を問いただす。

ダラス：そいつがブレットを通気孔に引きずり込んだのは確かなんだな。
リプリー：冷却用ダクトのひとつに姿を消したわ。
ランバート：ブレットはまだ生きているかも。
リプリー：あり得ない。あいつに襲われて、ブレットはぬいぐるみみたいにぐったりしてた。
ランバート：その生物はなんで彼を？
アッシュ：卵を孵化させるためだ。おそらく。
リプリー：あるいは食料――。

最終稿では、ダラスが2層式の通気孔内で成体エイリアンと対峙する様子がさらに細かく描写されている。

ダラスは狭い通路へ向かって移動。
周囲を見回す。
次の階層に続くハシゴの開口部から、彼の足がぶら下がっている。
突然、エイリアンの手が彼の足を掴もうとするが、彼が移動したため、掴み損ねる。
ダラスは次のハシゴへ。
次の階層へと進み始める。
再びエイリアンが襲おうとするも、またもやギリギリのところで獲物を逃す。
ダラスは動きを感じ……
エイリアンの方に顔を向ける……
ダラスは火炎放射器の炎を放つ。
もう一度。
さらにもう一度。
そして、前進。
大きな分岐点に差し掛かる。
立ち止まり……
辺りを見渡すと……
5mも離れていないところにエイリアンが立っているのを見る。
近づいてくるエイリアンに炎を噴射。
再び火炎を放つ。
突然、火炎放射器が燃料切れに……
彼はエイリアンを見る。

しかし、改訂版最終稿は、またもや単純化されている。

ダラスは立ち止まる。
振り返る。

（P169に続く）

右・P162-168／1978年晩春、スコットは2度目の絵コンテを描き、修正や変更を加えつつ、自分のアイデアをもう一度視覚化した。

無音のオープニングは神殿のようなエンジン室で始まる【1】。

コールドスリープから覚醒した乗組員たちは、今回の絵コンテでは裸ではない【16】。

猫は以前よりも頻繁に見かけられるようになっており、着陸時の漏電による火災はかなり詳細まで描かれている。

スペースジョッキーは遺棄船の外の岩壁に埋め込まれた形に。当然のことながら、遺棄船の内側のコックピットの椅子は空っぽだ【P168 121】（絵コンテはそのシーンで終わっている。また、絵コンテのパネル14は意図的に黒く塗りつぶされている）。

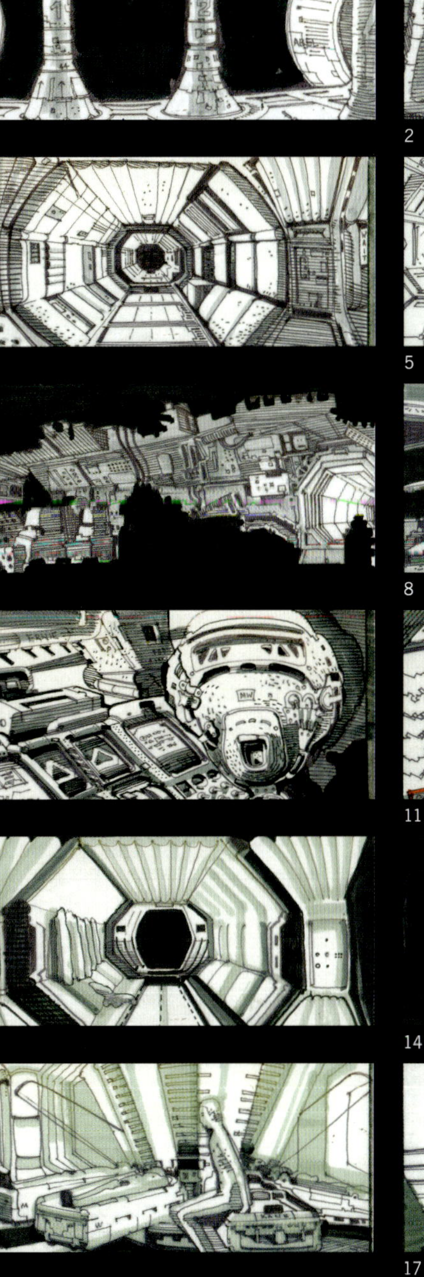

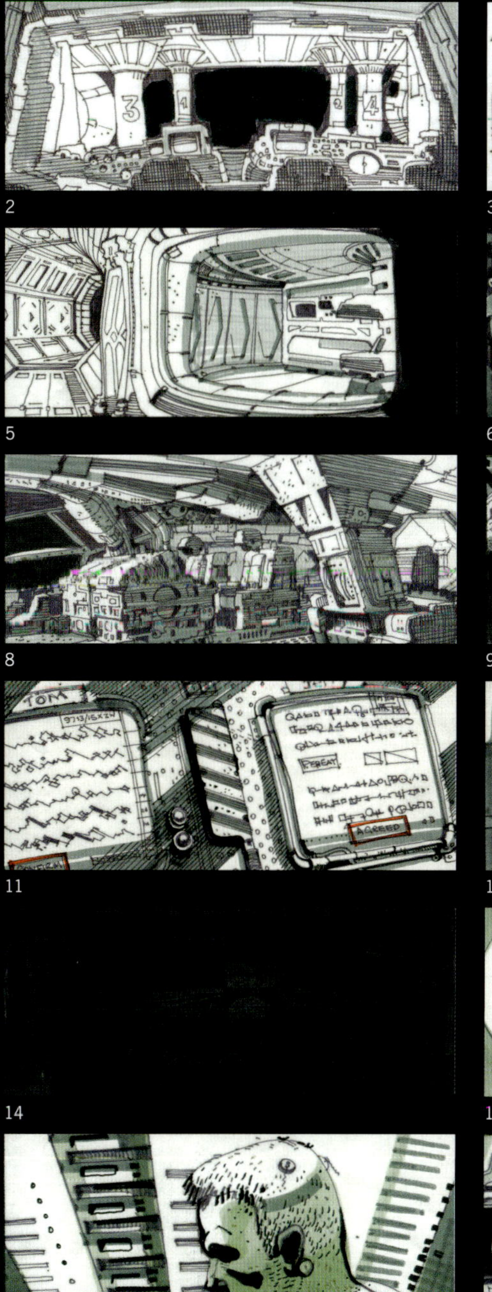

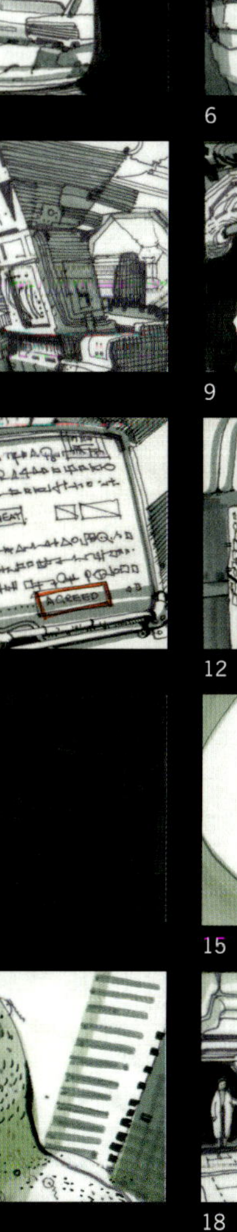

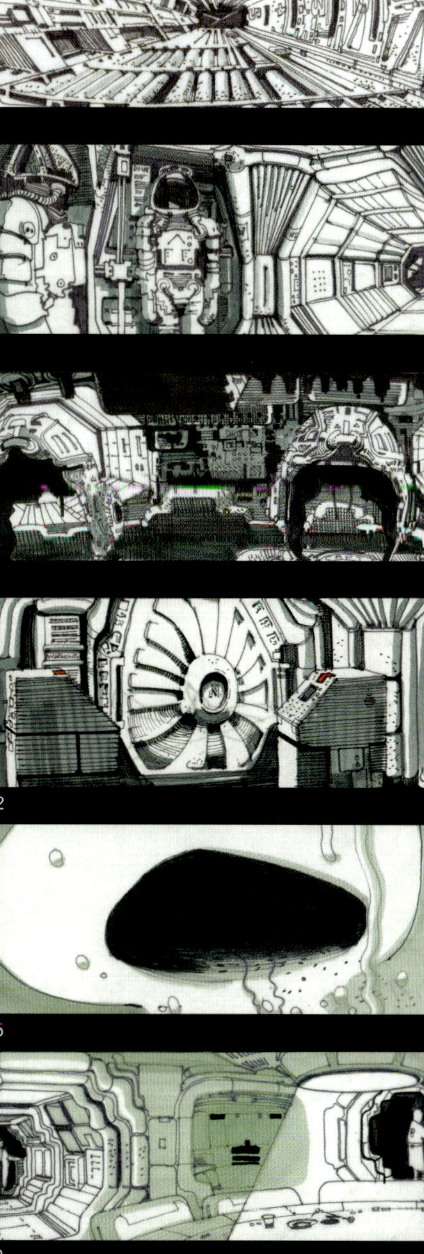

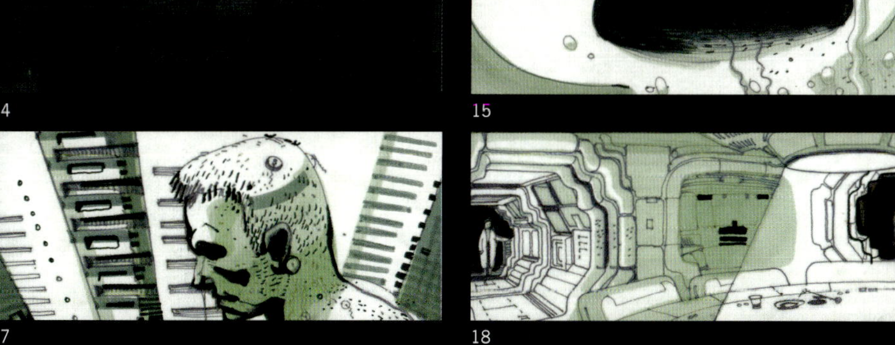

1 2 3 4 5 6 7 8 9 10 11 12 13 14 15 16 17 18

19
20
21
22
23
24
25
26
27
28
29
30
31
32
33
34
35
36

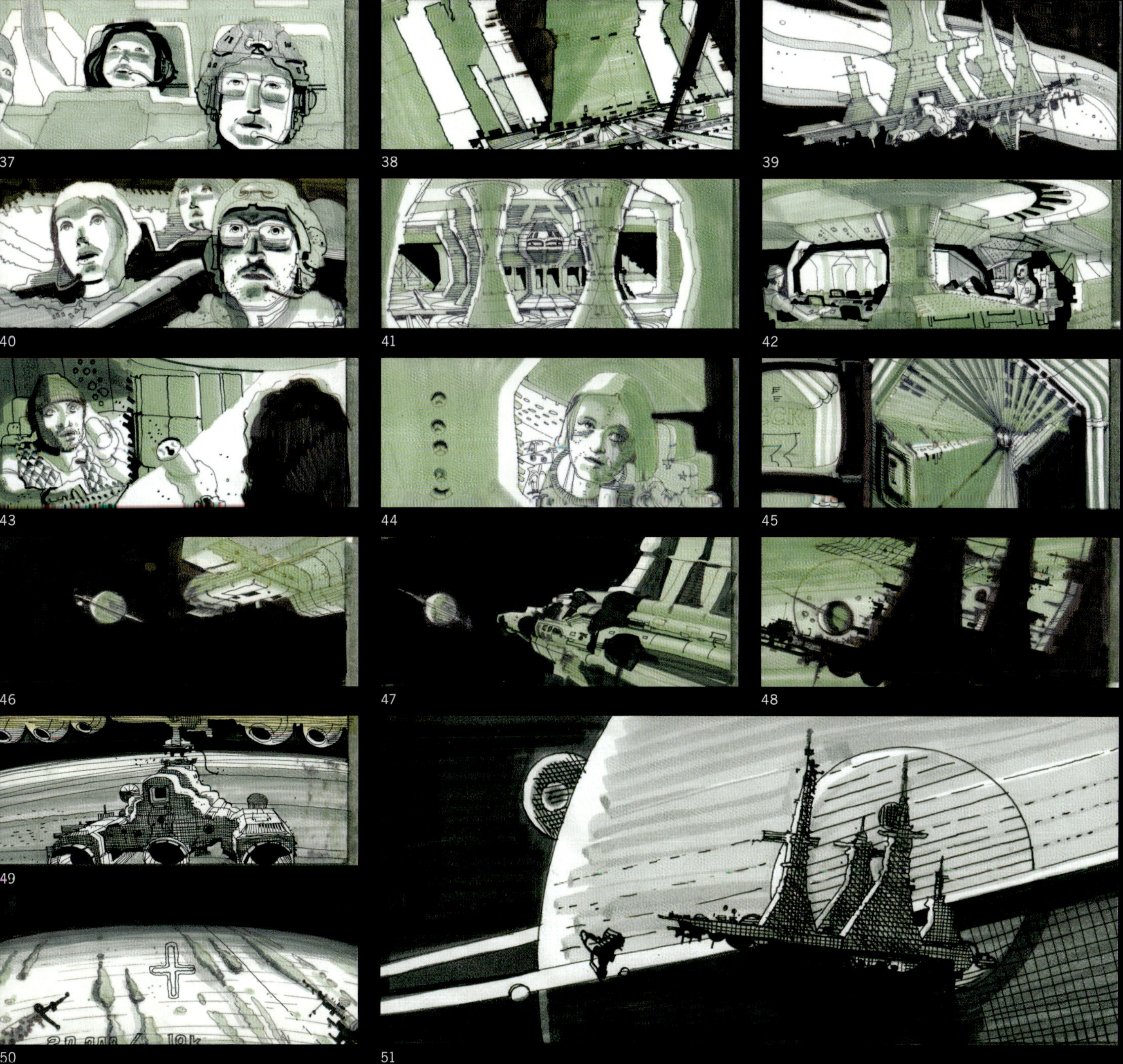
37
38
39
40
41
42
43
44
45
46
47
48
49
50
51

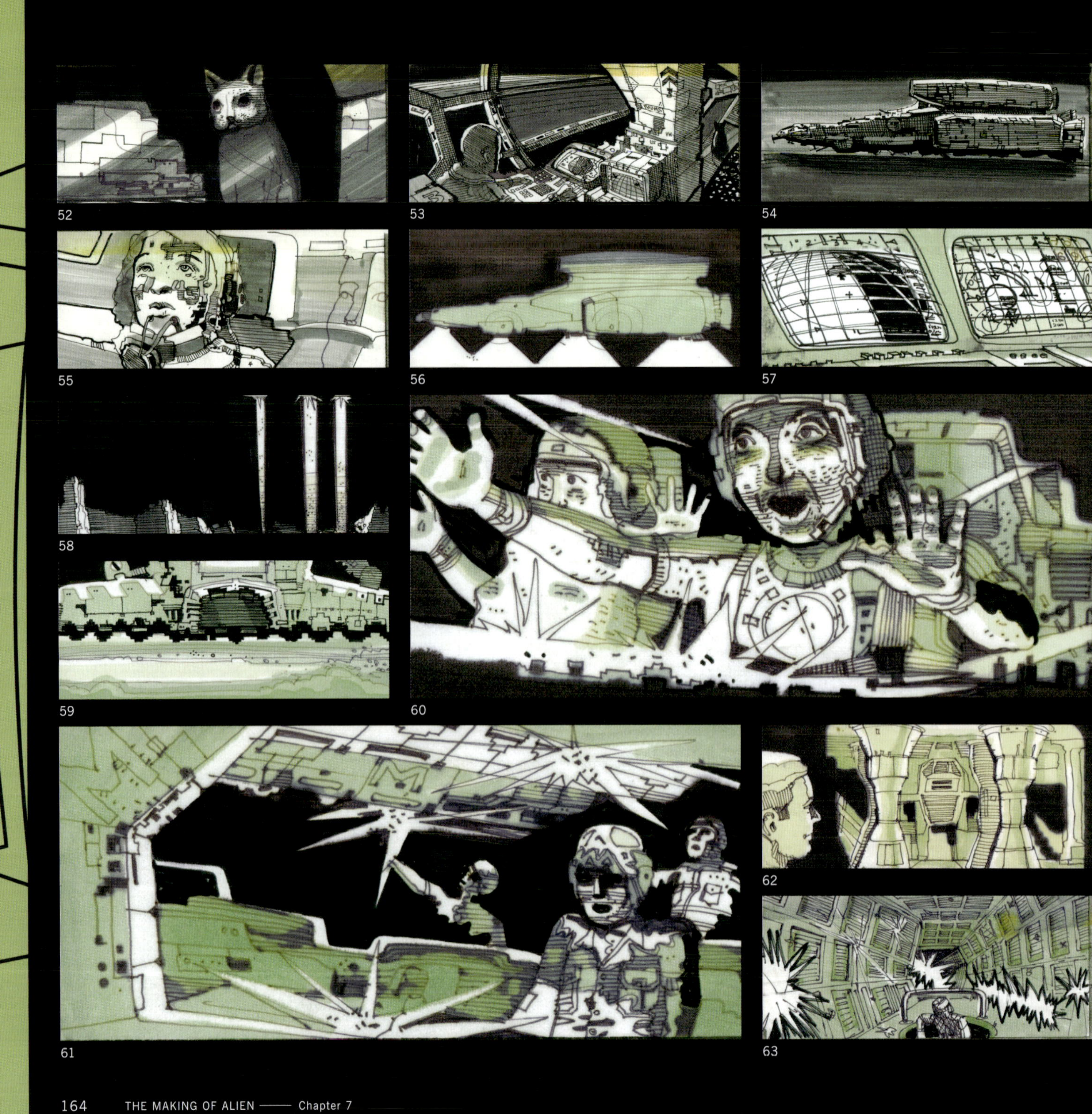
52
53
54
55
56
57
58
59
60
61
62
63

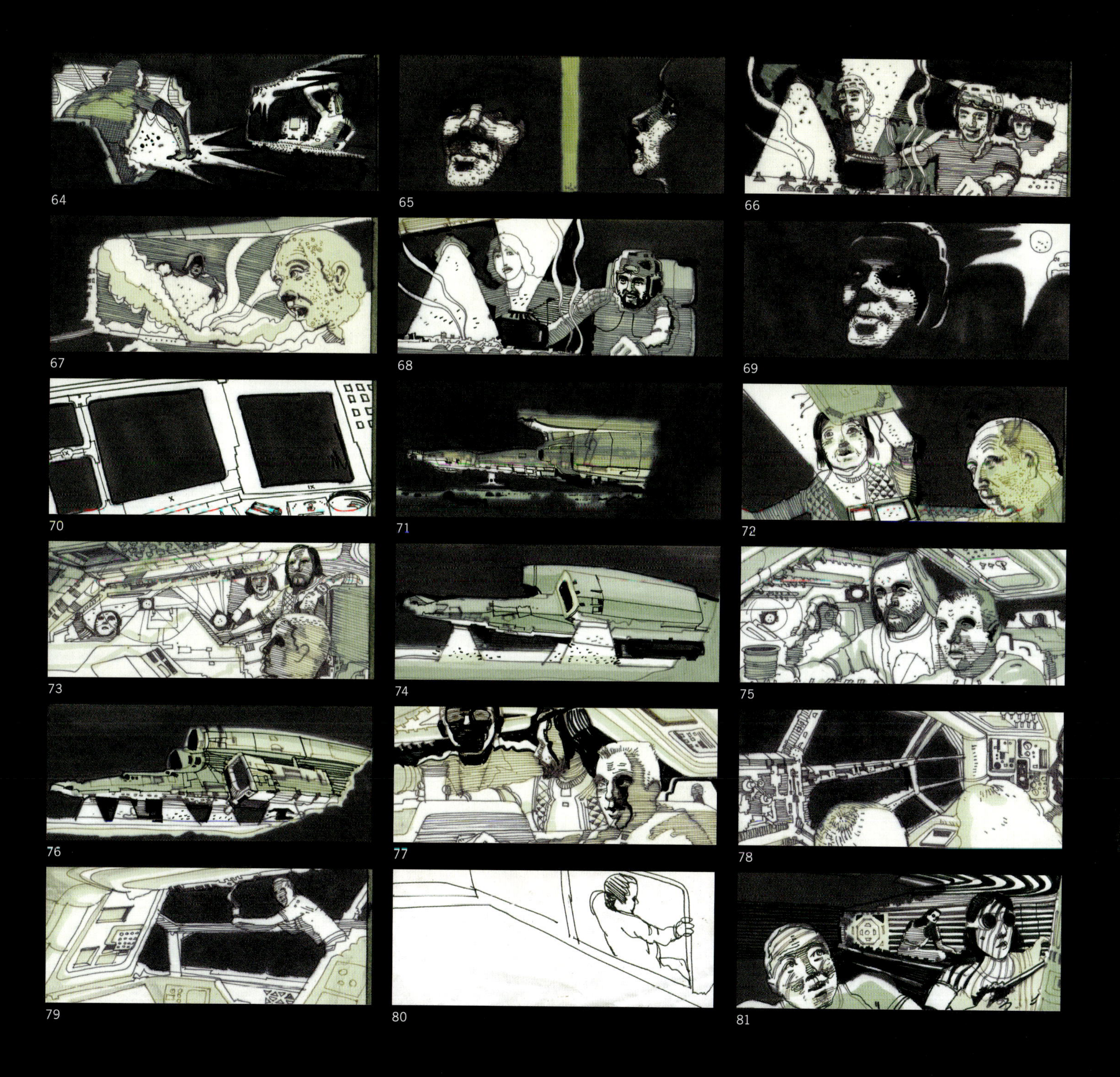
64
65
66
67
68
69
70
71
72
73
74
75
76
77
78
79
80
81

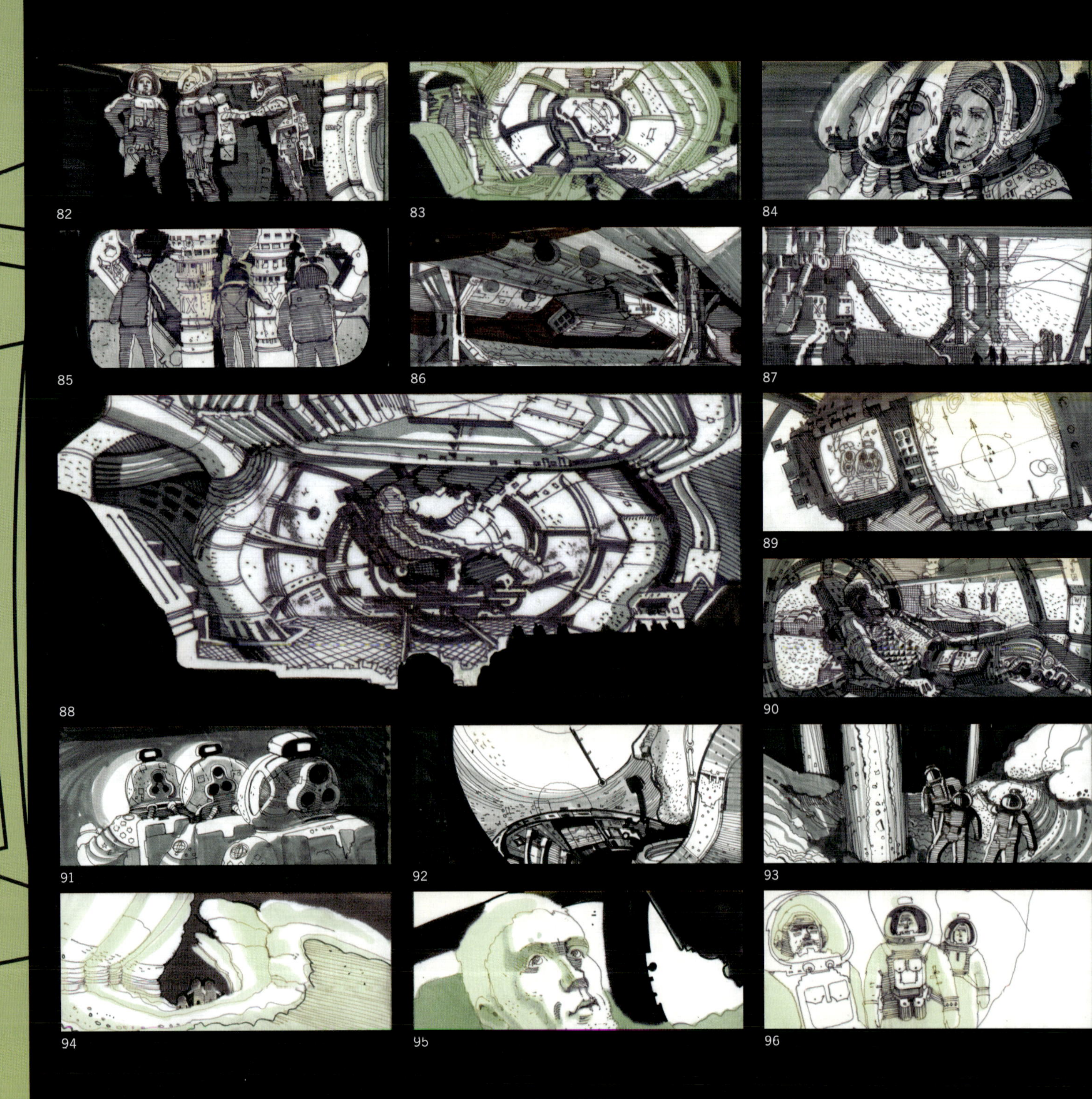
82
83
84
85
86
87
88
89
90
91
92
93
94
95
96

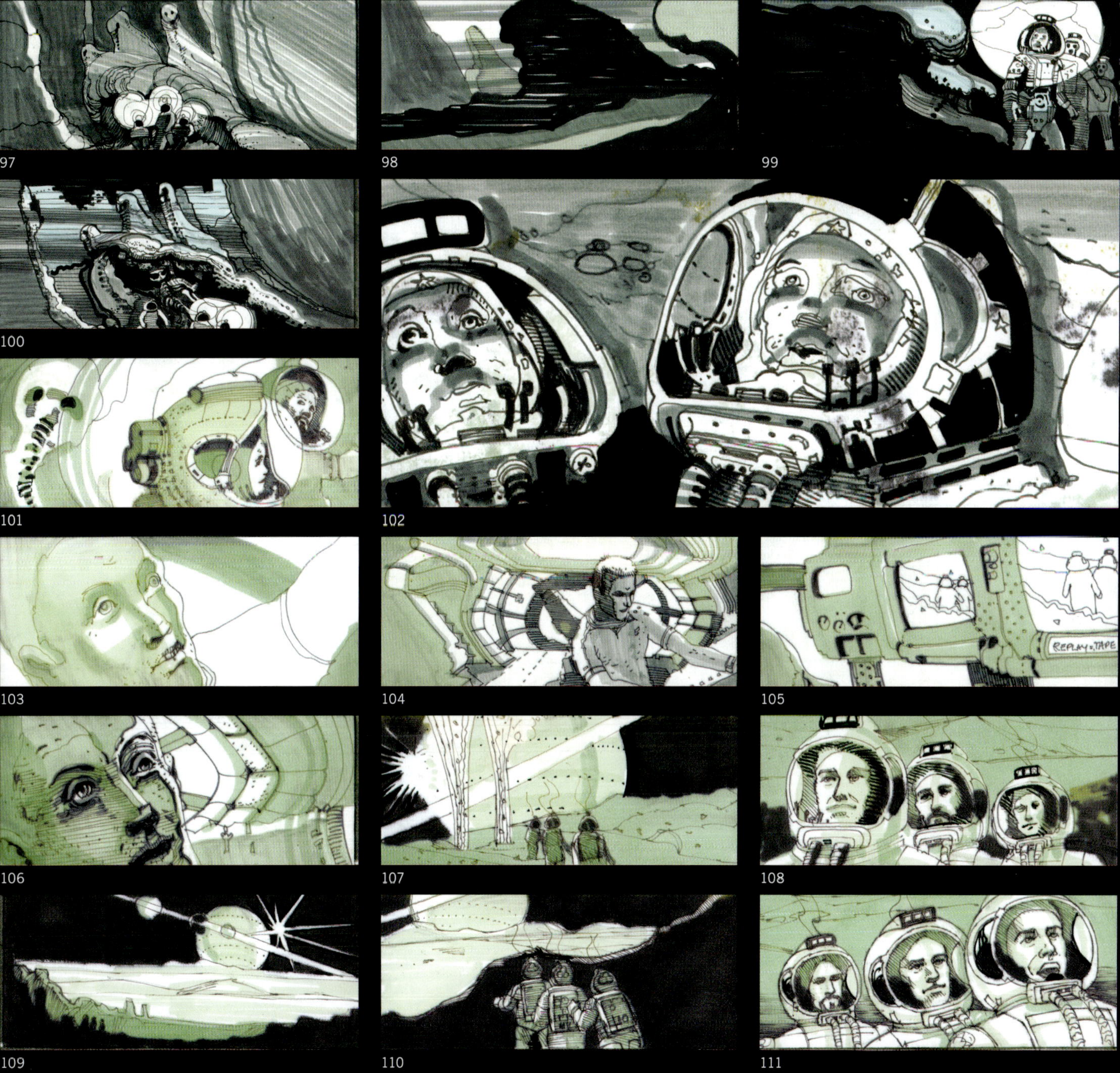
97
98
99
100
102
101
103
104
105
REPLAY TAPE
106
107
108
109
110
111

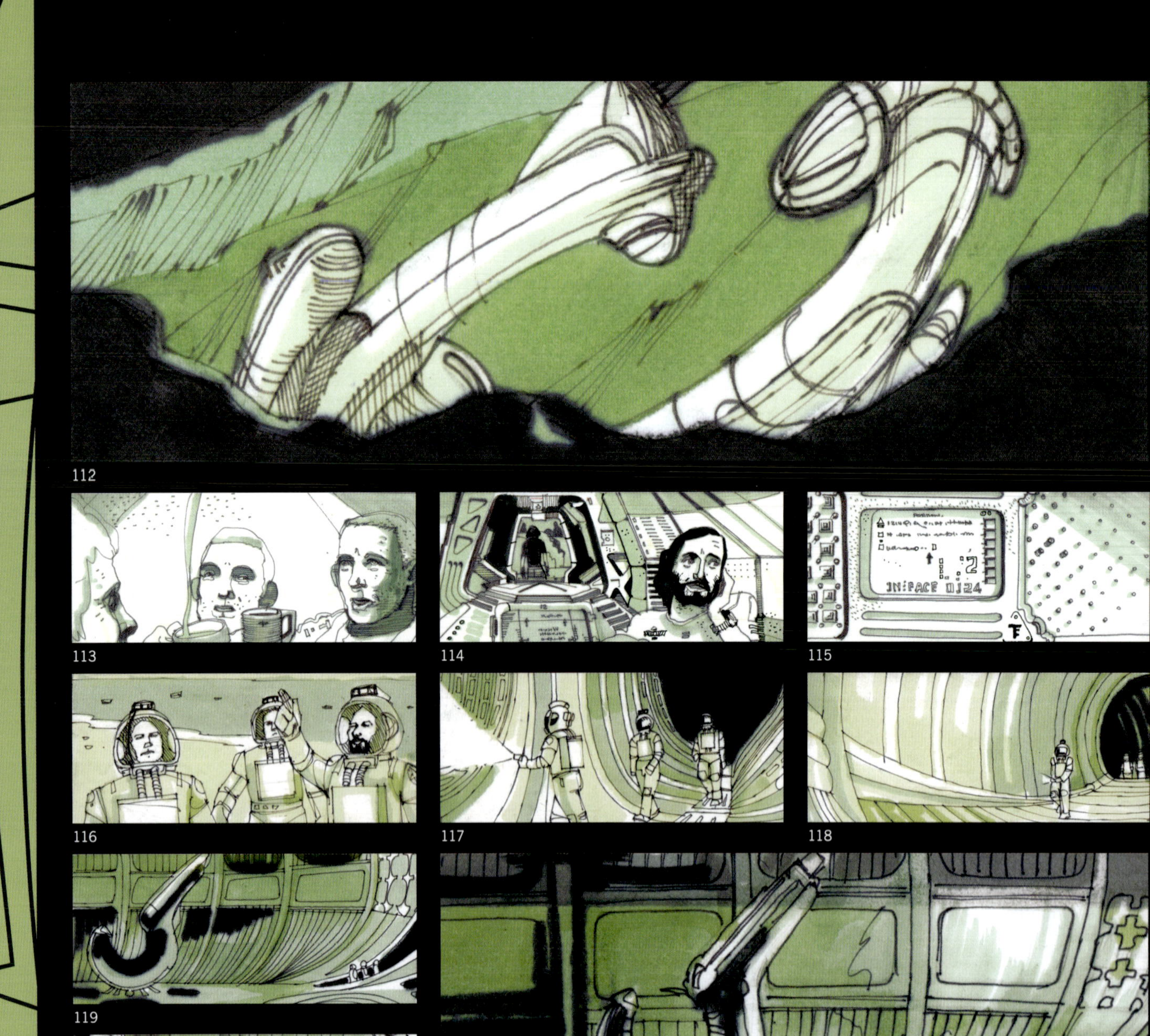
112

113

114

115

116

117

118

119

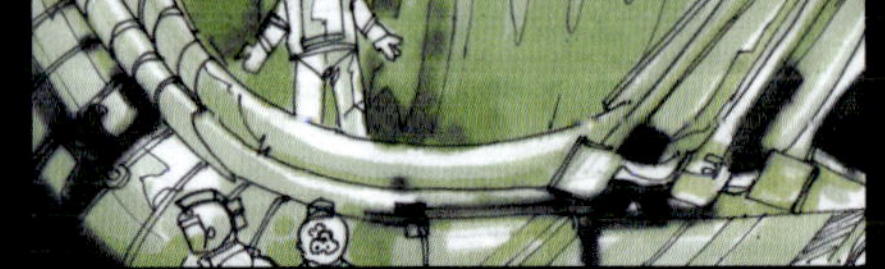
120

121

背後の狭い通路の奥に目をやる。
火炎放射器の噴射口を下げ、指を引き金に置く。
彼の後ろから手が伸びてくる。
エイリアンはいつの間にか、彼の背中側に立っていた。

改訂版最終稿では、生き残った船員たちが宇宙船を捨てて逃げようと考えると、アッシュが〈繭〉についてほのめかす。「何かを忘れてないか。ダラスとブレットはまだ死んでいないかもしれない。可能性はあるが、確かではない」
そして、リプリーはランバートを慰め、2人は戦略を練る。

**リプリー**：諦めちゃダメ。ダラスだって、きっと私たちのために同じことをしたはず。
**ランバート**：ここに残って、あいつにひとりずつ食われろっていうの？
**リプリー**：約束する。実現不可能に思えても、私たちは必ずここから脱出するから。

最終稿では、胴体から切り離されたアッシュの頭部が彼とエイリアンの関係を示唆する。

**リプリー**：傍受した信号は警告だった……。
**アッシュ**：その通り。そして、驚くほど具体的だった。遺棄された宇宙船は、この小惑星に着陸した。ケインと同じように、その乗組員たちはエイリアンの胞子ポッドに遭遇したんだ。彼らは全滅する前に、かろうじて警告の送信をセットしたらしい。おそらくその生命体は知的能力を持っている。君はコミュニケーションを試みるべきだ。
**リプリー**：あんたは試してみたの？
**アッシュ**：秘密は墓場まで持っていかせてくれ。

リプリーはプラグを抜く。

ヒルとガイラーは改訂版最終稿のクライマックスを変更。ランバートは薬を飲んで死んだほうがましだと訴え、止められる。リプリーはエイリアンを脱出艇ナルキッソス号に誘導しようとするが、知性のあるエイリアンはそれが罠であると感じ取る。

彼女は、ボタンに指を置き、エイリアンを待ち構える。
角を曲がってくるエイリアンの一部が見える……
そして、エアロックへと進んでいく……

エイリアンはエアロックの入口に近く……

リプリーはナルキッソス号の中で身を縮める。
指はボタンに乗せたままだ……
彼女は音楽の音量を上げる。
入口で躊躇しているエイリアン……
ナルキッソス号の開いたドアをじっと見つめる……
大音量の音楽が流れてくる……
エイリアンはゆっくりと向きを変え、今来た通路を戻っていく……

仕掛けた罠がうまく行かず、リプリー、ランバート、パーカーは自分たちが脱出艇に逃げ込むべきだと判断。改訂版最終稿ではパーカーとランバートの死亡シーンが書き直され、どちらも火炎に包まれることはない。

エイリアンは通気孔から姿を現わす。
振り向くランバート。
絶叫。
全身を露呈したエイリアンは彼女を掴む……
エイリアンが彼女を落とす。
パーカーが火炎放射器で攻撃。
効果なし。
エイリアンが彼を襲撃。
一度の攻撃でパーカーは即死。
エイリアンは次に、ランバートのほうへ移動する。

最後の変更はリプリーが繭を発見する箇所だった。以前のバージョンでは、彼女は探知機に従ってブレットとダラスにたどり着くのだが（繭に包まれた彼らはどれだけ移動できたのか？）、ここでは人間のうめき声や、すすり泣く声を頼りに、彼女は2人のもとに向かうことになる。

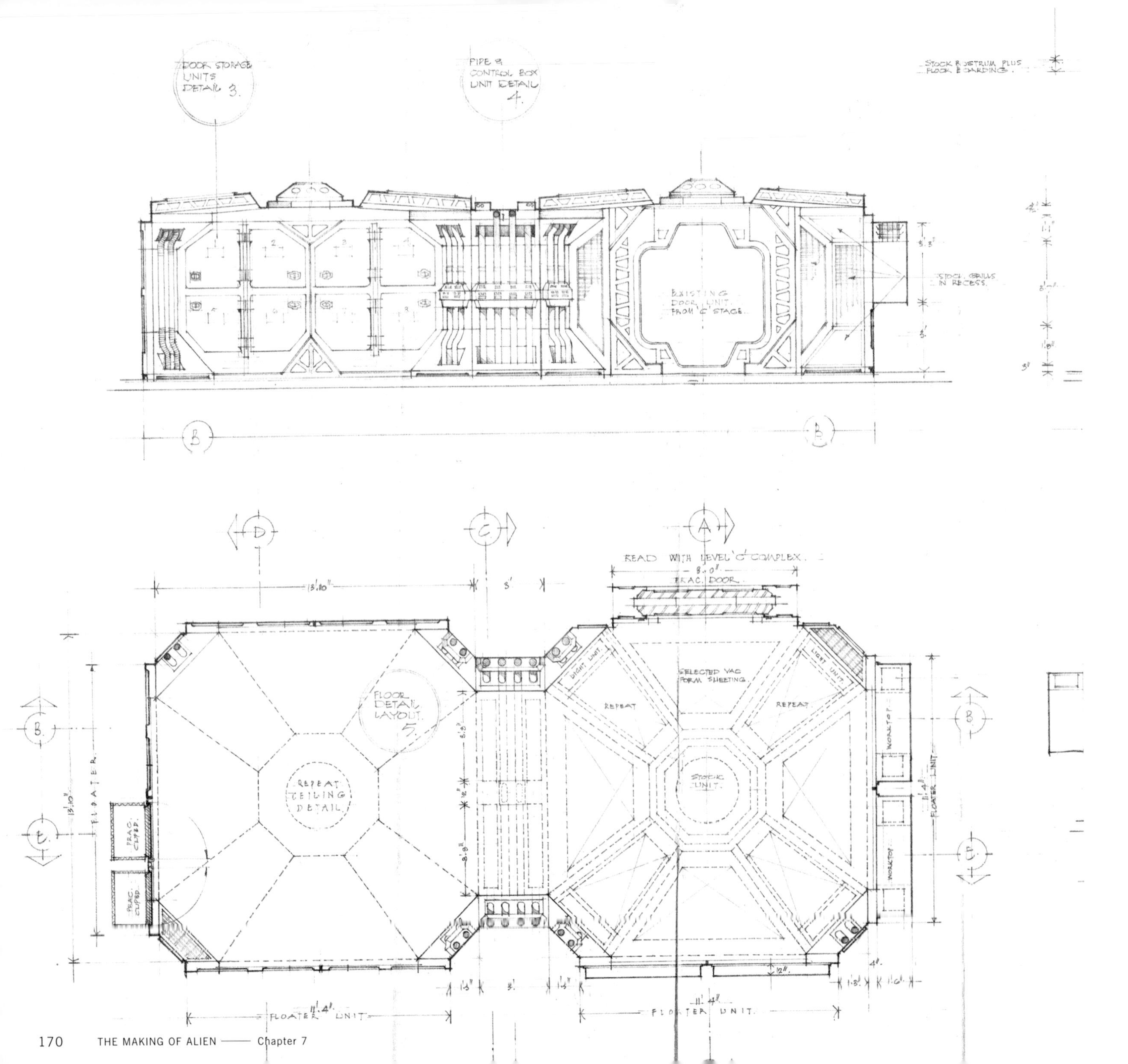


左／1978年6月7日という日付が入った、アラン・トムキンスによるポンプ保全エリアの設計図。

右／成体エイリアンの構想を練っていたスコットによる初期のスケッチ。

〔左〕ブレットの死のシーン。乗組員たちが巨大な2つの扉を開けるとエイリアンが飛び出し、ブレットを掴むという流れになっている。

〔右〕追加シーン148A。「このシーンはできる限り、カメラのレンズを通して見せたかった」とスコットが言うように、船内のカメラが破壊されるまで、犠牲者を食らうエイリアンの姿が映し出される。また、開いたハッチからエイリアンが逃げ出す様子も描かれている。

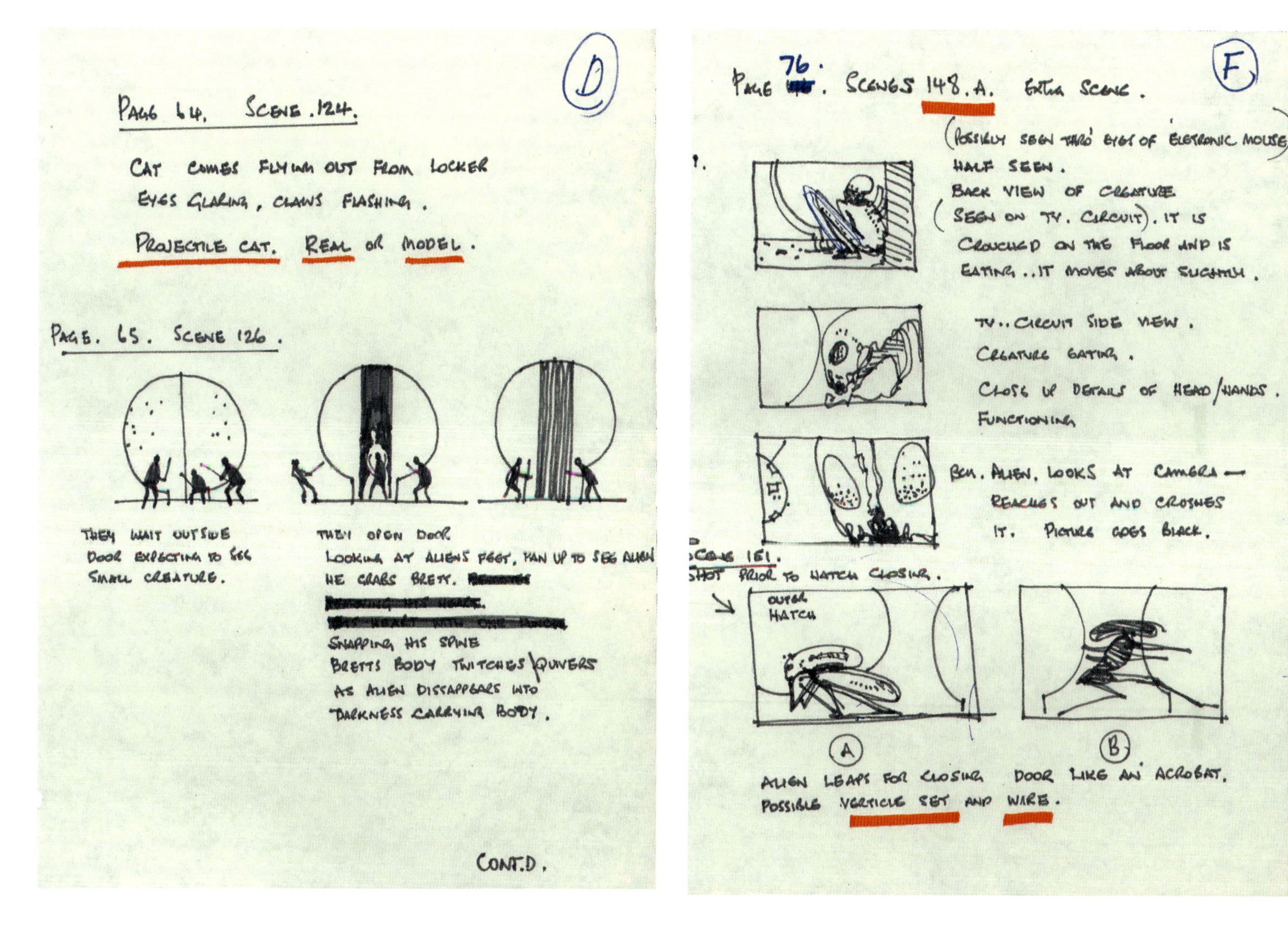


具合だ。同様に、スコットは卵貯蔵庫のシーンをどう見せるかも考え、ケインを腸壁を彷彿とさせる柔らかい地面にズブズブと膝まで沈ませることにした。「彼の指が液嚢に触れると、丸みを帯びた何かがせり上がり始め、蕾のような繊細な触手がわずかに動く。ここまでの卵のエフェクトは、邪悪さよりも優美さを醸し出すものにしたい」。そして、開いた卵の開口部は女性器を思わせる形になっているという。この一連のシークエンスに1分半がかかり、シューという音を立てながら卵が開くのには10秒かかるという予測だった。

スコットは睡眠時間を4時間ほどしか取れない日が続いていた。ある朝、クリスチャンは監督の額にみみず腫れができていることに気づき、何があったのかと訊ねた。スコットの話によれば、前の晩、ジャガーEタイプのクーペで帰宅途中に居眠り運転をして、事故を起こしてしまったのだという。「スピードは大して出ていなかったが、ゆっくり走っていたわけでもなかった」と、スコットは前の車に追突した時の状況を振り返る。幸い、相手の車にダメージはなかったのだが、彼のジャガーのフロント部分はつぶれてしまった。

「考えてみると、何もかも驚くべき体験だった」と、シャセットは言う。「リドリー・スコットは、それまで劇場用映画は1本しか撮っていなかった。テレビCMの監督として有名だったにすぎない。ロン・コッブはメジャー映画の仕事はしたことがなかった。ギーガーも映画業界未経験者だ。ダン・オバノンは1本映画を作っただけ。僕は0本。なのに、僕らは『スター・ウォーズ』を超えるかもしれないと人々が口々に言う映画に携わっていたんだから！ 僕らは全員、30代で経験不足。あの感覚は、まさにクレイジーだったよ……」

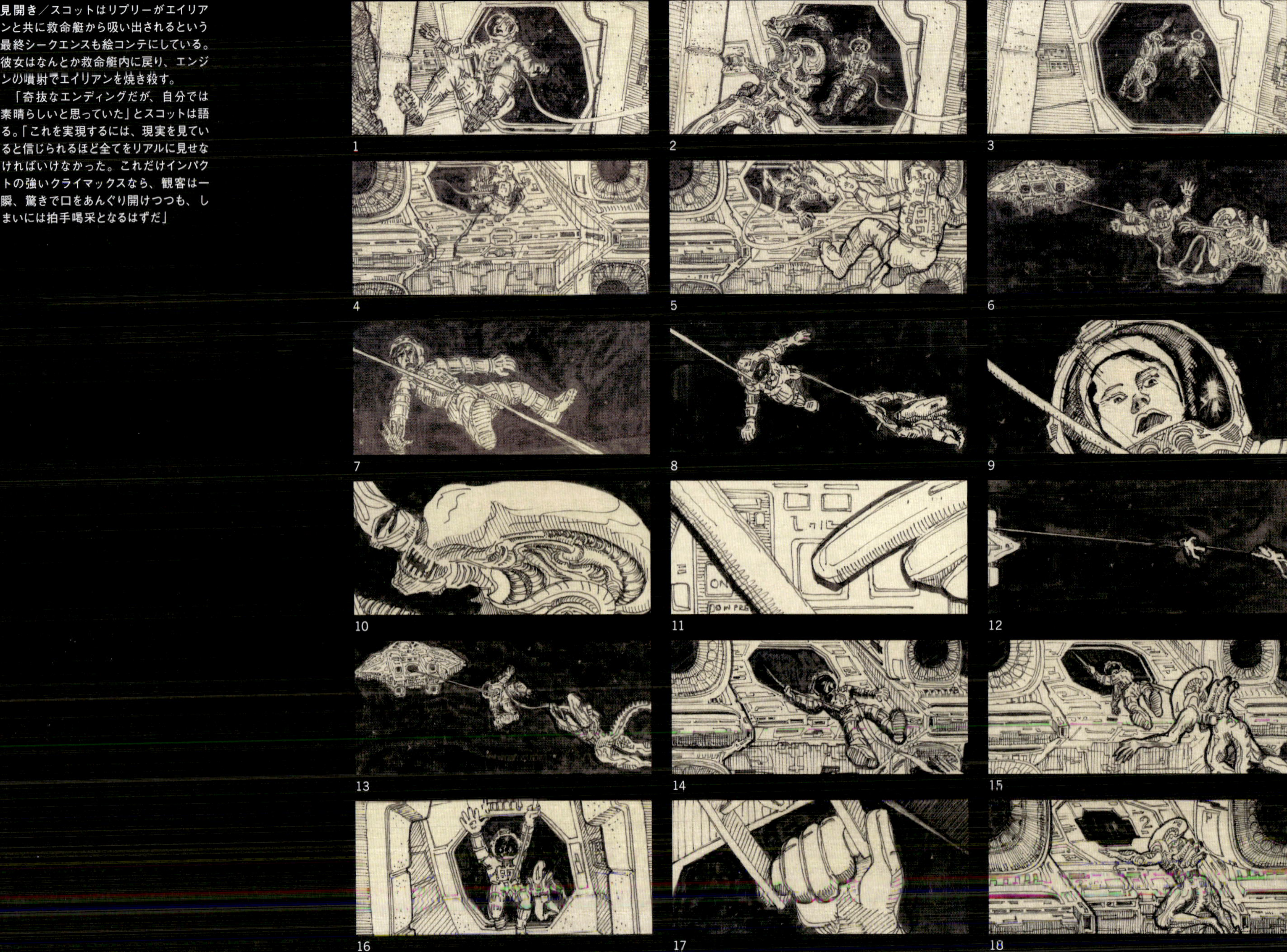


見開き／スコットはリプリーがエイリアンと共に救命艇から吸い出されるという最終シークエンスも絵コンテにしている。彼女はなんとか救命艇内に戻り、エンジンの噴射でエイリアンを焼き殺す。

「奇抜なエンディングだが、自分では素晴らしいと思っていた」とスコットは語る。「これを実現するには、現実を見ていると信じられるほど全てをリアルに見せなければいけなかった。これだけインパクトの強いクライマックスなら、観客は一瞬、驚きで口をあんぐり開けつつも、しまいには拍手喝采となるはずだ」

19
20
21
22
23
24

CHAPTER 8

# 絵コンテと撮影

1978年7月

右／シェパートン撮影所に間に合わせで設けられたギーガーの工房。

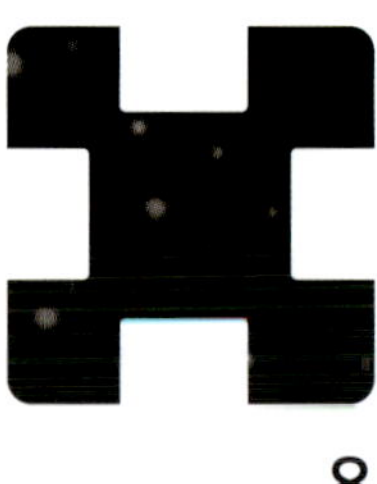

# 8

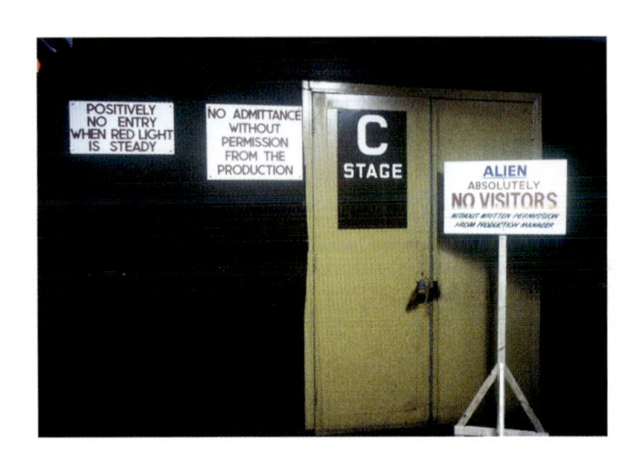


左／許可証のない部外者は立ち入り禁止だと知らせるCスタジオ入口前のサイン。

次頁／完成した装飾済みのブリッジのセットを4方向から撮影した写真。乱気流で電気系統がやられた際に点灯する非常用ライトを付けたいというスコットの要望に応え、クリスチャンはリー・エレクトリックス製のレッドヘッズというライトを付け、ロジャー・ショーの工房に、それらをディテールアップするよう依頼した。

ノストロモ号の内装が完成に近づき、皆は高揚した。撮影初日まで残り48時間。Cスタジオに足を踏み入れた俳優、スタッフ、特別招待客、フォックスの重役たちは、暗がりに目が慣れるや否や、自分たちが宇宙船のブリッジに立っていることに気づいて衝撃を受けた。セットは、まるで生き物のようだったという。「実際に機能する装置、点滅する何千というライト、画面にデータを表示したコンピューターやキーボードなどが溢れ返っていた」と、来賓のひとりは当時の様子を説明する。「本当にリアルで使用感があり、日常的に乗組員たちが作業している環境かと見紛うほどだった」

人々は、エアロックの小さな壁パネルを通って、サウンドステージから船に入った。貨物室から延びた通路は、「暗く、不気味で、動きを止めた潜水艦のようだった」とクリスチャンは書き記している。作り物の金属格子はどす黒い赤色を帯び、配管は古びて、パイプのところどころは塗装された油滴で光っていた。マスコミや雑誌社向けのセット見学を体験した者によれば、上階のAデッキは完成しているように見受けられ、ブリッジは目を見張るほどの出来で、「正真正銘、テクノロジーの理想郷」だったと報告されている。コックピットには7脚の大型レザーシートが設置され、40台ものビデオモニター（5、9、13、15、22インチの5サイズ）には、技術情報および航法情報、マップ、宇宙チャートを表示。複雑な機械構造、何十もの電気回路、何百個ものスイッチ、ダイヤル、ボタン、点滅する表示灯なども細かく作り込まれていた。

「見学者たちはこぞって操縦席に座りたがり、一体どうやってこれほどリアリティ溢れるコックピットのセットを建てられたのかと不思議がっていた」と、クリスチャンは言う。「ニック・アルダーは、本物の航空機のスクラップから操縦装置を組み立て、前後左右に傾けられるようにした。椅子の脇には、エンジンの推力制御に使うようなスロットルタイプの調節装置を装備させた。スイッチは何列も何列も並べていった。時には、何週間もかけて配置しても全然まともな見た目にならないこともあった。でも不思議なことに、ある日、突然うまく行くんだよ」

航海士や科学主任の座席を離れると、ブリッジから通路を通って食堂へと歩いていける。食堂奥の調理スペースには、粉状タイプと錠剤タイプの食料があり、ミニチュアバナナ、オレンジ、アップルといったラベルで中身の区別がつくようになっている。不気味なもやしの塊も置いてあった。

イルミネーションを施されたクッション張りの2番目の通路は、オートドックに通じている。通路にある大きなガラスのパネル越しには、『2001年宇宙の旅』に出てきそうな白い無菌の医務室が見えており、そこには薬品棚や、壁からスライドして引き出せる手術台が据えられている。手術道具セットが頭上に浮かんでいるのを見たら、誰でもギョッとするはずだ。

通路の交差地点にあるロビーには、透明のアクリル樹脂板でできたワードローブケースが置かれ、中には予備の宇宙服が吊り下げられている。その近くには、7枚の花びらのようにカプセルが並ぶコールドスリープエリアがあったが、他の場所と違って完成はしていなかった。もうひとつの通路を進むと〈マザー〉と呼ばれるコンピューターの部屋に行き着く。そこは天井も壁も何千個もの小さなライトで覆われていた。

パウエルとクリスチャンの記憶によれば、この一連のセットはあまりに大きかったため、隣接のDスタジオにまで拡大したという。セットを組み立てるスタジオは通常1枚の壁で仕切られているが、それを取り外し、Dスタジオまで使ってノストロモ号のAデッキの内部セットを建てたのだ。

「見学に来た人は、みんな出口を見失ってしまうんだ！」と、シーモアは言う。「迷路のようだったからね。何もかも揃ったこの完璧な空間に面食らっているようだった」

「通路を進んで左手にあるのが、医務室よ」と、カートライトは説明する。「閉所恐怖症を起こしそうになるほど狭苦しいのに、強烈な存在感があるの」

ウィーヴァーは新作舞台が千秋楽を迎える前に使用禁止にされるような、暖房もない小劇場で仕事をするのに慣れていたため、このセットにはひどく驚いたようだった。「私はセットを見て、『うわ、これってすごくない？ こんなに巨大なセットを実際にあちこち歩き回れたら、本当に宇宙船にいる感覚になって、演技が相当やりやすくなる』って思った。あれは俳優のためのセットで、観客のために建てたんじゃない。私たち役者のために、本物かと見間違えるくらい生々しい世界を与えてくれた。宇宙空間にいるリアルな感覚はもとより、古い宇宙船内の埃まみれで不潔な、ネバネバしている部分まで感じることができて、エイリアンに襲撃される前にお手上げになりそうだった」

「セットに入ってきたシガニーや他の俳優たちの顔が、全てを物語っていた」と、クリスチャンは思い返す。

そこは他の多くのセットとは異なり、四方が壁に囲まれて天井が付いており、大きな閉塞感があったのだ。「自分たちが本当にそこにいると思えるような環境を作ることを目指していた。そうすれば、俳優たちだって同じように信じられるはずだ」と、シーモアは語る。「あのセットは俳優たちに、自分がどこにいるのかを実感させた。まるでロケ地で撮影しているかのようにね」

上・前頁／ブリッジのセット。無人のブリッジとデータが表示されたモニターを写す場面で、スコットは撮影台本にこう書いた。「通路のライトはオフにし、宇宙服ケース内の明かりはオンに。床下ライトもオフ。張り出しモニターはオン。ケインのヘルメットに左から右へとエフェクトをかける」

右上2点／スコットの撮影台本に貼られていた、ブリッジでの乗組員たちのポラロイド写真。

キャロルはセットに足を踏み入れた時の感覚を、「本物の宇宙船に乗り込んだようだと肌で感じた」と表現している。また、ディリーはスコットに、通路を長く見せるために古典的な鏡のトリックを使ったらどうかと提案し、その案が採用された。

「リドリー・スコットは、これをゴシック小説と呼んでいた」と、ギーガーは言う。「この作品の宇宙は、閉所恐怖症的な感覚を表すための手段でしかないんだ」

セットの狭さは、身長約165cmのイアン・ホルムが低い梁に頭をぶつけるほどだった。「あのセットは、俳優たちの平衡感覚を完全に狂わせた」と、シャセットは言う。「サウンドステージを横切って行ってもコールドスリープ装置にはたどり着けない。セットの中をあちこち歩いて、ようやく行き着くんだ。あの感覚はまさにリアルだった」。しばらくすると、狭苦しい環境下に置かれた俳優たちに、不思議な現象が起き始めた。彼らはこの奇妙な宇宙船に閉じ込められているのだと本気で思い込むようになり、平静さを失っていったのだ。トム・スケリットはこう語っている。「この船内を歩いていると、どうしても驚きで口が開きっぱなしになってしまうんだ。もう10年も乗っている設定だから、驚いてはいけないのに。だから夜になるとここへ来て座り、セットに慣れようとした。本当に難しかったよ」

「かなり長い通路を進み、角を曲がって、ようやく部屋に入っていく」と、スコットはセットについて説明する。「そうやって本物のような空間を通ることで、自分が宇宙船にいると感じられるようになるんだ。ちょっと変わったやり方だけどね。無駄を増やしているぶん、どうしても金がかかる。このセットには必要のない部分もあるかもしれないが、とにかく建ててみることで複合的な効果が得られるんだ」

さらにHスタジオまで近づいて行くと、そこには奇妙な小惑星の地表が広がっている。抑え気味の青みがかったライトの中に、何トンもの石膏、繊維ガラス、岩、小石で作られた不毛の荒野が浮かび上がる。遺棄船の入口は2ヵ所あり、いずれも3m半を超える高さで、セットの外れにそびえていた。

撮影開始の前日、ブリッジはさらにコンパクトになった。突然、スコットが天井をもっと低くするように指示したのだ。土壇場での変更に合わせて大勢の大工と塗装工が作業を始め、ヴァンリントは事前に設置しておいた照明器具を撤去しなければならなくなった。

「天井の高さについては延々と議論が繰り返された。ゴードンは2m半弱だと主張したが、僕は1m30cmだと言い張った」と、スコットは振り返る。「通路に立ってみると、ゴードンが文句を言い始めた。『いくらなんでも天井が低すぎる。リドリー、これは厄介な問題だぞ』とね。閉所恐怖症的な気分を味わわせ

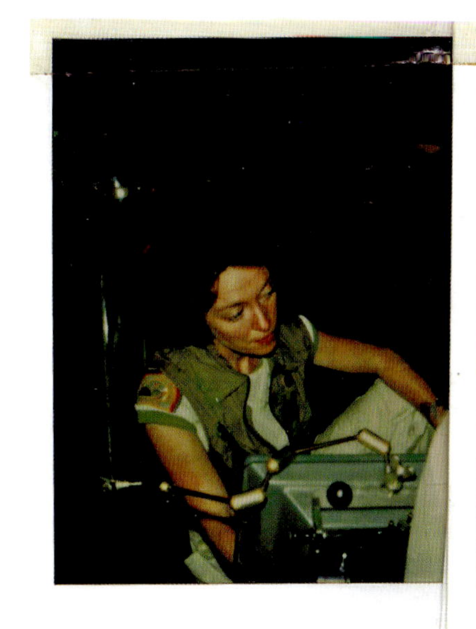

るためだと説明しようとしたんだが、設定はあらゆる段階で理にかなっていなければいけない。いかなる部分でも、だ。それで結局、天井の高さは約2mになった。するとゴードンは、『こんなの馬鹿げている。ヤフェットは頭を打ちつけることになるぞ！』と、騒ぎ出した。でも、それなら常に屈んでいればいいだけだ、と僕は言い返した」

「リドリーはセットの建設中にも何度か、マイケル・シーモアにブリッジの天井全体を低くするように頼んでいた」と、クリスチャンは記している。「マイケルも建設チームリーダーのビル・ウェルチも憤慨していたが、完璧な外見にするにはそうするしかないこともわかっていた。横縦比約2：1のワイドスクリーンフォーマットで撮影するということは、どのシーンも横幅が広く、縦の高さが短くなるのだ」

## 極秘撮影

**【撮影第1日〜9日】**1978年7月3日（月）〜7月12日（木）
**【Cスタジオ ノストロモ号Aデッキ ブリッジ内】**シーン14（宇宙船の位置を確認）、15、17、21、23、24〜26（着陸プロセス開始）、24B、26、28、29A、30（乱気流）、33（着陸のため降下）、35（着陸と同時に漏電火災発生）、38（暗闇。リプリーがエンジン室に話しかける）、43（修理にどのくらいかかるのか）、46B（ダラスが惑星探査に行くメンバーを募る）、59（地球外生命体の送信信号について話し合う）、60、67A、71（送信信号は警告）、76、77、80（リプリーが船外調査から戻った3人の入船を拒否）、81、82、90、91、92、100（離陸）、119（ケインの宇宙葬）、126（プレット、探知機と牛追い棒を配る）、154（「アッシュと寝たのか？」）、158（リプリー、エイリアンをエアロックに閉じ込める）
**【注記】**リストアップされた全シーンが1日で撮影されるとは限らず、撮り終えるのに数日を要するシーンもある。また、各シーンの全日程が表に記載されているわけでもない。

7月3日、本撮影開始初日の朝、スコットと撮影スタッフは午前7時頃にシェパートン撮影所に到着。彼はセットを確認し、俳優たちがメイクと衣装の準備をする間、撮影をスケジュール通りに進められそうかどうかをチェックした。その日と翌日は125人分のケータリングが用意された。

「撮影前にテストする時間はほとんどなかった」と、ヴァンリントは打ち明ける。「撮影開始時点でセットはまだ完成していな

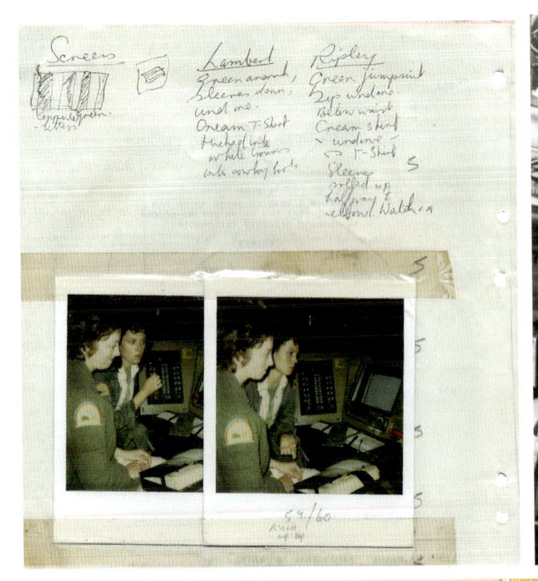

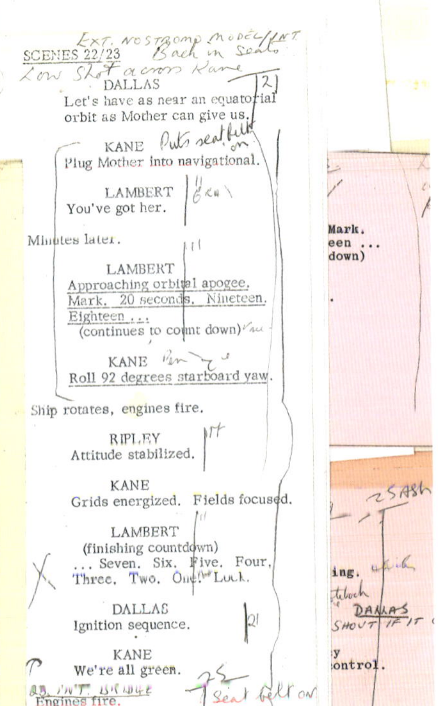

SCENES 22/23

DALLAS
Let's have as near an equatorial orbit as Mother can give us.

KANE
Plug Mother into navigational.

LAMBERT
You've got her.

Minutes later.

LAMBERT
Approaching orbital apogee. Mark. 20 seconds. Nineteen. Eighteen ...
(continues to count down)

KANE
Roll 92 degrees starboard yaw.

Ship rotates, engines fire.

RIPLEY
Attitude stabilized.

KANE
Grids energized. Fields focused.

LAMBERT
(finishing countdown)
... Seven. Six. Five. Four. Three. Two. One!

DALLAS
Ignition sequence.

KANE
We're all green.

Engines fire.

**左・次頁右上**／ブリッジのセットで撮影中のケイン役、ジョン・フィンチ。撮影開始から数日後に降板した。

**左端・下**／リドリー・スコットの撮影台本には、2ページにわたってウィーヴァー、カートライト、スケリットのポラロイド写真と彼らの衣装についてのメモ書きが添付されている。また、コンピューターのモニターの文字は緑色だと明記されている。

スコットとヴァンリントは、撮影初日を迎える前に一連の照明テストを開始。スコットの目標はセットの隅々を一度に照らし、カメラを持つ自分が自由に動けるようにすることだった。『2001年宇宙の旅』と似た照明スタイルで、俳優をどんな場所にでも配置できるようにしたかったのだ。ただ、今回は物語の雰囲気に合わせて明るさを抑えめにし、薄暗く、鬱々とした感じを出そうと考えていた。

だが、それを実現するまでに、2人は複雑な照明のバリエーションを徹底的に試すことになった。スコットが蛍光灯とタングステン光を組み合わせ、時には別の強力なライトも使いたいと言い出したため、ヴァンリントは適切なバランスを見つけようと懸命にフィルターで調節を行なった。決め手となる組み合わせが見つかるまで、2人は誰かを通路に立たせ、2〜3週間も試行錯誤を繰り返すことになった。

「ライティングは困難を極めた」とスコットは言う。「最初はテレビ番組を撮影しているかのような仕上がりだった。視覚的に何が欲しいのか自覚していなかったから、あそこまで詳細に作り込んだセットも、繊細な部分が写せなくて宝の持ち腐れになりかけていた」

結局、2人は電球を組み合わせ、より伝統的なやり方で撮影することにした。一方で、セットの自然な位置から得られる光源——金属製の格子から漏れてくる光、手持ちランプ、あるいは物陰に隠れたライトなど——へのこだわりも依然として持ち続けていた。電気技師たちは柔軟に対応し、カメラスタッフのために調光ボードに配線を繋いだりもした。それにより、ショットごとに照明の明るさや光度を簡単に調整できるようになった。

かったから、いつもの機材チェックくらいしかできなかった。だけど、私はテクニカルなカメラマンではない。現場にカメラを置いてみて、眺めて、照明を当てて考えてみるタイプなんだ」

ブリッジの修正作業が完了すると、ヴァンリントと照明スタッフは天井に沿って小さな蛍光灯を設置し、フィルターで色のバランスを調整して、独特の雰囲気の影を作って閉塞感をさらに増幅させた(彼とスコットはボーイング747機に使用されているライトなど、斬新な機材も使用した)。

ヴァンリントが現場の状態について口を閉ざしていたのと反対に、オバノンは未完成の内装部分があることをオープンに語っていた。当時、スコットがブリッジのある部分で撮影をする間、他のセット建設/美術部門のスタッフは別の部分を完成させるために懸命に作業を続けていたのだ。「最もピリピリしていたのが撮影初日だ」と、オバノンは1979年に語っている。「セットは完成していなかったんだ。哀れなスコットはセットの半分で撮影するしかなく……しかも、現場にはフォックスの重役も顔を揃えていた。彼らはこの企画がスケジュール通りに行くのかどうかを

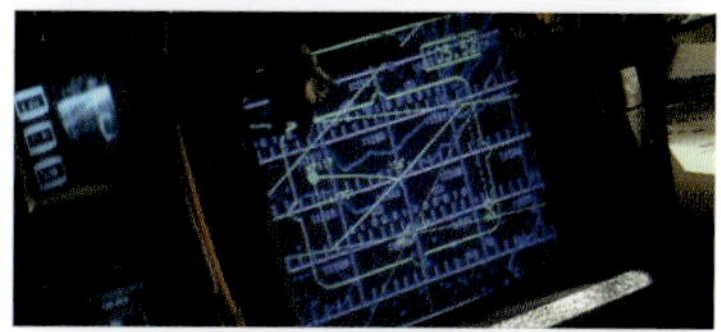

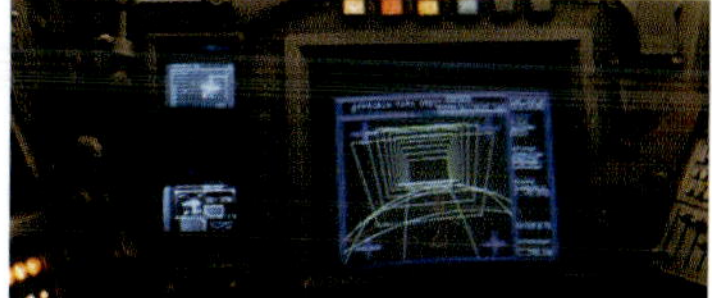

左／最終的に出来上がったデータを映し出すコンピューター画面。電子工学技術者で、コンソールグラフィック監修者でもあるボブ・ディケンソンは、地元の大学にメインフレームの制作協力を要請した。「このグラフィックは1フレームずつ作っていくんだ。永遠に作業が終わらないかと思ったよ」とディケンソンは語る。

完成したグラフィックはフィルムで撮影し、Uマチックのビデオテープに移植。必要に応じてモニターで再生した（スコットは何かに役立つかとアップルIIコンピューターを持ち込んだが、関連するソフトウェアがなく、プログラムすることができなかったという）。

クリスチャンは制御盤のモニターで再生する映像に個別のコードを付け、各シーンに番号を振って記録した。おかげで、正しい再生位置を探し出すまでセットで延々と待つことになるのを回避できた。

オバノンはディケンソンに本を渡して適切なイメージを伝え、モニター上に宇宙地図の端から端までが映るというシーン（上から2枚目）を作り出した。カメラをパンして宇宙地図の画像を写し、その上にグリッドをかぶせている。

不安視していたんだ。現場には、飛行機でロンドン入りした役員たちが全員ずらりと並び、無言のままリドリーを見つめていた。図書館にでもいるようか、全くの静寂。張り詰めた空気に、僕は身ぶるいしそうだった。大工たちはテイクとテイクの合間に建設作業を進めていて、完全に出来上がっていたセットは、まだひとつもなかった」

「確かに、ある意味ではやや準備不足のままスタートすることになった」と、スコットは認める。「だが、映画の公開日である5月25日は、どうしても死守しなければいけなかった。だから、フォックスがずっと目を光らせていたんだ」

ウィーヴァーのカメラテストはうまく行ったが、スコットへの「監視」は続けられた。

「プロデューサーたちが到着して、スタジオの壁際の椅子に気難しい顔で腰を下ろすと、セットにはたちまち緊迫した空気が流れた」。クリスチャンは当時を思い返す。「フォックスのアメリカ人の重役とプロデューサー9人ほどが、揃ってリドリーを見つめ、時計の時間を気にしていた。照明テストの時間も与えられなかったから、リドリーはきつかっただろう。彼らは非常に厳しいスケジュールを監督に押しつけ、それを必ず遵守するようにと威圧するため、現場で見張っていたんだ。CM監督はわずか数秒の映像を作るのに膨大な時間を費やすという先入観があるせいで、連中はリドリーを色眼鏡で見ていたに違いない」

キャロル、ガイラー、シャセット、それにサンフォード・リーバーソンなど、プロデューサーや役員の中にはスコットの味方もいたが、それ以外は中立か、反感を抱いている人間だった。「リドリーは自分の能力を示したかったんだ」と、リーバーソンは言う。「商業的に成功する映画を作れると証明したがっていた」

フォックスの重役には、時間を気にするように、腕時計をあからさまに見る者もいた。さらにスケジュールが延び、映画制作が予定より3週間も遅れていることはキャロルも理解していた。

通常、俳優たちは午前8時にメイクを始め、スコットが撮影を開始する午前9時までにセットに上がる。メインユニットでは、2.35：1のシネマスコープのアスペクト比にすべく、パナビジョン社製カメラにアナモフィックレンズを付けて撮影した。このレンズは大きく重く、スコットはかなりの重量の機材を何時間も、何日にもわたって担ぎ続けることになった。また、もう少し小さい同社のプラチナ・パナフレックスをショルダーハーネス付きで使い、手持ち撮影したい時にいつでも切り替えられるようにすることもあった。

スコットは、自らカメラを操作するのが好きだった。「撮影しながら色々思いつける」からだと言う。「あのカメラは豚と呼ばれてたんだ。背中に30mものフィルムを背負っている大食いカメラだからね。幸いにも、僕には業界で最も優秀なフォーカスマンがついているんだ」。

そのフォーカスマンとは、エイドリアン・ビドルのことである。撮影中スコットの横につき、延長ワイヤーでピント合わせをする役目だ。また、スコットの後ろには、クリスチャンや第一助手のポール・"イッポ"・イベットソンのほか、カメラに取り付けられるバッテリーやケーブルを抱えた技師が控えていた。クリスチャンの仕事は、カメラの捉えている被写体が常に正しい状態にあるかをチェックすること。常に刷毛を携帯し、セットの欠けや黒ずみを見つけるとその箇所を塗料で補修した。一方、イッポの仕事は、スコットがカメラを持って移動する際に周囲の物体との接触を避けることだ。初日から数ヵ月間、イッポは何度も身がすくむような思いをしたという。カメラ上部に搭載されたカートリッジがしょっちゅう低い天井に接触しそうになるからだ。イッポはいつでもカメラを押し下げられるように準備しておかなければならなかった。スコットの目は接眼レンズにぴったりとくっついているため、カメラが勢い良くセットにぶつかれば、映画にとって悲惨な結果を招きかねなかった。

撮影初日、スコットは乗組員がブリッジに出てくるシーンを撮影した。予想していた地点ではなく、地球からかなり離れている場所にいると気づく場面だ。その時のリプリーが呼びかける(コールイン)台詞は変更になり、彼女は「南極の管制センター」に呼びかけて、自分たちの宇宙船が「ソロモン諸島」からやってきたと言うことになった。

また、乗組員が異星人からのシグナルを聞くふりをするところも撮影した。その信号音はポストプロダクション段階で制作されることになっていた。

「リドリーは私にとても辛抱強く接してくれた」と、ウィーヴァーは語る。「最初の週、『いいかい、シガニー。カメラを見ないほうがもっと良くなるよ』と言われたの。学ぶことが沢山あった。すごく勉強になったと思う」

最初のほうのシーンでは、俳優はグラフィックデータやセット外のビデオセンターから送信される16mm映像(ディック・ヒューイットが監修した)を映した何台ものモーターを見ながら会話を進める必要があった。編集担当のテリー・ローリングスとスタッフは、撮影台本に従いながら、各キャラクターに必要な画面を逐一モニターに映し続けた。

「リドリーは、宇宙船を飛行機と同じような感じにしたいと考えていた」と、ブレット役のスタントンは振り返る。「ごくありふれた雰囲気で、できるだけ自然で平凡な見た目にしようとしていたんだ。操作盤で押せるボタンも決まっていて、デタラメに押しているようには見えない。ほとんどは模型だったけどね」

「面白い話があるの。リドリーは操作盤をリアルに見せるために手間は惜しまなかったんだけど——」と、ウィーヴァーは振り返る。「最初の会話シーンのためにセット入りすると、カメラアングルの問題で、そのリアルな操作盤のボタンはひとつも押させてもらえなかった。足元に隠れた小道具のスタッフがボタンを下から動かしていたの。私たちは指を宙に浮かせてボタンを押すふりをしなければいけなかったわけ」

「撮影には必ず立会い、1秒たりとも席を外せなかった」と、シャセットは言う。「リドリーがカメラを抱えている間は、身動きができなかったよ。ただ何回か、たまたま邪魔になってしまってね。『カット! シャセットがまた映り込んだ!』と叫ばれた。あれはすごく恥ずかしかったな」

「他に立っていられる場所がなくてね」と、クリスチャンも振り返る。「格子床の下でライトの熱に晒され、靴底は溶けかかっていた。1時間もすると、熱気は塩化ビニールの格子も溶かし始めた。それ以降、1テイク撮り終えるごとに照明は消されるようになり、電気技師たちが一部のライトを放熱の少ない蛍光灯に変えてくれた」

## 中に入る

撮影初日の7月3日、ギーガーがデザインしたエイリアン第3形態の頭部がクッション入りのケースに入れられ、カルロ・ランバルディに宛てて発送された。舌が付いたポリエステルのモールド、バデジョーの頭を型取りしたもの、実物大の断面図が入っていた。「プラスティシンやフレキシブルパイプなどを使い、本物の人間の頭蓋骨から作り上げた」とギーガーは語る。

スコットはその出来に満足し、俳優たちには撮影時までモンスターを見せないつもりだとギーガーに伝えた。そのほうが良い演技になるだろうと考えたのだ。

「ギーガーは人間の頭蓋骨をひとつ取り出すと、正面に向けて固定し、それを加工し始めた」と、オバノンは振り返る。「非常に美しい頭蓋骨だった。かつては生身の人間だったんだ。ギーガーは弓ノコを手にすると顎の骨を切断し、その顎の骨を15cmの長さに延ばした。そして次に、色々な素材を接着して後頭部も延ばし始めた。それを本物の人間の頭蓋骨でやったんだからね!」

それと並行して、スコットとキャロルは代替プランも用意していた。撮影が始まるまでに少なくとも1体のエイリアンヘッドは機械で動かせるようにしておかなければならないため、ボイジーとバトラーが用意したもう1体のモールドを、シェパートン撮影所にあるデヴィッド・ワットリングの工房に送っておいたのだ。ワットリングの会社は『スター・ウォーズ』でR2-D2を数体製造したことがあった。第3形態のエイリアンヘッドには2体とも同じ動作の機械制御が組み込まれていたが、ワットリングはランバルディとは異なる方法を選び、ケーブルではなく無線操縦方式を採用した(P184のコラム参照)。

「ランバルディのエイリアンヘッドがうまく動作しなかった場合を想定し、ヨーロッパでも別のヘッドが作られているという噂を耳にした」と、ディッケンも語っている。

ブリッジでの撮影翌日、スコットは宇宙船の着陸シーンと、その後の混乱を煙とサイレンを使って撮影した。進行予定表には、コンソールに焼け焦げなど火事で受けた損傷を施す必要があると記されていた。また、俳優たちを実際に揺さぶるために、乗組員の座席の下にはペイントミキサーが設置された。「全ての椅子を振動させたんだ」と、アルターは語る。「ミキサーのスイッチを入れると、シガニーの顔に小さな笑みが浮かんだよ」

だが、1〜2テイク撮った後、スコットはその揺れ方が速すぎると感じ、結局ペイントミキサーのスイッチを切って、俳優たちに自力でややゆっくりと揺れてみてくれと頼んだ。そして同

上・左/初期のエイリアン第3形態のコスチュームの試作品を着込んだバデジョー。上の写真でバデジョーの隣にいるのは、〈マザー〉とも呼ばれた着付け係のジョン・バーキンショーだ。

**右2点**／エイリアンの頭部を制作中のギーガー。

**右端**／ギーガーによる成体エイリアンの絵2種。

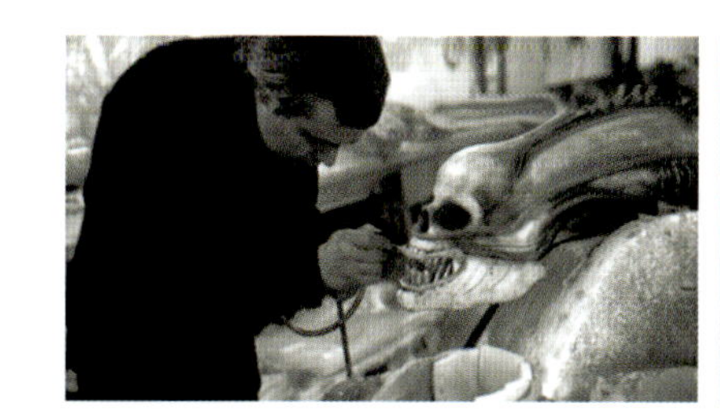

時に、彼自身も肩に担いでいたカメラを揺さぶり、イッポと技師にも叩かせて振動を作り出した。「シートベルトで椅子に固定されたまま、どんなふうに揺れ動く様子を表現できるかは俳優にかかっていた」と、クリスチャンは記している。「イッポが俳優に左右に傾けと合図を出し、私もそれに合わせてカメラを叩いて、激しい揺れを作り出した」

午前の撮影を進めている間、セットには「ビー・スモーカー」として知られる燻煙器（ミツバチを煙で落ち着かせる装置）の作り出す靄とスモークが充満していった。「僕にとって、スモークはカラーフィルターなんだよ」と、スコットは言う。「この薄い膜が、奥行きを立体的に見せてくれる。僕は色味を少し抑えたいと考えた。ガーゼやフィルターを使うと平面的になりがちだが、スモークは奥行きを深め、立体的な質感を与えて洗練された映像にしてくれる。背景の見栄えを良くし、シルエットも生み出すんだ」

「セットでは、リドリーと彼のスモークがジョークのネタになっていた」と、パウエルは振り返る。「彼はスモークをどんどん足していったんだ。プロデューサーたちは信じられないと目を丸くしていた。どうかしてしまったのかと思ったそうだよ」

「使われた煙の量は信じられないほどだった」と、ウィーヴァーも言う。「ブリッジのセットでもライトをディフューズするために使われていて、天井がますます低く見えた。かつて参列したカトリック教会の葬儀で見たお香にも似ていたかも。量がすごくて、スタッフはマスクを装着してた」

「スモークを使う時はジョー・ディップルが床の上でスタンバイしていた。ビー・スモーカーと段ボールを使い、スモークを滞留させつつも、煙ではないように思わせる演出に長けていた」と、クリスチャンは当時のことを記している。

「ケイン役のジョン・フィンチが物思いに沈んでいるようだと気づいた」と、スコットは振り返る。フィンチはタバコを吸い、コカコーラを何缶も開けており、その顔色は青白いようにも黄色いようにも見えた。「何かがおかしいと僕は感じた。2テイクばかり撮ったんだが、彼は明らかに精彩を欠いていて、力なく椅子にぐったりと座り込んでしまった」

「ジョンは本当に頑張っていた。ケイン役としては全く申し分なかったんだが……」と、クリスチャンも言う。「熱さとスモークにやられ、青ざめた顔で疲れていた。そして彼の出番を撮っている途中、顔色が黄色くなり、今にも倒れそうに見えた」

スコットは「カット！」と叫ぶなり、フィンチのもとに駆け寄って大丈夫かと尋ねると、フィンチは「ひどい気分だ」と答えた。「彼の顔は完全に黄色くなっていて、もはや起き上がれそうになかった」と、スコットは思い返す。「僕らは彼を抱えて、セットから運び出さねばならなかった」

「ジョン・フィンチが再び体調を崩し、病院に担ぎこまれる事態となった」と、ギーガーは7月4日に記している。その文章から推測するに、フィンチは前にも体調不良になったことがあるようだった（フィンチは撮影初日に脱落したと言う者もいるが、彼の名前は2日目の進行表に記載されており、ギーガーの日記でもそれを確認できる）。

食堂で昼食を取りながら、スコットとプロデューサーたちは病院からの知らせを待ちつつ、フィンチをどうすべきか考えた。（なお、この撮影所のカフェテリアの食事はひどいもので、シェパートンの取締役マイケル・ペイリンの悩みの種だったという。「かなりまずかった」と、ビールも認めているほどだ）

ギーガーはHスタジオを訪ねた時の様子を、「小道具部門のスタッフが作っていた宇宙船は、大失敗もいいところだった」と描写している。ビル・ウェルチがスタッフにリブ付きチューブで支柱を作らせたのだが、ギーガーにとっては「破滅的と言いたくなるほどひどい見た目」だったようだ。結局、ボイジーは修正をギーガーに約束した。また、フィンチの件について「シーモアは喜んでいた」とギーガーは記している。「そのおかげで（他の）セットを建てるのに、さらに3日の猶予ができたからだ。だが、新たな問題が浮上した。彼らは再びスペースジョッキーの骸骨をコックピットに座らせたいと言い出したのだ」

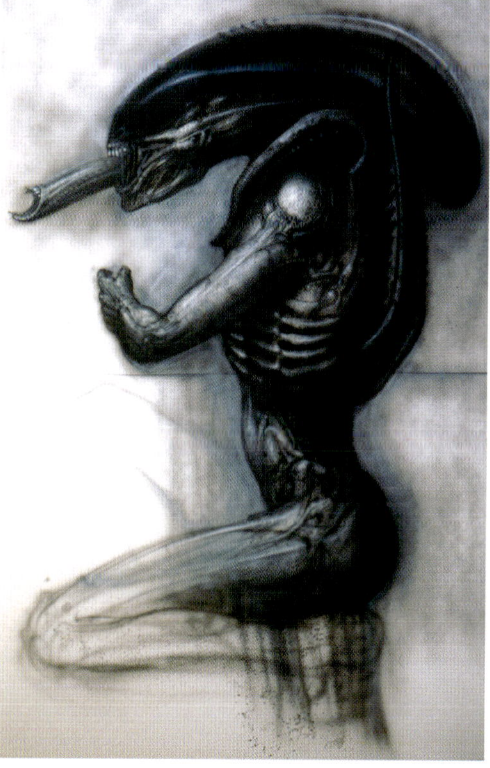

## 2つの頭とひとつの肉体の物語

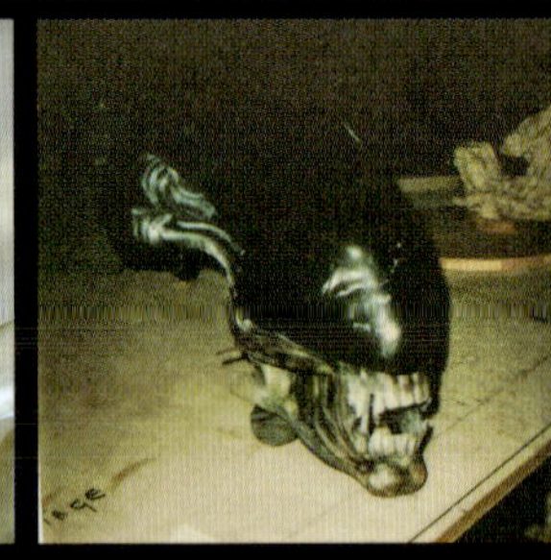

**左端**／エイリアンの手を見せるギーガー。「親指が手の反対側にも付いているなんて、オバノンは実に素晴らしいアイデアを思いついた」とギーガーは賞賛する。

**上段・下段左**／試行錯誤の末に出来上がった、エイリアンの透明な皮膚のサンプル。

**下段右**／箱に入れられてハリウッドのカルロ・ランバルディに送られる前に撮影された、ギーガーの成体エイリアンの頭部のポラロイド写真。

ランバルディとワットリングは、それぞれ成体エイリアンのおぞましい頭部の作成に取り掛かった。シェパートン撮影所では、ワットリングと数人のスタッフがエイリアンの顔を動かす遠隔装置を組み立てるところから作業を始めた。無線操縦方式のバルブでエアシリンダーをコントロールして顎や舌を動かすという案だ。無線受信機とプロポーショナル・サーボモーターを頭の内部に搭載し、コスチューム内の背中側には空気供給装置と小型バッテリーパックを埋め込むのだ。

ギーガーは素材や技術についてバトラーと議論や口論を交わしたのち、工房の木製の土台に置かれていた（スーツアクターの）バデジョーの等身大モールドを使い、助手と一緒にボディの成形に着手した。表面に薄くプラスティシンを塗りつけ、それを動物の肋骨や背骨などの骨、チューブ、沢山の機械部品で覆い、形を整えていった。ギーガーが最初に片側を作り、その後、バトラーがそれを真似て反対側を仕上げた。

「ギーガーは、その華麗なフィギュアに、チューブや膿んで腐りかけた傷口、関節、膿疱、奇妙な形の何かを付け加えていった」と、オバノンは1979年に語っている。「エアコンのダクトまでねじ込んでいたよ」

ギーガーのチームには、アンドリュー・エインスワースも加わった。彼もまた『スター・ウォーズ』に関わったマスク制作者で、コスチュームをどうやって透明にするかを考えるのが課題だった。

一方、カリフォルニアのターザナで大きな木箱を受け取ったランバルディは、中に入っていたエイリアンの頭部をチェックした。「送られてきた頭部は、繊維ガラスの鋳造品だった」と、彼のチーフアシスタント、ラルフ・コボスは言う。「おかげで、カルロが作業する場所に移動させるだけで1週間もかかった」

そしてランバルディは、機械部品をうまく取り付けられそうな場所を探し出し、関節と筋肉を柔軟性のあるボーデンケーブルで遠隔操作できるように加工した。

一方その頃、バデジョーはエイリアンの中に入って効果的に動く方法を研究していた。「彼は熱心に動きの練習に没頭していたわ」と、恋人のインカ・リチャードソンは語っている。

ギーガーはプライベートの時間にも作業を続け、本当はディッケンの仕事だったにもかかわらず、小さなフェイスハガー2体を作り上げた。「とても滑らかでぬるぬるした感じに出来上がった」と、ギーガーは言う。「私が作ったフェイスハガーは半透明。それが（ディッケンとの）大きな違いだ。皮膚の下にある骨が透けて見えるようにしたかったんだ」

右／Hスタジオに建設中のノストロモ号の着陸脚。

こうして、オリジナル脚本に基づき、スペースジョッキーが復帰することになった。「スペースジョッキーは採用されたり、不採用になったりの繰り返しだった」と、スコット。「僕はスペースジョッキーを登場させたかったし、ゴードンもキャロルもパウエルも同じだった。その頃にはもう、僕らはみんな自他共に認める宇宙オタクになっていたんだ。しかし、スペースジョッキーの再採用には反対する者もいた。制作は既に予算をオーバーし、スケジュールは3週間も遅れている。だからどこかでボツになる覚悟はしつつも、僕たちは頑なにこだわっていた。遺棄船の核となる要素として必要だと感じていたんだ。スペースジョッキーがなければ、遺棄船内に足を踏み入れた乗組員たちは床に開いた穴を見つけるだけ。そんなの全くの無意味だ」

ある時点では、遺棄船の内部を円周120m以上の巨大な洞窟のように設計するという構想があった。だが、内部のシーンの撮影は9月まで延び、予算と時間の制限もあって、再考を余儀なくされる。そこで、シーモアにあるアイデアが浮かんだ。スペースジョッキーをセット中央のターンテーブルの上に置くというのだ。「セットの半分だけを建てればいいと思いついたんだ」と、シーモアは言う。「そうすれば、ある方向から撮影したら、ターンテーブルを回転させて逆のアングルから撮影することができる」

その日の夕方、スコットはフィンチの現場復帰が不可能だという知らせを受けた。彼の不調は糖尿病が原因だという話もあったが、その後、肺炎だと判明した。「気管支のひどい発作に苦しんでいたんだ」と、フィンチは後に振り返ってる。彼は集中治療室に2週間入院することになった。「残念ながら、『エイリアン』は続けられなくなってしまった」

キャスティングの際に作った俳優リストを眺めながら、スコットは、かつてケイン役の候補として検討していたジョン・ハートを思い出した。彼は最初に候補に挙がっていたのだが、その時は別の映画のスケジュールと重なっていて断念したのだ。しかし、ハートはその映画のロケ地である南アフリカで入国を拒否されていた。「ジョン・ハード」という名の俳優と混同されてしまったのだ。その俳優は人種隔離政策の反対活動を行なっていたため、南アフリカ政府から自国にとって好ましくない人物であると見なされていた。

スコットは振り返る。「僕はジョン・ハートに電話をかけ、車をロンドンのハムステッドまで走らせた。2人で飲み物を手に、椅子に座った。そして『これをやってみたいかい?』と訊くと、

**左端**／スコットの撮影台本とポラロイド写真。ここに写っているのは、ジョン・フィンチに代わってケイン役を演じることになったジョン・ハート（上）とアッシュ役のイアン・ホルム（下）。

**左**／スコットの撮影台本に貼られていた別の写真。卓上の地図を眺めるハート、スケリット、ホルム。

ジョンは『ああ、君を信頼してる。撮影開始はいつ？』と言ってくれた。そこで僕は、『明朝からだ。君のために車を手配する』と答えたんだ」。

スコットとハートは役について深夜まで話し合った。「彼は映画の内容についてプレゼンをしてくれた」と、ハートは振り返る。「長くて、実に面白い話だった」。そして、翌日の午前7時。進行予定表を書き換えるには遅すぎたが、ジョン・ハートはメイクをしてケインになり、スコットはブリッジでのケインのシーンを撮り直した。「ジョンは、操作盤にもすぐに慣れたようだった」と、クリスチャンは語る。「操作の簡単な説明をした直後、すっかりケインになりきって演技をしていた」

しかしながら、『スター・ウォーズ』にも携わった映画プロデューサー兼マーケティングのベテランで、のちに展開する『エイリアン』のパブリシティ担当であったチャールズ・リッピンコットによれば、フィンチの突然の降板は確実に経営陣を動揺させたという。「ピーター・ビールはリドリー・スコットを不安視していた。当時ジョン・フィンチの糖尿病はコントロールできない状態で、彼の代わりを見つけなければならなかったからね。ビールはその懸念を本社に伝えていた。『エイリアン』はリドリー初の大型映画で、彼への信頼が充分でないまま制作を続けるべきかどうか迷っていたんだ」

「セットの上で健康や安全上の問題があった場合、映画会社が事態を深刻に受け止めるのは当然のことだ」と、ビールは言う。「ただ、そのチェックは監督の仕事というより監督助手がやるべきことなんだがね」

最後の「コスト・リターン」が監査証明前に発表されたことも後押しにはならなかった。修正後の制作予算の見積もりは997万6,355ドルで、約150万ドルのオーバーだった。ただし、フォックス側は撮影日を16日分追加することには了承した。これにより、本撮影の最終日は10月21日、ポストプロダクションのミニチュア撮影は3月9日に終了する予定となった。

撮影が始まった途端にトラブルや問題が生じ、映画の花形となるエイリアンの成体がいまだ完成していないにもかかわらず、『エイリアン』の制作は中止にはならなかった。フォックスは監督を信じることに決めたのだ。少なくとも当分の間は――

## 終わりなき駆け引き

【撮影第10～14日】1978年7月14日（金）～7月20日（木）
【Cスタジオ ノストロモ号通路内】シーン98（ダラスとリプリーがアッシュと議論）、118、127、166
【ノストロモ号ブリッジ内】以前の撮影済みシーン1および1B、2C、3、4（無声のトラッキングショット）

7月10日、フォックスは新たなプレスリリースを出した。そ

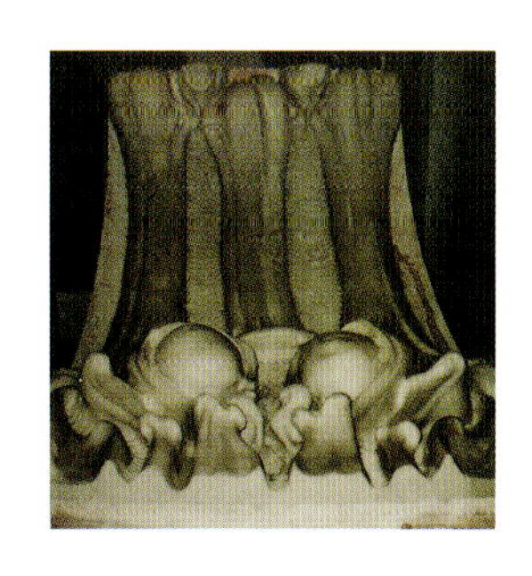

上／1978年7月23日頃に撮影されたポラロイド写真。コックピットと卵貯蔵庫を結ぶ管の初期に作られた模型。

右／卵貯蔵庫内の〈子を宿した鞘〉の絵を描くギーガー。

こには、「20世紀フォックスの新作SF/ホラー映画の制作がシェパートン撮影所で開始された」と記されていた。さらに2日後、フォックスは続報を出す。「女優シガニー・ウィーヴァーが参加。リプリーという重要な役どころを演じる」とあり、彼女はオフブロードウェイで助演されたブレヒト作品のパロディ『Das Lusitania Songspiel（ダス・ルシタニア・ゾングシュピール）』の共同執筆者であるという妙な紹介がされていた。

第1週の撮影が終わると、編集前のフィルムチェックはスコットの日課になった。彼の希望により、俳優たちは映写室への立ち入りを許されず、スコットがどのように映像をカットし、どの部分を使ってどこを不採用にするのか知ることはなかった。シェパートンの映写室でラッシュを見るメンバーは、監督のスコット、撮影監督、キャロル、編集技師のテリー・ローリングスの4人だった。ローリングスはサウンドステージから歩いてすぐの撮影所1階の編集室で、現像所から到着したばかりのラッシュを助手と一緒にチェックし、上映室で待つ彼らのために気に入ったテイクを選択した。「リドリーも自分で好きなテイクをセレクトしてきて、2人で擦り合せるんだけど――」と、ローリングスは振り返る。「面白いことに、2人ともほとんど同じテイクを選ぶんだ。彼とは波長が合うんだとわかったよ」

オバノンも日々届くラッシュを見たがっていたが、キャロルには「君は許可されていない」と断られたという。親しげに見えたり、冷ややかだったり、彼らの関係は起伏が激しかったようだ。ギーガーはそんな2人のことを結託して自分を攻撃する共謀者だと表現していたが、一方でオバノンのほうは、キャロルとは対立関係にあったと証言している。彼によれば、ラッシュを見せろとしつこくせがむと、キャロルは「知るか！」と返してきたそうだ。

「オバノンとシャセットの気持ちも充分に理解できるんだ」と、パウエルは語る。「ある意味、彼らをかわいそうだと感じてもいた。なんというか……スタッフ全体からよそよそしくされていたんだ。2人は足しげくスタジオに通ってきた。でも、何もすることがなかった」

「ダンと本当に繋がっている人間はひとりもいなかった」と、クリス・フォスは認める。「彼は、自分がいかに疎外されているか、よく話していたよ。この映画のアイデアを最初に考えついた奴ならここにいるんだがね、と皮肉ながらに訴えていた」

「私はダンが好きだった。誰でもきっと彼を好きになる」と、ビールは言う。「ただ、自分の作品を映画化するという大きな熱意はあっても、ここでは場違いというか、本当に役目がなかったんだ。彼はちょこちょこ走り回り、自分の映画を守ろうとしていた。でも、やや孤立気味で気の毒だった」

しかし、オバノンは簡単に引き下がるわけもなく、映写室にこっそり忍び込み、そこで見たものに感動し、歓喜した。その反応はクリスチャンも、ラッシュを見ることを許された他の者も同じだった。「奇跡の瞬間だった」と、クリスチャンは語る。「本当に、宇宙船の乗組員たちがひどい乱気流の中を飛んでいるように見えたんだ」

7月も半ばになる頃には、スコットとヴァンリントは心地良いリズムを掴み、深く考えずとも感覚で撮影できるようになっていた。「アナモフィックレンズで撮るのは初めての経験だった」と、ヴァンリントは語る。「最初は嫌だった。なぜなら、私は人物にライトをきっちり当てるのが好きだったからだ。だけど、数日もするとすっかり気に入っていた」

しっかりとピントを合わせないといけないため、スコットは念には念を入れ、カメラ操作の際は右目と左目それぞれでピントを合わせていた。最初の時点で、使用するカメラがフォワード・フォーカシング（前景のみピントが合う仕組み）だということはわかっていたが、アナモフィックレンズは4～5枚の異なるレンズが組み合わさった構造のため、そのうち1枚でもピントが合っていないと撮影した画がボケてしまうのだ。エイドリアン・ビドルはアンジェニュー社製レンズを週末に家に持って帰り、一度分解して再調整したりしていた。

カメラの既存レンズの前にさらにガラスが何枚もある状態になるアナモフィックレンズは、どうしても撮影した画のピントが甘くなってしまうだけでなく、ガラスが増えた分、より強いライトを当てなければいけなくなるのも問題だった。それでも、スコットとヴァンリントは低光量のまま雰囲気を出そうとした。だが、開放ぎりぎりでは適切な光量になるものの、レンズ全体にとって、またフォーカスの面では適切とは言えなかった。この冒険的な撮影方法はリスクを伴うものだった。

ブリッジのセットで短いシーンから中程度の長さのシーンをいくつも撮影した後、俳優たちは一旦休みをもらえた。スコットがオープニングシーンの撮影に集中するためだった。そのシーンに登場するのは一見無人の不気味な宇宙船で、乗船者が謎の失踪を遂げたまま外洋を漂流していたメアリー・セレスト号や、映画『メリー・ディア号の難破』に出てくる謎の難破船を彷彿とさせた。幽霊のように視線が浮遊する感覚を出すべく、ヴァンリントのチームはレールを敷いてフィッシャードリーを用い、ノストロモ号の無人の通路でカメラを移動させながら撮影した。

中でも最も難しかったのは、スコットの絵コンテにも描かれている、コンピューター画面の随時更新されるデータがブリッジの非常用ヘルメットに反射しているというショットだった。スコットとアルダー、クリスチャンは、これをどう撮影するかを話し合った。あとからデータ部分をアニメーションで動かすという案が出たものの、合成するのは簡単な技ではなかった。クリスチャンはかつて美術館で観た、絵や文字の8mmフィルム映像の投射を思い出した。コンピューター画面のデータを16mmフィルムに移し替えれば実現できるかもしれない。実際にヘルメットのシールド部分へのテスト映写でその仮説が裏付けられ、スコットはその方法でシーンを作ることにした。

また、とっさの思いつきに近かったが、スコットにはもうひとつプランがあった。数枚の紙が宇宙船の空調から出る風に吹かれて、静かに薄気味悪い感じにはためくところを撮影したかったのだ。クリスチャンはヘアドライヤーを持ってきて、カメラに映らない場所から微風を送り、怪しげに翻る紙の動きを演出した。

スコットの発想はまだ続く。今度は同じ動きを続ける「水飲み鳥」のおもちゃを2羽、小道具としてセットに置きたいと言い出した。購買係のスタッフがベイカー・ストリートにある土産物店、ロンドン・ビートルズ・ストアまで水飲み鳥を買いに行き、クリスチャンはそれをオープニングシーンのために食堂のテーブルに設置した。

一方、ギーガーは独自バージョンのエイリアン第1・第2形態を作ることでディッケンの評判を落とし、自分のビジョンを実現させようと企んでいた。「ギーガーは全部自分で作ろうとしていた」と、オバノンは明かす。「彼は成体エイリアンの担当だったが、工房ではフェイスハガーとチェストバスターも制作中だった。チェストバスターにはゾッとするような口を付けていて、あの牙なら鋼鉄も噛みちぎれそうだった」

スコットがオープニングシーンを撮影する数日前、ギーガーは今後の成り行きに神経を尖らせながら、卵貯蔵庫の模型を作っていた。スコットと話し合った結果、貯蔵庫内はいくつかの空間に分かれている円形の構造にするか、あるいは、卵がぎっしり詰まった棒状の物体を、天井から床近くまで壁を埋め尽くすように配置することに決まっていた。

「作業中にオバノンとキャロルがスタジオに現れた。私の『オムレツ』の出来具合を見に来たのだ」と、ギーガーは書き残している。「私は油断しなかった。オバノンがキャロルと一緒にやってくる時は、きまって何やら変更を企てており、キャロルの権威を利用して意見を押し通そうとするのだ。今回も私の疑念は当たっていた。今、私たちは批判を受け、全作業をもう一度やり直す必要に迫られている。このようなことがあると、私は感情を抑えられなくなる。無礼な態度を取ってしまうだろう」

オバノンの考えでは、卵貯蔵庫には卵が6個だけあればいいということだった。キャロルもその意見に強く同意していた。ギーガーが思い描いていた妊婦の胃袋のような卵貯蔵庫の内部イメージは、こうしてボツになってしまった。また、スペースジョッキーのコックピットの背景は、卵貯蔵庫の背景にも使われることになっていた。「予算をオーバーしていたし、壁をシンプルにする必要があった」と、ギーガーは記録している。「SF映画では、主人公が同じ通路を何度も勇猛果敢に走るシーンが多く、全体像は目にできなくても、そこには何本もの通路があるのではないかと思わせる。私はそういうチープな小細工を常に批判してきたのに、今では同じようなことをする作品に関わっているではないか。私は馬鹿な真似をしそうになると、散歩に出かけることにしている。こういった無意味な口論の後は、早急に新鮮な空気を吸う必要があるのだ」

シェパートン撮影所のサウンドステージのひとつは、イギリスの有名なロックバンド、ザ・フーがアルバム『フー・アー・ユー』（78年8月発売）を制作中で、万年貸し出し状態となっていた。メンバーのピート・タウンゼント、ロジャー・ダルトリー、キース・ムーン、ジョン・エントウィッスルが隣のスタジオでリハーサルを行う中、クリスチャンとディリーは同バンドと関わりのあるプロダクションデザイナー、アントン・ファーストを訪ね、彼のレーザー光線とホログラムの技術を見せてもらうことにした。ファーストは、照明デザイナーのジョン・ウルフ、物理学者のニコラス・J・フィリップスとともにホロコ社を立ち上げ、ザ・フーなどからの資金提供を受けて、シェパートンに特撮ラボを有していたのだ。彼らは同バンドの次のツアーに革新的なレーザー演出を取り入れようと計画を練っていた。「彼はこの斬新なテクノロジーを映画にも使ってもらえないかと考え、私にその技術を見せてくれたのだろう」と、クリスチャンは振り返る。

ファーストの技術に感銘を受けたクリスチャンは、彼のレーザー技術が卵貯蔵庫内の皮膜を表現するのに使えそうだとスコットに提言。実際にレーザーを見たスコットも賛成し、とんとん拍子にホロコ社との契約が成立した。

その頃、ギーガーは卵貯蔵庫の石膏模型を制作しながら、ピーター・ボイジーを実に素晴らしいパートナーだと感じるようになっていた。「大型のほうは、ほとんどピーターが担当した。私の言葉をよく理解し、デザインを見事に立体化してくれた」

7月18日、ギーガーはAスタジオの作業場に移動させられた。ノストロモ号のCデッキのセットを作るのにBスタジオを使うことになったのだ。その新しい作業場は本当は駐車場だったのだが、そこでバトラーとシャーリー・デニーの協力を得てエイリアン第3形態のボディを制作した。

翌日、ギーガーはキャロルに再度呼び出された。オフィスに行くと、スコットとシーモアも同席していた。ギーガーの記録によれば、そこでキャロルから遺棄船のデザインを新しく描き直してくれと依頼されたという。入口は元のデザインでも建設中のセットと馴染むが、他の部分は不毛な小惑星の背景と似通っており、見分けがつかなくならないように作り直す必要性があるという説明だった。

「キャロルからそう聞いてショックだった。最初に私の遺棄船のデザインを見た時、彼は誰よりも興奮し、乗り気だったのに」と、ギーガーは日記に書いている。「シャセットとオバノンの差し金ではないかと疑った。親友同士でも、相手を怒らせることはあるものだ。遺棄船は大きさと空気力学的形状のおかげで背景に溶け込むことはないし、人間以外の存在に建造されたことを伏せておくためには、生物力学的性質を匂わす詳細まではっきりと見せるべきではない。私はそう説明してキャロルを説得しようとした。私はあれをどのように改良できるかわからない。私の中ではベストなデザイン画のひとつなんだ」

ギーガーはさらに想いを文章に綴っていく。「キャロルは頑として態度を変えず、最後には、早く別のデザインを仕上げろと命令した。私が袖を振ればアイデアが出てくるとでも思っているかのようだった。話し合いの間、キャロルたちとは反対に、スコットは口をつぐんでいたが、例として、尾翼が空に向いた、極めて平凡な墜落機を提案してきた。私はその意図を理解し、何か違ったものを描くと約束して仕事に戻った。時が経てば大丈夫だろうと、この時はそう考えることにしたのだった」

上2点／編集技師テリー・ローリングスの台本。表紙には広げた翼のロゴが付いている。とある1ページ（下）には、手書きで冒頭シーンの概要がこう書かれている。「円形のブリッジ……ヘルメットのクローズアップ……ランバートのモニター画面……空っぽの通路……着陸装置の空間の挿入シーン」

左／シェパートン撮影所のサウンドステージの外で、カメラ位置の調整中に雑談するスケリットとウィーヴァー。

次頁／ノストロモ号乗組員の朝食シーンを撮影するスコット（右に立っている）。撮影台本には船員のひとりが本を持っていると書かれていたが、撮影ではカットされた。また、ブレットの口癖を強調するため、キャストは会話の一部分を細かく変更した（例えば、パーカーが『なんてこった。寒いな』と言うと、ブリットがすかさず、『そうだな』と相槌を打つ）。

つまり、ギーガーとスコットは、キャロル、オバノン、シャセット組を阻止するために、古典的な時間稼ぎを行うことにしたのだった。「この業界では、最初に出たアイデアは使われない傾向が強かった」と、スコットは分析する。「人々は猛烈に働いて何かを生み出すものだ。僕たちがここで求めていたのは、完全にエイリアンの世界にふさわしい宇宙船だった。誰も想像したことがないようなものだ。そしてギーガーの絵に、見事に心を奪われた。他の人間にはピンと来なかったのだろうが、とにかく僕は己の主張を貫き、『あれ以上の遺棄船は生み出せない。台無しにしないでくれ』と言い続けなければならなかった」

幸い、「貯蔵庫に卵が6個しかないというお粗末なアイデアは取り下げられた」と、ギーガーは明かす。「スコットがオバノンを説得してくれたんだ。あるいは、単に監督としての権威を振りかざしたのかもしれない。リドリーは私と同じで、とことん視覚的な人間だった。彼と一緒に何度もオバノンと戦い、卵が6個しかない貯蔵庫なんて馬鹿げていると、相手を説き伏せなければならなかった」

## リプリーの疎外感

【撮影第15〜17日】1978年7月21日(金)〜7月25日(火)
【Cスタジオ ブリッジ内】マットショット(画面の背景や前景の一部を他の映像に置換するための方法)で着陸と離陸を撮影
【食堂】シーン12(目覚め。パーカーとブレットは満額の分担金を希望)、20(謎めいた送信信号。調査は必須)、94(猫と戯れるランバート)、114(ケインをどう扱うか)
【コンピューター室】シーン13(ダラスとマザー)、174パート3(リプリーとマザー)

「全てのシーンが試練の連続だった」と、パーカー役のヤフェット・コットーは言う。「あんな巨大セットで演技しなきゃいけない時は特にね。特撮の都合で、どこを歩くかも決められているんだ。ストーリーの中ではパーカーはどんどん存在感を増していく。リドリーのセットをひと目見たら、そうならざるを得ないと思ったよ。こんな大きいセットの中じゃ、パーカーというキャラクターは埋没してしまう。だから、堂々としている必要があった。大げさに話し、態度もでかいんだ」

「初期の段階では、俳優たちは自分たちが何をしているのかよくわかっていなかったと思う」と、パウエルは振り返る。また、特殊効果担当のブライアン・ジョンソンもこう証言する。「ヤフェットのぼやきを皆が聞いていた。『何を言うのか、何をしてほしいのか、リドリーは全然教えてくれないんだ。向こうの考えが全く掴めない』とね」。

だが、アルダーによれば、セット撮影が始まって2〜3日もすると、俳優たちはすっかり役になり切っていたそうだ。「このセットが役作りにひと役買ったんだと思う」と彼は言う。

「何もしなくても俳優たちとの関係を築けると思ったら大間違いだ。だから雇っている相手として扱うのではなく、友人のように話しかけるのもひとつの手だ」と、スコットは説明する。「どんな演出もチームワークの結晶だよ。監督が俳優に『こうやれ』『ああしろ』と命じて操るのはダメだ。問題にぶち当たったら、双方がそのシーンをどうしたいのかきちんと納得できるところまで持っていきたいと思っている」

撮影15日目、毎日長時間の撮影を2週間以上も続けた俳優たちは、互いのことをよく知るようになっていた。「皆それぞれの性格を把握し、共通の部分があるとわかって仲間意識が生まれ始めていた」と、スケリットは語る。「映画作りでは他人とうまくやっていくのが鉄則だ。互いを好きになれば良い関係を築けるし、神経質にならずにリラックスしていれば、楽に仕事が進むんだ」

「現場にないものは、自分たちが作り出さないといけない」。そう言うのは、カートライトだ。

「私はどの作品でも、共演者との関係を演技に生かそうと試みるんだ」と、ブレット役のスタントンは言う。「できるだけ早く相手のことを知り、カメラが回っていない普段の時と同じような演技をしたい。そうやって本番でもリアルで信憑性のある演技になるよう目指しているんだ」。スタントンは、他の共演者も同じ理想を抱いていると感じたらしい。「皆が互いに影響を与え合い、リドリーは俳優のアドリブをいつも受け入れてくれた」

「俳優の演技は、僕らが自分たちで演出したようなものだ」と、スケリットは言う。「僕の記憶では、リドリーはカメラのレンズを覗くのに夢中だったからね」

スコットはスケリットが演じるダラス役の落ち着いた様子が気に入っていた。

「トム・スケリットは、かろうじて聞こえるくらいの囁き声で台詞を言ってたの」と、ウィーヴァーは言う。「『ちゃんと聞こえないんだけど。私たちのリーダーなのに』と思ってた。でもそのうち、それがダラス役の演技にふさわしいってわかってきた」

さらに彼女は語る。「アドリブなんてしょっちゅうだった。あの脚本には必要最小限のことしか描かれていなかったんだもの。舞台では台詞を勝手に変えるのは許されないから、私には新鮮な体験だった」

「最初の頃、俳優たちは心ここにあらずという感じだった」と1979年にコップは語っている。「映画の脚本には、登場人物の詳細がほとんど描かれていなかったからね。だけど撮影が進むにつれ、キャストは皆それぞれのキャラクター像を作り、そこに肉づけしていった。深みのない空っぽの台詞を言うのに違和感を覚えていたから、自分たちが演じる人物にはしっかりと奥行きを与えたかったんだ。そうやって、性格描写が薄っぺらなキャラクターに自ら厚みを加えていった。ブレット役のスタントンとパーカー役のコットーは見事なかけ合いを見せてくれて、エンジン室での2人はまるでお笑いコンビのようになったよ」

「俳優たちは演技に長けているのはもちろんだけど、どちらかというとのんびり構えたタイプで、自分がどこに立ち、どうやって退出するか考えようとする傾向があった」と、ヴァンリントは打ち明ける。そのため、彼の照明プランが台無しになることも少なくなかったらしい。「登場人物は最後に非常に視界の悪いエリアに行き着く。そこで考慮しなければならないのは、黒人俳優ヤフェット・コットーのことだ。彼の肌には反射光を使い、光を明るめに当てなければならない。普段よりきつめの光になったが、暗い場所ではどうしてもそうする必要があった」

事実、ビールの記録によれば、俳優は個別にプロデューサーのところに赴き、スコットが指示らしい指示を何もくれないと不満を述べていたという。「俳優たちは何度も不安を訴えていた」と、ビールは振り返る。彼はデヴィッド・リーンやフレッド・ジンネマンといった映画監督から、セット上での交渉術を学んで

上／食堂兼調理スペースのセットの詳細がわかる写真。ほとんどの食堂シーンは7月半ばに撮影されたが、それまでにクリスチャンと彼のスタッフは、乗組員は何を食べるのか、どんなものが収納されているのがいいのかと頭をひねったという。

そして選ばれたのは、塩化ビニール容器に入ったコーンフレークやミューズリーのような食品、プラスチックの食器だった。セットでは、実際に飛行機で使用されていた壁埋め込み式の設備や収納容器に、本物の食べ物を設置した。紅茶やコーヒーを作る装置や牛乳、水、ジュースのディスペンサーも組み込まれている。

「セットにさらにリアリティを加えるため、この場所には個人的な持ち物も置いた」とクリスチャンは明かしている。

右／スコットの撮影台本。メモ書きや撮影準備のためのスケッチが描き込まれ、ポラロイド写真が貼りつけられている（右上の写真はジョン・ハート）。

下２枚は〈マザーの部屋〉と呼ばれるコンピューター室にいるトム・スケリットの写真。この部屋は大聖堂の礼拝所を手本に作られており、礼拝所にある沢山のロウソクを何千個もの電灯に置き換えた。

撮影台本には、朝食のシーンとダラスがコンピューター室を訪れるシーンの間の時間は10分だと記されている。こうした細やかな設定は監督にとっても俳優にとっても、シーンごとに変化する感情のペースを決めるのに役立った。

いた。「だから、プロデューサーたちにはこの問題に干渉するなと話しておいた。セットで起きたことは、監督の責任だからだ。俳優たちの訴えに対し、リドリーはこう言っていた。『彼らはプロデューサーというものをわかっているよ。セットにいて干渉するのが仕事だってね』」

ウィーヴァーの起用に関して、コップはマスコミにこう語っていた。「７番目に決まったキャスト。『エイリアン』の主人公となる若き新人映画女優。それが、シガニー・ウィーヴァーだ。初めて聞く名前だろう。彼女は少しジェーン・フォンダに似ているんだよ。最初はぎこちなく、自分の居場所がわからないようだった。こういう映画に出演した経験がなかったからね」

映画制作の複雑なプロセスを初体験するのはウィーヴァーだけではなかったが、スコットは彼女にあえて不安定な気持ちを味わってもらい、それを演技に生かしてほしいと考えていた。「リドリーに繰り返し言われたよ。『ダメだ。シガニーと仲良くなるんじゃない』ってね」と、コットーは振り返る。「彼の望みは、俺が何かとシガニーを苛つかせ、彼女にとってうるさい存在でいること。だから、そうしたよ。シガニーの神経を逆撫でするように指示されていた。ランチタイムにシガニーに話しかけるのをやめてくれ。衣装部屋に彼女がいたら、そこから離れろ。一緒にメイクアップするんじゃない、とね」。コットーは「会った瞬間からシガニー・ウィーヴァーが好きだった」と明かしているが、彼はスコットの指示通りに行動したのだった。

食堂／調理スペースでの撮影が始まり、俳優たちが肉付けしたキャラクターが一斉に揃った。イアン・ホルムは既にアッシュの演技に関して答えを見つけており、彼が演じるアンドロイドは見事に他の乗組員に溶け込んでいた。「面接でうまく振る舞おうとする人のように、あるいは誰にも知られたくない恐ろしい秘密を抱えている人のようにアッシュを演じた」と、ホルムは自伝に書いている。「とはいえ、アッシュが秘密を抱えているのは真実だったのだが。ノストロモ号の息詰まるような緊張感の中では、自分だけあまりにも冷静沈着に見えるのではないかと心配していたんだ。だが、スコットが色々な性格のキャラクターを集めてくれたことが功を奏した。アッシュはあちこちを歩き回る、理性的で信頼のおける、礼儀正しい人間なんだ」

ジョン・ハートが演じるケインは、覚醒後、ソブラニータバコを吸いながら食堂に入ってくる最初の人物だ。他のメンバーも到着すると、朝食の場面になる。

「リドリーが望んだのは自発性だった」と、コットーは言う。「食事のシーンでは俳優たちはアドリブ的に行動し、しゃべった。俺たちはカメラが回る前から演技を始めて、実際に撮影するシーンに入ると、さらにお互いをからかったりして、自然のままに進

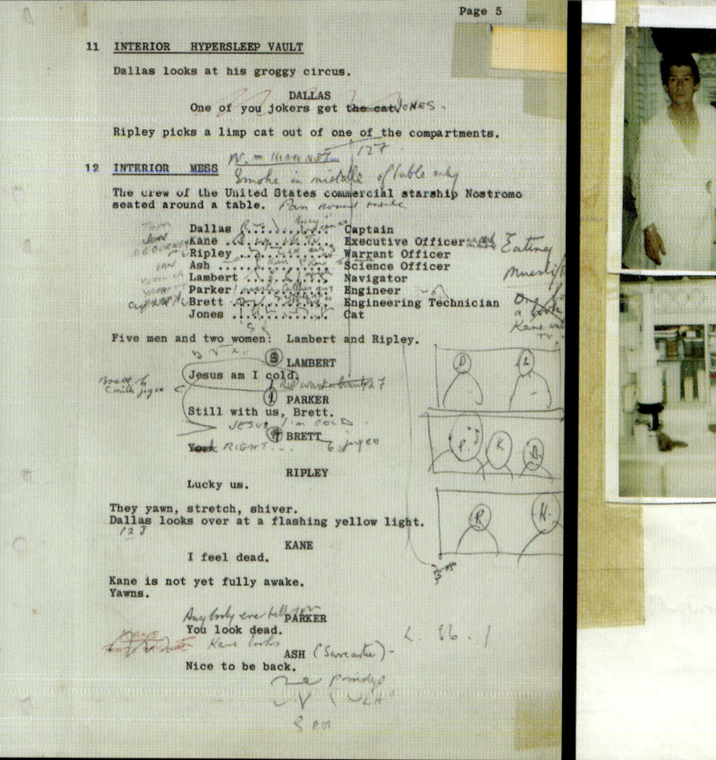
Page 5

11 INTERIOR HYPERSLEEP VAULT

Dallas looks at his groggy circus.

DALLAS
One of you jokers get the cat.

Ripley picks a limp cat out of one of the compartments.

12 INTERIOR MESS

The crew of the United States commercial starship Nostromo seated around a table.

Dallas ... Captain
Kane ... Executive Officer
Ripley ... Warrant Officer
Ash ... Science Officer
Lambert ... Navigator
Parker ... Engineer
Brett ... Engineering Technician
Jones ... Cat

Five men and two women: Lambert and Ripley.

LAMBERT
Jesus am I cold.

PARKER
Still with us, Brett.

BRETT

RIPLEY
Lucky us.

They yawn, stretch, shiver.
Dallas looks over at a flashing yellow light.

KANE
I feel dead.

Kane is not yet fully awake.
Yawns.

PARKER
You look dead.

ASH
Nice to be back.

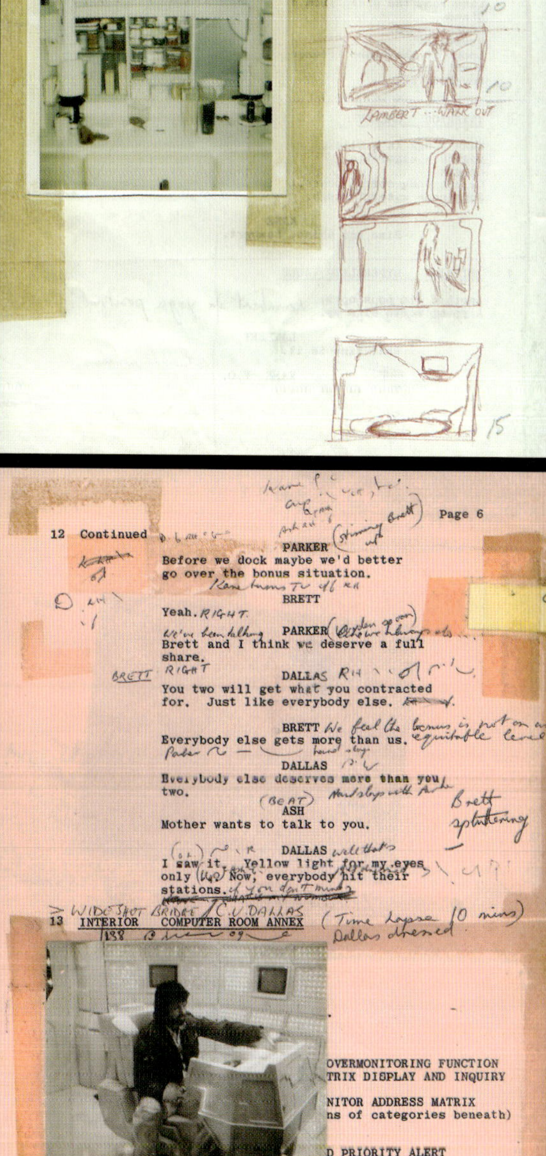
Page 6

12 Continued

PARKER
Before we dock maybe we'd better go over the bonus situation.

BRETT
Yeah.

PARKER
Brett and I think we deserve a full share.

DALLAS
You two will get what you contracted for. Just like everybody else.

BRETT
Everybody else gets more than us.

DALLAS
Everybody else deserves more than you two.

ASH
Mother wants to talk to you.

DALLAS
I saw it. Yellow light for my eyes only. Now, everybody hit their stations.

13 INTERIOR COMPUTER ROOM ANNEX

OVERMONITORING FUNCTION
TRIX DISPLAY AND INQUIRY
NITOR ADDRESS MATRIX
ns of categories beneath)
D PRIORITY ALERT

Mother replies: OVERMONITOR FUNCTION READY FOR INQUIRY

Dallas: WHAT'S THE STORY MOTHER

行していったんだ」

「これがまた撮影にひどく時間がかかって、リドリーは苛立ちを募らせていた」と、クリスチャンは書き残している。「彼は俳優たちに即興で食事シーンを演じさせ、ごく自然な雰囲気にしようとした。ところが、彼らは中身のない話を続けるものだからテイクが長引いていき、そのたびにリドリーがイライラするのを、スタッフ全員が察していた。朝食のシーンではセットに緊迫した空気が張り詰めた。ジョン・ハートはとりとめない話をいつまでも続け、リドリーはどうコントロールすればいいのかわからなくなっていたんだ」

スコットは、ハートに対するフラストレーションをウィーヴァーに向け、彼女を他のキャストからさらに遠ざけようとした。「一度リドリーに、『紅茶カップくらいちゃんと持て。いちいち教えないといけないのか！』って言われて、皆の前で泣いてしまったことがある」と、ウィーヴァーは思い返す。「私は教えてほしいなんて頼んでもいないのに。あとで彼は言ってきたの。『理解してほしい。ジョン・ハートのような人間にあんなふうには言えないんだ。でも君なら、大丈夫だとわかっているから』と」

「シガニーとカートライトの関係もあまり穏やかではなかった」と、クリスチャンは証言する。「現場では冷ややかなものだったよ。リドリーは、あえてシガニーが孤立するように仕向けたんだろう」

アドリブのきっかけを作るのはコットーだった。彼が「ブレットと話してたんだが……」と特別手当についての話を始めると、それまでブレットと話していたことを示唆できる。そこへブレット役のスタントンが「俺たちへの支給額は公平じゃないと思う」と付け足すのだ。

朝食後、スコットたちは食堂での次のシーンへ移った。「シガニーがブレットに向かって、『彼が何か言うたび、どうしてあんたは"そうだな"って言うのよ』と、言い放つシーンだった」と、スタントンは振り返る。「テイクの途中で、私は『つべこべ言うな』って言い返してみたんだ（笑）。すると、監督から『カット』の声が飛んだ。また、別のシーンでは、ヤフェットがこっちを向いたタイミングで『面倒くせえ奴らだぜ、全く』と私が吐き捨て、それに対して彼が『おいおい面倒くせえのは、お前の性格だよ』と続けるんだ（笑）。どれも脚本にはなかったアドリブだ」

「ヤフェットは何かと騒ぎを起こしたがっていた」と、スケリットは振り返る。「一方、イギリス人俳優たちはとても静かで、私にいつも穏やかに接してくれた。でも、ヤフェットがセットに入ってくると尻込みしてしまう。『静まり返ってると、おかしくなっちまう。いい加減にしろよ。何もしないでポケッと突っ立ってるなんてどうかしてるぜ』なんて口走るからね。ヤフェットは本気で役に入り込み、血の気の多い奴になろうとしていた。私はというと、イギリス人俳優たちと後方に立っていた。前にいるひとりがもう一方に、『イギリス人で良かった』と囁いていたよ」

「キャストは明らかに複数の派閥に分かれていた」と、ホルムは書き残している。「アメリカ人のほとんどはメソッド式の俳優で、イギリス人のジョン・ハートと私は、彼らと付き合うのは大変だと日々感じていた。アメリカ人俳優のひとり、図体のでかい黒人俳優ヤフェット・コットーの態度は本当に恐ろしかった。彼は狭い通路をやっとの思いで通り抜けてセットに入ってくる。すると、よく片隅で椅子に座っていた私の頭を叩いて、『そいつは俺の椅子だ！』と怒鳴るのだ。カメラが回っていない時でも、役者は役を演じ続けるべきだと信じていたんだろう」

座る場所へのコットーのこだわりは、そのまま彼が演じるパーカーのこだわりになった。それはアドリブとして、あるシーンに挿入されている。乗組員たちが地球外生命体からのシグナルについて話し合うために食堂に戻ると、パーカーは科学主任のアッシュに対して、自分のいつもの席だから空けろと言い、アッシュにばい菌でも付いていたかのように椅子の座面を手で払うのだ。昼食時、俳優たちは国籍別に分かれることが多かったが、シガニーだけは人数が少ないイギリス人グループに混ざり、ホルムとよく話をしていた。

スケリットは言う。「リドリーからもらった唯一の監督らしい言葉といえば、食堂であるシーンを撮影した後に出たこれだろう。彼はレンズから目を外し、顔をしかめてこう皮肉を言ったんだ。『面白いじゃないか……』とね」

## スタジオでの怒り

Hスタジオでは、小惑星の風景の撮影準備がほぼ整っていた。いくつかの岩には色が塗られており、ギーガーは塗装でいかに雰囲気が変わるかを目にして驚いていた。彼の目にもリアルに映る仕上がりだったのだ。非常に高く幅のあるスタジオの壁は、科学アーティストのケン・ヒルと彼のチームがペイントし、ギーガーのデザインに従ってブライアン・ミュアーが制作した巨岩には、石膏職人がポリスチレンをかぶせていた。「私は小惑星を、テクノロジーとマグマが融合した、バイオメカニカル的なものにしたかったんだ」と、ギーガーは言う。「小惑星の技術文明が荒廃する前に、明らかに何かが起きたのだと観客に思わせるためにね」

ディリーのチームは計画通り、模型からより大型なサイズを型取りして鋳造し、薄切りにカットしてからスタジオ内に設置した。「我々はスライスした鋳造物を方眼紙の上に置いた」と、ディリーは説明する。「そしてそれぞれのパーツを24倍に拡大し、実寸大にした。石膏だけでなく、部分的には繊維ガラスも使用している」。最終的にはコルク片を混ぜた石膏を使って、平らな表面に吹きさらされて腐食したような風合いを加えた。

Hスタジオの外れでは、美術スタッフは遺棄船の入口をハイピッチで仕上げていた。遺棄船のエスタブリッシング・ショット（シーンの冒頭で登場人物の配置や設定場所などの情報を観客に知らせるためのショット）は模型で撮影する予定だった。長さ20m、高さ12mの遺棄船を作るにあたり、ディリーは設計図を書いて、カーブの度合いを想定。材木で骨組みを作り、下地として羽板や金網、ウェビングと呼ばれる頑丈なテープ生地で覆っていった。さらにボイジーが長い時間をかけて、石膏に骨のような形を彫っていく。時にはギーガーも手伝い、デザイン画にイメージを近づけるためにパイプや大型サイズの骨模型も足していった。仕上げに、ギーガーが遺棄船の外側にエアブラシをかけた。「果たしてうまく行くのだろうか、と疑問に思っている人間もいた」と、クリスチャンは言う。「セットのスケールと膨大な仕事量で、もう何週間もかかっていたからね」

岩と岩の隙間に砂を敷いてから、テスト撮影が開始された。しかし、スコットにとってはまだ準備万端の状態ではなく、セットのあちこちで作業が続けられた。スコットはさらに、経費節減案として遺棄船の底部を宇宙船の通路に再利用しようと決めたという。だが、ギーガーはその提案に苛立ったようだ。彼は「そんなことをしたら安っぽく見えてしまう」と日記に書き残し、次のように続けている。「だが……これまで通り、私はスコットが最善を尽くしていると信じている」

視覚効果部門の撮影カメラマン、デニス・エイリングは、卵貯蔵庫のシーンでレーザー光線エフェクトをどう使うべきか最善策を話し合うべく、スコットのところに立ち寄った。

7月25日、ビールはディッケンに手紙を書いている。パウエルと結んだ契約に基づき、ディッケンは透明な卵も実物大エイリアンも作らないことになっており、それを確認する内容だった。チェストバスター以外のエイリアンは、どの形態も全て制作が遅れていた。しかも、撮影自体も進行はスローペースだった。「撮影が始まって3週間で、事態はやや悪い方向に向かっていた」と、スコットも認めている。

「プロデューサーたちは最初のうち、撮影の進行具合と期限通りに終わるかどうかについて神経質になっていた」と、ヴァンリントは言う。「だから、最初の3週間くらいは、どこでもピリピリした空気が流れていたよ」

クリスチャンはこう振り返る。「ある日セットに戻ると、プロデューサーのひとりがやってきて、こう尋ねられた。『リドリーの

上2点／宇宙服を身につけたスケリット（上段）とハート（下段）。

右2点／『エイリアン』監督中のスコット。

やり方は進行がかなり遅いが、その理由はなんだと思う?』。一瞬、理解できなかったよ。2台のカメラで1日30〜35シーンの撮影を楽々と行うリドリーは、他の監督に比べたら速いほうだ。私はそのプロデューサーに、ラッシュは素晴らしい出来だし、彼の撮影は充分速いんだと伝えたよ。私はその場を立ち去りながら考えた。彼らは一体全体、何を望んでるんだ?ってね」

「フォックスは最初の2〜3週間、リドリーの撮影が遅々として進まないからと、強い態度で彼に圧力をかけた」と、オバノンも記憶している。「連中はリドリーをひどく叱責していた。撮影が遅いのだとしたら、それはセットのデザインと建築に充分な時間を与えなかったからじゃないか。だから彼はセットの完成した部分から、あちこち移動して撮影しなければならなかったんだ。それでもフォックスは、彼を責め立てていた」。スタジオの雰囲気については、「あまり良くなかった」と、ディッケンも証言する。

「それから少しして、私はブリッジのセットでリドリーの隣に立っていた」と、クリスチャンは振り返る。「すると、ギャレス・トーマスがやってきて、リドリーに何かを小声で話した。彼がプロデューサー連中から遣わされた伝言役なのは一目瞭然だった。進行が遅いから急ぐようにと伝える、嫌な役目を負わされていたんだよ。ギャレスが踵を返して立ち去った途端、リドリーは爆発した。文字通り、ロケット噴射並みだったよ。飛び上がったかと思うと天井をいきなりパンチし、拳が屋根を突き抜けた。そして、抑えていた怒りを吐き出すかのように『くそったれ!』と大声で叫んだんだ」。

その後については、クリスチャンはこう証言する。「着地した彼はプロデューサーたちを罵り、そのまま次の撮影に移った。で、ふと我々に顔を向け、『あいつら、俺に一体どうしてほしいんだ?』と、困惑の面持ちで訊いてきた。私にもわからない。だが、そんなことがあっても、リドリーは腰を落ち着けて、撮影を粛々と進めていったんだよ」

CHAPTER 9

# 命を吹き込む職人技

1978年7月〜8月

右／小惑星のセットにファンを使って砂粒を吹きつけるスタッフ。

# 9

【撮影第18〜20日目】7月26日(水)〜7月28日(金)
【エアロック内】シーン51(開いたハッチから嵐の中へ)
【エアロックおよび着陸脚の外】シーン52(嵐の中へ)、53(ブリスター内のアッシュと接触)、76、77、80(負傷したケインと宇宙船に戻る)
【惑星の外】シーン54、55(嵐の中を歩く)
【アッシュのブリスター内】シーン50、52、53A、54、59、60 etc.(小惑星上の3人と話す)
【惑星/遺棄船外】シーン68+マットショット(遺棄船に入る)

酷暑の真っ最中だった7月26日、撮影はCスタジオからHスタジオに移動した。Hスタジオは昔から「静寂のスタジオ」と呼ばれており、『来るべき世界』(36)、『2001年宇宙の旅』(掘削した穴/月のモノリスの周囲)といった空想世界を描く作品の素晴らしいセットが数多く作られてきた。Hスタジオの広大な壁の内側には、一端に完成した遺棄船が置かれ、もう一方の端には12m超のノストロモ号の着陸脚とアッシュのブリスターが置かれていた。その間には、大きな黒のベルベット布と塗装された壁で仕切られた、異星人の小惑星の荒々しく不気味な風景が広がっていた。

「あのセットには目を見張ったわ」と、カートライトは思い起こす。「スタジオ全体が小惑星の地表になっていた。ギーガーがデザインしたセットはとてもエロティックで、まるで大きなヴァギナ。巨大な子宮の中に入り込むような感覚だった」

「小惑星のセットでの撮影風景を見せてあげたかった。とても面白いんだから」とウィーヴァーは言う。「両親を連れてきて見学してもらったんだけど、プレイボーイ・マンション(※訳注:雑誌『PLAYBOY』の創刊者ヒュー・ヘフナーの豪邸。プレイメイトの美女やセレブが出入りしていたことで有名)のパーティールームを通り抜けているような気分になったかもね。父と母は女性器のような扉がある巨大な宇宙船や、美しい女性の骨を目にして息を呑み、『実に興味深い!』と繰り返していたわ。俳優たちは皆、朝起きて、朝食を摂り、地球ではない別の惑星に向かうのが日課になっていた。私にとっても、そのルーティンはごく自然な行為に感じていたの」

屋外調査隊の3人を演じるのは、カートライト、スケリット、ハートだ。その動向は、着陸脚の近くにある透明なガラスで覆われたブリスターからアッシュが監視している。ここで使用する小道具には非常用キットや負傷したケインを運ぶソリなどがあり、サウンドステージの外には衣装部屋が設置されていた。

「ギーガーのデザインを立体化するのは、簡単なことではなかった」と、ディリーは語る。「今までで一番の難題だった」

「小惑星の風景は、ただ様々な形の物体の寄せ集めにすぎなかった」と、シーモアは言う。「丁寧に照明を作った状態で見ない限りは、そんな印象になってしまうはずだ」

照明用に、ヴァンリントは(ロングショット用の)サーチライトを2基、ブルートライト(無指向性の電球が複数並んだ投光機材)2〜3基を使用。さらには、時間の節約になるウェンディライトも活躍した。これは80個のハロゲン電球を4つのパネルに並べた照明で、『ハノーバー・ストリート/哀愁の街かど』(79)で夜間照明としてカメラマンのビル・チッティがデザインし、リー・ライトニング社が作ったものである。「あれは素晴らしいライトだ。スタジオに設置された時は皆驚いていたよ」と、ヴァンリントは振り返る。

「映画はかなり暗い状態で撮影された」と、ギーガーは語る。「被写体の後ろから光を当てるのは、かなり印象的だった。通常の照明よりも邪悪な雰囲気になるんだ」

イアン・ホルムは、アッシュが自分の持ち場に向かう際に急にその場で素早く足踏みをするのはどうかと提案し、スコットはそれを気に入った。「あれは、アッシュが初めて奇妙な行動をとる場面なんだ」と、スコットは説明する。「僕は爆撃機ビッカーズ・ウェリントンの鼻先のブリスター部分が好きでね。だから、ノストロモ号にも似たようなガラス張りの出っ張り部分を作り、そこをアッシュの居場所にしたんだ」

左/小惑星の探索に出た乗組員たちからの報告に耳を傾けるリプリーの写真2点。遺棄船のセットの内側から撮影したポラロイド写真2点は、遺棄船に入ろうとする3人の姿を捉えている。

ノストロモ号と小惑星の大きさを見せるため、ブリスターの近くには着陸脚を置いた。脚は木製だったが、塗装で金属のように見せ、本物の油圧シリンダーと蒸気孔を設置。しかし、経費節約のため、完璧に塗装して仕上げたのはカメラに映る側だけだった。巨大なピストンには塗装工が油汚れを付け、クリスチャンのチームは、管や奇妙なスクラップを準備してシリンダーに重ね付けしていった。前側の脚は裏が木製の張りぼてになってお

上／小惑星で太陽が沈むショットの最後のフレーム。この太陽はリドリー・スコットがスタジオのライトをうまく利用して作り出したもの。

**中央上**／Hスタジオに建てた小惑星のセットを歩く乗組員たち。巨大な着陸脚を目指して歩いている。

**中央下**／ダラス（スケリット）の隣を歩くケイン（ハート）のヘルメットから、宇宙服内の空気が排出されているところ。

**右端**／エアロックの奥で怪我を負ったケインを見つめるランバートとダラス。動けないケインを運ぶため、2人は即席のソリを作るのだが、そのシーンはカットされた。

り、硬材の枠組みにベニヤ板を接着し、背景画家がペイントを施した。

エアロックから小惑星の地表に下りる手段としては、装飾済みのシザーリフト（パンタアーム式昇降機。従来のタラップに代わって採用された）が据えられた。

スコットは小惑星で乗組員を撮影する前に、大量のスモークでセットの広大な空間を満たした。低品質のディーゼル燃料が気化してスモークマシンから排出され、空中に漂っていく。このシーンでは「嵐」と「宇宙服のヘルメットから排出される気体」の特殊効果が使われる予定になっていたが、どちらも簡単には作り出せるものではなかった。

「この作業には、かなりの慎重を要した」と、シーモアは話す。「小惑星での撮影には、そもそもマットショット（P190参照）として予定されていたものもあったからだ。あとからマット加工する部分には煙や霧といった浮遊物があってはいけなかった」

視界を遮る砂嵐に見せるため、複数の特大送風機で砂粒も飛ばした。「使用したのはバーミキュライトという土だ」と、アルダーは明かす。「1日に200から300袋くらいは使ったよ。通常は防音や断熱材として使われる素材だが、かなり軽量にもかかわらず、実際に撮影してみると小石が飛んでいるように見える。砂嵐に見せるには最適だった」

俳優たちは、Hスタジオに「本物の雲」ができていたことを覚えている。もちろん、それは煙と気化した燃料、風が合わさって、そう見えていたにすぎない。

その日、ランバートはある台詞をアドリブで生み出した――「なんて素晴らしい場所なの。自然のままだわ」

「あの撮影は本当に厄介だった」と、スコットは思い返す。『エイリアン』は、どのシーンも次から次へと特殊効果が必要で、それがストレスのもとになっていったのだ。

船外調査のシーンで生じた問題は、砂嵐のエフェクトとヘルメットから排出される気体のエフェクトが組み合わさった際に、俳優の気分が悪くなってしまったことだった。スコットは、ヘルメットから出る気体を乗組員の吐いた息のように見せたいと考えて、液体窒素がヘルメットから吹き出す装置を作り、バッテリー内蔵の小型タイマーで稼働する仕組みにした。だが、そもそも宇宙服自体が分厚く、ナイロン地で裏打ちされた着心地の悪いものであった上に、外の異常な暑さとスタジオ内の強力な照明も相まって、宇宙服の中の気温はいとも簡単に37℃を超えてしまったのだ。

俳優たちはテイクとテイクの合間にチューブで送られる冷風を浴び、熱中症にならないように必死だった。しかし、手間のかかる撮影のため、各ショットの準備には時間がかかり、これでは困るとスケリットが監督に伝えに言った。「僕たちは息ができないほどだったんだ」と、彼は回想している。

「塗装された宇宙用ブーツとホッケー用のグローブを装着して

左／遺棄船の入口に近づく宇宙服姿の俳優たち。

左端／小惑星のセットで遺棄船に目をやるスコット。

ギーガーのコンセプトデザインを立体化して実際のセットとして仕上げるために、レスリー・ディリーはギーガーのデザイン画からクレイ模型を作り、それを薄くスライスしてスタジオのドアを通れるようにした。そして木材と繊維ガラスで枠組みを作ってからワイヤーメッシュと石膏で覆い、位置を決めてから彫刻を施した。この荒廃した世界を生み出すために、何トンもの砂、石膏、繊維ガラス、岩、砂利が運び込まれている。

「『エイリアン』のような映画には、まったく注目されない、ほとんど無名のスタッフが山ほど関わっている」と、スコットは語る。「美術部門がいい例だ。コンセプトアートから立体物を作り上げるスタッフが大勢いる。平面のデザイン画を撮影可能なセットにするのは、本当に大変な作業なんだよ。彼らはリアルな世界を築き上げないといけないからね」

たんだもの——」とカートライトは息を吐く。「まともに動ける状態じゃなかった。宇宙服はアメフトの防具みたいで20kg以上あるから、歩き回ると汗だくになって相当な体力を消耗するの。そのうち、息も絶え絶えになってきた。宇宙服には通気用の穴が開けられてなかったの。そして突然、もう暑さも感じない状態になって、これはまずいと手を振ったんだけど……トムが気を失った私を抱きとめてくれた。高さ7mの宇宙船の上でね」

さらに、気分の問題では済まない危険な状況が起こった。スケリットのヘルメットの中に、排気装置から二酸化炭素ガスが漏れ出したのだ。「僕は気絶寸前。スタッフが電話して、酸素ボンベを持った救急隊がセットに駆け込んできた。映画俳優って危険な稼業だよ」と、スケリットは笑う。

俳優への酸素供給を管理する看護師が雇われることになり、スコットは動じることなく集中して撮影を続行した。また、岩はセメントで固められていたにもかかわらず、彼は自分が撮りたいショットのために、有無を言わせずいくつかを移動させた。

「私たちがジョン・ハートを引きずって、砂漠を横切るシーンだったんだけど——」と、カートライトは証言する。「彼が過酷な撮影で気絶しそうになるたびに酸素ボンベを抱える必要があったから、なおさら大変だった」

「ヘルメット内に排気ガスが漏れてきたことは確かにあった」と、ハートも認める。「スタッフからはそういう事故はありえないと説明されていたが、チューブが壊れて、有害な気体が流れ込んできたんだ」

「宇宙服のヘルメットには大きな問題があった」と、スコットも言う。「あれをかぶると体温が上昇して息切れが起こり、挙句の果てにはパニックに陥ってしまうんだ。俳優からは不満の言葉が絶えなかった。でも、僕はかぶらなくていい立場だったから、彼らを責めることはできなかった」

スコットはそう言いつつも、自分の子供2人と別の子役には、小サイズの宇宙服をためらいなく着せていた。子供たちの出番は、エレベーターの上にいる場面と、遺棄船に近づいていく場面のロングショットで必要だった。小さな子供を使うことで周りのもの全てを大きく見せる、昔ながらの撮影トリックだ。撮影は7月27日と28日に実施され、ジェイソン・スコット（ケイン役）、ルーク・スコット（ダラス役）、トム・マンダーソン（ランバート役）の3人の少年が衣装に着替えて撮影に臨んだ（ヴァンリントの息子とスケリットの息子も、子役としてその場にいたという話もある）。子供たちのシーンはフィルムの回転数を上げて撮影した。それをノーマルスピードで再生すると、動作が遅く見えるようになり、宇宙空間にいる大人の動きに近くなるのだ。

「子供たちは重たい宇宙服を着て歩き回り、ヘルメットの内側では小さな顔が真っ赤になって死にそうだったよ」と、コッブは打ち明ける。「かわいそうに、あまりの暑さで彼らは宇宙服を着たまま気絶しそうになっていた。そんな厳しい環境下での、必死の撮影だったんだ」

ギーガーも当時の状況を振り返る。「本当に暑かった。滴る汗が目に入り、皆死ぬほど喉が渇いていた」

ついには子供たちまでもが失神し、スコットはようやく宇宙服を改良させることにしたという。

「小惑星を歩く場面を撮影していたある日、スコットはセットの中に入っていって、小ぶりのステージライトをひとつ背景に置いたんだ。そして、それをまっすぐカメラに向けた」と、シャセットは思い出す。「何をしようとしているのか想像もつかなかった。ライトを置いたのはわかったが、スモークが焚かれ、砂粒が吹き荒れる中では、単にライトがあるだけにしか見えなかった」

しかしながら、後日シャセットはラッシュを見て、彼の意図を理解した。スコットのちょっとした工夫が小惑星のくぼんだ岩間から昇る「日の出」を作り出していたのだ。乗組員たちの背後から放たれるまぶしい光は、「完璧なまでにリアルな陽の光に見えた」とシャセットは絶賛する。「その朝日を作り出したのは、リドリーが背景に置いた小さなライトだったんだ」

## シークレット・フェイスハガー

ギーガーと助手は自分の工房に戻ると、卵貯蔵庫と卵のプロトタイプをフルサイズと1/4サイズで作る作業に取り掛かった。撮影現場を見学したことで、ギーガーは自分のデザインの素晴らしさを再確認し、建てられ、直され、いずれ壊されるセットというものを楽観的に捉えられるようになってきていた。「セットは撮影後スクラップにされる。あんな短命なものに腹を立てる意味などあるだろうか？」と、彼は書き残している。

第3形態のエイリアンにも進展が見られた。シャーリー・デニーが歯を作り、エディ・バトラーは金属の爪と頭蓋を制作。デヴィッド・ワットリングは舌が傾かない新しいメカニズムの頭部も作り、デモンストレーションを行なった。アンドリュー・エイン左上／ブリスターのセットでアッシュを演じるイアン・ホルム。

左下／宇宙服の衣装は子役のためにも作られた。背の低い彼らを使うことで、セットを実際よりも大きく見せられるのだ。

右／宇宙服の衣装とヘルメットをカートライトに着せるスタッフたち。

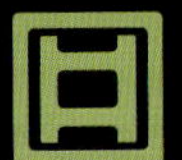

## 撮影用絵コンテ

撮影技師からカメラ位置について尋ねられたスコットが「紙を持ってるか?」と逆に問いかけたのは「有名な話だ」と、パウエルは語る。「その質問に答えるのに、彼は紙切れにサラサラと絵を描いたんだよ」。こうしたスコットの絵は、「リドリーグラム」として知られるようになる。

スコットは毎日、当日の撮影プランをスケッチにし、それを重ねた厚さは10cmほどになったという。「全体の流れを描いた絵コンテは既に仕上がっていたが、日々の撮影のための絵コンテを描き始めた」とスコットは1979年に語っている。「そうやって全てを描き出すのはひどく退屈だが、絵にすることは考えを深めるために必要な作業なんだ。スランプに陥った作家があれこれ走り書きをすることで、集中して作業を進められるのと同じだ」

撮影前には指定の絵コンテを印刷し、本部からの代表やスタッフに配るのが日課になった。「絵コンテのマイナス要素があるとすれば、それはまるで漫画みたいに見えてくることだ」とスコットは言う。「だが、映画では絵が動くわけで、コマとコマの間には繋がりがある。その部分が紙とは違う映画のクオリティに影響してくるんだ」

下／スコットの描く絵コンテ等は「リドリーグラム」と呼ばれる。

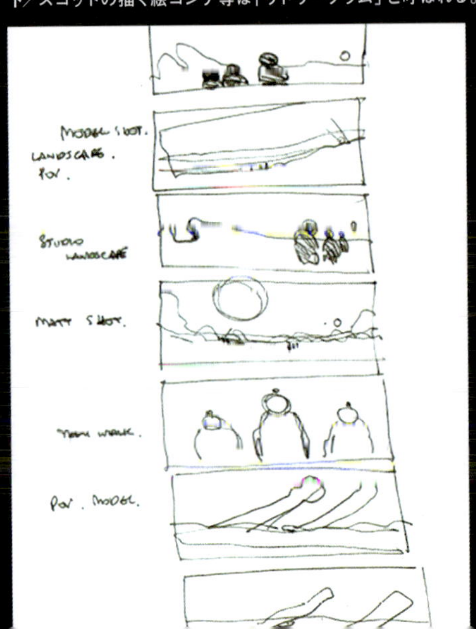

ズワースは特殊な手法を使って、透明な塩化ビニールでスーツを作る予定だった。密かにディッケンと競い合っていたギーガーは、自分のフェイスハガー用にも透明な皮膚を作ってくれとエインズワースに依頼した。

ほどなくして、ギーガーは再びキャロルから呼び出しを受け、スコットを交えて話し合いをすることになった。「その場に顔を揃えたジェントルマンたちは、期日までにエイリアンが出来上がらないのではないかと心配していた」と、彼は日記に残している。「予定の日に撮影できないと、莫大な出費になると言われた」。予定の日とは、ランバルディがエイリアンの頭部を届けた後の、8月末に設定されていた。

案の定、ギーガーが再びフェイスハガーの制作に取り掛かろうとすると、フォックスから今すぐ作業をストップして成体エイリアンの制作に専念するようにとの通達が届いた。「第1・第2形態のエイリアンを作り始めたが、プロデューサー陣に止められてしまった。大きいほうが間に合わないのではと不安視されたからだ」と、後にギーガーは書き残している。

一方、ディッケンはフェイスハガーを完成させていた。「工房の休憩室のテーブルの上で作ったんだ」と彼は語る。「何回かリドリーがやってきて、提案をくれたっけ。そして、私はフェイスハガーを撮影する数週間前にシェパートンに出向き、プロデューサーにそのモンスターのデモンストレーションをして見せた。金属の構造材に見せかけた物体とエイリアンの脚を組み立て、その脚を切断する。すると液体が噴出し、金属が溶けて泡立っているように見えるという内容だ。彼らは仰天していたよ」

「私が最初に出した指示に従い、ディッケンは確かにフェイスハガーを完成させた」と、ギーガーも認めている。「透明感は微塵も感じられなかったが、自由に表現したという観点で見れば完璧な仕事だった。監督は、『これで行ける』と言った。私はと言えば、ゴムのような素材に少しのゼリーとスモークと(人形のように動かすための)糸を加えるだけで、こんなふうに命が吹き込まれたように見せられるのかと、そのイリュージョンに驚かされた」

「エイリアンの各形態には、ギーガーがあまり関わっていない別の形態もあったんだ」と、コッブは言う。「見た目はそこまで良くないが、きっとパスするだろう」

ディッケンは4〜5体のフェイスハガーを作製した。ひとつは完全体で、ひとつは下腹部撮影用。残りはワイヤーの骨組みが入ったダミーモデルで、必要に応じて指や脚の位置を動かせる

上／1978年7月3日頃にギーガーが撮影した、制作中のノストロモ号の模型のポラロイド写真。

模型作製を担当したビル・ピアマンによれば、最初のノストロモ号の模型は約3m。先端に突出部があり、その裏にブリッジが設置されていた。しかし、シェパートンに建てられたセットの実際のブリッジの寸法と比べたところ、模型のブリッジが小さすぎることに気がついたという。

ブライアン・ジョンソンが考え出した解決策は、模型に新たなセクションを設け、それを船の先端に取りつけるというものだった。そのデザインはコッブに依頼することにした。なお、大型模型には部分的に魚箱が使われている(セットの壁面にも使用された)。

**前頁中央・この頁右**／第3形態エイリアンの頭部を制作中のランバルディ。

ギーガーの繊維ガラスの鋳型は柔軟性に欠け、切り込み部分も多く、ランバルディの助手はうまく石膏モールドを抜くことができなかった。そこで彼らはラバー型に行き着き、部分ごとに型抜きを行なった。それからさらにポリウレタンの鋳型をこしらえてしなやかなモデルを作り、ようやく石膏モールドを取ることができた。

ランバルディとそのチームは、OKの出た機械仕掛けのエイリアンヘッドの作製を進め、ソフトポリウレタン混合物(ランバルディは何年もかけ、ポリウレタンを好みに合わせて混合できるようになっていた)で成型することでエイリアンの顔に柔軟性を与えた。さらに、材料を混ぜ合わせる過程で色が加えられ、エイリアンの「肉」はメタリックグレーになった。その後、繊維ガラスで鋳造された高強度の基礎部分に、ポリウレタンで作った鋳物をかぶせた。

シネフェックス誌によれば、繊維ガラスの可動部分である顎と突き出た舌はポリウレタン製の皮膚で覆われ、継手で頭部に取り付けられた。回転軸に差し込まれたエイリアンの骸骨のような頭部は動かすことが可能。危険な歯の付いた舌は歯車付きの溝にはめられ、スプリングのメカニズムで飛び出してくる。

また、上部と下部の唇を操作すると、歯をあらわにするといった動きができる。頭部両側の素材には腱のような機能があり、口腔内に舌と歯があることも見せられるのだ。光沢のあるプラスチック製の薄型ドーム(ライティングの角度次第で透明度が変わる)をかぶせると、これらの機構は見えなくなる。

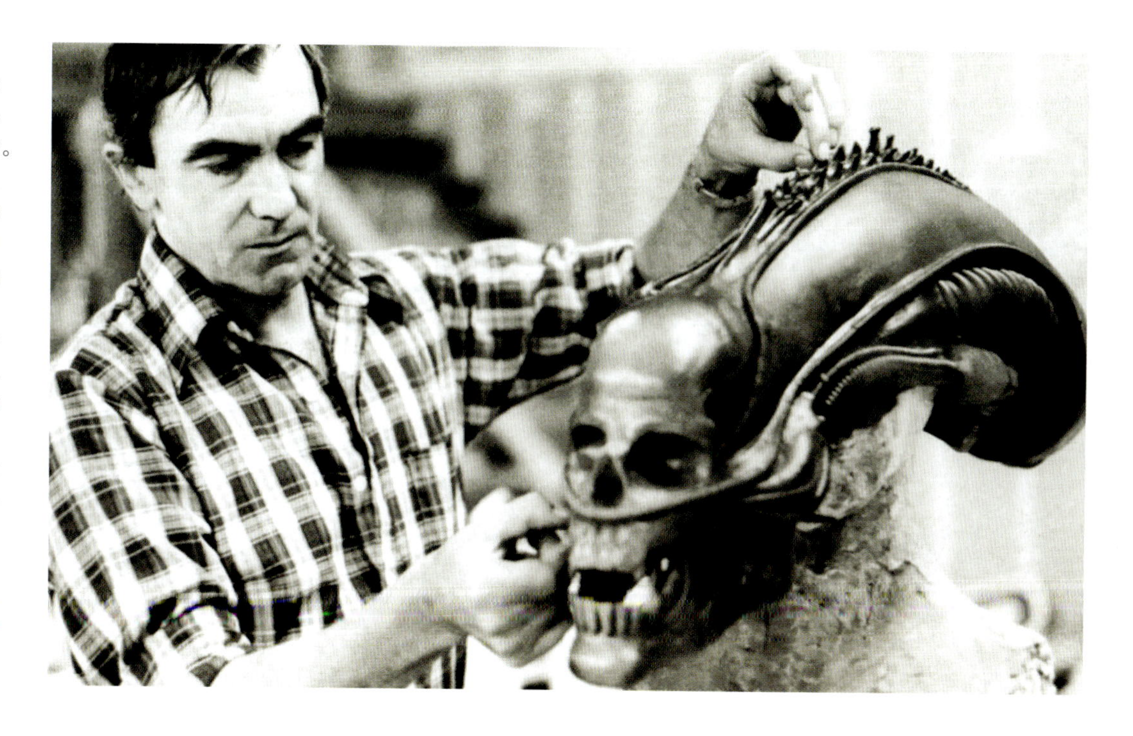

仕様だった。

7月上旬、スコットはジョンソンにギーガーをブレイ撮影所まで車で送っていくように頼んだ。詳細部分の仕上げ段階に入っているノストロモ号と精製施設の模型をギーガーに見せるためだ。ピアソンとバウアーをはじめとするモデルメーカーたちは、軍艦、戦車、第二次世界大戦時の爆撃機など、壊れたプラモデルの部品をバケツ何杯分も使って、精製施設にそれらの部品を貼りつけていった。最終的には、「美しく堂々とした大ピラミッドが出来上がった」と、ロン・ホーンは語る。

「プラモデルには、結構使えるパーツがあってね」と、ホーンは説明する。「必要なパーツを全て最初から成型していたら、『エイリアン』の完成は西暦2000年頃になってしまっただろう。時間の節約になったよ」

「この宇宙船は、極めて自然主義的な方法で表現されるべきだと思っていた」とコッブは言う。「だが、リドリーとスタッフの大半は、かなりファンタジー的なものにしたがっていた。結局、最終的なエフェクトはその両方を融合させた感じになった」

模型部門のスタッフには、巨大なノストロモ号と精製施設の飛行をシミュレーションするという重要な仕事が残っていた。牽引する船は全長250m弱で、精製施設のほうは1km以上。7月、ブレイ撮影所にいたベテラン撮影監督のデニス・エイリングは、塔の上、宇宙船の上、側面、底面の照明テストを行なった。

「制作作業から離れているのは決して良いことではない」と、スコットは言う。「僕にとってはね。僕は進行中のあらゆる仕事に関わりたいんだ。僕がニック・アルダーとセット上のエフェクトをやっている間は、ブライアンがミニチュアの作業をしていた。何もかも簡単にはいかないものだ。(自分が関わっていない)他の特殊効果やミニチュアの作業はゆっくりとしか進んでいなかった。『スター・ウォーズ』や『未知との遭遇』、そしてSF映画の父である『2001年宇宙の旅』と同等のレベルに達しないといけないのに」

「テスト撮影では、精製施設のタワーの外観はすごく良い感じに見えた」とアルダーは言う。「だが、あるアングルから映してみると、まるでディズニーランドのお城みたいじゃないかって話になった。だから装飾パーツを全部外してやり直すことになった。最終的にタワーはがっしりとした、あの巨大で重そうな感じになったんだ」

ある段階で、スコットはふと気がついた。この精製施設は『未知との遭遇』の終盤に登場する母船のように見えるのではないかと思ったのだ。「そこで、別の形にすることにした。だが、ありきたりの形にはしたくない。ノストロモ号が引っ張る精製施設に搭載されている機械は60年前か、古くてもせいぜい70年前のものだろう。だから、色々なものが集まった塊のようにした。いかにも宇宙っぽい流線形にはしたくなかったし、そうする理由もなかった。できれば、宇宙フジツボとか宇宙海藻がびっしりこびりついた姿を見てみたかったが、さすがにそれは非論理的だった」

一方アメリカでは、ランバルディと彼のチームがエイリアンヘッドの制作に奮闘中だった。クリスチャンは当時の状況をこう語る。「ランバルディはおぞましいエイリアンの口を作ることになっていた。だが、少し遅れていると思ったら、ずっと遅れっぱなしになっていた。パウエルは『来ない！ 来ないぞ。今どこだ？』と、苛立って頭をかきむしっていたよ」

「皆どんどんナーバスになっていった」と、当のパウエルも明かす。「刻一刻と時間切れが迫っていたんだ」

## 眠れる森の美女

【撮影第21〜22日】1978年7月31日(月)〜8月1日(火)
【Cスタジオ ノストロモ号コンピューター室内】シーン174pt(リプリー)
【食堂内】シーン94、114
【コールドスリープ室内】シーン4A、5、7、8pt、11

7月31日にフォックスで回覧された社内文書は、この映画のタイトルは『エイリアン』であり、『ジ・エイリアン』ではないことを再度伝えていた。どうやら、この時点でフォックスは同タイトルの使用についてMCA／ユニバーサルと合意に達していたと思われる。また、文書には、マスコミに対して『エイリアン』はサスペンス映画であってホラー映画ではないと紹介することも指示されていた。ホラー作品と謳うことで、AIPの低予算映画に登場する3つ目で5本脚の怪物のようなモンスターを想像されるのを避けたかったのだ。また、サスペンス映画と謳えばヒッチコックを連想させられるため、「未来派サスペンス」と銘打つ案が指示されていた。

「最初の3週間が過ぎ、アメリカにいるフォックスの人間が出来を評価し始めると、撮影ペースはやや落ち着くようになった」とヴァンリントは言う。「私は過去に大きな作品を経験したことがなかったから、映画作りでこういう感情を味わうのが当然なのかはわからなかった。だが、映画はCM制作よりも神経がすり減るということは実感したよ」

朝早く、ラッド・Jrがシェパートンを訪れた。彼は目にした結果に嬉しい驚きを隠せなかったという。彼はふらっと立ち寄った

## 黒づくめの男

シェパートン撮影所にギーガーが到着する前、コップは冗談で、本当は彼に会いたくないかもしれないと言っていた。かのスイス人アーティストに関する逸話やゴシップを耳にしていたからだ。「巷の噂がどうであれ、映画にはギーガーが必要だと考えられていた。結局、彼が本当に『かなりの変人』だとわかるのだが……」と、シャセットは語る。

とはいえ、スタッフの多くは最終的にギーガーを気に入り、受け入れるようになった。7月、シーモアは、ギーガーと彼を訪問中だった母親と食事をした。「私は彼の想像力がとても豊かなことに気づいた」と、シーモアは1979年に振り返っている。「とても興味深く、聡明で素晴らしい芸術家だ」

「ギーガーはいつも黒い服で、マントのようなものも羽織ってた」と、カートライトは言う。「それに、恋人がいつも隣にいた。彼はすごくエキセントリック。私はいつも、彼の家ってどんな感じなのかしら？ と思ってた。だって、彼が描く絵はどれを取っても性的なんだもの」

「ギーガーは物悲しくも魅力的な雰囲気を漂わせていた。彼のベッドのてっぺんには、頭蓋骨が置いてあるという話だった」と、ハートも語っている。「来ている服は黒一色。恋人も同じだ。当時は、ああいうファッションは異様だった」

また、ある目撃者は次のように明かす。「ギーガーの工房に行くと、彼がドラキュラ伯爵のように見えるんだ。黒い革の服に黒い髪で、鋭い目つき。部屋には骨が溢れていたし、いつだって発泡スチロールの巨大な塊を一心不乱に彫刻し、ぼろぼろに砕けた発泡スチロールにまみれて、その黒服も黒髪もまるで粉雪に覆われているかに見えた」

「ギーガーは憧れの人物で、一緒に働けるなんて夢のようだった」と、ギーガーの参加を実現するべく奮闘したオバノンは回想する。「作品から受ける印象とは違い、ギーガーはそれほどクレイジーな人間じゃないんだ」

勤勉な仕事ぶりと作品に対する情熱が制作スタッフの心を動かし、奇人扱いされていたギーガーは様々な同僚たちとランチをするまでになった。彼らはよく、チャーチ・スクエアのキングスヘッドというパブ（エリザベス・テイラーとリチャード・バートンがシェパートンでの撮影中、行きつけだった店）で食事をしていたという。「毎週金曜日になると、私たちはギーガーとその彼女と一緒にキングスヘッドに行ったものだ」と、製図担当のアラン・トムキンスは語る。「彼らはいつも、黒か、暗い紫色の服を着ていたな。私はギーガーとも、ロン・コップとも仲良くなったんだ」

「こっちにしてみれば、他のスタッフ同様、ギーガーは我が美術チームの一員にすぎなかった」と、クリスチャンは言う。「何週間も毎日のように、キングスヘッドなどのパブで、ギーガーとミアと昼飯を食べた。2人は時間をかけ、慎重にメニューを検討した。『バブル・アンド・スクイーク』はジャガイモとキャベツの炒め物で、『ヨークシャー・プディング』は塩気の効いたパンケーキみたいものだと、我々は奇妙な英国メニューを翻訳してあげたりもした。『スポッテッド・ディック・アンド・カスタード』の説明は難しかったけどね」（※訳注：干しブドウ入りプリンのこと。英語のspotted dickは「まだら模様の男性器」という意味にもなってしまう）

「キングスヘッドで過ごすひと時は、実に楽しかった」と、ギーガーは書き残している。「あのパブは我々にとって居間みたいなものだった。あそこで日記を書き、たらふく糖蜜タルトを食べて自分の抱える問題を相殺した。仲間との会話の話題といったら、『エイリアン』のことばかり。我々の世界は、あの不気味な怪物を中心に回っていた」

「あの年、ロンドンは猛暑に見舞われていた。ある日、芝生の上でピクニックをした時、全員がシャツを脱いだんだ」と、あるスタッフは打ち明ける。「ただし、ギーガーは例外だった。彼はずっと革の服で着飾ったままだったよ。皆で彼の上着を脱がせようと試みたんだが、ダメだったね。服を脱いだら人間じゃないことがばれるから、絶対に肌を露出しないんだな、なんて思ったりもしたよ（笑）。H・P・ラヴクラフトの小説に出てくる登場人物みたいな奴だった」

世の多くの真剣で有能なアーティスト同様に、ギーガーもまた、己を売り込む必要性と危険性の両方を理解していたようだ。チャンスもあれば、落とし穴もある。彼は恋人のボンザニーゴと、ドキュメンタリー制作にも精を出していた。「映画は、あらゆるアートの融合物だ」と、彼は訴える。「音楽や動き、あらゆるメディアが合わさっている。絵を描くのもいいが、映画ではそれらを動かすことができるんだ！ とはいえ、映画に関わることで、『ただの映画デザイナー』呼ばわりされるのは恐ろしい。突然、芸術家として真剣に捉えてもらえなくなるなんて。だから、私は慎重にならねばならない。映画の仕事をするのはいいが、映画は自分に背を向ける可能性もあるのだ」

上／ガラスもしくは透明プラスチックに向かい、エアブラシを使うギーガーの姿。

左下／シェパートン撮影所で食事をした後のコードン・キャロルとギーガー。

右下／同撮影所の壁にギーガーが描いた落書き。

わけではなく、4回ある視察のうちの1回だった。ウォールストリート・ジャーナル紙の記事では次のように記されている。「ラッド氏は2,500万ドルの損失を許容して企画を中止することもできた。しかし、ロンドンへの視察旅行でスタジオのセットとモンスターのデザインを目にすると、ラッド氏もフォックスの一行も、最初の勘が正しかったことを思い知らされたのだった」

それでもなお、シェパートンでは日々、精神的にも肉体的にも浮き沈みの激しい状態が続いていた。「この映画の大半は手持ちカメラでの撮影だったからものすごく大変だった。あのカメラの重量は相当なものだったんだ」と、スコットは話す。

監督によれば、オバノンとシャセットはセットへの出入りを禁止されていた。「プロデューサーたちが2人を出禁にしたんだ」とスコット。「だが、僕はかなり気遣った。例えばオバノンに対しては話を聞いてやり、何とか仲良くやっていた」。スコットは仕掛け扉をセットのそばに設置し、彼らが隅から撮影の様子を見られるように配慮したこともあったらしい。オバノンもシャセットもSFに造詣が深く、情熱も知識も人一倍あるため、SF世界に関して技術的なことなどを相談したい時、スコットにとって非常に助けになる存在だったのだ。

宇宙船の乗組員たちがコールドスリープから目覚めるシーンの撮影台本に、スコットは「乗組員たちは7ヵ月間眠っていた」と書き、足の指がピクピク動く場面のリドリーグラムを描いた。「目覚める時は、全員が裸の予定だったの」と、ウィーヴァーは明かす。「観客は、過酷な環境下なのに裸で動き回る人間を見るわけでしょ。そのコンセプトは物議を醸す恐れがあった。その後、設定は変えられたんだけどね」

7月31日、セットの準備ができ、ケインと他の乗組員が目覚める様子が撮影された。

「私たち女性は白い医療用テープを巻いて、乳首を隠すことになった」とカートライトが説明する。「全員がボクサーショーツを穿いていたんだけど、私たち2人が胸にテープを巻いていないと、5つの国で公開できなくなるらしかった」

「ある朝、僕らは覚醒するシーンを撮った」と、ハートは振り返る。「SF作品の場合、撮影の肝になるのはライティングだ。照明次第で映像の良し悪しが決まる。演技なんてあまり関係ない。撮影が始まるまで当てもなく辺りをうろうろするなんてことはザラだった。現場に出向いて、撮影準備ができるまで待って、カメラ位置と照明を変更する間は衣装室に下がれと言われる——そんな感じだよ。そして4時間後、セットに戻り、全く同じことをもう一度言われるんだ」

「ジョン・ハートはこう言ってた。『エイリアン』はSF映画にありがちな、撮影が退屈な現場になるだろうって」。イアン・ホルムはそう打ち明ける。「役者がやることと言ったら、不安げに歩き回ることしかないってね」

「照明を調整している間は俳優をセットに残しておかないほうがいいことに僕は気づいたんだ」と、スコットは1979年に語っている。「出番ではない俳優たちには衣装部屋で読書をしたり、仮眠を取ったりしてもらいたい。やることがないのにセットで立ったまま待たせるなんて申し訳ないし、余計に疲れさせてしまう。真剣に演技に集中していたのに、急に放っておかれ、アドレナリンが抜けていく姿を見ることになるからね」

ヴァンリントは照明についてこう語る。「登場人物たちが目覚めるシーンは、500ワットと1,000ワットのスポットライトをシートの下に設置した。俳優たちはその照明装置を乗り越えて行かなきゃいけなくて、膝がかなり熱くなったこともあったと思う」

## ケインの情熱

**【撮影第23〜26日】**1978年8月2日(水)〜8月7日(月)
**【Cスタジオ ノストロモ号食堂内】**シーン94、117(チェストバスター)、122(戦略を練る乗組員たち)、133(ブレット死亡後の作戦)

ケイン役のジョン・ハートが第2形態のエイリアンに腹を食い破られるシーンを行う前日のこと。イアン・ホルムが記したやりとりからは、アメリカ人俳優とイギリス人俳優の分断がうかがい知れる。イギリス人のホルムは、「ジョン、明日は大事なシーンの撮影だな。あれが胸から飛び出すなんて想像できるか?僕たちはそばにいるが、何かやってほしいことはあるかい?」と、ハートに問いかけた。

アメリカ人俳優たちはおしゃべりを続けていたが、イギリス人のハートがこの場面をどう演じるつもりかを知りたい様子だった。すると、ハートはからかうような顔つきでゆっくりと答えた。「人一倍ある想像力を用いてだな……」。そして、大声を上げた。「当たって砕けろだ!」

セットにいたスタッフたちはチェストバスターの場面を「キッチンシーン」と呼んでいた。進行予定表には必要な小道具が記載されており、そこには「食べ物と飲み物を含む」と書かれている。特殊効果の予定には「ケインの衣装繰り返し」、「チェストバスター&繰り返し。血」とあった。

「チェストバスターの作業は何週間も続けてきた」とスコットは言う。「胎児みたいなやつの頭部は下か後ろに傾いている状態にしようと決めていたが、最終的には後ろに傾けるほうにした。そのほうがより爬虫類的で卑猥な感じがするし、陰茎のように見えるからだ」

チェストバスターの撮影準備には2日間あったが、スコットはディッケンが手持ちで操作する案を諦めなければいけなくなった。スコットとプロデューサーたちは、現状のスタッフ人数と機材をテーブルの下に配置しても圧力が足りず、ディッケンが作り物の胸部からチェストバスターを飛び出させるのは不可能だと知ったのだ。代替案として、油圧の力を利用して強い推進力を出す方法を取ることになった。スコットがテイクをいくつも撮影して繋げるという意見も出たが、その場合はうまく連続的に繋がるように正確な動作を再現することが必要となる。

結果的に油圧方式が選ばれ、ディッケンはそれに耐えられる頑丈なチェストバスターを作るように言われた。「嫌な奴だと思われたくないから、仕方なく承諾したんだ」。またも修正に対応しなくてはならなくなったディッケンは、そう茶化す。

チェストバスターは簡素化されたバージョンと関節があるバージョンの両方がディッケンの工房に置かれていたが、実物を目にしたことのあるスタッフはほとんどおらず、当然のことながらキャストもそれを見たことがなかった。

「ケイン役のジョンに、前もって詳細を話しておくのは気が引けたんだ」とスコットは明かす。「誰が相手でも多くを語らないほうがいい。撮影が始まって、俳優たちがそれを初めて見る時の反応を引き出したかったんだよ。彼らは(エイリアンの姿を)見たいと言い続けていたけれど、僕が許可しなかった」

「台本の流れから、ここでエイリアンが出てくるということは俳優たちも当然わかっていた」と、ジョン・ハートは語る。「でも、それがどんなふうに起こるのかは誰も知らなかったんだよ」

美術スタッフのベンジャミン・フェルナンデスはチェストバスターのシーンのために、食堂に置かれた特殊仕様の円卓の設計図を描く担当だった。その設計には、スコットの絵コンテをベースにラフ画を描いたアルダーの意見も取り入れた。

円卓にはジョン・ハートの頭と肩が収まるサイズの穴と、繊維ガラス製の胸部ダミーをボルトで固定する場所があり、格納式パネルによって隠されている。また、必要なスペースを念入りに計算して、血液噴射用のポンプとパイプ、それを操作するスタッフ、油圧ポンプとジョン・ハートがテーブルの下にしっかり収まるように設計した。

準備が長引いたせいで、待たされた苛立ちと期待の両方が高まり、現場の空気は徐々に張りつめていった。この映画のスター、エイリアンの初登場シーンだ。「うまく行かなかったらどうしようと、皆が怯えていた」と、コップは明かす。「この場面がダメだったら全て台無しだ。そう口々に言っていた」

「技術的な観点からすると、スタッフはこの場面のエフェクト

**この頁・次頁**／コールドスリープから目覚める乗組員たち。このセットは、ベンジャミン・フェルナンデスのデザインに基づいている。ディリーとクリスチャンがシーモアに彼の起用を提案した。フェルナンデスはスペイン出身の若く優秀な製図者で、『ザ・ラスト・リメイク・オブ・ボー・ジェスト』(77)で、2人と一緒に仕事をしたことがあった。「このコールドスリープ装置のような、セットの設計図を描ける人材が必要だったんだ」とクリスチャンは語っている。

を一番心配していた」と、スコットは語る。「ここで失敗したら、僕らは頭が真っ白になっただろう。何が起こるのか予想できない驚愕のシーンを作りたいと思っていた。だが、そのためには生きているように見えるエイリアンを作り出さねばならない。基本的には手袋型のパペットだが、人間の胸を食い破って出現した時に、嘘っぽくないようにする必要があったんだ」

8月2日、プロダクションマネージャーのギャレス・トーマスは、降板したフィンチからの手紙をキャスト全員に渡した。その内容に俳優たちは感動したという。

「入院中の私にお見舞いのカード、植物、花束、本、温かい気持ちを送ってくれてありがとう。嬉しいことに今ではすっかり良くなり、あと2週間ほど安静にしていれば仕事に復帰できそうです。短い間しか一緒に仕事できず残念でしたが、『エイリアン』の誕生を楽しみにしています」

8月3日の午後、スコットたちの準備が整った。いよいよ円卓を囲んだ食事シーンの撮影が始まる。この先、ケインは「陣痛」で気分が悪くなり、激しい痙攣を起こすことになる。あるいはオバノンが脚本に書いた通り、「乗組員たちが朗らかに談笑し、食事をしていると、ジョン・ハートがいきなり食べ物を喉に詰まらせて床に倒れる。周りの人間が騒ぎ、彼の腕と脚を掴む」という流れになる。

このシーンは、さらに生々しく複雑なチェストバスター登場の瞬間に繋がる重要な場面だった。スコットは俳優の動きを入念に決めることで、マジシャンのトリックと同じように、観客の気をうまくそらすことができるのではないかと考えた。つまり、よく見れば明らかに作り物だとわかるダミーの上半身に、注意が向かないようにしたいのだ。それでいて、俳優の動きもカメラアングルも、わざとらしくなく自然に見せる必要があった。ハートが特殊効果なしで苦しんでいる状態から特殊効果のシーンに、誰にも気づかれないくらい素早く切り替わらなくてはならない。スコットは絵コンテを作って慎重に撮影プランを立てた。もちろん後から編集が加わるため、編集技師のテリー・ローリングスはフィルムが現像されるとすぐに作業を開始した。

「ケインが痙攣を起こす時は、きちんとカメラに収まるためにテーブルの正しい位置に背中を横たえなければいけなかった」と、クリスチャンは書き残している。

ケイン役のハートが全身を震わせると、パーカー役のコットーは彼の口内にスプーンを突っ込み、てんかん発作の患者にするのと同様の措置を施すことになる。「慌てて歯と歯の間に突っ込まなければならないから、ハートの口は傷ついてしまった」と、スコットは説明する。

8月4日の朝、ディッケンはチェストバスターを腕の下のバッグに隠し持ってシェパートンに到着した。その日の進行表には「ケインの覚醒シーン。キャストは撮影後、シェパートン撮影所のバーにスタッフを招待する」とのメモが書かれていた。

「僕はかなり朝早く、セットに出向いた」とオバノンは言う。「そしてカメラ位置を確認した。それから、見学にベストなポジションにボックスシートを見つけ、撮影の邪魔にならない場所だったから腰を下ろした。あとはそこから移動しなかったよ。その日は大勢の見学者がいて、押しかけた関係者がその日の撮影を見逃すまいと待っていた。スコットはフォックスから進行が遅いとプレッシャーをかけられていたから、短いシークエンスは1日で撮り終えてしまうつもりだった」

「僕はどこへでもリドリーについていき、彼が何をするのか、プロデューサーにどう対処するのかをこの目で見た」。そう話すのは、監督業を学びたいと思っていたスケリットだ。「俳優たちと一緒に各シーンにどう取り組むのか、制作現場でどう采配を振るうのか、スコットのやり方を分析した。『消化不良』のシーンでは、ライティングや照明器具の置き方も観察したよ。デザインは簡潔であるべきだってことも理解した」

「この映画は誰もが予想していた以上の大作になった」と、カートライトは1979年に語っている。「だから、私たちにのしかかるプレッシャーも半端じゃなかった。公開日が確定してしまったから、絶対に遅らせることはできなくて、制作陣は厳しいスケジュールで仕事を続けていた。トラウマになるくらいの衝撃シーンを演じる時も、セットの横には会社の重役がズラリ。気が滅入るなんてもんじゃなかったわ」

「俳優たちは、前日の撮影で苦しむケインを囲んで立っていた位置に再びついた」と、クリスチャンは振り返る。「そして登場人物一同、テーブルの周りでスタンバイした」

ケイン役のシャツの下には血を噴き出すパイプがあり、そのうちの1本は、本物の胸部に設置された偽の血が入った袋とそれを破裂させる装置に繋がっていた。この時点では、まだ胸部ダミーの準備は必要なかった。午前9時頃、カメラが回り始め、絶え間なく流れる血液がケインの白いシャツに赤い染みを作る。「最初のテイクでは血があまり噴き出なかった。だが、破裂装置がポンと音を立てると、Tシャツが盛り上がると同時に染みが広がった」とクリスチャンは語る。「本当におぞましい光景だった。俳優たちはショックを受けていたよ」

2テイク目になると血は激しく噴出したので、スコットは次の生々しく複雑なシーンに移れると判断。第1助監督のイベットソ

ンはハート以外のキャストを上階に移動させ、残されたハートは辺りをぶらつくことにした。次のシーンの準備には数時間がかかったという。テーブルの一番上にあるパネルが外され、胸部のダミーが取りつけられた。アルダーはディッケンが作った頑丈なチェストバスターをカンチレバー式（※訳注：一端を固定し、もう一方の端には支点を設けない構造。片持ち梁式とも言う）で油圧ポンプに固定。血液用の管とポンプも用意した。そしてハートが所定の位置につき、担当のスタッフが彼を囲んだ。テーブルの下に隠れて見えない臀部の下にはクッションが置かれた。さらに多くの小道具を運び込み、照明チェックを行う間、暇を持て余しているハートにはフランス製タバコ〈ゴロワーズ〉と白ワインが提供されたという。「昼食の時間までに彼はボトルを1本空けてたよ」と、スコットが明かしている。

衣装監修者のティニー・ニコールズは、ケインの胸部ダミーに着せたシャツの生地を酸を使って痛ませ、破れやすくした。カメラがもう1台搬入され、少なくとも3台のうちの1台、時には3台全てが俳優たちの反応を追い続けることになった。

カメラに映らないテーブルの下では、5〜6人の技師が様々な作業を行う。ひとりは約70kgの圧縮空気を送り出す油圧ポンプを操作。もうひとりは他のポンプとバルブを受け持つ。別の2人はハートの動作に合わせて胸部ダミーの動きを担当。上半身から飛び出すのはせいぜい20cmほどなので、チェストバスターのスタート位置は胸の穴のすぐ下で問題なかった。

そして、セットに悪臭が漂った。片隅には地元の食肉処理場から調達した相当量の臓物——腸、肝臓、腎臓、胃などが出番を待っていたからだ。消毒は済んでいたものの、誰に聞いても食堂のセットは手術室のような匂いになっていたという。

「テーブルの下でスタッフが何をしているのか見ることもできず、ジョンはタバコを吸い、ワインを飲み続けていた」とクリスチャンは思い返す。「助手が機嫌を取るためにタンブラーに追加のワインを注ぐと、彼は笑顔になり、冗談を飛ばしていたよ」

「私たちが上階で待機している間、ハリー・ディーン・スタントンがギターを弾いてくれた」と、カートライトも振り返る。「進行状況を把握している俳優はひとりもいなかった。何時間も待たされることになって……」

3時間ほど経ち、時計が正午を指す頃、ようやく準備が整ったと感じたスコットはイベットソンに頷いて見せ、俳優たちを呼び戻すように指示を出した。スコットは語る。「エフェクトの準備のために撮影を一時中断し、俳優をセットから退出させ、準備が整った時点で呼び戻して……それでも、前の続きのシーンを再開させたら、あの場面に必要な錯乱状態を作り上げなければならなかった」

「セットに戻ってスタッフを見た時、何かが起こるんだなと察したよ」と、ホルムは回想する。「スタッフは防護服を着ていたんだ。しかも近くには、出番を待つ大きな容器が置いてあった。それはセットに2日間置かれていたが、中身が何にせよ、ひどい悪臭を放っていた」

当時のセットの様子は、傍目に見ればシュールだったに違いない。本物のハートはぷかぷかタバコをふかし、片手にはワインのタンブラー。彼の胸部ダミーのほうはテーブルの上に固定されていた。オバノンの証言によれば、「俳優たちは少し神経を尖らせていた」という。「撮り直しができるなら、普通はカメラを3台も使ったりしない。信じられないくらいの爆発でも起こるんじゃないかって雰囲気だった。どのカメラのレンズにも水中カメラのように平らな光学ガラスがかぶせてあり、リドリーと撮影監督、技師たちは首まで隠れる防護服を着ていた。俳優たちは、胸部ダミーからホースで繋がっている油圧ポンプの機械に目が釘づけだった。シガニー・ウィーヴァーはちょっと震えているように見えたよ」

「何が一番動揺したかって、ジョン・ハートが偽の胴体と一緒にテーブルに横たわっていた、あの光景だった」とウィーヴァーは明かす。「テーブルには穴が開いていて、本物の身体は大半がその下に隠れていた。ジョンの全身が見えないからうろたえてしまったの。しかも、セットには中に内臓が浮いている容器が2日間も置かれていて、鼻が曲がりそうだった」

「誰も言葉を発しなかったが、シガニーがひどく怯えているのは見てわかったよ」と、シャセットは思い返す。「『君は完全に役になり切ろうとしてるんだね』と声をかけると、『いいえ。ものすごい嫌悪感を抱いているんだと思う』と返ってきた」

ウィーヴァーは隅にいたオバノンとシャセットがクリスマスの朝の子供のようにはしゃいでいるのを見て、何か起こるのだろうと疑い出したことを語っている。

「下に戻った私たちは、あの食堂のセットに足を踏み入れるなり、吐き気を催した。内臓みたいなものが山盛り入った複数のバケツが置かれていたんだもの。それでも何が起こるのかは見当もつかなかった」。カートライトは1979年に、こう語っている。「皆、自分の立ち位置はわかっていた。そして、このシーンでは打撃音が1回、その後にもう1回鳴ると説明された。あの小さいモンスターは既に見ていたわ。セットでは、スタッフが作業をする間、ジョン・ハートが何時間もテーブルの上に横になっていた。私はカメラが3台も用意されているのを目にして、なるほどね……と気がついた。つまり、内臓にどうリアクションするか、俳優の反応を漏らさず撮れるってこと」

「撮影が再開されると、3台のカメラ全てがテーブルではなく、

前頁／チェストバスターのシーンのリドリーグラムと絵コンテ。

上／チェストバスターの場面に必要な食堂の長椅子と半径1m強の円卓の設計図（詳細図No.8）。1978年5月19日にベンジャミン・フェルナンデスによって描かれたもので、テーブルの絵には「アクションに応じて、分割された平らなセクションを回転卓に置き換える」とのメモが書かれている。

下／ケインの胸部のダミーを使い、代役でリハーサルを行うスコット。

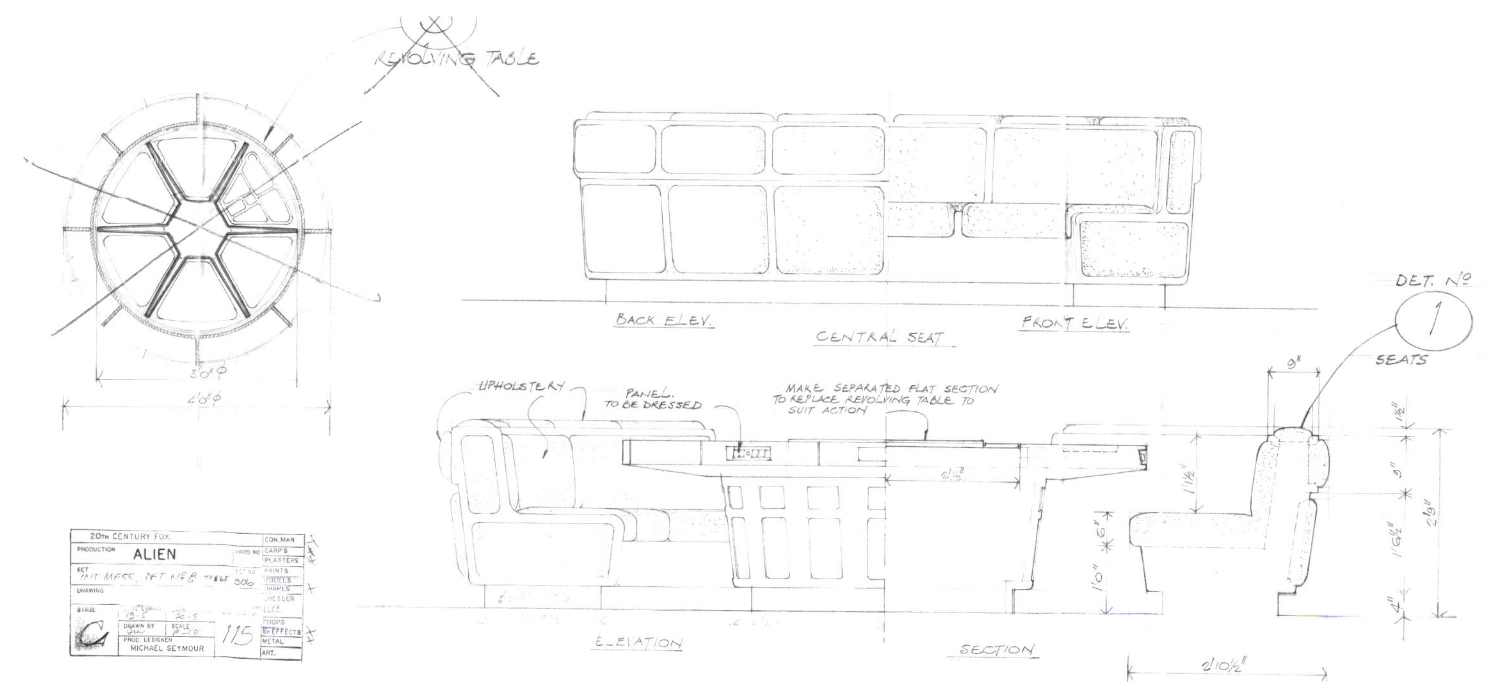


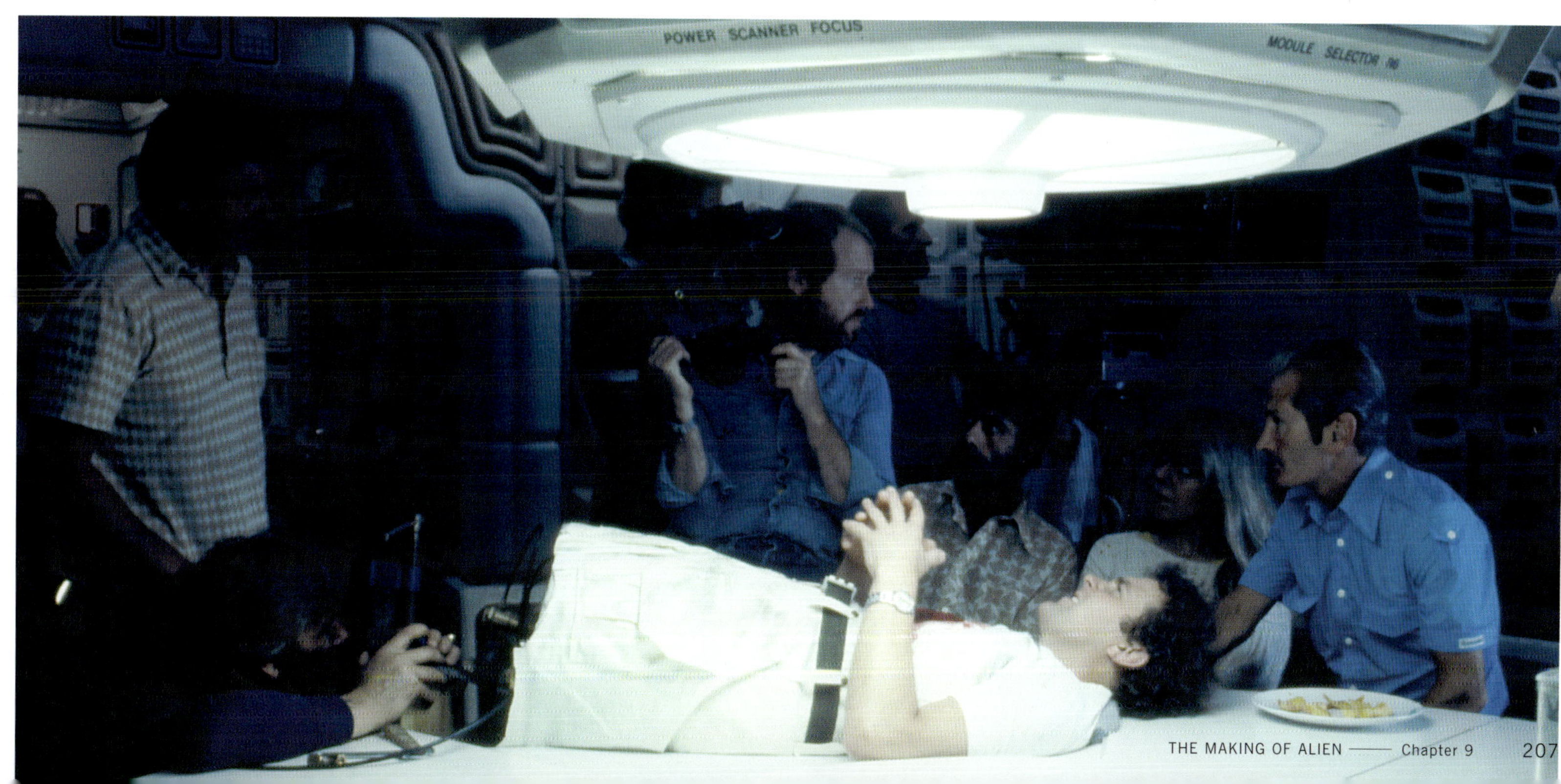

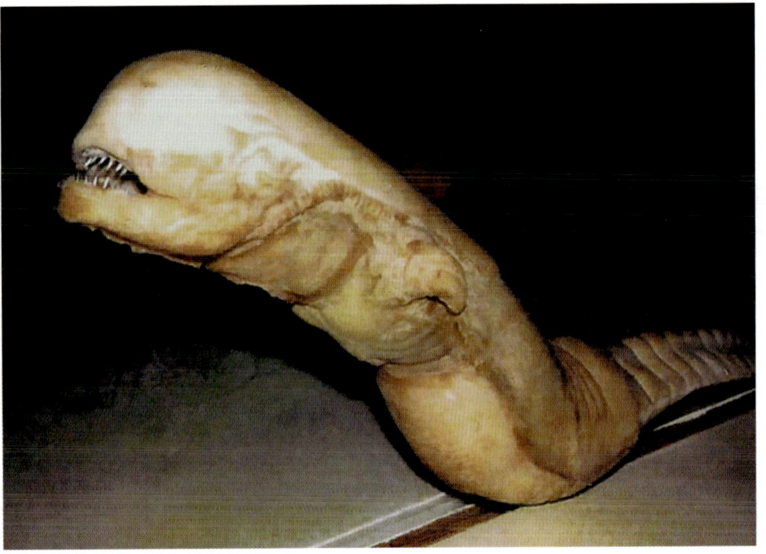

**左上**／ケインがひきつけを起こすシーンの撮影の前、スコットと戯れるハート。

**中央上**／ディッケン作のチェストバスターのひとつ。

**右上2点**／食堂の円卓を続けて写したモノクロのポラロイド写真。セット装飾を担当したイアン・ウィテカーは、このシーンのためにパスタとサラダと乾燥野菜を調達。クリスチャンがそれにドライフルーツを加えた。「長距離飛行だから、壊血病やミネラル不足を防ぐためにも、乾燥野菜や乾燥肉があるべきかなと思ったんだ。来るべきチェストバスターのシーンに備えて、全く同じものを何セットも用意させていた」とウィテカーは言う。血が飛び散るシーンのやり直しで、テーブルの装飾が何度も必要になると考えていたのだ。

俳優たちに向けられた」と、スコットは説明する。「テーブルの上で起ころうとしていることは、結局のところ、ただの特殊効果だ。だから、欲しい画が撮れるまで何度もやり直せる。難しいのはそれに対する周りのリアクションのほうだ。俳優が単に怖がる演技をしただけでは本当の恐怖を引き出すことはできない。僕が欲したのは生々しい本能的な反応だ。だから、何が起こるのかは教えずに、いきなり俳優を崖っぷちに立たせるやり方がベストだと思ったんだよ」

「ハートの胸から何かが出てくるのは台本を読んで知っていたが、その姿を見たことはなかったんだ」と、スタントンは打ち明ける。「完成したものは見せてもらってなかったし、どんなものなのか、見当もつかなかった」

「俺たちは物語の筋は知っていたが、何が起きるのか具体的には知らなかった」と、コットーも認めている。「セットに入ったら全部カバーで覆われているんだ。おいおい、一体何が起きるんだよ？ という感じでね。カメラは3台もあったし、床も壁も配線だらけ。しかも、スタッフが俺たちを見るあの視線！スタッフはプラスチックの防護服まで着てる。俺たち、彼らに何かやらかしたのか？（笑）と思っちゃったよ」

熱いライトの下、俳優たちは位置についた。テーブルの下で何がどう操作されるのかは、もちろん見えていない。そしてカメラが回り出した。ハートは身悶えして悲鳴を上げ、エフェクト担当者がそれに合わせて胸部ダミーを動かす。スコットが2度目の「アクション」をコールすると、技師がチェストバスターを作動させてシャツの中に入れたが、その時点ではシャツが膨れただけで破れなかった。それでも血は噴き出したので、数人の俳優が驚いて飛び上がった。

「俳優たちがジョンの周りに集まり、スタッフがカメラを回した」と、オバノンも回想する。「ジョンが悶え始めたると、残りの俳優が彼の身体をテーブルに押さえつけようとし、前日の撮影と同じように大声で叫び始めた。そしてついにリドリーが「今だ！」と指示を出すと、チェストバスターの頭がシャツを内側から突き始めた。ところが、シャツは破れなかったんだよ。布地を破れやすくする酸が足りなかったらしい。だけど、血が広がってシャツは真っ赤に染まり、その内側では何かが激しく動き続けている。それだけでも効果は充分で、俳優たちは一気にテーブルから離れたんだ。慌てて逃げ出した彼らはセットの壁にぶつかり、両手で顔を覆っていたよ」

「シャツの内側から突いたものの、布が破れなかったんだ」。スコットはこの時点でエフェクトに不安を抱いていた。「だから、急いで『カット！』を連発した。至るところにあるパイプがキャスト全員を血まみれにし、とりあえずはそれを撮影できたからね。複数のカメラで撮影は1回。1台は僕の手持ちだ。『パイプがカメラに当たらないようにしてくれ。そいつが肝心だ』と指示を出した。俳優のリアクションは撮り直しができるが、血だらけになるエフェクトを繰り返したくはなかったんだ」

スタッフがセットを整えるため、俳優たちはここで一旦解散となった。だが、遠くには行かないようにと指示された。繊維ガラス製の胸部ダミーには新しいシャツが着せられ、酸も補充され、シャツを破れやすくするためにナイフでスリットが入れられた。「シャツに関してはなかなか厄介な問題だった」と、アルダーは言う。「我々は様々な化学薬品で試し、希硫酸で布を薄くするのが良いという結論に達していた。だが、リドリーはその案が気に入らず、ただエイリアンが布を突き破るという形を選んだ。彼が求めたのは、チェストバスターがシャツの内側から頭をぶつけ出して最初の2～3回は破れず、その後にようやく飛び出してくるという流れだった。だからちょうどいい強度にするため、慎重にシャツを痛ませなければならなかったんだよ」

「ジョンはテーブルの下に再び入り、『クソッ、痛いんだよ』と文句を言っていた」と、スコットは振り返る。「カミソリでシャツの表面にスリットを入れなければいけず、そこに横たわったままのジョンは『おいおい、頼むよ』と困惑していた。だから、彼にもう1杯ワインを渡して落ち着かせたんだ。そして撮影を再開した」

オバノンによれば、ジョンが不自然に見えないようにするには、彼の肩と腕と頭が胸部ダミーと繋がっているように見せる必要があり、そのためには身体を反らしてかなり苦しい格好を保たなければならなかったという。

血液ポンプや油圧装置をリセットし、テーブルの上を元通りにする準備作業に2時間近く費やした後、ようやく俳優たちが呼

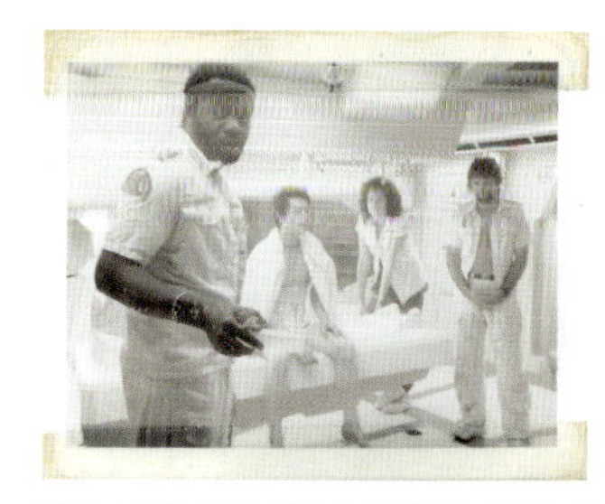

上2点／乗組員たちがケインと会話をするシーンのポラロイド写真。ケインの顔から突然、フェイスハガーが剥がれた後の場面だ。

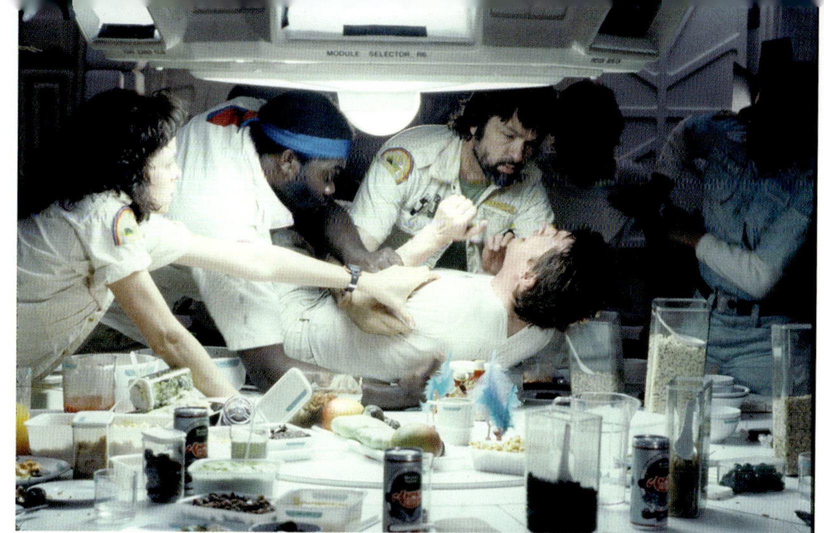

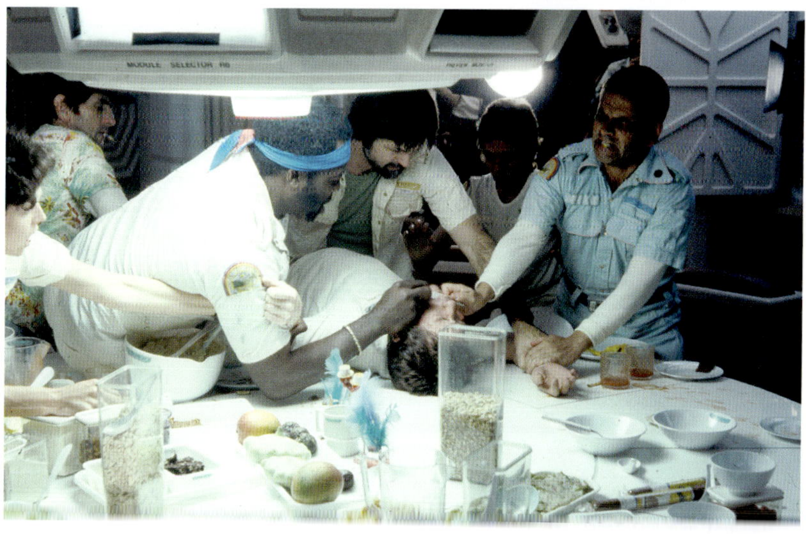

右／ケイン役のハートが痙攣するシーンの写真4点。うち2枚では、ヤフェット・コットーが彼にスプーンをくわえさせているのがわかる。

び戻された。この2度目のテイクでは血に濡れたエイリアンはシャツを突き破れたものの、血液のチューブが詰まってしまっていたと記憶する者もいる。スコットはカメラを回したまま、もう一度試すようにと技師に指示を出した。

操作のほうは抜群のタイミングとは言えなかった。レバーを倒すとシューッという大きな音が出て、ビックリ箱のごとくエイリアンが飛び出すのだが、その音を聞くと俳優は心の準備をしてしまうのだ。スコットは満足できず、エイリアンがもっともがきながら出てくるように注文をつけた。だが、次のテイクでは空気量が充分でなかったらしく、棒の上のエイリアンが上下に動くだけでお粗末な結果となった。

「始まってみると、何もできなかった」とディッケンが不満を漏らす。「そもそも目的は何なんだ？ ただシャツを突き破ることなのか。個人的には、自由になりたくてもがいた挙句、もっとゆっくり出現するほうが良かった。もし自分のやり方でできたなら、クリーチャーはケインの胴体から己を引き上げるように出て来させたかった。ショッキングなシーンにしたいからといって、いきなり化け物を飛び出させるのではなく、生き物が小さな手を出して自分を引っ張り上げる様子を見せるんだ。それはそれで、相当恐ろしい場面になったはずだ」

スコットはようやく「カット！」と叫び、アルダーと話し合った。アルダーは、次のテイクでは血がスムーズに流れるようにすると監督に約束した。そして、スタッフがもう一度セットを整える間、俳優たちはまたもや長時間待たされることになった。次のテイクでは、エイリアンが出てくるための小さな穴がシャツに開けられたままとなった。スコットは俳優たちの演技を入念にチェックしたが、編集時に必要になる、乗組員たちが衝撃を受けた画を充分に捉えられていないと感じた。そこで彼はアルダーをセットの隅に連れていき、テーブルを囲む俳優たちに直接血を吹きかけるためのチューブを用意してくれと小声で頼んだ。もちろん、最大限の威力で吹きかけるつもりだった。こうして、乗組員たちを思ったほど怖がらせられなかった場合、全員を血まみれにすることになった。

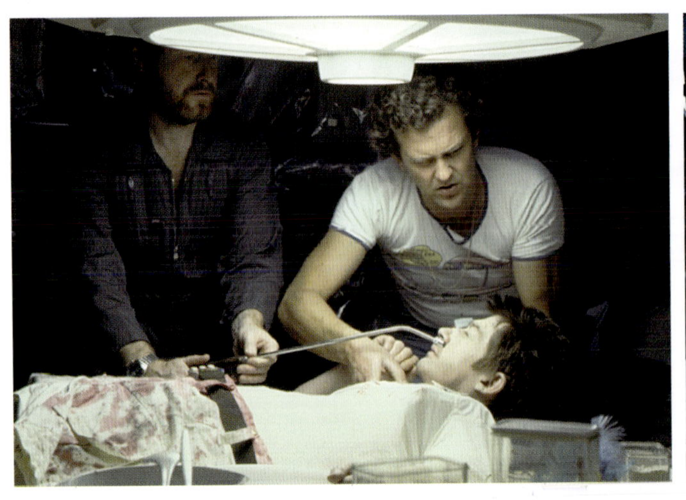

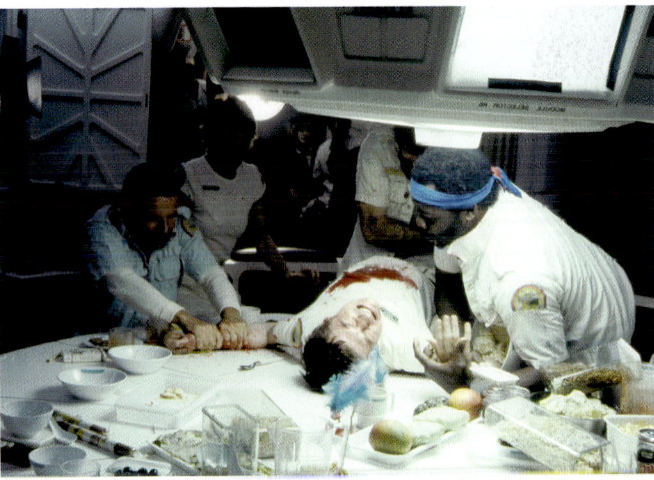

左／チェストバスターの最初のシーンのため、胸部ダミーの下に横たわるハートと、その準備を行うスコットとスタッフ。

右／コットーとホルムが苦しむハートを押さえつけつつ、胸部ダミーが使われるカットにうまく繋がるようなアングルに彼を誘導する。

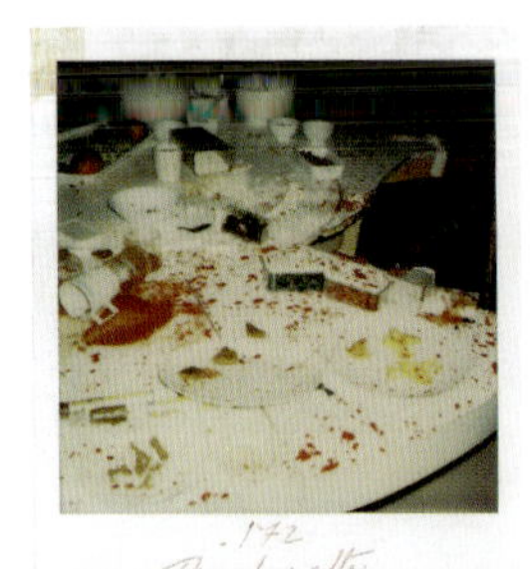

上4点／血だらけになる食堂のテーブルを写したポラロイド写真。

イベットソンが役者を呼び戻し、カートライト、ウィーヴァー、スケリット、スタントン、コットーが位置についた。

「私はアルダーから、ちょっとした仕事を言いつけられていた」と、エフェクト担当の技師ジョン・ハットは明かす。彼は血液のバルブの操作を任されていた。

「アクション！」と、スコットの合図が出た。

ハートは身をよじり、激しく痙攣した後、身体の動きを止めた。そして、血だらけのチェストバスターが飛び出した瞬間、おびただしい血糊が俳優たちに浴びせられた。もちろん、そこでバルブを開いたのはハットだ。彼によれば、「何リットルもの血液が噴き出した」という。

ある目撃者によれば、ウィーヴァーは悲鳴を上げ、スタントンは吐き気を催し、スケリットは目を見開いたまま両手で口を覆い、勢い良く下がって壁に身体をぶつけたらしい。だが、最も注目を引いたのは他でもない、ランバート役のカートライトだった。

「ホースのひとつが、たまたまヴェロニカ・カートライトの顔に直撃する角度になってしまったんだ」と、オバノンは語る。「血液が1m近く噴き出して、ホースが彼女の口に当たった。あんな血糊の量は見たことがなかったよ。あまりの勢いに彼女はひっくり返ったくらいだ。すごい叫び声を上げてね。あの悲鳴はかなり迫真の演技というか……本物だった。素晴らしかったよ！」

「1テイクごとに、20リットルあまりの血液をポンプでぶちまけた」と、アルダーは明かす。「まさしく、セット全体にだ」

「ある程度は血をかぶるとは言われていたんだけど……」と、1979年にカートライトは撮影を振り返る。「ホースが私の顔に向けられていたなんて夢にも思わなかった。それに、私のほうも何が起きるのか興味津々で前のめりになったから、全くの無防備だったの。顔に血が当たった時は、ちょうどあんぐりと口を開けたいた。さすがに気持ち悪くって……。あれはショックだった。あの時のリアクションは、完全に素のままよ」

「顔面に血の噴射をくらって、ヴェロニカは卒倒してしまった」と、シャセットも振り返る。「かわいそうに、約1リットルもの血液を浴びせられたんだ。後ろ向きにひっくり返ると、彼女の姿は椅子の陰に消えた。こっちから見えたのは、突き上げられた彼女の2本の足だけだった」

「アーッとかグワーッとか叫びまくっていた」と、ハートはその時の様子を説明する。「演技は難しくなかったし、楽しかったよ。何が起こるのか、他のキャストは予想がついていたようだけど、あそこまでとは思わなかっただろうな。ヴェロニカの反応は最高だった」

「6人の俳優が我を忘れて、繊細な一個人に戻った瞬間だった」と、スコットは語る。「皆吐きそうになっていて、目の前の光景に自然な反応を見せていた。僕の戦略は大当たりだったんだ！彼らの驚きと恐怖は正真正銘の本物だったよ。本当に素晴らしいリアクションだった」

「俳優たちはわりと落ち着いていたんだ。既にチェストバスターの姿を見ていたからね」と、クリスチャンは言う。「でも、ヴェロニカの顔面に放たれた大量の血液は想像を超えた恐ろしさだったんだろう。彼女はショックで絶叫し、飛びのいたと思ったら、床に倒れてカメラに映らなくなっていた。他のメンバーも、噴き出す血に驚愕して散り散りに逃げていた」

「おいおい、マジかよって感じだった」とコットーは振り返る。「ヴェロニカは倒れちまった。血が飛んでくるのは見えなかったし、あんな仕掛けを見たこともなかった。何か起こるんだろうと思いつつ演じてたら、いきなり血が目の前に降ってきて、恐怖で縮み上がったよ。全員が肝を冷やしていた」

「どこからでもかかってこいって意気込みはあったんだ」。そう吐露するのはスタントンだ。「驚く演技っていうのは、いつも難しい。だから、自分のアプローチは、逆にできるだけ驚こうとしないことなんだ。キッチンで何かを落とした時と同じように反応したよ。『うわっ！』と叫んで、とっさに飛びのくだろう？ それと同じだよ」

「あれは本当に生きてるように見えた。一体どうやったんだろう？ 皆ショックを受けてたもの」と、ウィーヴァーは語る。「ケインの胸から実際に飛び出すところも恐ろしかった。特殊効果マンたちが血糊を放とうとしているのはわかったけど、私ももろにかぶることになった。真っ赤に染まったけど、顔面蒼白だったはず。カメラマンも全員血だらけ。既にチェストバスターシーンの撮影は2日こなしていたけど、あれはただただ凄惨だった」

「シガニーは血糊のホースが自分に直接向けられていると思っていたようだ」と、ホルムはコメントしている。「だが、直撃を受けたのはヴェロニカだったらしい。彼女は食肉処理でもしていたのかと思うくらい血にまみれていたからね。血に濡れた服が体に張りついていた。ヴェロニカは錯乱状態で、セットから出るのに助けがいるくらいだった」

左／最初の2テイクではチェストバスターはTシャツを突き破れず、布を押し上げただけだった。

右／ようやく外に飛び出たチェストバスター。

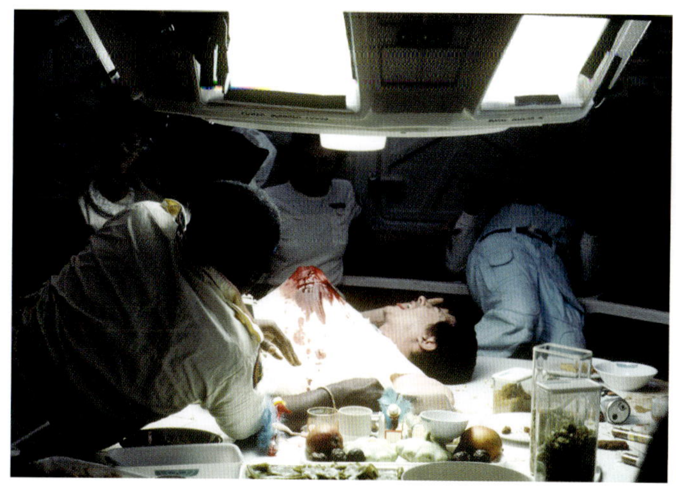

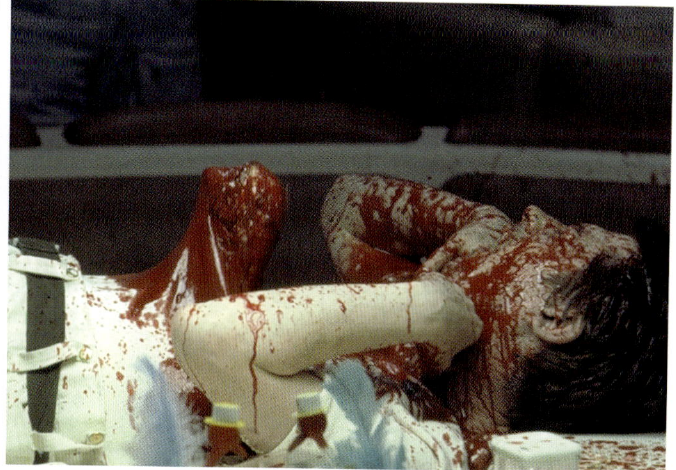

「2人がヴェロニカに手を貸して立ち上がらせた。彼女は膝がすっかり抜けていたからね。そのまま抱えられるようにしてセットを後にしていた」と、オバノンもホルムと同じことを語る。「彼女は頭から足先まで真っ赤で、服は濡れて身体に貼りつき、髪は赤く染めたみたいだった。そして、彼女はショックでヒステリー状態になっていた」

「極度の恐怖で、俳優たちはヒステリー発作を起こしていたも同然だった。あのショッキングな瞬間を受け止められなかったんだ」と、コッブは言う。「さすがにあれは恐ろしすぎた。誰も彼もが震えていたくらいだ」

「ヴェロニカは顔色をなくし、どんどん血糊が降ってくる中で激しく震え、泣いていた」と、クリスチャンは語る。「かわいそうなのはジョン・ハートも同じだ。彼は血でびしょびしょになりながらも、スコットが小さな声で『カット』と言うまで演技を続けた。スタッフから自然と拍手が起こったんだが、真っ赤に染まった俳優たちは、呆然とその場に立ち尽くしていた。2人の技師が急いでヴェロニカに駆け寄り、まるで悲惨な事故の被害者を扱うかのように、震える彼女をセットから連れ出していった。デレク・ヴァンリントは口を手で抑え、トイレに駆け込んでいった。オバノンは微笑みながらカートライトに歩み寄り、『実に素晴らしかった。君の演技は最高だった』と絶賛した。彼女はオバノンをにらみつけながら『ダン、ありがとう』と答えた。そして、震えながら口元の血を手で拭い、こう続けた。『でも、怖くて頭がおかしくなりそうだった』

「デレクは後から私を褒めてくれたわ」とカートライトは明かす。「私の顔を見るまで、何も声をかけていないことを気にしてたみたい。でも、その直後、彼は戻しそうになってトイレに走っていっちゃった」

「俳優たちは血に濡れた衣装を着替えなければならなかった」と、ギーガーは日記に書き留めている。「あれは素人目にも、本当に面白いドラマだった。実際の映画であのシーンがどうなっているのか、観るのが待ち遠しい」

「あのシーンの後、俳優はエフェクト技師たちを嫌いになったようだった」と、アルダーは言う。「できるものなら殺してやりたいとさえ思われていたかもしれないね」

## 滑らかな怪物の歌

その日の撮影は終了した。

スコットはさらに2つのシーンを撮影する必要があった。ひとつは産声を上げるチェストバスターを、ワイドショットとクローズアップの両方で。もうひとつは、それが食堂から逃げる様子だ。

油圧ポンプの機械が取り外される間、気の毒なジョン・ハートはその場に横たわったままでいなければいけなかった。そのそばには、作業着にゴーグルをしたディッケンの姿があった。金切り声を上げるエイリアンの人形をテーブルの下で操っていたのは彼だったのだ。スタッフが胸部ダミーに背中の部分に切れ目を入れた新しいシャツを着せている間、ハートにはまたもやタバコとワインが提供された。

スコットは、チェストバスターが体内から外に抜け出るのにケインの肺と心臓を食いちぎったように見せたいと考え、監督自ら容器から臓物を選び出して、脂肪、軟骨、腎臓を胸の穴の周りに並べていった。内臓を盛ることでエイリアンが人形であることもうまくごまかせた。「リドリーは細かい部分にも注意して、あちこち動き回っていた」と、オバノンは言う。「胸部ダミーを牛の内臓の破片で飾るのに、ゆうに30分はかけていた。エイリアンの口からは内臓の一部が垂れるようにもしていたよ」

「リドリーが臓物を置くのに長い時間をかけたため、ライトの熱で悪臭がますますひどくなっていった」と、クリスチャンは振り返る。「しかも、ホルマリンの匂いも混ざっていたから、かなり強烈だったよ」

クローズアップで撮るために、今回はさらなる「血管」も追加された。チェストバスターが外に飛び出すと同時に空中に血を噴出させるための管だ。アルダーがチューブを用意し、そのショットは別のアングルから撮影されることになった。

凄まじい流血シーンから20分後、カートライトがスタッフに付き添われてセットに戻ってきた。

「彼らは彼女にシャワーを浴びせ、気持ちを落ち着かせたようだった」と、オバノンは思い返す。「そして、全く同じコスチュームが着せられた。彼女は以前と何も変わらないようにも見えたが、まだ少し怯えている感じもした」

「ヴェロニカは、ヒッチコックの『鳥』に出ていた子役だ」とホルムは自伝で述べ、次のように続けている。「だが、のちに、あの映画も気持ち悪かったが、『エイリアン』の比ではなかったと私に明かしてくれた」

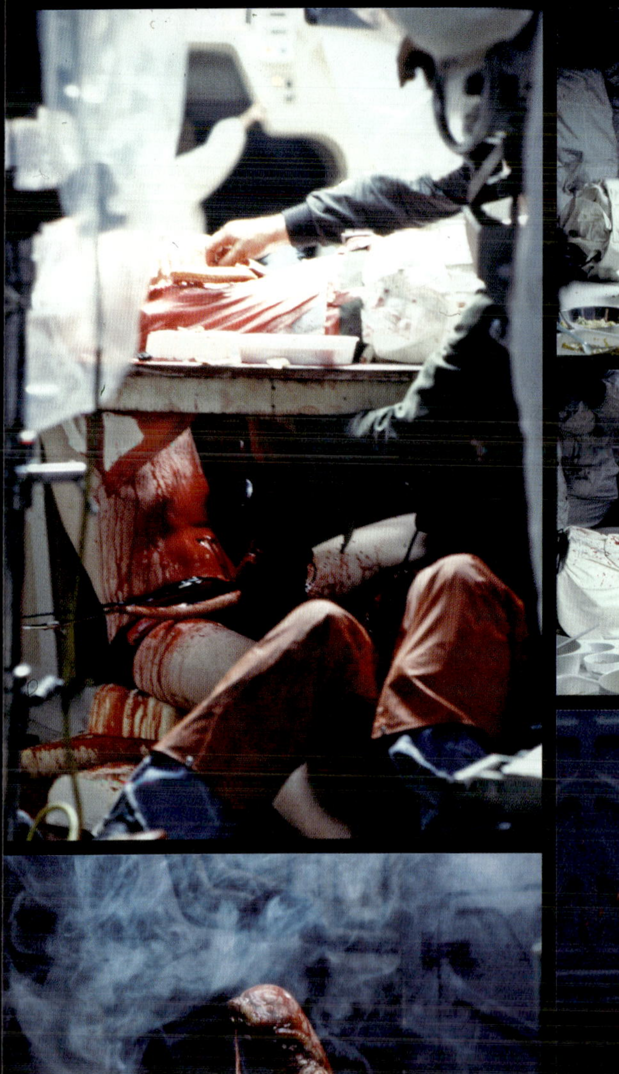

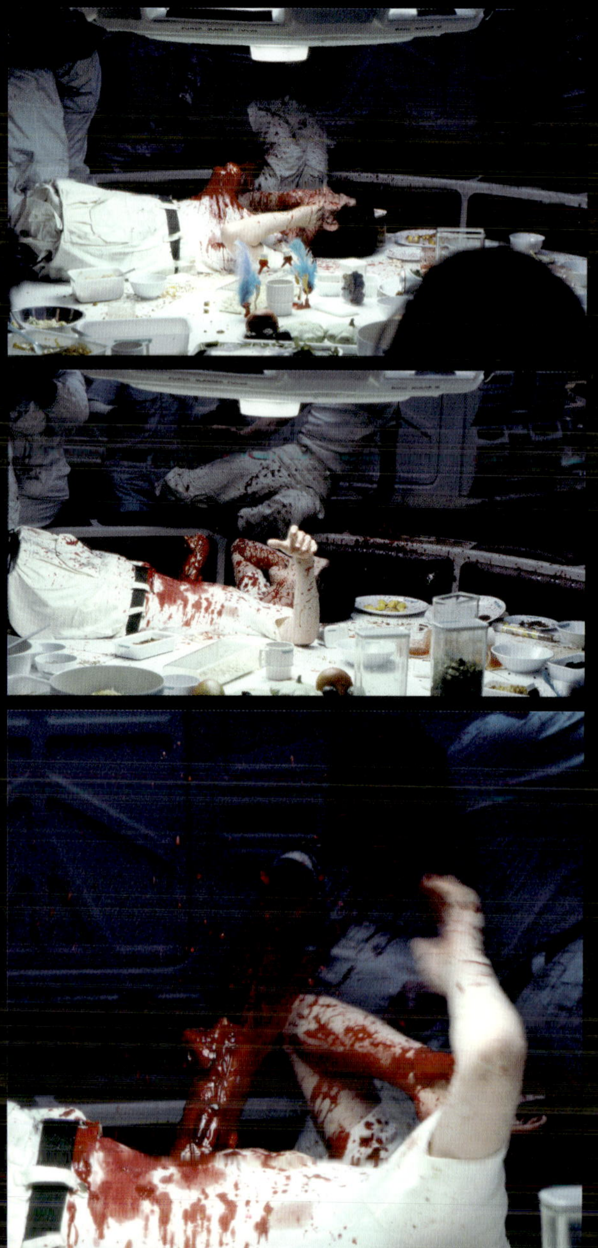

残りの俳優もセットに入って元の位置につくと、スコットはエイリアンが口を開けて人間たちを睨みつける様子をワイドショットで撮影した。ディッケンがエイリアンの顎を拳銃式のグリップで操作し、他の技師たちはひれや手足を動かしたり、よだれを垂れさせたりして全体の動きを作り出した。「なかなか興味深い経験だったよ」と、ディッケンは回想する。「あちこちに空気のホースと血のチューブが張りめぐらされ、テーブルのジョンは頭だけ出して縮こまっていた。我々スタッフも、狭い空間であちこち互いに体をぶつけながら悪戦苦闘していたんだ」

「リドリーは、テーブルの下のロジャー・ディッケンに逐一動きの指示を出していた」と、クリスチャンが振り返る。「小さなエイリアンが血まみれの顎を動かす光景はあまりに不気味で、俳優たちは再びショックを受けていた。リドリーはロジャーにエイリアン出現の強烈なインパクトを出させようと、パペットを数回動かすように指示した」

「仕掛けは驚くほどシンプルだよ」と、スコットは言う。「ご存知の通り、あれはパペットだからね。生まれたての赤ん坊で途方に暮れている。おそらく目も見えていない。できるのは閉じ込められた場所から抜け出すために、ひたすら肉を噛みちぎることだけなんだ」

その場にいたパーカー役のコットーは、エイリアンのパペットを刺そうとした。「僕は本能的にヤフェットを押さえようとした」と、1979年にスケリットは振り返っている。「僕たちはエイリアンがどんな行動を取るか、その辺りのエフェクトは知らなかったんだ。だから、その場面は自然のままのリアクションを見せた。ヤフェットはエイリアンを追いかけ、僕は『ダメだ。ちょっと待て。彼はもう死んでるし、僕たちにできることはない。次の動きを見てみよう』と提案したんだ」

数テイク後、ようやくテーブルから離れることを許されたジョン・ハートは大いに安堵した。それからスコットはテーブルまで移動し、金属の歯をカチカチと鳴らすエイリアンのクローズアップ映像を撮影した。

次はエイリアンの脱走シーンだ。準備のため、俳優は再度退室させられた。特殊仕様のテーブルには中央に約15cmの細長い穴が開けられており、別のエイリアン人形をドリーのレールを転がる装置に固定して走らせることになっていた。そうやってエイリアンが滑らかに移動する間、ディッケンも台車に乗って引っ張られながらパペットを操作した。スコットは低いアングルから撮影するようカメラをセット。テーブルはカメラ位置より高く造られているので、空いている穴はカメラに映らない。彼はまた、混乱状態がそのままになった食堂の、散らかった物の合間からも撮影するつもりだった。そうすることでスロットなどの仕掛け

**左上**／テーブルの下の血まみれのハートの身体。狭い空間に数人のスタッフが集まって作業していた。

**左下・右列3点**／チェストバスター誕生のおぞましい瞬間。

うち2点の写真では、血糊の噴射で背後に飛び、後ろのレールに当たって倒れるカートライトの様子が見える。

チェストバスターは油圧装置でTシャツを突き破って飛び出す。ディッケンは尻尾のないゴム製のチェストバスターの鋳型を作り、そこに石膏を流し込み、金属の棒に差し込んで人形を固定した。顎はワイヤーに繋がれ、それで開閉できるようになっている。

右／チェストバスターが産声を上げる瞬間（音はポストプロダクションで挿入された）。ケインの胸から突き出たクローズアップの映像では、観察眼の鋭い観客であれば、うっかり置き忘れた工具に気づいたかもしれない。

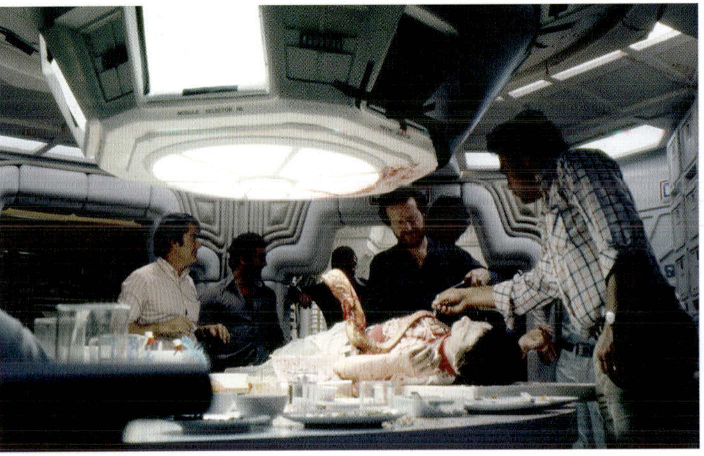

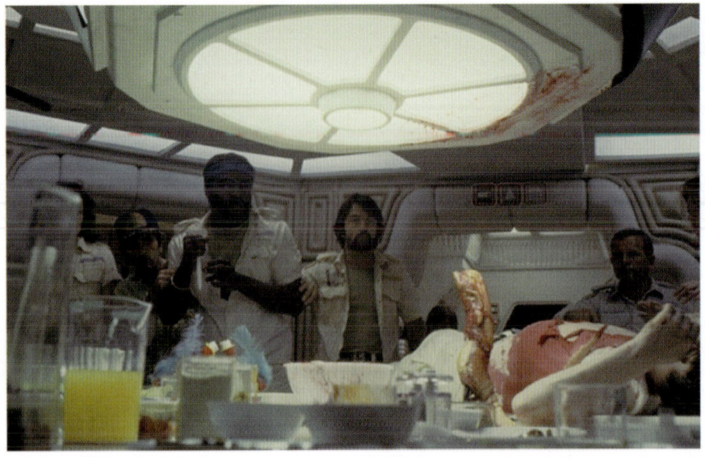

**左端**／チェストバスターが食堂から逃げ出すシーンをスコットが準備している間、笑い声を上げるホルム。

**右2点**／チェストバスター脱走シーンの撮影の様子。

を隠すことができるのだ。

最初の数テイクは満足のいく出来ではなく、スコットはエイリアンの尻尾に空気の管を付け足そうと提案した。だが、ディッケンは、ポリウレタン製チューブを内側に仕込んだ別の尻尾を既に用意していたらしい。エフェクト技師のアラン・ブライスがそのチューブを圧縮空気のボトルに連結し(最初の尻尾はカメラに映らない場所にぶら下げてある)、2本目の尻尾はエイリアンの一番に下とディックの手首に結びつけられた。スコットが「アクション」の合図を出すと、ディッケンはエイリアンの下に設置された台車ごと引っ張られ、同時に圧縮空気のスイッチが入れられた。「その瞬間、尻尾がのたうちまわり、エイリアンが逃げて行く周辺のカップや食べ物をひっくり返していった。このシーン全体には3テイクを費やした」と、ディッケンは振り返る。

「単純に機械仕掛けがうまく行っただけだ。レールシステムのおかげで、エイリアンは猛スピードで逃げられた」と、スコットは語る。「このシーンでは、エイリアンの尻尾をテーブルの上で激しく動かしたいと思ったんだ。そうすれば、こいつは小さいが危険な生物だという印象を与えられる。きっとスタッフにも尻尾が当たるとだろう確信していた」

「ジョン・ハートは役者の中の役者だ」と、ナルムは書き残している。「チェストバスター撮影中のあるテイクで、ロジャー・ディッケンがハートの下に設置された特殊仕様の台車にエイリアンの模型を移動させた(これは既に6回目か7回目だった)。すると、ハートはそれを見てクスクス笑っているのだ。なんて変な仕事なんだと滑稽に思い始めたらしい。テイクの合間なのにケイン役を貫き、爆笑したりせず、その目で全てを物語っていたのだから」

「エイリアンがテーブルから去った後――」と、スコットは話す。「あれが内臓片や血痕を残しながら通路の向こうに消えていく姿も見てみたいと思ったんだ。それなら比較的簡単にできたはず。セットの床は特殊な格子状にデザインされていたから、模型を台車に乗せるのに必要なレールも隠せるようになっていた。だけど結局、時間が足りなくて諦めたんだ」

食堂では、もうひとつ撮らなければならないシーンが残っていた。乗組員が今度の策を話し合うために集まる場面だ。「映画の乗組員たちは、もっと日常的なレベルでエイリアンに慣れていたんだと思う」とスタントンは自説を述べる。「全く未知の存在ってわけじゃないのかもしれない。個人的な考えだけど、乗組員が働く世界ではエイリアンの存在は既に話に上っていたんじゃないだろうか。おそらく、奇妙なことが既に沢山見つかっていた。だから、そこまで大きな問題ではなかったんだよ」

当時、ギーガーの日記にはこう記録されている。「この映画の重要な(チェストバスターの)場面が撮影された。胸から飛び出してくる怪物。あのシーンは成功したと思う。第2形態のエイリアンを作ったロジャー・ディッケンは、とても満足げに見えた」

/フォックス従業員たちの集
写真。左端に写っているのが、
ーター・ビール。最前列中央
両手を重ねて立っている人物が
ック・アルダー

## 模型工房の騒乱

ブライアン・ジョンソンとアルダーの工房で働く人間のほとんどは、15歳くらいの時からの旧知の仲で、うち何人かは『赤い靴』(48)から『シンドバッド虎の目大冒険』(78)まで幅広いキャリアを持つSFXの先駆者、レス・ボウイの特撮スクールで知り合った者たちだった。アルダーは工房の年少者たちも一流に育てようと考えていたと明かす。「我々は共に遊び、共に車をぶつけ、共に酔っ払い、同じ女の子を追いかけた仲だ。トラブルを起こすのも一緒だった。絆の強い家族みたいな関係だ。互いに支え、助け合っていた」

ブレイ撮影所で彼らは毎月酒を持ち寄ってパーティやバーベキューを催し、参加者は時に200人に膨れ上がったという。ディスコ音楽に合わせて踊り、川縁で盛大に花火も上げた。悪ふざけをするのもしょっちゅうで、スタッフのひとりをパトカーを壊したかどで逮捕させるというドッキリを仕掛けたりもした。そのために用意したパトカーは、種明かしの後、めちゃくちゃに壊されたという。また、モデルメーカーは強力接着剤(当時の接着力は今より強かった)を使うため、手指に物がくっついて取れなくなる事故はほぼ全員が経験済みだった。さらには工房の屋根の上で、スタッフのひとりがこっそり大麻を栽培し、クレーンのテスト運転の際にそれが発見されたという逸話も残っている。

こんなこともあった。ある日、誰かがいたずらで、カップルの「行為中」の様子を録音したカセットを再生しようとしたことがあった。すると、止める前にリドリー・スコットが部屋に入ってきてしまったのだ。音声を聞いた途端、彼は叫んだという。「この変態め！」

和気あいあいに思える工房スタッフだが、仕事となると話は違う。アルダーは必要とあれば、暴君と化した。ガイ・ハドソンが彼の言葉に耳を貸さなかった時、アルダーは彼を引きずって、ガムテープで身体をぐるぐる巻きにし、口も塞いだという。それから、金属のゴミ箱に突っ込んでロープで持ち上げて、ゴミ箱の下で火を燃やしたのだ。

仕事は真剣に取り組む——この姿勢は厳守だった。彼らの作業時間は長い。朝から晩まで働く日々が何日も続く。

「日の出前に工房に入り、陽が沈んでから帰る。太陽を知らずに過ごした最高の夏もあったよ」と、エフェクト技師のニール・スワンは語っている。

右／ケインの顔に貼りつくフェイスハガー。

# 10

チェストバスターのシーンを撮影した後、俳優とスタッフの姿勢には著しい変化が見られたという。「ヤフェット・コットーの奥さんから、彼は例のシーンの後、毎晩部屋にこもって誰とも話さなくなったと聞かされた」と、シャセットは明かす。「あの瞬間から俳優たちは役に深くのめり込むようになった。それまでは『エイリアン』という映画を軽く見て、ゲーム感覚で参加していたのかもしれない。もしそうだったとしても、そういう気持ちは吹き飛んだだろう。あのシーンのおかげで、この作品を正しく捉えられるようになったんだ」

コットーとカートライトの2人は演技プランを見直した。コットーは悩んだ末に、あのモンスターを殺したいと考えるようになった。そして、カートライトも次のように発言している。「ランバートは決して快適とは言えない経験をしたわけだけど、私はそれにきちんと対応して演技をした。そう、血糊が顔面に直撃したシーンのこと。あれが彼女を追い詰めたんだと思う。そして、あの悪臭はセットに染みついて数日間は取れなかった。セットに戻るたびに吐き気を催してたくらい。最悪だった。でも、おかげで登場人物が置かれた状況を思い出すことができたの」

「ヴェロニカ・カートライトが演じるランバートは、映画の早い段階で精神的に壊れてしまうんだ」と、キャロルは語る。「ヒステリー寸前で何とか抑えようとしている。彼女は観客があそこに放り込まれたらどうなるかを体現しているんだ。あの状況なら私だっておかしくなってしまうだろう」

シャセットはランチの席で、コットーにこう言われたそうだ。「俺は戦争で人が死ぬのを見たこともあるが、あんな奇怪な光景は初めてだよ。恐ろしすぎてセット中を逃げ回ってしまったくらいだ」。そして、シャセットは言う。「撮影はあと数ヵ月続く予定だったが、早々に最初の犠牲者が出てからというもの、俳優たちはずっと怯えていたんだ」

事実、コットーはエイリアンへの恐怖と同じくらい、自分が演じるパーカーの運命を心配していた。「血や内臓だらけになったセットを出て、自分の待機用トレーラーに戻ったら、しゃべれなくなっていたんだ」とコットーは明かす。「あの映画が公開されたら、チェストバスターのシーンのせいで自分のキャリアは終わってしまうとまで思った。これまでシェイクスピア作品など格調高い一流の仕事もしたのに……威厳を持って演技をしてきた俺が……と頭を抱えていた」。コットーは、あの化け物を殺すことで自分のキャリアを救えると考えるようになっていた。

「あのシーンは本当に、皆の登場人物についての考え方を変えてしまった」と、キャロルも言う。「俳優たちは作品と向き合う覚悟を決め、迷いや生半可な気持ちは消えていた。もはや、『エイリアン』は彼らの中ではリアルな世界になっていたんだ。ヤフェットはパーカー役の演じ方を変えると言う。エイリアンという存在に心底怯えながら、それでも奴を始末したいと真剣に思うように変わったんだ。相手をどこまでも追いかけ、息の根を止めなければ、と。そう考える以外、パーカーという役を受け止める方法がなかったのだろう。もし自分が同じ目に遭ったら、絶対に殺してやると思うはずだと結論づけたわけだ」

「あのシーンが強烈だったおかげで、『エイリアン』には突然、それまでにはなかった重みが加わった」と、スコットは1979年に振り返っている。「チェストバスターの効果は絶大だった。全く楽しい効果じゃないけどね。似たような効果は俳優たちにもあった。あのシーンを撮影した後、単なるB級SF映画だろうと軽く見ていた彼らも映画の本質を理解したんだ。もしかしたら、チェストバスターの場面を初日に撮るべきだったのかもしれない。そうすれば、俳優たちに『エイリアン』がどんな作品かを教え込むことができただろう」

こうして次のステップへと進んだスコットたちは、さらに食堂のシーンを撮影した。それに合わせて、ブレットの死後に乗組員たちが立てる戦略についての会話が修正された。「私はゴードン・キャロルのオフィスで脚本を書き直し、2つの台詞をひとつにまとめた」と、パウエルは語る。脚本に対する彼の熱意は失せて

左／ダラスが殺された後のシーンの撮影時に写された、コットーとカートライトのスチール写真（上）とポラロイド写真（下）。ポラロイド写真の1枚にはウィーヴァーも写っている。

右／リプリーがランバートを励ます場面のポラロイド写真２点。

右端／リプリーの撮影台本より。パーカー、ブレット、リプリーがチェストバスターを捕まえに行くシーンに変更が加えられている。ダラスが気をつけるようにと言うと、パーカーは「俺が誰みたいだって？ジョン・ウェインか？」と返す。その代替案は、「フラッシュ・ゴードンか？」だった。

Page 71

126 Continued

DALLAS
We'll break into two teams. Whoever finds it first catches it in the net and ejects it from the nearest air lock.

Pause.

DALLAS
For starters, let's make sure the bridge is safe.

Parker turns on his unit. Scans it around the room.

LAMBERT
We seem to be okay. If this damn thing works.

DALLAS
Ash and myself will go with Lambert. Brett and Parker will make up the second team. Ripley, you command it.

They start doling out the equipment.

DALLAS
Channels are open on all decks. We'll be in constant touch.

127 INTERIOR PASSAGEWAY 'B' LEVEL

Lambert and Dallas carry the net. Ash walks directly behind, carrying the tracking device. He continually scans from side to side. Lambert stops by a stairwell.

LAMBERT
Anything down there.

128 INTERIOR ANOTHER PASSAGEWAY 'B' LEVEL

Parker and Brett move silently along. Ripley ahead of them with the tracker by the stairwell.

RIPLEY
Nothing.

They move on.
A small light flashes.

おらず、それはキャロルにも良い刺激を与えたらしい。「修正は早く仕上げる必要があった。直したのは『クソでかいコウモリみたいに、ブレットの上に落ちてきやがった』という、ヤフェットのパートだ」

その頃、オバノンとシャセットはアメリカに帰国する準備をしていたが、シャセットはまたイギリスに戻ることになるが、オバノンがこのセットに帰ってくる予定はなかった。ギーガーのドキュメンタリーを撮っていた恋人のミア・ボンザニーゴは、シェパートン撮影所の土産代わりに２人の姿をフィルムに収めた。「ダンは突然、デヴィッド・ガイラーに家に送り返されたんだ。コンピューターの印刷作業があるからとか言ってね」。クリスチャンはそう認識していたようだ。「映画の機密事項保持の決まりは厳しくて、皆マスコミに情報が漏れないように神経をすり減らしていた。当時の私は忙しすぎて気がつかなかったが、残念なことに、ダンはある日姿を消してしまった。その後だったよ、大変な事態が勃発したのは」

制作は相変わらず遅れていたため、ガイラーが渡英し、脚本の改訂を行うことになった。「私がイギリスに到着した時には、既にオバノンはいなくなっていた」と、ガイラーは1979年に語っている。「コンピューター画面の作業は彼がやることになっていたのに、仕事を放り出したせいで大きな混乱が生じてしまったんだ。さすがにひんしゅくを買っていたね。結局、他の人間がやり直さなければならなかった」

「ダンとは最後まで親しくなれなかったが——」と、スコットは語る。「彼はとても頼りになった。だが、僕が映画を監督することを喜んでいたのか、監督したから僕を嫌っていたのか[illegible]ないままだ。ただ、彼が満足していたとは思えない」

「僕は映画が完成する前の秋にセットを離れた」とオバノンは語るが、彼が実際にセットを去ったのは8月の第１週だったと言われている。彼は次のように激白した。「もう疲労困憊で限界だったんだ。あの時点でかれこれ1年以上『エイリアン』に関わっていたんだから。各局面であらゆる議論を経験した。作品をとても大事に思ってくれる素晴らしい人々は大勢いた。だが、言い争いが絶えず、本格的な撮影が開始されるまでに僕の神経はすっかりすり減ってしまっていたんだ。撮影現場にいるのは結構大変で、地獄のようにつらかったりもする。とにかく本当にきつい。言い争いや意見の対立は日常茶飯事。『エイリアン』の関係者には、良い人たちもいれば悪い連中もいた。僕は涙を流した。大抵は苦い悲しみの涙だった。僕はこれ以上作品に献身できないと思う限界点に達してしまったんだ。そうして僕は去り、家に戻った。心がボロボロになってしまったんだ」

ギーガーの世界もまた、波乱に満ちていた。彼もオバノンと同じく、問題に対していちいち感情的に反応するタイプだった。その頃、アンドリュー・エインズワースはエイリアンの皮膚をどうやって透明にするか試行錯誤を繰り返し、ゴムを熱する特別なオーブンまで自作していた。しかし、「残念ながら、使えそうなものは何も作り出せていなかった。残された時間はどんどん短くなっていった」とギーガーは書き残している。

キャロル、パウエル、そして視覚効果コーディネーターのクリントン・ケイヴァースが並んだ打ち合わせの席で、ギーガーは自己防衛の姿勢を強いられた。彼はケイヴァースがプロデューサーに良からぬことを吹き込み、成体エイリアンのスーツの制作が遅々として進まない責任を自分に押しつけようとしていると訴えたのだが、落ち着くようにと諭されて終わった。「私は家に帰りたくなった。『君はアーティストであり、君の絵は世界最高の美術館に飾られるべきだが、現実を見据え、エイリアンを完成させる力は不足している』と言われたのだ。距離を置かねばならない。そうすれば修正しなくて済む。こいつらは金にしか興味がなく、作品の質など二の次、三の次なのだ」。だが、何年も経った後、ギーガーは当時の英語力があまりにも拙くて話の内容を理解できず、さらには映画作りも未経験だったことが災いして、事態を複雑にしてしまったと認めている。

ギーガーの3人の助手は彼の監督下から外され、彼自身はスタジオの別の場所へと移動させられた。「彼が『自分の工房ではリドリーだけに会いたい』と言ってきたの」とボンザニーゴは振り返る。「『リドリーがひとりで来なかったら、私は荷物をまとめて家に帰る。そう彼に伝えてくれ』ってね。私はリドリーが仕事[illegible]ないと事態が悪化してしまう。ギーガーはすごく怒ってる。頭に来て、あなたとしか話さないって言ってる』と伝えたの」

ギーガーはスコットをエインズワースの工房に連れていき、彼の作品のどこが要求されたレベルに達していないかを説明した。フェイスハガーの皮膚は厚すぎで、成体エイリアンのほうは皮膚は透けていないということだった。ボンザニーゴによれば、その場ではギーガーはスコットと話をつけたものの、自作のフェイスハガーを使ってくれという訴えは、即座に退けられたという。

## 勇気あるヒロイン

【撮影第27〜36日】1978年8月8日（火）〜8月21日（月）

**【Cスタジオ ノストロモ号食堂内】**シーン152(リプリーが船長)、154、174(アッシュの死、頭部は語る)
**【医務室(オートドック)内】**シーン84(ケインのヘルメットを開ける)、84A(ランバートがリプリーに平手打ちする)、84B(オートドック内のケイン。エイリアンが酸を垂らす)、93(リプリーがアッシュにエイリアンを入れた理由を訊く)、97、97A(フェイスハガーが息絶え、リプリーの上に落ちる。解剖)、116(ケインが目覚める)

8月8日、次の段階へと移る中間的なシーンを撮影した。ダラスの死の直後、ウィーヴァーが演じるリプリーはノストロモ号の船長という役目を引き継ぎ、パーカーとランバートに自分の指示に従うように説得する必要があった。パーカー役のコットーは、その時点でもまだ(ウィーヴァーにつらく当たるという)スコットの言いつけを守っていた。「リドリーに言われた通りにしていたよ」と彼は語る。それゆえ、セットには明らかに険悪なムードが漂っていた。コットーの態度がウィーヴァーに絶えずストレスを与えていたのだ。2人は一緒の出番が続いており、演技上の重圧とは別のストレスが彼女にのしかかっていた。

「本当に緊迫した空気だった」と、パウエルも当時の雰囲気を振り返る。一方、クリスチャンはこう証言する。「シガニーは映画の現場に慣れ切っていなかった」とクリスチャンは言う。「彼女はいつも、どう動けば良い感じに見えるかと私に尋ねてきた。やがて、私がラッシュの確認から戻るたびに、今日はどうだったか毎日質問されるようになり、私はその都度『心配しなくて大丈夫だ』と返していた」

シャセットの証言によれば、他の俳優たちは彼女の演技を良く思わず、待機時間になるたびにコットーとウィーヴァーの間で論争になったと言う。「シガニーは満足のいく演技をしていない。俳優たちは皆そう感じていて、それが映画の成功の足を引っ張るのではないかと不満を漏らしていた」

運転手のひとり、パット・ローリーは女優たちをスタジオに送り届ける役割を負っていたが、ウィーヴァーは助手席に座って饒舌になる時もあれば、口を開かずに後部座席に座っている時もあったと明かしている。

「シガニーはしっかり集中していたと思う」。そう語るのはピーター・ビールだ。「彼女はスタジオの外に出て片隅に座り、役になり切って、気持ちを高めてから戻ってきた」

「私がニューヨーク出身で最後まで生き残る主役を得たせいか、現場では私に対する敵意が感じられたの」とウィーヴァーは言う。「それに対処するのはとても難しかった。映画の主役の俳優と脇役の俳優の間に溝ができてしまうなんて馬鹿げているし、不愉快だったけど」

「ヤフェットはウィーヴァーに圧力をかけ続けていた」とカートライトは証言する。あるシーンの撮影中、ウィーヴァーが最初の数テイクで精気のない演技をしたところ、コットーがアドリブを加え始めたのだという。「ヤフェットは、『おいおい、冗談だろ。あんたがこの船の船長だって? 体重100kgで黒人の俺のほうが皆から支持されてるんだよ! あんたが船長だって言うなら、もっとマシなことを言ってみろ』と言い放ち、歩き去ったの」

「あれは難しいシーンだった。『階級の順番に従えば、今は私がこの船の指揮官ってことになるわね』と台詞を言うところで……」とウィーヴァーは吐露する。「そうしたら、ヤフェットが聞き返してきたの。『何の指揮官だって? 死んだ奴らのか?』って。私は思わず、『えっ、何なの。そんな台詞どこにあった?』と心の中で驚いたけど、あれはパーカーというキャラクターなら言いそうな台詞だった。コットーのアドリブは見事だったわ」

「僕がヤフェットに、とにかくシガニーを苛々させてくれと指示しておいたんだ」と、スコットは笑う。「彼女に干渉し続けるのは少しずるいやり方だったけどね。でも実にうまく行った。最終的にはシガニーも自身の権威を確立できたんだから。ヤフェットはメソッド式の俳優だ。彼なりのやり方でシガニーを精神的に参らせ、その口を閉じろと言い返せるところまで導いたんだ。そうやって彼女は乗り越えていった」

「リドリーは彼女を怒らせ、苛つかせようとしていた。だから、カメラが回っていない時も、俺たちは嫌味を言ったり、ぶしつけな態度を取ったりするように言われていた」と、コットーも明かす。「そうして次のテイクになると、彼女はちゃんと怒りをぶちまけられるようになっていたんだ」

「確かにリドリーはシガニーを煽ってたわね」とカートライトも言う。「彼女は徹底的に強くなければいけなかった。だから、次のテイクでは『私がこの船の船長よ』と凄みを加えて言い返していた。その時のヤフェットは、『OK』って言っただけだった」

このシガニーいじめの芝居には助監督たちも一枚噛んでいたようだ。シガニーも彼らの態度は冷たかったと認めるが、それでも「良いトレーニングになった」と振り返っている。「リプリーという人物はそれ以前にリーダーシップを取ったことがなかったから、それを考えると勉強になったと思う。突然船長になってどうしていいかわからず、とにかく指導者たる感じを出さなければって焦っていたわけだからね。俳優としては、リドリーによって何回足をすくわれようと——彼は常に私を追い詰めようとしてたけど——そんなの大した問題じゃないって涼しい顔をしていないといけなかった」

こうしてノストロモ号の船長となったリプリーとして、ウィー

前頁／主役を演じる重圧を感じつつも、次のシーンに向けてイメージトレーニングをするシガニー・ウィーヴァーの姿。

右端／ロボットのアッシュと人間の乗組員たちの対決シーンの撮影に向けて、ホルムとウィーヴァーに演出をつけるスコット。

舞台となるコンピューター室では、狭い室内での撮影がやりやすくなるように壁を可動式にした。スコットとシーモアは、その壁色に暖かみのあるオフホワイトのクリーム系を選んだ。

だが、ヴァンリントによれば、壁の色味を決めるのは照明だった。「この壁に何千個の電球がはめ込まれているのか忘れたが、実際の色味は電球の色に左右される。およそ2,000ケルビンという色温度で、いい感じの色になってくれた」

右上／ヴァンリントはコンピューター室の天井部分に、1,000ワットの照明を設置。ハーフMTAゼラチンフィルターを使って色味を黄色っぽくし、トレーシングペーパーで光をディフューズ。部屋が小さな豆電球に照らされているように見せかけた。

また、スケリットとウィーヴァーがモニターの前に座っている場面では、プロジェクターから16mmフィルムの映像を顔に重ねて投射した。「そうするとテレビモニターの光が顔に当たっているように見えるんだ。フィルムには数字や適当な文字を入れ、それっぽく見せかけた」

コンピューター室中央にある椅子は、アルダーのスタッフが搭載したモーターの力で前後にスライドできるようになっている。クリスチャンのチームは古いパソコン用キーボードを調達。ロバート・ショウは廃棄コンピューターの部品から、透明合成樹脂でカバーされたエントリーキーを制作した。

ヴァーは修正した台詞を言うことになった。エイリアンを罠にかけるという当初の台本にあった回りくどい展開がなくなり、脱出用艇には4人までしか乗れないため、エイリアンを殺すしかないと訴える流れに変わったのだ。その時点では脱出艇でエイリアンを吹き飛ばすという話はなかった。

「『エイリアン』は元々は小規模の作品だった」とコップは語りる。「問題は、連中が作品のスケールをどんどん大きくしていったことだ。こっちも大作にならないなんてあり得ないと思っていたけどね。それはリドリーとロナルド・シャセットの責任が大きい。彼らは横に座ってあれこれ文句を垂れながら、プロットを整えて、初期の脚本と整合性が保たれるようにしろと注文をつけていた」とはいえ、実際のところはスコットとガイラーがオバノンの脚本の無駄をなくし、綺麗に整えたのだった。オバノンのオリジナル脚本では、エイリアンを罠にかける部分の展開が複雑だった。

船長となったリプリーはマザーにアクセスし、ついにアッシュの秘密を知る。その後の口論と乱闘の末にアッシュの首がもげるシーンは面倒な撮影になるため、ただでさえ金と時間がどんどん消えていく状況の中、ビールとプロデューサー陣は少なからぬ不安を抱いていた。

## 性急な判断

同じ8月8日、スコットとプロデューサー陣、主要スタッフはチェストバスターと食堂シーンのラッシュを見た。「圧倒されたよ」と、コップは感想を述べている。「見終わった後、歩いていたら壁にぶつかってしまったんだ。うまく前を向くことができなかった。呆然としてよろよろ歩いている者もいたくらいだ。あれを直視するのは厳しい。フォックスの重役が見たら何と言うだろう？ と不安になったよ。まるでポルノみたいに思えたんだ」

「ラッシュが大量にあったから、あのクリーチャーを何度も見なきゃならなかったよ」とスコットは言うが、彼は例の映像をかなり冷静に見られたようだ。「あの手のシーンは大体いつもインチキっぽく見えて、すぐにカットしてしまう。だが、今回は腰を据えてじっくりと見ていられた」

ギーガーはラッシュを「素晴らしい」と賞賛。「あのシーンの仕上がりが、仕事を続けていく勇気を私にくれた」と書いている。

一方、ヴァンリントは、「ラッシュの途中で退室しなければならなかったなんて、初めてだった」と言う。「私がカメラを回した映像なのに、おかしなものだ。エイリアンがケインの胸を突き破り、ヴェロニカが真っ赤に染まる血だらけのシーンだけはまともに見ることができなかった。試写室を出たものの、吐き気は収まらなかった。その後の撮影期間中ずっと、ラッシュから逃げ出したことをからかわれ続けたよ」

ラッシュを見たフォックスの重役たちも、チェストバスターのシーンは実に見事だ、こんなリアルなモンスターは初めてだと大絶賛した。だが、「個人的には、私は絶賛する気にはなれない」とディッケンは語る。彼はエイリアンの出現シーンの撮影が自分の理想通りにならなかったことをまだ根に持っていた。「私がやった仕事なのに、愛着など微塵もないんだ。フォックス側があれを褒め称えたのは、単に動物の血や臓物を使って、それが俳優に降りかかるのをクローズアップで映していたからだ。実際よりリアルに見えていたのを評価したんだろう」

「撮影は次第に非現実的な様相を帯びてきた」と、イアン・ホルムは自伝に書き残している。「そして、撮影を乗り切るためにはユーモアが必要な時もあった。アッシュ役には役立たないものであったが。私は身体の型を取るために全身の毛を剃ってもらい、ツルツルに輝く天使ケルビムのようになった。だが徐々に毛が生えてきたら、ものすごく痒くなってしまったのだ。アンドロイドには毛など生えていないはずなのに」

彼の記述の通り、エフェクト部門はアッシュの頭部がもげる場面とその後の展開のためにダミーが必要になり、ホルムの型を取ったのだった。このシーンを撮影する前の数日間、ホルムは自分の頭部を専用の材料で固めて型取りするという特殊メイクの作業を、4〜5時間もじっと耐えなければならなかった。「私

**左端4点**／ホルムとウィーヴァーのポライド写真。

**左**／リプリーの口に雑誌を詰め込もうとするアッシュと、止めようとする他の乗組員たち。

スコットはある時、「乗組員の中に火星人を紛れ込ませることもできたと思う」と発言した。

「見た目は地球人とほとんど変わらないが、肌が若干青白く、頭には小さな穴が2つ開いている。どちらかというと生物学的変化だ。だが、僕はプロデューサーに管理されていたから、その設定にはできなかった。よく知らない監督に自由にやらせることはできない。僕ひとりなら、もっと多くのことができただろう。もうひとつの問題は、火星人がノストロモ号にいると、観客はその人物にばかり注目するということだ。それだけでなく、『スター・ウォーズ』や『スター・トレック』と直接比較されることになっただろう」

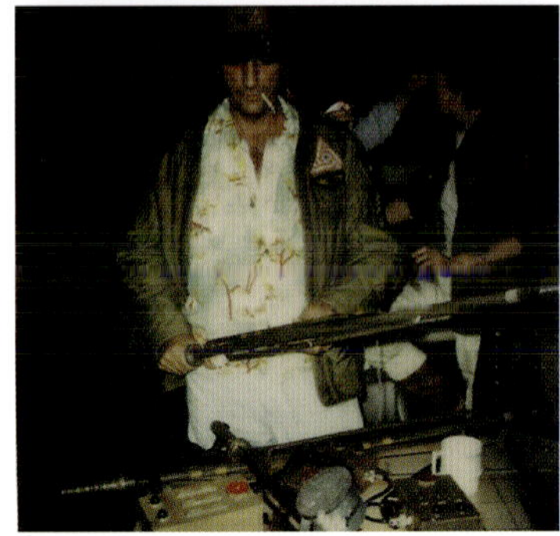

**上2点**／牛追い棒用にアルダーは電気式溶接アイロンを改造。先端が金属に触れると火花が散るので、スタッフは頭上のコンソールに鉄製の板を隠し入れ、ブレット役のスタントンが棒で触れると火花が飛ぶようにした。クリスチャンと彼のチームは牛追い棒にも装飾を施し、ノストロモ号の装備に調和するディテールを加えていった。スタントンはこの小道具の扱いにすっかり慣れたという(下)。

がじっと動かずにいたのを特殊効果チームが褒めてくれたのを覚えている」と、彼は語っている。

アッシュの破滅はまず、リプリーとの激しい取っ組み合いから始まる。2人の喧嘩はコンピューター室で始まり、食堂で終わる。スコットはCスタジオでアッシュが突然現れるシーンを撮影した際、その日即興で作られた台詞──「説明することがある」を付け加えた。それに対してリプリーはこう答える。「アッシュ、その説明とやらを聞かせてもらおうじゃないの。ぜひとも聞きたいわ!」。その直後、アッシュはドイツ語で何かつぶやくのだが、それは誤作動であった。

リプリーがアッシュをぐいと押すと、彼はくるりと回転。機械は正常に動かなくなっていた。アッシュからは乳白色の液体がじわじわと染み出す。これは、元々脚本にはなかった演出だ。次に、アッシュがリプリーを振り回す。この時のホルムは、体内の電子機器がきちんと動作していないかのようにまばたきを繰り返している。そして、さらに緊迫のシーンへと移っていくのだ。

ウィーヴァーは当時の様子をこう振り返っている。「リドリーはこう言っていた。『さあ、下の階に行こう。見ものだぞ。アッシュがヌード雑誌を拾い上げ、そいつを君の『北と南(north and south)』に突っ込むんだ』。私はコックニーの言い回しを知らなかったから、『えっ? 北と南って何?』って面食らったの。それで下の階に行ったら、雑誌を口にねじ込まれたわけ(※訳注:コックニーはロンドンの労働者階級で話される方言の一種。「north and south」は口という意味になる)。

この作品にはセックス、妊娠、出産についての倒錯した視点が常に見られるが、それに同調する形でアンドロイドが性的欲求に駆られ、事に及ぼうとしたらどうなるかとスコットは考えていた。「彼女の口に雑誌を突っ込むことがアッシュにとって最も性交に近い行為なのだとしたら、面白くなるんじゃないだろうか?」と、スコットは語る。

「アッシュはリプリーをひっぱたいた。それはある意味レイプのようなものだと私は解釈した」と、ホルムは綴っている。「そして、丸めた雑誌を喉に突っ込んで、彼女を殺そうとするんだ」

その時点でパーカーとランバートが到着する。アッシュの思わぬ力が露呈するが、パーカーはなんとか金属の棒を掴み、一撃で彼の首を吹き飛ばす。いくつかのショットではスタントマンのロイ・スキャメルがホルムの代役を務めた。この時の金属棒のスイングは特殊効果で作り出したものだ。背中側から映した胴体と腕は、小柄なスタッフが下から操っている。頭がもげた後の首からは身体の中身である電気回路が飛び出しているが、有機物と人工物の両方──プラスチックのチューブ、スパゲッティ、玉ねぎの輪切りなどを使用した。

「俺が歴史を作ったのはこれが2度目だと思ってる」と、コットーは話す。「『L・B・ジョーンズの解放』(1970年のウィリアム・ワイラー監督作でコットーも出演)以前には、有色人種の人間が白人を殺す映画なんてなかったんだ」

小柄なスタッフが石膏とゴムで作ったアッシュの頭を背中にぶら下げてセットを激しく跳ね回り、その間、技師はポンプを使って乳白色の液体を壊れた胴体から噴出させた。白の液体が壁に飛び散るのは、チェストバスターで深紅の血液が撒き散らされたシーンの対比となっている。スコットはその一部始終をフィ

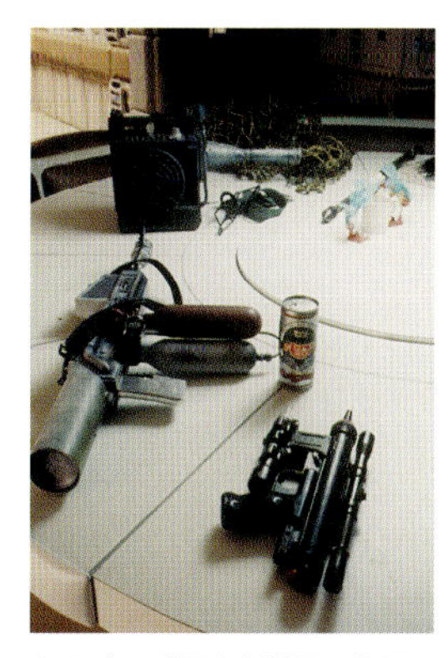

上／4点の重要な小道具。銃器と探知機、ウェイラン・ユタニ社製のアスペンビールの缶。

「うちのスタッフが考案した火炎放射器は、『エイリアン』と50年代の安っぽいSF映画の違いを際立たせるだろう」と、アルダーは語る。「木とエポキシ樹脂で適当に作ればいいってもんじゃない。ちゃんと扱えて、重さもあり、実際に撃てないといけないんだ」

探知機に使ったのは、クリスチャンが見つけてきたモスグリーンのソニー製携帯用小型テレビだ。電気技師に改造を頼んで、録画した映像をそのモニターで再生できるようにし、オシロスコープのような反応が出るようにもした（装置内蔵のバッテリーで動作する）。

アルダーはさらに、強力接着剤を使って探知機の表面をボタンや電気部品で飾り、実際に機能するスイッチを2つ加えた。

「これはリドリーのために作った最初の実際に動かせる小道具だ。彼の信頼を得るのに非常に重要だった。リドリーは見るなり、OKを出してくれた」

**右5点**／アッシュの胴体ダミーを写したポラロイド写真とスチール写真。頭が外れたまま乗組員たちと戦うシーンを撮影するために使用された。

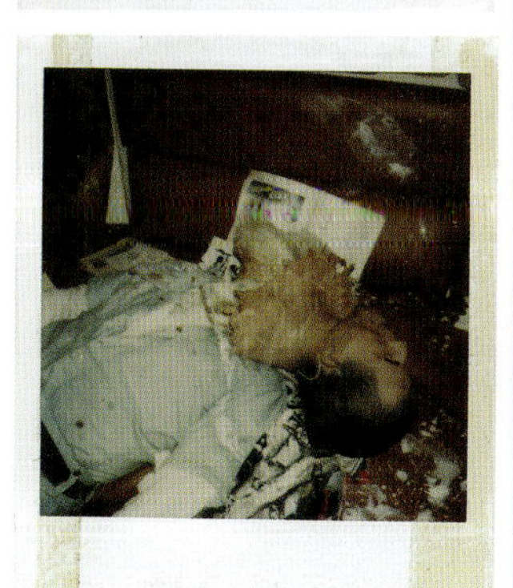

ルムに収めた。

次のシーンでは、もげたアッシュの頭は配線されて動くようになり、リプリーは質問することができる。しかしながらスコットはホルムの頭部ダミーのサイズが制作過程で小さくなってしまったことに気づいた。乾燥させているうちにゴムが縮んでしまったらしい。そこでスコットはまず、俳優たちがもげた首をテーブルに置いて配線をやり直し、スパークさせる様子を撮影。その後に、身体をテーブルの下に隠して頭だけを出した本物のホルムへと場面を転換させることにした。

「リドリーにはホルムの頭部ダミーを使う以外、選択肢がなかったんだ」とクリスチャンは語る。「大きめサイズの頭を作るには、時間も予算もなかったからね。だが、このシーンの撮影中、小道具係が頭部ダミーを真っすぐに立てられないという問題が発生した。ゴム製の首回り部分とチューブ類が邪魔になったんだ。リドリーは頭が倒れてしまう前にカメラを回し、急いで撮影しなければならなかった」

アッシュの頭部がしゃべるようになるシーンでは、再びホルム自身の登場となる。スコットは彼の頭部に仕上げの装飾を施した。首回りのゴム部分と血管に見立てたゴムチューブの他、透明なガラスのビー玉（これはスコットのアイデア）、キャビア、パスタなどを使い、全体を練乳と生乳で覆った。実にシンプルだが、妙にリアルで吐き気を催すような見た目に仕上がった。

ホルムは牛乳が嫌いだったが、撮影中の1時間、牛乳入りのカプセルを何個も噛み続け、台詞を言うたびに内容物を口から垂らさなければならなかった。しかも長い会話シーンだったのだ。アッシュの台詞は既に幾度となく書き換えられており、ガイラーによれば、修正した台詞は撮影日の朝までに、8月10日付の改訂稿と共に用意されたという。そしてセットではさらに新たなアッシュの台詞が追加された。自分はエイリアン退治の方法を教えられると言い、元同僚たちを説得しようとするのだ。

「イアン・ホルムと撮影したあのシーンは、どの台詞回しも完璧にできたの」と、ウィーヴァーは振り返る。「自分が舞台で演じていた時のようだった」

「なぜ、エイリアンとわざわざコミュニケーションしようと考える人間がいなかったのかってことを、あのシーンは説明していた」とカートライトは言う。「アッシュを悪者に見せない、変わったやり方の実験だった。私たちは彼の周りに揃って立ち、話を聞いていた。彼が切々と訴える様子は胸に響くものがあったわ。すると、リドリーから『カット！』の声が飛んできた。ビー玉の配置が気に入らなかったんだって。イアンはこのシーンの間、ずっと顔をピクピク動かしていた。最初は何もないんだけど、機械が壊れていくにつれ、左目の痙攣が止まらなくなっていったの」

スコットは自分の撮影台本に、即興で作り出された台詞を逐一記録していった。ひとつひとつのアドリブも蓄積すれば全体に大きな影響を与えることになり、後から撮影する通路のシーンで台詞を削除しないといけなくなるかもしれないからだ。アッシュの電源を抜いた後、ランバートは「全て終わったわ」と悲嘆に暮れてつぶやく。だが、リプリーはこう返すのだ。「いいえ、まだ終わってない。この宇宙船を爆破しなくては。私たちは脱出艇に留まり、ノストロモ号をこっぱ微塵に吹き飛ばすのよ」

このシークエンスの最後の部分で、アルダーが作った火炎放

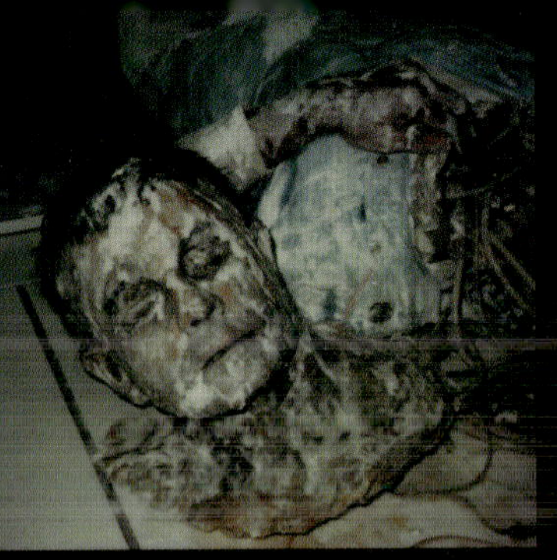
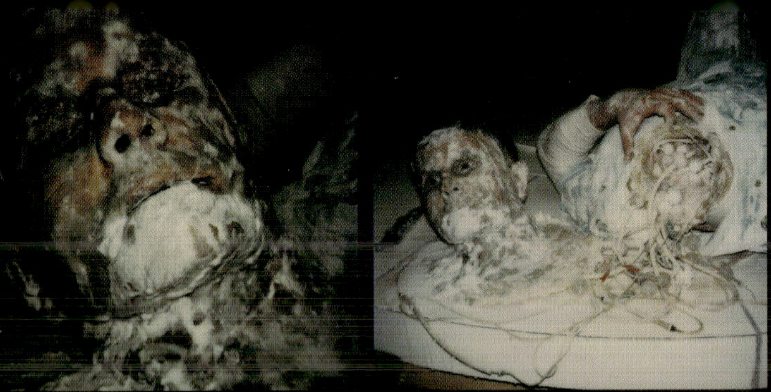

**上段4点**／アッシュの頭部ダミーを写したポラロイド写真。試行錯誤の結果、右から2枚目の写真の通りに、スコットはアッシュに装飾を施していくことにした。

**右下**／選んだポラロイド写真（上段右から2枚目）と同じになるよう、ホルムの顔に入念にメイクを施していくスコット（ホルムの身体はテーブルの下に隠れている）。

**中段**／ロボットだとわかったアッシュの頭部を見つめるリプリー。

**下段**／箱に入れられた頭部ダミー。

**右**／セットでスコットと話す脚本家兼プロデューサーのデヴィッド・ガイラーと、2人の会話に耳を傾けるアソシエイトプロデューサーのアイヴァー・パウエル。

**右端**／疲労感を漂わせるスコット。

射器が初めて披露される。パーカーがこの武器を使ってアッシュの残骸を焼くのだ。その撮影前、スコットはラッシュをチェックして、必要な映像が撮れているかどうかを確認した。たまたま完成サイズが小さかったとはいえ、頭部のダミーを燃やしたくはなかった。焼いてしまったら二度と使えないからだ。だが、スコットは最終的に、やはりそうすべきだと思い直した。

「私そっくりの頭が炎の中で焼かれていくのを見るのは、奇妙な感覚だった」と、ホルムは文章に残している。「玉ねぎを詰められたゴムは焼けただれ、小さな塊になっていった……」

## 鬱憤晴らし

「普通の撮影では、技術スタッフとおしゃべりをしたり、彼らの仕事を観察したりするものだ」と、ホルムは自伝で振り返る。「ところが、『エイリアン』は違った。スタッフと気軽に関わり合える感じではなく、セットには緊張や疑惑が満ち溢れていた」

彼の共演者たちも同じく、つらい時間を過ごしていた。8月半ば、コットーは自身の演じるパーカーがどうやったらエイリアンを殺せるか、スコットが彼を避けるようになるくらいアイデアを練っていた。おかげでスコットは毎朝、「今日のヤフェットはどの扉の前にいる?」とパウエルに尋ね、違うドアからセット入りすることになった。「いやはや、ヤフェットがアイデアを山ほど伝えに来るのが日課になってしまったんだよ」と、スコットは説明する。

「リドリーが彼から逃げ隠れるようになったのは事実だ」と、クリスチャンも証言する。「もちろん、ヤフェットはカンカンに怒っていたけどね」

パーカーの死を撮影する日が近づくにつれ、コットーが「俺は腰抜けじゃない。俺は戦うぞ」と言うようになったのを聞いた者もいるという。パウエルによれば、ヤフェットは自分がエイリアンを殺すのだと己に言い聞かせていたらしい。「脚本を書き換えようとしていたくらい、彼は本気だった」

「『エイリアン』は恐怖と喪失の映画。撮影で受けた精神的ダメージがどこまで癒えたのか、今もわからない」とウィーヴァーは語る。「一度だけ、奇妙な悪夢を見た。ヴァーモント州のある農家を訪ねて行くと、突然、煙突からエイリアンが出てきたの」

ホルムはイギリスのケント州にある自分の農場にウィーヴァーを招待し、彼女は1~2週間そこに滞在したらしい。「そこではやっと正気でいられたの」と、彼女は打ち明ける。

「シガニー・ウィーヴァーは、ワサルにある農場に泊まりにやってきた。彼女は孤独で、ひどく惨めな気分だと私に打ち明けた」とホルムは書き残している。「彼女はアメリカの裕福な家庭の出で、強さも知性も兼ね備えているのは明らかだ。プロデューサーの誰かが彼女を気に入ったのだろう。最終版の撮影台本には彼女のヒロイズムがはっきりと描かれていたが、一部の俳優は、その強調度合いが徐々に変化していくことに気づいていた。そして撮影中、その傾向はますます強くなる。リプリーがゆっくりと英雄になっていくにつれ、『乗組員皆で力を合わせて』という感じが失われていったのだ」

「俳優の間に競争意識が芽生えていた」とパウエルは言う。

「あの映画の撮影は本当に大変だった」とカートライトは振り返る。「技術面の準備に時間がかかるから、次のシーンの撮影まで何時間も待たされて疲れてしまうの。それにセットがすごく狭くて息苦しくて。本物の宇宙船に乗るって、きっとそういう感じなんだと思う。誰もが精神的に追い詰められていく……」

「リドリーが俳優たちをけしかけてシガニーを不安定にさせようとしていることは、他のスタッフたちは知らなかったんだ」と、ビールは言う。「彼女がスタジオの外で泣いているのを2~3回見かけたが、私は慰めようとする人間を制止した。『このままにしておいてくれ。これはリドリーの戦略なんだ』と言って」

経費や予算への懸念もつきまとい、現場には常に張りつめた空気が流れていた。「この状況は、私にとっても頭痛の種だった」とヴァンリントは当時に思いを馳せる。「予算をできるだけ使わないようにするには、試行錯誤の連続になる。撮影中は照明スタッフを3人用意して、照明器具を設置しては外すの繰り返し。その都度ライティングを調整し直さなければならなかった」

スコットはビールと交わした喧嘩腰のやり取りを記憶している。「毎日夕方の5時に、『今日は大丈夫だったかい?』と訊いてくるんだ。『頼むからほっといてくれ!』って感じだったな。撮影所は互いに支え合う場所であるべきで、足を引っ張ったり、邪魔したりするところじゃない。周囲の人間がこいつは信用できないと疑い続ければ、監督はどんどん神経質になっていく。そうやって良くないことが起こったりするんだ」

アルダーはかつて、ソファに腰かけたスコットがキャロルからとある噂を聞かされていたのを覚えている。その話によれば、フォックスの重役がスコットのことを、物事にうまく対処できない、プレッシャーに耐えられないなどと評しているらしかった。「リドリーは烈火のごとく怒っていた」と、アルダーは話す。スコットはこれまでなし遂げてきた業績をスラスラと並べ立てながら、息継ぎするたびに拳を床に打ちつけていたという。そして、「以上!話は変わるが――」と大声で言った。「指の骨を折ったかもしれない」

キャロルは部屋を一旦出て、氷を持って戻ってきた。

「多少揉めたが、そこまで大ごとではない」とビールは騒動を否定する。「難しい仕事だった。何せプロデューサーという肩書きを持つ人間が5人いたんだから。私はキャロル、ガイラー、アイヴァーの3人とは常に話をしていた。会計士やギャレス・トーマスともね。けれど、自分が指示をしていたわけじゃない。こちらの意見や提案を伝える機会はもちろんあったが、基本的にリドリーのいる前で話したはずだ」

「確かにあの映画は難産だった」と、1979年にパウエルは記者に語っている。「プレッシャーと苦悩にまつわる噂はあちこちで耳にした」

「監督とは、撮影現場でエネルギーを生み出す存在だ」と、スコットは1999年に語っている。「ただし、僕から生まれるエネルギーは心地の良いものではなかった。初めてのハリウッド映画でナーバスになっていたからか、身体はいつも引きつっていた。その上、外野が口出ししてくるのも初めての経験で、本当にフラストレーションが溜まっていた。こういう干渉を味わったことは今まで一度もなかったんだよ。僕がやることなすこと全てを疑問視する人間など、これまで周囲にはひとりもいなかった。でも今回は何度も呼び出され、自分のやっていることをいちいち弁解しなければならなかった。だから、現場の緊張感は僕の不安の表れでもあったし、何度も繰り返される馬鹿げた質問に辟易していたせいでもある」

同様に、スタッフのほうも反抗的になっていった。1日16時間労働が何週間も続いたのだから無理もない。カートライトは次のように記憶している。「ある時、スタッフの人たちがこう話してた。『金曜日は午後6時に帰るぞ。ちゃんと覚えておかないと。とにかく皆疲労困憊なんだ』。で、金曜日の午後6時になって彼らが帰り支度をしていると、ゴードン・キャロルが他のプロデューサーを引き連れてやってきて、『一体何をやってるんだ?』と問いただしたの。スタッフの返事はこうだったわ。『言ってありましたよね? 我々には寝る時間も必要なんです』。そうして彼らはケーブル類を片づけると、セットを後にして、ゆっくりと週末を過ごすことができたわけ」

## 混乱する制作現場

スコットと撮影班がオートドックのシーンの撮影準備をする中、他のセットの建設や模型の制作作業も進みつつあったが、そこに新たな問題が発生する。ガイラーの8月12日付の記録によれば、「製作部門では、エイリアンスーツの制作をめぐる混乱が最高潮に達しようとしていた」という。「成体エイリアン登場シーンの撮影が間近に迫っているというのに、使用するスーツはひとつも完成していなかった。これ以上試行錯誤している時間はなく、仕方なく、全てをラテックスで作ることに決まった。結局、成体エイリアンのスーツを透明にするという我々の夢は、諦めざるを得なかったのだ」

「エインズワースが作ったゴム製のスーツは不幸にも裂けてしまい、実用的なものとは到底言えなかった」とパウエルは明かす。「彼は満足のいくものを作れなかったわけだから、我々はなんとかして報酬の支払いを回避したんだ」

「上の人間からは、あんな大規模な作品はもっと世界的なエキスパートに頼むべきだったと言われた」と、ギーガーは後悔を滲ませる。「だが、こちらにいたのは、自己流で何とかやるしかない経験不足の素人ばかりだ。撮影開始が2週間先に迫る中、第3形態のエイリアンはちっとも出来上がっていなかった」

ピーター・ボイジーは、もちろんそんな素人集団には属さない。彼はブライアン・ミュアーの手を借りながら、フルサイズのスペースジョッキー制作に取り組んでいた。スペースジョッキーは「当初の予定ほど大きくはならなかった」と、ミュアーは言う。「サイズを7mに縮小したんだ。それでも大きいけれどね」

「私は1日おきにスペースジョッキーのセットに足を運び、レスリー・ディリーの進捗状況を確認した」と、クリスチャンは記録している。「スペースジョッキーは日に日に大きくなっていった。石膏と繊維ガラスのパネルで覆われた作り物ではあるが、そのセットの圧倒的な迫力は誰の目にも明らかだった。あのスケールは半端なかったよ」

「ある日スタジオの裏を歩いていた時、スペースジョッキーがほぼ仕上がっているのがわかったんだ」と、シャセットは語る。「何かの間違いじゃないかと思ったよ。建設部門は上からの通達を受け取ってないんじゃないかって。2週間後、完全に出来上がったので僕はピーター・ビールのところに行き、『君はあのセットは許可したんだな。僕らには金は出さないって言ってたくせに』と詰め寄ったよ。すると彼はこう答えた。『ラッシュを見たら、日に日に良くなっていくんだ。それにリドリーからも再三、あれを作らせてくれと懇願されていたし、投資する価値があると判断した。だが、あれこれ質問攻めにされるのがわかっていたから君には教えたくなかったんだよ』

8月中旬、模型工房の予算に関する「報告書No.5」には、制作作業がまだ半分しか終わっていないにもかかわらず、模型用リグやブルースクリーンの設置を始めなければならないという状況が記されていた。そして、最終的には予定されたミニチュアの33ショットを撮るための人員で予算を100％使い切るだろうと予測されていた。

「ショット数は次第に増えていき、その後、少しだけ減った」と、ブライアン・ジョンソンは言う。「最終的に何回カメラを回すことになるのかわからないほどだった。とにかく沢山撮ったよ」

「ジョンソンはリドリーからもっと指示をもらおうとしたが、無駄に終わっていた」と、視覚効果アシスタントのジョー・ソレンソンは言う。「リドリーは食堂でも、ブライアンに話しかけようとすらしないことがあった」

スコットが時間を見つけてジョンソンと話したり、あるいはブレイ撮影所に行ったりするのは何か変更があった時で、その結果、2人の間に衝突が生じることもしょっちゅうだった。監督からの明確な指示がない中、ジョンソンは自分ひとりで決断するしかなかったのだ。サイモン・ディアリングはこう回想する。「ある時、ブライアンは宇宙船の模型を見てから、壁に貼られたロン・コッブのスケッチに目をやり、再び船に視線を戻した。すると、突然大声を上げたんだ。『おい!そこは黄色にすべきだ!塗料を持ってこい!』って」

「そうして、ノストロモ号はミリタリーカラーの黄色と緑で塗装されたんだ」とソレンソンは言う。「皆、大いに気に入っていたよ」

右・P227〜228／一度は不採用になったが、復帰が決まったスペースジョッキーを形にしていくスカルプターのピーター・ボイジー。ギーガーの絵を参考にしながら作業を進めている。

スペースジョッキーはまず、簡単な木製の骨組みから作られた。ボイジー、ミュアー、助手たちは粘土とリブ付きの管で基礎となる原型を作り、型取りチームが全身の鋳型を制作。型は石膏を染み込ませた布地で固定した。そして鋳型が固まったら慎重に取り外し、こびりついた粘土を全てきれいに取り除いて、美しい樹脂の鋳物を作り上げた。

ボイジーはこれまで既に、遺棄船やその入口などをギーガーの絵を基に立体化しており、ギーガーの工房では一緒にコックピットの縮尺模型制作も進めているところだった。

ボイジーは彫刻家に弟子入りして木と石の彫刻を5年間学び、その後は船や建物用の装飾物を制作して生計を立てるようになった。イギリスの国会議事堂の仕事を受けたこともあるという。そして最終的に、シェパートン撮影所の専属スカルプターに落ち着いた。

ミア・ボンザニーゴは、ボイジーには特別な目があり、2次元の絵を3次元の立体に変換する方法を心得ていると評価する。「私が見る限り、彼は天才。ギーガーも私も彼のことが大好きなの」と絶賛。さらに、ボイジーがギーガーのアートを具現化するプロセスは「親密な瞬間」であると表現した。

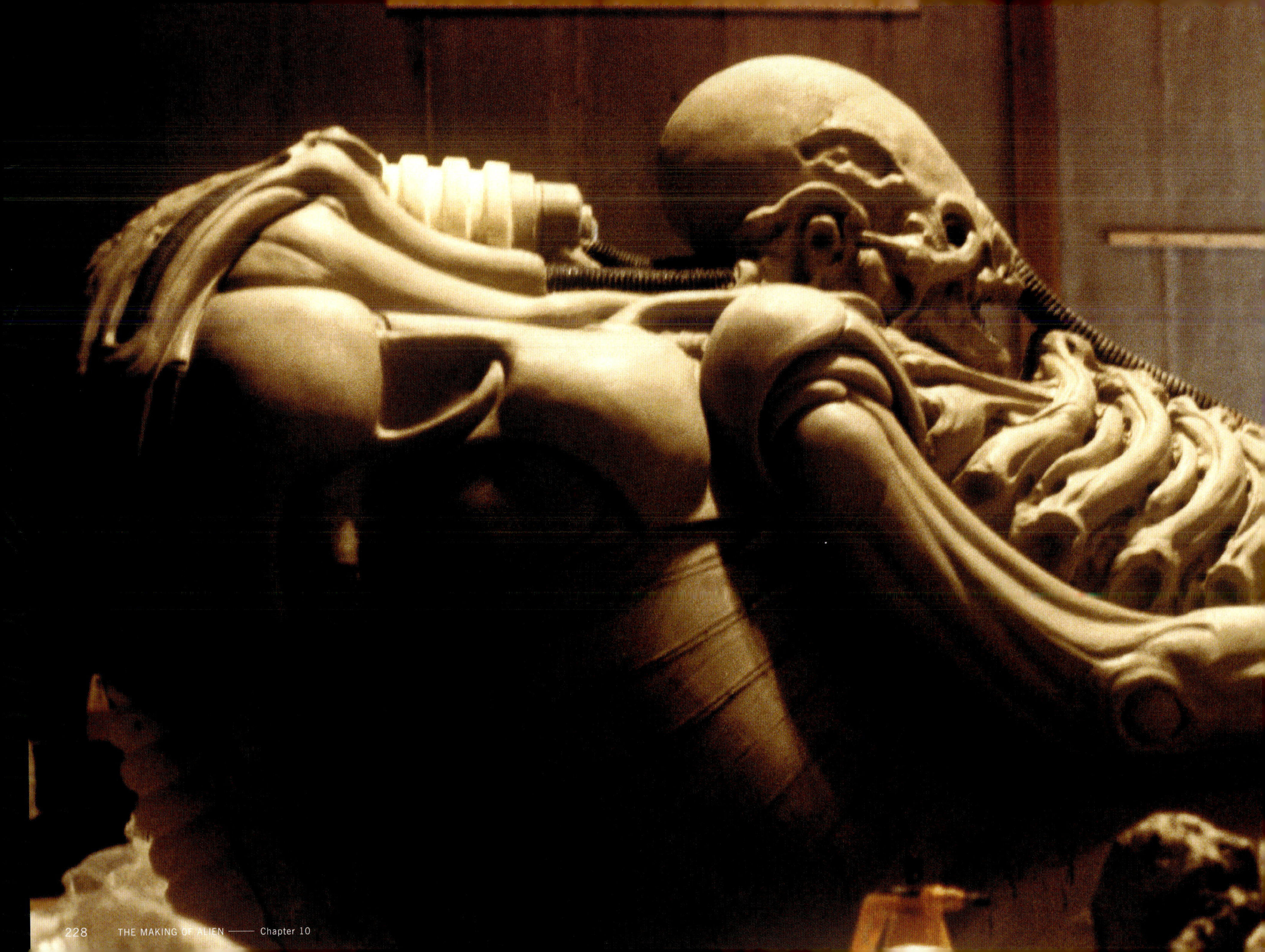

デニス・エイリングは7月25日、塗装後の宇宙船の姿を初めてカメラに収めていた。そこには回転する小惑星を描いた絵と、その上を進んでくる黄色と緑のノストロモ号、その下に昇る2つの太陽が記録されていた。「我々はこぢんまりとしたブレイ撮影所で椅子に座り、ラッシュを見ていた」と、ソレンソン。「ブライアンは腕を組んで座っていたが、そのショットを見ると姿勢を正してこう言った。『皆良くやった。これは成功だ』。そのシーンは息を呑むほど美しかった」

## おぞましき真珠

8月の第2週、撮影班は相変わらず医務室／オートドックの内外で作業を続けていた。リプリーが船外調査に出た3人の乗組員をなかなか船に入れず、ひとりが死にそうになっているというシーンだ。スコットは、3人がようやく船内に入った段階で、ランバートがリプリーに平手打ちをくらわせる案をもう一度採用することにした。そして「このクソ女！」と叫ぶのだ。

「私、リプリーを気に入っていたの」とウィーヴァーは言う。「皆の反感を買うような決断をするせいで、それほど魅力的には思えないのだけど、彼女は自分が正しいと信じたことをやってる」

「脚本では私がリプリーの顔を叩くことになっていた」と、カートライトは説明する。「でも、私が歩み寄って平手打ちしようとするたび、シガニーが攻撃をかわしてしまって。そうしたらリドリーが来て、『今度こそ命中させろ』って言うの。だから仕方なく……手の甲で叩いた。彼女は嬉しくなかったと思うけど」

オートドックのシーンはフェイスハガーが注目される場面で、複数の視覚効果が試される局面でもあった。物語の進行に従えば、ケインの首を絞める尻尾、呼吸して上下する肉体、切られた脚から流れる強酸性の血、その後の解剖というエフェクトの流れだった。

まずは、ダラスとアッシュがケインの顔からフェイスハガーを引き剥がそうとすると、フェイスハガーが彼の首に尻尾を固く巻きつけるシーン。ディッケンが作ったフェイスハガーは繊維ガラスの骨組みにゴムをかぶせた構造で、関節部分にはアルミニウムを使っていた。それをケイン役ジョン・ハートの顔面にゴムバンドで固定すると、彼の頭部がすっぽり隠れた。さらに外科用ゼリーで皮膚の上のネバネバした感じを出し、空気管をうまく設置して陰嚢部分の拍動や呼吸を演出した。

「その日、いくつか問題が起こったんだ」とディッケンは言う。リドリーはフェイスハガーの陰嚢にスライムを詰めようと考え、海外から取り寄せていたんだが、容器にたっぷり入ったそれを袋の中に注入したら、空気管が詰まってしまった」

## スコットについて

撮影に入って6週間、リドリー・スコットは自身初の大型予算映画でも本領を発揮していた。映画会社の役員との駆け引きや彼らからの重圧にも負けず、仕事中はいつものように素晴らしい集中力を見せていた。「僕は常に異質なもの、触り心地が独特のものに関心を抱いてきた」と彼は1979年に語っている。「自分は細部にこだわりすぎて、セットでは大勢の人を怒らせてしまった。本当なら照明とか小道具はスタッフに提供されるまま使いたいんだが、ちょっとした違いが大きな差を生むと信じているし、観客にもそれが伝わるはずだ」

「『エイリアン』のような大所帯の現場ともなると、280人ほどのスタッフに対処することになる。つまり、関わる人間の数が多い分、失敗するリスクも高くなるんだ。映画のことばかり考えていて頼りになる人間、『いや、そうじゃない。もう一回やらないとダメだ』と言える誰かが中心にいないといけないんだ。『もういい。次に行こう』と言うのは簡単だからだ。先に進めることを優先してばかりいると、撮影スケジュールの終盤にはいつの間にか、妥協に妥協を重ねた映画が出来上がっている。だから、鍵となるのはクオリティに対してこだわりを持つことと、言うまでもなく肉体的にもスタミナを付けること。高品質をキープするには充分に頭と身体を機能させ続けないといけない。疲れてしまうとそれが持続できなくなってしまうんだ」

「スコットは何でも自分でやりたがった」と、ホルムは自伝に綴っている。「彼はフォックスからの派遣団にナーバスになっているかのようだった。そのせいで怒りや不信感を生み、現場は常にピリピリしていた。彼は心理操作に長けている。CM業界で成功を収めてきた中で培った能力だろう。だが、この長編映画の長丁場は辛く苦しい消耗戦となった」

「リドリーはSFとしてはかなり異質なものを作ろうと躍起になっていた。それにはディテールにまで気を遣う必要があった」と、クリスチャンは語る。「彼は映画の画面全てを、観客が心奪われるような緻密な描写で満たしていたんだ」

「撮影スケジュールをきちんと守るなんて意味がない」と、スコットは記者に語ったことがあった。「カメラのファインダー越しに『エイリアン』の世界を見ないといけないんだ。見えなければ、その世界は描けない。その不安はしょっちゅう悪夢になった。長編映画作りは愛を憎しみに変えることもできるんだ」

「撮影後にリドリーがやってきて、こう言ったの。『あの演技、信じられないくらい素晴らしかったよ』って」。ウィーヴァーはそう振り返る。「ぎょっとして、『えっ、慰めてるの？ それとも何か企んでるの?』と斜に構えちゃったわよ。結局、それは彼の素のままの感想だった。だから私はリドリーが大好きなの。私たちには無駄にする時間はなかった。リハーサルなんて滅多にしなかったし、したとしても撮影前日のみ。現場では猛烈なプレッシャーを感じた。リドリーが自らカメラを操作していたし。彼は俳優たちと仕事をしたことがそんなになかったのよね」

「ある時、私は問題を抱えていて、リドリーに助けを求めたの」と、ウィーヴァーはさらに続ける。「彼は長いこと考え、私のところに来てこう言った。『もし君がカメラのレンズで、開いたり閉じたりするならどうなるかな……』。しばらく沈黙が流れたから、私から口を開いた。『リドリー、とりあえずもっと自分で考えてみるわね』。すると彼は助けにならなかったことに気づいてしょんぼりし、『僕にももっと考えさせてくれよ』と答えてきた。彼は本当に問題を一緒に考えてくれようとしてた。でも、私をレンズの絞りに例えるって何なの？ だから、『いいから。自分でなんとかしてみる』って答えたの。そして、自分でなんとかした。でも、私は彼が大好きなの」

「監督自らがカメラを回すと、映画には新たな側面が加わるんだ」と、スタントンは語る。「個人的で言葉にはしにくいけど、ファインダーを覗く間、彼は俳優のことを思いやっているんだ」

「私はリドリーのことを心から賞賛する」。そう話すのはシーモアだ。「ビジュアルを追求し、それでコミュニケーションできる人間との仕事はとても刺激になる。毎日、リドリーは私をカメラの後ろに立たせて各シーンを見せてくれた。彼の仕事ぶりを見るのはいつだって面白かった」

「リドリーは俳優を信頼してくれる」と、ハートはのちに語っている。「彼は俳優に演技を任せる傾向があり、即興で何かが生み出される瞬間を求めていた。そして、それをいつも複数のカメラでうまく捉えていた。様々なアングルから撮影できるし、ある意味ドキュメンタリーを撮影しているような感じだった」

「僕の監督の方法は変わっていたかもしれない。主にスケリットからすれば……」とスコットは明かす。「僕は話し好きなほうではないと思う。皆とワイワイ騒ぐのにも慣れていない。俳優には演劇学校があるが、僕の場合、そんなものは存在しなかった。泳げないのに、いきなり深い海に放り込まれたようなものだ。僕は伝統的なリハーサルについても知らなかったんだから。だけど、頭の中では自分が何をしたいのかを理解していた。だから、配置や立ち位置のことを話すようにした。イアン・ホルムは何が進行中なのかをわかっていた。彼は僕を舞台の演出家とは違う生き物として見ていたよ。彼は僕のところに来てこう言ったんだ。『君は自分がしていることをわかってるね』と」

上／監督中のスコット。

「スコットは我々を追い込んだ。時にエネルギッシュに、時によそよそしく無慈悲なまでに」とホルムは振り返る。「彼はすごく不快で恐ろしい映画を作りたいと語っていた。（中略）宇宙船の乗組員同様、我々は次第に、観念的な職業倫理をかろうじて守りながら働く高賃金の熟練技術者にすぎないのではと感じるようになってきた。普通、俳優はこんなふうに感じるよりも、自分は求められているんだと感じて働きたいものだ。そう考えたほうがまだ耐えられるから」

この映画はジョン・ハートにも尾を引く影響を与えた。ウィーヴァーはかつてプロデューサーのオフィスで涙ぐむ彼を見かけたという。「プレッシャーに打ちのめされたのね」と彼女は言った。

「大作を作るのがどんなものなのかわかったよ」とスコットは言う。「関わる人が多い分、敵が増えて恨みも増える。そして、自主性は地平線の向こうに消えてしまう。もしも僕がプロデューサーになるなら――監督の座から放り出された暁にはそうなればいいんだが、僕は監督を『操縦士』として選び、全てを彼に委ね、自由にやらせたいね」

「リドリーは混乱した状況をうまく利用した」とビールは語る。「プロデューサーと美術監督が何人もいるのに乗じて、自分だけ賢く己の道を突き進んでいったんだ」

ホルムによれば、ウィーヴァーもまた、スコットの中に腕一本で出世した人間らしさを感じ取っていたという。彼女はある日、スコットがゴールドのロールスロイス・コーニッシュでシェパートンの駐車場に入ってきたのを見て、とりわけ優しい口調で「お父さんに買ってもらったの?」と尋ねた。「いいや」と、スコットは答えた。「自分の稼ぎで買ったんだ」

上／スコットの脚本に貼ってあった写真2点には、オートドックの外にいる乗組員の姿が映っている。ランバートがリプリーを平手打ちする前とその後の場面だ。

凶器となる尻尾の動きは昔ながらのやり方で作り出された。カメラに映らない場所からスタッフがピアノ線で引っ張り、ケインの首を締め上げているように見せかけるのだ。「あの尻尾はかなり効果的だった。エイリアンが生きているように見えたからね」とスコットは語る。「すごく簡単だった。尻尾にワセリンを塗りたくって滑りやすくしたんだよ」

ダラスがエイリアンの靭帯のひとつをレーザーで切断すると、強酸性の液体が指の内側のチューブから染み出すことになる（ディッケンはリテイク用に6本の指を用意していたという）。液体が下に向かって噴き出す仕掛けにはエクステンションピースが使われていた。セットの床が強酸で溶けるエフェクトは特殊効果チームの担当だ。使用するのは強い腐食性の薬品（主成分はクロロホルムとアセトンで、少量のシクロヘキシルアミン、酢酸などを加えている）で、銀色に塗った発砲スチロールの一部をそれで溶かしてみせた。

フェイスハガーの死体はボブ・キーンの作品だ。クリスチャンの話によれば、ディッケンが他の作業で手一杯だったため彼が担当したらしい。フェイスハガーがウィーヴァーに飛びかかってくるシーンでは小道具係が彼女の首に糸を繋いで操作した。また、動かなくなったフェイスハガーの死体をアッシュがつつくと指が1本だけ反応するのだが、これは単純に、反り返る動きを利用したキーンのアイデアだった。

フェイスハガーの内臓は、地元の食肉処理場と鮮魚店から調達した臓物でできている（今回ももちろん、セット搬入前に消毒し、蒸気で処理してある）。スコットによれば、毎朝スタッフが市場に行っていたのだという。「彼が持ち帰ってきたプラスチック容器の中に、豚の肺とノッティンガムガム・レースが入っていたことがあった。華麗な名前のそいつは豚の内臓の被膜し、内から剥がして食べることができるんだよ」

ディッケンは内臓を入れるためにゴム製の外皮をデザインし、そこにモデラーのパティ・ロジャーズが臓物を芸術的に配置した。ムール貝、アサリ、大きな牡蠣2個と共に薄くスライスした小型のイカも並べると、なかなか興味深い画になったという。「撮影中、彼女は何度も『この内臓、どう思う?』と訊きに来た」と、スコットは振り返る。「それで、現場の状況を知らない人間がセットにやってくると、なかなか面白い反応を見せてくれるんだ」

「この撮影は迅速に行う必要があった」と、クリスチャンは言う。「スタジオの照明の熱で、臓物の悪臭が大変なことになってたからね」

ケインがスキャンされるシーンになると、オートドックのセットではさらなる問題が起きた。スライド式で壁の中に収納される高価な油圧式リモコンベッドが、まるで意志を持ったかのように誤作動を繰り返し始めたのだ。「リプリーは完全に頭がおかしくなりそうになってたよ」。フロアのエフェクトを担当した技師のデヴィッド・ワトキンスはそう語る。ワトキンスと同僚の技師フィル・ノウルズはベッドを分解してケインの体重に釣り合うおもりを設置し、スコットがチョークで印を付けた位置まで手動で動かさなければならなかった。

右／ブレイ撮影所の工房。モデルメーカーのマーティン・バウアーと、黄色く塗装されたノストロモ号が写っている。

## 苦悩の克服

【撮影第37～41日】1978年8月22日（火）～8月29日（火）
【Cスタジオ 医務室内】シーン116から完成まで（ケイン回復）
【Hスタジオ 小惑星、船外】シーン54pt（嵐）、56pt（嵐の中を歩く）、58A（岩場）、62pt（大きな音の信号）、67pt（ブリスター。交信トラブル）、69pt
【Bスタジオ 油まみれの通路、Cデッキ】シーン19（ブレットとパーカーが不満を漏らす）、87（垂れ続ける強酸を追う）、88（血液の中の酸）、194A（走るリプリー）、196（エンジン・オーバーロード）、129（ブレット、リプリー、パーカーが猫／エイリアンを追跡）、153（パーカーがメタンのシリンダーを取る）

8月末は、〈油まみれの通路〉で展開される単純なシーンに集中することになった。撮影はHスタジオに戻り、そこでは嵐のシーンも撮影する予定だ。「シェパートン撮影所の巨大なスタジオには、スモークが濃霧のように満ちていた」とハートは振り返る。「思い出しただけで咳が出そうだ」

「前日のテストショットのフィルムは午後1時に披露されたが、今ではこの試写が日課のようになっている」とギーガーは書き残している。彼はよくラッシュ試写に参加していた。「今回は、宇宙ヘルメットをかぶった乗組員3人が遺棄船の中に入っていくシーンだった。スコットとディリーがこのシーンは良い出来だと

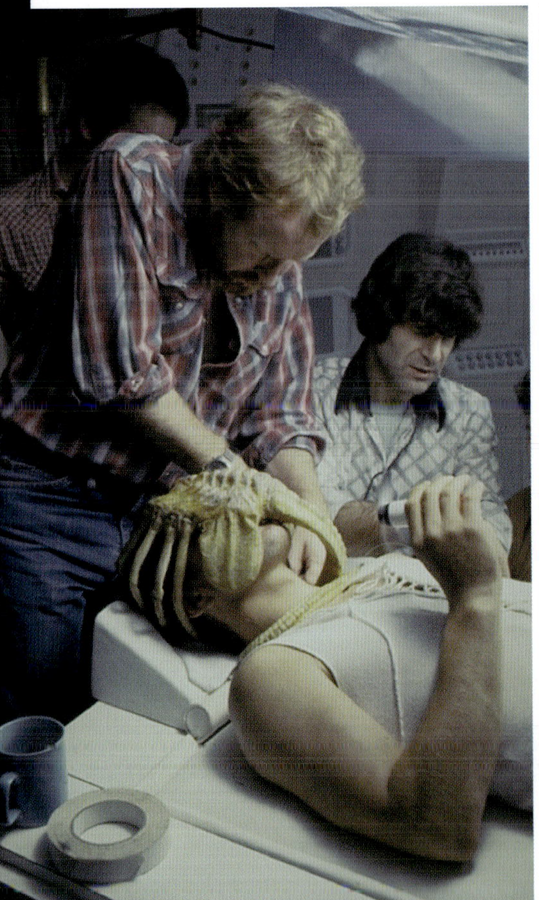

言った。私は満足したが、もはや私のデザインはこれ以上使われないようだった」

「通路のセットにはピリピリとした空気が漂っていた」と、スコットは語る。「俳優たちには精神的に不安定になってほしかったんだ。不安や恐怖を感じてもらいたかった」

その日の撮影が終了した後、スコットはBスタジオのリハーサルに参加した。そこではブレットの死のシーンのために、滑車から下げられた鎖にスタントマンが括られていた。第3形態のエイリアンスーツはあともう少しで完成する予定で、使用可能になる日を待ち構えている状況だった。

スカルプターのエディ・バトラーは、ギーガーの工房でラテックス製の手と尻尾を見せた。そして、石膏作業のアトリエからはギーガーがペイントする予定の下半身と尻尾も届けられた。だが、スペースジョッキーのセット制作も進む中、石膏職人たちは仕事が増えすぎて既に手一杯の状況になっていた（さらに、石膏担当のスタッフ6人は、レイ・ブラッドベリの『火星年代記』を原作とした全3部構成のテレビ映画のロケで、温暖なマルタ島に向かうことになっていた）。

「成体エイリアンの制作は再び悪夢のような状況に陥った」と、ギーガーは書き残している。「（現在作られているものは）私から見れば足が不格好すぎるし、手は長すぎて、あまりに『化け物』的だった。その時点で完璧なモンスターに仕上がる見込みはないと判断していた。残された希望はリドリー・スコットだけだ。彼がエイリアンの姿をできるだけ良くしてくれないと困る。ランバルディはまだ現れていない」

スコットは制作中の第3形態のスーツをバデジョーが試着する場にも顔を出し、ワイヤーを使うような高度なシーンではバデジョーではなくスタントマンを使う可能性があると伝えておいた。それを聞いたギーガーは、バデジョーの寸法にぴったり合わせて作ったスーツを、低身長のスタントマンのためにまた修正しなければならないのかと落胆したという。「スコットは私のところに立ち寄り、励ましの言葉をかけて立ち去った。もうこの映画にはうんざりだ。私は静かにそう思い始めていた」とギーガーは書き残している。

アッシュ死亡シーンの追加撮影と撮り直しが完了した8月21日、ランバルディがエイリアンの頭部を持って現れた。クローズアップで使う機械仕掛けのバージョン2体、機械仕掛けのないロングショット用の軽量バージョン1体だ。「カルロ・ランバルディには頭から足先まで完全に黒づくめのマネージャー、ディーンがいた」。そう語るのはブライアン・ジョンソンだ。「イタリア製のスーツをきりっと着こなしたマネージャーは、リドリーの話を逐一カルロに通訳していた。しかし、実は打ち合わせ以外ではカルロは英語を話していたんだ。彼は英語がわからないふりをして、他の人間の会話にも聞き耳を立てていたようだ。会社側との駆け引きが色々とあったからね」

「映画に命を吹き込む『魔法』のアーティストは、自身のスタッフを連れて1週間遅れで到着した」と、ギーガーは皮肉を交えて表現する。「さらにハリウッドからマネージャーのディーンを連れてきた。ディーンはインド系だ。魅力的で並外れた才能の持ち主であるランバルディは、一見イタリア語しか話せないように思わせているが、実際はアメリカに何年も住んでいる」

ギーガーは彼らが持参した大きな箱を慎重に開ける様を眺め、「自分たちのポリエステル模型がどうなったのか、胸をときめかせながら待っていた」という。だが、スコットがワトリングにランバルディの作品を確認させると、問題はすぐに表面化した。顎の仕掛けからバネが飛び出て、外から見えてしまっていたのだ。「なんてこった。顎のバネ仕掛けも何もかもが幅がありすぎるんだ」とジョンソンは言った。「リドリーは形が気に入らず、結局改良が必要となった。カルロ・ランバルディの作品ではあるが、実際は我々も作業に関わらねばならなかったんだ」

その後のギーガーの記録には、こう記されている。「ランバルディがここに来て1週間が経つ。当初の滞在予定は3日だったが、エイリアンヘッドの改良をしなければならなくなったのだ。ランバルディが持ってきた頭は顔や唇の感じが元と変わっていて、ま

**上**／工房のテーブルに置かれた、フェイスハガーの複製。

**左**／オートドックの寝台に横たわるハートと、顔に張り付いたフェイスハガーを調節するスコット。

**中央2点**／フェイスハガーと壊れたヘルメット（上）。フェイスハガーを切り裂くと強酸性の血液が流れて床に穴が開いたため、乗組員たちは階下に急ぎ、船の損傷具合を確認する（下）。

**次頁**／フェイスハガーを腕に載せておどけるウィーヴァー。横でその様子を見ているのはロジャー・ディッケンだ。

スコットは、息絶えたように見えたフェイスハガーが床に落ちた後、突然リプリーに飛びかかってから死ぬという流れを考えていた。だが、この案は取りやめになった。

ディッケンはチェストバスターと同じようにフェイスハガーをプラスティシンで作り、石膏型をとってゴム製の鋳物を作製し、底面に繊維ガラスを付けて強度を高めた。

そうして出来上がった空洞のカニの甲羅のような物体の内側に金属製の背骨を通し、関節のある指を繋げる金属部品を付けた。そして同じ型からとった指をラテックスで覆い、アルミニウムで関節を作って指が曲がるように加工。中には指先にかけてワイヤーが入っており、操作スタッフが引っ張ると、俳優の顔に指が食い込む仕組みだ。尻尾は、曲がりやすいコードをスポンジとラテックスで覆っただけのシンプルな構造。

**上・右2点、次頁コラム内**／完成した第3形態エイリアンの頭部と共にポーズを取るランバルディとスタッフ（スタッフは操作用レバーの傍らに立っている）。

**上**／遺棄船の通路を歩く3人の船員たち。このセットは壁に肋骨のような素材が張りめぐらされ、中央に脊髄のような構造がある。ギーガーはその壁面に骨やモーターなどを散りばめ、プラスティシンで全体を均質化した。

8月、ディリーが通路の壁をさらに加工して仕上げた。だが、ギーガーはこう書き残している。「全て黒く塗って光沢を出すのだという。私の目には、宇宙船の通路というよりは地下の坑道に見える。キャロルにもわかるよう説明しようとしたが、ダメだった。こういう時、彼はいつだってとても頑固なんだ」。

**次頁**／エイリアンの象形文字が描かれたギーガーの絵。映画の中にこの絵を登場させられないかと話し合いやテストを重ねた末、スコットは8月17日のラッシュ上映中に「うまく行くぞ！」と叫び、この絵をコックピットのセットに置きたいと言い出した。あまりにもわざとらしくないかと他のスタッフは心配したが、ギーガーは観客は間抜けだから大丈夫だと擁護した。だが結局、この絵は使われなかった。

るで猿のようだった。そして、さらに別の問題が発生した」

ワトリングの作品も合わせると、第3形態の頭は合計6個存在する。クローズアップ用の機械仕掛けバージョンが1体。唇が歪むだけの軽量な機械仕掛けバージョンが1体。ロングショット用の機械仕掛けバージョンが1体。まだ正常に動かない機械仕掛けバージョンが2体。スタント用の発泡プラスチック製のものが1体。これらの頭部は全て、統一感のある「ユニフォーム」でなければいけない。「だから、顔がキングコングみたいなものは採用できないんだ」と、ギーガーは言う。

さらなる問題は、その尻尾にあった。実演テストは散々な結果だったのだ。「実演の際、尻尾があまりに重いのでテーブルの上にネジで固定したんだ」と、スコットは言う。「そうしたら、何だか巨大ダコの足みたいに見えてきたんだ」

ギーガーによれば、ランバルディは「尻尾の中の仕掛けは重すぎで、まともに動いたことが一度もない」と明かしたという。「プロダクションマネージャーは愛国心が強い人間だった。彼はイタリアとアメリカの合作であるエイリアンヘッドが問題の種になっていることを知ると、アメリカチームが作った半分しかまともに動かないヘッドのほうを使えるようにしてくれないかと頼んできた。そうするなら、できる限りのサポートをすると。だが、私はそんなことは御免だった。どこの誰が作った作品であれ、私がこだわるのはクオリティであり、私のオリジナルデザインに似ているかどうかだけだ。こんな身内びいきにはこれっぽちも興味などない」と、ギーガーは顛末を綴っている。

8月の終わり、エイリアン役のスタントマン、エディ・パウエルとブレット役のスタントマン、ロイ・スキャメルとの新たなリハーサルが行われた。ギーガーの日記によれば、次のような感じだったようだ。「ショーが始まった。第3形態のエイリアンが頭を下にしてぶら下がっている。そこで頭蓋骨のクローズアップ。そこには大量のウジ虫が湧いていた……。ブレットが顔を上げるとワイヤー操作で約5mの高さまで持ち上げられ、急に止まる。素晴らしいパフォーマンスだ。リドリーは満足していた。彼は私の腕を2回強く掴んだ」

「ある日、僕は野球帽をベンチに置いて、そこを一旦離れた」とシャセットは語る。「戻ってくると、数m先にウジ虫をいじっているスタッフが見えた。そして再び帽子をかぶろうとすると、なんだか突然ゾッとしたんだ。ベンチの上で帽子を振ると、なんと生きたウジ虫が5匹、地面に落ちたきた。思わずパニックになったよ。なにせ長髪だったからね。僕は近くの部屋に駆け込むと、集まっていたフォックスの重役たちに髪の毛をチェックしてくれと頼んだ。彼らのほうは、何を言っているのか意味不明だという反応だったよ！」

ランバルディと彼のチームは第3形態の頭蓋骨を改良し、その中にウジ虫用のスペースを設けた。「ふと、エイリアンの脳の中にちょっとした動きがあると面白いと思いついたんだ」と、スコットは説明する。「だから、頭蓋骨内の一部分を白いウジ虫で満たし、そこから這い出してくるようにしたらどうかなと考えた。さすがのギーガーも、それを聞いて気持ち悪そうにしていたよ」

スコットはウジ虫が入った大きな缶を現場に持ってきたが、照明の熱のせいでウジ虫は眠ったようにうごめかなくなってしまった。そこで、ハリガネムシに似た別の虫でも試したのだが、やはり熱で動きを止めてしまった。

「スコットたちがエイリアンの頭部にウジ虫を入れたいと言い出したら、スーツアクターのボラジは断固として反対したの。彼は、『嫌だ！僕は絶対にやらない！』と拒否の姿勢だった」というカートライトの証言もある。

不和と協調、議論と賞賛。様々な想いが交錯する8月の撮影現場だったが、ギーガーが「エイリアン・デザート」（映画という料理の最後に出てくるため）と称する第3形態のエイリアンは未完成のままだった。予定の撮影日までには準備が間に合わない。仕方なく、スコットは成体エイリアンが登場しないシーンを先に撮影することになるが、そのせいでさらなる時間が費やされ、結果的にさらに多くの金がかかることになった。

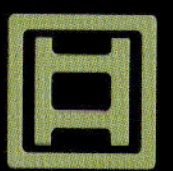

## 憎悪は盲目

第3形態エイリアンの頭部は、ほぼ間違いなく、『エイリアン』のスター的存在だ。観客が金を払って観に来るのも、映画のタイトルになっているのもエイリアンなのだ。それゆえ、ランバルディ、ワトリング、ギーガー、ジョンソン、そして彼らのスタッフが手掛ける制作作業は緊迫した事態をも引き起こした。

外から見れば滑らかで半透明な頭蓋だが、その下にはデリケートな機械と職人技が詰まっている。ランバルディと彼のチームは重量4kg以内に収めたカスタムメイドのポリウレタンの皮膚で繊維ガラスの頭蓋を覆った。繊維ガラス製の舌はギアが付いた金属の溝に載せられ、自由に緩急を付けながら20cmほど伸ばせる。あらゆる可動パーツは7mの層状ケーブルに接続されており(自転車の手動ブレーキに似ている)、そのケーブルは後頭部の穴から外に出て、操縦レバーまで伸びている。頭の各部の動きを作り出すには合計9本のケーブルが必要だった(最終版の頭部には可動パーツや関節が多い)。

ランバルディの主要アシスタントのひとり、カルロ・デ・マルキスは、スコットに要求された変更と塗装の作業をワトリングと一緒に行なった。彼らはさらにクロムメッキ仕上げの歯をエイリアンに装着し、コンドームで作った顔面の腱を露出させた(これらはスコットのアイデア)。「あの歯もポリエステル製なんだ」と、ギーガーは明かす。「クロムメッキを施したから、光沢が出てメタリックな感じになった。このモンスターは人間と機械の融合だから――機械よりは人間に近いけど、歯はそんなふうだろうと想像したんだ。つまり、彼に金属の歯を与えることで人間と機械という2つの特質を伝えているんだよ」

CHAPTER 11

# 恐怖

1978年8月～10月

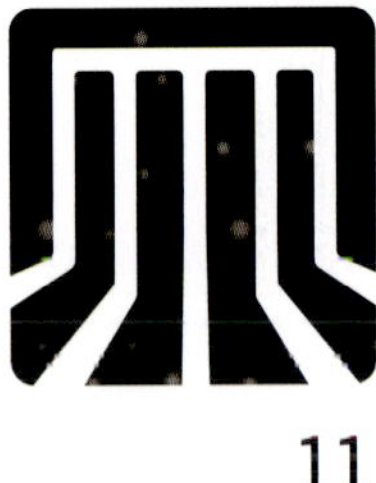

# 11

【撮影第42〜49日】1978年8月30日(水)〜9月8日(金)
【Bスタジオ Cデッキ、メンテナンス室／ガレージエリア内】シーン129(リプリー、パーカー、ブレットが猫を発見)、130(ブレットが猫の鳴き声を聞く)、131(パーカーとリプリーが来た道を引き返す)、132(ブレットの死。パーカーとリプリーが目撃)、135B(エアロックのパーカーとランバート、エイリアンを待つ)、138(パーカーとランバート、通気孔でダラスに話しかける)、141(エイリアンがどこから出てくるかパーカーが示す)、143A(ランバートの探知機が何かを捉える)、148(パーカーが武器を準備)、149A(ランバートの探知機に二重シグナル)、151(ランバートとパーカー、ダラスが死ぬ音を聞く)
【Cスタジオ Cデッキ、エンジン室内】シーン2(空っぽの作業空間)、18(パーカーとブレット)、24A(精製施設からノストロモ号が分離する間のパーカーとブレット)

スコットとヴァンリントは主に2台のカメラを用い、成体エイリアンが絡むシーン以外は撮影を完了しつつあった。2人のすぐ後ろでは編集技師のテリー・ローリングスがスコットの選んだラッシュをフィルムから抜き取っては、ひとつの粗編集にまとめていた。「監督はこういう作業には直接関わるべきだ。だから自分もそうしてきた」とスコットは語る。「テリーがいつもフィルムを編集してくれたおかげで、毎晩その日の進捗状況をこの目で確認することができた。僕たちは撮影した内容を話し合い、彼が微調整を行う。撮影フィルムが上がるたびに粗編集を続けてくれていた」

時間が許せば、ローリングスはセットを訪ねるようにした。各場面がどのように進行しているのかを実際に見て、ストーリー上の登場人物の役回りを正確に理解するためだ。「リドリーのラッシュを見ればわかるけど、まるでアートギャラリーのようだよ」と彼は述べている。

「監督が何かを即決しないといけない局面には何度も出くわした」と、スコットは言う。「あとで使うことになるかわからないまま、あるシーンの要素を削るかどうか即座に決めないといけなかったりするんだ。だが、編集の段階では不思議と勘が働く」

9月頭、スコットと撮影班はBスタジオに移動し、ブレットとダラスが死ぬ前後のシーンの撮影に入った。しかし、2人が死ぬ場面そのものはまだ撮影しない。彼らを殺すエイリアンが出来上がっていなかったからだ。

「ブレットは猫のことしか考えてないように見えるよ」と、スタントンは猫のジョーンズを探すシーンについて冗談を飛ばす。とはいえ、その場面を演じるのは簡単ではなかったらしい。「俳優が持つ創作の権利を使って、少しだけ設定を変更したんだ。こいつが次の犠牲者だと簡単にわかる設定だったから、どうしても納得がいかなくてね。せめて銃や火炎放射器くらい持たせるべきなのに、丸腰で歩かせるなんて！ まあ、こうするだけの根拠があるはずだと自分に言い聞かせて、何とか正当化しようとしたよ。まず、ブレットは猫を見つけてこいとリプリーとパーカーに言われ、『なんで俺なんだよ』って感じで腹を立てるんだ。で、最初は『おーい、子猫ちゃん、出ておいで』という台詞で演じ始めたんだけど、ブレットらしく『クソ猫、どこへ行きやがった』って吐き捨てることにしたんだ」

「ブレットが猫を探しに行った時の『うっかり』行動は、僕たち誰もがやってることだ」と、スコットは1979年に語っている。「僕にも経験がある。自宅で侵入者を感知する警報が鳴った時、僕はステッキを手に、慌てて下の階に降りていった。もし階下で銃器を持った強盗と鉢合わせでもしていたら、僕の頭は吹き飛ばされていたかもしれない。冷静に、論理的に考えることができていたら警察が到着するまで2階に留まっていただろう。だけど人はこういう馬鹿げたことをしてしまうものなんだ」

スタントンのシーンは滞りなく進んでいたが、スコットは本物の猫のほうに手を焼くことになる。猫のジョーンズはロッカーに隠れていて、俳優がロッカーの扉を開けると金切り声を上げて飛び出す予定だった。シーモアは猫のトレーナーが裏側から操作できるようにロッカーを細工した。だが、網を構えるコットーとスタントンを後ろに従え、ウィーヴァーが扉を開けると、猫は飛び出さず、その場に座っているだけだった。2テイク目、3テイク目も同じで、その後もうまく行かなかった。「視覚効果スタッフが呼ばれ、猫の背後から二酸化炭素を吹きかけてみたんだ」と、クリスチャンが明かす。「ところが、それでもダメだったんだ！ 次に送気ホースを使って猫の背中に強く空気を吹きつけた。でも、何も起こらなかったんだよ」

昼食後、彼らは再び同シーンの撮影準備を整えた。今度はアルターの指示でフィル・ノウルズがロッカーの裏手に回り、頑として動かない猫の尻尾に指を絡ませた。そして「アクション！」の声がかかると同時にウィーヴァーが勢い良くロッカーを開け、ノウルズは猫の尻尾をねじり上げたのだ。可哀想に、驚いた猫は甲高い悲鳴を上げて飛び出し、俳優たちの間を抜けてセットを横切っていった。

スタッフの知恵で望んでいた映像が撮れたものの、予想以上に時間がかかったせいで、残り時間はさらに短くなってしまった。美術部門の仕事もスムーズには進んでいなかった。「撮影が始まって以来、スコットは朝から晩まで撮影にかかりきりになった」とギーガーは日記に残している。「問題を相談するために数分間仕事の手を止めてもらうだけでひと苦労だった。だから、スコットの意向を汲み取れてるはずだと願いながら、自分たちだけで解決しなければならないこともしょっちゅうだった」

ランバルディは9月2日に離脱し、タンザニアに戻った。彼の

上2点／セットにいるヤフェット・コットー(上)とハリー・ディーン・スタントン(下)。

上/スコットがアラジンの洞窟のようだと称した〈神殿〉のセット。

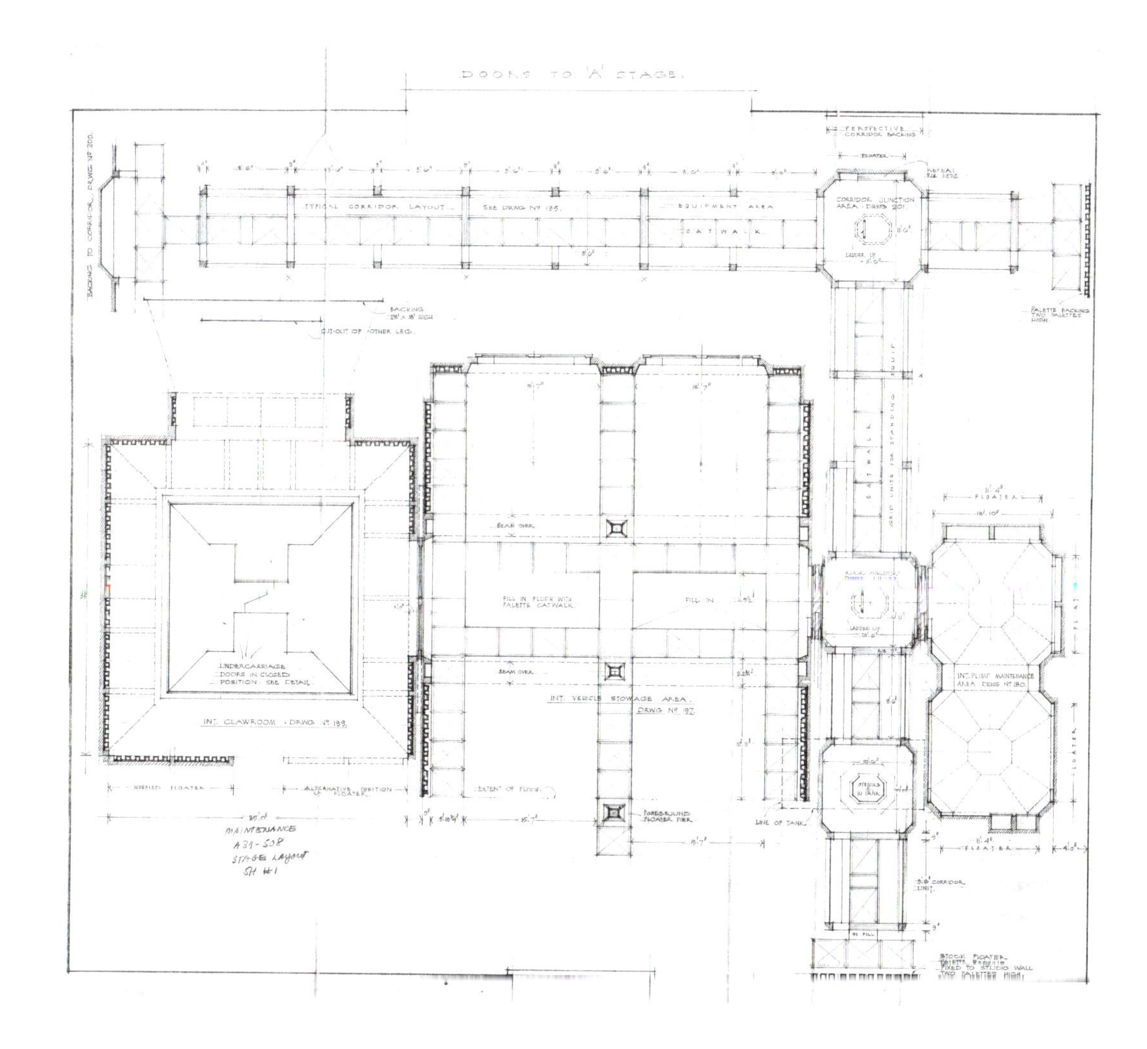


右/1978年6月15日に製図者のアラン・トムキンズが書き上げたノストロモ号Cデッキ内部の設計図。セットはBスタジオに建てられ、ポンプ室、エアロックドア、車輌保管エリア、隣接通路、着陸装置エリアなどで構成されていた。

メンテナンス室の床の装飾のため、美術部門と小道具チームはコッブのコンセプトスケッチに基づき、[illegible]、月面探査車に似た乗り物などの実物大模型を制作。巧みに壁に配置された木製パレットは暗めのメタリックカラーで塗装され、垂れた油を思わせる汚しが加えられた。

その隣には、〈神殿〉と呼ばれる車両保管エリアのセットが建つ。「神殿はかすかに輝くような感じに仕上げることにした」とスコットは説明する。「あちこちに金のアルマイトのような加工を施すんだ。そして本物の大型ジェット機のエンジンから部品を手に入れて組み込んだ。着陸用の支柱脚は柱のように見えて、荘厳な神殿らしさが出た。こうしてエイリアンは、巨大な金色の扉の向こうに見える、着陸脚のさらに奥に現れるんだ」

作った機械仕掛けの頭部に撮影スタッフが変更を加えたくなった場合のために、調整役として助手のカルロ・デ・マルキスが現場に留まることになった。マルキスは機械の修理だけでなく撮影中のアドバイスも行い、動きの演出を手伝ったり、技師に顎の操作方法を教えたりもした。

スコット、キャロル、ディリー、パウエルの4人は、ギーガーの作ったエイリアンの卵のプロトタイプを見に行くために、Bスタジオから(彼の工房がある)駐車場へと向かった。性的なイメージを強め、生殖の側面を強調するデザインとして、ギーガーは複数のコンドームに粘土を詰めた半透明の「小さなソーセージ」を卵の「ピンク色の開口部」に収めていた。また、その開口部の中には内陰部と外陰部を思わせる造形が見て取れた。

即席で作られた工房の中央にはエイリアンの卵が置かれ、大きなビニールシートがかぶせてあった。監督とプロデューサーたちはその周りを囲んで立った。「私がシートをめくると、見学者たちから笑い声が上がった」と、ギーガーは書き残している。「ジェントルマンたちが落ち着いてから、卵を気に入ったかどうかを尋ねてみた。スコットは出来は素晴らしいがやりすぎな部分もあると答え、キャロルは詳細が露骨すぎると言う。特にカトリック信者の多い国では問題になりかねないと心配していた。ディリーは、もっと花が開くようなイメージが良いそうだ。こうして私は、不評だった卵を作り直さねばならなくなった」

アルダーの記憶によれば、彼とアラン・ラッド・Jrもその場にいたようだ。「工房に入っていって、シートの下の姿が明らかになると、誰かが『この卵、どうだろう?』と発言した。するとリドリーが『これは相当、猥褻だと思う』と発言した。辺りには完全な沈黙が流れた。全員が顔を見合わせていると、ゴードン・キャロルが口を開き、『リドリー、この卵が猥褻だってどういう意味なんだ?』と監督に問いかけた。リドリーは『でかい女性器(fanny)そのものじゃないか』と答えた」

アルダーは解説する。「イギリス英語で『fanny』は女性器の意味なんだが、アメリカ英語では男女を問わず、人間の尻を指すんだ。そして、キャロルは美しいイギリス英語の発音で静かにこう告げた。『リドリー、エイリアンは頭に1mの男性器を載せて走り回るんだぞ。しかも、エイリアンの遺棄船には5m近い女性器さながらの入口が付いている。なのに、この卵が猥褻だって?』。その発言が皆の笑いを誘ったんだ」

ギーガーはディリーのアイデアを受け入れ、花びらが開くかのような交差する十字を加えることにした。「上から見ると十字架に見えるから、カトリックの国の人々も気に入るはずだ」とギーガーは言う。「また今回も、私はプロデューサー、私自身、自国や他国の大衆を満足させる仕事をした」

改良版の卵は承認され、直ちにゴム製の鋳型が作られた。ポリエステルを流し込んで透明な卵を作るのだ。また、アルダーの視覚効果部門は卵が開く機械仕掛けを埋め込んだ。貯蔵庫に並ぶ他の130個の卵もポリエステルを使って量産された。

次に、ギーガーとボイジーはスコットが描いた繭のラフスケッチを見ながら、繭を表現する「繊細な何か」を作り出そうとアイデアを練った。また、ボイジーはスケリットが屈んでいる姿も[illegible]となってほとんど繭に包まれた状態で登場するため、姿が見えるスケリットをゴム乳液を使って作ることになったのだ。

9月初めの数日間で最も重要な出来事は、ついに成体エイリアンが完成する目処がついたことだ。エイリアンが犠牲者になる俳優たちと共にセットに立つ瞬間は、確実に近づいていた。

## 暗雲

[illegible]「この種の映画で最も大事なのは、[illegible]が彼らにどんな影響を与えるかなんだ」

彼は第3形態のエイリアンを、見せ方の上でも心理的な恐怖

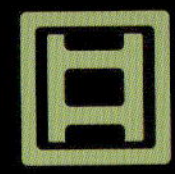

## エイリアンとは何か？

エイリアンの「ゴッドファーザー」にあたる者たちは、このモンスターの本当の正体について、それぞれの考えを持っている。脚本ではあえてその真相は曖昧にされているため、スコット、オバノン、ギーガーらは独自に解釈していた。『ブック・オブ・エイリアン』の著者ポール・スキャンロンは次のように書いている。「エイリアンは構造的に完璧な存在で、敵対する相手への反応もそれに匹敵するくらい高いレベルにあると聞かされた。そして、脱皮を繰り返し、外皮を黒いシリコン樹脂状に硬質化させていくことで、どんどん環境の悪条件への耐性をつけていく習性があるという」

「エイリアンの設定で不満に思ってるのは、嗅覚を持たないことだ」と、スコットは明かす。「エイリアンにしてみれば、嗅覚がないのはリアルな要素なのかもしれない。なぜなら、彼の臭いは信じられないくらい強烈なはずだから。時を超えた存在でありながらも朽ちつつある生き物の感覚を、醸し出したいと思っていた。例えば、昆虫みたいに4日で一生を終えてしまう、限られたライフサイクルを持っているかもしれないとかね」

「エイリアンは繁殖するために生きている生命体だ」と、彼は付け加える。「繁殖の際は、卵を産むエイリアンと宿主の両方の特徴が次世代に受け継がれる。だから、ノストロモ号に入り込んだエイリアンはスペースジョッキーとケインの性質を帯びているんだ。もしもフェイスハガーが猫を宿主に選んだら、生まれてくるのはスペースジョッキーと猫のハイブリッドになっていただろう。そいつがどんな外見になるか想像できるかい？」

「エイリアンのライフサイクルは非常に複雑だ」とオバノンは語る。「彼らは胞子を持つ。その胞子の中には、歩き回るペニスとでも言うべきものが入っていて、宿主が胞子に近づくと、胞子からそいつが飛び出して相手に張りつく。そして、口と耳とか、一番近くにある穴に卵を産みつけるんだよ。役目を果たしたフェイスハガーは死んで、宿主から剥がれ落ちる。宿主は単なる孵化装置と化し、ほどなく幼体が相手の肉体を突き破って飛び出すんだ。生まれたエイリアンは驚くべき速さで成長し、猛烈な空腹感を覚える。次世代のために繁殖を繰り返さないといけないわけだからね」

オバノンはまた、彼の物語に登場するエイリアンは、状況によって偶然生まれた変則的な存在であると位置付けている。「このエイリアンは、種独自の行動様式に影響も受けていないんだ。何かの影響を受けたのはノストロモ号にいる数時間だけだった。まだ何も学んでいない。獰猛で、本能のままに動くだけなんだ」

映画のストーリーが示すように、この生物は論理的で2つの物事の因果関係を考えられる能力があり、ほんの数時間で言語を習得できると考えられている。しかも、敵である人間が何を企んでいるのかを理解しているようだ。警報が鳴った際も、エイリアンはそれが危険を知らせるものだと察することができる。

「エイリアンの真実に迫れれば良かったんだが――」とスコットは言う。「れっきとした文明が存在しているとか、おそらく遺棄船は戦艦か、A地点からB地点へと兵器か何かを運ぶ貨物船で、何かがおかしくなってしまったという事実も含めてね」

一番上／エイリアンスーツを着たスタントマンがシーソーのような装置に乗ってテストする風景を見学するアイヴァー・パウエル（左）とスコットたち。

上／エイリアンの尻尾がパーカーの腕を切り落としたように見える。

左／撮影前にエイリアンスーツの準備をするスコットとスタッフたち。2mを超える尻尾は脊椎動物の尾を参考にして作られた。筋肉の代わりにワイヤーを使用し、600以上のパーツで構成されている。

「尻尾は頭よりも難しかった」とデヴィッド・ワトリングは明かし、ギーガーは次のように付け加える。「元々、機械を仕込んだ尻尾にする予定だったが、うまく作動しなかった。そこでワイヤーで動かす通常の尻尾が使われることになった。観客がワイヤーの存在に気づかないことを祈るばかりだ」

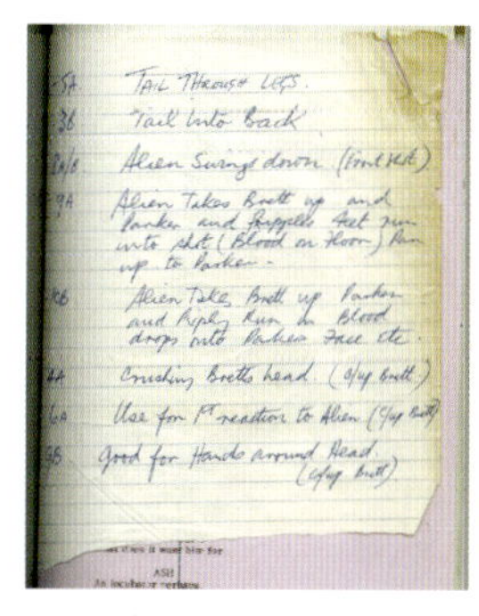

上／編集技師ローリングスが所有していた脚本の1ページ。エイリアンがブレットを攻撃するシーンに、「尻尾が両足を貫通……背中にも刺さる……エイリアンがスイングしながら落下し、ブレットの頭がつぶれる」などと書き込まれている。

右／第3形態のエイリアンの頭部。撮影中のショットで、口から唾液が垂れている。

「この頭は、文字通りどんなこともできる」とアルダーは言う。「歯をむき出しにし、微笑み、口を開け、舌を突き出すことも可能だ。その舌にも歯の生えた口があり、ちゃんと開閉できる。喉で呼吸もする」

ランバルディと彼のスタッフは詳細までこだわって怪物的な美しさを表現。例えば、エイリアンが顎を開くと頸部がわずかに膨らむように作り込んでいる。「この動きが中にいる人間の気配を消し去ってくれるんだ」と、助手として鋳型制作や型取りを行なったラルフ・コボスは述べている。

においても、『ジョーズ』におけるサメ、もしくは『サイコ』における母親のように扱うつもりでいた。実際に存在しているとわからせておいて、なかなか姿を見せないようにするのだ。

「あらゆる動きがゆっくりで華麗なんだ」と、スコットは説明する。「エイリアンは形態ごとに姿を変えるから、本当はどんな姿になるのかわからないまま話を追うことになる」

成体エイリアンの登場は今か今かと観客をハラハラさせ続けるこの手法は、複数の問題をカバーすることができた。まず、成体エイリアンはやっつけ仕事で間に合わせたものだ。さらに各シーンは変更される可能性も高く、全体がはっきりと固まっていなかった。スコットは各キャラクターの死に合わせ、様々なアイデアを試すつもりだったのだ。

「エイリアンのスーツを着たボラジ・バデジョーを見て、そう決めたんだ。ある日の撮影後に遅くまで残って、セット上でエイリアンがどう見えるか何回かテスト撮影をすることにした」。アルダーは語る。「脚本ではエイリアンは人間のように通路をあちこち駆け回ることになっていたが、最終的に出来上がったスーツでそうすると、とても馬鹿げた感じになることがわかったんだ。その案はすぐに却下された。リドリーはこう言っていたよ。『エイリアンが走り回る姿なんて見たくない。それより、姿を見せるたびに新たなポーズを取ってもらいたいんだ。ゆっくりと、華麗に動くようなポーズで』」

「実際には成体エイリアンはスーツを着た俳優だが、観客にはそう思わせないようにする必要がある。なのに、『どうせ着ぐるみだろう』という感じが否めなかったんだ」と、スコットは語る。彼は最初からスーツアクターの起用には反対していた。バデジョーは太極拳やパントマイムの教室に通い、納得のいく動きを作り出そうと努力を重ねたが、結局はいつまで経っても、ゴム製スーツをまとった人間にしか見えなかったのだ。

「このモンスターをすっかり見慣れてしまっていたため、他の人間はこれで本当に怖がるのかと私は疑心暗鬼になっていた」と、ギーガーは胸の内を明かしている。彼はインクとアクリル塗料を混ぜてエアブラシでスーツをペイントしたのだが、すっかり疲弊していた。「第3形態のエイリアンは厳重な管理の下、秘密にされ続けていた。セットで実際に向き合うまで、俳優ですら、その姿を見ていなかったのだ。だから、初めて対峙する登場人物たちのショックは限りなく本物に近いはずだ」

「ようやく何とか使えそうなものが仕上がった時、少し離れたところに立って彼を眺めてみた」とスコットは振り返る。「良くも悪くも、[illegible]描かれたエイリアンは見事だった。ギーガーが立体模型にしたら、最高にイカしていた。その素晴らしさを維持したまま実物大にするには、僕らはあの手この手を尽くさねばならなかったんだ。最大の問題はやはり時間だった」

「成体エイリアンは、緻密な部分にまでこだわった職人技の結晶だ」とシーモアは言う。「だが、それをどう撮影するかについてはとても慎重になる必要があった。撮影方法については数え切れないくらい話し合いを重ねた。なぜなら、数秒以上その場に踏ん張っているだけで、エイリアンはただのゴム製スーツを着た人間に過ぎなくなってしまうからだ。スーツがどれだけ美しくデザインされていたとしても、しょせんは着ぐるみに入った俳優のように見える。それは当然、受け入れがたいことだった」

## 餌食にされたコウモリ

大西洋の向こう、米アリゾナ州フェニックスでは、「イグアナコンII」と呼ばれる1978年の世界SF大会が開かれていた。そこで映画プロデューサーのチャールズ・リッピンコットはマスコミに対し、20世紀フォックスの大型新作映画である『エイリアン』のイメージを初披露した。スライドを用いたプレゼンで、彼は物語の大筋を明かした。「星図にも載っていない遠く離れた宇宙空間。オンボロの商業用宇宙船ノストロモ号は、オイルと希少鉱物の巨大な貨物を牽引して航行中だった。そして船は近くの小惑星から発信源不明のメッセージを受信。7人の宇宙飛行士——男性5名、女性2名がコールドスリープから目覚め、送信されてきた信号の調査に取り掛かる。荒廃した小惑星に降り立った彼らは、とてつもない銀河の恐怖を発見する。それは乗組員全員を殺しかねない、恐ろしく強いエイリアンだった」

イギリスでは、その恐ろしい地球外生命体のせいで撮影に遅れが生じていた。「今日は、本当なら第3形態のエイリアンが初めて演技をするはずだった」とギーガーは書き残している。「しかし、共演する猫が全く乗り気ではなかったのだ(エイリアンを怖がってくれなかった)。明日、私は[illegible]その怖い怪物に対して決断を下さねばならなくなる」

結局のところ、猫のジョーンズを怖がらせて撮影するために、監督は姿を隠し、代わりにリードに繋がれたジャーマンシェパー

**左**／上から降りてきた成体エイリアンの爪に掴まれ、宙に浮いたまま絶命するブレットの様子を撮影するスコット。プラスチック製の防護布をまとって撮影することもあった。

**次頁右上**／エイリアンがブレットを連れて姿を消し、悲鳴を上げるパーカー。

**次頁右下**／この時の撮影ではエイリアンがブレットの頭部をつぶすが、完成版では変更されている。この写真でエイリアンの中に入っているのはスタントマンのエディ・パウエルか、ロイ・スキャメルが多い。

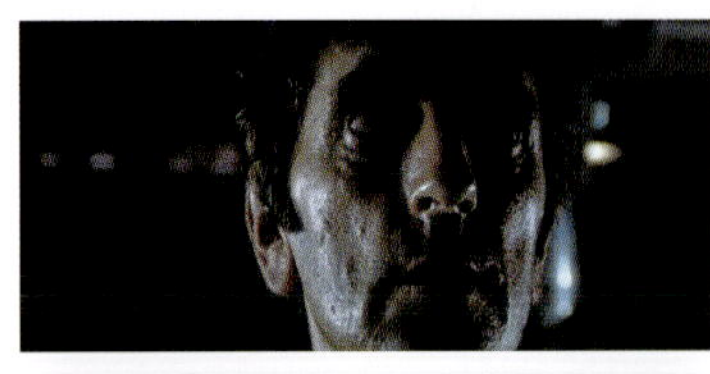

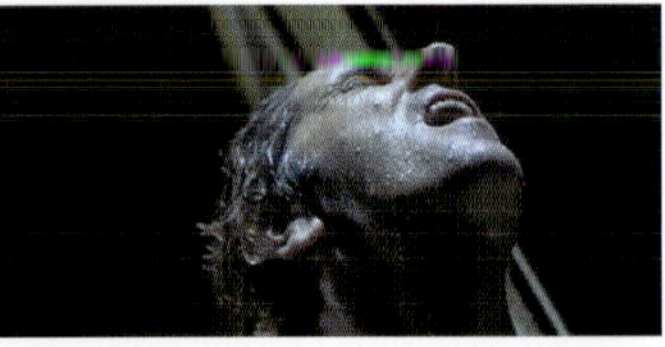

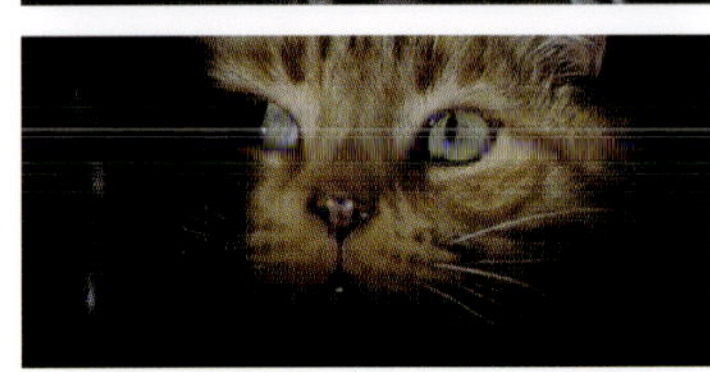

上3点／一番上から、猫を探すブレット、滴り落ちてくる水の中に立つブレット、ブレットの最期を見つめる猫のジョーンズ。

下／ブレット役のスタントンが手を伸ばしてくるエイリアンを見て戦慄するシーンの撮影風景。

左上／本物の火炎放射器を使って練習するウィーヴァー。

ドを登場させた。パウエルによれば、「猫を追いかけるのが大好きな犬」だったらしい。猫は狙い通りに後ずさりし、「シャーッ」と威嚇の声を上げた。

9月5日。芸術性、こだわり、そして職人技の融合体である成体エイリアンの初撮影の日がついにやってきた。通常、午前8時半にはセットの準備完了の知らせが回ってくる。この日はブレットの死の撮影のために、パントマイムアーティストのベン・デニソンと、ワイヤー操作を行うデレク・ボテル（フライングエフェクト担当）のスタッフも待機していた。小道具は探知機、牛追い棒、網、火炎放射器を用意。ケータリングの食事は80人分を手配してあった。チェストバスターの撮影には2日間を要したスコットだったが、成体エイリアンの初登場シーンにはさらに時間がかかった。俳優にスーツを着させるだけでも、時間はどんどん過ぎていった。

バデジョーはワンピースの黒いボディスーツから着始めた。次に足と腰の部分を装着し、片側のファスナーを締める。スタッフの助けを借り、胴体／胸郭部分を頭からかぶって袖のように腕を引き出す。そして、ゴム製の足で彼の足を覆い、関節のない6本指の手袋をはめた。ワトリング作の多関節の尻尾は、コスチュームの内側に固定された繊維ガラスの成型プレートに個別に取りつけられている。第3形態エイリアンは10〜15のパーツで構成されており、必要なアクションに応じて使用するパーツが変わる。スーツは複雑な作りで、胸郭などは部分的にシースルーになっていた。

「あの恐ろしい見た目のスーツは硬く、バデジョーにとってはひどく不快な着心地だったはずだ」と、パウエルは語る。

最後に頭部を装着すると、バデジョーは「幅広の長いバナナの真ん中に頭を突っ込んだみたいだ」と感想を言った。ワトリングが作製した頭部は結局うまく動作しなかったのだが、ギーガーによれば、設定に合わせて使用するべく、ランバルディの頭部のうちの3体も予備として用意されていたという。また、この日は小ぶりのほうのコスチュームを着たスタントマンもスタンバイしていた。「バデジョーとスタントマンの2人は、あのスーツに身を包むのはかなり苦痛だったようだ」とギーガーは語る。「着るだけで少なくとも1時間はかかる。特に頭部の見てくれはひどい。やすりのかけ方もいい加減だし、ゴム接着剤の糊づけも汚い。だから、また手直しで待機時間が延びる一方だった」

スーツを着て第3形態エイリアンに変身した2人は、その日の朝からBスタジオに入るようになった。ここには主に、船のCデッキにあるガレージ兼メンテナンス室のセットが建っており、いくつかの問題を抱えていた。この巨大なセットはスタジオ内を横断して建てられている。配管メンテナンスエリアから、2つのエアロックを抜けると車輌保管エリア（いわゆる〈神殿〉）に入り、最終的には〈爪の部屋（クロールーム）〉と呼ばれる着陸脚格納庫に至る。スタジオの北側は一般的な通路のセット、備品室、通路の分岐・合流地点があった。セットの予算は既に何度も大幅に削減されていたため、スコットが雨のように水滴が垂れてくる地点を設けたいと提案した時は白熱した議論が続いたという。「宇宙で水だと？」と問われたスコットは、その液体は空調ダクトからの水滴だと説明し、主張を通そうとした。「あの雨は自分の発案だったんだ」と、スタントンは明かす。「リドリーがいたく気に入ってね。

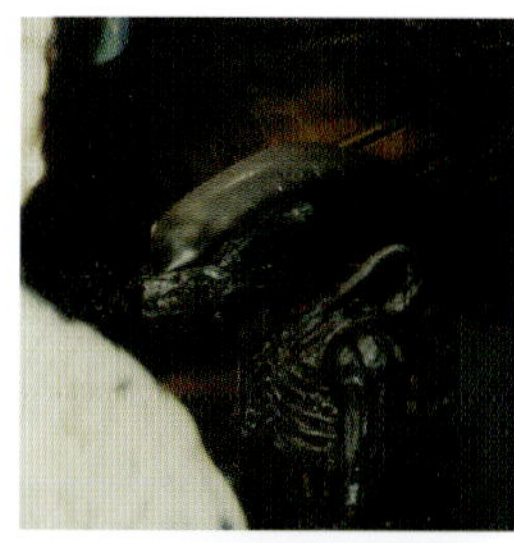

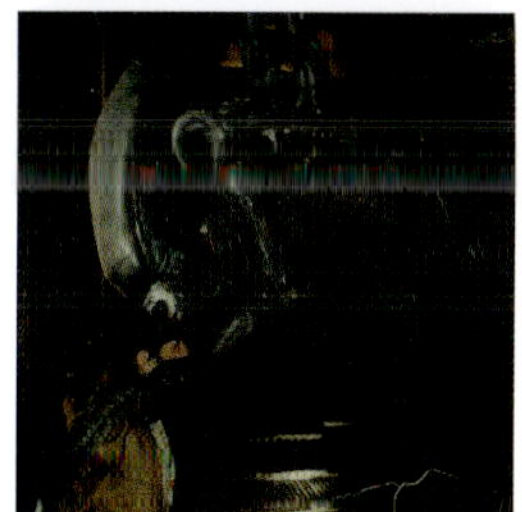

上4点／エイリアンとブレットを写した4枚のポラロイド写真。

右上／リプリー役のウィーヴァーは繭のある場所にたどり着くまでに、火炎放射器を抱えたまま、滑りや[illegible]いけなかった。

すぐに受け入れてくれたんだ」

「ブレットが着陸脚格納庫に入るシーンの撮影に際し、リドリーは不気味な雰囲気を出せるビジュアルを模索した」と、アルダーは語る。「スチームやスモークなど様々なものを試してみたけど、今ひとつピンと来なかったんだ。そこで、水滴を垂らしてみたらどうかと思って。リドリーも『これだよ、僕が望んでいたのは！』と賛成だった。あるショットでは、リドリーがカメラを屋根のほうへとパンしていくと、ゆっくりと滴る水の雫が漆黒の中で光るんだ。とても美しいエフェクトになったよ」

この滴り落ちる水というアイデアは、映画のコンセプトを考えていた初期の「幽霊屋敷のようにしたい」という発想が甦ったとも言えるだろう。水滴の効果はスコットが常用するスモークと相まって、老朽化した船のボイラー室のような雰囲気を生み出した。

〈爪の部屋〉には小惑星のセットで使用した12mの着陸脚が天井から吊るされており、それを取り囲むように収納庫が建てられている。天井はサウンドステージの屋根の内側のグリッドパイプがそのまま活かされた。また、スタジオには重い装置などを操作するために鎖が常備されているのだが、それも経費節約のためにシーモアが建造したガレージの一部となり、ブレットの頭上にエイリアンを降下させる道具として使用された。

「ブレットの死のシーンでは、撮影直前までエイリアンを俳優に会わせないようにしたんだ」とスコットは言う。「ブレット役のハリー・ディーン・スタントンとは、エイリアンなしでリハーサルを行なった。床の上にチョークで位置を示す印をつけ、段取りについてざっくり説明するに留めておいた」

元々の構想では、着陸脚の横にある高さ3mほどの位置でエイリアンが蜘蛛のように丸くなっているという設定だった。ブレットが入ってくると、丸まっていたエイリアンは身体を広げてゆっくりと降下を始める。そして、彼をむんずと掴むなり、通気孔を上って消えてしまい、リプリーとパーカーは恐怖の中でそれを目撃することになる。

だが、スコットは新しいアイデアを思いついた。アルダーは次のように回想する。「リドリーがこう言ったんだ。『ブレットにはエイリアンの餌食になってもらうが、ただ襲いかかるだけでは面白くない。エイリアンがそっとブレットに忍び寄り、最初は頭を撫でるだけというのはどうだろう？ 怪物が人間に対して『こいつはなんだ？』と観察してるような感じだ。そして奴は次第に力を込めていき、ブレットの顔に血が垂れ始める。最後には彼の頭を割ってしまうんだ』」

エイリアン役のバデジョーは吊り下げ装置に乗って出番を待ち、アルダーはブレット役のスタントンの毛髪に隠すようにして血糊のチューブを野球帽に仕込んだ。シーソーのようなこの吊り下げ装置でバデジョーは着陸脚の高い位置まで上がることができる。エイリアンの多関節の尻尾は、頭上のワイヤーで操作される（内部にケーブルを通した仕掛けではうまく動かないことが判明し、この方式に変更された）。また、ブレットはエイリアンに尻尾で掴まれて宙に持ち上げられるため、スタントンもフライング用ハーネスを装着した。

しかし、カメラが回り始めると、全ての動き（装置、シーソー、尻尾、ポンプで噴き出す血液）を連動させるのに問題が発生し、何時間どころか、何日経っても解決できなかった。「リドリーは豊富なアイデアを持っていたけど、中には実現不可能な案もあった」と、バデジョーは言う。「僕が3〜4m半ほどの高さの地点で吊るされながら、繭のように身体を丸めるというシーンがあった。それからゆっくりと四肢を伸ばしていくんだけど、まず身体を丸めることができなかったんだ。胃の周りがハーネスで押さえられていたから、その動きをすると息ができなくなってしまって」

シーソーが降りてきてバデジョーが逆さまになっても、彼の頭に血が上るだけで事態は変わらなかった。結局、彼は吐き気を催して、これ以上はできないと断り、スコットはスタントマンのエディ・パウエルを呼ぶことになる。「だが、そのスタントマンさえも、天井からぶら下がるシーン――それとも『吊るされた』というべきか――を快適に演じているようではなかった」と、ギーガーは記録している。「彼は何も見えず、動く時は下から大声で飛んでくる指示が頼りだった」

「俳優たちはこの現場を見て、エフェクトがいかに重要かを悟り、その表現のリアルさを知った」とスコットは語る。「俳優たちの2〜3人がセットにやってきて、ブレットが死ぬ場面を見学していった。皆脚本を読んで、彼がどんな死を迎えるかは理解していたが、自分が死ぬシーンもうまくやりたいと考えていたようだ」

「キリストが天から降りてきて、命を奪うのよ」。カートライトはブレットの死をそう例えている。

9月6日、スタントマンのエディ・パウエルは1日中ワイヤーで吊り下げられていた。スーツの背面にある4本の支持翼かチューブが壊れ、新たにワイヤーに付け直さなければいけなくなった。何もかも濡れていて、ヌルヌルだった。パウエルの疲労の色が濃くなると（気を失ったという証言もある）、スコットはもうひとりのスタントマン、ロイ・スキャメルを呼んだ。だが、結局スキャメルも長時間の撮影には耐えられなくなる。スコットはダミーのスーツをシーソーに設置して撮影を続行しようとしたが、それもうまくは行かなかった。

ある晩、スコットは新たな問題を見つける。エイリアンの唾液を出す管が俳優の背後から突き出てしまっていたのだ。それはまるで2本目の尻尾のようだった。「一体全体、どうして管が背中から出てるんだよ？ これじゃ撮影できないじゃないか」と、スコットは問いただした。

アルダーは翌朝までに直すから心配しなくていいと回答し、スコットが次の仕事を進める間、ロジャー・ニコルスに解決策を求めることにした。デニス・ロウによれば、ニコルスは白宅まで車を走らせて、車庫に入るなり、航空機のモデリングをしていた時代の材料を探し出したという。翌日、彼はバッテリーパックと無線操縦レシーバーを取り付けてRCスイッチに配線後、フロントガラスウォッシャーポンプを設置。そのウォッシャーをラジコン飛行機から外してきた燃料タンク（操作アングルにかかわらず連続して燃料を流せるという利点があった）に繋げた。そしてニコルスはこの機械をスーツ背面の突起物の間に固定し、燃料タンクにグリセリンと水を混ぜたものを注入した。

その日の夕方、スコットはこの新しい仕掛けを試すことになった。スーツを着たエディ・パウエルが着陸脚からワイヤーで吊られ、降下すると顎が開いた。デニス・ロウの証言によれば、「それと同時に、ちょうど良い量の気味悪い粘液が流れてきた」という。「無線操作されたエイリアンの唾液が合図にぴったり合わせて外に出てきたんだ。喜んだリドリーの『イギリス人諸君、ありがとう』というつぶやきが聞こえたよ」

その時の様子をギーガーはこう記録している。「若干背の低すぎるエイリアンがスチールのワイヤーで上のほうへ引っ張り上げられた。そこから降下して獲物を掴むのだ。そして吊るされたまま頭から降りてくるのだが、やるたびに何度も批判され、修正され、話し合いが繰り返される。そしてまた引っ張り上げられ、天から降ってくる。ボラジは私の横に立ち、楽しんで見ていた。なぜなら今回は白人が黒人的な役を演じないといけないからだ」（白人は普段、骨の折れる面倒な仕事を黒人にやらせるものだが、その立場が逆転しているという意味）。

エイリアンのスーツは天井から垂れる油分を含んだ水で傷んでしまい、この日の撮影終了後、ギーガーはスーツを修復することになった。その作業は同じシークエンスの撮影が終わるまで毎日続いたという。ギーガーに言わせると、この撮影では「頭から足先までグリセリンとスライムまみれ」になるらしい。そのせいでスーツが色褪せてしまうのだ。

スタントンもまた、俳優として彼なりの問題を抱えていた。「俺はヘマをしてしまったんだ」と彼は漏らす。「これっぽっちも恐怖を演じられなかった。泣く演技はできる。笑うことも。恐怖以外の演技なら何でも表現できるのに……」

「元来ケダモノである存在を理解するなんて、俳優が簡単にできることじゃない」とスコットは語る。「俳優だって、スーツの中には人間が入っていて、こんなこと現実の人生では絶対に経験しないとわかっている。だから僕はスタントンに自分が抱くとは夢にも思わなかった感情を表現させたかった。ほとんどの場合、犠牲者は怪物に触れられる前に死んでしまうものだ。心臓発作に見舞われるとかね。だからブレットの死やそれに続くエイリアンの登場シーンは、感情を大きく揺さぶる、心臓発作が起こってもおかしくないような演出にしたんだ」（スコットはエイリアンがブレットの胸を裂いて心臓をもぎ取るというアイデアも考えたが、ケインがチェストバスターに殺されるシーンを考えると、過剰になると判断して採用しなかった）

スコットと撮影班はエイリアンの頭と尻尾の操作方法を辛抱強く熱心に学び、スタントマンとスーツアクターたちもこのスーツに慣れ始めたので、次第に許容レベルの撮影ができるようになってきた。エイリアンは通常、操作を担当する6人のスタッフが7m以上離れた場所からレバーを操作し、顎、筋肉、靭帯を動かしていた。

9月8日の正午、参加を許されたバデジョーとギーガーだけがスコットと撮影チームのそばに座り、成体エイリアンが出てくるシーンの初ラッシュを確認した。それを見たギーガーの感想は、「驚くほど強烈」だった。「特にランバルディが作った機械仕掛けの頭のクローズアップに圧倒された。歴代モンスターの中でも最高の出来だろう。エイリアンのクリエイターである私はかなり有名になるはずだ」と彼は語っている。

ギーガーとスコットたちは、これまでに判明した問題点や今後の効率的な撮影の進め方について話し合った。

## 目に見えぬ地球に死を

【撮影第50〜62日】1978年9月11日（月）〜9月27日（水）
【Cスタジオ Cデッキエンジン室内】シーン2、18、24A、32（パーカー「エンジンが埃だらけだ」）、37（圧力弁が吹き飛ぶ）、39（漏電による火事）、42（損傷具合）、43pt（さらなるダメージ）、48（リプリー「あんたたち2人とも、そのうちわかるわ」）、58（リプリーvsパーカー）、90（「しつこい！」とパーカーが吐き捨てる）、

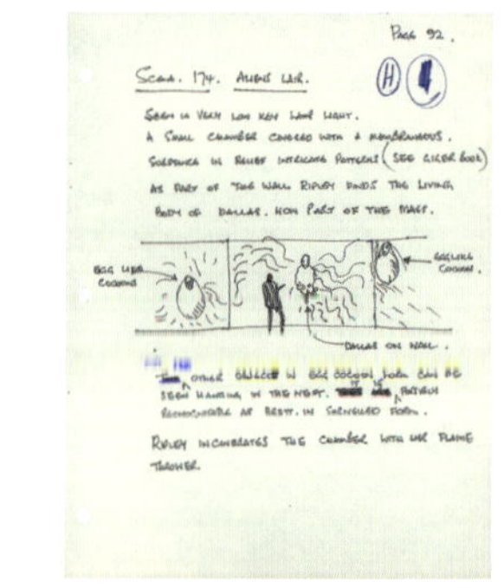

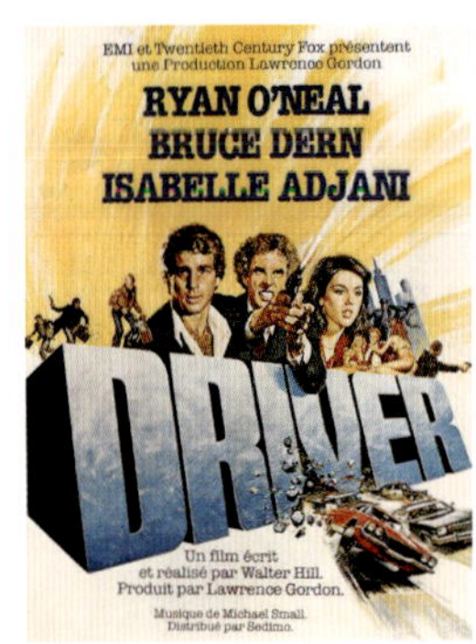


**一番上**／スコットによる繭のシーンのスケッチとメモ。「複雑な浮き彫り模様のように薄膜状の物質が覆い尽くす小さな空間（ギーガーの本を参照）」と記されている。リプリーはこの部屋で繭と化したダラスとブレットを焼き払う。

**下段**／ウォルター・ヒルの『ザ・ドライバー』（78）のポスター。彼は『エイリアン』ではなく、この映画を監督するほうを選んだ。

**左端下段・左**／パーカーの死のシーン。

**左端上段**／スチームに包み込まれるパーカー。床の上で噴射されるスチームのエフェクトはデヴィッド・ワトキンスが担当した。リプリーがパーカーとブレットと口論する通路のシーンの撮影前日、スコットと撮影班は10mの長さがある通路に沿ってスチームを出す準備のため、100kg弱もある二酸化炭素のタンクをいくつも設置した。この作業にはひと晩かかったという。だが、そのおかげで、この通路では要望に応じていつでもスチームのエフェクトが出せるようになった。

上／ランバートとパーカーを写したポラロイド写真。ランバートに扮するカートライトが「もう沢山!」と言い放っているかのように、手書きの吹き出しが加えられている。

右／床に倒れたヤフェット・コットーの横に立ち、次のショットについて話し合うスコット。パーカー役のコットーは死にかけている、もしくは既に死んでいるためこの体勢を取っている。

91pt(「あんたの戯言でも、私は聞かなきゃいかないの」と返すリプリー)、194(リプリー、冷却装置をシャットダウン)、197(彼らを追い返すリプリー)
【Bデッキ通路内】シーン86(垂れた強酸性の雫を追う乗組員)、127(ダラスのグループが第2形態エイリアンを捜索)、128(リプリーのグループも捜索)
【エアロックおよびエアロック出入口内】シーン80(船に生命体を入れようとしないリプリー)、77pt(内部ロックに顔を向けるアッシュ)、79(待機するアッシュ)、83(ダラス、ランバート、ケインがよろめきながら船内へ)
【エアロック出入口内】シーン135A(第3形態エイリアンを罠にかけるべくエアロックを準備するリプリー)、139(リプリー、エアロックを開ける)、146(ダラスと話す)、150(ダラスの悲鳴を聞く)、151(静寂)
【Bデッキエアロック通路／廊下／ナルキッソス号内】シーン191A(走るリプリー)、191C(リプリーが猫のジョーンズが入ったケージを掴む)、195(脱出艇内にいるエイリアンを発見)、198A(猫と一緒に脱出艇に戻る)、199(自爆まで90秒)、200、201、202(脱出艇に駆け込む)
【Bスタジオ メンテナンス室／着陸装置エリア、屋根／食料保管ロッカー、Cデッキ通路内】シーン190(リプリー、繭を発見し焼却する)、175C(パーカーとランバート、冷却材のシリンダーを積み込む)、175E(ランバート、探知機の点滅に気づかない)、185(探知機の表示に気がつく)、186、186A(パーカー、こん棒のように火炎放射器を使用するが殺される。エイリアンはランバートのほうへ移動)、187A、187B(リプリー、ランバートとパーカーの死体発見)
【Bデッキ通路内(元はナルキッソス号内)】シーン175A(リプリーとパーカー、自爆前の残り時間を話し合う)

9月半ば、フォックスは作家アラン・ディーン・フォスターによる『エイリアン』ノベライズ版の初稿を受け取った。フォスターは『スター・ウォーズ』のノベライズのゴーストライターでもある。初稿のタイトルページには「本書は複数の作家によって書かれた脚本をベースにしているが、最も参考にしたのは、この恐ろしい存在を最初に生み出したダン・オバノンとロナルド・シャセットによる脚本である」と記されていた。

フォックスの重役は真っ赤なインクで「気に入らない」と返事を書いた。そしてそれに加えて「なお、クレジットは脚本：ウォルター・ヒルとデヴィッド・ガイラー、原案：ダン・オバノンとロナルド・シャセットという表記がいいとギャレス(・ウィガン)にアドバイスしてある。彼もそれに従うはずだ」と記した。ちなみに、1978年8月、ウォルター・ヒルの監督作『ザ・ドライバー』が公開されたが、興行収入的には失敗に終わった。ヒル自身も「業績としては完全なる失敗作」と表現し、「もし『ウォリアーズ』(79)の撮影に入っていなかったら、自分のキャリアは台無しになっただろう」と語っている。

「9月、僕は映画のクレジットに関して交渉を始め、口論も辞さない徹底抗戦の構えだった」とオバノンは言う。「映画業界の新参者は通過儀礼を受けないといけないのだ。言うなれば、有罪判決を受けて刑務所に収監された新顔が古株に尻を差し出すようなもんだ。だが、僕はそんな慣例に従うつもりはさらさらなかった。だからやるだけのことをやって闘い、大勢のフォックスの人間を激怒させた。僕は自分の脚本のために真っ当なクレジットを望んだからだ」

「オバノンとシャセットは脚本家としてのクレジットをめぐり、ブランディワイン側とずっと揉めていた」と、スコットも証言する。

イギリスに戻ったボイジーは、Aスタジオのスペースジョッキーが座っている操縦席のモデリングを終えていた。エディ・バトラー、クリントン・ケイヴァーズ、ロジャー・クリスチャンなど、既に何人かは作業を完了したとして、次の仕事のために『エイリアン』の現場を離れていた。クリスチャンはモンティ・パイソンの映画『ライフ・オブ・ブライアン』(79)の撮影でマイケル・ペイリンらに合流すべく、チュニジアに旅立った。彼はこう書き残している。「残念だが制作チームに別れを告げた。特にアイヴァー、ゴードン、もちろんスコットと撮影班にもさよならを言うのは辛かった。プレッシャーの中、猛烈な勢いで作業する現場の人間には見栄や気取りがなく、素のままでぶつかり合う。だから逆に互いを深く理解するんだ。あんなふうに心血を注いだ唯一無二のプロジェクトは、仕事が終わらなければいいのにと思ってしまうんだよ」

スペースジョッキーのターンテーブルは信頼できる同僚に任せ、ボイジーはギーガーと共にBスタジオの繭の作業に移った。9月15日の金曜日、戻ってきた乗組員と負傷したケインの乗船をリプリーが拒否するシーンを撮影する中、スコットが繭のシーンを週明けに撮りたいと言い、予定が変更されることになったのだ。脚本によれば、スケリット演じるダラスはスライムに覆われつつもまだ息があり、自分を殺してくれとリプリーに請うことになる。つまり、彼女が繭を焼却するシーンを1テイク撮ると仮定すると、俳優を模したラテックス製の人形を4体作る必要があった。「月曜日は間違いなく面白いことになるはずだ」とギーガーは日記に書いている。

しかし、蓋を開けてみると、エイリアンの巣の撮影は順調に進まなかった。週末の間にセットに繭を準備したのだが、月曜日に姿を見せたスコットはそれを気に入らなかったのだ。ギーガーによれば、「彼は繭を目にして悪態をついた」という。その日、スコットは修正を指示してリプリーだけを撮り、巣の撮影は翌週に持ち越された。

「ダラスが生きたまま繭に捕らわれている場所には、金属製のハシゴを降りて行くことになっていた」とウィーヴァーは説明する。「そのハシゴは床から7~8mの高さのところにぶら下がっていて、私はまずチューブの中に入って、小道具係から肩の上に差し出された火の点いた火炎放射器を受け取り、片手でそれを持ったままハシゴを降りなければならなかったのよ」

最初、スコットはそのシーンを女性のスタントマンで試してみたものの、背が低すぎてワイヤーが見えてしまったという。「だから、私がワイヤーなしでそのシーンをやる羽目になったわけ」とウィーヴァーは続ける。「本当は『ごめんなさい、やりたくないです』って言いたかったけど、それがプロの監督に言えない言葉だものね。それじゃ弱虫になっちゃう。でも、内心では『私はこんなことのために演劇学校に行ったの!?』と思ってしまう。それでも、そうなの。演劇学校に行ったのはこれを演じるため。雰囲気を出すため、スタッフはハシゴの手すりを油まみれにして、あちこち水浸しにしてくれたけどね」

翌日から撮影班はパーカーとランバートの死亡シーンを撮る予定でいた。しかし、パーカー役のコットーは、まだ自分のキャラクターの命を手放す心の準備ができていなかった。スコットの証言によれば、コットーは「俺は今日死ぬつもりはない。あの野郎を俺がぶっ殺してやる」とまで言い出したのだという。

当のコットーはかつてこのように語っている。「モンスターと対峙して、どうやって演技で生き延びるのかを自問自答するんだ。自分の存在は覚えていてもらえるだろうか?」

その日が近づいても、監督はコットーを避け続けていた。「正門から入る僕を待ち構えて、ヤフェットが立っているんだ」と、スコットは言う。「だから、前もってセカンドアシスタントに頼んでおいたんだ。『こちら1号車、彼は正門にいます』って具合に教えてほしいと。僕らは彼を避けてぐるりと裏手に回った。ところが再び『彼は第2ドアのところにいます』という連絡。なんてこったと思い、第3ドアに行こうと指示したよ。ヤフェットは毎朝僕と顔を合わせ、『俺は死にたくない。俺は死ねない。これだけは譲れない。俺が奴を殺す。俺はなんでも思い通りにできる』と訴えてくるんだ。まるでモハメド・アリみたいだった」

「ヤフェット・コットーは『パンチ一発であいつを倒せる』って言い続けてたよ」と、キャロルも思い返す。「彼はやる気満々だった。でも、エイリアンを演じるバデジョーは素晴らしく長い手足の持ち主だし、驚くほど強いんだ。ある日の午後、2人は取っ組み合いを始めた。バデジョーは『ちょっと待ってくださいよ』と言いながらも、その蜘蛛のような手でヤフェットを持ち上げてしまった。それ以降、彼は何も言わなくなったよ」

「コットーは役にのめり込みすぎていた」と、イアン・ホルムも記憶している。「エイリアンへの憎しみが極まって、身長2m超のボラジ・バデジョーに何度も喧嘩を吹っかけていたくらいだ」

「俺はボラジを倒したし、向こうも俺をノックダウンした」とコットーは語る。尾ひれが付いて広まった噂の軌道修正を図ろうとしているようだ。「ボラジには2回話しかけただけだよ。彼はいい奴だ。俺は好きだな。最初はボラジがあの忌々しいエイリアンの頭を外した時で、俺は暑いかどうかを尋ねただけ。2回目は向こうがスタジオ入りするのと入れ違いですれ違った時だ。いいか、俺はプロの俳優だ。あんなことをするわけがない。正気の沙汰じゃないよ。ボラジもすごくプロ意識が高くてアフリカ人らしかった。最高に尊敬してるよ」

コットーは感情を利用して、演技をする自分を煽る。スコットもそれを認め、次のように言った。「ヤフェットは現場でもそのやり方を貫いてくれた。実際、彼のアプローチは演技に大いに役立ったと思う」

結果的にコットーはスコットと長時間の話し合いを経て、パーカーは死ななければいけないのだと説き伏せられた。しかし、スコットは脚本に書かれていた彼の死に方を変更。さらにこのシーンでは、完璧に機能するようになったエイリアンの頭のクローズアップを初めて長く映すことにした。バデジョーはこれまでほとんどのシーンで関節がない軽量バージョンの頭部をかぶっていたが、パーカーの死亡シーンのために、スタッフはランバルディが作ったケーブルで動く頭部と、クローズアップ用に精巧に作られた胴体を用意した。

「僕は首をまっすぐに保たなければならなかった。それがあのスーツを着用する上での秘密だよ」と、バデジョーは明かす。「多関節の頭部はかぶるとすごく暑かったけど、姿勢がおかしくならないように、また他の登場シーンと比べて大きく見えるように注意しないといけなかった」。熱い照明の下では1回の着用時間は15〜20分がやっとだった。スタッフが頭部を外すと、バデジョーの頭は汗をびっしょりかいていたという。

「彼は愚痴をこぼさなかった」とアルダーは賞賛する。「本当に文句を言わなかったんだ。スーツの中でじっと堪え、己を保っていた。映画のセットにいることは彼にとっては奇妙な経験だったに違いない。しかも、ずっと注目の的でいると精神的に動揺するはずだ」

ディケンソンの報告によれば、何週間もコスチュームの中に閉じ込められた後、バデジョーはギャラのアップを求めたらしい。スコットの返事は、「ボラジ、君の素顔は映画に出てこないだろ」だった。こうして彼の出演料が増えることはなかった。

「頭部から出ているケーブルがちょっとした問題だった」。そう語るのはジョンソンだ。「ケーブルが目立たないように装飾を施しつつ、でも最大限の柔軟性を確保する必要があった。また、頭部を動かすと機械部分が見えてしまうことも判明した。だからどろりとしたスライム状のものを用意して、それで機械を覆って隠したんだよ」

使用された素材はKYゼリーという水性かつ水溶性の物質で、主に性交時の潤滑剤として知られている。視覚効果チームは、ご馳走を前にしたエイリアンが垂らす光沢のある唾液にもこのKYゼリーを活用した。「大量のKYゼリーが必要だった。ヨダレの垂れ方はゆっくりだけど、常に補給し続けないといけなかったんだ」とジョンソンは言う。なお、光を反射した時の艶を出すために、エイリアンの頭には油も塗られていたという。

KYゼリーはうっかり見えてしまいがちな機械部分のカモフラージュに効果を発揮したものの、大量に使用するため次第にスーツが退色していってしまい、ギーガーは毎晩撮影後に塗装し直

**上段**／ランバートの死のシーンを演出するスコット。

**中段**／エイリアンに襲われ、恐怖に慄く演技をするカートライト。ここでエイリアンはしゃがんでいた体勢から完全に立ち上がり、背の高さが明らかになる。

**下段**／座ったままの姿勢で死んでいるパーカー。一方のランバートは裸になっているように見える。

上／9月21日頃、ギーガーがブレイ撮影所で撮影した遺棄船の模型のポラロイド写真。「大きなホールの中央にあるのが私が作った遺棄船だ。これなら絶対にうまく行くだろう」と、当時のギーガーは書き残している。

ギーガーは遺棄船模型の骨組み、鋼チューブでできた中心部分、網細工で覆われた表面を詳しくチェックした。モデルメーカーのボウデンとディック・バデンの手によるものだ。彼らが石膏で作製した原型に、ボイジーがプラスティシンの皮膜を付け、細工した装飾物を付け足していった。

ギーガーは自身の日記の中で彼らが自分のコンセプトアートに忠実に従ってくれたことを喜び、オバノンが帰国したことでスタッフは仕事がしやすくなったのではないかと推測した。

上2点／遺棄船の芯となる石膏の原型(上)。下の写真では、ボイジーが表面に装飾を施し始めているのが見て取れる(撮影：マーティン・グラント)。

すことになった。また、ゼリーの在庫が少なくなってくると、ドライバーのパット・ローリーが空港までKYゼリーが入った巨大な包みを受け取りに行っていたという。

「スーツへの影響がないスライムを見つけ出さないといけなかった」とアルダーは説明する。「壁紙用ペーストなどあらゆる素材を試してみたが、KYゼリーがたまたまうまく行ったんだ。それで地元の病院や薬局に1軒ずつ電話をかけまくり、在庫をできるだけ沢山買いたいと申し出た。何だか自分たちがセックス狂にでもなったみたいだったよ」

「KYゼリーのチューブは2,000本はあったはずだ」とバデジョーは笑う。「エイリアンの口からスライムを垂らすエフェクトのためだけにね。顔にもたっぷり広げられたせいで、撮影中に静止している時以外、自分の周りで何が起きているかはほとんど見えなかったんだよ。だから、視界確保のための穴が数個設けられることになった」

この状況を改善すべく、ワトキンスはバデジョーが着用中のエイリアンスーツの指にワイヤーを取りつけ、必要に応じてそれを左右に引いて指を動かすという措置が取られた。

コットーはエイリアンをこう語る。「エイリアンがパーカーに近づくと、突き出た口が俺の眉間にまっすぐ向かってくるのがわかった。いわゆる『魂の目』があると言われる辺りだ。俺は心の中で思わずわめいたよ。リドリーはなんで俺の第3の目を狙うんだ？ってね」

バデジョーによれば、このシーンではいくつか素早いアクションを披露したという。「ヤフェットに蹴りを入れて壁に投げ飛ばし、そこに駆け寄っていくんだ」

脚本ではパーカーはエイリアンに一撃を喰らって死ぬことになっていたが、スコットはこれを変更。代わりにエイリアンの口のデザインを活かし、口の中にある第2の歯がコットーの頭蓋を撃ち抜く様を写そうと決めた。視覚効果は後回しになったが、台本の変更にコットーはひどく心を痛めていたという。

「気分がガクンと落ち込んだが、俺はなんとかそのシーンの撮影を続けたよ」と彼は当時を振り返る。

そして、次に苦悩するのはカートライトの番だった。

## 悪魔の衝撃

他の死亡シーンと同様、スコットはランバートの死でもあれこれアイデアを試そうとした。そのひとつは、エイリアンが宇宙空間に放り出そうとしている最中にランバートが死ぬというものだった。「鍵穴サイズの開口部から船外に吸い出されてしまったらどうかと考え、やってみたくなったんだ」と彼は説明する。「あまり英雄的な最期ではないけど、ドラマチックじゃないか」

スコットはアルダーと様々なテクニックを話し合った。例えば、空気を入れて膨らませた実物大のダミー人形を使い、編集時のトリックでそれらしく見せるという案も出された。だが、それも現実的な方法ではないし、何よりもジョンソンが反対した。「たとえ反対側が真空状態だったとしても、小さな鍵穴から吸い出されるなんてあり得ない」と彼は言う。「鍵穴が詰まってしまうだけだ。おそらくひどい血豆はできるかもしれないが、幅1mm半ほどの穴から人間の全身が吸い出されるなんて不可能だ」

スコットはこの案を予算と時間の制約のせいにして断念し、心臓発作を起こすような恐怖というコンセプトに則って次のアイデアに移った。「私はロッカーの中で死ぬ予定だった」とカートライトは言う。「猫が飛び出してきたあのロッカーまで後ずさりし、中で丸まって恐怖で死んでしまうの」

しかし、この死に方も撮影前に変更になった。スコットはエイリアンを彼女に向かって迫らせ、後はカートライトの演技力に任せて純粋な恐怖を体現させたのだ。ブレット役のスタントンはエイリアンにうまく反応できずに悩んでいたが、彼女には何の問題もなかった。「エイリアンを見たランバートはパニックになるの」とカートライトは語る。「あの状況なら、大抵の人がそうなるわよね。隣に立つのはかなり嬉しくない存在だもの。『未知との遭遇』の俳優が、あの可愛い機械仕掛けの宇宙人と共演したがったって話を覚えてる? こっちの宇宙人だったら、その姿を数秒見ただけでも触りたいなんて絶対に思わないでしょうね」

カートライトの演技を手助けするべく、スコットは日本の作曲家、冨田勲がホルストの組曲『惑星』をニューエイジ風にシンセサイザーで演奏したアルバムを、15インチのスピーカーから大音量で流すことにした(1976年、ホルストの娘が一切の編曲を認めないと主張する中でリリースされて論議を呼んだアルバムだ)。

バデジョーがパントマイム教室に通った成果はあった。「エイリアンは邪悪であると同時に華麗でもあるという設定だったので、ゆっくりと繊細な動きをすることが求められたんだ。尻尾でヤフェットを投げ飛ばした後、僕は口から血を垂らしながらヴェロニカのほうを振り向き、追いかけようとする。そこで見た彼女のリアクションは信じられないものだった。あれは演技じゃない。彼女は素で怖がっていた。ヴェロニカは心底怯えていたんだ」

「ボラジには驚かされたわ。そこにただ立っているだけなのに、恐ろしい佇まいなの。震え上がるほど怖かった」とカートライトは言う。「演技する必要はなかったわ。追いかけてくる相手に合わせて、ランバートになりきって反応するだけ。彼はとんでもない存在感を放っていた。ギーガーはエイリアンを本当に精巧で緻密な造形に仕上げていたし、リドリーのエイリアンのコンセプトも「美しい存在」だった。とても恐ろしいのに、とても美しい生物。どう捉えていいか誰もわからないでしょうね。本当に恐ろしいんだもの。全てが美しく演出されていた。だけど、エイリアンは出会った人間を殺してしまう。あんなふうに」

エイリアンへの恐怖と芸術的に賞賛する気持ちを同時に抱きながら、カートライトはスコットと撮影班が照明の準備を終えるまでセットか衣装部屋で長時間待つことになった。バデジョーも同様に待たされた。「トム・スケリットは彼を見て、『かわいそうに、尻尾のせいで座ることもできないんだな』と言ってた」とカートライトは明かす。「だから、彼が休めるようにブランコみたいなものを作ってあげることになった」

「時々、エイリアンの準備に何時間もかかることもあった」と彼女はさらに語る。「そうしているうちに、自分は女優としてこの映画から疎外されているんじゃないかって思うようになった。人間よりもエイリアンのほうが優先されてる気がして、自尊心が傷つけられた。だから苦しかったんだと思う。ひとりひとりにのしかかるプレッシャーがあまりにも大きくて、楽しい撮影だったとは言えない映画だった」

「長く過酷な撮影が何日も続いても、早朝から準備をしないといけなくても、ボラジは文句ひとつ言わなかったわ」と彼の恋人リチャードソンは言う。「夏の間、長時間のリハーサルと撮影は大変だったはずなのに、学業をおろそかにすることもなかった。彼は映画の撮影と勉強をきちんと両立させていたの」

撮影現場には笑える瞬間もあった。スコットが「エイリアンにもっと光沢を！」と叫ぶたび、「マザー」というあだ名を持つ衣装係のジョン・バーキンショーがセットに飛んでくるのだという。「マザーはエイリアンをびしょ濡れにするのが楽しかったみたい」とカートライトは証言する。「『僕がやります！』とKYゼリーを持って現れ、立ち尽くしているエイリアンの頭にチューブを絞ると、その頭を懸命になでなでするの。笑いが止まらなかったわ」

5日ほどのうちに、ランバートとパーカーの最期が撮影されることになった。2人とも、自分の役が死を迎えるシーンを実際に演じることはなかった。「どうなるのってスタッフに尋ねたら、映像はもう充分にあるからという返事だった」とカートライトは言う。「1週間後、次の撮影ではハーネスを着て2時間くらい宙吊りになった。彼らにはブラブラ揺れる私の足しか見えていなかったはず」

「後でまたこのショットを撮ろうって言われるんだけど――」と、バデジョーが証言。「[illegible]されるんだ。次から次へと新しいアイデアが頭の中で生まれていたんだろうね」

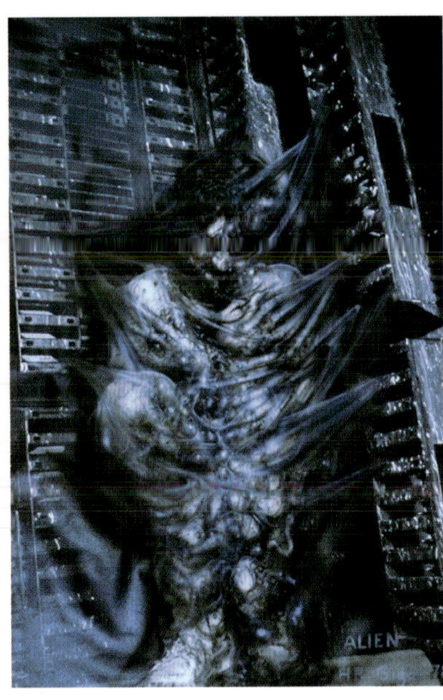

**左端から3点**／ダラス役のスケリットがエイリアンの繭に徐々に取り込まれていく過程。

**右端**／繭のエリアで発見されるブレットの実物大彫像。

## 繭

9月21日、大勢のマスコミが撮影所とセットを見学に来た。公開前の宣伝活動が活発になり、この頃のキャロルはさらに多くの訪問者を迎えていた。そこには重要な客である、ニューヨークから来た映画館オーナーたちも含まれていた。

その日の見学ツアー後、ギーガーはバデジョーが演じた成体エイリアンのラッシュが素晴らしかったと絶賛した。「ひどく残忍で凄まじいインパクトだ。あれがスクリーンでどんなふうに見えるか、リドリーはちゃんと理解している。スモークやオイル、スライム、あるいはレンズが生み出す効果についても彼はよくわかっている。小さなものをほんの少し動かすだけで、スクリーンにはたちまち躍動感が生まれるのだ」

ギーガーはさらに次のように書いている。「1週間かかりきりで作業をしたのに、繭の出来は相変わらずひどい。まだまだ手直しすべきだが、雰囲気が気に食わないのだ。繭のある部分が破れていて、そこにウジ虫が溢れているのがいいだろう。私はこの巣に細長い紐状のラテックスを張りめぐらせようと考えていたのだが……」

「当時の我々は予算とスケジュールのせいで、大きなプレッシャーに晒されていた」と、キャロルは振り返る。「あの撮影のセットは準備万端のはずが、現実はそうではなく、撮影を延期しなければならなかった。そして、ようやくセットは出来上がったものの、決して満足のいくものではなかったんだ」

9月25日月曜日、スコット、キャスト、スタッフはBスタジオに集合した。かつてギーガーの工房が一時的に設けられていた場所にセットが建てられ、そこにはノストロモ号の大きな着陸脚がそうとは気づかない形で再利用されていた。その内部はスタッフが何週間も作業をして作った繭の部屋になっている。「エイリアンは急速に成長する」と、スコットは説明する。「そして、船の深部に新しい卵を産みつけ始めるんだ。エイリアンは繁殖のために生きており、卵を産んだら次は子孫のための食料を探さねばならない。この映画では、食料はノストロモ号の乗組員たちだ。幼体エイリアンは卵の中で乗組員を餌にし、新たな宿主が現われるのを待つ。そして宿主を見つけ、このサイクルが新たに繰り返されることになる」

「蜘蛛が獲物を糸で包み、壁にくくりつけておくのと似ているんだ」と、ギーガーはエイリアンの繭について語る。

「繭の中にはブレットもいるが、それは俺のダミーだ」とスタントンは言う。「蜘蛛の巣みたいなものの中に、何だかよくわからん塊があるんだ。トムが演じるダラスはまだ息があって、リプリーに殺してくれと頼むことになる」

「リプリーが居場所を突き止めた時には、ダラスはもう繭に包まれてしまった後だった」とウィーヴァーは説明する。「その全身にはウジが這い回っているの」

「シガニーはスタジオの外で火炎放射器の使い方を研究していた」とカートライトは振り返る。「練習するのはスタジオ裏の大きな芝生。炎が5m以上も噴き出す機械だった。それで撮影の準備ができて、トムが繭で全身ぐるぐる巻きになると、リドリーが『火を放て！』と合図した。でも即座に、視覚効果スタッフから『カット！ カット！』という声が慌てて飛んできたの。あそこで人炎を発射してたら、スタッフもカメラの後ろにいた撮影班も、もちろんシガニー本人も皆黒焦げになっていたでしょうね。大惨事になっていたかもと考えると本当に恐ろしくなる。でも、おかげで、あのシーンにはそれまでにはない緊張感が漂うことになった」

「顔の近くで抱えた火炎放射器から放たれる炎は、俳優たちには不快だったんじゃないかな」とヴァンリントは個人的な見解を述べている。「だけど、彼らはとてもうまく使いこなしていた」

リプリーが炎を噴出する場面は9月26日火曜日に撮影された。燃える巣のショットはシェパートンのBスタジオが火事にならないよう、ブレイ撮影所でカメラに収められた。スケリットはミニチュア班のもとを訪れ、ダラスのダミー人形が焼かれるのを見届けたという。「あれは見ものだったよ。スタッフが作り上げた模型は本物そっくりなんだ」と彼は語る。「しかも、そのミニチュアをワイヤーで前後に動かすんだから」（この時、スタントンは見右／繭を焼却する前（もしくは焼却した後）のリプリー。
実際に炎を使って焼くシーンを撮影するため、ブレイ撮影所ではアルダーのチームがスケリットから型を取って多関節のマネキンを作製。また、背面のケーブルを通じて空気圧で動く、ミニチュアの油圧装置も一緒に作った。繭が炎に包まれると、技師たちはこの装置を使って燃える人形のボディを巧みに動かすのだ。

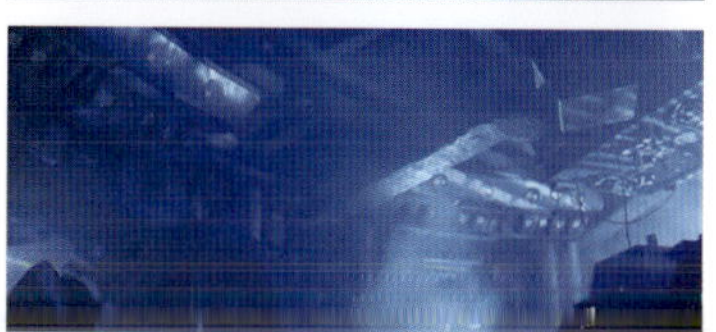

上3点／宇宙船から脱出するシークエンス。ヴァンリントのエフェクトとスコットのアイデアである回転灯、その他の要素が見事に融合した最終の3フレーム。

学に同行しなかったという。ブレットの末路を見たくなかったそうだが、見ていたら、それまで抱いていた幻想が壊れることになっただろう）

模型スタッフたちは9月に撮影すべき場面を山ほど抱え、多忙を極めていた。例えば、ノストロモ号がライトを点して夜空を右から左へと航行し、下にある小惑星が反対に左から右へ流れていくショットなどを撮影することになる。その他にも、精製施設の撮影と塗装の準備、新たな塗装作業、いくつかのテスト、星空の用意などが様々な作業が待っていた。

「黄色いノストロモ号の撮影には相当な時間を費やした」と、デニス・ロウは明かし、「あれには何ヵ月もかかったね」とジョン・ソレンソンも同意する。「光る窓を作るために、何百mもの光ファイバー照明をノストロモ号に組み込んだ。その美しい姿には息を呑んだよ」

ノストロモ号と燃料精製施設の模型はローアンクルで撮影するため、床から2mほどのところに吊るされた。カメラは宇宙船の下を後ろ向きに移動しながら、1秒間に2コマ半を撮影。カメラを回す前には助手がダスターで模型に絡みついた蜘蛛の巣を払い、蜘蛛を追いやった。

「宇宙船が小惑星に降り立つ際、底面にある直陸用ライトが音によって光が漏れ、船そのものが発光しているように見えるんだ」とピアソンは説明する。「このエフェクトは2ヵ月以上かけ、デニス・ロウが作り出したものだ。切り出したベニヤ板にネオンやハロゲン球を固定させ、それをノストロモ号に取りつけた。テスト撮影でその装置を見た私は大声で冗談を言った。『おやまあ、イルミネーションズのブラックプール・タワーみたいじゃないか！』。すると、スモークの奥から聞き慣れたスコットの声がした。『いいか、この案は中止にしてくれ』と言うんだよ」（※訳注：イルミネーションズとは、イギリスの海辺の町がライトアップされる秋のフェスティバルのこと。ブラックプールという町では1879年から現在まで続いており、ブラックプール・タワーというタワーがライトアップされる）

「ワイヤー状のネオンやスポットライトを付けるのに2ヵ月もかかった。『未知との遭遇』の母船みたいにしようと思ったんだ」とロウは語る。並べたライトにはモーター付きのロータリースイッチを繋げたという。「ところがシェパートンからやってきたリドリーは私の力作を見て、このアイデアをボツにしてしまったんだ——これぞ人生だね！」

実は、スコットは主な撮影を終えた後に模型パートの大部分を撮り直す予定でいた。さらにスモークを使うなどして雰囲気をスコットのスタイルに合わせ、彼の目が納得するビジュアルにするためだ。その計画は既に、内情に通じている者たちには知られていたという。「リドリーは人任せにせず、細部まで自分で行う監督だ。特にビジュアル面に関してはね」とパウエルは言う。「私に[illegible]早い段階で私のほうもピンと来ていたんだ。本撮影が終わったら、スコットは自分で模型撮影をするつもりなんじゃないかって。そっちも自分でやりたいという気持ちは、ずいぶん前から持っていたのだと思う」

フォックスとの駆け引きや予算問題もあるが、シェパートンで既に仕事ぶりを見せていたこともあり、今の自分には模型パートの撮影をやり直す力があるとスコットは判断したのだろう（キャロルがリドリーの策略に気づいていたかどうかは不明である）。

「難しい状況だった」とスコットは漏らす。「ブライアン・ジョンソンはブレイ撮影所で、僕らメインの撮影班から離れて模型の作業をしていた。僕のほうは俳優と仕事をしながら、合間にかろうじて模型パートのラッシュを見るだけだった。こんなやり方じゃ、満足のいく仕事ができるとは思えなかった」

## 固唾を呑んで

他のセットでの短いシーンや修正部分の撮影の合間に、ウィーヴァーは火炎放射器と猫のケージを抱え、忙しなく通路を走るシーンを撮影した。リプリーは冷却システムをシャットダウンし、一度は自爆装置を作動させるが、結局は自爆を阻止しようと試みる。そして脱出艇にとんぼ返りし、エイリアンの餌食にならないように身を守ることになる。

「撮影の後半は、リドリーとヴァンリントと一緒に狭いスペースの中にいることがほとんどだった」と、ウィーヴァーは思い返す。「だから、いつもリドリー・スコット組の一員だって気がしていた。そして、スタッフは誰もがリドリーにとても忠実だった」

脱出の場面についてヴァンリントはこう話す。「宇宙船が爆発するシークエンスは、照明のほとんどが回転灯から出る光だった。夜間に車が故障した時、車の上に載せておく非常信号灯みたいな感じだったよ」

「あの頃、デレク・ヴァンリントは『闇の王子』として知られていた」とパウエルは言う。「デレクの調節する照明が暗すぎるものだから、我々は照明をやり直さなければならず、いくつかのシーンで非常に苛々させられたことがあった」

ウィーヴァーはリプリーを珍しいタイプのサバイバーとして演じており、自分でもそれを意識していた。「素晴らしく独創的なストーリーというほどではないけれど、リドリーの視点によって、すごく新しい部分のある作品になったと思う」と彼女は語る。「もちろん、私がヒロインになるというのも珍しい設定だった。脚本家が『若い娘が最後に英雄になるとは誰も思わないだろう』と考えたからこそ、そうなったのね。リプリーが生き延びられたのは、[illegible]必要な性質を備えていたから。決して諦めず、がむしゃらに動く能力があった。でも、俳優はそれぞれのシーンをあるがままに演じるだけ。その積み重ねなんだと思う。全体をまとめて演じることはできないから」

左上／ブリッジのセットに立つウィーヴァーとスコット。

上／リプリー役のウィーヴァーが猫のジョーンズと共演するシーン。複数の猫がジョーンズを演じたが、その多くが人間に協力的ではなかった。

「通路のセットで一番便利に使えたのは、チューブの中にドライアイスを入れて作り出すエフェクトだ」とスコットは語る。「ただ、このエフェクトを使うと短時間でも酸素がどんどんなくなっていき、テイクの終わりには俳優が息切れしてしまう問題があった。だが安全は確認できたので、僕は『オーケー、そいつを使おう』と言ったんだ」

「二酸化炭素が充満して酸素が減っていく中、通路から通路へと走り抜けるのは、ただただ疲れたわ」とウィーヴァーは吐露する。「それにあざもできた。でも、夢中でやっている時には気づかないでしょう。家に帰ってあざを見て初めて、一体何があったのかと思うのよね」

「ある場所に二酸化炭素を送り込める時間は限られている。俳優もスタッフも呼吸できなくなってしまうからね」とワトキンスは言う。「そして、二酸化炭素が消散するまで待つ必要がある。ちゃんと説明して中断させなければならないが、セットに酸素が戻るまでたった10分だとしても、ドラマ作りで最高潮になっている時は難しいものだ。彼らは現実と向き合わないといけない。でも、リドリーは理解してくれて、私は意地悪されることも圧力をかけられることもなかった。私はただ彼に協力しようとしていただけだからね。うまく行って良かったよ」

撮影中はウィーヴァーだけではなく、スコットもあざを作っていたという。しかし、フォーカス担当の助手エイドリアン・ビドルには、もっと多くのあざができていただろう。「シガニーの正面からカメラを構えて後ろ向きに走っていたんだけど、僕はエイドリアンを壁にぶつかった時のクッション代わりにしていたんだよ」と、スコットも認めている。

「パニックシーンはほとんど、スコットが自ら手持ちカメラで撮影していた」とヴァンリントは明かす。「彼は私よりは肉体派だったし、後ろ向きに走るのも上手だった。何度か尻餅をついたものの、基本的にうまくやっていたよ」

通路のシーンは肉体的にとてもきつい撮影だった。ウィーヴァーはハシゴを上り下りしたり、一旦しゃがんでから、あたかも階下からハッチを抜けて現れたように見せかけたりした。その上、火炎放射器と特殊な猫ケージはかなり重かった。

さらに事態は悪化していく。汗をかくリプリーを撮るために、テイクとテイクの合間にメイク担当がウィーヴァーにグリセリンを吹きかけた。リプリーはリアルな人間として汚い姿を見せるべきだという点で、ウィーヴァーとスコットの意見は一致していた。猫を抱えて通路を軽やかに駆け抜けるムービースターであってはいけないのだ。この時、ウィーバーは内心、なんとしても監督を喜ばせたいと必死だった。なぜなら、猫との共演シーンから1日も経たないうちに、猫アレルギーの反応が出たことに気づいたのだ。その事実は撮影を台無しにする恐れがあった。

ランチ休憩中、ウィーヴァーは急に涙が止まらなくなった。見た目が同じような猫4匹を見つけるのは、スコットにとって大変なことだったはずだと考えたのだ。「猫アレルギーの自分はきっと見限られてしまう。私より猫を探すほうが難しかったに違いない……そんな考えが頭の中で渦巻いていた。この現場から放り出されてしまうと思ったの」と彼女は振り返る。

ウィーヴァーがスコットに正直に打ち明けた後、あらゆるアレルギー源のテストが行われた。だが、意外な事実が判明した。てっきり猫アレルギーだと思っていたウィーヴァーは、実は猫の

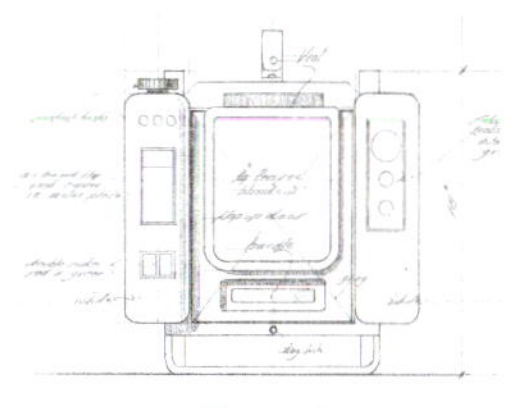

一番上／ノストロモ号で飼われている猫のジョーンズのクローズアップ。

上／1978年6月5日の日付が入ったロイス・W・バクスターによる猫ケージの設計図。美術部門がこれを基にカスタマイズして作製した。軽量で簡単に持ち運べ、通気性は充分。トラップドア仕掛けでロックが付いている。

**右上2点**／映画終盤で猫ケージと火炎放射器を持って移動するリプリーの撮影風景。

「爆破のシークエンスのために、シザー・アークと呼ばれるものを使った。2本の炭素電極を一緒にしておいて、手で引き離すとアーク電弧が生まれるんだ。他に何の機械も要らない。ただ、閃光を放ってくれるのはいいんだが、めちゃくちゃうるさいんだ」と、ヴァンリントは説明する。

上／汗（水またはグリセリン）まみれになったウィーヴァー。

毛と一緒になったグリセリンのほうに反応していたのだ。そこで汗の表現にはグリセリンではなく水を使うことになり、深刻なトラブルは回避された。しかしながら、気まぐれな猫たちは依然として撮影の遅れの原因になり続けていた。

猫のジョーンズたち（数匹の猫が出演している）は映画出演のトレーニングを受けていたのだが、ウィーヴァーがブリッジで猫を回収し、コッブがデザインしたケージに入れるシーンになると撮影は行き詰まってしまった。「あのシーンは何度撮り直したかわからない」と、コッブは語る。「巨大な宇宙船のセットには乗組員役のキャストが勢揃いし、照明、カメラ、ドリーが設置され、監督、助監督、メイク担当もいた。そして、小さなケージには各テイクのために数匹の猫が待機していた。誰かが猫を操縦席の上で寝かしつけようとしている間、我々は全く音を立てずに静かに座って待っていた。そして、とうとう助監督が拡声器で告げた。『スタンバイ！　猫が横になった。スタンバイ！』。全員が準備につくと助監督はさらに言った。『何だ？　猫は眠ってる！　猫、寝ました！』」

「ところが、カメラがパンして下がっていくと、猫はその場から消えていた。別のテイクでは、リガーが入ってくるなり彼女に飛びかかった。彼女を気にも留めず、その場に寝転がったままの時もあった。また、操縦席が急に前方に動くと、セットの天井の垂木に飛び乗ってどこかに消えてしまった猫もいた。最初の1匹が見つかるまで別の猫を使わねばならず、再度振り出しに戻るわけだ。そう、また静かにして猫が寝るまで待つことになる。その上、一度怖がった猫を同じ操縦席の上に戻すことはできない。こうして午後の間ずっと、現場はあちこち飛び回る猫でてんやわんやだった」

アメリカン・フィルム誌には現場にいた人間のコメントとして、このような文章が載っていた。「ケーブルや滑車用ロープがジャングルのツタのように垂れ下がる広大なセットには驚かされた。その中央に立つと、自分がリリパット人（※訳注：ガリバー旅行記に出てくる小人国リリパット島の小さい住民）にでもなったような気がした」。同誌はさらに、エンジン室で自爆装置を起動させるウィーヴァーをひとつのアングルから撮影するスコットについて、次のようにリポートしている。「緑のパーカーを着た監督は微動だにせず、その場に立っていた。赤い髭を生やした顔は真剣で、被写体に完全に集中しているのが見て取れた」。これはスコットがクレーンショットの画角とペース、クレーンの軌道を慎重に調整し、スモークの状態を確認、さらにセットの表面に反射防止スプレーがかけられているのをチェックした時の様子を描写したものだった。なお、カメラに映り込むのを避けるため、撮影中の彼は修道士の頭巾のようなものをかぶっていたこともあったという。

シャセットはカリフォルニア出身で、「熱意に溢れ、いつも驚いたような丸い目をしているぽっちゃり体型のアメリカ人」であったと言われている。彼は隙あらば撮影アイデアを紙切れにメモし、撮影合間の準備時間にそれをスコットに渡していた。「僕の提案はかなりの割合で採用してもらえた。リドリーは他者のアイデアにとても敬意を払ってくれる。まあ、最終的に決断するのは彼自身なんだけどね」

「監督は狭いセットの片隅まで下がり、ローアングルショットのため、カメラを持ったまま床にしゃがみ込んだ」と取材に来た記者が書いている。「スコットが頷くと助手が指示を出した。『皆さん、お静かに。カメラが回ります』」

リプリー役のウィーヴァーが火炎放射器を手にしてセットに駆け込んでくる。そして、大急ぎで壁にある透明なカバーのネジを外し、2本の赤いレバーを引く。フロアのハッチを開けるため、彼女はエンジン室を駆け抜ける。と同時に、二酸化炭素が噴射され、白いネオンの光が溢れた。ハッチにたどり着いた彼女は何個かボタンを押して通路に飛び出し、噴き出るスチームと点滅するライトの中を走っていく——。

「カット！」の声が飛び、スタッフが次のテイクの準備を始める。笑みを浮かべたスコットは、ウィーヴァーに火炎放射器を忘れないようにと伝えた。前のテイクでは置き忘れてしまったのだ。

ウィーヴァーは自身の演技について取材陣にこう語っている。「私はいつだって、リプリーを戦士として演じようとしてきた。いつ終わりが訪れてもおかしくない。想像を絶することが自分の目の前で起こるかもしれない、そう知っている人間のメンタリティを自分の中に取り込む必要があった。死んでしまった人た

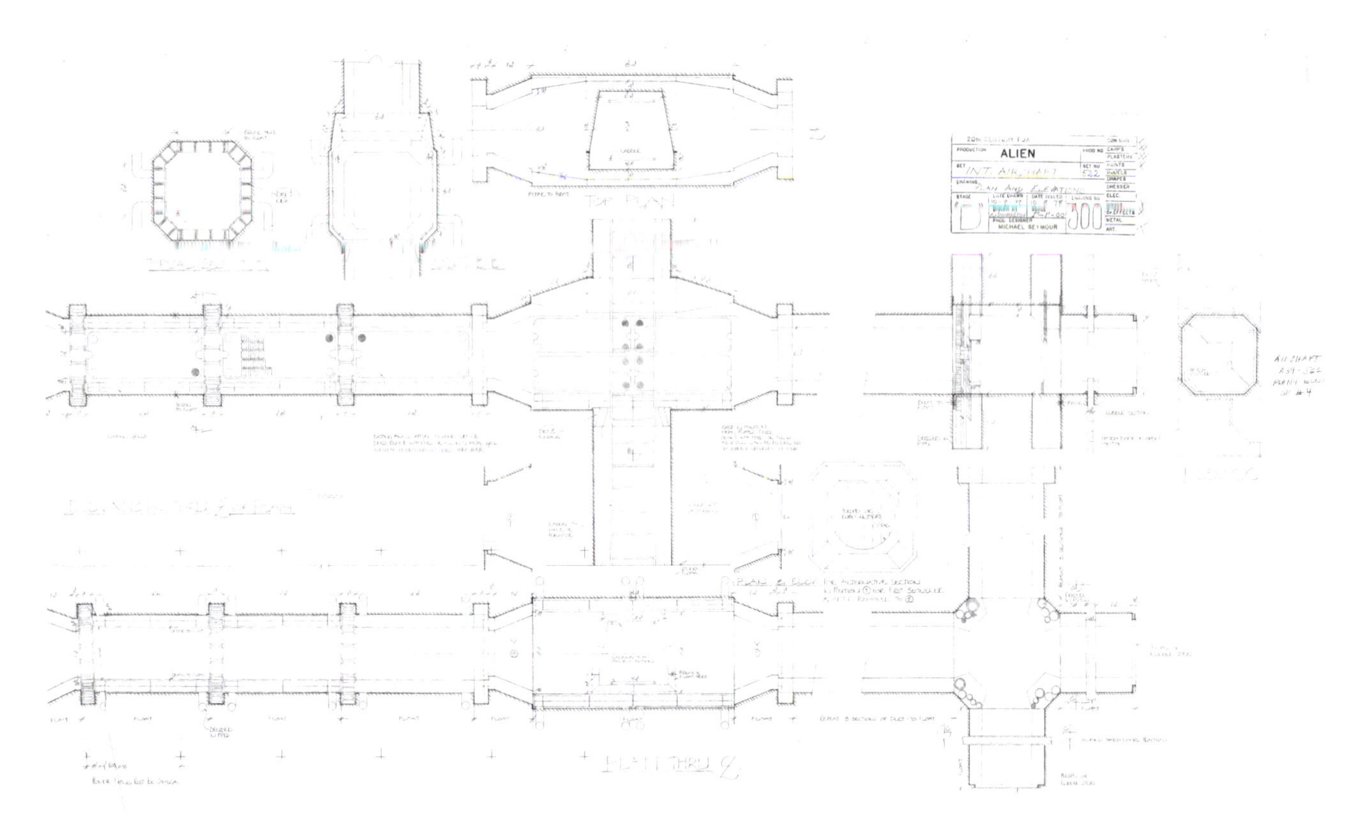


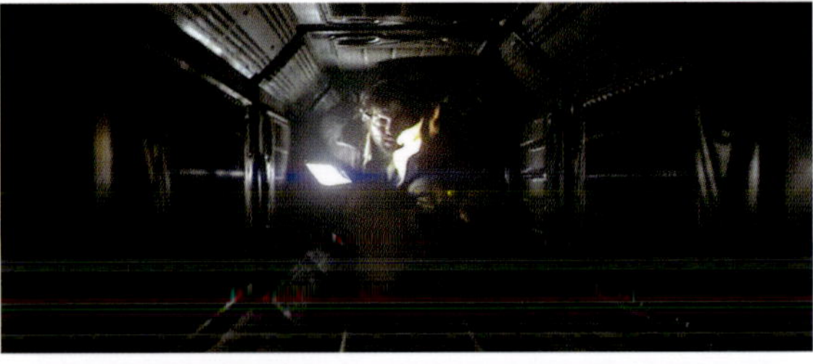

左上／Dスタジオに建てられた通気孔内部の設計図。1978年8月10日、製図担当のR・シングルトンが書き上げたもの。当初、ダラスはこの通気孔内でエイリアンに捕まって殺されることになっていた。

上3点／ダラスとエイリアンの対決の場面。リドリーは、エイリアンがダラス目線のカメラの前を特急電車のように高速移動するのはどうかと想像していた（垂直なセットの中でカメラは垂直に動き、エイリアンをワイヤーで操作する）。
スコットはメモにこう書き残している。「我々はダラスに何が起きたのかを見ることはない。このシーンは再考する必要があるかもしれない。壁に沿って逃げ回るだけというアイデアには満足していない」

ちについて考える余裕はない。私は戦場に行った経験はないけれど、戦火の中で起きるような事態を思い描いていた」

その日の最後に、スコットは制作スタッフと翌朝の仕事について話し合った。彼らは通路を歩いて、金色のハシゴがある八角形の暗い部屋に向かい、そこで問題の箇所を確認した。通路の端には何もなく、その先にある散らかった薄暗いサウンドステージがそのまま見えていたのだ。スコットは顔をしかめたまま、光沢のある緑のパーカーのポケットに深く両手を差し込んで、薄暗い空間をぶらぶらと歩き回った。

「白いハッチを設置すれば、突き当たりを作ることもできるんじゃないか」と、スコットは言った。

すると、あるスタッフが鏡を置いてみたらどうかと提案してきた。適切な角度に傾ければ、通路が無限に続いているように見せられると言うのだ。スコットはその案を採用した。

翌日、ウィーヴァーはその通路で、唾液を垂らす第3形態エイリアンの姿となったバデジョーと合流した。ギーガーの恋人ミア・ボンザニーゴは、ウィーヴァーがギーガーの工房で初めてエイリアンの全身像を見た時、着付け薬としてコニャックが必要になったのを思い出す。この撮影では、エイリアンはリプリーが脱出艇に乗り込むのを阻み、彼女が逃げ出した後、ケージごと置き去りにされた猫をじっと見つめるという展開がある。このアイデアは、観客に「マクガフィン」と呼ばれるストーリー展開の小道具を与えることになる——つまり、猫もケインのように宿主にされているのか？　と思わせるのだ。「猫のジョーンズは観客の注意を逸らす重要な役回りだ」と、スコットは明かしている。

「ボラジは美しかった」と、ウィーヴァーは褒め称える。「その佇まいはまるで別世界から来たかのよう。だから、リドリーが彼にスーツを着せたら、私は他に何も見えなくなったの。そこにいたのは単なる化け物じゃない。彼の動作、醸し出す雰囲気はとてもエレガントなのに、すごく邪悪な気配を漂わせていた」

バデジョーもまた、セットで窮屈な思いをしていた。「ノストロモ号のセットは高さ2mしかないんだ。僕の身長は186cmで、スーツを着ると2m13cmになる。回転したり、何かアクションをしたりする時は、細心の注意を払わなければいけなかった」と苦労を語る。

「リドリーは休憩中のお茶の時間でも、ボラジが私たちの周りを歩き回ったりしないように気を遣っていた」と、ウィーヴァーは付け加える。「彼は他のキャストとは距離を取るように言われていたのね。だから、一度もおしゃべりなんてしなかったし、撮影中は彼をモンスターとしてしか見ていなかった。私たちは怖がる演技をしていたのではなく、本当に怖かったんだと思う」

## 遠すぎるセット

【撮影第63〜72日】1978年9月28日（木）〜10月12日（木）
【Bスタジオ　通気孔内】シーン137（ダラスがヘルメットのライトを点ける）、138pt（ランバートに話しかける）、139pt（リプリーに話しかける）、140（火炎放射器）、143（這って進む）、143B

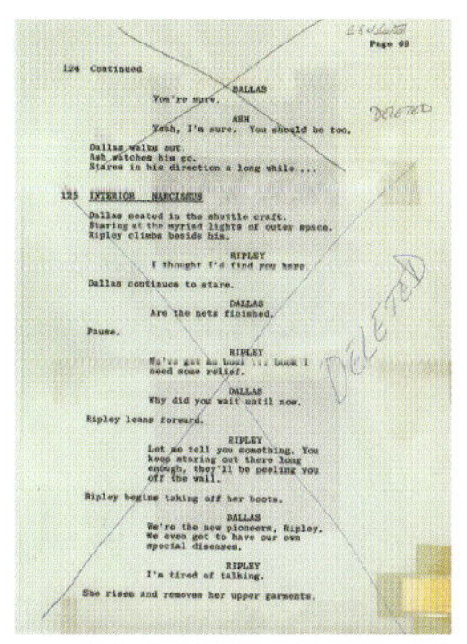

Page 69

124 Continued

DALLAS
You're sure.

ASH
Yeah, I'm sure. You should be too.

Dallas walks out.
Ash watches him go.
Stares in his direction a long while ...

125 INTERIOR NARCISSUS

Dallas seated in the shuttle craft.
Staring at the myriad lights of outer space.
Ripley climbs beside him.

RIPLEY
I thought I'd find you here.

Dallas continues to stare.

DALLAS
Are the nets finished.

Pause.

RIPLEY
We've got an hour ... look I need some relief.

DALLAS
Why did you wait until now.

Ripley leans forward.

RIPLEY
Let me tell you something. You keep staring out there long enough, they'll be peeling you off the wall.

Ripley begins taking off her boots.

DALLAS
We're the new pioneers, Ripley. We even get to have our own special diseases.

RIPLEY
I'm tired of talking.

She rises and removes her upper garments.

DELETED

一番上／スコットの撮影台本。リプリーとダラスのベッドシーンの箇所にバツ印が付けられ、「削除」と書き込まれている。

同様に、実際に撮影が始まる前に多くのシーンが削除された。例えば、リプリーがアッシュのブリスターにいる時、宇宙空間を漂う白い布に包まれたケインの死体が船にぶつかり、彼女を驚かせるというシーンなどだ。

スコットはこう語る。「本当ならブリスターの場面でもラブシーンがあるはずだった。そこに死体がぶつかってくる。でも、それは撮影できなかった。僕はやりたかったから、最後の最後まで何とか残そうと努力したんだけどね」。

上／スペースジョッキーを彫刻するギーガー。

（機能停止）、145（壁に戻る）、147（ダラスの台詞「この通気孔はそんなに奥まで続いていないんじゃないか」）、149（接合部を修理）、149B（エイリアンが彼を掴む）

【Aスタジオ 遺棄船内部の部屋】シーン69（スペースジョッキーを発見。ケインが降り始める）、70（降下中のケイン）、72（ケイン、卵貯蔵庫を見つける）、73（ダラスの台詞「日没まであとどのくらいだ？」）、74pt（卵貯蔵庫に入ったケイン）、75pts（ケインを引き上げる）

【Cスタジオ ナルキッソス号内】シーン200pt（リプリー、ナルキッソス号のデッキを見渡す）、202（操縦席に飛び込む）、204（シートベルトを着用）、206（猫のケージを掴む）、208（衝撃波に見舞われる）、210（椅子から立ち、服を脱いだところでエイリアン発見。全速力でロッカーへ）、211（宇宙服を着る）、212（リプリー、エイリアンを挑発。彼女に手を伸ばすエイリアン。リプリー、後部ハッチを開ける）、213、214、215、216

時間と予算が減り続ける中、フォックスはさらなる金銭面の引き締めを行い、ダラスとリプリーの本能に任せたセックスシーンを含む複数シーンの削除を要求した。「物語の初め、乗組員たちは互いに反目しているが、それでも彼らは愛し合うようになるのではないかと観客に思わせよう（希望を抱かせよう）と考えていた」と、スコットは言う。「だが、時間に追われながら撮影するうちに、その流れは失われてしまった。とはいえ、それが映画の目的ではない。セックスシーンはケインの死後に来るが、そういう軽薄さがその時点の雰囲気と合わなくなっていたんだ」

「リドリーのお気に入りのシーンだったんだけど、結局撮影はされなかった」と、ウィーヴァーは明かす。「セックスするための特別な椅子まで作られてたの。どう考えても馬鹿な設定よね。船内では逃げ出したエイリアンが走り回ってるっていうのに、無防備にも裸になって性行為をしたい人間がいると思う？」

また、エイリアンをエアロックから宇宙に吸い出そうとする場面では、乗組員たちがブリッジで会話するシーンは撮影されたものの、エイリアンと共演するシーンはカットされた。「そうするしかなかったんだ」と、スコットは事実を認める。「撮影するにはコストがかかりすぎたんだ。時間もね。でも、そのシーンがあったら素晴らしかっただろうな。あとは、船外に葬られたケインの死体が宇宙船にぶつかるシーンもカットになった」

「フォックスは約2週間ごとに進捗状況を尋ねてきた」とシーモアは語る。「そして、コストを切り詰めろとしつこく言ってきた。終盤に近づくにつれ、リドリーは猛スピードで撮影を進め、私にもっとセットを作れとけしかけた。監査役でもあったピーター・ビールは私の後をつけ回し、これもダメ、あれもダメとセットの無駄遣いを厳しくチェックしては、不要な物は撤去させた。彼は少なくとも2つのセットでそれをやっていたよ」

「制作部門はコスト削減リストの筆頭にあった」とビールは言う。「シーンを減らすことにはリドリーも他の皆も同意した。削除することが決まっていたシーンなのに、マイケル・シーモアがこっそりセットを建てて撮影に使おうとしていたから、そのセットを壊させたこともある。そしてマイケルを呼びつけ、もう一度こんな真似をしたらチームから外すと注意をしたよ。小さなセットだったんだが、見過ごせない行為だった」

「マイケルは、セットに余計な金を使わせようとしないビールからの凄まじいプレッシャーに向き合っていた」と、クリスチャンも振り返る。「そして、リドリーの味方をしようとしてトラブルに巻き込まれていた。ピーター・ビールは元々マイケルのことが気に食わなかったんだが、それをあからさまに態度で示し、ある時クビにする寸前まで行った。もちろん、そんなことリドリーが絶対に許さなかったがね」

「ある時から、ビールは私のことが嫌いになったようだ」とシーモアは言う。「私を解雇しようとした時もあったが、リドリーが阻止してくれた。ビールは時々、私が何もできないように画策するんだ。彼の悪意には気づいていたものの、結局、最後までこの仕事を続けることになった」

「私がマイケルを嫌っているとかなんとか、向こうが言い出したことがあってね」と、ビールは打ち明ける。「嫌いとか好きとかの問題じゃなくて、経費節減という自分の仕事をしてるだけだと言い返したよ」

まともな記録を残さずにセットを建てたりして、それでプロダクションをどうやって進めていけたのか不思議に思う人もいるかもしれない。しかし、先にも述べた通り、『エイリアン』には大勢のプロデューサーが存在し、明確な指揮系統が確立されていなかったのだ。スタッフや各部門の責任者の多くはスコットとは旧知の仲であり、何年もスコットの会社とコマーシャル作りをしていた。パウエルによれば、こうした主要スタッフたちはスコットへの忠誠心が強く、映画スタジオが給与を支払っているにもかかわらず、フォックスではなくスコットが雇い主だと考えていたらしい。次にやるべき仕事の指示を仰ぐ相手は遠く離れたアメリカの映画会社ではなく、スコットということになる。セット建設の人員や材料の規模、そして常態化した現場の混乱を考えると、今から新たな労働力と材料を調達してやり直すのは不可能だった。

一方、パウエルは、「我々は全員プロフェッショナルだ。ハリウッドの給与支払い主に対する責任と、これからの映画業界でのキャリアについても理解していた」と言う。「難しい選択だ。マイケルとて例外ではない。彼の下で働くスタッフとして建設部門にあれだけの人数を雇っていたのだから、正式に認可されたセットだけでなく、リドリーから作れと言われた追加のセットについても、自分に自由裁量があると思い込んでしまったことは容易に想像できる」

「自分のデザインを押し通そうとしたため、裏口から出ていってもらった人間は3〜4人いる」とビールは続ける。「作品をそれぞれ違う方向に持っていこうとしたプロデューサーも3〜4人いる。マネージメントの観点からすると、そんなのはまだいいほうだ。問題なのは、そういった事態が撮影の遅れに繋がるということなんだ。5日経っても3日分のショットしか撮れていない。当時はそういう状態だったんだ」

合計で9つのセットが廃止されるか、あるいは他のセットと統合させられた。例えば、独立したセットだった卵貯蔵庫、卵貯蔵庫とコックピットの間のチューブ、食料貯蔵庫、通路1〜2本、エンジン室などが該当する。ただし、スペースジョッキーはこの選別プロセスから見事に生還した。この時点では既に、スタッフは滑車装置を使って足場を組み立て、ターンテーブルの上にスペースジョッキーを乗せるところまで進めていた。ギーガーはこの巨像のために通気性のあるラテックスの皮膚を苦労して作り、さらに数日を費やして塗装作業（塗装工組合の許可を得ることができた）と、セピア色にグラッシをかけた表面を手で滑らかにする作業も行なった。「足場の上では思うように動けず、バランスを崩さないように苦労した」と、ギーガーは書き残している。「私はスペースジョッキーに仕上げの『化粧』を施し、塗装工たちは望遠鏡の艶出しを行なった。そして、ちょうどのタイミングでようやく完成した。予定では明日から撮影が開始される。時間に追われながら自分にとってベストな作品を生み出すのはとても難しく、何度も嫌になった」

ピーター・ボイジーは胸部の穴を作った。「ピーターと私だけで4週間かけ、スペースジョッキー全体を彫刻した。あれを4週間で仕上げるなんてすごい早業だ」とブライアン・ミュアーはコメントしている。

## 犠牲

遺棄船のパイロットであるスペースジョッキーに最後の微調整が施されている間、スコットはダラスの死亡シーンを撮影していた。が、彼が元々抱いていた構想は、またもや大幅にスケールダウンさせられていた。「僕がやりたかったのは、船の通路より高さがある巨大なエアダクトを作ることだった。ダラスがそこで最初にエイリアンを見かける。その時点でエイリアンは巨大な間状のウィンドトンネル（風洞）の屋根に立っているが、逆さまにぶら下がったかと思うと唸り声を上げ、ダラス目がけてトンネルを降りてくるんだ。垂直の壁をぐるぐると回転しながら走ったり、ジャンプしたりしながらね」

だが、その案はまず実現困難であり、さらにエイリアンはどう動くかというコンセプト自体を考え直さなくてはならない。スコットは代わりに、狭いところに追い詰められる恐怖を描くことにし、人がやっと通れるくらいの通気孔を美術部門に作らせた。

しかし、その代替案も予算をめぐる議論の対象となり、結局、10mに満たないT字型のチューブを作るということで妥協することになった。スコットとヴァンリントは、ライティングやアングルを変えれば、実際は短いチューブでも通気孔がもっと長く続いているように見せられるだろうと考えたのだ。「あのシークエンスには充分な準備ができなかったんだ」と、スコットは言う。「通気孔用のチューブを調達し、その切れ端で全体を装飾して1日で仕上げた。1日しか時間がなかったんだ。だが、それはピーター・ビールが我々の能力を思い知る日にもなった。ダラスの死のシーンのためにたった1日でセットを作ったのを見て、彼は『なんてこった……』とつぶやいた。こうして最終的に、ピーターは我々の側についたんだ」

「あれはなかなか馬鹿げた行動だね」と、ダラスを演じるスケリットは通気孔内を這い進む展開を笑い飛ばした。「僕の解釈では、ダラスは自らああいう行動を取ったんだと思っている。異常な状況だし、船長の彼にはエイリアンに対処する責任があった。人道的に考えて、他の乗組員には怪物を追跡させられないと考えていたんだ」

自衛用に持っていた唯一の武器は火炎放射器だった。その炎は非常に明るいため、スケリットが放射器を使う際に——顔の近くで火を放つので危険だったのだが——照明として使えるとヴァンリントは考えた。「僕が本物の炎を噴射し、スケリットはライトを持って自分を照らしていた」と、スコットは説明する。「ここで使った照明はそれだけだ。デレクはアナモフィックレンズを装着した。彼以上にアナモフィックレンズを絞り込んで使う人間は他にいないよ」

アルダーもこの撮影を振り返る。「トムが狭い通路で炎を発射するシークエンスでは、彼がこちらに振り向いて、カメラの前で放射器を左右にゆっくりと動かす場面があった。もしもタイミングを間違えて発射ボタンを押したら、リドリーやカメラの後ろで屈んでいた技師たちもローストされていただろう」

「火炎放射器のことは少し心配だった」と、のちにスコットも認めている。「安全は確認していたし、俳優たちも使い方の練習はしていた。とはいえ、僕はいつも不安を感じていた。火炎放射器が嫌いだったんだよ。そもそも、火を使うことが好きではなかったんだ」

スケリットは既に強敵エイリアンの姿を見ていた。「セットの外でエイリアン役を初めて見た。彼はカフェテリアに向かっているところだった」と、スケリットは振り返る。「ある午後、昼休みにカフェテリアに入っていったら、巨大なスタジオの扉が開いていてボラジの姿が見えた。彼は2m以上あって、150cmそこそこの衣装係の女性と何かを熱心に話し込んでいた。ボラジはブルーのスニーカーを履いていて、すごく派手な格好をした衣装担当の助手がエイリアンの尻尾を運んでいた。その助手は白いスカーフを巻いていて、それが風で揺れていたのを覚えている。僕は『この光景、すごくないか？』と思っていたよ」

結局、スケリットは狭い通気孔内でボラジと共演することはなかった。長身のボラジがスーツを着て入るのは無理だったのだ。ダラスを掴むエイリアンは、ボラジよりも小柄なスタントマンが演じている。

「まともなエアロックのセットは建設が中止されてしまった」と、パウエルは言う。「だから、カメラがパンすると、エイリアンがトム・スケリットに向かっていきなり『バァ』と出てくる、そんな流れにするしかなかったんだ」

**下・次頁**／スペースジョッキーのシークエンスを撮影するスコット。ギーガーは繰り返しパターンになるようにセットの壁をデザインした。その壁部分は鋳型で作られ、彫刻が施されている。制作スタッフは100個ものパーツを鋳造し、それをスタジオで編み上げるように組み合わせていった。

## 破壊へのカウントダウン

ようやくセシル・B・デミル作品並みのスペクタクル溢れるセットで撮影をする段になっても、スコットはクライマックスとなる脱出艇ナルキッソス号でのシークエンス撮影のためにプランを立てていた。そして9月[illegible]日金曜日、ピーター・ビールは、フォックスの規則には映画でストロボライトの使用を禁じる条項がないとの報告を受けた。スコットが脱出艇のシーンを差別化する方法としてストロボライトの使用を考えたため、その異例のアイデアに問題がないか会社にチェックさせていたのだ。

スコットは次のようにコメントしている。「僕は悩んでいた。他の2人(パーカーとランバート)が死んだ後はどうなる? 残り17分もあるのにシガニー1人しかいない。会話もない。通路を走り回るだけなのか?とね。確かにシガニーには通路を走り回ってもらったが、僕はそこに自分のアイデアを盛り込んだ。彼女だけでもストーリーが語れるようにね。テストの段階で、デレクと僕はナイトクラブにあるような小さなストロボライトを見つけた。ノブを回すと閃光のスピードを変えることができる。そこで、それをドリーのフロント部分に取りつけた即席の装置を作ってみた。このシーンには考えうる全てを投じる必要があったからね」

Aスタジオでは、スペースジョッキーを実物よりも大きく見せるため、小さな衣装を着た子供たちが再び登場した。ダラス役はロイ・フェザーストーン、ランバート役はフレッド・グレイ、ケイン役はポール・ヘイデンが演じた。スコットはクレーンを用い、3人を上から撮影したが、子供たちはまたもや照明の熱で倒れそうになったという。その頃ギーガーは、このセットで撮影するのは時期尚早ではないかと考えていた。スペースジョッキーはまだダークな雰囲気が足りず、彼にとっては準備不足の状態だったのだ。「視覚効果スタッフがオイルを燃やし、全体をスモークで覆っていく。その匂いはひどいもので、セットにいると息苦しくなった。足場にしゃがんでいた照明係は汗だらけになりながらも、言われた通りに照明を当てていた」と、ギーガーは現場の様子を描写している。

スペースジョッキーのクローズアップ撮影になり、今度は衣装を着込んだ大人の俳優たちの出番だった。撮影台本に糊づけされた紙には改変された台詞が手書きで記されており、次のような内容になっていた。「不気味な胸の穴の写真を撮った」とダラスが言う。「これは明らかに例のシグナルの送信源だ。200年は経過していると思う。わかるのは、動かないはずの無線機がメッセージを送っているということだけだ」

「リドリーはスペースジョッキーの映像をたった1日で撮った。スペースジョッキーを発見するシーンや、ジョン・ハートが深い穴の下に降りていって姿が見えなくなるといったシーンをね」とシーモアが明かす。「それから別のセットに取り掛かった。スペースジョッキーが載っている円形の台座を外し、そこに卵貯蔵庫を作った」

「残された時間が短くなり、このシークエンスは撮影期間の終盤に撮影された」とヴァンリントは説明する。「そして、我々はセットで作業中の美術スタッフに出て行ってもらい、卵の改良のほうをやってもらった」

スペースジョッキーを支えていたターンテーブルとジョッキー本体を建設スタッフが取り外し、卵貯蔵庫のセットに作り変えている間、スコットと撮影班はたった1日でナルキッソス号の撮影を行なった。「使えるスタジオが5つしかないというのが大問題だった。『スター・ウォーズ』なんて13も使ったんだから」と、スコットは不満を漏らす。「つまり、続けて撮影ができないんだよ。撮影が終わるとすぐにハンマーを持った裏方の集団がやってきて、使い終わったセットを壊し始める。本当にハンマー部隊って感じだったよ!」

ブリッジを改装して作ったナルキッソス号のセットでは、リプリーが自爆寸前の母船から逃げ出すシークエンスの一部を撮影した。ここでもスコットは斬新なアイデアを思いつく。このセットに、エイリアンを再び登場させるというのだ。脚本には「暗がりからエイリアンの手が飛び出す」とだけ書かれていたのだが、スコットはビジュアル的にもっと際立った画が欲しいと考えた。「我々は立ったまま首を傾げ、『じゃあ、エイリアンはどこにいることになるんだ?』と考えていた」。そう話すのはパウエルだ。「そこで、私はビクビクしながら提案したんだ。『もし奴にカメレオンみたいな性質があったら?』。するとリドリーは、エイリアンはバイオメカノイドだから、まるで機械に溶け込んだように変身できる設定にしようと決断した。

スコットは頭の中にあった新たなリドリーグラムを描き出し、シーモアと彼のスタッフに急いで進めるよう頼んだ。

翌日、スコットと撮影班がAスタジオに戻り、ケインが卵貯蔵庫を発見し、卵のひとつを覗き込むシーンを撮影した。ただし、彼が襲われて宿主にされる場面は後回しとなった。ケインが貯蔵室に降りていくショットではスタントマンのロイ・スキャメルが衣装に着替え、サウンドステージの屋根の垂木からワイヤーで降下した(このシーンはその後、ポストプロダクションのマットペイント用合成映像などを得るため、複数の方法で再撮されている)。スコットはここでもまた、経費削減のために演出をスケールダウンしなければならなかった。そもそもの案は、下に降りていくケインがクリスマスツリーのようにライトアップされているというも

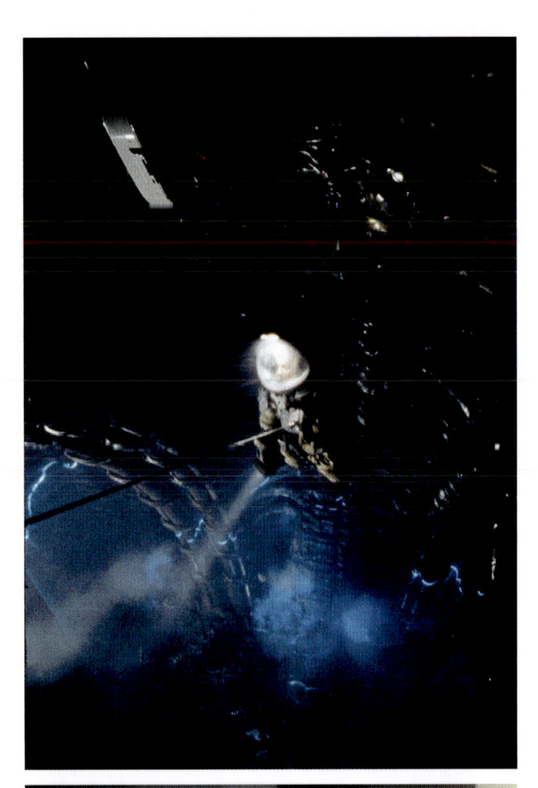

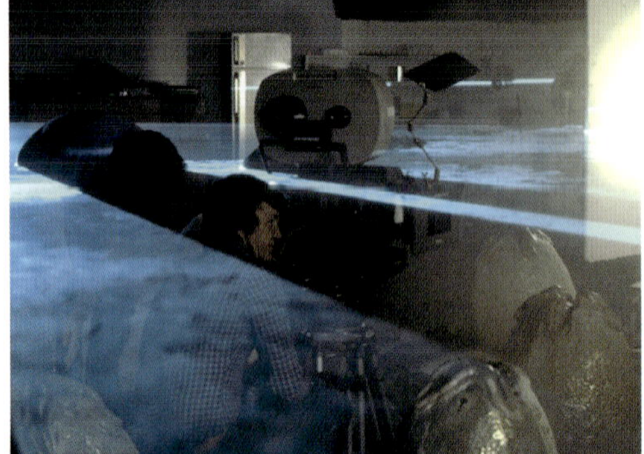

上/エイリアンの卵のひとつを手に持つギーガー。クリーチャーデザイナーのボブ・キーン(映画にクレジットはされていない)は貯蔵庫の卵をいくつか作製した。半透明な卵50個、不透明で色が同一の卵82個、合計で132個の卵が作られた。

左上段/卵貯蔵庫へと降下するケイン(スタントマンのロイ・スキャメルが演じている)。

左下段/卵貯蔵庫でエフェクトのレーザー光線を放つスタッフ。

上3点／スコットの撮影台本に貼られていた、卵とエレベーターに乗った俳優のポラロイド写真。

右上・P260-261／卵貯蔵庫のメイキング風景がわかる写真の数々。

のだったが、却下されてしまったのだ。

卵貯蔵庫の床は、卵が並んでいるだけではなかった。ホロコ社から提供された走査型レーザーがセットの裏から青い光を放ち、光の層の下に卵が隠れているという幻想的な光景が出来上がっていた。

「あれはかなり強烈なレーザー光線だった」とジョンソンは説明する。周波数3,000c/s(サイクル毎秒)のレーザー光が50〜60度の角度で走査する。光が見えるようにするには照明自体をかなり弱いレベルにする必要があったため、ヴァンリントとスコットはレンズの絞りを完全に開いて撮影した。

「僕は卵の内側から反応を引き起こす生物の警報のようなものを求めていた。その警報で全ての卵が目覚めるんだ」と、スコットは語る。「それにはレーザーを使うということで落ち着いた。レーザー光線が卵のすぐ上を走る様子は、まるでブルーライトの絨毯のようだった。もっと色々やれたはずだが、もう時間がなかった。だからテストに半日だけ費やし、残り1日半でこの素晴らしいシークエンス全体を撮影したんだ」

「全般照明も併用し、大量のスモークが焚かれる中、卵の上を撫でるようにレーザー光線を走らせた」とヴァンリントは言う。「そしてレーザー光線が走る中、カメラを上へ下へと動かして撮影した。すごく楽しかったよ。でも、もっと実験する時間があったら良かったのにと思う。このシーンの撮影はスケジュール終盤で、時間が本当に限られていたんだ」

スモークはまんべんなく拡散し、セットの欠陥をうまく隠してくれた。また、レーザーの光が何かに触れる感じを見せるのにも最適だった。このエフェクトはさらに思いがけない結果も生む。ジョン・ハートがレーザーの光の中に立つとビームの形が崩れ、卵の皮膜の上にサイケデリックな形を描き出したのだ。

9月30日土曜日、他の者たちが13週間目に入った撮影の遅れを取り戻そうとしている間、ギーガーはスコットが自分の工房に思いがけなく訪ねてきたことを記録していた。そこでスコットが話題にしたのは、「エイリアンは脱出艇の中にいるが、その姿はカメラに映らない」という状況をどう作り上げればいいのか、ということだった。「可哀想に、成体エイリアンに入っているボラジは喜ばないだろう。この美しいシーンは、彼にとっては非常に不快なシーンになるからだ」と彼は書き残している。

スコットがギーガーに話したところによると、瀕死のエイリアンが暖を取るために機械の中で丸まっているというのが彼のアイデアだった。「僕はそれを最後のシークエンスにしようと思った」とスコットは言う。「エイリアンのライフサイクルが蝶のように限られていることを示したかったんだ。その一生の中でエイリアンはできるだけ迅速に繁殖し、子孫を増やさねばならない。おそらく、1日しか生きられないからだ。そして、成体エイリアンの身体からスライムが生み出されるのを観客は目撃する。おそらくそのスライムで繭のようなものを作り、そこに閉じこもろうとしているのだとわかる。さらに、その時点でエイリアンは攻撃心に駆られていなければならない。なぜなら、彼は自分のライフサイクルを進めなければならないからだ」

月曜日、セットは完璧な状態ではなかった。ギーガーによれば、週末返上で働いた建設スタッフはバデジョーが隠れるエリアを作るのにスコットのスケッチに従わず、またスケッチ自体も誤解を招く描き方になっていた。その顛末についてギーガーはこう書き残している。「間違っていると気づいた時には、もう作り直しは不可能になっていた。リドリーは自分が笑い者になる事態は避けたかったし、かといってスタッフを困らせたくもなかった。そこで私は、出来上がったセットを見て思い描いたアイデアをスケッチに描き、立て替えられないかとスコットに尋ねた」

ギーガーはあえて悪者を演じて、スタッフにセットを変更させることになった。だが案の定、その行為はシーモアを怒らせたという。「どうとでも思えばいい」という言葉で、ギーガーは日記を締めている。

2日後、ギーガーはナルキッソス号のシーン用にバデジョーの新たなコスチュームを塗装。半透明だった頭殻をセットのパネルにマッチするようシルバーグレイに変更し、カモフラージュ効果を出した。その間、建設スタッフたちはエイリアンが隠れる部分の構造をDスタジオに作成。その後、Cスタジオの脱出艇の壁に組み込む予定だった。

「最後の段になって、誰かがアイデアを思いついたんだ。『ト下に換気口を付けよう。エイリアンの頭みたいに見えるやつを』と言い出した」と、シャセットは振り返る。「うまく行くかどうか、僕たちには定かではなかったんだけど、リドリーの『アイデアを出した彼をここに連れ戻してくれ』という一言で、僕らは彼を大声で呼んだ。そうしたら、彼は既に壁の中にいたんだ！　僕たちは驚いて飛び上がったよ！」

10月5日木曜日、スコットは本当にナルキッソス号の一部と化したようなエイリアンの姿を撮影した。「バデジョーのエイリアンはチューブやケーブルに覆われたセットに同化していた」と、ギーガーは現場の様子を書き残している。「彼の変身ぶりは見事

だった。私のバイオメカノイドそのものに見えた」

「そしてとうとう、身長2mの忍耐強い彼をセットに誘導した」とシーモア。「彼の周りを構造物で覆うと、セットの壁の一部にすっかり溶け込んで見えた」

「そこから飛び出すのはなかなか難しかったよ」とバデジョーは言う。「勢いよく躍り出る際に、2、3回スーツが破けてしまったんだ。しかも、その覆いの中には上から入らないといけなくて、そのたびに尻尾がもげるんだよ。スタッフにとっては大した問題じゃなかったみたいだけどね。予備のスーツは何着もあったんだ。大体15テイクはそのアクションを繰り返した。しまいには、『これ以上は無理だ！』と叫んだよ。スモークは大量だし、とにかく息苦しくて、ものすごく暑かったんだ」

10月6日金曜日は、バデジョーが第3形態エイリアンを演じる最後の撮影日だった。その晩、撮影所のレストランで打ち上げパーティが催された。スコットはその席でギーガーに、次のプロジェクトは『トリスタンとイゾルデ』で、パラマウントが2,000万ドルの資金を用意していることを打ち明けた。

翌週、スコットは卵貯蔵庫の撮り直しを行なった。今度は各テイクで2層のレーザー光が重なり合うように工夫した。ギーガーの記録にはこう書かれている。「宇宙服を着たスタントマンが懐中電灯の光を貯蔵庫のあちこちに向け、その光は最後に宿主を待ち構えていた卵の前でぴたりと止まった。彼は恐る恐る手を伸ばし、それに触ろうとする……。スコットは苛立っていた撮影技師と交代してカメラの後ろに座り、撮影技師はスコットの横に立った。セット内はスモークと青い光に溢れ、地獄のような光景になっていた」

また、スコットはさらにダラスが通気孔の中を進むシーンを追加撮影し、フォックスの焦燥感を煽った。Bスタジオで撮影する時間はほとんど残されていなかった。そして、スコットと撮影班がBスタジオから撤退すると、すぐにハンマー部隊がなだれ込んできてセットを壊し始めた。他の仕事のために早急にその場を空ける必要があったのだ。

「アラン・ラッド・Jrから電話が来た」とビールは回想する。「彼は『ピーター、撮影はあと2週間で終了してくれ』と言ってきた。私は『しかし、およそ1週間かけて3日分の作業しか進んでいないんだ。まだ15日分の仕事が残っている』と答えた。彼の返事は『君が撮るべきシーンを選べ。できることをやるんだ』だった」

「ピーター・ビールには苛々させられてばかりだ」とギーガーは書き残している。「彼はスコットの後ろに立ち、もっと速く仕事を進めろと煽り続けている……」

ラッド・Jrはピーター・ビールとサンフォード・リーバーソンに対し、撮影をスケジュール通りに終了させるよう、かなり強く指

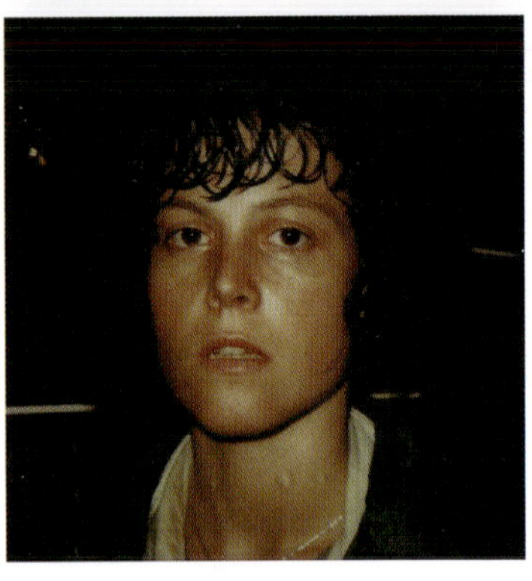

**上2点**／映画のクライマックスシーンの撮影中、通路に佇むウィーヴァーを写したポラロイド写真。

**左上**／魚眼レンズを通して見た救命艇ナルキッソス号内部のセット。コンピューター室のパネルー式、コールドスリープ装置のベッド、食堂で使用したパーツなど他のセットの一部が数多く再利用されている。ノストロモ号のブリッジの部品も改造され、ナルキッソス号の操縦席となった。

**左下2点**／ナルキッソス号の隠れ場所からエイリアンスーツを着たバデジョーが飛び出すシーンを撮影するスコット。この隠れ場所はバデジョーを囲むように建てられ、装飾を施してあるので、彼は本当に機械の一部として周囲に溶け込んで見えた。

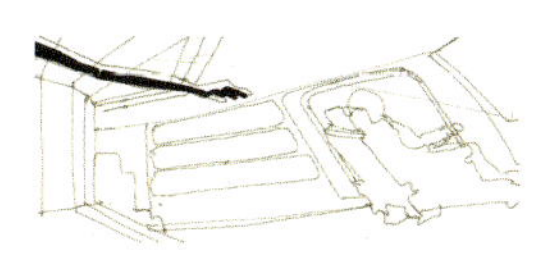

一番上／スコットのスケッチに描かれた、エイリアンがナルキッソス号内に出現するシーンの原案。リプリーは何も知らずに操縦席に座っており、エイリアンの骨ばった手がカメラのフレーム外から伸びてきて、彼女に触れようとする。

上3点／映画のラストシーンの別バージョンを描いたスコットの絵コンテ。地球に向けて航行するナルキッソス号の表面にチューブ容器に入ったエイリアンが貼りついているという、衝撃の事実が最後に明かされる。

示していたようだ。リーバーソンはこう語る。「私はリドリーに言った。『先延ばしはできない。今週末には君はここから出て行くんだ』と」

しかし、スコットは真の完全主義者である。もちろん激しく抗弁した。「僕たちは沢山のアイデアを実現してきた。だから、そのやり方も熟知している。あと数回撮り直せる時間があったなら、2倍も3倍もいい映像を生み出すことができたはずなんだ。照明やカメラアングル、レンズを変えれば、いくつかのシーンは格段に良い印象になっただろう。俳優のリハーサルと同じなんだ。最初のテイクを撮影してみて初めて、それまで思いつかなかった案が浮かんだり改善点が見つかったりする。だから、再撮ではそれを取り入れて、前の撮影以上の仕上がりにすることができる。ところがこの現場はどうだ？ 試行錯誤する時間すらもらえず、僕らは本能に頼るしかなかったんだ」

「私はプロデューサーたちのところに出向き、彼らと話をした」とビールは語る。「『我々はどうすればいい？ ラッド・Jrは本気で言っているのか？』と訊いた。『スター・ウォーズ』でも同じ経験をしたし、本気だろうという答えだった。そこで、今度は私からリドリーに提案した。『解決策はこうだ。私は君と一緒に撮影に参加する。今日は金曜。月曜の朝までに君のために撮影リストを用意しておく。1時間ごとのスケジュールは私が決める。そして、残りの2週間で終わらすために必要なものは、何でも与えよう』」

## 奇跡のファインプレー

【撮影第73〜81日】1978年10月13日(金)〜21日(土)
【Cスタジオ ナルキッソス号内】シーン211(宇宙服を着るリプリー)、212(エイリアンを挑発、彼女に反応するエイリアン、後部ハッチを開けるリプリー)、214
【エンジン室内】シーン197pr リテイク
【通路内】シーン195pt リテイク
【Dスタジオ ナルキッソス号内／外】シーン212pt、213、215(エイリアンを焼却)

『エイリアン』には別のエンディング案もあったと、スコットはのちに明かしている。「リプリーがあいつを仕留めるんだ。バン！ってね。これで彼女は無事に逃げられそうだと観客が安堵しかけたところで、大どんでん返し！ エイリアンが彼女を仕留めてしまう。これはこれで素晴らしかっただろうな。ゴードン・キャロルと僕は、撮影後の晩に撮ったものを振り返りながらあれこれ考えるのが習慣になっていた。酒を交わし、デスクに足を乗っけて、どちらからともなくこう言うんだ。『で、どうやって映画を終わらせようか？』とね」

「ある夜、僕は素晴らしいアイデアが浮かんだ。最後の最後でリプリーを殺してしまうんだ。シガニーはきっとこの案を気に入るはずだと思った。リプリーはここまで生き延びてきた。第1幕で殺られてもおかしくなかったのに、第2幕、第3幕と生き残り続けた。そして今、主導権は彼女にある。だから、僕はこう考えたんだ。脱出艇で彼女を殺したら、ヒッチコック作品顔負けの衝撃作になるんじゃないか？」

「リドリーと一緒に最高のエンディングを作り出すのは、本当に楽しかった」とウィーヴァーは語る。「違うバージョンのエンディングが山ほどあったのよ」

そのバリエーションのひとつに、キャロルとスコットが考え出したものがあった。リプリーはエイリアンに銛を打ち込むことに成功するものの、それでも殺されてしまうという展開だった。

火曜日の夜、スコットは大西洋を挟んだ電話会議に出席し、ラッド・Jrとウィガンをはじめ、会議室に集まっていた重役たちにお気に入りのエンディング案を説明した。電話をスピーカーホンにし、スコットはこう語った。「脱出艇に駆け込んだ彼女は、エイリアンを自分のほうへおびき寄せようとする。彼女はヘルメットを装着しており、扉を開けてエイリアンを船外に放出する準備はできていた。だが、ハッチを開けるボタンを押す直前、エイリアンの素早く伸ばした手がヘルメットを突き破り、彼女の頭をもぎ取ってしまうんだ」

スコットはその時の様子を振り返る。「結末を明かした後、電話の向こうで息を呑むのがわかった。彼らは息をつき、ざわめいた。ラッドは『なんてことだ！』って吐き捨てていたよ」

もうひとつのバージョンも説明された。エイリアンがリプリーの頭を噛み切ってしまう展開だ。

「やがて、映像は切り替わってキーボードが映し出され、馬の頭のような影が落ちているのがわかる。次に操縦席がキィと音を立てる。エイリアンが座っているのだ。伸びてきた手がためらいがちに操作盤のボタンを押し始める。そして、ダラスの声を完璧に真似て言う。『こちらのメッセージを拾ってもらえるといいんだが……』。エイリアンは地球を目指すんだ」。そしてスコットは重役たちに尋ねた。「これ、素晴らしいでしょう？」

「電話の向こうは静まり返っていたよ」とスコットは言う。「すると、ラッド・Jrが口を開いた。『その件は話し合う必要がありそうだな』。ウィガンは既に荷物をまとめて退出しようとしているのが気配でわかった。そして木曜日の朝には(もっと早かったという説もある)、ロリン・ピルスベリーからやってきた2人の重役がシェパートン撮影所で待ち構えており、顔を合わせるなり『気でも変になったのか？ 冗談も休み休み言え！ 彼女はビッグスターになるんだ。絶対に殺させない』とまくし立ててきたんだ。さらに、その場でクビにしてやると脅してきた。僕は『わかったよ。ひどいアイデアだった』と返すしかなかった」

「さすがにあれは、それまでに聞いた中でも最低最悪のアイデアだったんじゃないかな」と、ウォルター・ヒルは笑う。「やめさせようと、こちらもすぐに手を打った。結局、良識ある者が勝ったけどね」

しかしながら、その代償は目に見える形となってスコットに降りかかってきた。フォックスはスコットに対する締めつけを強化し、常に監視下に置くことにしたのだ。重役たちは物事をスケジュール通りに、あるいは前倒しにして予算も下げる方向で進めるべく、別のプランを考えた。彼らはその時点の脚本にある結末ではなく、よりシンプルでもっと金のかからない終わり方にするようけしかけてきたのだ。それは、リプリーはナルキッソス号でエイリアンと死闘を繰り広げることなく空の脱出艇に乗り、エイリアンもろともノストロモ号と精製施設を爆破するという流れだった。これで問題は解決だ。

「それまで進行が遅れ気味のままだったから、そんな意見もあった。脅しという言葉は言いすぎだが……」とパウエルは語る。「とどのつまり、彼女はナルキッソス号で逃げ出す。それだけだ。彼女は助かるし、エイリアンは脱出艇には乗らなくていい」

こうしてスコットは、元々承認されていたエンディングを死守しなければならなくなった。「大きなバトルが繰り広げられた。もうこれまでだ。この映画はおしまいだ！って思ったよ」とスコットは言う。「それではリズムが悪くなると感じていたんだ。ストーリーという音楽がきちんと流れていかない。あそこで映画を終わらせることはできない。そんな単純な結末じゃダメだ。彼女がただ操縦席に座って脱出艇を発進させるなんて筋が通らない。だから、何をやるべきか、激しい議論を戦わせた。そこで僕は、『エイリアンは脱出艇にいなければならない。そこが第4幕になるんだ』と言い返した。向こうはそれは過剰だと感じていた。だから、僕はさらに訴えた。『違う、過剰さが必要なんだ。こういう映画はやりすぎるくらいでないといけないんだ』」

結果として、スコットはこのバトルに勝利した。しかし、それでも一部のシーンはカットすることになり、スコットも合意した。元の設定では、エイリアンは尻尾か手がドアに挟まって動けなくなり、慌てて船内に戻ろうともがくうち、あちこちに強酸が流れるという展開だった。だが、エイリアンの血はエアロックを貫通してしまうため、辻褄が合わないように思われたのだ。これらのショットは削除されることになった。

そしてビールは約束通り、ナルキッソス号のセットに現れた。もちろん、自分が敷いたレールに監督を乗せておくためだ。「私はリドリーと現場に向かった」とビールは振り返る。「基本的には彼の助手になったんだ。現場スタッフは驚いた顔をしていたが、私は皆にムチを入れて撮影を進めさせた。その日の終わりには私がリストに上げた全てのショットを撮り終えることができたんだ。リドリーはこちらを見て、『素晴らしい。ラッシュの出来が良いことを願おう』と言った」

「ピーター・ビールがセットに来ると、ドイツ人みたいな厳しい顔で私たちを見るの」と、ウィーヴァーは振り返る。「それで、腕時計に目を落としては、『これを終わらせる猶予は2日だ』とか言っていた」。また、シャセットはこう証言する。「ビールは1日中カメラの後ろに立っていた。僕たちが時間通りにスタジオから出て行けるようにね」

「フォックスはどちらかというと支出のほうに口うるさかったね」と、スコットは言う。「僕は何も気にしていないように見えたかもしれないが、ちゃんと気にしていたよ。撮影期間の終わり頃には撮影のペースが急激に上がって、時には時間が余ることもあったくらいだ。1つのシーンが一発で決まったりもしていた」

翌日の明け方、ビールはシェパートンとは反対側のロンドンの外れにあるランク現像所に車を走らせた。そこでは撮影済みフィルムの現像をしており、彼はラッシュを個人的に見せてもらえるよう手配していたのだ。そして、ラッシュを見終わるとまたシェパートンに引き返していった。「ある時、リドリーがひょっこり現像所に現われたんだ。スタッフも全員ラッシュを見るためにやってきていた」とビールは振り返る。「さすがに、皆疑わしそうにこっちを見ていたよ。上映が終わって照明がつくと、リドリーは私に向かって『ラッキーな奴め』と言った。つまり、ラッシュは上出来で、活力があったということだ。時間も金も、無駄を減らすことができた」

撮影はスピードを増し、時には1テイクでOKが出ることもあった。しかも、撮影の出来も悪くなかった。こうして、スケジュール内に撮影を終了できる可能性が出てきたのだ。

## 野獣を殺した美女

最後の2週間、スタントマンのエディ・パウエルはエイリアンスーツを着て、ロイ・スキャメルが準備しておいたスタントを行う予定になっていた。許可なしでは誰もセットには上がれないはずが、どうやらセキュリティはかなり緩かったらしい。10月17日、ビールは「大変お恥ずかしい話ですが——」で始まる手紙をフォックス宛てに書いた。そこには、キャロルのオフィスから透明フィルムに描かれた彩色アートワークが89点も盗まれた事実が明かされていた。その前の月には、ギーガーが「Alien」の文字を特別にデザインした作品が盗難に遭っていた。

人間とエイリアンの最終決戦は、リプリーがエイリアンに見られているとも知らずに服を脱ぎ、肉体を晒す場面から始まる。脚本にはなかったこのシーンで、スコットは『美女と野獣』的な構図の再現を意識した。異類婚姻譚であるこの物語は1946年のジャン・コクトー監督作をはじめ、これまで幾度となく形を変えて映画化されている。中でも1933年の『キング・コング』では巨大な猿がフェイ・レイ演じるヒロインをさらうのだが、最後にはその美女に対する想いのせいで殺されてしまう。そして『エイリアン』では、美女が野獣の前で服を脱ぐのだ。

「5日間、宇宙船という密閉空間の中で血とはらわたと汗と尿にまみれ、恐怖で極限状態になったリプリーが服を脱がないと思う?」とウィーヴァーは1979年にコメントしている。「蛇が脱皮するように、自分が着ている汗だらけの服を脱ぐより自然なことってあると思う? 話題作りとして脱がされたと考える人がいるなんて夢にも思わなかった。ある意味では刺激的かもしれないけれど、観客が見る私の脱衣シーンはエイリアンが見ている光景でもある。ジャンプスーツを脱いで白い宇宙服を身に着けることで、私は突然、ダークグリーンの生き物からピンクと白の生き物になるの。

「映画ではエイリアンはずっと生まれたままの姿だけど、私は下着を穿いていて、全裸にはならなかった。それって、フォックスがスペインやイタリアといったヌードに厳しい国で作品を上映したいがための口実よね」

このシーンには、ソフトなヌードを売りにしていたヘビー・メタル誌の影響も見られる。また、フォックスは全裸には尻込みしていたが、観客を惹きつける伝統的な手法については忘れていなかった。「映画会社はこの作品に性的な場面がないと言い続けていた」とスコットは言う。そして、「ほんの少しだけ性的なシーン」を加える場所を最後に見つけたのだった。

「エイリアンは自分と異なる生物に興味があるんじゃないかって、私はずっと思ってた」とウィーヴァーは語る。「リドリーと私にはやってみたいシーンがあったの。クローゼットで私が裸になった時にエイリアンが現れるんだけど、襲撃せずに私の肌に触れようとするわけ。なぜなら、私がエイリアンと違う種だから。でも、またもフォックスは血相を変えて、ヌードになるそのシーンは禁じられた。それに向こうは時計ばかり気にしていたから、私たちは超特急で映画を撮り終えなければいけなかった。だから、あれは大掛かりな即興劇と言ってもいいくらいなの」

エンディングがどうなるかは定まっていなかったため、ウィーヴァーは自分が演じるキャラクターがクライマックスで生き延びるのかどうかさえわからずにいた。だが、彼女は監督に結末を明かさないように頼んだという。リプリーと同じように、何が起こるのか知らないまま各場面に対応しようとしたのだ。「そのほうが本気でびっくりできるから」とウィーヴァーは言う。「セットにはスタッフが大勢いて、自分ひとりじゃないことは充分承知していたけど、役者としてその事実を綺麗に忘れてみたかった。私はエイリアンがどれだけ美しいか、撮影で初めて思い知らされた。リドリーのビジョンが反映されたそのシーンにはエロティックな感覚さえ感じたわ。もっと時間があれば、あの場面でさらに色々なことができたのにって思う」

本格的にシークエンスの撮影に入る前、衣装担当助手のひとりがリプリーに似合う下着を探しに出かけ、スコットとウィーヴァーは2時間ほど待機することになった。「最初にシガニーが試したパンティはリドリーにはオムツみたいに見えたらしく、却下された」とパウエルは振り返る。「どうにもセクシーじゃなくてね。助手が買い物から戻ってくるまで待たねばならなかった。何でもいいから、小さい下着を選んでこいって感じだったね」

「思うに、シガニーは狡猾なやり口で利用されたと感じていたのではないか」と、イアン・ホルムは書き残している。「映画の展開が狡猾そのものなのだ。冒頭では乗組員全員でコーヒーを飲みながら談笑しているのに、最後にはストリップショーまがいのことをやらされるのだから」

「私、ダンス歴が長いの。それに役者稼業は肉体を使うことが多い。だからなのか、音楽に身体が反応してしまうのよね」とウィーヴァーは言う。

「この期間で、私が唯一リドリーに好きなようにやらせたのは、シガニーのクローズアップだった」とビールは語る。「カメラが下から見上げるように、彼女の股から上を映し出していく。基本的には顔に恐怖が浮かんでいるが、同時に恍惚の表情にも見えるんだ。そのショットはリドリーにとってとても重要だった。満足いく映像が撮れるまで予定の2倍の時間がかかったよ。普段なら、どんどん先を進めるんだけどね」

服を脱いだリプリーがエイリアンの存在に気づいくと、今度は白い宇宙服を着用する。「純潔の白。まさしく処女性だ」とパウエルは強調する。その姿は、まさにスコットが諦めた『トリスタンとイゾルデ』の騎士——ドラゴンを槍で突く若き乙女だった。そして、『エイリアン』で乙女が手にするのは銃ではなく(安易すぎるとしてスコットが却下した)、銛、もしくは槍なのだ。スコットによれば、宇宙船のドッキングでも普通に使用されるものなので理にかなっているとのことだった。

「リプリーが勝利するか否かは重要ではない」とスコットは言う。「僕は新たな側面を見せたかったんだ。彼女は未来のドラゴンに立ち向かう純潔の騎士だ。僕が彼女に白い宇宙服を着せ

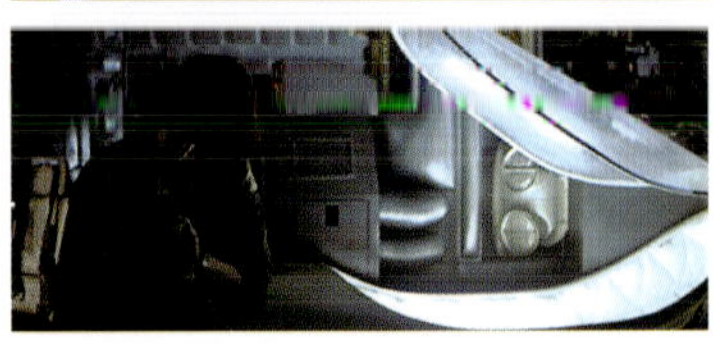

上／脱出艇ナルキッソス号内のリプリー。ノストロモ号の爆発前(上)と爆発後(下)。背景のストロボライトで爆発の瞬間がわかる。

右／ウィーヴァーとスコット。劇中、リプリーはロッカーで宇宙服に着替えるが、これは小惑星の船外調査で他の乗組員が着た宇宙服とは違うバージョンで、白い塗料がスプレーされている。
　ヴァンリントによれば、脱出艇のシークエンスはかなり小さいドリーに4つのストロボライトをつけて、光るタイミングがずれるようにしたという（フロント部分から光量調整付きのスポットライトも当てた）。「全体としてのストロボエフェクトはダイレクトのスポットライトで作った。だから、不規則な間隔の半フレームの露出とフルフレームの露出の融合なんだ」

右端／下半身が下着1枚だけのリプリー。スコットは自分用のメモでも、ウィーヴァーへの説明でも、エイリアンを常に「彼」と表現してきた。
　ウィーヴァーは1979年にこう語っている。「私はスコットと話し合い、エイリアンは覗き見的な興味でリプリーを見ているのではないかという結論に達したの。エイリアンは突然素肌を目の当たりし、魅了されたから攻撃に出なかった。外殻のない他の生き物を見て、ある意味で胸を打たれたのね」

た理由はそこにある」
　ナルキッソス号のセットの雰囲気を持続させるべく、スコットはホルストの「火星、戦争をもたらす者」の冨田勲バージョンを舞台裏のスピーカーから流した。「音響担当スタッフは怒っていたけどね」と監督は笑う。
　各テイクの前には、ドリーに設置した4つのストロボライトを点灯した。「このストロボライトはセットで非常に効果的だった」とヴァンリントは振り返る。「だが、その光の中で作業をするのは難しかった。点けてしばらくすると、めまいを起こす人が出てくるんだ。撮影準備が済むたびに一旦スイッチを切らないといけなかった。めまいで立てなくなってしまうからだよ」
　ウィーヴァーはこのシーンで自分を落ち着かせるのに、独自の音楽が必要だったらしい。囁くように「あなたはラッキースター、ラッキー、ラッキー、ラッキースター」と歌い出した。無意識のうちに選んだこの曲は子守唄だった。「いい歌だったし、彼女に歌ってもらうのはなかなかのアイデアだった」とスコットは言う。「正気を保つためにぶら下がる鉄棒みたいなものだ」
　「ある日、彼女は歌をハミングしていたんだ」。そう語るのは、ウィーヴァーの運転手をしていたパット・ローリーだ。「助手席に座る彼女は明らかに楽しそうだった。私が『今朝はご機嫌ですね』と話しかけてみたら、『ええ、そう。実はこの歌が映画のムードに合うかどうか知りたくてハミングしていたの』と返ってきた」
　「スタジオでは全てが急ピッチで進められた」とスコットは語る。「エイリアンが銛で射抜かれ、外に放り出されるシーンに割り当てられた日数はわずか1日半だった。狂気の沙汰だよ。テレビCMでも同じような撮影をするには4日かかるのに！　完全に失敗して撮り直すことになったとしても、連中（おそらくビール）はそのままで充分だって言うんだ。この映画では何度も似たようなことを聞いた。『それ以上必要ない。充分だ。誰も気づきはしない』。誰も気づかないだと？　僕は気づいているよ！」
　発射された銛がエイリアンの胸に当たるシーンを撮影する日、スーツを着たスタントマンのエディ・パウエルは車椅子のような装置に座っていた。合図と同時に複数のスタッフがそれを後方に思い切り引っ張るという段取りだ。キーガーはこのショットのために、あらかじめ発泡ゴム製の頭部を用意し、塗装しておいた。このシーンは、ほんの一瞬ではあるものの、エイリアンの正面か

らの全身像が明らかになる初めての場面だった。スコットはそれをエイリアンが死ぬシーンまで取っておくために、これまで正面の全身像を見せるのを頑なに避けていたのだった。

「銛は大きな音を立てて胸部に当たった」と、ギーガーはそのテイクを描写している。「白い血液がほとばしると同時にエイリアンは後ろに引っ張られ、宇宙空間(黒いビロード布)に消えていたのだ」

「残りの撮影日数が減っていく中、リドリーと一緒にいた私に、スタントマンが隣のスタジオで会いたがっているというメッセージが届いた」と、ビールは語る。

ビールは隣のスタジオに急いだ。そこではワイヤーに吊るされたエディ・パウエルがスタッフと一緒に、エイリアンがナルキッソス号の外に放たれる場面のリハーサルを行なっていた。エイリアンはジェット噴射で遠くに飛ばされる前に、宇宙船の一端を掴むことになっていた。

「そのスタントマンは、あまりにも痛みがひどくて仕事が続けられないと訴えてきた」と、ビールは続ける。「ちょっと変なやり方だったが、私は自分をワイヤーで吊るしてみてくれと頼んだ。一度は断られたが、試させてくれた。そして、私は地獄のような痛みを味わった。睾丸がつぶれるかと思ったよ。だが、私はワイヤーを操作し、床に降りるなり彼らに言った。『何が問題なんだ? もし君がやらないなら私がやる』とね。ありがたいことに私はやらずに済んだ。あれは最悪だったよ」

## 液状死

こうして最後の「最悪な」2日間は、エディ・パウエルが地獄の苦しみに耐えながら撮影された。このシーンでエイリアンは、ナルキッソス号後部に2つある排気口の1つからジェットエンジンの噴射で勢い良く吹き飛ばされることになる。スタントマンは2日ともワイヤーを装着し、脱出艇の尾翼部分の下に吊り下げられた。遠近感のトリックを使うため、尾翼はスタジオの最頂部まで持ち上げて、カメラは下から見上げるアングルで撮影する。

あるショットではスタッフがハッチを開け、ハロゲン電球の光があふれる空間にパウエルが落ちていく(ダミー人形を使ったショットもある)。一度、下でいつものようにカメラ操作をしていたスコット目がけて落ち、危うくぶつかりそうになるアクシデントもあった。スキャメルいわく。この映画で最も危険なスタントシーンだった。スキャメルも自身でスタントのテストを行なったが(このリハーサルの様子も撮影された)、うまくやる唯一の方法は「高所から後ろ向きに落ちること」なのだと言う。「エイリアンの頭の形状を考えると、どうしてもリスクはある」

スコットは「どうやってエンジン噴射を再現するのか」と訊かれ、「水だ」と答えた。「水の輪を作り、それを早回しで撮影するとプラズマエンジンみたいに見えるんだ。そう種明かしすると、向こうは『プラズマエンジンって?』とキョトンとしていた。『僕にも見当がつかないが、なかなか格好良い響きじゃないか。そういうことさ』と言ってやった」

「実際に火や二酸化炭素などを使う案についても話し合った」と、アルダーは言う。「だが、最終的には高圧噴霧装置を使い、そこに強烈な逆光を浴びせることにした。これはなかなか珍しいエフェクトだ。セットやぶら下がっているスタントマンにダメージを与える心配もなかった」

「実際に火を使うことも可能だった」と、スコットも言う。「だが、それだといかにも炎らしく見えてしまうし、色も黄色く見えてしまう。僕は白さが欲しかったんだ」

吹き飛ばされるエイリアンのショットの一部は、歪みの強い魚眼レンズで撮影された。それによるエフェクトを見れば、観客は滴り落ちる水の中に立つブレットを映した〈爪の部屋〉のシーンがこのショットの予兆だったとわかるのだ。「シンメトリーに並ぶ丸い4つの開口部をまっすぐに見上げ、何ショットか撮影した」と、スコットは振り返る。「その見た目は噴射口か排気口そのものだった。水が降り注いでいたんだけど、ラッシュを見てエンディングのアイデアが湧いた。水がプラズマに見えたんだ。まるで、長い光の針がゆっくりと落ちてくるようでもあった」

脱出艇のセットの設計上、ウィーヴァーはいくつかのショットを撮るためにワイヤーを装着しなければならなかった。アクションにどうしても必要だと説得されたのだ。「だが、2時間以上も装着することになって……」とワトキンスは語る。「ハーネスがきつく食い込んで、彼女は『もう嫌だ』とうんざりしていた。実際に出血するほどで、面倒なことになってしまった」

外宇宙に見せかけるため、スタジオの天井は大量の黒いビロードの布で覆われた。天井があまりにも大きく、ロンドン中のビロードの在庫を使い切ったという。しかも、布には防炎加工も必要だった。また、水のエフェクトのために、撮影所の消防隊が古いキャンバス地のホースを設置した。

「屋根に取りつけられた古い消防ホースから勢い良く水が出ると、黒いビロード全体が結晶のような水滴をまとった」とビールは言う。「撮影終了まであと3日となり、私はラッド・Jrに電話をかけ、『この事態をどう乗り切ればいいのか……。だが、最低でも撮影は1日延ばす必要がある』と訴えた。それからパリ、スコットランド、バーミンガムなど、あらゆる場所にスタッフを送り、劇場から黒いビロードカーテンなどを調達させた。毎日、彼らは天井の布張りなどセットの準備をしては、別の作業もし、

**左3点**/エイリアンスーツを着用したスタントマンのエディ・パウエル(上)。リプリーの放った銛がエイリアンの胸に当たり、衝撃で船外に飛ばされるシミュレーションの様子(中)。銛で射抜かれたドラゴンのように宇宙空間に投じられるエイリアンの姿(下)。

**次頁**/ナルキッソス号のコールドスリープ装置に入ったリプリーのショットを準備するスタッフ(上)。コールドスリープ状態のリプリーを演じるウィーヴァー(下)。

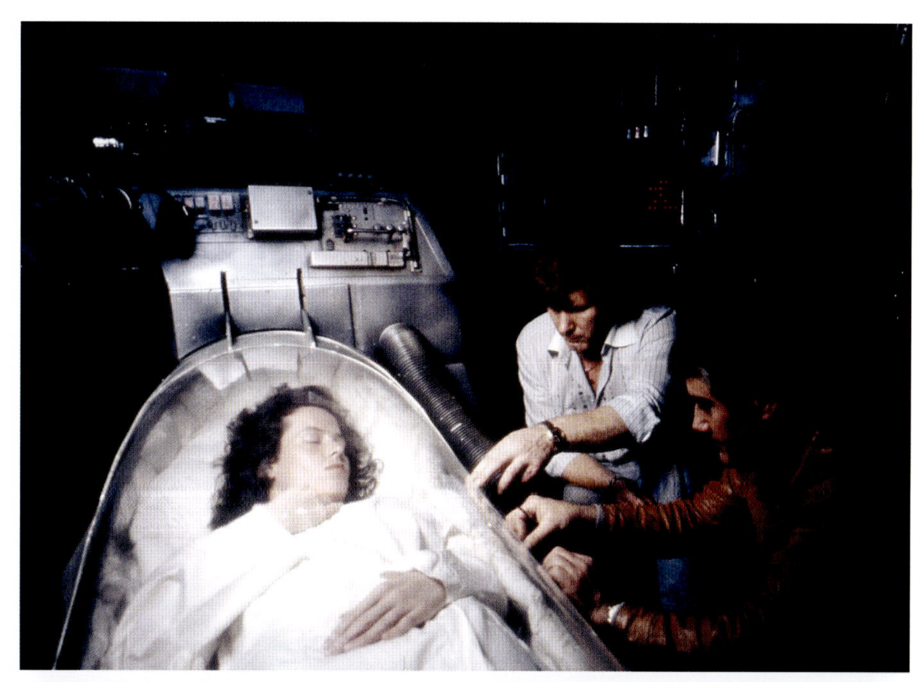

またセット作りに戻るという繰り返しだった。その布張りの作業が終わったのは十曜日の晩だった」

撮影終了日の前日、スコットとスタッフは6つのシーンを撮り終え、最終日は2つのシーンを撮った。その最終日というのはフォックスからの「贈り物」だった。「望んでいたテイクが撮れなかった時、ピーター・ビールはクビになるかもしれない危ない橋を渡って、おまけの1日を勝ち取ってくれたんだ」と、シャセットは言う。「彼は映画のことを想っていた。彼だってプレッシャーをかけられていたんだ。誰もがボロボロだった」

スコットは何十年も経ってから、撮影所のスタッフの目がある中では、ビールの心変わりはかえって本人にダメージを与えたのかもしれないと語っている。「『あいつ、立場を変えやがった』と軽蔑する人間もいたのは事実だ」

それでも、問題を抱えた状況は最後まで続いた。「リドリーはいつも、もっと沢山、もっと大きく、もっと良いものを望むんだ。彼は完璧主義者だからね」とリーバーソンは言う。「だからこそ、我々はピーター・ビールを派遣して現場での無駄遣いを減らさないといけなかったんだ」

「フォックスは最終的に、スコットに賛成の立場を取るようになっていた」と、ローリングスは言う。「でも、彼らは最終日にスコットの『電源』を抜いたんだ。そうでもしないと、完璧を求める彼は永遠に仕事を終わらせられない」

「文字通り、ビールはスコットからカメラを取り上げた」とシーモアも当時を振り返る。撮影が終了するとシャンパンが開けられ、スコットは彼と抱き合ったという。「あれは感動的だった」

一方、ギーガーは「撮影所での撮影が終わり、何だか気持ちが暗くなった」と日記にしたためている。

「我々は15日分の仕事を10日でやった」と言うビールによれば、スコットの「電源」を抜けと彼に命じたのはアラン・ラッド・Jrだったらしい。「簡単に言えばそれは組織の問題だ。つまり、監督が決められた予算で映画を作れるように協力するのが我々の仕事なんだ」

10月21日十曜日、午後7時半。『エイリアン』はクランクアップした。キャストとスタッフは81日間の本撮影期間中、1日あたり9.5時間働いたという。当初の予定では撮影期間は65日で、最終日は9月29日になるはずだった。メインの撮影班が撮ったシーンは227に上り、未撮影テイクは37。合計163時間22分の映像が記録された。スコットのラッシュの長さは平均2分1秒だったという。

「撮影所から撤収する直前、我々は前の日のラッシュを見た。まるで、第3形態エイリアンの葬式のように思えた。ミアと私は丈の長いコートを着て小さな試写室の最前列に座った。ラッシュが終わると、私は立ち上がって完璧なショットだったと絶賛し、皆に別れの言葉を告げた。ゴードン・キャロル、デヴィッド・ガイラー、リドリー・スコット、ピーター・ビール、そして大勢のスタッフたちが感動し、我々と一緒に仕事ができて良かったと心から感謝してくれた。私は今、あの映画がどの程度の成功を収めるのか楽しみで仕方がない」とギーガーは書いている。

ボンザニーゴは、ギーガーが彼女の手を握って言った言葉を今も覚えている。「我々の息子は殺されてしまった。もう家に帰れるかな？」

以前、ギーガーはキャロル、パウエル、スコットそれぞれに第3形態の絵を贈っていた。キャロルには彼の自宅に招かれた時、ディナーの席で手渡した。スコットにはその翌日の晩、ウェイブリッジにあるホテル、カーサ・ロマーナでの夜会の間、監督の自宅を訪ねて差し出した。スコットからは、『トリスタンとイゾルデ』でもまたデザインを頼みたいと言われたという。同作は1979年7月にプリプロダクションを開始し、撮影期間は約23週間の予定だった。

ギーガーとボンザニーゴはラッシュを見た晩（もしくは翌朝）、飛行機でスイスに戻った。

ロンドンでの打ち上げパーティでは、大勢のスタッフと数人の役者がチリコンカンに舌鼓を打ち、アルコールを浴びるほど飲んで、〈メキシカン・イブニング〉を堪能した。「誰も彼もが酔っ払い、クレイジーな夜だった」と、あるスタッフは振り返る。なお、そのパーティーにはサイモンとガーファンクルのアート・ガーファンクルも参加していたが、気分が悪そうだったという。

「本当にすごい16週間だった」と、キャロルは総括する。「ほとんどのアクシデントは作品を良い方向に導いてくれた。かなり運に恵まれていたよ」

「結局、撮影は16週間になった。僕が最初に見積もった期間に近かった」とスコットは言う。「問題は次々に起きた。とにかく沢山、本当に沢山の問題が発生した。しかも同時多発なんだ。だが、僕らは信頼関係が出来上がっていて、「わかった、そいつはいついつまでに仕上げるよ」という感じだった。そしてとうとうやり終えた！長編映画を作るには、仕事に打ち込むひとりひとりが必要なんだ。そして僕たちは最高のチームになった。スタッフの多くは、経験も才能もある名のあるアーティストだ。ロジャーとレスリーは優秀だった。美術部門はコンセプトアートを立体化し、セットとして建てるという難題に取り組んでくれた。彼らは実際に『現実』を築き上げたんだ」

「こんな大変な映画は経験したことがないって、誰もが口を揃えて言っていた」。ウィーヴァーは1988年にプレミア誌でこう話している。「難しい撮影だった。自分ではワクワクしながら仕事をしているつもりだったけど、『エイリアン』という物語が持つ闇はスタッフにもキャストにも影響を与えた。私なんて撮影が終わって4ヵ月が過ぎた頃、当時どれだけの緊張感の中で演じていたかを初めて悟ったの。『エイリアン』をもう一度作ると言われても、絶対に参加したくないと思う」

「確かに、この映画は厳しく過酷な仕事の連続だった」と、ロン・コッブは1979年に語っている。「誰もがつらい状況を耐えに耐え抜いて、映画作りを進めていたんだ」

「議論と対立を乗り越えた後でも、私はこう信じてるんだ。不完全な状態は混乱も引き起こすけれど、ひらめきを生む可能性もあるって」と、パウエルも言う。

「妥協や削減はどの段階でもできる」と、ビールは語る。「そして、どの段階でもベストを尽くしながら一歩一歩前進していかなければならない。今回は撮影はうまく行ったし、アートディレクションも良かった。映像技術もバッチリで、ウォルター・ヒルが書いた脚本も効果を発揮した。役者も素晴らしかった。だから撮影が終わる頃には、なかなか良い映画になるだろうと確信することができた」

パウエルとビールが正しかったかどうかは、映画が公開される5月に観客が判断することになる。しかし、公開までにはまだポストプロダクションが残っている。果てしないスタミナでセンス・オブ・ワンダーを生み出すスコットは、早くブレイ撮影所に向かいたくてたまらなかった。そこでは、モデルメーカーと視覚効果スタッフが、これからトラブルが起きるなど考えもせず、いまだ身を粉にして働き続けていた……。

下／本撮影でカメラに収められたエンディングの1シーン。エイリアンスーツを着たスタントマンのエディ・パウエルが高所で持ち上げられ、ナルキッソス号の外にあるプラズマエンジンに捕まっている。プラズマそっくりの見た目を生み出すのは降り注ぐ水だった。

**一番上**／撮影打ち上げパーティでのスタントン、コットー、カートライト、スケリット。

**上**／ハートとスタントン。

**中央上**／ガイラーとウィーヴァー。

**右上**／「素晴らしきスタッフに多謝！」と書かれたケーキにナイフを入れるスコットとウィーヴァー。それを見守るビールと建設部門のスーパーバイザー、スタッフたち。

**右下**／スペースジョッキーのセットだったサウンドステージにテーブルが並べられ、パーティ会場になっている（スペースジョッキーのターンテーブルは置かれたまま）。

## CHAPTER 12

# 追い詰められて

1978年10月～12月

**次頁**／アルダーはジョン・ソレンソンやデニス・ロウが手がけたエフェクトを監修。ロウは粉顔料をアルミニウムペイントに混ぜて遠目に見える小惑星の表面を作り出し、ハッセルブラッドの6×6判カメラで撮影した。

## 12

**左端**／初期のコンセプトポスター。まだタイトルに「THE」が付いたままだった。

**中央・右**／1978年10月29日にリリースされた『エイリアン』のティーザーポスター(中央)。この絵は別の宣伝にもアレンジして使用された(右)。初期のキャッチコピーは「警告……」だった。

撮影を終えた俳優たちは、イギリスやアメリカのそれぞれの自宅に戻った。アフレコ作業、あるいは補足のインサートショットの撮影まで呼び出されることはない。メインの撮影班は活動を停止した。ポストプロダクションで主にスコットを手伝ったのはテリー・ローリングスだ。全エネルギーを注ぎ、163時間分のフィルム映像を劇場公開可能な2時間の映画にすることが彼らの使命だった。

数シーンを除けば、素材は豊富にあるとスコットは自負していた。アングル、マスターショット(※訳注：あるシーンで基本となるショットのこと。これを基準にイマジナリーライン等に配慮しながら撮影をする)、クローズアップ、リアクションなど必要なものは揃っていた。ローリングスの仕事は素材を取捨選択し、各場面を流れるように繋げていくことだ。彼は既にその編集作業を進めていたので、10月29日頃には、スコットは『エイリアン』の粗編集版をフォックスのために上映することができた。もちろんまだまだ不完全で、エフェクト部分には代わりに「スラグ」と呼ばれる空白の画面が挿入されていた。

シャセットによれば、この時上映された粗編集版は3時間12分という長さで、彼はスコットたちに、とにかく最低でも1時間はカットしてほしいと頼み込んだという。「こんなスローな展開にすべきではない」と、シャセットは指摘した。さらに、上映時間が長ければ上映回数は自ずと少なくなってしまう。そんな機会損失を望む人間などフォックスにはいなかった。

「最初、この映画は3時間の長さだった」とギーガーも言う。「小惑星のさらなる状況描写など他にも色々盛り込まれていたんだ。だが、長すぎたし無駄が多かった」

「粗編集で約2/3、おそらく大部分は見た」とロン・コッブは言う。「一時は映画が気に入らなくてね。これで大丈夫なのかと不安になったりした時もあった。でも本撮影が終わる頃になると、このショットがどんなふうに繋がっていくのか、皆見るのが楽しみになっていたんだ」

「フォックス側は完全に、5月25日に劇場公開するつもりでいた」と、スコットは言う。「となると、本撮影が終わったらすぐに次の段階に進まねばならない。だから僕は休む間もなくシェパートン撮影所からブレイ撮影所にまっすぐ駆け込んで、エフェクトや模型の撮影を行うことになった」

ブレイ撮影所では編集作業と模型撮影を行い、エルストリー撮影所で音響効果と音声編集を行う。インサートショットの撮影、アフレコ、ファイナルミックス、映画のサウンドトラックの録音もある。それらを同時進行で進める期間として、スコットには約5ヵ月の期間が与えられていた。

その頃、視覚効果のブライアン・ジョンソンは『エイリアン』

から離れ、『スター・ウォーズ／帝国の逆襲』の仕事に入ろうとしていた。「リドリーは私が次の現場に移るのを知らず、ただ『エイリアン』の仕事から抜けるんだと思っていたらしい」と彼は語っている。「だが、私にはどうしようもなかった。両方ともやれるはずだと太鼓判を押したのはフォックスなんだ。でも、一度に2つのプロジェクトに手を出すのはやめておいたほうが良かったのかもしれない。私はもう手一杯だったんだ」

ロン・ホーンをはじめ、ブレイ撮影所の数名のスタッフも『帝国の逆襲』に移動した。それ以外のスタッフは『エイリアン』終了後、現場を去った。スコットはブレイ撮影所でミニチュア撮影監督のデニス・エイリングと、特殊効果スーパーバイザーのニック・アルダーと合流。そして編集室を隣にあるポータキャビン社製のプレハブ移動式オフィスに移動させ、スコットが模型撮影と編集作業、2つの仕事場を楽に行き来できるようにした。「こうして、待ってましたとばかりに特殊効果の作業に本格的に取り組み始めた」と、スコットは語る。「僕はそれまで模型撮影をやったことがなく、関われるのを心待ちにしていたんだ」

厄介なことに、複雑なプラクティカル・エフェクト（※訳注：CGを使わずロボットや特殊メイクで行う特殊効果）のインサートショットやリテイクを必要とするシーンが10ヵ所以上に及んでいた。シェパートンのスタジオは既に他の映画に押さえられていたため、フォックスは自社で保管していた宇宙船の食堂やオートドックなどのセットをブレイ撮影所に搬送した。現場ではスタッフが待ち構え、荷物が届き次第、サウンドステージにセットを建てていった。インサートショットの撮影は11月末に開始する予定だった。

もちろん、これらの作業にも全て金がかかったが、粗編集からも映画の成功が期待できたため、フォックスは今や献身的な姿勢を見せていた。その上、スコットは予算の話にも多少関わっていた。10月27日付の報告書によれば、当初予算は839万6,172ドルで、最終的な制作費の合計は84万3,827ドルオーバーの923万9,999ドルになるとの見積もりだった。「模型撮影とインサートはブレイ撮影所で行われる予定」と、キャロルは連絡票で社内に知らせた。

2日後、ティーザーポスターがアメリカでリリースされた。アメリカではリッピンコットがマーケティングと広報戦略を担当していた。また、ビールはフォックスの法務部に手紙を書き、ウィーヴァーがノストロモ号でハミングする歌に関して法的な問題を問い合わせた。「リプリーは心が折れてしまわないよう、『ユー・アー・マイ・ラッキー・スター』という歌のフレーズを5〜6回繰り返し歌う。あの歌を劇中で歌うのに許可が必要なのか、必要だとしたらいくらかかるのかを教えてもらえたらありがたい。会話を変更したりアフレコが必要になる場合を想定して、できるだけ早急にご回答いただきたい」

返ってきた返事は、歌の使用許可を取る必要があるとのことだった。「自社に戻ったプロデューサーたちは『あの歌の使用料にどれだけかかると思ってるんだ！』とぼやいていた」とスコットは言う。だが、最終的にこの歌は残されることになった（※訳注：この歌は1936年のミュージカル映画『踊るブロードウェイ』の劇中歌だった）。

## 素早い燃焼

今にも倒れそうなプレハブ小屋の編集室で、スコットとローリングスはキャロルとガイラーを迎えた。ガイラーはその後、ほとんどつきっきりで作業に参加することになったという。「編集室でスコットと並び、朝から晩までフィルムとにらめっこしていたよ」と、ガイラーは振り返る。「おかげでリドリーとはずいぶん打ち解けることができた」

「リドリーが撮影している時、沢山話す時間があったおかげで、彼が何を求めているかを理解できたんだ」とローリングスは言う。「フィルムを繋ぐ段階になると、私はスコットが気に入っていたテイクを使い、試してみてほしいと言っていたアイデアを入れるようにした。でも、その作業中に違うものが見えてくることがある。リドリーがそれに気づいてくれればいいが、そうでなければ自分のやり方で編集してみて、そのアイデアを見せるんだ。与えられた素材を一歩先の段階に持っていく――それが私の仕事だ。それからまた一緒に調整し、完全なものに仕上げていく」

スコットには編集作業に費やせる時間がたっぷりとあったため、彼とローリングスは、シーン、ショット、時にはテイクごとにフィルムをチェックしていった。例えばリプリーが通路を走るシークエンスでは、スコットは通路沿いのある部屋の中から撮影したショットを使いたいと言った。リプリーがその部屋を一旦覗き込み、また通路を走っていく姿が捉えられているものだ。だが、ローリングスの助手が編集室もフィルム棚も探したが、そのフィルムが見つからない。それでもスコットは、『あるはずだ』の一点張りだった。その顛末をローリングはこう語る。「スコットは『絶対に撮影したはず。僕は覚えている』と言うんだ。それで、ふと気がついた。NGになったフィルムをチェックしていなかったんだ。確かタイミングがうまく行かなかったんだけど、一応残ってたんだ。リドリーは素晴らしい記憶力の持ち主でもあるんだ」

そのショットは暗かったものの、なんとか修正可能だったため、編集室に回された。

「ポストプロダクションで最も物議を醸したのが、遺棄船で

上／スコットがパウエルとアルダーと共に模型撮影について話し合っている最中に、パウエルの台本の表紙の折り返し部分に描いた宇宙船の絵2点。

発見される巨大な地球外生命体の死体だった」と、ウォルター・ヒルは振り返る。彼は渡英し、インサートショットのために脚本を書き直していた。「スペースジョッキーには懸念があった。あれはエイリアンの犠牲者だが、はたして作り手の意図を観客は理解してくれるだろうか？ 私の意見では、見た目の衝撃は大きくても、ただ困惑するだけじゃないかと思った。ビジュアル面で優れてる部分は他のシーンにも充分ある。ただし、『こんなすごいものを見せずに、観客をどうやって騙すんだ?』という反論もあったが、その答えはこうだ。『なら見せなければいい。そうすればスペースジョッキーを見なかったことには一生気づかない』」

しかし、スペースジョッキーは結局残されることになった。

ミニチュア作業の準備のため、スコットはローリングスに『スター・ウォーズ』のことを色々質問したという。「『参考に彼らのやり方を見てみよう。エフェクトがどんなふうに活用されているか確認したい』とリドリーに頼まれ、『スター・ウォーズ』を2人でチェックした。ある箇所で、『これだよ。僕たちもこれを真似てみるべきだ』と彼は言っていた」と、ローリングスは記憶している。「低速で再生していると、リドリーが『ちょっと待て』とある場面で一時停止させたんだ。『君だったら、この半分も認めないんじゃないか。マット画の境目がわかるところがあるぞ。君は完璧を求めているよな？ そうだろう?』」

スコットが求める基準は高かった。彼が求めていたのはキューブリックレベルのエフェクトだったのだ(『メイキング・オブ・スター・ウォーズ ―映画誕生の知られざる舞台裏―』によれば、ルーカスとILMはキューブリックとは異なる映画制作哲学とテクニックを持っていたようだ)。ジョンソンとアルダーのスタッフは33の模型撮影を完了していたが、スコットはそのほとんど全てを撮り直しが必要だと判断した。「映画監督はミニチュア撮影にも深く関わるべきだと僕は思っている。だから、自分で撮影したかったんだ」と、スコットは語る。「やや粒子感がある不鮮明なルックが欲しかった。『スター・ウォーズ』みたいな、輪郭がシャープで何もかもくっきりした映像とは違う。僕は『スター・ウォーズ』のファンタジーではなく、『2001年宇宙の旅』のような何かを探していた。あの作品に登場する、完全な静寂の中でゆっくりと回転する巨大な輪のような何かを『エイリアン』にも求めていたんだ」

「ブライアンが抜けた直後、ノストロモ号の色を変更する必要が出てきてしまったんだ」と、バウアーが明かす。「激しく風化した感じに汚しをかけていたが、船体自体は明るい黄色で、既にかなりの長さの映像をブライアンが撮影済みだった。だが、汚いグレーに変更して側面にシリアルナンバーを入れろとシェパートンからお達しが来たんだ」

ディアリングもその出来事を振り返る。「リドリーがやってきて、『なんで船が黄色なんだ？ スプレー塗料でグレーにペイントし直せ！』って言われたよ」

一方、「わざと進行を遅らせたいのかと勘ぐってしまったよ」とジョンソンは言う。「リドリーはクリエイティブな芸術家肌だから、単にあの黄色は気に入らなかったのかもしれない」

「リドリーは変更ばかりしていた」と、ソレンソン。「で、その時彼の頭に浮かんだのは、映画の色調をダークにするべく、ありとあらゆるものをとにかく暗くするというアイデアだった」

「リドリーが再び訪ねてきた時は、塗り直されたグレーの色を気に入っていたよ」とバウアーは語る。「でも、鮮やかなオレンジ色で書かれたシリアルナンバーはお眼鏡にかなわなくてね。またやり直しになった。言うまでもないが、ブライアンが数ヵ月かけて撮影していたショットは、色が変わったせいでひとつ残らず使えなくなってしまった」

スコットはまた、精製施設の複数の箇所に変更を加えた。バウアーが何週間も費やして作った尖塔の何本かは、無情にも取り壊されてしまった。「彼はハンマーを持って現れると、何もかも変えてしまった」とソレンソンは振り返る。「職人たちが長時間かけて生み出したものであろうと、あっさりと壊された。だけど、リドリーは監督だ。彼は監督の権限を行使する権利がある。我々は彼のことも、彼の作品も好きだ。リドリーのためならどんな障害物も乗り越えるし、実際にそうしてきたんだ。彼は扱いが難しい時もあるが、現実的で、威張り散らすタイプじゃない」

スコットは『2001年宇宙の旅』のエフェクトを意識し、映像の合成にシングル・ネガフィルム・テクニックを採用した。70mmでモーションコントロール撮影したフィルムを改造されたビスタビジョンのオプチカル・プリンターで35mm映像に合成するという方法ではなく、1枚の35mmフィルムの同じコマに何度も撮影する多重露光を行う手法を選んだのだ。『2001年宇宙の旅』では、異なるエリアを写した複数のショットを同じネガフィルムに重ねる作業に何ヵ月もかかることがあった。そのため、ネガは劣化を防ぐために冷蔵庫で保存されたという。だが、アルダーたちはもっと素早く作業を進めることができた。

「当時は機材がなく、ビスタビジョンのカメラで撮影するなんて贅沢はできなかった」とキャロルは説明する。「ビスタビジョンはネガ面積が大きいんだ。でも、我々にはカメラがなかったから『エイリアン』では使われていない」

「それが事態をさらに難しくしてしまった」と、ガイラーは言う。「『スター・ウォーズ』では、ジョージ・ルーカスの望む映像を撮るために、モーションコントロール・カメラをコンピューターで制御できる、ダイクストラフレックスなるカメラが開発されたとい

左上／球状の表面を作り出すため、白い防風ガラス製の半球体に投影された粉顔料を撮影するアルダーとデニス・エイリング。あるショットでは1秒間に1.5コマの多重露光を行い、完成に3日かかった。「全ての恐怖が始まる前の壮大で瞑想的なロングショットだ」とロウは表現する(上はそのショットの最後のフレーム)。

左中央／精製施設の模型の前に立つブライアン・ジョンソン。彼は編集が始まる前に現場を離れた。

「映画を近くからよく観ると、精製施設のタワーの位置が変わっているのがわかる」とピアソンは言う。模型が途中で修正されているためだ。「精製施設はリドリーの案と私の修正案を組み合わせたものだ。よりリアリティが出るように手を加えたんだ」と、コップは説明する。

模型のある部分の比率を変えようとした時、アルダーが底にある3つの半球体のサイズを変えると、それだけで倍の大きさに見えるようになったという。「時にはそれで修正が済むこともある」と、スコット。

左下／塗装を直して完成したノストロモ号。「最終版は私の2つの絵にかなり忠実だ」と、コップは1979年に語っている。

「あの宇宙船は半流線形なんだ。大気と共に惑星に着陸しなければならないからね。だが、深宇宙を航行する船と大気圏突入用の船の区別は付けられず、細部まで表現するのは諦めなければならなかった。これは『宇宙空母ギャラクティカ』の船と少し似ている。最終的に、私は再突入シールドの機能がある船底と、深宇宙用の船である上部構造を持つ船としてノストロモ号を描いた。そうすれば、上部は真空で、丸く膨らんだ部分が最初に大気圏に入るから、そこまで流線形にする必要はなくなるんだ」

上／編集室となったプレハブ小屋。

上／小惑星を探索する3人組の実写インサートはブレイ撮影所で撮影された。

下／スコットが半透明の卵の中に手を突っ込んで、中身の動きを作り出している。

う。だが、我々にそんな技術はない。近いところまでは行けるが、我々の誤差の許容範囲はルーカスほど広くはなかったんだ。それに、向こうは素早く何度も繰り返すことができたが、我々には無理だった」

さらに、アルダーのスタッフは1～2ショット以外、ブルースクリーンを使うこともなかったらしい。「僕らの環境は『スター・ウォーズ』とは比べものにならなかった」と、スコットは1979年に語っている。「僕たちは制約の多い原始的な環境で模型撮影を行なってきた。だがそれでも、なるべくリアリティのあるショットを手に入れたかった。でなければ、これは本当に起きていることだと思わせることはできない。観客をノストロモ号に乗せてリアルな宇宙空間を体感させるには、質の高い模型撮影を行う必要があったんだ」

その頃、オバノンはアメリカに戻っていた。彼の意見によれば、『スター・ウォーズ』と『エイリアン』を同等に並べて比較するのは適切ではないという。「確かに、どちらの映画も何百万ドルものコストがかかっているし、両方に宇宙船が出てくる。だが、類似点はそこまでだ。『エイリアン』だってエフェクトは駆使しているけれど、特殊効果が売りの映画ではない。『スター・ウォーズ』や『スーパーマン』は3分おきに驚くべき映像が出てきて、観客は「おお、これまたすごい特殊効果シーンだな」と心の中でつぶやくことになる。それはそれで素晴らしいと思う。特殊効果メインの映画ならばね。ただし、『エイリアン』は違うんだ。物語の基本設定が一度受け入れられれば、あの世界のリアリティが損なわれることはない。一度観れば不安に思っていた気持ちなんて吹き飛ぶよ」

「我々のシステムは、『2001年宇宙の旅』で使われたものの修正版に過ぎない」とアルダーは語る。「ノストロモ号はとてもゆっくりと動いている。減速するのに13kmほどかかり、方向を変えるのにさらに6km半かかるタンカーみたいなものだ。1ショットが本当に長く、1分や1分半のショットもあるから、それだけ長い間、宇宙船を見ることになる。観客に本物だと信じ込ませるには、最初に細部までしっかり見せないといけない」

完璧主義者ゆえ、スコットは頭上に現われるノストロモ号のショットも何度も撮り直していたのだが、そのうち焦点が合わなくなる問題が発生し、辛抱が限界に達していた。そのせいか、あるいは別の理由があったのか、彼はラッシュの間ずっと憤慨し、業を煮やして別の戦略を[illegible]ルーカスの会社に必要なショットを撮ってもらった場合、費用はいくらかかるのかとパウエルに尋ねたほどだった。

「これは我々の手には負えなくなるのでは、という不安にたちまち駆られたよ」とアルダーは語る。彼はスコットに、長い週末の間に事態を改善してくれと頼んだ。アルダーとスタッフたちにはどうしても100％イギリス産の映画にしたいという想いがあったため、彼らは週末も工房に留まり、スピード、パン、ティルトなどをコントロールできるようドリーを改良したりした。

「ニック・アルダーの頭の中には自由な発想があった」とスコットは嬉々として語る。「こちらが訴えた問題を彼はパズルを繋ぎ合わせるように解いて、こう言うんだ。『なるほど。これを少しと、あれを少し使えそうだぞ』ってね。しかも、彼は自分で考案したトラッキングドリーのために12のメモリーを注文していたんだ。パンとティルト用にひとつ、斜め右用にひとつ、斜め左用にひとつ……といった具合に。偉大なアーティストの『作りたいものを作る』という姿勢は単純明快。アルダーもそうだった」

彼らが再撮を続けている間、エイリングは駆動装置に取りつけた広角レンズ搭載カメラを使用して、ゆっくりと模型の横を通り過ぎたり、迂回したりするように動きながら1秒間に2.5フレームで模型撮影を行なった。そうすることで雄大さを感じさせる動きを作れると考えたのだ。アルダーは次のようにも説明している。「模型に焦点を合わせ続けるため、我々は模型をかなりの至近距離から撮影していた。撮ったショットの焦点が外れているほど最悪なことはなかったよ」

作業はゆっくりと進行していたが、その月、エイリングは「土星の環」や右舷がメインライトで照らされているノストロモ号、さらに船や小惑星の別ショットを撮影。その後に監督と精製施設についての長い話し合いを持った。

11月の日々はどんどん過ぎ、気温も氷点下まで下がるようになった頃、スコットはそろそろ編集作業と模型撮影からインサートと追加撮影に気持ちを向ける必要が出てきた。

## 電光石火

【ポストプロダクション撮影第1～15日】1978年11月20日（月）- 12月8日（金）
【医務室内部】シーン84A（酸）、97A（フェイスハガーの死体）
【貯蔵庫内】シーン86pt（酸）
【メンテナンス・ポンプ室内】シーン88pt（酸）、10（静寂）、129（猫）、186A（パーカーの死）
【遺棄船 卵貯蔵庫内】シーン74（フェイスハガーの攻撃）
【[illegible]内】シーン[illegible]（探知機）
【メンテナンス・爪の部屋（着陸脚格納庫）内】シーン[illegible]（エイリアンがブレットを殺害）
【食堂内】シーン152（リプリーが船長に昇格）、174（頭がもげたアッシュ）
【コンピューター室内】シーン13（静寂）、174（アッシュとの掴み合い）
【八角形デッキ内】シーン96（ダラスの音楽をインサート）
【ナルキッソス号内】シーン212（エイリアン）
【ブリッジ内】シーン16、46（投光照明がライトアップ）（模型用16mmプレート）
【エンジン室内】シーン17A（反応器が快調な音を立てる）
注：インサートと追加撮影ショットの全てが記載されているわけではない

オートドックの一画、ブリスター内のアッシュの操作盤、コールドスリープ装置のベッド2台など、シェパートン撮影所にあったセットの一部がブレイ撮影所に届けられた。スコットはこの縮小版セットを使い、スタッフ30人というこぢんまりしたチームと共に仕事をすることになった。フォーカス担当のエイドリアン・ビドルは、このポストプロダクションにも再び参加した。また、セット周辺には、関連シーンとの整合性を調べるためにムヴィオラ（※訳注：フィルム編集の際にフィルム画像を閲覧する装置）が設置された。

「何が大変って、自分を再び奮い立たせなきゃいけないことだよ」とスコットは言う。「本撮影でも気合いを入れて各シーンを撮影していたわけだが、古い映像を見て後からまた同じように自己暗示をかけることになる。なぜなら、特殊効果は俳優の演技と同じくらい映画にとって重要だからだ」

「いつもギリギリでやってきて、本当に大変な状況だった」とパウエルは思い返す。「充分な時間も金もなく、その事実を伝えるのは簡単ではなかったよ。ひどく疲れる仕事だった」

1979年、ヒルは当時をこう振り返っている。「自分の監督作『ウォリアーズ』の撮影終了から4日後、私はポストプロダクションで台詞部分の作業をするべく、ロンドンに飛んだ。仕事量は多かった。映画のある部分がわかりやすさの面で問題視されるかもしれないと見なされていた。これは皮肉なことだ。だって、『エイリアン』は本当にシンプルなストーリーなんだから」

最初のインサートショットではダラスの手の代役を使った。貯蔵庫で強酸が溶かした箇所にペンを伸ばすシーンだ。

11月21日火曜日、スコットはケインの代役（デレク・ホルト）を使い、ボイジーがキーンの協力を得て制作した油圧式繊維ガラス製の卵のショットを撮影。クローズアップのカットや[illegible]（※訳注：[illegible]カットを数か所に入れ、[illegible]に見えるよう[illegible]の一部に合った画などを挟む編集技法）も一緒に撮影した。また、上向きに流れる液体はただカメラを逆さまにして表現し、卵内部の動きはスコットがゴム手袋をした手を卵の中に入れ、指を振って作り出した。

卵内部の装飾には「ノッティンガムのレース」という別名を持つ牛の胃袋の網状組織が用いられ、スコットのこだわり通りに開いた卵の内側に並べられた。また、卵からファイスハガーとその突出した口部分が飛び出してくるという重要な瞬間は、アルダーが卵の中に高圧エアホースと火薬を仕込んで作り出した。このホースは12mもある羊あるいは豚の腸を巻き付けてカモフラージュされており、その先は空気管に繋がっていて開口部の上でとぐろ巻きにされている。「火薬が爆発すると同時に、スタッフが空気ポンプのスイッチを入れる。すると腸がシューッと飛び出すという仕掛けになってるんだ」と、スコットは説明する。

「実際の爆発の主観映像はインサートとして撮影された」とアルダーは言う。「エイリアンの卵を逆さまにしてスタジオに設置し、その内部を撮影したんだ。腸も皮膜も全部吹き飛んだ後、ゴムでできたフェイスハガーを手袋に取りつける。次にフェイスハガーを手につけたスタッフが卵の底にまっすぐ手を突っ込み、そこから飛び出したかのようにカメラのレンズにフェイスハガーを巻きつける。全てはあっという間に起こるので、2つのカットをまとめるとあたかもひと続きの動作のように見せられるんだ」

「あのシーンは観客の目が追いつかないほど速い動きにしたかった。蛇が獲物に襲いかかる時のように」と、スコットは語る。「激しい暴力、相手を完全に死に至らしめる恐ろしい攻撃を描きたかった。もしスローで流せば、美しい模様が入った薄く柔らかな筒状の生地のごとく、腸が風をはらんで膨らむ様子を確認できただろう。でも、映画では電光石火の速さで発生するんだ」

11月22日には、ケインのヘルメットにくっついたフェイスハガーのショットを撮影。その場面は逆回しで演じられ、撮影後に編集で時系列を直してスローにした。

翌日、エイリアンがパーカーを殺すシーンのインサートショットを撮るため、バデジョーが撮影所に呼ばれた。翌朝はクローズアップ撮影の予定があり、第3形態エイリアンの頭部に新しい仕掛けを仕込むため、ランバルディも撮影所を訪れた。その日、ミア・ボンザニーゴからのインタビューにスコットはこう答えている。「エイリアンの第3形態は単なるモンスターではない。原始的でとてつもなく恐ろしく、ものすごくリアルなんだ」

それはあくまでもスコット自身の意見だったが、ラッシュでタマゴの内部が動く様を見たヴァンリントは、「心臓が縮み上がったよ!」と感想を述べている。

## クレジット紛争

11月下旬、スコットはフェイスハガー解剖シーンの追加撮影と、パーカーが食堂でアッシュと乱闘するシーンのインサートを撮影した。ここでは代役のアンドリュー・スコットがパーカーを演じている。SFX/美術部門はアッシュが拳で突き破るパネルを提供。また、アッシュがアンドロイドとして最後の言葉をつぶやく台詞が書き直されたため、このシーンも再撮になり、彼を演じるイアン・ホルムはまたテーブルから頭だけを出して撮影された。「イアンは、再撮では配線だらけのガラクタ感が増したと言ってたわ」とカートライトが振り返る。「元のシーンは、もっとブドウの粒みたいな装飾が多かったと思う。きっと使用するビー玉を減らしたのね。台詞も変更になった」

「アッシュの死に際の台詞は、これだ! とピンと来るものが思い浮かぶまで、たぶん20回は書き直したんじゃないかな」とヒルは語る。

エイリアンの追加ショットのため、デレク・ホルトが機械仕掛けの頭部を装着した。かなり生々しい描写となったのが、パーカーの死のシーンでインサートされる映像だった。アルダーのスタッフはヤフェット・コットーの頭を型取りし、繊維ガラス製のダミー頭部を作製。額だけはワックスでできていたが、それは至近距離から撮影するためにアルダーが注文した仕様だった。先端に小さな釣り針状のフックが付いたエイリアンの舌(歯)が飛び出し、ワックスの部分に当たるようにしたかったからだ。頭蓋内には豚の脳と羊の臓物が詰められており、このワックスの部分から引き出されることになる。

「つまりこのショットでは、エイリアンの舌が本当にパーカーの額を突き破って脳を引き出したところを写してるんだ」とアルダーは説明する。

「普通は、エイリアンヘッドのようなものをごく近くから撮るのは無理なんだ。限界があるからね」とスコットは言う。「でも、あの超クローズアップショットが撮れて、大満足だよ」

ちなみに、あるテイクはあまりにも惨たらしかったため、ラッシュ試写では省かれたという。

スコットは小惑星に立つ乗組員2人のインサートも必要としていたので、背の低いエフェクト技師のフィル・レイと若い女性が子供用の衣装を着用して代役となった。スコットは、「君たちは月にいるわけじゃないからね。普通に歩いてほしいんだ」とレイにアドバイスしたという。だが結局、このインサートのフィルムは使われず、編集室の床に置かれたままになった。

11月15日、脚本家の仮クレジットについて伝えるフォックスの社内文書には、「脚本:ウォルター・ヒル、デヴィッド・ガイラー/原案:ダン・オバノン、ロナルド・シャセット」と書かれていた。フォックス法務部に異議申し立てや要望が伝えられない限り、11月30日にはこれを正式クレジットと決定するという。

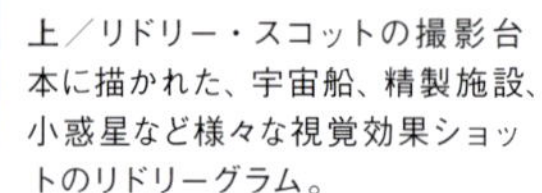

上/リドリー・スコットの撮影台本に描かれた、宇宙船、精製施設、小惑星など様々な視覚効果ショットのリドリーグラム。

左上/精製施設と小惑星表面を写した宣伝用の合成写真。

オバノンはフォックスから郵送でこの知らせを受け取った時のことを、次のように描写している。「失神するかと思ったよ。僕はウォルター・ヒルに電話をかけ、脚本家として僕の名前も加えてほしいと懇願した。あの時のウォルターの返事は一生忘れない。『ダン、私は以前もこの種の仲裁調停を経験したことがある。いつもうまく行くとは限らない』と言って、彼は電話を切った。会話は唐突に終了した。これは戦争だと僕は悟ったよ」

11月28日、オバノンはビバリー大通りにある全米脚本家協会に一筆したため、カーボン紙による写しをフォックスに送った。その書状には、「『エイリアン』は全ての重要な点において私がひとりで執筆した脚本に基づいているという理由から、同作の脚本家の仮クレジットに異議を申し立てます。いわゆる『改訂版最終稿』(1978年6月)が脚本家の仮クレジット変更届と関連しているとして20世紀フォックス映画から私に送付されましたが、その原稿は撮影された映画を意味するものではありません」と書かれていた。

オバノンの訴えの主要なポイントは、オリジナル脚本の(スペースジョッキーにあたる)「巨大な地球外生命体の骸骨」の存在で、これは映画には登場するものの、改訂版最終稿には出てきていないという点だった。また、ヒルとガイラーが書いた会話の大部分は映画で使われていないとも主張している(台詞の多くはセットで演じた俳優のアドリブが採用されていた)。

「私のオリジナル脚本が届けられた後、私はゴードン・キャロ

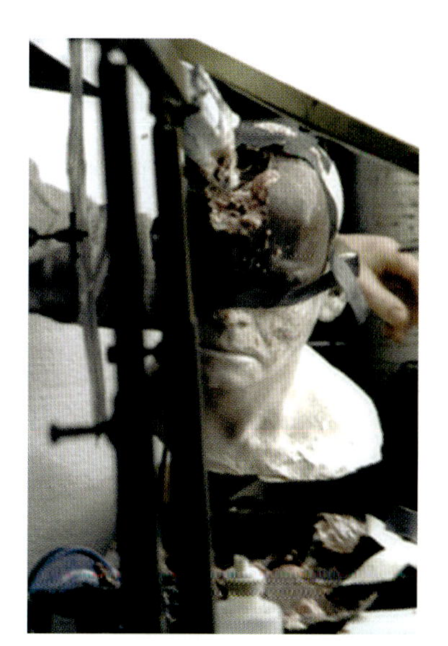

上／エイリアンの顎がパーカーの額と脳を破壊するクイックショットに使われたダミーの頭部。ブレイ撮影所でのポストプロダクションで行なったエフェクトのひとつ。

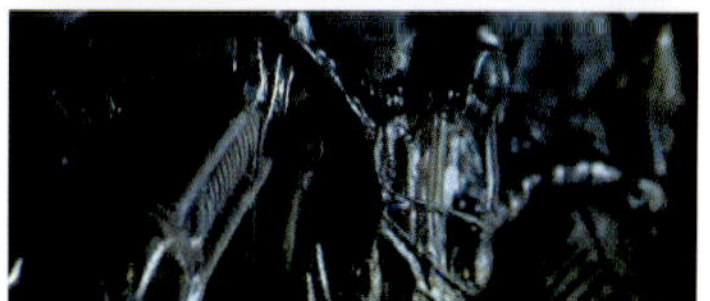

上2点／エイリアンの顎（潤滑剤のKYゼリーがたっぷり使用されている）と歯が付いた顎のインサートショット。おそらく、ポストプロダクションで撮影されたもの。

ルおよびリドリー・スコットからの要請を受け——」とオバノンの陳情はさらに続く。「脚本家として充分貢献し、脚本の打ち合わせに参加し、推敲作業も行いました。タイトルページには私が参加したことは反映されなかったものの、改訂版最終稿の執筆にも寄与しました」。オバノンは自身が生み出したことが明確なシーンを40近く並べ、こう締めくくっている。「プロデューサーであるデヴィッド・ガイラーとウォルター・ヒルは、その役職の権限を利用して私の脚本に意味のない改変を多々行なったにもかかわらず、脚本家として2人だけがクレジットされることを要求しました。私には脚本家として単独で、原案者としてはロナルド・シャセットと共にクレジットされる権利があるのです」

「僕は自分の人生でこれだけクレジットにこだわり、必死で勝ち取ろうとした作品は『エイリアン』以外にはない」とオバノンは語る。彼は映画の公開が迫る中、数々のインタビューを敢行し、マスコミを巻き込んで徹底抗戦をした。「ヒルが行なったのは主に登場人物の性格描写。そして、彼は脚本を独自のフォーマットに変えた」と当時、スターログ誌に語っている。「さらにヒルは下品な言葉を大量に台詞に加えた。『エイリアン』のような作品では、そんなことをしたらせっかく物語に集中している観客の気が散って、サスペンスの醍醐味が台無しになってしまう。幸運にもそのほとんどは採用されなかった。僕の脚本は巧妙で無駄がない。だからサスペンスが際立っている。僕は最初の長編映画『ダーク・スター』から、質の高いサスペンス作品の脚本の書き方をずっと研究しているんだ」

「僕のオリジナル脚本の後に書かれたどのバージョンも、全くと言っていいほど使われていない。リドリー・スコットが撮った映画は基本的に、僕が書いた内容に基づいている」

## サウンドデザイン

11月の同日、フォックスは作曲家ジェリー・ゴールドスミスとの契約を締結させた。ゴールドスミスは12月13日に作業を開始し、作曲期間は10週間、そして年が明けた1979年2月19日の週に録音が行なわれるというスケジュールだった。

スコットは撮影中、少なくとも数日間はセットで冨田勲の音楽を流してきたこともあり、本当は彼を採用したいと考えていたようだ。「冨田の音楽はパワフルで、非常に素晴らしい」と絶賛する。「あの音楽はエイリアンとは何かということを物語っていた。沢山のエイリアンがうろうろ歩き回るのを想像してみてほしい。不安だし、そして、冨田勲の音楽はそんな光景を想起させる。だが、色々な事情から使えないと言われてしまった」

ベテランの作曲家を望んでいたアラン・ラッド・Jrとフォックスは、素晴らしい映画音楽を数多く生み出しているゴールドスミスならクオリティは保証されており、彼なら間違いないはずだとスコットを説得した。ゴールドスミスは『猿の惑星』(68)のスコアなどSF映画の作曲も経験しており、79年公開の『スタートレック』映画版の作曲も予定されていた。しかも、77年の『オーメン』ではホラー作品を手がけ、アカデミー賞作曲賞を受賞。スコットによれば、「ゴールドスミスはオファーに乗り気で、2つ返事だった」という。

ただ、「リドリーは作曲家の人選には満足していなかった」とビールは明かす。

「映画音楽はジョン・ウィリアムズに頼むべきだという意見が多かった」とは、当時のオバノンの弁だ。「リドリーは冨田勲を希望していた。でも、ジェリー・ゴールドスミスに決まったことは今なら理解できる。フォックスが冨田勲を使わなかったのは、おそらく彼らが映画畑の人間以外と契約するのを躊躇したからだろう」

この頃、ブレイ撮影所ではローリングスが映画の進行に合わせて、テンプ・トラック（ラッシュに仮置きするダミー曲）を置いていた。「可能なら、他の映画でジェリー・ゴールドスミスが作曲した音楽をテンプ・トラックとして試しに置いてみたかったんだ」とローリングス。「通気孔のシーンには、ゴールドスミスが『フロイド／隠された欲望』(62)で作った音楽を流してみた。映画の最後にはハワード・ハンソンの交響曲第2番『ロマンティック』を仮の音楽として使用した」

スコットは映画の音楽、音響効果、ファイナルミックスの重要性についてこう語る。「サウンドは重要な要素だ。どんな映画でも、少なくとも50％はサウンドの質に左右される。僕はサウンドにはすごくこだわりがあるんだ。照明や撮影の作業をしている時もそのことを考えてしまう。編集段階になったら、サウンドをどうするか可能な限り準備しておきたい。アフレコの段階で色々実験できるようにするためにね」

作品に合った音の候補——のちにセットで録音された送風機の音やその他の雑音といった、実際の音に置き換えられることになる——を作り出すため、ローリングスはサウンドエディターのジム・シールズを採用した。シールズは既に5月からオリジナルの音声を集め始め、その作業を断続的に続けていた。「私はジムに、どうしても君にやってもらいたいと頼んだんだ」と、ローリングスは振り返る。ローリングス自身も、かつてはサウンドエディターとしてキャリアをスタートさせていた。「彼は本当に優秀なサウンドマンだからね。『君に色々言うことがあるかもしれないが、私のこの作品への情熱のせいだから許してくれ』とも伝えておいたよ」

「ありきたりのサウンドなんて欲しくなかった」とスコットは言う。「扉の開閉音ひとつとってもそうだ。ジムは各動作に合いそうな奇妙な音を集めてくれたが、どれもしっくりこなかった。そこで私は、ゴゴゴゴ…と鳴るようなありがちな音を使うのではなく、宇宙船のサウンド全体をデザインしてくれと頼んだ。光ですら音を立てるんだ」

「ジムはイカれた奴だが、偉大なサウンドエディターなんだ」と編集助手のレス・ヒーリーも認めている。

その頃、ローリングスとスコットは毎晩遅くまで、週末も休まずに編集に没頭していた。まだ未完成のタイトルシークエンスは当初ノストロモ号が静かに航行するシーンの後に挿入されていたが、20世紀フォックスのロゴが出てファンファーレが鳴った直後に移動することになった。それから、彼らは映画の最初の45分を整えていった。この部分にはエイリアンは登場せず、暴力もアクション描写もないが、観客の関心を物語に向けさせ、映画の世界にどっぷり浸らせなければならない。だが映画の上映時間は限られている。ケインが自分のコーヒーを淹れたり、眠たそうな他の乗組員に挨拶する場面などはその過程で割愛された。ただし、水飲み鳥のアイテムは本編に残されている。

「やがて凄まじい恐怖に覆われることになる船に、のんびりとした動きを繰り返すプラスチックのおもちゃが置かれている。そのアンバランスな感じがいいと思ったんだ」とスコットは語る。「実はもっと頻繁に水飲み鳥のカットを入れるつもりだったんだ。不吉な予兆を感じさせるダークなジョークとしてね。でも、あまりにもわざとらしいのでやめることにした」

映画のリズムやペースは、「おかしなくらいゆっくりと展開するようにしていた」とローリングスは言う。彼はうまく行った「不気味な映画」の例として、ヒッチコックの『サイコ』と『白い恐怖』(45)を挙げる。「宇宙船の乗組員が目覚めるシーンは、花が開くようなイメージで、自らの殻から出てくるように見せたかった。そこで、ケインが装置から起き出すシーンではスローなディゾルブをいくつも使い、映画開始直後から観客の不安をかき立てられるように工夫した」

「テリー・ローリングスが30秒間も続く長いディゾルブをやりたがったため、現像所はオプチカル・プリンターのカメラを取り替えなければならなくなった」とヒーリーは明かす。「彼らのオプチカル・プリンターではその長さに対応できなかったんだ」

「その後、希望通りの速度でディゾルブできるようになったんだけど、僕たちが現像所の人間を追い詰めて攻撃したからだなんて、まことしやかに言われているよ（笑）」と、ローリングスは語る。

最初に取り掛かったのはフェイスハガーの襲撃だ。手元にあるブレイ撮影所で撮った素材は、ローリングスには充分な量だっ

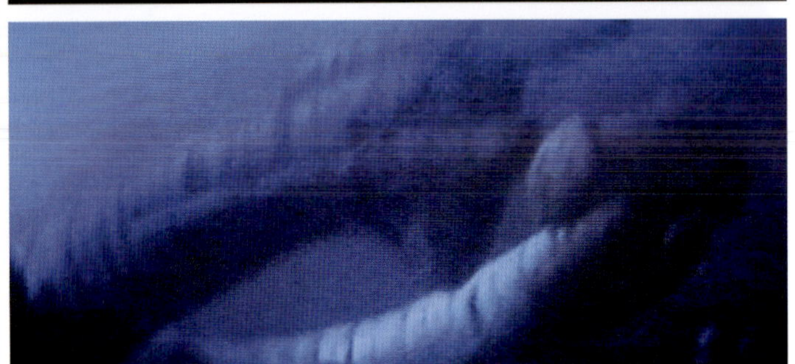

**左端**／セットで乗組員たちが地球外生命体からの送信信号を聞いているが、実際には何も音は出ていなかった。ポストプロダクションの段階でサウンドデザイナーのベン・バートがアメリカからイギリス入りし、送信信号をどんな音声にするかスコットから説明を受けた。

**右上**／極小のライトを取りつけられたオモチャの人形がミニチュアの小惑星セットに佇むショットの最終フレーム。

**右下**／ブレイ撮影所にて、スーパー8カメラで撮影された遺棄船模型ショットの最終フレーム。船外調査チームが撮影し、ノストロモ号で待つ乗組員に送った映像という設定だ。

遡ること前年の10月、ギーガーは小惑星の景色と遺棄船の模型作業をボイジーに引き継がせ、ボイジーがそれを模型撮影用にスケールアップさせた。

フルサイズのポリスチレン製の遺棄船は長さ3m半強で、下には補強の金属チューブが入っている。芯となる原型は前年の9月にディック・バッデンが石膏で作製した。ボイジーはそれを黒いエポキシ樹脂素材と合わせた繊維ガラスの網状組織で覆い、表面に薄いプラスティシンの皮膜を慎重に貼りつけた。この加工はスタジオの照明の熱対策として役立ったという。

た。彼は、フェイスハガーが飛びかかってくる前に一瞬だけ身体を緩める部分から作業を始めた。「あの一連の動きは、実際は4つのカットから成り立っているんだ」とスコットは説明する。「でも、全てがあまりにも速いスピードで起こるからほとんど目には見えず、サブリミナル効果みたいになっていたんだ」

スコットとローリングスは、このシーンを含むあらゆる場面について、音が付いたらどのようになるかを想像しながら編集しなければならなかった。なにしろ、音が加えられるのは数ヵ月も先なのだ。

猛スピードで展開する暴力シーンには、パーカーの死の場面もあった。「彼に起きた凄惨な出来事は、一瞬の気配としてしか見えないんだ」とアルダーは言う。「長さは3〜4フレームもなかったと思う」

「それは衝動的に生じるんだ。そしてゆっくりと動いていく」とローリングスは言う。「観客はカメラを通じ、足音を忍ばせて船内を歩き回っていく。そして、突然何かが発生する。またゆっくりと宇宙船の中を歩き出す……。この作品は基本的に、ショッキングな瞬間を伴うスローなアクションなんだ。当時はそれが良しとされた。編集の仕方は人に教えることができない。それにルールは破るためにあるものだ。我々だって編集はとてつもなく大きな賭けだと思ってやっているんだ」

ブレットの死の場面を見るたび、スコットは「こんなにスローな展開だったろうか?」と考えてしまうと言う。「だが、ゆっくりとした流れは緊張感を生むものだ。観客は何かが起こることを察し、ざわざわした気持ちになる。登場人物が死ぬ場面では必ず、犠牲となる人物の立場を疑似体験させようと努力した。観客は自分たちは無防備な存在だと思い込むようになる」

映画の最後17分は、冒頭とは対照的に物語が速いテンポで進む。リプリーが悪態をつく以外、台詞はほとんどなく、彼女は自らと猫のジョーンズの命を守るべく必死で船内を駆けめぐることになる。劇場公開版では繭のシーンはカットされることになった。だが、リプリーが脱出艇にたどり着くまで延々と走り続ける描写については、短くすべきという意見があってもスコットは譲らなかった。

「観客が初見で理解できるかどうかはわからないが、脱出艇に通じているのはあの通路だけなんだ」とキャロルは説明する。「エイリアンは彼女と脱出艇の間にいるという設定なんだ。映画を観た時にわかってもらえるかは不明だが、とにかく彼女が戻ってきた時、エイリアンは消えている。脱出艇の中にも奴の姿はない。だが、バイオメカノイドの性質を持つエイリアンは、姿を機械に溶け込ませて隠れていた。また巣作りをしようとしていたのか……正確にはわからない。あそこには不明瞭で理解しにくい部分があるのは否めないと思う」

## 謎の音声

スコットとローリングスはベン・バートとも契約を結んだ。南カリフォルニア大学でオバノンのクラスメートだった彼は、その後サウンドデザイナー（当時、このような肩書きは使われていなかった）となり、ジョージ・ルーカスから声をかけられて『スター・ウォーズ』にも参加した。バートはその功績でアカデミー賞特別業績賞を受賞。かくしてフォックスのお墨つきで、渡米中のキャロルはプロデューサーのゲイリー・カーツに電話で頼み込み、スケジュールを調整してバートを貸し出してもらったのだった。

キャロルは『エイリアン』に必要なサウンド、特に地球外生命体からの送信信号という特殊効果音に求めるものをバートに説明した。「彼らがこだわっていたのは、小惑星に墜落した宇宙船から送られてくる、警告ビーコンの音声だ」とバートは言う。

諸々手配され、バートはイギリスに飛んだ。飛行機から降りてすぐ、時差ボケのまま最初に会ったのはローリングスだ。スコットは模型撮影で忙しく、手が離せない状態だったのだ。そしてバートはローリングスから、謎の送信信号を映画のタイトル画面でも流したいと相談された。その音は約8秒間続き、その後、

**右・右端一番上**／精製施設から分離されたノストロモ号の模型。デニス・ロウによれば、ノストロモ号の4基の着陸用メインロケットエンジンには「レッドヘッド」と呼ばれる10cmほどのタングステンハロゲンランプが入っているという。
「ランプ自体は悪くはないが、必要なテイクを撮り終えた後、安全のためにスイッチを切る必要があった」とロウは説明する。
精製施設をノストロモ号に磁石で取りつける円形のクランプが作られたが、これらは『スター・ウォーズ』のR2-D2の足のスペアを使ったものだったという。

**右端下3点**／小惑星着陸時の模型ショット。ブラックプールのライティングイベントほど派手ではないが、宇宙船の底部には銅線にはんだづけされた極小電球の電飾がある。
「リドリーが夜に思いついた電飾のアイデアを、ニール・スワンが翌日には形にして取りつけていた。現場はパニック状態だったよ！」とロウは語っている。
「元々ノストロモ号には光ファイバーのライトが2～3個組み込まれている設定だったが、リドリーが船底全体をライトで覆いたいと言い出した。部品が小さい上に、そんな短期間ではライトをまっすぐ付けるのは無理だ。ニールは夜を通して銅線に小さな電球をはんだづけし、最終的な位置決めをする前に見た目をチェックしてもらおうと、大急ぎで電球を仮置きした。でもリドリーは撮影へのプレッシャーが常に頭にあったので、仮置きのままでやろうと即決した。我々はショックを受けたよ。ご覧の通り、仮置きのままで電球の長さはバラバラだったんだから」

何度も繰り返されるという。ノストロモ号の乗組員の関心を引き、無線やヘッドホンで幾度となく再生される音であり、映画前半におけるライトモチーフ（※訳注：特定の人物、状況などを表現するのに繰り返し登場する楽節のこと）になるものだ。「なかなか興味深い課題だった」と、バートは語っている。「いつも同じ音だが、時には刺激的に聞こえたりする。耳にするたび、どこか違った感じに聴こえる音でないといけない」

その午後、バートは試写室で最新の編集映像を見せてもらった。「おそらく数回目の編集版だったのだろうが、完成にはほど遠かった」と彼はその時の様子を説明する。「編集時に仮に当てはめたトラック以外、何も音が乗っていなかったんだ。だが、音楽のヒントはあった。映像はとても怖くて、実に良くできていたと思う。『エイリアン』は宇宙が舞台のホラー映画だ。登場するクリーチャーは出くわした相手が誰だろうと頭を噛み切ってしまうような習性を持つ。ゾッとするようなコンセプトだよね。繭のシーンも出てきたけれど、成長した姿はあえて見せないという巧みなアイデアが効果を発揮していた」

その頃、エイリアンをもっと登場させたいフォックス側と、ギリギリまで見せたくないリドリー・スコットとの対立が激化した場合に備え、どのくらいエイリアンを見せるべきかという議論も交わされていたのだという。バートはその会議の内容をたまたま小耳に挟んだことを記憶している。

ある晩、バートはスコットが帰宅する際のリムジンに同乗した。「暗がりでマフィアと密会しているみたいだったよ」とバートは振り返る。「監督はシルエットしか見えなかった。窓の外に見えるのは時々横を通り過ぎる街灯だけ。奇妙な時間だったけど、リドリーは何を求めているかを話してくれた。突然傍受された送信信号は声のようでもあり、自然界にある電気的な何かにも聞こえる。興味をそそるが、どこから発されているのか全くわからない謎めいた音。そんな音でなければならないと言われたんだ」

## 慰めにならない慰め

11月下旬、ギーガーとボンザニーゴは作業を手伝うため、ロンドンに戻ってきた。「ボイジーは遺棄船の表面を様々な素材で覆う、相当の忍耐とスキルを要する仕事（カバーリング）で1ヵ月以上身を粉にしていたんだ」とギーガーは言う。ボイジーの作業は半分も終わっていなかったようだ。「ボイジーは完璧な仕事ぶりを見せ、遺棄船は私の想像を超える姿になっていた。まるで[illegible]の巨人[illegible]！遺棄船が置かれている場所の風景はスタジオ全体に広がっていたんだ！」

「遺棄船を彫刻したピーター・ボイジーは、スカルプターとして最高の作品を生み出してくれた」とスコットも認める。「僕は特殊効果の仕事をするのが大好きなんだ。最高にワクワクする。美術監督だった昔の自分が再び顔を出すんだよ」

ボイジーはシェパートンでの実写撮影とマッチするように遺棄船の入口を彫刻した。ところが、照明を抑えめにしてスモークを加えたところ、カメラを通して見えるその姿にスコットは不満を覚えた。「どんどん作り物っぽく見えてきたんだ。セットを見つめ、これじゃダメだと思った。そこで、『誰か8mmカメラを持ってないか？』と訊いてみたんだ。家にあると答えたスタッフがいたから、スタジオに持ってきてもらった」

パナフレックスカメラは重くて、今回必要とされる低い位置での撮影はできなかった。そこでスコットは8mmカメラを持ち、高さ45cmの山脈や15cmの岩場の合間を縫って歩いてみた。「突然、遺棄船が最先端技術の粋を集めた船に見え始め、しかも、全体のスケール感まで大幅に増したんだ」と彼は明かす。「撮影しながら、『いいぞ。これなら本当にいける』と胸を躍らせていたよ」

遺棄船に近づく乗組員3人のロングショットを2回ほど撮るべく、アルダーのスタッフは4cmに満たない鉛製の人形3体を45cm強のモーターで動く軌道に乗せた。これにより、レバーを動かせば[illegible]同時に進んだり、回転したりするようになる。スモークが充満するほぼ暗闇の中でも姿が見えるように、人形のヘルメットには小型の医療用豆電球が装着されていた。「このちょっとした光で、ミニチュアに命が吹き込

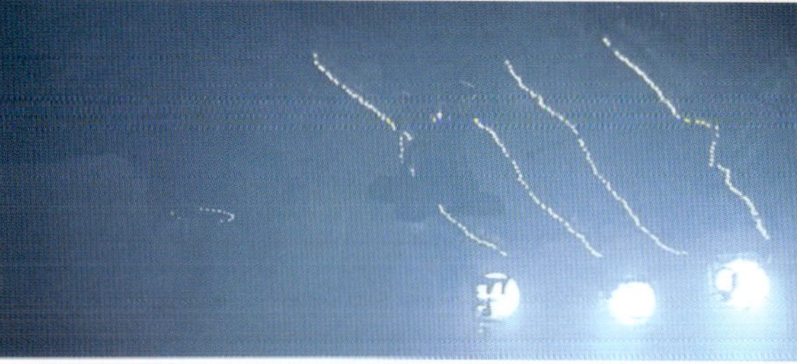

まれたんだ」とアルダーは語っている。

イギリス滞在2日目となる日曜日、バートはブレイ撮影所に戻り、スコットに会って遺棄船を見た。「スコットはスタジオにいたが、私はまだ戸惑っているような状態で、『監督は一体何を望んでいるんだろう?』と考えていた」とバートは振り返る。「セットには墜落した宇宙船があった。照明を浴び、スモークが周りで渦巻く様は、美しくもあり奇妙でもあった。レンブラントの絵画を思わせるセットで素晴らしかったよ。そして、リドリーは遺棄船に視線を向けたままこう言った。『僕が欲しいサウンドはこれだよ。このイメージなんだ』

こうしてバートは帰国し、それから間もない12月2日、霧雨の降る週末、アメリカから4人の訪問客がブレイ撮影所に到着した。彼らは出版予定の『エイリアン』公式メイキング本の取材にやってきたのだった。そこでは小規模の制作チームが週7日働き続けていた。冬だったため、4人は撮影所にたどり着いた頃には既に陽が落ちており、黒いビロードの布で囲まれた暗い場所で取材をし、夜の闇に包まれて撮影所を後にした。彼らが見学した撮影現場にはノストロモ号が鎖と滑車で天井から吊るされ、アルダーとスタッフがカメラをゆっくり横に移動させながら撮影していたという。

「必要なショットをひとつひとつ撮影する作業が延々と続いた」と、キャロルは振り返る。

「リドリーは模型に色々足したがるんだ。カメラの前に置いて、もう撮影だという段階でも注文を付けてくる」とピアソンは語る。「もっとごちゃごちゃしてるほうがいいと言うから、我々は遺棄船にどんどんミニチュアの部品を足していった。彼は特にアンテナが好きだった。カメラをアンテナに近づけていくと、古い帆船みたいに見えるのがいいらしい。私は欲しいものを何でも注文できる立場で助かった。最終的にノストロモ号の模型に注ぎ込んだ金は8万6,000ポンドになったが、フォックスは気にしていなかった」

ノストロモ号が精製施設から切り離されるショットのために、10m近いドッキング用のロボットアームが鉄道模型キットなどを使って制作された。黒いビロードをかぶせたフォークリフトを使い、そのアームが精製施設から宇宙船に向かって伸びていくように見せて撮影した。

週末にやってきたメイキング本の取材チームは、隣室で10人以上の技師に囲まれているスコットを見かけたという。「そこではヨダレを垂らすエイリアンの不快極まりないクローズアップの撮影中だった。話している人間はほとんどいなかった」

「リドリーは誰よりもがむしゃらに働いていた」とソレンソンは証言する。「ローリングスと一緒に昼も夜も働きっぱなしだ。だがスタッフは皆、彼のためなら身を投げ出す覚悟だったと思う」

ある時ラッシュを見ていると、偶然、上下が逆さまの状態で映像が流されたことがあった。すると、それを見たリドリーは「これ、すごくないか?」と声を上げたという。翌日、彼は模型担当のスタッフにノストロモ号をひっくり返した状態で何ショットか撮ってみたいと告げた。だが、彼らにとってかなりの大仕事だったにもかかわらず、そのアイデアは失敗。それでも彼らはスコットの要求に応じてみせたのだ。

現場には友好的な競争意識が芽生えていた。実現が難しそうなアイデアをスコットが思いつくたび、スタッフは文句も言わず、実現方法を探し出そうとした。「スタッフの態度は『しょうがないなあ、リドリーは俺たちがいないとダメなんだから』という感じだった」とアルダーは言う。「ある夜、スモークマシンなどを扱うエフェクト担当者たちが遅くまで残業していた。並んで撮影所を出ていったが、その時スコットが車の中から見ていたことには気づかなかったらしい。翌朝、スコットは本部に訴えた。『スタッフはあんなに遅くまで働いているというのに、どうして時間外手当を支払ってもらえないんだ』。すると相手に、『彼らがそこまでしないと、君が求めるものを作れないという状況をわかってるのかね』と返されたらしい。スタッフはチャレンジ精神がある者たちばかりだ。結局スコットはフォックスまで出向き、彼らに対して残業代を払うように直談判し、それを勝ち取ったんだよ」

滅多にない撮休の日曜日の午後、自宅の電話が鳴り、受話器を取ったアルダーの耳に、スコットの声が飛び込んできた。編集室に来てくれと言うのだ。彼は監督に従ってブレイ撮影所まで車を走らせた。だが、撮影所に到着した彼の目に飛び込んできたのは、沢山のボトルに囲まれ、オリーブ入りのマティーニのグラスを持ったスコットとローリングスの姿だった。2人は、どちらのマティーニのほうが辛口か判断してほしいと頼んできた。「彼らは競い合っていたんだ」とアルダーは語る。「確かローリングスが勝ったと思う。彼はちょっと照れていた。家まで運転するのは、行きよりずっと難しかったのを覚えている」

## 過激な暴力の片鱗

同じ週末、アメリカからの4人の訪問者は最新の編集フィルムを見せてもらえることになった。彼らはビールとサンドイッチを手に試写室に案内され、タイトル、音響効果、特殊効果なしの映像を見た。ただし、ローリングスの仮トラックだけは入っていた。

「映画が始まると早速反応があった」とスキャンロンは書いている。「訪問客のひとりがビールでむせた。別のひとりが恐怖で椅子から飛び上がり、サンドイッチの皿をひっくり返した。最後のひとりは過去に作られたSF映画やホラー映画を片っ端から鑑賞してきたような映画通(この人物はおそらくチャールズ・リッピンコットと思われる)だったが、彼もかろうじて指の隙間から作品を覗いているような状態だった。明かりが点くと、彼らは一斉に振り返った。4人の視線が向けられたキャロルは小さく笑みを浮かべ、『映画、どうでした?』と訊いていた」

「ある時、ラフカットを見る機会があった」と漫画家のウォルター・サイモンソンは語る。彼は『エイリアン』のタイアップ・コミック(コミック版は4種類あり、最初の2作品はヘビー・メタル誌に掲載された)を描くために雇われていた。「映画の編集作業はいまだ進行中で、ひたすらフィルムを挿入したり取り除いたりの状態だった」

サイモンソンはブレットの死のシーンを見て、エイリアンに魅了されたことを記憶している。エイリアンはゆっくりと獲物へと近づき、尻尾の尖った先端を相手の脚と脚の間に突き入れる。そして、そのまま背中へと深く刺し込んでいく。その間、エイリアンは降下を続け、下にたどり着くとブレットの頭をぐいと掴み、ギリギリと締め上げる。最後は彼の顔に自分の歯を勢い良く突き刺して、頭を破壊するのだ。

「水が天井から滴り落ちる空間のシーンは、他のシーンよりも長く、ずっと恐ろしいんだ」とローリングスは語る。

また、エイリアンが鎖に捕まって上から下を見下ろし、十字架に磔にされたキリストのように腕を外側に伸ばしているショットもあった。編集者は拒んだものの、フォックスはそのショットのカットを命じた。

12月7日、フォックス法務部のジュエル・ニールは西部全米脚本家組合のユゲット・クレインに宛てて、仲裁を依頼する手紙をしたため、裁定に必要な書類を届ける旨も記した。同日、ピーター・ビールも手紙を書いているが、彼の場合はフォックス宛てだった。その手紙には、数日中にティーザー予告編のモノクロ複製が届くようにしてほしいと書かれていた。

フォックスはスコットが決めた作曲家の人選には二の足を踏んでいたが、宣伝に必要な予告編、ポスター、その他関連物のクリエイターとして候補に挙がっていたスティーヴン・フランクファートと、R／グリーンバーグ・アソシエーツのロバート&リチャード・グリーンバーグの採用については承認した。ニューヨークのブラウンストーンにある小さな建物でグリーンバーグ兄弟が営むR／グリーンバーグ・アソシエイツは、創設1年という新しい会社だったが、『スーパーマン』の壮大なオープニング・クレジットを手掛けたばかりだった。

『エイリアン』の最初のタイトル案は肉片と骨片からタイトルが組み上がるもので、あまりに生々しい印象だったのをシャセッ

上／映画タイトルのレタリングのコンセプトデザイン3点(中央のデザインがギーガー作)。

右／様々なキャッチコピーが書かれた『エイリアン』ポスターのコンセプトデザイン8点。卵はモチーフとして一番人気で、スコットがいつも入れたいと望んでいた要素だった。

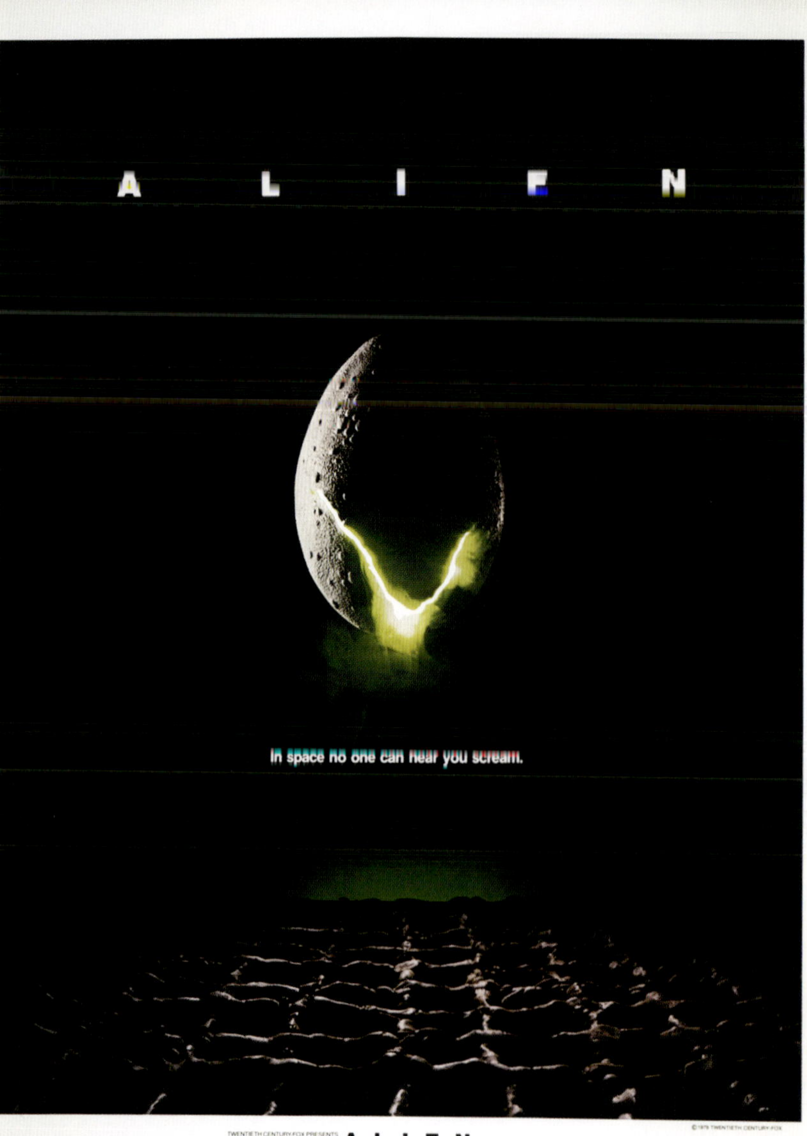


左／最終版の『エイリアン』ポスター。「宇宙では、あなたの悲鳴は誰にも聞こえない」のキャッチコピーも最終的に採用されたもの。この卵のアートワークと広告キャンペーンはロバート・ウルフソンによる作品で、映画タイトルのロゴイラストはスモーレン、スミス&コノリー所属のマイケル・ドレとトッド・スコルが手がけている。

トは覚えている。ギーガーのレタリングも使われなかった。しかし、ポスターデザインを見たスコットは、映画のタイトルグラフィックにもポスターと同じヘルベチカ・ブラックを使ってもいいかと尋ねた。「それでヒエログリフのような文字を書きたかったんだ」とスコットは言う。「エイリアンも洗練された社会の出身かもしれないと暗に匂わせたかった。タイトルグラフィックを垢抜けた感じにすればするほど、かえって恐怖が増すと思ったんだ」

スコットとギーガーにインスピレーションを与えたのはソール・バスの作品だ。バスは映画のタイトルシークエンスを数多く手がけており、その中にはヒッチコックの『サイコ』、『北北西に進路をとれ』、『めまい』も含まれる。「『エイリアン』のタイトルは何か不安をかき立てるものから作ろうと思いついた」と、リチャード・グリーンバーグは語っている。「スクリーンに出現した小さな文字片を見て、観客は心が乱される。不安になる音を入れるというアイデアを文字でやろうと思ったんだ。小さな文字がきわめて機械的に現れる時に、緊張感が出るようにしたい。そこで僕らはサンセリフ体を用い、文字をバラバラのかけらにしてから間隔を離して配置することにした。こういうデザインは映画では全然使われていなかったんだ。人々はこのバラバラの文字片が揃ってひとつの単語になっても、字間がかなり開いているせいで、タイトルとしてうまく読むことができないだろう」

広告会社が作った72秒の予告編には、エイリアンの小惑星の代わりに、干上がった地球とひび割れた不気味な卵が映し出される。そのエイリアンの卵は、実は初期のテスト映像で撮ったニワトリの卵だった。「この予告編は見る者に不吉な予感を抱かせる。タイトルシークエンスも同じような感覚を喚起するはずだ」と、グリーンバーグは付け加えた。

予告編にはナレーションがなく、物語を説明する要素もない。そして、最後にキャッチコピーが出て終わる。「宇宙では、あなたの悲鳴は誰にも聞こえない」。

このキャッチコピーは、予告編の美術監督を務めたフィル・ギプスの妻、バーバラ・ギプスが考案したものだ。「物質……反物質」という別のコピー案もあったという。同時期に作られた『ファンタズム』という低予算ホラー映画には、「これを観て怖がらないなら……あなたはもう死んでいる!」というキャッチコピーが使われていた。

ポスターに使われたニワトリの卵のイメージは、実際に劇中に登場する本物の卵を差し置いて、映画の予告編やフォックスの大々的なマーケティング戦略に象徴的なイメージとして使われた。「宣伝担当者たちは映画をよく観ないうちから広告作りに取り組んでいた」とヒルは語る。「こちらとしてはあのニワトリの卵は謎を表すイメージに過ぎず、具体的な何かではなく、エイリアンのメタファーだと考えていた。元々は広告のプロトタイプに最適なギーガーの描いた卵があり、我々も気に入っていたのだが、彼らはギーガーの絵をきちんと再現することができなかったんだ。それで、このオリジナルの卵が出来上がったわけだ」

フォックスはさらにバーバラ・ギプスのキャッチコピーも採用し、全ての広告とPR素材に取り入れた。「フォックスのチームは映画を支援していて、可能な限り売り上げを伸ばそうと頑張ってくれていた。彼らは『エイリアン』の可能性を信じていたんだ」とアラン・ラッド・Jrは語っている。

## 特攻大作戦

初めてひとりで『エイリアン』を鑑賞した作曲家のジェリー・ゴールドスミスは、ブレットの死にとりわけ恐怖を覚えたそうだ。「あのシーンはものすごく怖かった」と感想を述べている。「これから腰を据えて音楽を作ろうという時に、ちょっと良かったよ。まずは観客として映画を見て、反応してみようと思っていたんだ」

12月13日頃、ゴールドスミス、スコット、ローリングスはフィルムのどこにどんな音楽を入れるか決める「スポッティング」と呼ばれる作業を行なった。ゴールドスミスはコールドスリープのシーンに仮音楽として挿入されていた映画『フロイド/隠された欲望』の音楽を聴き、「たとえ自分がこの曲を指定したのだとしても、実にお粗末で全くそぐわない」と述べたと言われている。

ゴールドスミスを天才と称えるローリングスだが、一緒に仕事をする中で彼の頑固さにも気がついた。自分は編集技師として、スコットは監督として作品を誰よりも熟知しているのだから、作曲家はもっと自分たちの意見に耳を傾けるべきだと感じるようになっていたのだ。「いわば、我々はこの映画と一心同体のようなもの。ゆえに、創造したい雰囲気は自分たちのほうがわかっているはずだ」と彼は断言する。

ゴールドスミスは地道なスポッティング作業を続けることで、賢明な結果が得られると信じていた。そして、全体のコンセプトとしては静寂もスコアの一部として使うべきだと考えていた。ホラー映画の場合、完全なる静寂は音楽よりも恐ろしいのだと。ゴールドスミスのその思想はスコットたちの考えと大きく異なるものではなかったが、そもそもスタート時点からいくつかの問題があった。ゴールドスミスはこう語る。「リドリーは素晴らしい映像作家だ。しかし、『エイリアン』は彼にとってまだ2作目の監督作だ。リドリーはこの映画における音楽の役割をはっきりと教えてくれなかった。最大の問題はコミュニケーションにあったんだ。彼は私に対し、音楽を視覚的に捉えることを望んでいたようだが、それは私がすることではないと思う」

スポッティングの作業は1週間続き、その後、ミュージックエディターのボブ・ハサウェイがまとめた分析結果が発表された。それによれば、音楽を入れる場所として目印が付けられたのは約22ヵ所で、音楽のトータルの長さは1時間10分になるという。

12月27日には、ゴールドスミスの作曲の参考資料として、映画を数分ごとに区切って解説した「ビート」と呼ばれる文書の初稿が作られた。

「私はいつも、宇宙は大いなる未知の存在だと思っている」とゴールドスミスは話す。「そこまで怖くはないが、謎めいている場所だ。宇宙には神秘と美がある。私はそのような視点で『エイリアン』にアプローチすることにした」。ゴールドスミスはセットやビジュアルには感動を覚えたが、気になる面もあったという。「登場人物が奇妙な人間の寄せ集めなんだ。彼らは粗暴で、ちっとも好ましい人物ではない。彼らのほとんどが殺されても私は別に構わない。非常に洗練された環境にいる、汚くて教養のない人間たち。私が作曲する対象としてはなかなか興味深い設定だった。正直に言うと、唯一共感できるのはモンスターくらいだ。『登場人物を誰も好きになれないこんな映画、観に行く者などいないだろう』と心の中で思っていたよ」

フォックスの社内文書によれば、この頃、新たなクレジット紛争が起ころうとしていた。スタジオ側がウォルター・ヒルをプロデューサーのクレジットに加えないつもりだったため、デヴィッド・ガイラーが会社に電話をかけたのだ。「デヴィッドはウォルターがプロデューサーとしてクレジットされることを望んでいた」とフォックスの重役は説明する。言い換えれば、おそらくゴードン・キャロルはそれを望んでいなかったのだろう。

しかし、大ヒットが予想される映画のポジション争いに参加していたのは、ヒルとオバノンだけではない。「連中は図々しくも俺を呼び出し、ポスターの出演者名の順番を変えてくれないかと訊いてきたんだ。俺の名前がポスターのアートワークの邪魔になるなんて言って」とコットーは事情を説明する。「地獄に行きやがれって返したよ。俺の名前が一番上に来ると黒人映画だと思われてしまう。フォックスはそんなことまで言ってきた!」

「私にも、自分の名前をクレジットに加えてもらうほどの影響力はなかった」とコッブは語る。「そこで、その件をプロデューサーに話したらこう返された。『我々は何の契約も結んでいない。だが、君の仕事には本当に感謝している。君は大丈夫だ。スクリーンクレジットはもらえるよ』。どの組合にも加入していなかった私のために、彼らは何のクレジットを与えるか考えてくれたんだ。そして私が映画に対して行なった貢献を鑑みて、コンセプトアーティストという肩書きを思いついたらしい」

一方、当時のオバノンはこう語っている。「ギーガーとコッブがコンセプトアーティストとしてクレジットされると聞いた。だけど、彼らが描いたデザイン画の量を考えたら、彼らの仕事はちっとも正当に評価されていないと思うよ。しかも、メビウスとフォスは名前の登場順がもっと後ろのほうなんだ」。事実、フォスとメビウスはコンセプトアーティストとしてクレジットされたが、ギーガーは『エイリアン』のデザイナーとしてクレジットされている。

「のちにオバノンはあらゆるクレジットを望むようになった」とガイラーは言う。「美術監督、特殊効果監督のクレジットもだ。彼は色々なものを欲しがった。ありがたいことに、組合はそんな主張は認めなかったけどね。結局、何だかよくわからないが、オバノンの肩書きは『ビジュアルデザインコンサルタント』ということで落ち着いた」

クレジットに対しての不満はディッケンにもあるようだ。「スクリーンには、ミニチュアエイリアン共同デザイン・制作：ロジャー・ディッケンというクレジットが出る。でも、そこには『ミニチュア操作』が含まれていない。私が一番苦労したのはミニチュアのエイリアンを動かすことで、フォックスにもそう伝えてあった。なのに、これでは私が特殊効果も手がけていた事実を誰も知ることがない。ライトの下、他の特殊効果マンと同じように汗だくになって作業したんだ。私は撮影現場にいて、自分の作ったモンスターを操作したのだから、その仕事に対してもクレジットされて当然だったのに……」

## クリスマスシーズンの惨事

12月28～29日の両日、スコットはアッシュの頭がテーブルの上に置かれている場面を撮影した。この2日間は、公式には「撮影第82日と第83日」になる。脚本の改訂稿最終版の日付は12月28日で、この時点での編集内容も反映された。その内容には、物語冒頭に現れるコンピューター画面の文字情報も含まれている。

2つ目のヘルメット
画面表示

ウェイラン・ユタニ社
MILSCIDIV.
ノストロモ号任務報告
特殊司令937 要請
科学責任者専用

全照明が消える。

2時間45分に短縮された編集版では朝食のシーンが削除され、物語はコールドスリープのシーンから直接ブリッジのシーンに移るように変更された。全体的にアッシュの疑わしさが増している。例えばシーン124ではチェストバスターが出現した後、ダラスは科学主任であるアッシュと口論し、一体何が起きているのかと詰問する。また、後になってからリプリーとランバートは、どうやらアッシュは2人のどちらにも性的な興味を示していないということに気づくのだ。

クリスマスシーズンということもあり、フォックスの重役たちはロンドンでの買い物を楽しみにしていたが、何よりも『エイリアン』の最新バージョンを見たがっていた。「彼らは全員、ソーホー・スクエアにあるフォックスのオフィスで開かれる試写会に来たがった」と、ローリングスは振り返る。「だから、頑張って作品の見栄えを良くしたよ。だって、音楽もサウンドもなしでは見せられないじゃないか。でも想像してみてほしい。聖なるクリスマスシーズンだっていうのに、彼らはチェストバスターや頭をつぶされる人間の映像を見たんだ。奥方たちはこれから何を見せられるのか見当もついていなかったし、あの映像にショックを受けて怯えていた。お偉方は望んでいたものが見られて満足そうだったけど、奥さんたちは嬉しそうじゃなかったな」

ラッド・Jrは、その編集版はまぎれもなく恐怖と暴力に満ちていたと証言する。彼の妻は、恐怖に耐えながら鑑賞することになったそうだ。

「僕たちは新しい編集版を見せ続けなければならなかった」とスコットは言う。「フォックスで試写をするたび、お偉方は継続的にやってきた。だから洗練されたタップダンス並みの編集作業で映像に磨きをかけ、ダミーの音楽を使ったりもした。しかし、僕が新人に近い監督だからか、彼らはその質の高さに少しショックを受けていたようだった。出来が想像以上だったからだよ」

「聞いたところによると、フォックスの重役たちは、これは『スター・ウォーズ』をはるかに超える成功を収めるだろうとかなり興奮していたようだ」と、コップは明かしている。「彼らは本気でそう思っていたんだ。『ジョーズ』や『エクソシスト』、『スター・ウォーズ』に肩を並べるような映画になるだろうと。今になってみると、どうやってあれだけの要素をまとめられたのかわからない。最初は問題続きで、修正や変更ばかりしていたのに。シガニーはすごく良い仕事をしていた。彼女は今後も活躍するだろう。再撮や編集を経て、彼女はどんどん良くなっていったんだ」

「シガニー・ウィーヴァーはリドリーが作り出した完璧な世界観の中で、リプリー像を見事に築き上げていた」とヒルは絶賛する。「いつも、どうかうまく行ってほしいと願いながら脚本を書くんだが、今回は全てが噛み合っていた。ビジュアルは実に見事で期待以上だった。特にラスト。唯一生き残ったリプリーが命がけで最後に走るあのシーンだよ。あれは監督のなせる技だ。そして、俳優の演技力。そこには人間性も関係していると思う」

ローリング・ストーン誌でさえも、劇場公開よりずっと前に『エイリアン』の考察記事を載せている。「『エイリアン』と『スター・ウォーズ』は何ヵ月も同等に語られ続け、ハリウッドでは、はたして二匹目のどじょうは存在するのかという話題で持ちきりである。そして、『エイリアン』は興行的に『スター・ウォーズ』を超えられるのだろうか？」

プロデューサーのジェイ・カンターは語る。「私たちは強く確信していたよ。もうひとつの『スター・ウォーズ』が私たちの手の中にある、と」

上／サウンドステージで撮影した第3形態エイリアンの映像は、ローリングスとスコットの手によって編集された。だが、両手を広げたまま天から降りてくるショットは、フォックスからの圧力でカットされることになった。

最終編集版のサブリミナル的な効果は、監督のカメラワークによるもの。「あるショットを分析してみれば、あらゆるものがいつもわずかに動いているのがわかる」とスコットは明かす。「僕は可能な限りそうした。平穏なシーンでもカメラを手持ちにして撮影したので、やはりかすかに動きが出るんだ。全てが静止していることはない。それが観客をどこか不安な気持ちにさせるんだ。カメラはただ呼吸をしている。だから観客は常に何かの存在に気がつくんだよ」

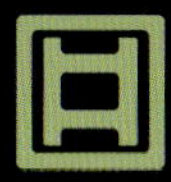

## 第3スタジオでのエフェクト作業

1／最終版で取り入れられたマットペインティングのひとつで、レイ・ケイプルによる卵貯蔵庫の内部。ほとんどのエフェクトショットは、星の輝く黒い背景をバックに二重露光で撮影されている。
ギーガーは約35点の絵を描き、それらはケイプルのマットペインティング作業の手本として引き伸ばされたが、スコットが選んだのはわずか数点だった。
ロトスコープ装置を使った技術は最も活用された。実写フィルムをひとコマずつ投射し、トレースしてエフェクトを作り出すのだ。最終編集版ではカットされたが、遺棄船の巨大な2つのチューブ状のセクションの間にカーブした壁があり、そこに入口があるのがはっきりと見て取れる。
レイ・ケイプルのキャリアは長く、『スーパーマン』にも参加。1969年の『空軍大戦略』では水しぶきを作り出し、人々の記憶に残る名場面を作り出した。

2・3／ノストロモ号の下部は別個の模型で、わずか2〜3のショットのためだけに驚くべきディテールで作り出された。
ケインの死体を宇宙に放つシーンの背景として、ナルキッソス号も登場。埋葬布に包まれたケインの死体は木で作られ、バウアーが彫刻を施している。死体は小さなカタパルトを使ってハッチから宇宙へ放り出され、12mの船の模型の下を通過していく様がハイスピードで撮影された。このショットは編集時に速度を落としている。

4・5・6／ノストロモ号と精製施設が爆発するショットの最終フレーム1コマ。

夜遅くまで編集作業を続けていても、スコットは翌朝、ブレイ撮影所のスタジオに必ず姿を現した。作業が長時間に及び、誰もが疲労困憊だった時、スコット、ローリングス、ヒーリー、そして第2編集助手のピーター・ボールドックには2週間ホテル住まいするための経費が支払われた。「あの頃は家に帰ると、もう仕事場に戻る時間になっていたんだ」と、ヒーリーはつらい時期を振り返っている。

「初めの頃に作っていた模型は、自分たちが本当に望むものではなかったんだ」とスコットは言う。「特殊撮影のほとんどは、方法を変えながら何度も撮影を繰り返す作業だった。取捨選択の過程を経て、僕らは次第に『何をやるべきではないのか』も学んでいったんだ」

スコット、アルダー、スタッフたちはある長いトラッキングショットを気に入っていた。カメラが星や惑星の間を通り抜け、フルサイズのノストロモ号模型から、左舷側にいる乗組員たちに向かって迫っていくというシーンだった。

「すごく美しい映像なんだ」とソレンソン。「完璧に撮ることができた。ドーム型スクリーンへの映写、ミニチュアの精製施設や太陽など18の要素を使って撮影し、3日かけてオリジナルネガフィルムに合成を行なったんだ。その映像をラッシュで見た時、アイヴァー・パウエルは『2001年宇宙の旅』に負けないくらい素晴らしいショットだと言っていた。彼にはそれがわかるんだ。彼は『2001年宇宙の旅』に参加していたんだからね」

「リドリーが中央に異なる角度から光を当てた月が欲しいと言った時のことは、今もはっきりと覚えている」。そう明かすのはロウだ。「もちろん、私は疑問に思った。それってリアルじゃないからだ。そう指摘したけれど、リドリーは『見た目が良ければ問題ない』という姿勢だった」

しかしながら、それが簡単ではないことは映写室で判明した。ある日、映像の焦点が合っていないことに苛立ったリドリーが爆発した。「どうして映写室のクソ野郎はピントぐらいちゃんと合わせられないんだ?!」。しばしの静寂の後、インターホンから声がした。「君の言うクソ野郎ならここにいるぞ。私がそのリールをもう一度映写してみせようか?」

この頃までに、アルダーのチームは3体のノストロモ号を組み立てていた。ミディアムおよびロングショット用の30cmバージョン、ジェット噴射のリアショット用の120cm強バージョン、そして7トンの大型バージョンだ。

それとは別に、長さ約12mのノストロモ号の底面の模型も作られた。ケインの葬儀シーンで宇宙に放出された遺体は、その模型の底面を抜けて飛んでいき、また、脱出艇ナルキッソス号もこの模型から切り離されて猛スピードで飛び去っていく。

曳航船であるノストロモ号と精製施設が最後に爆発するショットは、連続した複数枚の画像とスリットスキャンの技術を駆使して作成された。

1

2

3

4

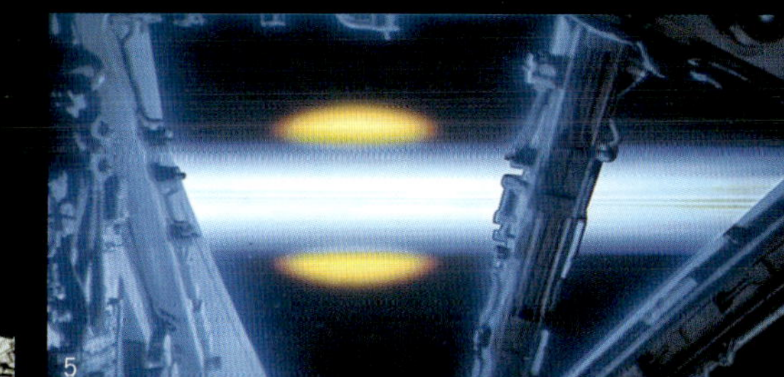

5

6

CHAPTER 13

# 血糊、吐瀉物、そして不安

1979年1月～5月

AAAARRG

13

1978年末から1979年初頭、「不満の冬」と呼ばれるこの時期は、イギリス各地で昇給を求める大規模なストライキが発生していたが、ブレイ撮影所ではスコットと少人数のスタッフが凍える寒さの中で作業に本腰を入れていた。壁の薄いプレハブ小屋の編集室は夜間とても寒く、そのせいでスタインベック編集台の光学部品のプリズムにひびが入ったこともあった。

あちこちで起きた労働者のストライキにより、ロンドンや他の都市の街中には収集されないゴミが溢れ、パンは配給制になり、非常事態に備えて軍隊が街角に立つようにまでなっていた。遺体が埋葬されないままになっている街もあったという。この時期は政治的混乱が社会に大きな影響を与えたが、映画史に詳しい学者ロジャー・ラックハーストは次のように語っている。「急進的なフェミニズムが家父長制度を非難し、ブラックパワーは構造的差別を攻撃。パンクの若者たちは虚無主義者や無政府主義者であることを公言し、国がやること全てに難癖を付けていた。その反動として国民戦線といった右翼の活動が支持を得るようになり、元軍人グループは共産主義や福祉主義による堕落を阻止するための私的民兵組織を作ろうとした」

イギリスのSF界ではディストピア作品が優位を占めていた。そして、こういった社会情勢を含めた環境の全てが厳寒のプレハブ小屋で『エイリアン』を編集する2人にも影響を与えた。1979年1月2日、まだ小さな会社の一員として仕事をしていたキャロルはフォックスに手紙を書き、メインタイトルより前に俳優の名前を出すというアイデアを提案した。「そうすれば映画のオープニングがドラマチックになると思ったんだ」と、彼は説明する。

1週間後、進行中の仲裁手続の評価のため、マーク・ハガードは自身が『エイリアン』のストーリーと表現方法について創作にも執筆にも全く関与していないことを法的文書の中で認めた。1月23日、法律事務所ブリロウスキー&リアリーからの書状には、1977年4月15日以降、オバノンとシャセットによるオリジナル脚本に関して著作権譲渡が行われた記録はないと記されていた。翌日24日、ガイラーとヒルの2人だけが脚本家として名を連ねるクレジット案が作成された。

この頃、2種のティーザー予告編が劇場で流されていた。2番目の予告編はナレーション入りで、映画『2300年未来への旅』(76)でゴールドスミスが作曲した電子音楽が使われていた。映像では男性の低い声が深刻な調子でこう語る。「商業船ノストロモ号の乗組員諸君に告ぐ。これは警告だ……(緊迫した音楽と共に、武器を手にしたパーカーが通路へ進んでいくシーンの映像、乗組員たちの画像が映し出される)。警告だ……(着陸の衝撃で激しく揺れる船内など。緊迫感も増していく)。警告……(赤いブロック体のタイトルが画面の奥から迫ってくる)。エイリアン、この夏公開。お近くの劇場へ」

当時、コッブはこのように語っていた。「世間は早くから『エイリアン』の話題で盛り上がりすぎて、劇場公開される頃にはうんざりしてしまうかもしれない。フォックスはそれまでのどの映画よりも『エイリアン』の宣伝に力を入れていて、予告編の焼き増しプリント数も過去最高だった。予告編は既に流れているが、ファンファーレは入っていない。『スター・ウォーズ』よりずっと雰囲気が重いんだ。あの重圧感は比べものにならない」

ティーザー予告編は、ほとんど内容を明かしていなかったが、ローリングスはある理由から過剰な広告に辟易し始めていた。「最初の2つの予告編は、映画の内容を全くと言っていいほど表現していなかったんだ」

「率直に言って、フォックスの手法は正しかったと思う。映画の手の内を明かさないようにしていたからね」とオバノンは言う。「人々は4.5ドル払って映画館に入り、座席に腰かけ、「見てやろうじゃないか」と言う。で、彼らに見せてやるのさ！」

## 脱出マジックの達人

オーディオミックスの最終版をチェックするため、スコットは作業の場をエルストリー撮影所に移した。この撮影所にはレコーディングミキサーのビル・ロウと助手のレイ・メリンが運営する著名な録音スタジオが備わっているのだ。ローリングスは録音スタジオ近くの建物に編集室を設けた。彼は音声が付いたら恐ろしさが格段にアップするだろうと期待していた。音声作業には、かなりの時間をかける予定だった。

アメリカに戻ったベン・バートは、参照用に複製されたモノクロフィルムを見ながら、送信信号音の制作と他のサウンドエフェクトの作業を続けていた。彼は送信信号音に50種類もの候補を用意しており、他にエイリアンの各形態の声、強酸の血液のシークエンス、小惑星上の嵐、繭のシーンなどに対しても様々な効果音を考案していた。例えばチェストバスターにはラッコの鳴き声を利用して「ウァッ、ウァッ」という音を作り出した。「可能な限り、沢山の選択肢を用意しなければならなかった」とバートは言う。また、彼は『スター・ウォーズ ／新たなる希望』に使ったサウンドのひとつ、オビ＝ワン・ケノービがトラクタービーム発生器のスイッチを切るシーンのブーンという音を基に、それに手を加えて送信信号の音を一案作ったりもした。そして、バートが制作したサウンドは全てエルストリー撮影所のローリン

左／ジョージ・ルーカスの音響会社、スプロケッツシステムのムヴィオラで仕事中のベン・バート。

彼はリドリー・スコットに会った際も同じ口髭を生やし、同じセーターを着ていたという。バートが作業をした地球外生命体の送信信号は映画の最終編集版には残らなかったが、サイモンソンのコミック版には絵として登場する(写真提供はベン・バート本人)。

P287、右／ウォルター・サイモンソンによるアート。このコミック版『エイリアン』には、ブレットが死の直前に受ける凄まじい暴力、遺棄船からの送信信号、屈んだポーズからいきなり両手を広げるエイリアンなど、映画では最終的にカットされたシーンも盛り込まれている。

サイモンソンは1978年12月に映画のあるカットを見た。第3形態エイリアンがリプリーとナルキッソス号の間の通路に箱のような姿勢で屈んでいるショットだ。

「あの箱のような形は、おそらく、リドリーが描きたがっていたエイリアンの次の形態を思わせるものだったのかもしれない」とサイモンソンは言う。「形が認識できず、シルエットでもわからない。それでも、色とメタリックな光沢ははっきりと捉えられ、エイリアンだとわかるんだ。一瞬、時が止まったようになり、その直後に体が広がる。リプリーは慌てて飛びのき、猫を落としてしまう。そして敵から逃れるべく、後退しながら角を曲がる。何も起きないジリジリした時間がほんの少し流れたと思ったら、2mくらい離れた角から再びエイリアンが頭をゆっくりと覗かせるんだ。あれは本当に気味が悪かった。あのシークエンスが映画に残されると聞いて、僕はそれをコミックでも描いたんだ」（右下）

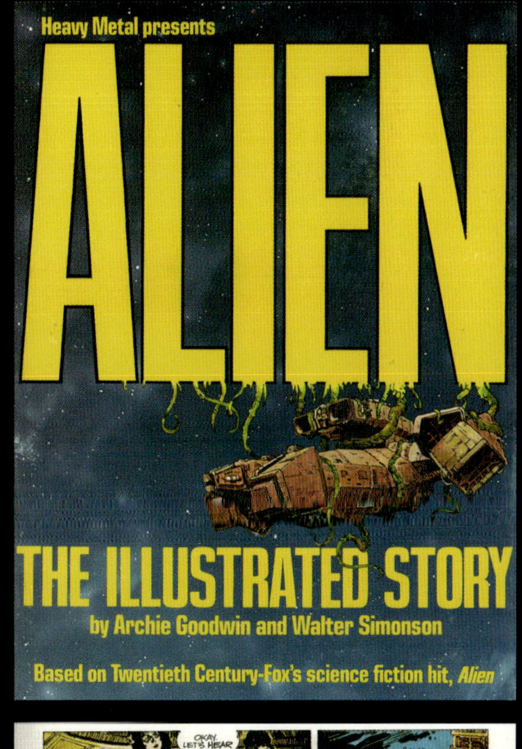

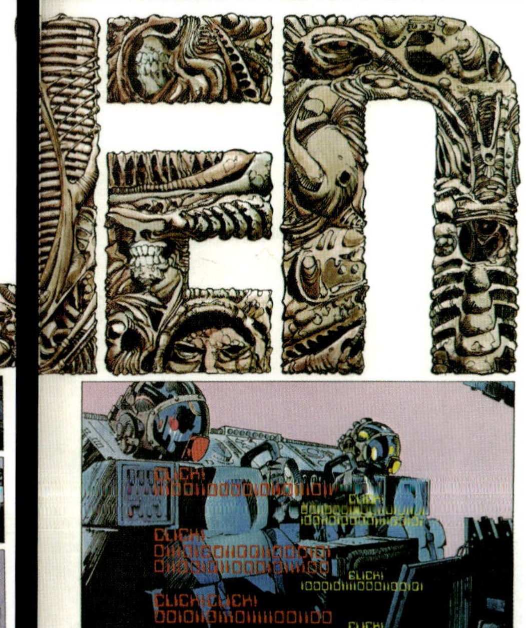

グスに送られたが、どれもローリングスとスコットに気に入られることはなかった。

「結局、送信信号の音を作り出すことはできなかった。聞いただけでゾッとするような音にはならなくて」と、パウエルは明かす。

「送信信号の音がどうしても理想のイメージに近づかなくて困っていた」とスコットも認める。「結局解決できず、安易に嘘っぽい音を使うより、入れること自体を諦めることになった」

「監督のお眼鏡にかなう斬新な音色を作り出せなくてね」と、バートは漏らす。「自分が役立たずになった気がした」

ファイナルミックス用のリールを作るまで、様々な実験を試す時間はほとんど残っていなかったが、それでもスコットは編集作業を続けた。リール9にはリプリーが自爆装置を起動させるシークエンスがあったが、いまだに5つのインサートショットが欠けていた。ヒーリーによれば、スコットはその部分を手の代役を使ってパインウッド撮影所で撮影したのだという。「ところがラッシュを見てみたら、監督の求めるものとはかけ離れた結果になっていた。複数のボタンが押され、4本のピストンがせり上がるシーンだったんだが、リールの時間が長すぎてしまった」と、ヒーリーは語る。

「リプリーがノストロモ号の自爆装置のヒューズに手を置くショットを撮ったのは、本撮影が終わり、セットが壊されてから5ヵ月も経った後だったんだ」とスコットは説明する。「だから、元の状況を再現するのが難しかったんだ」

「ジム・シールズは同時進行中の仕事の多さに、心臓発作を起こしそうになってたよ」とヒーリーは続ける。「あちこちに空白画面(スラグ)があるリールでファイナルミックスをやろうとしている時に、さらに変更があるなんて本当に悪夢だった。この段階でやり直すのはかなり大変なんだ。かなりの長さを変更するには、あちこちに空きを作らないといけなかった。」

さらに変更は続いた。ダラスの死後、リプリーがランバートを慰めるシーンはカットされた(あるいは既にカットされていた可能性もある)。身体を小さく折り畳んで箱のようになったエイリアンは、KYゼリーで唾液を垂らすエイリアンに置き換えられた。「エイリアンが箱のような形から通常の姿へと変身するのは、怪物にしてはあまりにも漫画っぽく見えると判断されたんだ」とオバノンは明かす。「だから、即カットになった」

さらに変更が加えられると、その噂がキャストやスタッフに漏れ伝わった。「もちろん、私が命がけで演じたシーンもカットされた」と、ウィーヴァーは言う。彼女が苦労したハシゴのシーンも結局削除されてしまったのだ。

「ブレットが猫を探しに行く時に言った笑える台詞もカットされたよ」と、スタントンも打ち明ける。「化け物を見つけるのはいいが、どうやって対処するのかと言う内容なんだ。あの台詞があれば、もっとリアリティが出たんだけどな」

「台詞ひとつでキャラクターの性格を伝える素晴らしいシーンがあったのに、それもなくなってしまった」とシャセットは語る。「火炎放射器を持ってエイリアンを追跡する際、ダラスがパーカーにこう言うんだ。『パーカー、君には英雄的な行動を望んでいない』。すると、彼はこう返す。「あんたには、俺がフラッシュ・ゴードンに見えるのか?」。フォックスは、これを人種差別的なジョークだと誤解されかねないとして削除させたんだ。このシーンがなくなって、拍手喝采ものの名演技だと自負していたヤフェットは落ち込んでいた。ユーモアがありながらも、観客がパーカーという人物を理解するのに必要な台詞だったのに……」

「残念ながら、風景を写した映像の大部分もリドリーの手でカットされてしまった」とギーガーも言う。

また、カートライトは「各シーンの最初と最後が削除されて、残ったのは真ん中だけって感じ」と語る。「だけど、これはSF映画。あくまでもエイリアンがスターなんだって事実を認めないといけないと思う」

「『これは必要ない。でも、この猫はここに必要だ』というような議論はしょっちゅうやっていた」と、スコットは振り返る。「特定のシーンを残す、残さないで何度も衝突があった。映画の最後のリール3本ではかなり言い争いになったな。余計な部分が多いんじゃないかという意見があったんだ。でも僕にとってはこれが正しいバランスで余計な部分なんかない。こればかりは譲れなかった。かなり頭に来てるレベルで議論を始めると、どんどん怒りが増幅して止まらなくなる。僕はこの斬新なエンディングをどうしても諦めたくなかったんだ。馬鹿げたエンディングではなく、ある意味で解放感を覚えるようなものにしたい。エイリアンの胸に風穴を開けて、宇宙に吹き飛ばすだけでは充分じゃなかったんだ」

「私たち2人にとっては素晴らしい勉強の場でもあった」とローリングスは語る。「なぜなら、この作品はリドリーにとっては2作目、私にとっては3作目で何もかも新鮮だったんだ。ひとつの作業に何時間も費やした。こんなに必死で作業した映画は他になかったと思う。我々は知り得る限りの方法をあれこれ試した。なぜなら、この映画はできるだけ観客を怖がらせることが目標だからね」

「確かに、テリー・ローリングスは議論好きだ」と、スコットは言う。「彼は自分の意見を持っている。それは大事なことだ。だが、彼の意見が間違っているとなると話は別だ。自分の映画では、『黙れ。さもないと君には外れてもらうぞ』と言い切る強さも大切だ。まあ、彼のタバコをしょっちゅう失敬してたから、癇にさわっただけかもしれないけど」

劇中で猫の姿はあまり見せないことに決めた。2人は、リプリーが猫に愛情を示す姿は1ショットも見せないという大胆な(あるいは奇妙な)結論に達した。なのに、リプリーはこの猫を救うために命を懸ける。それが最終的に彼女の複雑な内面を際立たせることになるのだ。

「リドリーも私も、通気孔のシークエンスの編集には心血を注いだ」と、ローリングスは言う。「毎晩、午前2～3時まで作業をした。とにかく時間をかけたんだ。試行錯誤を幾度となく繰り返した末に、ようやく心から納得できるものになった」

「本当に迫力あるシーンに仕上げるのは簡単なことじゃない」と、スコットは付け加える。「結局のところ、そうするには自分と編集技師を追い込んで、ひたすら磨きをかけ、編集をやり直し、ありとあらゆる小さな変更を加え続けるしかないんだ」

「だから、これぞと思うレベルに達した時、デヴィッドとゴードンに『見に来てくれ。これはいいぞ。ようやくうまく行った』と声をかけたんだ」と、ローリングスは語る。「そして音楽などを足して見映えを良くし、彼らに最初から通しで見せた。でもデヴィッドの感想はこうだった。『すごくいいと思う。でも、君は気づかないか? これではエイリアンを追いかけているというより、エイリアンに追いかけられてるように見えてしまう』。我々は完全に方向を逆にしてしまっていたんだ。追跡時の懐中電灯の光も方向を逆にすべきだった。確かにスリルはあるが、間違っている。だからまた椅子に座り、正しい向きになるように編集し直した。そうして、ようやくうまく回り始めたんだ」

「デヴィッド・ガイラーの存在は、編集室で非常に役に立つと気づいたんだ。彼は客観的に映画を見てくれるからね」と、スコットは語る。さらにガイラーは、新しい用語「アーヴィング・ザ・エクスプレイナー」(語り手アーヴィング)を作り出した。物語の背景や筋、これから起きることを観客にそれとなく独白や会話で伝えるキャラクターを指し、映画業界では「語り手○○」と好きな名前を入れて使われるようになっている。

また、ガイラーは多少酔っても仕事は続けられるだろうと、ウォッカ・マティーニを差し入れたりもしたという。「ガイラーは歯切れよく、雄弁に語る男だ」とスコットは表現する。キャロルも飲み会に参加していたひとりで、彼らにスプロカティーニなるドリンクを紹介した。「業界に伝わる飲み物らしい」と、ローリングスは回想する。「実は、彼はふらりと現われては我々にその酒を与えたものだった。なんと、午後7時にだよ。我々はそれを飲んで仕事を続けるしかなかった」

キャロルが新たなウォッカ・マティーニの大瓶を持って撮影

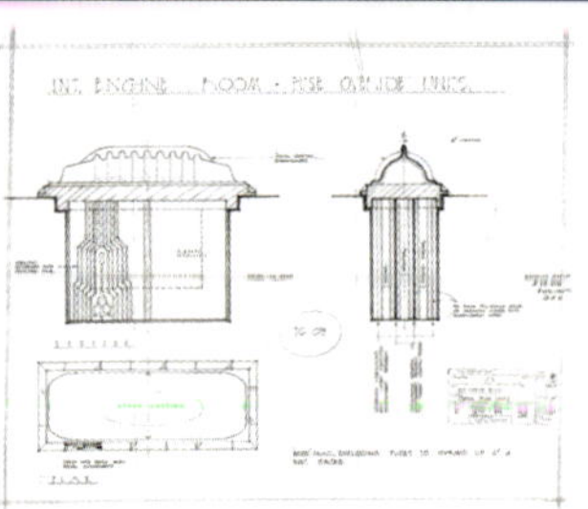

一番上／リプリーが非常用パネルを操作するショットでは、代役の女性の手が採用された。この追加撮影はパインウッド撮影所で行われた。

上／1978年7月5日にトムキンスが完成させた、自爆装置のヒューズユニット設計図。

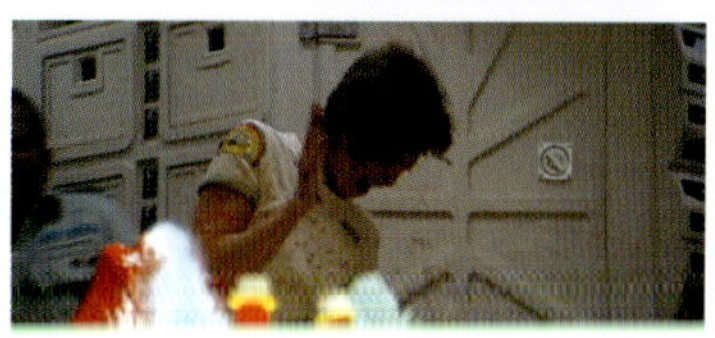

上3点／飛び出すチェストバスターと本物そっくりの血に対して反応する俳優たち。

現場にやってきた1月24日を、スコットは次のように思い返している。「エレガントで背が高く、気難しいアイヴィーリーグ出のキャロルは、ネイビーブルーのブレザーにボタンダウンのシャツ、グレーのフランネル製のズボン、高級靴という出で立ちで、大瓶を手に歩いてきた。きっとディナーで外出していたんだろう。エルストリーはいつも雨が降っていたので、地面には板が敷かれていた。その板の上を横切ってキャロルは向かってきた。上等な靴で、板を滑るように足を動かしていたよ。そして彼はドリンクをかき混ぜた。絶対に振らない。かき混ぜるんだ。そうしてキャロルが持参した酒を飲んでいると、誰かの声がした。『大スタジオが火事だ！』」

スコット、ゴードン、ガイラー、ローリングスは飲み物を持ったまま部屋を出て、第3スタジオを見に行った。スタンリー・キューブリックが『シャイニング』の撮影のため、ホテルのラウンジのレプリカを建てていた場所だ。スタジオは激しく燃えていた。『エイリアン』に大きな影響を与えた『2001年宇宙の旅』のクリエイターがスコットの真後ろに立ち、炎と戦う消防士たちを暗がりの中から見つめていた。

## 削除という苦渋の決断

時間節約のため、スコットとパウエルはロンドン北西部に位置するエルストリー撮影所近くのホテルを予約した。「この頃は午前3時まで仕事をしていたんだ」と、パウエルは言う。「僕らはロンドン南部に住んでいるから、長い間車を運転して帰宅しないといけない。でも、リドリーに合わせて仕事をするのを自分では誇りに思っていた。彼はスタミナがあるからね」

その1月、スコットとローリングスは、編集作業でさらに多くのシークエンスに磨きをかけた。「フィルムをカットして繋ぎ合わせることで、新たな命が吹き込まれるんだ」とローリングスは語る。「脚本は大事だ。ラッシュももちろんそう。でも、最も重要なのは最終の編集版だ」

リプリーがエイリアンを船に入れるかどうかでアッシュと対決する場面の前には、アッシュに焦点を当てたオートドックでの長めのショットが挿入されている。これによって、アッシュというキャラクターに両面性が加わったように感じるとパウエルは言う。「なぜアッシュに焦点を当てるのか？　物語の進むペースと効果を考えての選択だ」と、彼は説明する。「カメラは台の上に横たわるケインを捉え、そこから部屋をぐるりと映し始め、観客の不安を駆り立てる。それからようやく、部屋の隅にひとりの男が座っていることに気づくんだ。僕はあらゆるシーンで、たとえ静かな場面でも何らかの形でそういう効果を出したいと狙っていた。常にざわざわする感じを出そうとしていたんだ」

前年のクリスマス時期の試写会で、フォックスの上層部からあまりにも残虐すぎると指摘されたため、スコットとローリングスは暴力シーン全体をトーンダウンさせることになった。「一部の観客にとっては刺激が強すぎるのではないかと、彼らはかなり心配していた」と、コッブは言う。「映画のレーティングが成人指定になることを恐れていたんだ」

スコットはチェストバスターのシーンをこう語る。「エフェクトはとてもうまく行ったものの、噴き出す血の量が多すぎて、チェストバスターが顔を出す瞬間のインパクトがかえって削がれてしまっていると思ったんだ。結局、最終的な劇場公開バージョンでは血をかなり減らすことになった。その分、俳優の見事な演技がリアリティを与えてくれている。凄惨さを演出することで観る者の度肝を抜き、圧倒させたかったというのが本音だが、カットせずに済むくらいにはマイルドにはなった。ただ、ヴェロニカが椅子から飛び上がって後ろ向きに倒れてしまう部分は、残すことはできなかった。女性の観客には少しきつすぎるだろうという判断だったんだ」

もちろん、編集段階で一番重要だったのは、第3形態のエイリアンをどう見せるかである。スコットたちは『ジョーズ』と同じく、成体エイリアンの全体像はほとんど見せないという戦略をとり、演技は機械操作で行なった。「エイリアンの頭部は本当に素晴らしい出来だった」と、ローリングスは賞賛する。「人間がスーツを着た状態だと、頭はさらに際立つ。エイリアンヘッドは本当に美しく彫刻されているんだ」

「エイリアンに関しては特定の印象だけを出したかった」とスコットは言う。「我々はできるだけ長い間、エイリアンの全体像を隠しておくようにした。カットする場合も見た目が不快だからではなく、もう充分に露出していて、それ以上観客に見せなくていいという判断からだ。実際に、スクリーン上に登場するエイリアンの説得力はかなりのものだ」

一方、オバノンは、「残念だが、本物の優美さは失われてしまった」と指摘する。「スーツを着た役者は動作がとてもぎこちなくなるんだ。リドリーはその不自然さを何とか見せないように演出するしかなかった。あのコスチュームでスーツアクターが美しく動くのはほとんど不可能だった」

「映画を作り終えた後、ダンは落ち込んでいた」とシャセットは明かす。「映画化のために取り入れたいアイデアがあれこれあったのに、そうする機会を得られなかった。どうせうまく行きやしない、と彼は思い込んでいたんだ」

ブレットの死は、暴力描写とエイリアンの露出の点で妥協せざるを得ないシーンになった。「エイリアンが大きいことは示したかったが、具体的な大きさは観客に知られたくなかった」と、スコットは1979年に述べている。「エイリアンは立っているのか、ぶら下がっているのか、そもそもどんな見た目なのかもよくわからない。僕たちは観客の関心がエイリアンの頭と『へその緒』――かなり伸縮する長い筋肉なんだが――だけに向くように計算したんだ」。また、パーカーとリプリーがブレットの最期を目撃するショットはカットされた。そこで彼らが何を目撃したかを話す会話は残されている。

「ブレットは猫を探しに行き、ダラスは通気孔に入る」と、キャロルは説明する。「そのシーンの長さをできるだけ引き延ばそうと考えた。衝撃的な瞬間が来るまでの時間が長いほど不安と緊迫感が増すし、実際に事が起きた瞬間はさらにスリリングになるわけだ」

慎重な検討を重ねた結果、ダラスとランバートの死のシーンも各所から持ってきたショットを編集で継ぎはぎすることになった。ランバートのブーツにエイリアンの尻尾が絡まる映像が足りないと判明した時は、どうせ恐怖に怯える観客は気づかないだろうと考え、ブレットのスニーカーに尻尾が巻かれるショットで代用したという。

エイリアンに鋲を打ち込むシーンに関しては、編集技師に選択権はなかった。「劇場で公開されたあの場面は、実はテスト撮影の映像なんだ。どうしてもそうするしかなかったんだよ」とスコットは嘆く。

1月30日、ビールはフォックスに手紙を書いた。10日後にアンサープリント（現像所で仕上げられる最初の映像フィルム）、2月12日にデラックスグレイダー（映画の色味の変更、調整のプロセスに使われるカラー補正のためのプリント）が入手できるだろうという報告だった。「ジェリー・ゴールドスミスは、これらの期日が守られるなら音楽の納品も予定通りに合わせると約束した。新作映画の制作に伴うクリエイティブ面の懸念を考慮してもらえて嬉しいとのことだった」と、ビールは記している。

その頃、ビールは編集済みのリール11と12を見たばかりだった。冷却材の容器を集めるパートとランバートのシーンから、リプリーが脱出艇内にいる成体エイリアンに驚くシーンまでが収められている。繭のシーンは復活していた。「パーカーとランバートが死ぬ描写はとても良かった」と、ビールは書き残している。「ただ、ダラスの発見と焼却のシーンがまだ残っていた。あそこはわかりにくいと思う。だが、リドリーはそれを判断するための試写を要求していた。リプリーが脱出艇を発進させるエンディングとエイリアンを発見する部分は相変わらず長く、私は2回目の試写に使用可能な代替案となるショートバージョンを公式に要請しておいた」

さらに彼はフォックスに対し、スコットがエルストリー撮影所で編集作業を続けているため、模型撮影はスケジュールから若干遅れていることを報告。ノストロモ号が小惑星から離陸・着陸するショットは、2月初めにブレイ撮影所に戻って撮影されることになるだろうと書き加えた。

## 不安を煽る拍動

音声編集部門ではジム・シールズが既に効果音を集め始めており、スコットは可能な限り彼と一緒に作業をした。アフレコ音声編集者のテリー・バスビーは、年明けから仕事を開始。宇宙空間で鳴る宇宙船のエンジン音は、『スター・ウォーズ』方式で行くことが簡単に決まった。「どうしても音を加える必要があった。映像だけでは持たないんだ」と、スコットは語る。「宇宙空間で音がするのは間違いだなんて、誰だってわかってることだ。だけど、この状況では他に選択肢はほぼなかった。おかしいと思うだろうが、僕だってしたくてそうしたわけじゃない。僕は、キューブリックが『2001年宇宙の旅』で宇宙空間を無音で描き通した勇気を尊敬する。だが、同じことを『エイリアン』でやったら惨憺たる結果になっていたはずだ。ノストロモ号の外側を写した模型ショットと船内の映像との差が違和感をもたらさないよう、あえて音という要素を加えたんだ」

シールズは観客の潜在意識に働きかけるよう、船内でもかすかなエンジンの振動音を流した。例えば、チェストバスターのシーンでは1分間に100拍。その後は55拍にまでテンポを落としている。「まるで心臓の鼓動がずっと聞こえている感じなんだ」と、スコットは1979年に解説している。「心音を使うのはごくありふれた手法だが、これは誰も気づかないんじゃないかな。ぎりぎりのところで陳腐にはなっていない。ただし、このエンジン音は人間の心拍リズムにシンセサイザーで合成したものだから、これを聴けば観客の意識は影響を受けるだろう」

心臓の鼓動がピークに達するのはケインが痙攣するシーンだ。スコットは注意深く耳をすます観客がいる場合を想定し、チェストバスターが肉を噛む音も聞こえるようにした。「腱や組織が引き剥がされる音も聞こえるんだ。エイリアンはケインの肉体を食い破って出てくるわけだからね」とスコットは言う。

チェストバスター誕生のシークエンスのために、シールズはその音を人間の声で作ろうと、イギリスのテレビ番組で鳥のさえずりを再現して有名になったボイスアーティストのパーシー・エドワーズにオーディションを受けさせた(エドワーズは1977年の映画『オルカ!』で、オルカの鳴き声を担当していた)。「赤ん坊の泣き声を軽く歪めたら行けるんじゃないかと思ったが、実際は違った」と、スコットは言う。「ゾッとするどころか、おもわず笑ってしまう感じだ。僕たちはそうやって色々試してサウンドを作り出すしかなかったんだ」

幼体エイリアンの金切り声は、毒ヘビが攻撃時に出す音、豚の鳴き声、赤ん坊の泣き声(と、おそらくエドワーズの声)を歪めてミックスしたものが最終的に使用された。

シールズはアッシュの探知機(撮影時には異なる音が鳴っていた)にぴったりなエフェクトを見つけ出した。また、ブレットの帽子に水が滴り落ちる場面では異様に大きな水滴の落下音を加え、不気味な雰囲気を作り出した。「あそこはサウンド的にも素晴らしい場面になった」と、ローリングスは満足げに語る。「あの場所は、一歩足を踏み入れると雨粒や雨だれの音に囲まれ、まるで熱帯雨林に迷い込んだかのような感覚に襲われるイメージなんだ」。そしてブレットが断末魔の苦しみにもがく中、彼を持ち上げるチェーンがぶつかって音を立て、場面は次の食堂へと切り替わっていく。

眼球の虹彩を彷彿とさせる通気孔入口の開閉には、シールズは金属がこすれるような耳障りな音を選択した。「ギロチンを思わせる音を使おうと考えたんだ」と、スコットは思い返す。

一方、観客を驚かすため、あえて音を使わない時もある。例えば、コンピューター室にいるリプリーの隣に突然アッシュが現われる場面では、それまでのシーンと違ってドアが開く音が入っていない。スコットはこれを「騙しのテクニック」と呼んだ。

その他、アッシュの頭部がもがれてしまうシーンではドップラー効果を使用。エイリアンとの遭遇後に猫のジョーンズがキャットボックスの中にいる時の鳴き声は、猫が「受胎」したかもしれないと思わせるため、かなり奇妙なものになっている。

「私がテープに入れて送った音も随所で使われている」と、バートは明かす。「宇宙空間の背景で流れているのはノストロモ号のエンジン燃焼音で、ブーンと轟くような音だ。また、『スター・ウォーズ』のトラクター・ビーム制御装置がある場所で使った音は、『エイリアン』では医務室エリアの音として使われている。デッキでチェーンが揺れて鳴る音は、公園のブランコで録音したものだ。それ以外にも、惑星風、船の距離測定装置が出す様々な音、その他の機械音としても採用されている」

「宇宙船が自爆するシークエンスで、リドリーは爆発音のひとつにハサミの音を用いたんだ」と、ヴァンリントは明かす。「それはもうひどい音が出来上がったよ」

## ポーカーフェイス

この頃、アフレコのためにキャストが呼び戻された。収録は小さなスタジオで、俳優たちにはマイクが与えられ、小型スクリーンに各シーンが映写された。台詞を言うタイミングは、イヤホンからのビープ音とフィルム上の目印で俳優に知らされる。

スコットは、ランバートが殺される際の絶叫演技に苦労していたのを記憶している。「遺棄船のトンネルのシーンを撮影して、撮影が終わったらまた戻って録音スタジオに立って、今度は本編全部のアフレコをやるの。あの体験は変な感じだった」とカートライトは振り返る。

通気孔のシーンも再録音された。「正真正銘の恐怖以上の迫力を感じたよ」。トム・スケリットは自分の演技をスクリーンで見た時の気持ちをそう語る。「おいおい、嘘だろ? ダラス、お前は何をしようっていうんだ? と突っ込みたくなった。セットで撮影している時はただ夢中で演じていたからね」

ウィーヴァーは、リプリーがアッシュに任務の続行を告げる時の「何でもないわ」という台詞をアフレコした。

ローリングスによれば、スコットが声の代役を務めた時もあったという。最初にコンピューター室が出てくるシーンで、ダラスが「おはよう、マザー」と言うのだが、スケリットが帰国した後の収録ではスコットがその台詞を言うことになった。

2月2日、フォックスは同社の音楽部門部長であるライオネル・ニューマンが『エイリアン』の音楽を監修すべく、ロンドンに向かうというプレスリリースを発信した。

5日後、フォックスの法務部は西部全米脚本家協会のクレジット管理担当マージ・ホワイトに電話をかけ、脚本家クレジットに関する仲裁の件を尋ねた。彼女は必要書類は全て受領され既に審議官の手に渡っており、結論が出るまでには約2週間かかると回答した。しかしながら、「執筆者の間で相当な意見の不一致が見受けられるため、断言はできない」ということだった。

その頃、フォックスのマーケティング部門はタイアップ商品を製造するためのライセンス取得に向け、着々と自分たちの仕事を進めていた。この時点では、ポスター付き特集雑誌、ヘビー・メタル誌の挿絵入りストーリーブック、デザイン本、カレンダー、Tシャツ、ケナー社製ボードゲーム、ジグソーパズル、パジャマ、子供向けハロウィン衣装、トレーディングカード、ポスター、8mmフィルムの短編、プラモデルが予定されていた。

「あの年は入れ代わり立ち代わり、色々な媒体の人間が僕にインタビューをしに来ていた」と、オバノンは言う。「でも、プロットについて質問されると答えに窮してしまう。なぜなら、フォックスから『絶対に映画の筋を漏らすな。絶対にだ! もし君が話してしまった場合は、それなりの厳しい措置を取ることになる。誰かがストーリーを盗んだとしたら……うんたらかんたら……』としつこく警告されていたからなんだ。僕は従順な子供右／ノストロモ号と小惑星表面の合成写真。

みたいに口を閉ざしていたんだけど、今じゃチャールズ・リッピンコットが最後のディテールまで皆にプロットを話して回ってて、何だか自分が馬鹿を見た気分だよ」

ところが、スターログ誌によればフォックスは映画の詳細、特にエイリアンに関するあらゆる情報の流出を防ぐのに非常に苦労したという。カートライトはある程度プロットを明かすことを許されていたようで、取材陣に「物語の舞台は100年くらい先の未来」と話している。

また、メディアシーン誌は特別に入手したスチル写真入りの独占記事を掲載し、「映画への期待は高まっている」と書いた。

オバノンもコッブも編集の途中経過は見ていなかったが、コッブのほうは楽観的に捉えていた。「少なくとも、ダンが誰かの家のソファで寝る必要はなくなる。僕はそう願ってるよ」

## 天空の不協和音

「まったく！ 音楽は魔法だな」とスコットは感嘆した。

数日間にわたる録音作業のため、スコットと主要スタッフは英国バッキンガムシャーのデナムにある、アンヴィル・フィルム・アンド・レコーディング・グループに集結した。2月20日から23日までと、27日、そして3月1日の計6日の日程だった。彼らはゴールドスミスが作曲した音楽を初めて聴き、感想を述べ、ライオネル・ニューマンがナショナル・フィルハーモニック・オーケストラの指揮をするのを見学した。担当の録音技師はエリック・トムリンソンだった。

演奏者たちは初めて楽譜を目にしたようだったが、1回の下稽古と2度の通しのリハーサルを行なっただけで、本番ではどの音楽も完璧に演奏した。音楽の録音時は必ずしも物語と同じ時系列で演奏する必要はなく、ニューマンは、「メインタイトル」から始め、「目覚め(Hypersleep)」、「着陸(The Landing)」、「離脱(Passage)」、「骸骨(The Skeleton)」、「宇宙船(The Craft)」、「しがみついて(Hanging on)」、「実験室(The Lab)」、「子猫はここに(Here Kitty)」、「キャットニップ(Catnip)」、「ドロイド(It's Droid)」、「パーカーの死(Parker's Death)」、「眠たそうなエイリアン(Sleepy Alien)」というような順番で指揮棒を振った。

通常のオーケストラ演奏に加え、ゴールドスミスはマーシャル社製のシンセサイザーをオーケストラの弦楽器と一緒に演奏してほしいと要請していた。このシンセサイザーは、今回の録音と将来的な活用のために、ビールが購入を勧めたものだ。また、ゴールドスミスは、小惑星の風景と遺棄船のシーンで流れる音楽にはアコースティック楽器と電子音を使いたいと考えた。さらに「惑星風」の効果音には、エコープレックスというテープエコー系ディレイ(テープの回転速度を遅くし、エコーを発生させる)装置を通したインドのホラ貝の音が用いられている。威嚇的でありながらも非常に美しい音で、スコットはその音を聞いた途端、どこかのシーンに使えないだろうかと依頼したそうだ。「遠く離れたどこかに存在する社会のDNAを音楽で表現しているようだった」と、感想を述べている。

その他、第3形態エイリアンの登場シーンでは、ディジュリドゥ(オーストラリア先住民アボリジニの民族楽器。シロアリが食べて空洞になったユーカリの木から作られる)やセルパン(1500年に発明されたとされるフランスで作られた低音楽器)といった、大きな蛇のような見た目をしたエキゾチックな管楽器も使って雰囲気を盛り上げた。

しかし、ゴールドスミスが作曲した音楽全体といくつかの曲調には問題があった。

「ジェリーのスコアは劇的で、『パットン大戦車軍団』の音楽みたいだった。望まれていた雰囲気とは違ったんだ」と、ガイラーは語る。パウエルによれば、スコットも彼の音楽には露骨で大げさな感じがするものがあると感じていたようだ。

当のゴールドスミスは、オープニングはロマンチックで軽やかな感じにするという意図を持っていた。「つまり、メインタイトルでは映画の雰囲気を明かすべきではないんだ。ただ、これはうまく行かなかった。リドリーと私はこの件について意見が全く合わなかった」

ゴールドスミスは結局、メインタイトルを書き直すことになり、今度は不気味で奇妙な音楽に仕上がった。「皆は気に入ってくれたけど、私は好きになれなかった」と彼は心情を吐露している。最初のメインタイトルを書くのに要した時間は1日だったが、修正版はわずか5分程度だったという。この曲は「惑星風」の音にも使われた。

乗組員がコールドスリープから覚醒するシーンの音楽には、印象主義的でミステリアスな曲が作られた。だが、ゴールドスミス本人は見事な出来だと思っていたものの、これも書き直しの対象になる。そうして作られた修正版をスコットは次のように評した。「2番目のバージョンは、まるで詩のように感情豊かに情景を表現していると感じられた。ジェリーは俳優をしっかり観察している音楽家だよ」

意見の不一致はこれだけではない。強酸性の血が垂れるシークエンスとダラスの死のシーンでも、ゴールドスミスは音楽の書き直しを要求されることになった。また、脱出艇でエイリアンが唾液を垂らしながらリプリーを見るシーンでもやり直すよう言われたという。彼はエイリアンのその視線を好色だと感じてはいたが、スコットの要望は「もっと官能的なものが欲しい」ということだった。「さすがに、この監督はおかしいんじゃないかとも思ったが、後から彼は完全に正しいと気づいたんだ。そうして官能をイメージして音楽を書いた」

それは、録音スタジオでのセッション期間中に書き直された5つの音楽のうちのひとつだった。

「ゴールドスミスは、本作のために素晴らしい音楽を書いてくれた」と、ローリングス。「でも、我々はどの曲にも納得できたわけじゃない。ゴールドスミス本人が気に入っていた音楽は、我々にとっては気に入らないものだった。私が仮で挿入しておいた既存曲とイメージが合わず、私もジェリーもひどく苦しむことになった。私たちはあまり波長が合わなかったんだろう」

「私はフィルムメーカーたちとは全く反対の方向から音楽に取り組んでいた」と、ゴールドスミスはのちに語っている。振り返ってみると、おそらくスコットは欲しいのは映像のレプリカとなるような音楽だったのだろう。「だが、音楽はそうあるべきではない」とゴールドスミスは断言する。彼が音楽で表現したいのは、ビジュアルではなく感情的な側面だったのだ。しかしながら、当時スコットはゴールドスミスとそれほどコミュニケーションを取れていなかった。まだ監督2作目だったからかもしれないし、編集作業に忙殺され、音響効果も模型撮影も未完成だったからかもしれない。

とりわけ、「最後の1曲は苦労した」とスコットは言う。彼もローリングスもプロデューサー陣も、ゴールドスミスがナルキッソス号で旅立つリプリーのために作った音楽を気に入らなかったのだった。

## 振り下ろされた鞭

フォックスは2月下旬までに、テキサス州ダラス、ミズーリ州セントルイスで近日中に行う『エイリアン』試写会の日程を決めていた。社内では海賊版を作られるのではないかという不安が大きくなり、試写会用の2つのプリントは四六時中、フォックス社員の監視下に置かれていた。ある時、重役がセキュリティ責任者宛てのメモに殴り書きをした。「ヘレン！ これは70mmのプリントで、レオナルド・クロールが管理することになる」。それから間もなく、フォックスの大ヒット期待作の海賊版作成を阻止すべく、2人のFBI捜査官が任務に就いた。

この頃になってもまだ、フォックスは残酷シーンを抑えるように働きかけており、劇場公開版に関する議論は続いていた。「暴力描写に文句を言う人間がいることは承知していた」と、スコットは言う。「だから、フォックスとは堂々巡りだった」

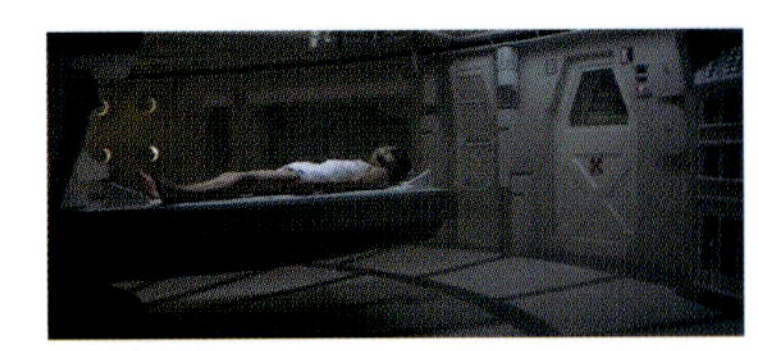
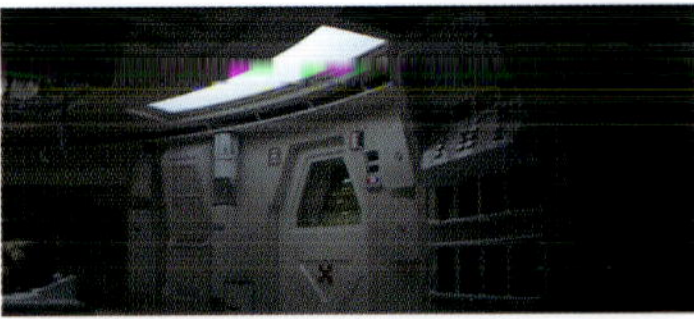

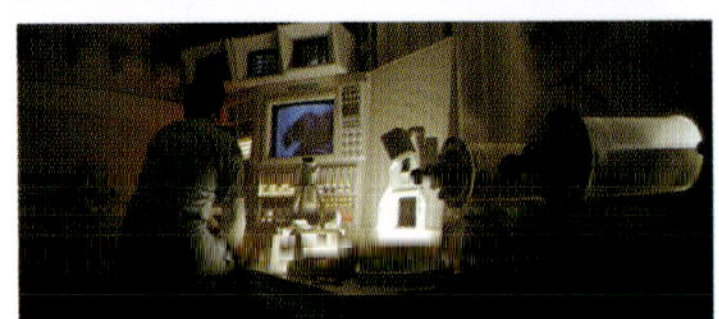

上5点／スコットがカメラをドリーに乗せて撮影したオートドックのトラッキングショットから、最後5フレーム。カメラがケインからアッシュへと向けられる様子がわかる。シーンはこの後、リプリーの顔のカットになるまで、約1分間、リプリーとの会話が続く。

**右下**／1968年の映画『猿の惑星』の音楽のため、フォックスのスタジオでオーケストラを指揮するジェリー・ゴールドスミス（彼が『エイリアン』の音楽を録音している写真は存在していないらしい）。

「フォックスは劇場公開用の最終編集版を作る前に、映画が怖すぎるかどうかを判断すべく、複数の都市での試写会の開催を決定したんだ」。そう語るオバノンは、この時点でまだ編集後の試写を観ていなかった。「彼らが及び腰になるのは理解できるけど、怖気づくあまり、内容を損ねないことを願うばかりだ。フォックスがあまり怖くないと言ったから中身を濃くしたのに、今度は怖すぎると言うなんて……」

「ダンは私よりパワーがある分、それが苛立ちの種になっていた」と、コッブは公開前に語っている。「劇場公開版となった作品は、ダンと私、あるいはダンとギーガーと私、もしくはロナルド・シャセットが作ろうとしていた映画ではない。だが、それでもダンとロナルドが最初に生み出したアイデアに一番近いと思う。なぜなら、彼らは現場に留まって、来る日も来る日もオリジナルの強烈なコンセプトから離れないように撮影に目を光らせ、気に食わなければいちいち戦っていたからだ。ほとんどの人はあの映画に感動するだろう。ビジュアルも素晴らしいし、注目に値するアイデアが沢山盛り込まれている。その多くはスタッフが開発したものだ。たぶん、当時の我々はスタッフがどれだけ優秀か気づいていなかったんだと思う。だけど、彼らが生み出した新しい発想は作品内で見事に活かされている。まあ、却下された案も多いんだけどね」

オバノンはある重要な決定により、名誉が回復されることになった。2月27日、全米脚本家協会が彼の訴えを支持する決定を下し、オバノンは単独で脚本家としてクレジットされることになったからだ。「金曜日、僕は全米脚本家協会からの電話を受け、僕の支持が決まったと伝えられた」とオバノンは振り返る。「向こうは一旦息継ぎした後、ウォルター・ヒルは即座にこの決定に不服申し立てをしたと話した。ウォルターはフォックスにも激怒し、脚本家協会に訴えたらしい」

「『エイリアン』の脚本を書いたのはウォルターと私なんだ」と、ガイラーは1979年に断言している。「脚本を書いたのは我々なのに……。オバノンの脚本は彼自身のためだけに書かれたものだ。ひと儲けしようとしてね。利益を得るためにできる限りのことをしたのは理解できる。でも、我々はこの件を彼と電話で話し合ったり、意見交換したりしたことさえなかったんだよ」

スコットは、ブランディワインが脚本家のクレジットを変更させようと躍起になっていたのを記憶している。彼個人は、オバノンの訴えを支持していたものの、ヒルもガイラーも脚本家としてクレジットされるべきだとも感じていた。

3月7日、西部全米脚本家協会のマーン・ホワイトは、フォックスのレイマン・グレーネマイヤーに電話をかけ、仲裁調停の結果を文書で通達した。仲裁委員会が提出文書を慎重に検討した結果、クレジットは「脚本：ダン・オバノン／原案：ダン・オバノン、ロナルド・シャセット」にすべきという判断になったということだった。その文書のカーボンコピーは、オバノン、シャセット、ヒル、ガイラーにも送られたという。

「仲裁は、信じられないほど旧態依然としたやり方なんだ」と、ヒルは1979年にシネファンタスティーク誌のインタビューで打ち明けている。「決定が下されたとする文書には、抗議はできないと記されていた。不幸にも、彼らの制度は『実際の』脚本を書いた人間からクレジットの権利を剥奪するようにできているらしい。ダンに対するわだかまりはない。これっぽちもね。だけど、彼が『エイリアン』の脚本を書こうが書くまいが、デヴィッドと私が共同脚本のクレジットからも外されてしまうのは納得できない。我々が脚本の改訂版に捧げた労力もアイデアもなかったことにされるなんて、本当に馬鹿げている」

「目下のところ、脚本家協会で何が起きているかについては何も言えない」と、当時のガイラーも語っている。「時間がないんだ。我々は1日中ここにいる。僕が言えるのは、これが完全に話にならない仲裁プロセスだってことだけだ。脚本家協会は一体何を考えているのか。オバノンのプロットと我々のプロットは基本的には同じだが、実は全く異なっている。ただ、その違いは繊細すぎて脚本家協会では対処できないんだ。ストーリーラインは大体一緒でも、登場人物の身に起こる内容は大幅に変更されている。修正された点はそこなんだ」

全米脚本家協会の決定で大きな問題になっていたのは、ヒルとガイラーがチームとして脚本を執筆し、映画のプロデューサーも兼ねているということだった。2人が今回の決定を覆すには脚本の最終稿の65～70％が独自のアイデアであると示さねばならず、それを証明するのは困難だったのだ。もし、ヒルとガイラーが脚本の改訂時に執筆者として雇われており、それ以外に企画への関わりがなかったのであれば、共同脚本のクレジットを得るには映画公開版の最終稿に33％以上貢献していると示すだけで充分だった。

「デヴィッドと私がオバノンの脚本を修正し、5回の改訂稿作成を経て最終的な撮影台本に仕上げた事実など、彼らにとっては全く重要じゃないというわけだ」とヒルは不満を語る。「そして当然、この貢献度を定量的に証明するのは難しいんだ」

「汚名はすすがれた」と、オバノンは晴れやかに告げた。「この一連の出来事をどう感じているか、その気持ちを表現するの

は簡単じゃない。でも、自分が勝ったことだけは確かだ」

だが、この頃には既に、オバノン、ヒル、ガイラー、フォックスは映画の脚本クレジットをめぐる新たな紛争劇に巻き込まれつつあった。『恐怖の火星探検』(58)というSF映画との類似点を指摘されたのだ。

「『恐怖の火星探検』という映画を初めて耳にしたのは、『エイリアン』の制作がそろそろ終わるという頃だった」と、ガイラーはある雑誌に語っている。「観たことはないが、名前だけは知っていた。異星人が宇宙船に隠れているというアイデアはSF作家にとっては古典的な設定だし、西部劇で描かれる銃での決闘みたいなものだと私は思う」。そして記者から同作との類似点について質問されると、答えはさらに辛辣になった。「個人的には、その質問はダン・オバノンとロナルド・シャセットに向けられるべきだと思う。もし他人のアイデアを盗んだ責任があるとしたら、それは彼らだ。これがオリジナルのアイデアだという書類に署名しているんだから。オリジナルの発想でなかったのなら、彼らは我々に嘘をついたことになる。まあ、オバノンが他人のアイデアを盗んでいたと判明しても、私は全く驚かないけどね」

## 追い込みの狂気

スコットは別の記者から『恐怖の火星探検』の話題を振られた際、次のように答えている。「制作も半ばに差しかかった頃、誰かがその映画を話題にしたことがあった。でも僕は観たことがなく、その存在すら知らなかった。だから、類似点なんて何ひとつ知らないんだよ」

スコットはその頃、映画を完成させるプレッシャーと同じくらい重要な懸念を抱えていた。冬の寒さは凍えるほど厳しく、ブレイ撮影所での作業がさらに困難なものになっていたのだ。「ある素晴らしい月曜日の朝、スタジオに足を踏み入れると、寒さで水道管が破裂していたんだ。床には30cmほどの水が溜まっていたよ」と、スコットは語る。

模型撮影はまだ2〜3ショット残っており、最終編集とミキシングもスケジュール通りにこなさなければならなかった。レスリー・ディリーは2月時点で担当の仕事を終えていたが、3月の第1週になっても、アルダーとスタッフ数人はまだスタジオに残っていた。その頃までに、スコットはノストロモ号と精製施設に貼りつけるための部品を大量に頼んでおいた。

「模型撮影は最後の最後、本当にぎりぎりになるまで続けていた」と、スコットは言う。「やってみて、これじゃないと感じたらやり直す。おそらくさらにもう一度。そしてどこかの段階で現実的に判断し、『これでいい』と決める。その繰り返しだ。この行程が公開初日の5月25日まで線路のごとく続いており、途中で立ち止まることは許されなかった」

猛烈に働き続けるスコットと模型スタッフは、もはやひとつのチームとして大きな一体感に包まれていた。「最後のほうになってくると、リドリーは自分の理想を追求してあれをやってみよう、これをやってみようと安易に口にすることがなくなっていた」と、アルダーは明かす。「我々はお互いをわかり合っている仲間だ。そのことに、最後にようやく気づけたんだと思う。おかげで、これまで無駄の多かった『一か八か試しにやってみよう』という提案をしてこなくなった」

小惑星に離着陸するノストロモ号のショットでも、スコットはスモークと風のエフェクトを多用した。宇宙船の排気口から二酸化炭素と窒素を高圧で噴出させ、フラーズアース(粉状の粘土素材)とカラーパウダーを吹き飛ばした。時にはエイリングを相手に、照明について長々と議論することもあった。送風機がうるさく音を立て、スモークが渦巻く中、スコットは再びカメラの後ろに立ち、「ゆっくり……」とつぶやくのだった。

「映画の最後、エンジンにしがみつくフェイスハガーのショットを撮るという話もあった」と、ピアソンは言う。「コールドスリープのカプセルにいるシガニーを映した後、カメラは船体の外に抜けてずっと引いていき、そこでフェイスハガーの姿を見るんだ。そのためにミニチュアのエイリアンを作製し、脱出艇ナルキッソス号のエンジン近くに置いた。だが結局、そのショットが撮影されることはなかったんだよ」

「模型の撮影は何ヵ月も続いていた。(撮影終了後の今も)どこかで撮影しているチームがあるんじゃないかと疑うくらいだよ」と、ガイラーはインタビューで笑い、キャロルに顔を向けた。「一発OKが出たショットなんてあったっけ?」。そう尋ねるガイラーに、キャロルは「ない」と即答した。

最後に撮影したのは、デニス・ロウが描いたタイトルシークエンスの背景に使う惑星の画だった。「リドリーの注文は、この画をすごくソフトな印象にしたいということだった」と、ロウは語る。「少なくとも、惑星の環の部分には描き込みが必要だろうと思い、エアブラシを使って全体をソフトな感じにしていく骨の折れる作業をしたんだ」

「ところが、リドリーは全く気に入らなかったんだ」と、ラッシュを見た時の反応についてソレンソンは語る。「だが、金はどんどんなくなっている。『これ以上は撮影できない、終わりだ』とアイヴァー・パウエルは告げた。リドリーは激怒し、当たり散らした。プレッシャーで押さえつけられていた感情が一気に噴き出した感じだった。試写室の後ろで、彼は完全に我を失っていた。あんな彼を見たのはその一度きりだ。誰も彼のほうを見ようとしなかった。アイヴァーは落ち着いていたが、リドリーは立ち上がって叫んだ。『アイヴァー、特撮映画のオープニングショットなんだぞ！　ここは絶対に譲れないんだ！』。するとアイヴァーは、『時間切れだ』と返した。我々は全員、葬式の参列者みたいに黙ってうつむき、その場を後にしたんだ」

「リドリーと一緒に仕事をするなら、彼が時々怒りを爆発させるのを受け入れないといけない」とパウエルは言う。「残念なことに、私も同じように爆発する癖がある。結婚生活みたいなもので、相手が近しい人間であるほど八つ当たりしてしまうものなんだよ。リドリーは完全主義者で、すごい癇癪持ちだ。でも自分なら、いつもビクビクしている才能のない人間と働くより、カッとなりやすくても才能のある人間と働くほうを選ぶね」

## 椅子取りゲーム

スコットは、オープニングショットは現状の出来で妥協しなければならなかった。そして最後のエフェクト作業終了と共にブレイ撮影所での活動は幕を閉じ、次はエルストリー撮影所で音響効果と最終ミキシングに2週間を費やすことになった。その全工程にはフォックスの事実上のポストプロダクション監修者であるレオナルド・クロールも参加した。

「この作品はノーマルサイズのスクリーン、ノーマル音声で上映できればいいというのが僕の意見だった」とオバノンは語る。「だが、フォックスは70mmスクリーンにドルビーサウンドで上映すると決めた。きっと鑑賞中にサントラの迫力で椅子が振動し続け、観客はうんざりするだろうなと思ったよ」

一方、スコットの考えは違った。ドルビーサウンドはこの作品で有利に働く。音は大きいほどいいのだ。ただ、コンピューター〈マザー〉の部屋の平穏さとコントラストを出すため、部分的に6トラックのドルビーでミックスし、耳障りな音を出したいと彼は考えていた。「試写室で見る頃には、すごいことになっているはずだ」と、当時スコットは語っている。「映画の中で鳴り続けているかすかな音もちゃんと耳に届き、観客の不安を増幅させるだろう。生々しいリアルな音で落ち着かない気分にする、こういう雰囲気作りがとても大事なんだ」

スコットとローリングスは、観客を不安な気持ちにさせるために様々な工夫をした。例えば、乗組員の朝食シーンではわざと会話をオーバラップさせている。キャストがそれぞれ同時に話すため、台詞がきちんと聞き取れないのだ。

「ミキシングの最中、リドリーは重要な打ち合わせに出席しなければならなくなり一旦作業を離れた」と、ミキシング助手のレ

上4点／ナルキッソス号の模型。バウアーの監修の下、フィル・レイが細部を作り込んだ。フィルはこの模型に「ミス・ピギー」というニックネームを付け、第二次世界大戦時に戦闘機に描かれていたようなピンナップガールの絵を側面に付けた。この模型は宇宙船から第二次世界大戦時の車両まで、37種類の模型キットの部品を組み合わせて作られ、制作には2週間かかった。

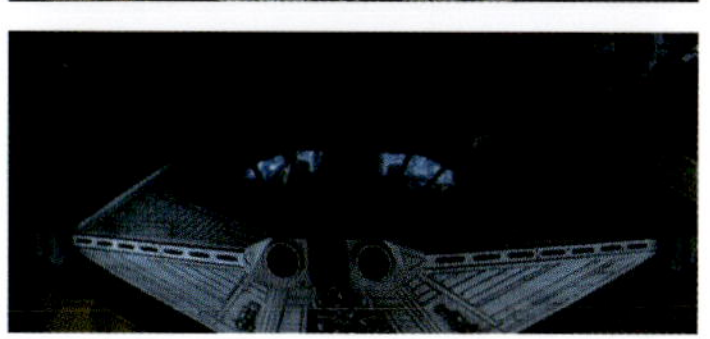

上2点／模型制作スタッフが奥行きがあるように見せかけたナルキッソス号正面のショット。

後方に16mm映像が映写され、内部でダラスがモーツァルトを聴いたり、リプリーがコックピットを歩き回ったりしているように見える。どちらのショットも模型内に設置したソニーのトリニトロン・スクリーンに投影されたもの。

アルダーは小惑星から見えるブリスター内のアッシュのショットにもこの手法を用いた。「これによって、今から着陸しようとするノストロモ号の模型にたちまち生命が吹き込まれ、スケール感も生まれた」とクリスチャンは評価する。「アッシュの背後で移動するリプリーの姿すら確認できるんだ」

上／タイトルと惑星が映るオープニングのエフェクトショットの最終フレーム。スコットはデニス・ロウが描いたこの絵に納得できない点がいくつかあり、苛立っていたが、修正する時間がなくなり、最終的にこのまま劇場公開版に使用されることになった。

イ・メリンは回想する。「その間はリドリーなしで、鎖が垂れ下がる部屋のシーンを作業することになった。猫のジョーンズを使って緊迫感を作り出すのはすごく楽しかったよ。テリー・ローリングスはいつも素晴らしいアイデアを出してくれるんだ。翌日帰ってきたリドリーは緊迫感をすごく気に入ってくれて、1フレームも変えることなく採用された。これって、リドリーからもらえる最高の賛辞だよね」

サンフォード・リーバーソンはよく現場に現れ、ロジャー・クリスチャンも色々と学ぶためにスタジオに立ち寄った。クリスチャンは自身の監督作である短編『Black Angel(ブラック・エンジェル)』(80)の撮影が控えており、スコットが現場への立ち会いを許可してくれたのだった(リーバーソンとの会話の中で、クリスチャンは監督作の資金を調達し終えたところだと話した。その映画は翌年のイギリスで、『スター・ウォーズ／帝国の逆襲』と同時上映されている)。

スコットとローリングスは最終ミキシングの段階になってから、いくつかのシーンではゴールドスミスが『エイリアン』のために作った音楽を使わないことに決めた。代わりに、彼がかつて『フロイド／隠された欲望』用に書いた曲と入れ替えることにしたのだ。また、他の場面では『エイリアン』の音楽が際立ちすぎないように処理を施した。録音済みのゴールドスミスの曲はストック用とし、それぞれの場面に効果的なら挿入し、そうでないと判断した場合は削除するようにした。ローリングスはこう語る。「映画のミキシング作業の段階になって、リドリーはようやく、ジェリーの音楽では我々の理想とする効果が得られないと悟ったんだ」

エンディングには、音楽のイメージとして仮に挿入されていたハワード・ハンソンの『交響曲第2番 ロマンティック』が選択された。ゴールドスミスが作ったのは前半で使われている音楽のモチーフを繰り返すような曲だったが、ハンソンの曲のほうが希望に満ち、フェミニンな印象があるとの判断だった。「これは、仮で使用した既存曲のほうがうまく行くという一例になった」と、スコットは語る。「とはいえ、苦渋の選択だったんだ。テリーと僕が『ロマンティック』の中ですごく気に入っていたのは、音楽が終わる直前にある小休止だった。あれは素晴らしい。曲もメランコリックで美しかった。聴いていて涙があふれたよ」

「ハンソンの音楽はあの場面にパーフェクトだった」と、ローリングスも同意する。「あの曲のおかげで、感情を揺さぶるエンディングになった。ジェリーが書いたスコアでは到達できなかった境地に達したんだよ。ハンソンの曲を重ねてエンディングを見ると、それまでの全てが集約され、自分の中になだれ込んでくる間隔を覚えた。安堵感に浸りつつも、美しく穏やかで、それでいて不安が尾を引くような和音で終わるんだ」

## R指定

3月21日、フォックスは映画の分類およびレーティング審査のため、MPAA(アメリカ映画協会)に対してほぼ完成した映画の試写を行なった。そして、その日のうちに、アラン・ラッド・Jrは『エイリアン』がR指定に該当するという知らせを受け取った。「ファック」という言葉の複数回の使用と、チェストバスター誕生シーン等の暴力的な描写が含まれていることが理由だった。この結果は、3月29日にフォックス社内とブランディワインにも伝えられた。『スター・ウォーズ』や『未知との遭遇』がPG指定になった一方、『エイリアン』は大人向けの内容だと判断された最初のSF大作となった。17歳未満の観客がこの映画を鑑賞するには、成人した保護者の同伴が必要になる。

スコットはR指定を受けたことに驚いたと言われているが、レーティングを下げるために、これ以上内容を「希釈」したくはなかったようだ。

「フォックスはR指定を受けることを恐れてはいなかった」と、当時のガイラーは語っている。「R指定になることは最初からわかっていたし、想定済みだった。50年代のB級SF映画の観客層ではなく、もっと知的なSF作品を求める観客に狙いを定めていたのだと考えている。もちろん、PG指定にしたいなら、内容をマイルドにしなければならなかった。でも、だったら『ジョーズ』はR指定にされるべきだったんじゃないかな。あれは本当に暴力的だ。冒頭のサメの襲撃シーンから、全編を通して流血シーンが満載だ。特に後半、漁師のクイントが襲われるシーンは『エイリアン』以上のむごたらしさだよ」

「世界最恐の映画なのに、PG指定にするなんて不可能だ」と、フォックスのマーケティング・配給部門の重役であるアシュリー・ブーンは切り捨てる。フォックスはこの結果を問題視していなかったのだ。

一方、R指定作品になるということは、観客動員数の大幅減を意味する。おそらく何百万人もの人々が気軽に映画館に足を運ぶことができなくなる。それでも当時は、17歳未満でも簡単に入館することができた時代だった。子供はR指定映画を観に行こうとしている大人に劇場前で声をかけ、一緒に入ってほしいと頼むだけだ。そしてこの頃、リッピンコットがマーケティングやPR戦略に精を出す一方で(本作の宣伝として『エイリアン：恐怖体験』という7分の短編映画まで作られた)、プロデューサーたちは期待の口コミを当てにするだけだった。

さらに映画は、新たに巻き起こった論争――ブランディワイ

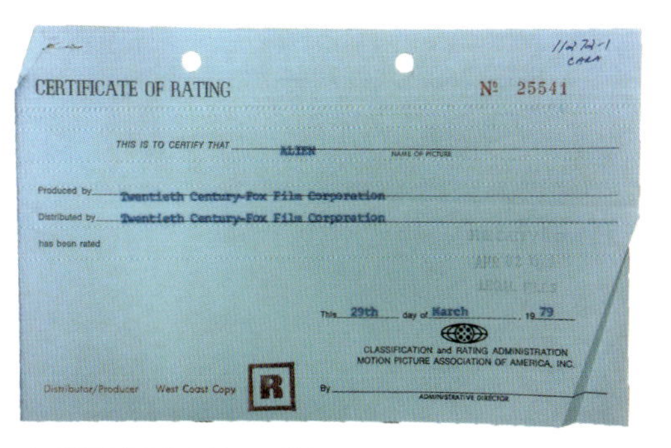
CERTIFICATE OF RATING　№ 25541

THIS IS TO CERTIFY THAT ALIEN (NAME OF PICTURE)

Produced by Twentieth Century-Fox Film Corporation

Distributed by Twentieth Century-Fox Film Corporation

has been rated

This 29th day of March 19 79

CLASSIFICATION and RATING ADMINISTRATION
MOTION PICTURE ASSOCIATION OF AMERICA, INC.

Distributor/Producer　West Coast Copy　R　By ADMINISTRATIVE DIRECTOR

上／1979年3月29日、20世紀フォックス映画がMPAAから渡されたレーティング認定書。『エイリアン』はR指定映画とされた。

ン側のプロデューサークレジット獲得をめぐる争い――に脅かされるのだが、フォックスの法務部は、この件によって『エイリアン』の公開が妨げられることはないと結論づけた。

4月13日、フランクファート・コミュニケーションズは、オープニングタイトルとクレジットシークエンスのタイミングとデザインを示す絵コンテをエルストリー撮影所へ発送した。オプチカル合成がなされた35mmのネガフィルムには音声も同期された(各キューが入ったエンドクレジットのネガも)。こうして、全てが劇場公開日を目指して動いていった。

そこに新たな問題が発覚した。映画では『フロイド／隠された欲望』の曲が使われる予定だったが、同作はモノラルで録音されており、製作元のユニバーサルにはフォックスが求めているステレオトラックの録音が残されていなかったのだ。だが、必死で探したところ、幸運にもリーダーズ・ダイジェスト社がオリジナルサウンドトラックアルバムのステレオ音声テープを2本所有していることが判明。2,500ドルを払って『エイリアン』への転用を許可してもらうことができた。このテープは4月17日にエルストリー撮影所に送られた。フォックスがユニバーサル・インターナショナルから使用許諾を受けたのは以下の曲である。

リール5 パート2 — 1:18 —
インストゥルメンタル・バックグラウンド(メインタイトル)
リール9 パート1 — 1:30 2/3
インストゥルメンタル・バックグラウンド(メインタイトル)
リール9パート 3 — 1:48 2/3 —
インストゥルメンタル・バックグラウンド(シャーロットのショー)
リール9 パート4 — 1:10 2/3 —
インストゥルメンタル・バックグラウンド(必死の追跡)

リール11 パート1 — 1:53 1/3 —
インストゥルメンタル・バックグラウンド(最初の一歩)

同じ日、フォックスはエンディングに選ばれたハンソンの『交響曲第2番 ロマンティック』1976年録音版の使用許可を得るために動き出した(指揮者のチャック・ゲルハルトは、指揮者手当の支払いを遠回しに要求するメッセージをフォックスに送りつけたという)。

2日後、ブランディワインのプロデューサー陣とフォックス側は製作のクレジットに関して、キャロル、ヒル、ガイラーの3人の名前を表示し、最初にキャロルの名前が表示されるという内容で合意に至った。

「デヴィッド・ガイラーとウォルター・ヒルは製作総指揮に値する活躍をしたし、本当なら脚本家のクレジットも得て当然だったと思う」と、パウエルは吐露する。「彼らが脚本を改訂しなかったなら、『エイリアン』はB級映画のままだっただろう」

劇場公開まで1ヵ月。『エイリアン』の最終予告編が各地の劇場に大量投下された。公開済みのティーザー予告編にエイリアンの卵のショットを加え、本編からの映像が超高速カットで連続して映し出されるという内容だった。

## 火中に投じられた卵

初めてのスタッフ向け内覧試写会はパインウッド撮影所で行われたが、参加者枠を拡大し、近くの米空軍基地に住む30世帯のアメリカ人家族、スタッフ専属ドライバー、『スーパーマン』の映画監督リチャード・ドナー、『スター・ウォーズ』のプロデューサー、ゲイリー・カーツなどの業界人なども招待された。初めて大勢の人に向けて、しかも映画の内容をほとんど知らない観客に対して映画を披露する貴重な機会だった。「あの内覧試写会はすごく価値があった」と、スコットは思い返す。「リールごとに映画の作業をしていると、全編のペースがどんなものになるかわからないんだ。これまで数バージョンの編集版で5〜6回は見ているが、音楽とアフレコが入った最終版を作るのはいつだってワクワクする。ペースが少し遅すぎるとは感じたけれど、あっという間に映画の世界に引き込まれたよ。おそらく、のめり込みすぎてしまうかもしれない。この試写の後で、計11分を削ることになった。リプリーが繭に覆われたダラスを見つけ、殺してくれと懇願されるシーンなどだ。そこまで削るべきだったのかどうか、僕はいまだに疑問視しているんだけどね」

「あの繭のシーンは確かに残酷すぎた」と、スコットは認める。「ホラー映画でも同じだが、対象をあえて見せないことで恐怖は増すものだと僕は信じている。元々の編集版ではもっと恐ろしいショットがあり、しかも緊張が切れる瞬間がなかった。もしオリジナルのままに上映したら、観客は吐き気を催してしまうだろう。だから抑えることにしたんだ。でも、そのせいで物語のペースは損なわれてしまった。船内でリプリーが唯一生き残ってからは全てが猛スピードで動いていく予定だったのに、その流れがスローになってしまった。だから、さらにカットしたんだ」

「あれは観ていて生きた心地がいない映画だし、ショッキングなシーンも多すぎた」と、ローリングスは言う。「編集技師として作品のリズムや時間を調整する時は、いつ出来事が起きて、何回起きるべきなのかを、正しい時系列で捉えなければならない。もしひとつの場面に5つの出来事がある場合、編集次第で6つ目の出来事がその5つを損なわせる恐れがある。我々は繭のシークエンスを分析して、リプリーが下層デッキに戻る理由はないと判断した。あのシーンがあることで、筋が通らなくなっていたんだ」

一方、「あの場面は、他の人間の目に晒される前に削除されていた」とガイラーは言う。「だから、我々スタッフ以外に繭の映像を見た者はいない。あれがカットされたのは単純にうまく行かなかったからだ。繭のシーンがあるせいで映画のペースが乱れてしまっていた。見た目もひどいものだったしね。だから、撮り直しをするのではなく、失敗シーンとして削除を決めたんだ」(彼は他のインタビューでは、社交辞令的な発言だったのか、「あのシーンをとても気に入っていた」と語っていた)

「編集したフィルムを自分たちだけで見てみた時、クライマックスシーンの筋が通らないと気づいた」。そう語るのはシャセットだ。「だって、ダラスがどこにいるのか、リプリーには自動的にわかるわけないじゃないか。彼を見つけられたのは当然の流れだと信じてもらうには、さらに何分もの描写が必要になってくる。だって、あれ以前にも以降にも、彼女が繭の部屋をすんなり見つけられる説明などないんだから。ご都合主義に辟易した観客は、いい加減にしろよ! とキレるかもしれない。だから、あのシーンを削除したことで他の全てがきちんと噛み合うようになり、観客が戸惑うこともなくなったんだ」

キャロルも繭のシーンの削除理由を説明する。「繭のシーンの発想自体は良いと思っていたんだ。エイリアンのライフサイクルや、人間を何に利用しているのかが明らかになる」

「カットされても落胆はしなかったよ」と、繭のシーンに出演していたトム・スケリットは言う。「落胆するのはストーリーを損なうような編集になる時だ。映画はあのペースで進む必要があった。リプリーがあそこから逃げ出そうと必死になっている間、観客は彼女を夢中で応援するのに、突然、繭の部屋に入ってダラスと会話をするなんておかしいだろう」

5月7日、フォックスは東海岸の都市限定でプレスリリースを送った。そこにはこのような宣伝文句が書かれていた。「謎多き深宇宙で繰り広げられる、未曾有の恐怖体験。この結末は誰も想像できない——。20世紀フォックスと監督リドリー・スコットが贈る未来型サスペンス・スリラー『エイリアン』、5月25日(金)より公開。上映館は[illegible]ロウズ・オルフェルム、ニューヨーク・ツイン/ロングアイランド:UA'sシオセット/ニュージャージー:ゼネラル・シネマズ・メンロ・パーク、RKOパラマス」

同日、フォックスの下に、訴訟に発展する可能性のある情報が飛び込んできた。ホラー映画専門誌フェイマス・モンスターズ・オブ・フィルムランドの編集者で、版権代理人でもあったフォレスト・J・アッカーマンがフォックスの法務部宛てに書状を送ってきたのだ。彼はSF作家のA・E・ヴァン・ヴォークトの代理として、『エイリアン』を観たヴォークトからの訴えを次のように通達した。

「この作品の基本要素は、私のSF小説『宇宙船ビーグル号の冒険』に収録された『緋色の不協和音』からの盗作である。クリーチャーが宇宙船に忍び込む、あるいは高度な技術を持つ乗組員のいる宇宙船に持ち込まれる点、人間の体内で卵が孵化するという部分、空調パイプ内で最終バトルが展開され、宇宙船を捨て去るという設定などが類似している」

アッカーマンはこの手紙で、ヴォークトは『エイリアン』が素晴らしい技術で作られていることを認めており、示談解決しても差し支えないと考えていることも伝えてきた。その条件は、「マスコミに漏らすことなく、最初の5,000万ドルの収益分として5万ドルを前金で速やかに支払い、その後は5,000万ドルの収益を上げるごとに5万ドルを支払い続けること」であった。また、彼らはクレジットに「原作:A・E・ヴァン・ヴォークト『宇宙船ビーグル号の冒険』」と入れることも要求した(アッカーマンは類似のケースとして、1953年の映画『原子怪獣現わる』の内容がレイ・ブラッドベリの51年の短編小説『霧笛』に酷似していた一件を引き合いに出している)。

## 大惨事の一歩手前

『スター・ウォーズ』の時と同じく、リッピンコットはSFコミュニティに『エイリアン』を売り込み、5月11日にフォックスのダリル・ザナック・シアターで行われた試写会に何百人ものSFファンを招待した。アメリカ国内で関係者以外の一般市民を招く上映はこれが初めてで、大勢がコスプレ姿で参加した(こ

／アメリカ各地の映画館で、10後に公開が迫る『エイリアン』がのように予告されているかを報すべく、現地調査に出たフォッス社員が撮影したポラロイド写4点（右下のシカゴの劇場では、イトルが『The Alien』と間違っままになっている）。

の時の上映時間は117分12秒だったと記録されている)。

「サウンドのせいで上映はひどい状態だった」と、ローリングスは証言する。彼は渡米し、全ての試写会に顔を出していた。

さらに困ったことに、ゴールドスミスが初めて完成版を観たのはこの上映だった。音声状態が悪いまま上映されるというのは、作曲家である彼からすれば自分の音楽が無理やり切断されたも同然だったのだ。「ハラハラする瞬間がいくつかあったよ。ジェリーは(曲が差し替えられた)事実をまだ聞かされていなかったからね」と、パウエルは語る。

ゴールドスミスには気に入った箇所もあったという。エイリアンがリプリーを見て唾液を垂らすシーンでは彼の作曲した音楽が流れず、静寂のままだった。「最初は困惑したが、あんなふうにヨダレを流してシガニー・ウィーヴァーを見つめるエイリアンは、淫らであると同時に、正直すごく恐ろしかったんだ」

しかし、最後の一撃――彼がエンディングのために書いた音楽がハンソンの交響曲に差し替えられていたこと――は大きかった。ローリングスはこう語る。「それだけではなく、『フロイド／隠された欲望』の音楽を使ったことも彼の怒りを招いた。だが、映画の最後でハワード・ハンソンを選んだ私をジェリーが一生許さないってことはないだろう。仮音楽をそのまま採用したエンディングは、彼の音楽を使ったものよりも良くなったと自負している。それ以外に彼の音楽を削るつもりはないし、他のシーンでは彼は完璧な音楽を提供してくれたと思う」

当然のことではあるが、ゴールドスミスは『エイリアン』の仕事について、「作曲家として味わった最も惨めな経験だった」と記者に話している。彼は一番の問題点として、コミュニケーション不足を上げた。「私はあの映画のために4ヵ月を割いたが、スコットと話したのはたった3回だけだった」

「映画鑑賞後のゴールドスミスはとても不満そうだった」と、ガイラーも証言する。「彼はフォックスに出向き、『最悪の事態だ。あなたたちが私の曲を台無しにした』と訴えたらしい」

ザナック・シアターのサウンド環境は当時、『ローズ』という映画の上映のために調整されていたことがのちに判明した。ローリングスによれば、『ローズ』で使われている音楽は「耳障りで荒々しい」ロックコンサート的な音声設定で上映するのに向いていたのだ。

5月13日、ギーガーは母親を連れ、フランスのニースで行われた海外試写会に出席した。それは、カンヌ国際映画祭の一部として開かれた非公式の上映だったという説もある。そこで披露されたバージョンでも、既に繭のシーンは削除されていた。ギーガーは、「映画には失望した」と書き残している。一方、オバノンは試写会には足を運ばなかった。次の試写会はアメリカのセントルイスで開催され、プロデューサー陣、スコット、ラッド・Jrを含むフォックスの重役たちも同社の専用機で現地に飛び、そのイベントに参加した。

「翌朝、彼らは口々に言っていた。この映画には問題がある、何かがおかしいと』とローリングスは明かす。「だから私は、『そんなことない。何もおかしくない』と返してやった。すると、レオナルド・クロールが私の応援に回ってくれた。だが、セントルイスの試写会でもリドリーは怒り狂っていた。上映前のチェックのためにいち早く会場入りしたのに、スピーカーが2台外れていたんだ。ひどいサウンドのせいで試写会も最悪になってしまった。あれじゃ、我々が作ったサウンドトラックが悪かったと誤解されても仕方ない。あの時はゾッとしたよ。我々が仕上げた映画に何か問題があったんじゃないかと思って」

「原因はアラン・ラッド・Jrだ。彼が劇場に上映の音量を下げるように言おうと提案したせいで……」と、ビールは振り返る。「失敗だった。リドリーは絶望的な顔をしていたよ」

「セントルイスの試写会の一件で、誰もが不安になった」と、ガイラーも認めている。

フォックスは映画の暴力描写が観客に与える影響を懸念し、さらにカットするように圧力をかけ始めた。次の試写会が失敗すれば、『エイリアン』は危機的状態に陥る。大幅な再編集と再ミキシングは、当然不可避だろう。ローリングスは当時をこう振り返る。「あの時、フォックスの連中が言っていた。『イギリスで映画を作ると決まって大惨事が起きる』と。だから、『そんなこと言い切れないだろう』と私は答えたよ」

「2番目の劇場はテキサスのダラスだった」と、ビールは振り返る。「会場に着いて、私はリドリーにこう言った。『巻き返せるさ。自分たちで音声レベルを調整しよう。私は管理者にかけ合って、誰も映写室に入らないようにしてもらう』。そして、サウンドの音量を大きめに設定したんだ」

スコットとリーバーソンらの一行は試写会の日の午後、リー・ハーヴェイ・オズワルドがジョン・F・ケネディを狙撃した場所として知られる教科書倉庫ビルを訪ねた。

その晩のテキサスは暑かった。試写会の噂は口コミで広がり、若者が劇場に続々と到着し始めた。『エイリアン』は2本立てのうちの1本だった。スコットは、『デュエリスト／決闘者』で主役を演じた俳優のキース・キャラダインがたまたま自分の前に座っていることに気がつき、挨拶をした。彼はロケ撮影でダラスに来ていたのだった。劇場の外には長蛇の列ができており、フォックスは急遽、真夜中に2度目に上映を行うかどうかを話し合った。しかし、妻を同伴していたラッド・Jrは、即座にその提案を却下した。

『エイリアン』の試写会が始まった。スコットとローリングスは、サウンドが問題なく流れていることを確認し、胸を撫で下ろした。そして上映の内容は素晴らしかった。スコットは場内の様子をこう思い出す。「観客は劇場に入るとおしゃべりしたり、移動したりしていた。そして、ポップコーンやコカコーラを買い求める。すごいことだよ。彼らは本当の映画ファンだ。食べ物を買って劇場内に入るタイミングも、席から離れるタイミングもわかってる。『オーケー。席は取った。あと1分半はあるな』と急いで出ていって、また席に戻ってくる。そして映画を見るんだ。大勢が映画を見るために的確に行動している。こんな劇場の様子、今まで一度も見たことがなかったよ」

スコットはしまいには座っていることに耐えられなくなり、ラッド・Jrから何か飲んだほうがいいと言われて、飲み物を買うために一旦ロビーに出た。「僕はそのへんをうろうろと歩いていた」と、スコットは語る。「そして飲み物を持って戻ってきて、劇場に入る前にロビーで、『今、映画はどの辺りだろう?』と尋ねた」

それはちょうど、チェストバスターがケインの身体を突き破る、複雑に作り込まれた血と内臓まみれのシーンの真っ最中だった。「あの光景は一生忘れられないだろうな」と、パウエルは言う。「何人もの女性が劇場から飛び出していったんだ!」

「客席でざわめきが起こった」とリーバーソンも言う。「と思ったら、人々が椅子から飛び出していくのが見えた」

その瞬間、スコットは客席の後方に戻り、ヘッドレスト付きのシートの列とカーテンの後ろにいるところだった。「カーテンの後ろでは50人くらいが立ち見していたんだ」と、スコットは驚きを露わに語る。「座れなかった客がカーテンの隙間の前に集まって覗き見していた。なんてことだ! と言いながら退出した客もいたけれど、大勢が立ったまま映画を鑑賞していた。隙間から覗けない位置の客は音だけ聞いていたんだよ」

「あれは最高の試写会だった。人々は悲鳴を上げて劇場を飛び出していった」と、ローリングスは当時を思い出す。

「劇場の支配人が教えてくれた。女性用トイレはまるで戦場だったらしい。40人くらいいて、あちこちに嘔吐してあった。しかも、ある女性がスピーカーにタオルをかけて、音を止めようとしたそうだ」と、スコットは付け加える。

試写会に参加していたフォックスの重役たちは、次第に不安になり始めた。1年前に別の映画の試写会で失敗を経験していたのだ。そこで上映されたのは『ローリング・サンダー』というベトナム帰還兵についての映画だったのだが、その中で俳優のウィリアム・ディヴェイン演じる主人公が自宅に押し入った強盗から受ける暴行シーンが問題になった。彼はキッチンシュレッダーに手を無理やり突っ込まされ、骨まで粉砕されてしまう。そ

上2点／アメリカとフランスの映画館で宣伝用に使用された小型ポスター。

上2点／『エイリアン』のマスコミ試写会。シガニー・ウィーヴァーとアイヴァー・パウエルも姿を見せた。

の暴力的な描写に観客は過激に反応し、ラッド・Jrが襲われかけるという事件が発生したのだ。彼のシャツが裂かれたという報告もある。脚本家であり小説家でもあるウィリアム・ゴールドマンは、著書『Adventure in the Screen Trade(映画業界の冒険)』の中で、サンノゼで行われたこの試写会に触れ、「近年で最も暴力的な試写会の反応だ。観客は立ち上がり、同席していた映画会社の職員を痛めつけようとした」と書いている)。

スコットは着ていた紺色のジャケットを脱いだ。この上着のせいで自分が映画会社の人間だと思われ、標的になりかねないと危惧したからだ。そして観客が感情的な反応を見せたせいで、彼はロビーでラッド・Jrと音声レベルについて議論することになってしまった。「ラッド・Jrは僕のところに来てダメ出しを始めた」と、スコットは振り返る。「大勢がポップコーンをモグモグ食べている場所で、彼はこう言ったんだ。『不安になってきた。これはやりすぎだろう。この描写はきつすぎる』。僕は『ナンセんだ。僕らなら大丈夫。問題ない』と言い返した。でも、その時、彼が別の方向を見ていることに気がついた。すると座席案内係がドアから出てきて、思い切り倒れた。ドスンと大きな音がして、彼はタイルの上に顔を打ちつけてしまったんだ」

スコットの説明はさらに続く。「責任者が『大変だ!』と叫んで駆け寄った。そして新鮮な空気を吸わせようと、倒れた男性を表に運び、顔を軽く叩いた。僕も心配になって外に出た。『大丈夫か? 何か悪いものでも食べたのか?』と尋ねると、転んだ彼は『いや、大丈夫です。ロボットのシーンのせいで……あの人、頭をもがれてしまったんですよ! 誰があんなこと考えたんですか!?』と一気にまくしたてたんだ」

「アッシュの頭が取れた時、座席案内係が気絶してしまったんだ!」とシャセットも証言する。パウエルによれば、この時点でフォックスの重役たちは「自分たちはリンチを受けるのか?」とパニックになっていたらしい。

ラッド・Jrはもう我慢ならず、妻の手を引っ張って車へと走っていった。

劇場に戻ると、スクリーンではリプリーが必死に通路を走り、ジョーンズを探していた。「猫なんて置いていけ!」と、誰かが叫んだ。しかし、ほとんどの観客は行儀良く座席に座って鑑賞を続け、映画は穏やかなエンディングを迎えた。

「重役たちは、後になってショックを受けていた」と、リーバーソンは言う。「彼らは映画を不安視すべきかわからなくなったんだ。試写会後に観客が記入したアンケートでは、作品の評価が非常に高かったから」

「あの後ちょっとしたパーツツが起き、話し合いは長引いた」と、スコットは語る。「一番大きな観客の反応は、映画の早い

You are cordially invited to a preview screening of

TWENTIETH CENTURY-FOX PRESENTS

ALIEN

TOM SKERRITT SIGOURNEY WEAVER VERONICA CARTWRIGHT HARRY DEAN STANTON
JOHN HURT IAN HOLM and YAPHET KOTTO AS PARKER

EXECUTIVE PRODUCER RONALD SHUSETT PRODUCED BY GORDON CARROLL, DAVID GILER and WALTER HILL DIRECTED BY RIDLEY SCOTT
STORY BY DAN O'BANNON and RONALD SHUSETT SCREENPLAY BY DAN O'BANNON MUSIC JERRY GOLDSMITH PANAVISION® EASTMAN KODAK COLOR®
PRINTS BY DELUXE®

R RESTRICTED 70MM DOLBY STEREO

Wednesday, May 23 at 8:30PM • Samuel Goldwyn Theatre, The Academy

8949 Wilshire Boulevard, Beverly Hills, California

ABSOLUTELY NOT TRANSFERABLE

PLEASE NOTE ADDRESS

ADMIT ONE

上／5月23日午後8時30分、サミュエル・ゴールドウィン・シアターで行われた試写会の招待状

段階で気絶者が出たことと、観客席がざわついていたことだ。人々の落ち着きのなさは映画が退屈だからじゃないかと僕は不安になった。それでもフォックス側は、刺激が強すぎたのではないかと心配していた。だが僕らはスタンスを変えずに言い返した。『いいや、僕はそう思わない。中には過剰に反応した観客もいるが、それは素晴らしいことだ。あのエネルギーが次の試写会に伝播すれば、人々は徐々に『エイリアン』を話題にしていくだろう』。結局、もっと多くの劇場で試写を行い、他の観客の反応を見るまで判断を待つべきだと説得したんだ」

しかしながら、わずかに映像はカットされた。「ほんの少しだがね」と、スコットは付け加える。「チェストバスターのシーンをカットするかどうか、激しい意見交換もあった。でも、僕は現状維持の立場を強く貫いた。『あそこには手をつけられない。映画にはリズムがある。あれを削れば、そのリズムが崩れてしまうんだ』と訴えた」

5月23日水曜日、ビバリーヒルズのウィルシャー大通りにあるサミュエル・ゴールドウィン・シアターで、アカデミー会員向けの試写会が午後8時から開催されることになっていた。今やスコットは音声レベルを自ら設定し、この映画は大音量で上映すると決めていた。彼はたまたまエレベーターでベン・バートと一緒になり、挨拶を交わした。目の肥えた同業者が観客では、厳しい意見が出てもおかしくない。スコットもフォックス側も、それは覚悟の上だった。シャセットは、ジャック・ニコルソンとウォーレン・ビーティの前の席を陣取った。スコットは音量調節ができるマスターコンソールの席(複数のリールを様々なミックスで上映するために、コントロールセット搭載の座席が設けられていた)に座った。

「巷では、『エイリアン』の話題で持ち切りだった」と参加したベン・バートは言う。「だが、あんなに音がでかい映画は初めてだった。信じられないくらいうるさかった」

「100デシベル以上はあったと思う」と、ビールも認めている(この数値は、通常の人間が耐えられる騒音の限界レベルを超えている)。

「だが、それでも私は耳を傾けた。頭が前方に傾いていたくらいだ」と、バートは付け加える。「サウンドを全身に浴びていたようなものだった。でも、素晴らしいサウンドなんだ。素晴らしい仕事ぶりで、私がこれ以上できることは何もなかった。あと、地球外生命体からの送信信号を聞くという案は削除されていた。信号音を聞いたという会話は残っているものの、乗組員たちが椅子に座って信号に聞き入るというシーン自体はばっさりカットされていたんだ」

「ジャック・ニコルソンとウォーレン・ビーティは、子供みたいに叫んでいたよ」と、シャセットは笑う。

のちにハリー・ディーン・スタントンは、ブレットが猫を探すシーンでのクローズアップについて、スコットに感謝をしている。

スコットは音声の問題をこう締めくくる。「あのサウンドの大きさは、全体の2%ぐらいの観客にとっては、きつすぎる時もあるようだ。そういう人々は、『エイリアン』のサウンドは過剰だと言って反対する。だけど、残りの98%には非常にうまく働きかけることができるんだ」

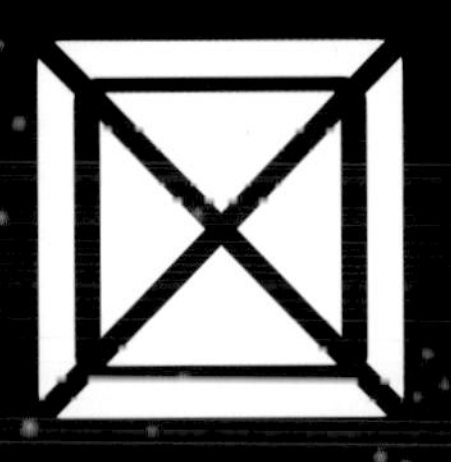

CHAPTER 14

# エイリアンの誕生

1979年5月〜1980年

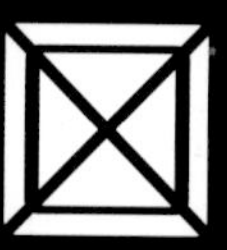

# 14

当初、『エイリアン』の劇場公開は91館での上映が決まっていた。6月後半からは全米で拡大公開され、海外での展開がそれに続く。封切上映のほとんどの劇場では、70mmスクリーン、ドルビーステレオサウンドで上映された。フォックスのプレスリリースによると、戦没者追悼記念日と重なった公開最初の週末、エジプシャン・シアターでは『エイリアン』が38時間連続で上映されたという。ニューヨークのクライテリオン・シアターでは、24時間上映が計画された。午前10時の初回から夜明けまで繰り返され、最終2回は午前5時20分と午前7時30分であった。

当時、ラッド・Jrはウォール・ストリート・ジャーナル紙の取材でこう語っている。「一般客の反応はまだわからない。ヒット映画を見出す私の勘も、もはや尽き果てたのかもしれない。もしそうだったら、私はお払い箱になるだろう。これはビジネスの鉄則だと歴史が物語っている。私は悟ったよ。この仕事は永遠に続けられるわけじゃない」

公開初週の週末、『エイリアン』の競争相手となる映画はそれほど多くなかった。デヴィッド・クローネンバーグ監督のホラー映画『ザ・ブルード／怒りのメタファー』、偶然にもタイトルが似た『American Alien（アメリカン・エイリアン）』というコメディ作品に加えて、フォックスにとって最大のライバル作品であると予想される低予算映画『ゾンビ』（『ナイト・オブ・ザ・リビングデッド』に続くジョージ・ロメロ監督のゾンビ映画第2弾）、多くの予算が投じられたピーター・セラーズ主演の冒険コメディ『ゼンダ城の虜』などの公開が予定されていた。

「僕は心から成功を祈っていた」と、オバノンは語る。「『エイリアン』に出てくるモンスターは比類なき異形だ。あんな姿、誰も見たことがない。これまでの映画のモンスターとは一線を画す、本当に抜きん出た存在なんだよ」

驚異的だったダラスでの試写会の後、スコットは、フォックスが映画を期間限定上映にしたのは守りに入りすぎていると感じるようになっていた。「これはあり得ないよ。セールス責任者のアシュリー・ブーンときたら、自身の賢明な判断とやらで、たった6週間で主要な映画館から『エイリアン』を引き上げようと言うんだ。もっと稼げるはずなのに」

「我々は基本的に、本作の公開に関しては『スター・ウォーズ』と同じ手法を用いていた」と、ジェイ・カンターは説明する。

そして、奇しくも『スター・ウォーズ』の全米公開からちょうど2年目となる1979年5月25日、『エイリアン』はついに劇場公開初日を迎えた。公式な一番乗りの上映は、ワシントン州シアトルだ。どこで初披露されようと、口コミが急速に広まってくれればいいというのが関係者の願いだった。ハリウッドのエジプシャン・シアターでは、『エイリアン』目当ての観客が長蛇の列をなし、その長さは何ブロックにも及んだ。同劇場では撮影で使われた模型、セット、小道具などが展示され、通りすがりの人々さえも魅了したという。その展示は、「高さ24m（原文ママ）のスペースジョッキー、ノストロモ号の30m以上もある通路、胎児を宿した卵の模型など、精密なミニチュアの数々を展示」と紹介されている。他にも、「劇場のロビーにはロン・コッブが手がけた7つのパーツからなる美しい月面車が飾られていた。また、コンピューター〈マザー〉のセット（略称：MU/TH/UR 6000）も展示され、画面に表示されているクリスマスメッセージや、点滅する電子ディスプレイを見ながら、訪れた者たちは驚き感心していた」と報告する文章もあった。

ハリウッドヒルズの友人宅に滞在していたローリングスは、エジプシャン・シアターまで行き、劇場があるブロックの角を曲がってもまだ続く入場者の長い列を眺めた。『エイリアン』を観るために並ぶ人たちの列は、約48時間途切れることがなかったという。ダラスの試写会と同じような反応を見せる観客は、全米各地の劇場に存在した。あるゴシック文学の教授はショックで嘔吐した。大勢の客が恐怖で悲鳴を上げ、椅子から飛び上がり、手で目を覆った。劇場から歩き去る者、走り去る者、一度は離脱しても上映2回目に戻ってくる者もいた。観客の多くがチェストバスターのシーンは一生忘れないだろうと語った。そんな大人たちを尻目に、最後まで怖気づかずに映画を観て、己の勇敢さを証明した子供たちもいた。

「周りで口コミがなかったから、誰も期待してなかったんだ」と、マット・ハミングトンという少年は語った。「でも、劇場に行ってみたら満員だったよ。お客さんの目は完全にスクリーンに釘づけになってた。ヤフェット・コットーがエイリアンを攻撃しようとナイフを取り出したシーンで、『そうよ！ 殺すのよ！』と叫んでた女の人もいたっけ」

ダグ・フレイバーガーという男性は、友人グループと共にエジプシャン・シアターに足を運んだ。「長い列に並んで、やっと劇場のアトリウムまで来たら、胸に穴の開いた大きなエイリアンがそこに立ってたんだ！『エイリアン』がホラー映画だと知ったのはその時だよ。それまではどんな映画か全く知らなかったんだ。観てる間は、何度も椅子から飛び上がった。観客が驚く物音もあちこちから聞こえてきた」

マイケル・シーモアはニューヨークで上映を観た。「大型ラジカセを抱えて大音量で音楽を流しながら入ってきた観客がいたんだが、映画が始まった途端静かになった。例のチェストバスターのシーンではパニックが起きたよ。ある男性は慌てて逃げ出したんだが、戻ってきて劇場の後方から覗き込むように映画を観ていた。床にしゃがみ込んだ男性もいた。『そっちに行く右下／エイリアンを観るため、人々はエジプシャン・シアターの前に長蛇の列を作った。

な！』と叫ぶ客もいた。観客の反応に驚かされたよ。まるでアメフトの試合みたいだった。ひとり残らず、映画に夢中になっていたんだ。この作品は間違いなく、カルト映画になる資質を持っている」

ある時、スコットは記者から「この映画が本当に始まるのは、血みどろのチェストバスターのシーンからではないか」と尋ねられた。彼は長い前置きを述べてから、「意図的にそうしたわけではないが、そう思わせる効果があったのだろう」と答え、こう付け加えた。「アメリカの観客の皆さんがまた映画を楽しみ始めたってことかな」

しかしながら、『エイリアン』の発案者であるオバノンはまだ映画を観ていなかった。シャセットによれば、『僕はまともな敬意を払ってもらってない。あんな連中知るもんか。僕はオープニングには行かない」と言っていたという。だが実際のところ、オバノンはこの映画が『ダークスター』のように失敗してしまうことを恐れていたのだ。公開初日の夜、彼はロサンゼルスまで車を走らせ、酒を浴びるように飲んだ。「ダンは怖がっていた」とシャセットは証言する。「そしてオープニング上映に来ようにも、すっかり酔っ払ってしまったんだ」

泥酔したまま、オバノンは仕方なく劇場に向かった。すると、到着した劇場の前には一般客の長蛇の列ができている。オバノンは半分夢見心地で列をのろのろと追っていくと、ようやくシャセットを見つけた。「ダンは何かに取り憑かれたようになっていて、僕を見るとひどく驚いていた」

劇場に入ると、オバノンはシャセットの後ろに座った。彼はのちに、「あの時の自分は感覚が麻痺していた」と説明している。

シャセットは上映時の様子を証言する。「フォックスのロゴが画面に現れると歓声が上がった。最初の衝撃シーンは、卵が開いてケインの顔にフェイスハガーが飛び出す瞬間だ。観客は興奮し、かけ声や拍手で劇場内は大盛り上がりだった。チェストバスター登場シーンは割れんばかりの歓声で、しばらく音声が聞こえなかったほどだ。そして、ダンがすすり泣く声が聞こえた。『ダン、映画はウケてるぞ！』と僕は声をかけた。彼は、『わかってる。だけど、僕たちは沢山のものを奪われたんだ」と答えた。それで、僕はこう言ったんだ。『ダン、この歓声と拍手は僕たちに向けられたものだ。僕たちが書いた脚本が、今日、僕たちをこの場に連れてきてくれたんだよ』」

フィナーレでは観客は総立ちになり、スクリーンに向かって喝采を送ったという。

5月26日、スーツ姿のギーガーは、シャトー・マーモント・ホテルのブロケード生地のソファにゆったりと腰かけ、取材陣からの質問に答えていた。ある記事には、「このアーティストは街にある最もゴシックなホテルを選び、黒づくめの服装で、映画の成功にご満悦な様子だった」と記されている。「とても嬉しいよ」と、ギーガーは微笑んだ。「私はエイリアンに1年半も費やしたんだ。いい結果を得られて良かったよ」

4日後。ウィーヴァーは、ベル・エアー・ホテルでニューヨーク・デイリー・ニュースのボブ・ラーディンからインタビューを受けた。フォックスは、この取材風景を撮影するためにカメラマンを雇ったという。同じ日の朝、映画業界紙ハリウッド・リポーターのトップ記事は、『エイリアン』が公開わずか4日で350万ドルの興行収入を得たというニュースを報じる。これは過去最高の数字だった。

アルダーは映画がこれほどまでに熱狂的に受け入れられている現実に驚いたという。一方、ブライアン・ジョンソンの記憶には、映画に耐えられず出て行く観客の姿が残っている。

「チェストバスターのシーンが過ぎると、観客はすっかり映画に『降伏』している感じになった」と、パウエルは振り返る。「でも正直なところ、『エイリアン』は過去最高に暴力的なわけでも、かつてないほど恐ろしいわけでもない。あるシーンで血と内臓を見せたに過ぎない。恐ろしく、観ている者の心をかき乱す映像だが、その恐怖は見事なサウンドと編集によるところも大きい。来年のアカデミー編集賞を受賞しても不思議ではないだろう」

『エイリアン』はどちらかといえば、血の描写が少ないほうの映画だろう。だが、刺激的な宣伝や大げさな口コミで、暴力描写が凄まじいという噂が広まったのだと考えられる。例えば南部のある映画館は、トイレで吐く観客が続出するのではと不安になり、渡されたプリントからチェストバスターのシーンをカットしてしまったと言われている。

「人間って、怖がるのを好む生き物よね」と、カートライトは

**上・左**／エジプシャン・シアターに来た客は劇場の中と外で映画関連の展示を楽しむことができた。撮影で使用されたセットや小道具の他、スペースジョッキーも飾られていた。

スコットが模型撮影を終えた後、ビールはピアソンにさらに2週間ほどブレイ撮影所に残ってくれと頼んだ。エジプシャン・シアターに展示する模型（精製施設、ナルキッソス号、大型のノストロモ号）を修理・調整するためだった。

「精製施設はひどい状態だったから、それに装飾物をあれこれ付け足しても……って感じで、個人的には全然乗り気じゃなかった」。そう語るピアソンだったが、充分な予算をもらい、結局、精製施設を装飾し直した。

「だから、アメリカに渡った精製施設は映画に登場する模型と全く同じというわけではない。見た目がずっと良くなってるんだ」

**次頁**／夜になっても、ハリウッドの劇場前の列は続いていた。

gyptian
I II III
HOUSE
ALIEN
In space
no one can hear
you scream
SCIENTOLOGY
DINING ROOM

## 幸運な観客たち

以下は、最初の限定公開時に『エイリアン』を上映した映画館の一部のリストである（州のアルファベット順）。

アリゾナ州：シネカプリ
アーカンソー州：シネマ150
カリフォルニア州：エジプシャン I、パヴコ・センター・シネマ I、ニューポート・シネマ I、プリットシティ・センター2、ザ・ノースポイント、センチュリー22A、センチュリー26、フェスティバル I、コルテ・マデラ・シネマ
コロラド州：クーパー
イリノイ州：ノーリッジ II、リバー・オークス II、エスクワイア II
ケンタッキー州：ショウケース4
マサチューセッツ州：チャールズ I
ミシガン州：アメリカーナ I、マイ・カイ、サウスゲート I
ミズーリ州：ミッドランド I、クリーヴ・コウー・シネ
ニュージャージー州：RKOパラナス・クアッド、ゼネラル・シネマ
ニューヨーク州：UAシオセット、ロウズ・ピッツフォード I、フォックス・コロニー I、ホリデー II、クライテリオン、ロウズ・ニューヨーク・ツイン、オルフェウム
オハイオ州：カルーセル I、デイトン・モール I
オレゴン州：イーストゲート I、ウエストゲート I
ペンシルベニア州：ワーナー
テキサス州：メダリオン、アラバマ、ウエストチェイス
トロント（カナダ）：ユニバーシティ
ユタ州：ユタ・センター
ワシントン州：UAシネマ150
ワシントンDC：アップタウン

左下／ニューヨークのクライテリオン映画館をはじめ、全米各地の『エイリアン』70mmフィルムのプレミア上映には大勢が駆けつけ、長い列を作った。

言う。「それって、気の持ちようでしょ。怖がりたいと思ってるから、怖いと思うんじゃないかな」

ボンザニーゴは、映画館の後方から立ち見をしたため、臆病者と呼ばれたのを覚えている。

「私は怖い映画は好きじゃない。だから、わざわざ恐怖を味わいたい人がこんなにいるなんて知らなかった」とウィーヴァーは言う。「でも、参加した試写会は毎回楽しかった。お客さんは悲鳴を上げたかと思うと、叫んだり笑ったりを繰り返して……そういう反応を見るのは嬉しかった。あんなに恐ろしいことが起きる映画なのに、笑い声まで聞けるなんて。あの映画をとても真剣に捉えているからこそ、笑うことができたんだと思う」

「僕の涙は、嬉し泣きの涙に変わっていた」。オバノンはある雑誌にこう打ち明けている。「この映画を観ている観客は、想像を超えた恐怖と畏怖を経験することになるだろう。この映画で、僕は自分の哲学を押し付けたいわけじゃない。観た人がそれぞれの哲学を見つければいいと思う。僕はいつも良質の恐怖映画を楽しんできた。この作品を観に行く人々が心から楽しんでくれることを願っている。そして、アメリカの皆に言いたい。この映画を観られるものなら観てみろ。どうせ4ドル払って観に行っても、これまでと似たような映画なんだろうと思っている君たち、映画館に足を運んで、金を出して、この映画を観てみるがいい。最後まで椅子に座って観てみろ。はたしてそこまで我慢できるかどうか、試してみるんだ」

この記者によれば、オバノンはクスクスと笑い出し、どんどん笑い声が大きくなって、しまいには爆笑が止まらなくなったという。この世のものとは思えぬほどの高笑いで、ひどく狂気じみていたとのことだ。

「ダン・オバノンは、リドリーが自分の見果てぬ夢を見事に映画化してくれたことを喜んでいた」と、パウエルは語る。「皆も知っている通り、ダンは『ダークスター』でひどい扱いを受けた。最後に見かけた時、彼はこれからどんどん懐に入ってくる金のことを考えて恍惚状態になっていたよ」

ある日、リドリー・スコットにとっておそらく最高の栄誉となる出来事があった。スコットの電話が鳴り、受話器を取ると、相手の声が「スタンリー・キューブリックだが──」と自己紹介したのだ。「たまげたなんてもんじゃない」と、スコットは当時の興奮を振り返る。キューブリックの声だとはにわかに信じられなかったものの、それは確かに本人だった。キューブリックはスコットにこう伝えた。「君は私を知らないだろうが、私はちょうど君の映画を観たところなんだ。あれは本当に素晴らしかった。君に訊かなければいけないことがある。一体、彼の胸からどうやってあれを飛び出させたのかね？」

スコットは満足げに答えを明かした。「冗談で、『スタインベック（※訳注：西ドイツ製のフィルム編集機）をお持ちですよね。それでできますよ』と答えたんだ。本当は、苦しむジョン・ハートのショットの間にテーブルに固定された胸部ダミーのカットを素早く挿入するという、なかなか賢い技をやってのけたんだが、スタンリーはそれに気づかなかったらしい。それを説明すると『なるほど、わかったよ。すごいな。とても気づけなかったよ、ありがとう。これからの活躍を期待しているよ』と言ってくれたんだ」

そして『エイリアン』はキューブリック映画が時々受けていたのと同じ、ヒステリックな攻撃を受けることになった。エジプシャン・シアターの外に置かれていたスペースジョッキーに、信心深い人々が火を放ったのだ。彼らは『エイリアン』を、悪魔の映画だと信じていたのだ。

### 批評家たちの受けた衝撃

観客はスリルを求めて長い列を作ったが、『エイリアン』に対する批評は賛否両論だった。著名な全国紙から地元紙まで、批評家たちは映画が持つ芸術性と恐ろしさについては認めていたが、欠点として挙げた要素には失望を隠さなかった。

バラエティ誌の批評はこうだ。「本作よりも、『エクソシスト』と『スター・ウォーズ』を足して2で割った映画のほうが面白いだろう。何しろ、登場人物の関わり合いがほとんどない。深みのない役を演じさせ、せっかくのキャスティングが活かせていない。専門家の職人技が生んだリアルな未来空間で繰り広げられる、時代遅れの恐怖映画と言えるだろう。脚本は、アメフトチーム〈ピッツバーグ・スティーラーズ〉以上に詰めが甘く、回収されていない伏線も多い。だが、監督リドリー・スコットの演出、撮影監督デレク・ヴァンリントのカメラワークとライティング、作曲家ジェリー・ゴールドスミスの音楽で観客の感情は容赦なく揺さぶられ、おまけにショッキングなビジュアルが次から次へと飛び出すため、ストーリーの粗さはそこまで気にならない。ウィーヴァーの役には20世紀の罵り言葉を言わせていたが、物語の設定や状況を考えると不自然に思える。さらに、肌を露出させるシーンは取って付けたような印象が否めない」

ハリウッド・リポーター誌の寸評は、「実に面白く、ものすごく怖い」だった。

当時最も影響力のあった映画批評家のひとり、ジーン・シスケルも『エイリアン』について語っている。「本作は観客にスリルを味わわせることに徹していると言っていい。その点ではかなり成功しているだろう。残忍なシーンではほとんどスクリーンを直視できなかった。だが、最終形態のエイリアンは他の2つに

右下／フォックスの宣伝部が作成した『エイリアン』を絶賛するコメントを集めた販促用シート。ニューズウィーク誌やテレビや映画の人気批評家ジーン・シャリットの言葉も含まれている。

比べると最も怖くないと感じられた。要するに、そこまで残酷ではないから、一体どこで吐こうかと気に病むほどではない。しかし、恐怖の娯楽作としては完成度の高い作品だ」

「簡単に言うと、これは銀河系の幽霊屋敷サスペンスだ」と、映画批評家のロジャー・エバートは書いている。彼もまた、当時最も影響力のあった映画批評家のひとりで、ジーン・シスケルと共にテレビ番組『At The Movies（アット・ザ・ムービーズ）』に出演したおかげで、アメリカでの認知度は抜群だった。

ロサンゼルス・ヘラルド・エグザミナー紙のマイケル・スラゴウはこう評価する。「仰々しいB級映画。技術的には目を見張るものがあるが、ひどくもったいぶった展開で、ラテン語の黒ミサの儀式同様、最後まで座っているのがかなり難しい」

「これは、外宇宙が舞台の『恐怖のゴリラ屋敷』映画だ」と、映画批評家のポーリン・ケイルは、自身のエッセイ『Why Are Movies So Bad?（なぜ映画はこんなにひどいのか？）』で述べている。「この映画は手を伸ばしてあなたを捕まえ、胃をひねりつぶす。楽しむというより、画面に目が釘づけになる作品だが、多くの人々はその違いなど気にしないだろう。映画を観た人々が「すごかった」と口を揃えて言うのは、彼らが少なくとも何かを感じたから――自分たちが残忍に扱われていると感じたからだ」

同じく映画批評家のレオナルド・モルティンは、「1950年代の陳腐なストーリーが展開する宇宙時代のホラー映画」だと言う。「だが、胃をかき回すような暴力とスライムとショックが盛り込まれているのは確かだ。それでも、アイデアがご都合主義的だと考える人はいるだろう」

「心臓麻痺を起こすんじゃないかと心配していたが、退屈で死にそうになった」と辛辣な意見を述べるのは、ザ・ニューヨーカー誌のブレンダン・ギルだ。「ジョーンズという茶トラの猫がノストロモ号に乗っていて、謎の生命体との危険な遭遇を幾度となく生き延びる……。間抜けな人間たちとは遊べても、猫には相手にしてもらえない化け物は、観客の関心を長い間引きつけることはできないのだ」

ニューヨークタイムズ紙のヴィンセント・キャンビーは、「そこそこの出来。セットこそ大掛かりで手が込んでいるが、話自体の規模が小さい」と書いている。「『スター・ウォーズ』のウィット、『2001年宇宙の旅』や『未知との遭遇』の難解なテーマを期待して観に行ってはいけない。せいぜい『遊星よりの物体X』を思い起こすくらいだろう。だが、このハワード・ホークス製作作品のほうが『エイリアン』よりももっと想像力に満ち、より経済的にドラマ化されていた」

また、『ライト・アンド・サウンド』誌にも、「『遊星よりの物体X』と逆の関係にあるせいで、『エイリアン』にとって不利な比較をされてしまうだろう」と、似たような意見が掲載された。

タイム誌の批評はこうだ。「本作には正真正銘の衝撃、説得力のある特殊効果の連発、あらゆる年代の『お子様』を不快にさせる充分な量の血糊がある。欠けているのはウィットとイマジネーション。人間の感情は微塵も描かれていない。ラッキーなことに、特に日差しの照りつけるこの季節には、そういった要素の有無は興行成績に影響を与えないのだ。これと同じ小手先のテクニックは、過激描写が話題となったアラン・パーカー監督のヒット作『ミッドナイト・エクスプレス』にも見られる。どちらの監督もテレビコマーシャル出身という事実に、なるほどと思ってしまう。スコットとパーカーは、『消費者に何か売りたい場合、大事なのはパッケージを美しく見栄え良くすることであって、商品の中身の価値ではない』というコマーシャルの鉄則を熟知しているからだ」

ニューズウィーク誌のデヴィッド・アンセンも同意見だ。「リドリー・スコットの頭の中には恐怖を見せようという意図しかなく、3,000本ものコマーシャル作りの過程で学んだ『パブロフの犬』的なやり方で恐怖を伝えてくる。彼のロジック、性格描写、会話への関心は上辺だけ。メッセージは雰囲気に任せ、それを伝える手段はビジュアル一辺倒……。どんな形であろうと、エイリアンが攻撃してくるシーンにはヌルヌルしたスライムを使い、性的な欲望を示唆するのだ」

「『エイリアン』がうまく行ったのは、スコットに映画作りのスキルがあったからだ」という書き出しで始まるのは、ニュース・ウエスト誌のスティーヴン・ファーバーの批評だ。「観る者の本能を揺さぶり、五感に作用する映画こそが傑作だと考える人もいる。しかし、観客を震えさせ、悲鳴を上げさせるのは、実はそれほど難しいことではない。おそらく牛追い棒で脅しても同じ結果が得られるだろう。本作の物語は効率良く進んでいくが、そこに登場人物の心の機微は描かれず、一本道をまっすぐ進むだけだ。私はショックを受け、震えたが、この映画体験を楽しむことも賞賛したいと思うこともなかった。そもそも、あの怪物と戦うのに、宇宙船の乗組員たちは全く知能を駆使していないではないか。彼らは殺されるためだけに登場させられた藁人形同然だ。本編が始まってまもなく、映画は同じパターンの繰り返しになってしまう。唯一良かった点と言えば、たとえ主人公を女性にしても、他のSF映画の男性主人公と同じような、退屈で深みのないキャラクターにすることができるのだと気づけたことくらいだろうか？」

絶賛の評価もないわけではなかった。うちひとつは、後から作られたポスターに目立つように載せられた。「『エイリアン』は、衝撃と興奮と恐怖が詰まった面白さ満点の大傑作だ」とコメントしたジーン・シャリットは、NBCのテレビ番組で「全ての映画が『エイリアン』並みにスリリングだったら、私は自分の時間を全て、喜んで映画鑑賞に捧げるでしょう」と述べている。

小規模な地方紙などは、まあまあの評価から否定的な意見まであった。「テーマを掘り下げる試みが全くなされていない」と書いたのは、イリノイ州の日刊紙ザ・ディケーター・デイリー・レビューのポール・カヴァルだ。「さらに言えば、物語の深みがないだけでなく、キャラクターの描き込みも皆無に等しい」

アイオワ州のデモイン・レジスター・サン紙のピート・ルイスは、「エイリアンの無意味な攻撃性に晒され続け、ずっと退屈だった」と言う。だが彼も多くの批評家たちと同様、ウィーヴァーの演技だけは褒め称え、「彼女は見事なスクリーンデビューを果たした」と書いた。

アラバマ州のアニストン・スター紙のランディ・ホールは、皮肉たっぷりの批評を展開。「かつて見たことがないほど不快な怪物が登場する、二番煎じのモンスター映画」だと言い放ち、さらに、「この映画は、斧を持った殺人鬼の機知と嗜好と狡猾さを混ぜ合わせたもの。ただ悲鳴を求めるなら、『エイリアン』は最適だろう」と書いた。

SFファンも、この映画には苛立っていた。「1969年の英国ホラー映画『It!』と『エイリアン』の大きな違いは制作費だ。後者

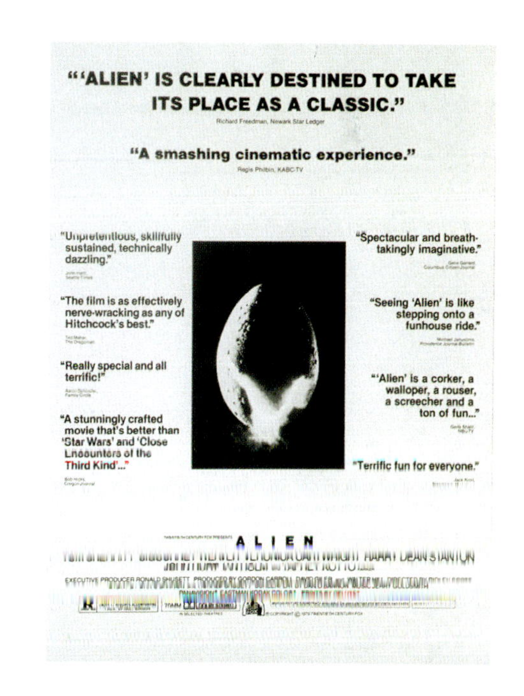

には少なくとも1,000万ドルがかかっている」と、イギリスのSF雑誌スターバーストの記事は語っている。「しかしながら、見た目のすごさから、『エイリアン』は何から何まで斬新で独創的と思いがちだが、1950年代のB級映画臭がプンプン。そのレベルから脱していない。SFジャンルにありがちな、あらゆる欠陥も盛り込まれている作品だ」

映画監督のデヴィッド・クローネンバーグはファンゴリア誌の記事で、「この作品に形而上的、哲学的メッセージはゼロだ」とこきおろした。「エイリアンというクリーチャーはワニのスーツを着た人間に過ぎず、船内にいる人間を追いかけ回すばかり。私の映画のほうがよっぽど人間の深層心理に触れるようなことをやっている。ワニに食べられたくないという単純なリアクションを描くよりもずっとましだ。『エイリアン』は、1,000万ドルの予算をかけた30万ドルレベルのB級映画だ。人間に寄生するシステムも何かの隠喩ではなく、何も連想させない。ジョン・ハートは体内に化け物を宿したというのに、いつもと同じように普通の演技をするだけだ。私が監督した『シーバース』の寄生虫は人間の体内に留まり、理性を奪って行動まで変えてしまう。私はただ観客を驚かせるためだけにこの設定を用いたのではなく、それ以上の重みを持たせようとしたんだ」

たまたま滞在していたハリウッドでこの映画を観たマイケル・ペイリンは、その感想を日記に書き残している。「エジプシャン・シアターの飾りつけはなかなか豪華で、映画そのものよりもずっと明るく、見ていて気持ちが躍った。一方、映画は演出が巧みで非常に不気味だったが、それも途中まで。最高にショッキングなあのシーン以降、特に最後の30分は失速した感が否めない」

スティーヴン・スピルバーグはガイラーに電話をかけ、ジョージ・ルーカスと『エイリアン』について語り合ったことを話した。「僕らは宇宙の映画で最高の仕事をしたのに、君が作った1本の映画に吹き飛ばされてしまったよ!」

映画監督リンゼイ・アンダーソンも、日記に次のように綴っている。「『エイリアン』を観た。テクノロジーが集結した力作。寒々しくて、忌まわしい作品だった」

皮肉にも、ある肯定的なレビューは『エイリアン』の音楽に興味を示していた。東海岸のとある雑誌の匿名記者(フォックスが保存していた記録には雑誌名が記されていなかった)の記事によれば、「ゴールドスミスのスコアは、SFジャンルの最高傑作となるだろう。このサウンドトラック・アルバムを聞けば、彼の作り上げた恐怖と魅惑の交響詩には、閉塞感を伴う悪夢的感覚と、映画と同じ夢のようなリズムが備わっていることに気づくだろう。それでいて、映画と全く同様に、隅々まで血生臭い雰囲気を漂わせているのだ」

否定的な批評の集中砲火を浴びつつも、興行収入は好調で、スコットの姿勢は楽観的だった。「僕は『デュエリスト/決闘者』で問題を分析し、自分が映画作りを楽しんでいなかったと気がついたんだ。『エイリアン』をオファーされて脚本を渡された時、この題材の道徳性や価値に対する疑問は全く浮かんでこなかった。脚本を読んだ僕は、これは観客を怖がらせるチャンスだと思ったんだ」

ドル箱監督となったスコットや投資の利益を得たフォックスはさておき、この映画で最も高く評価されたのはウィーヴァーだろう。「シガニー・ウィーヴァーは、大スターになるべき有望な女優だ。彼女の映画デビューを見るのは、この作品の何よりも面白い要素だった」と、批評家のシスケルは賞賛する。彼女は、批評家ほぼ全員から好意的なコメントをもらっていたのだった。

## 拡大し続ける『エイリアン』の宇宙

公開初日で850万ドルを稼ぎ、『エイリアン』は『スター・ウォーズ』の記録を打ち破った。そして6月22日、映画は全米各地で拡大公開されるが、毎週激しいデッドヒートが繰り広げられ、週を重ねるごとに競争はどんどん厳しくなっていった。競合したのは以下の作品。2本の続編『新・明日に向かって撃て!』(成績は振るわなかった)と『ロッキー2』(大ヒット)、ホラー映画『プロフェシー/恐怖の予言』、クリント・イーストウッド主演の『アルカトラズからの脱出』、『マペットの夢みるハリウッド』と『ミートボール』という2本のコメディ、ジェームズ・ボンド第11作『007ムーンレイカー』、低予算だが蓋を開けてみると大ヒットした夏の感動青春映画『ヤング・ゼネレーション』(これもフォックス作品)。8月になると、『悪魔の棲む家』やフランシス・フォード・コッポラの『地獄の黙示録』、モンティ・パイソン映画第3弾『ライフ・オブ・ブライアン』などが戦いを挑んできた。

この年、映画業界では夏の話題作が目白押しで、ニューズウィーク誌は「ハリウッドの恐ろしい夏」と称した特集号の表紙にウィーヴァーを採用している。『ハロウィン』(ジョン・カーペンター監督作)や『ゾンビ』、『ファンタズム』などが公開されたばかりで、さらには『吸血鬼ドラキュラ』や『吸血鬼ノスフェラトゥ』のリメイクである『吸血こうもり/ナイトウィング』や他のホラー映画が年内に公開を控えており、血みどろホラー映画ブームが到来していたとも言える。

フォックスは『エイリアン』の海賊版が出回らぬよう細心の注意を払っていたのだが、それが功を奏し、怪しげなVHSカセットがどこかで売られているという知らせはなかった。7月4日のバラエティ誌の巻頭記事で、フォックスはその事実を自慢している。フォックスは著作権の管理を徹底し、シネファンタスティック誌が無許可で10月に出そうとしていた単発の『エイリアン』マガジンに協力しないことを決めた。それだけではなく、ひと足早い9月に出版社ウォーレン・パブリッシングから公式マガジンをリリースして相手を出し抜いたのだった。

一方、悪い知らせも飛び込んできた。思いがけないことに、『エイリアン』はイギリスでX指定(当時の区分。18歳未満鑑賞禁止)、オーストラリアではM指定(15歳未満の子供には推奨しない)を受けてしまったのだ。これは、両国での観客動員数と興行収入が制限されることを意味する。また、結果的には興行収入は立派な成績だったにもかかわらず、『スター・ウォーズ』のようにリピーターが繰り返し映画館に足を運ぶという現象が起きていないことが数字から明らかになった。これにはレーティングも影響していたと思われる。また、『エイリアン』のように緊張感が続くホラー映画は、遊園地の楽しいアトラクションとは異なり、一度観れば充分と考える観客も多かったのだろう。

子供がこの暴力的な映画を観に行くことをどう思うかと訊かれたキャロルは、次のように答えている。「この映画を観て、子供たちが悪い影響を受けたという話は聞いたことがない」

「この映画を観て影響を受けているのは、僕が思うに、大人のほうだ。とりわけ40歳以上の女性にとってはつらい体験になるかもしれない」と、ガイラーは持論を口にする。「子供たちは『エイリアン』が大好きだよ。基本的に、この作品の視覚的な暴力表現なんて微々たるものだ。想像力で暴力シーンを膨らませてしまう場合がほとんどなんだよ」

30～40代の女性がチェストバスターのシーンに激しい嫌悪感を抱いたという事実は、『エイリアン』のさらなる大ヒットの抑止力になってしまうとパウエルは考えた。しかし、国内にライバルが数多く存在する中でも映画の人気は衰えず、マスコミの情報によれば、同作は8月の終わりまでに約5,300万ドルを稼いだと言われている。

『エイリアン』は、海外にもそのテリトリーを広げた。日本では東京、大阪などの主要都市で上映され、フォックスの社内報によれば、公開週末である7月21～23日には興行収入82万5,000ドルという圧倒的な数字を叩き出したという。1ヵ月後、上映館は日本全国に広がり、433万3,505ドルを稼いだ。つまり、各劇場が1日あたり平均7,500ドルの儲けを出した計算だ。

別のプレスリリースは、南米最初の公開国となったブラジルでの成績を伝えている。ブラジルでは35館で上映され、第1週の興行収入は900万クルゼイロ(当時のブラジル通貨)あるいは39万5,000ドルだった(入場料の平均はわずか1ドル!)。

『エイリアン』が制作されたイギリスでは、9月6日、ロンド

上/ジェリー・ゴールドスミスの『エイリアン』オリジナルサントラLP盤の日本用プロモーションサンプル。10曲入り。レコードのラベルは、黒字に白抜きの文字の特注。

のレスター・スクエアにあるオデオン劇場の公式プレミア上映にキャストとスタッフが参加。X指定を受けたにもかかわらず、映画は好調だった。9月14日付のプレスリリースによれば、由緒あるその劇場での上映は『007 ムーンレイカー』の8万5,990ポンドをしのぎ、9万2,922ポンド(20万8,145ドル)という第1週の最高興収を記録したという。上映館数は『007』が35館、『エイリアン』が28館だった(この週の入場者数は4万544人で、入場率は定員の73%に達した)。そして1980年1月13日には、イギリス国内で拡大公開された。

ガーディアン紙に掲載されたデレク・マルコムによる批評は、アメリカでの批評と同じような文言が並ぶものの、表現はずっと穏やかなものだった。「おそらく『ディア・ハンター』を除けば、昨年観た映画の中にこれほどの緊張感とショックを生み出す映画はなかっただろう。広告業界から引き抜かれたリドリー・スコットは、『デュエリスト/決闘者』の時よりもはるかに強烈な方法で観客の心を操る。本作はSFとホラーとのかけ合わせだが、芸術作品としては平凡で、代わりにあるのは巧妙さだ。人物の性格描写は不充分だし、物語に心理的、感覚的な深みを与える努力も足りていない。とはいえ、各要素が合わさって1本の映画という形になった時、『エイリアン』にかなう作品はなかなかないだろう。人によっては、残酷で無情で、センセーショナルなだけの作品だと考える者もいるはずだ。そして、話題性だけがひとり歩きしている。『エイリアン』は、昔ながらの家族向け娯楽作(温めた糖蜜のように甘ったるく、うんざりする場合も多い)の範疇には入らない。この作品の魅力はもっと異なる価値観の上にあるのだ。啓発的なものではなく、現代という冷笑的な時代に同調していることは疑いの余地がない。観客を完全に分析し、すっかり取り込んだという点では大成功に値する作品だろう」

イギリス人のマルコムは、この映画はほぼ「国産」だと書いて批評を締めくくっている。「正確に言えば、『エイリアン』はイギリスが生んだ映画であり、この国がどれだけ有能な人材を有しているかを示している。ただ、我々がこれだけの大作を最初から最後まで自分たちでやれればいいのだが。しかし、資金集めなどはまた別の話で、それほど面白いものではない」

11月14日には、ドイツ、イタリア、フィリピンでも公開された。ドイツでは10日間で207万8,660ドルを集め、イタリアではローマの4館を含む50館で140万4,000ドルを稼いだ。また、フィリピンの場合、12万3,322ドルというフォックス映画としては最高の興行収入を記録した封切りとなった。

フォックス内の連絡文書によれば、同社は12月29日までに4,841万1,915ドルの収益を上げたが(これは業界紙で報告された数字よりも少ない)、奇妙なことに、240万7,427ドルマイ

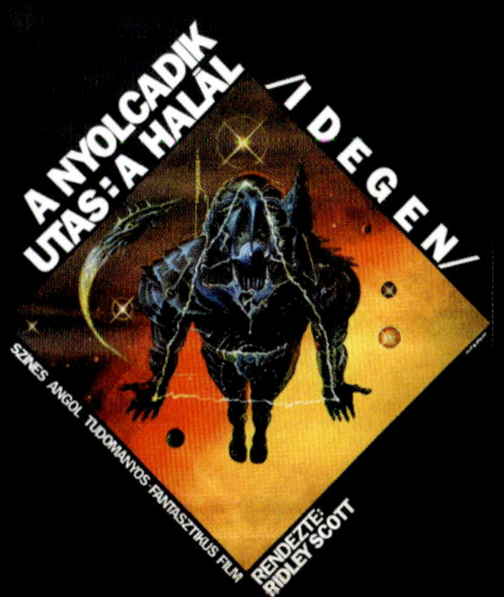

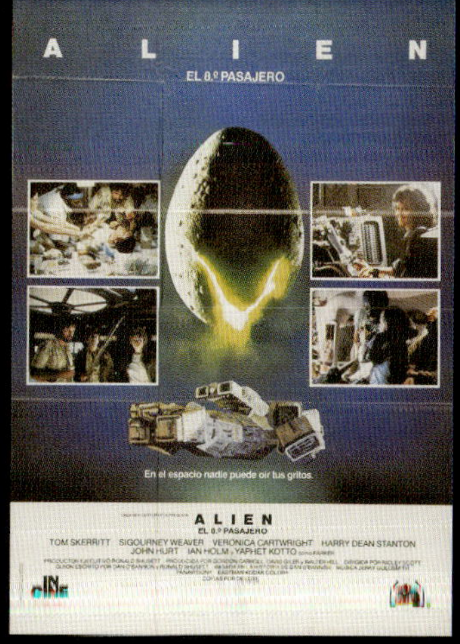

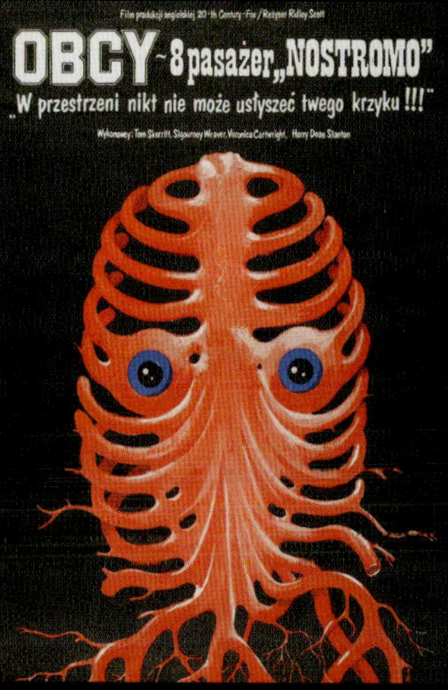


上/『エイリアン』の海外用ポスター。ハンガリー(チボール・ヘレニ画)〔上段左〕、日本〔上段中央〕、スペイン〔上段右〕、ドイツ〔下段左〕、チェコスロバキア(ズデニェク・ジーグラー画)〔下段中央〕、ポーランド(ヤクプ・エロル画)〔下段右〕。複数の国で、タイトルが『The 8th Passenger(8人目の搭乗者)』に変更された。

ナスの配当報告に終わった。『エイリアン』は『ジョーズ』や『スター・ウォーズ』と並ぶほどではなかったのだ。「私たちは心から落胆した」と、ジェイ・カンターは数十年後に語っている。「なぜなら、興行収入の結果がそこまで良くなかったからなんだ。まあまあではあったが、大成功はしなかった」

とはいえ、1980年2月12日の社内文書には、『エイリアン』がフォックスのVHS化優先リストの首位に立ったと書かれていた（2位は『ローズ』、3位『ヤング・ゼネレーション』と続く）。

## 思考と思想

1980年初頭には、映画制作に関わったほぼ全員が完成版を観ており、それぞれの感想を持っていた。映画はヒットし、批評家からはかなり叩かれたが、スコットたちは受け流した。結果的に、『エイリアン』は大成功を収めたのだから。

「この映画には、知性に訴えるものが何もない」と、1979年にスコットは語っている。「それがポイントなんだ。メッセージ性もなし。非常に直感的なレベルで観客に訴えかける。要点は恐怖のみ。恐怖に次ぐ恐怖だ」。さらに彼はこう付け加える。「批評家たちが見落としているのは、この映画の全体的な環境だよ。何から何まで完全に設定され、すごく慎重に考えられた環境をね。大部分において、『エイリアン』の世界観自体が僕のやりたかったことなんだ。僕は最初から、小型映画の強度を持つ大型映画を作るつもりで動き始めた。そしてギーガーや他のアーティストたちの貢献があったから、『エイリアン』は唯一無二の映像体験を可能にする作品になった。『デュエリスト／決闘者』はアート映画と見なされたのが残念だった。でも、『エイリアン』を『アーティストの映画』と呼ぶのはかなり的を射ていると思うよ」

「『エイリアン』は、ハードコアな大人向けアニメだ」と、パウエルは言う。「アニメなんて言葉を使ったら殺されるだろうけど、まさにその通りなんだ。キャラクターの関わりが希薄だと批判する声もあるけれど、あれは元々の脚本がそうだった。我々はその方向性を変え、彼らがもっと人間らしく振る舞うように変えようとした。だが、ウォルター・ヒルがあまりにも感情を入れない書き方をしたからね。彼が監督と脚本を務めた『ザ・ドライバー』のヒーローを見てくれれば、好き嫌いがはっきり分かれるスタイルだとわかるだろう。我々が作品を引き受けた時点で、脚本はあまりにもスカスカな描写だった。だから、ガイラーのシニカルな書き方と合わせて、ようやく登場人物たちの台詞が洗練されるようになったんだ。脚本に対する懸念は、ある場面でより強固になった。元々の脚本には、乗組員たちがパックリと裂けた胃を見て、気の利いた台詞を交わすシーンがあったんだ。これ

上／1979年5月2日にフォックスが許可を出したフランス版ポスターのスケッチ。タイトルの下には「8人目の搭乗者」というサブタイトルが入り、「フランス各地で上映」という言葉も入っている。

左／ニューズウィーク誌1979年6月18日号は、リプリー役のウィーヴァーが表紙を飾った。

上／ケナー社のエイリアン玩具の説明書には、「邪悪な脳が暗闇で光る！」と書かれている。

右下／6月10日、ロンドンのレスター・スクエアのオデオン劇場で行われた、キャストとスタッフが登壇する試写会のチケット。

はおかしいと全員が思った。我々は脚本に人間らしさを与えたが、冷淡さこそが物語の特徴の一部だったからだ。ヘビー・メタル誌ほどじゃないが、できる限り近づけることはできた」

「『エイリアン』のような映画では――」と、スコットはある取材で語り出した。「登場人物については限られた情報だけを伝えるよう気をつけないといけないんだ。俳優はキャスティングされるとすぐに、自分が演じる役にある程度性格づけを行う。ブレット役のハリー・ディーン・スタントンは自分の存在感そのものを利用して、観客にわかるような形で人物の本質的な性格をキャラクターに植えつけた」

「リドリーはいい奴だよ」と、1979年にオバノンは語っている。「『エイリアン』を観ればわかるように、彼のビジュアルスタイルは豪華で肉感的。彼は映画の見栄えを良くする最終責任者だった。カメラワークと関連するビジュアルデザインや雰囲気などは彼が決めたものだ。僕が想像していたものとは違ったけれど、ただ違うだけで、とても素晴らしいものだった」

「とはいえ、100％リドリーが生み出したわけではない」と、オバノンは続ける。「他の人間が考えた様々なビジョンに自分のビジョンを重ねるのがリドリーの仕事だ。演出やビジュアルについて、彼の方向性は決してぶれない。だから、批評家たちは完成した映画を指して、『これはリドリー・スコットが考えた未来のビジョンだ』と言うようになるかもしれない。しかし、映画作りはスタッフひとりひとりの仕事が先にあり、彼らが生み出したものを分類、抽出するのがリドリーの役割だ。つまり、それらを全て引っくるめたものが彼のビジョンになる」

「映画が面白くなったのは僕が物語の奥行きをビジュアル的に広げたからだと聞いて、不思議な気分になったよ」と、スコットは言う。「あの脚本のクオリティを過小評価してはいけない」

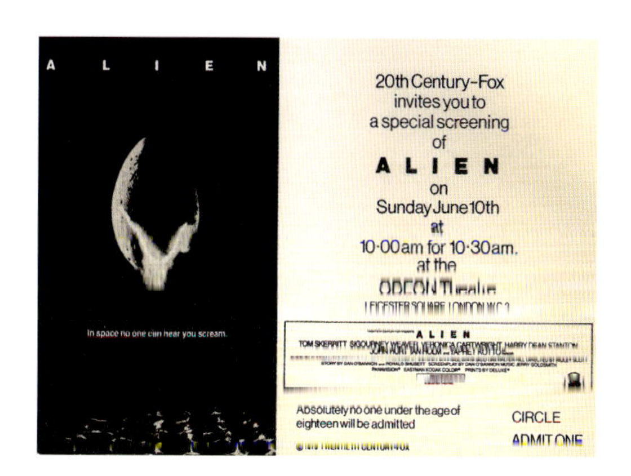


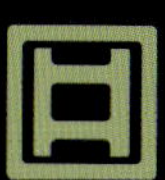

## 恐ろしきオモチャたち

フォックスは、エイリアンのグッズ売上も当てにするようになっていた。1979年には何冊かの関連書籍が出版された。大人向けとジュニア向けノベライズ小説に加え、アーチー・グッドウィンが執筆し、ウォルト・サイモンソンがイラストを描いたヘビー・メタル別冊の劇画、そして2冊のメイキング本――うち1冊は、長い間企画が温められていた『ギーガーズ・エイリアン』だ。エイヴォン出版社は、スチール写真入りでストーリーを綴った大型本を販売、サントラアルバムとメインテーマのシングル盤の両A面も発売された。エイリアンの12インチ模型キットがモデル・プロダクツ社（米）とエアフィックス社（英）で製造され、ケナー社はボタンを押して顎や舌を操作できる18インチのアクションフィギュアを製作（ある記事では「世界一醜悪な人形」と称されていた）。また、ボードゲーム「エイリアン：脱出ゲーム」は、複数のエイリアンがノストロモ号の通路や通気孔をうろつく中、最初に脱出艇に到達したプレイヤーが勝ち、という内容になっている。

「いつも想像しようとするんだけど……エイリアンの人形だって？」と、オバノンは戸惑いがちに言う。「どこまで需要があるのかわからないけれど、たぶん、部屋の中をこそこそと動き回って人間の足を噛み切る、小さなゴム製のエイリアンなんだろうね。子供やペットがいる家庭にピッタリなんじゃないかな」

トップス社は、99枚のトレーディングカードを作り、ケナー社は、実際の映画から抜粋された映像が観られる手回しカメラ「エイリアン映画ビューアー」を売り出した。他にも、ローチ社（Tシャツ）、クーパー社（仮装用コスチューム）、フォンディメンションズ社（ポスターセット）、HGトイ社（ジグソーパズル）、[illegible]マ）などが関連商品のためのライセンスを取得した。コアなファンのために、ドン・ポスト・スタジオは、限定数500個のエイリアンマスクを製作。値段はなんと1個500ドルという高額だった。

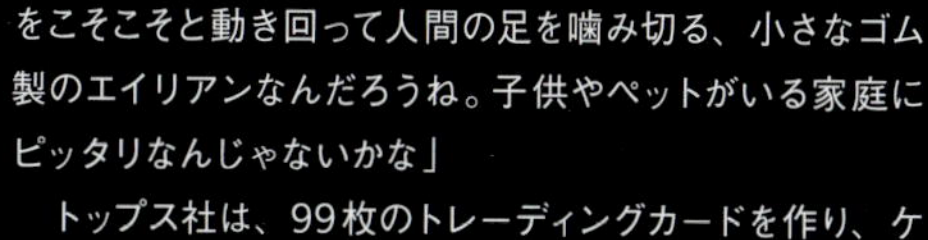

こうして、フォックスはR指定映画にもかかわらず、最大規模のキャラクター商品キャンペーンを展開。とはいえ、多くの商品のターゲットは実際の観客層とずれていた（『スター・ウォーズ』がNo.1大ヒットとなった時に出遅れた経験があり、フォックスは勝機を逃したくなかった可能性が大きい）。

オーブリー・ソロモンはフォックスの歴史を綴った著書の中で、「オモチャやキャラクター商品のマーケットは大きくなかった。なぜなら、小さな子供はエイリアンが何かを知らず、その姿を怖がってしまったからだと考えられる」と記している。

しかし、1979年と1980年は、始まりに過ぎなかった……。

左と右／かなり恐ろしい子供用玩具2種。ケナー社のアクションフィギュアのキャッチフレーズは「警告！エイリアンはここにいる！」で、トップス社のトレーディングカードはこのモンスターを「歩く悪夢！」と煽っている。

左／『エイリアン』を観ようとする人たちの列。おそらくニューヨーク市内だと思われる。

「まず何よりもとは言わないが、あれはいい脚本だった」と、ヒルはある時語っている。「内容の奥深さ、底なしの恐怖と悪夢を感じさせる。SF映画ともアクション映画とも言えず、あるいはホラー映画とも言い切れないが、その各要素が上質で強度のある、昔ながらのストーリー映画の形を通して奇妙に統合されていた。しかし、脚本の質がどうであれ、大事なのは映画として形にすることだ。そして今回はそれがうまく行った。リドリー・スコットは素晴らしい仕事をしてくれたと思う。また、ウィーヴァーはリプリーという完璧なアイコンとなりながらも、そのイメージに縛られない高い才能があった。女優としての経験は浅かったが、著名な女優でなかったからこそ、あの映画はずっと良いものになったのだろう」

「ギーガーが参加したということだけで、この映画は少なくとも20％は良くなった」と、シャセットは言う。「こんなに恐ろしいモンスターは、どの映画を探しても見つからないだろう」

そのギーガーは、「私にとって最も大事なのは、この映画が普段なら到達できないレベルへ私を引き上げ、新しい体験をさせてくれたことだ」と語る。「だが、ジャン・コクトー同様、私はひとつのジャンルに縛られるのを嫌う。だから今は絵を描くことにに戻りたいと考えている」

ランバルディは、自分が作ったエイリアンの頭部は充分に活用されなかったと感じているようだ。「あの頭部を友人に見せたら、驚いていたよ」と彼は笑う。「『本当にこれがエイリアンなのか？』と大声を出していた。頭部が映るカットは非常に短く、アクションの大部分はクローズアップだったから、何を見ているのか観客にはわからないんだ。私は監督に100通りの可能性を提示し、彼が使ったのは20通り。彼がそうしたのには理由があるのだろう。きっと、エイリアンの全体像は観客の想像に任せたかったんじゃないだろうか」

「我々は、『オーメン』が作った6,000万ドルという興行収入記録を超えた」と、パウエルは1979年に語っている。「『エイリアン』のことを考えると、いつも気分がいい。あのテーマの映画を作るのに完璧なタイミングだったんだ。かつて、私がSF小説のペーパーバックを読んでいると、それを見た人々は呆れたように溜息をついていた。もちろん今じゃ、SF小説を読むのは当たり前の行為だし、SF映画が好きだと堂々と公言できる。『エイリアン』のおかげで、カルチャージャンルのバランスを是正できたんじゃないかと思う」

撮影では細切れにしか体験していなかった映画を通しで観た俳優たちは、それぞれ独自の見方をしていた。

スタントンは1979年にこう語っている。「この映画の題材やジャンルを人が何と捉えようが、今のところ、究極のモンスター映画だと思っている。これ以上すごい作品を私は知らない」

「これは古典だと思う」というのは、スケリットの意見だ。「この映画を撮影していた時、私は古典を作っているのだと思っていた。私は普段から仕事と自分を引き離すのに苦労している。初めて『エイリアン』を客観的に観た時は怖かったよ。次に何が起こるか知っているのに、何かが起こるたびに衝撃を受けていた」

「最初に観たのはマスコミ試写会だった」。カートライトはそう話す。「それからエジプシャン・シアターでも観た。少し早めに行って、チケットを買って座席に座ってた。少しして案内係が劇場の扉を開けると、大勢の観客がなだれ込んできたの。本当に走ってたんだから！ すごかった。試写会に来るのは大体批評家で、ちょっと疲れていたり、うんざりした感じだったりする。だけど、一般のお客さんが歓声を上げたり、叫んだりしていた。あの場は興奮のるつぼだったわ」

数十年後、カートライトは、ランバートの死のシーンでエイリアンの尻尾が巻きつく足は彼女本人のものではなく、スタントンの足であることを明らかにした。「最初、観客と一緒に映画を観た時、そこに取材陣がいて、『エイリアンの尻尾に巻かれて、どんな感じでした？』と訊かれたの。でも、『知らないわ。ハリーに質問してちょうだい』と返してしまった。少しムッとしちゃったのよね。今思えば何てことないんだけど、あの時は取材陣から見咎められた気がしてしまって」

「実は、映画で脱いだことについて批判の手紙を受け取って、考えるようになったの」と、ウィーヴァーは話し出す。「映画で全裸になって1時間くらい走り回るとしたら、やるべきなのか……今ならもっとよく考えると思う。『エイリアン』を終えた後、映画脚本における女性の扱われ方が、昔から何も変わっていないことに気づいて驚いたの。例えば、女性がずっと服を着たままでいる脚本はめったにない。必ず誰かが劇中で脱ぐことになるの」（人は女優を脱がせることについて、プロデューサーや監督ではなく、脱いだ女優を批判しようと思うものなのだ）

ウィーヴァーは、このような邪悪な存在についての映画に出演した経緯について問われ、こう答えている。「エイリアンは邪悪じゃない。他にどんな生物が周囲にいようとも、自分たちの種を残すという自然な本能に従っているだけなの。そういう質問をされるたびに『まったく、もっと真面目に考えて！』と思ってた。ただ、この映画が充分に描けなかったのは、どうして私たちがあの化け物と一度もコミュニケーションを取ろうとしなかったのかということ。エイリアンは人間に、自分が何を求めているのかをすぐに示す。でも人間には、向こうが悪意から攻撃しているのか、自衛のためにそうしているのかわからない。それなのに、情報や経験に基づいてエイリアンが何なのかを考えたり、話し合ったりするシーンが全く描かれていなかった」

「パーカーが殺されたことは気にしていない」。自分の役が死ぬ展開を必死に阻止しようとしたコットーだったが、気持ちに変化が生じたようだ。「パーカーが生き残ると、今後も続編に出続けないといけないだろ。自分は元の一俳優に戻りたかったんだ。ニューヨークの舞台で学んだのは、同じトリックを2度使うなという言葉。その言葉があったから、『帝国の逆襲』（ランド・カルリジアン役）も選ばなかった。『エイリアン』から解放された後はオハイオ州に行き、ロバート・レッドフォードと一緒に刑務所に入ったよ（1980年の『ブルベイカー』の役に言及して）」

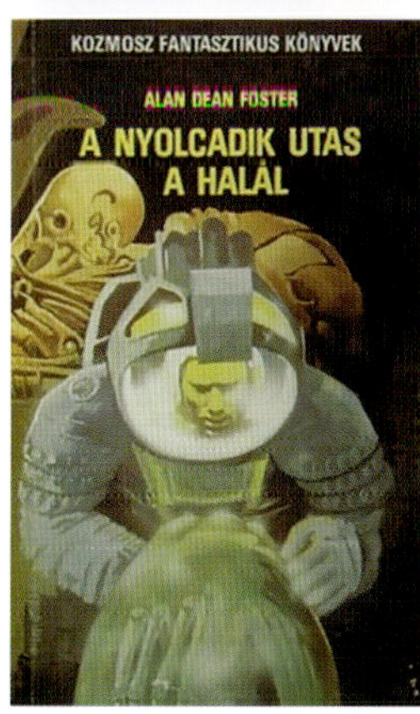


上2点／アラン・ディーン・フォスターが書いた『エイリアン』のノベライズ小説の表紙。下段は海外版。

しかしながら、コットーは最終編集版でパーカーの死を見て安堵したらしい。「そのシーンの撮影を見たんだが、エイリアンがパーカーの頭をかじるショットで、スタッフがメロンを使っていたんだ。メロンには髪が生えてないんだよ」と、彼は笑いを誘う。結局、眉間を狙う案はなくなっていた。「あれはどう見ても俺でもパーカーでもなかったから、かえって精神的に楽になった。あれは、毛なしのメロンだったからな！」

バデジョーは最初、第3形態のエイリアンの中身は自分だと誰にも気づいてもらえないことを悔しく思っていたという。「でも、自分がエイリアンの一形態を演じたという事実、それだけで充分なんだ」と、彼は気持ちの変化を語る。「きっと続編でもやらせてもらえるだろう。もし作られることになったらね」。だが、彼はグラフィックデザインや広告アートの道に進むつもりだと付け加えた。「もしも続編がなかったら、だよ！」

各部門の責任者とスタッフは、映画が劇場公開された時には既に、他のプロジェクトに移っていた。キャスティングディレクターのメアリー・セルウェイはトゥイッケナム・シアターで映画を観たという。「反響の大きさに驚き、映画そのものにも怯えたわ」と語っている。

「スタッフに加わった時はまだ、自分が携わる映画が椅子から飛び上がるほど怖いものになるとは夢にも思ってなかった」と、特殊効果技師のデヴィッド・ワトキンスは明かす。「ショックを受けたし、感嘆もした。スクリーン上では、自分がスタジオで撮影していた時とは全く違うものに見えたんだ」

「個人的な感想だが、エンディングにはガッカリした」。そう話すのはスカルプターのロジャー・ディッケンだ。作品に対する彼の低評価は一貫していた。「彼らはラストを台無しにした。多額の予算が費やされたが、それに見合うものにはならなかった。観客はエイリアンの何を見たっていうんだ？ 何も見えていないだろう！」

フォックスの姿勢はもっと客観的だった。『エイリアン』は大金を稼いだ。ならば、続編を……と考え始めていたのだ。

## エイリアンの息子

「フォックスが『エイリアン2』を作るとして、自分に何かできるとしたら——」と、スコットは1979年に語っている。「ある意味、1作目よりもずっと面白い作品になるかもしれない。謎の部分に踏み込み、2つの異なる文明を深く掘り下げることになるだろうね」。彼は、特にスペースジョッキーに強い関心を持っていた。「彼はあの宇宙船のパイロットのひとりに過ぎなかった。もし彼以外に乗組員がいる船だったなら、思いがけずあの小惑星に着陸した際に、あの奇妙な種に遭遇したということになる。もしかしたら、修理のために着陸せざるを得なかったのかもしれない。そして乗組員たちは殺され、最後に生き残ったひとりがどうにか操縦席に座り、警告のシグナルを送ったんだ。続編ではそこを追求するかもしれないね」

「スペースジョッキーはエイリアンの次の形態なのかという見方もある。だが、それより彼は犠牲者ということにしておくほうがいいだろう」と、パウエルは言う。「リドリーは続編であの惑星に戻りたいと考えている。きっと第2弾の物語は、卵の中のエイリアンに襲われた遺棄船の乗組員たちを調査するところから始まるのだろう」

続編について質問されたウィーヴァーは、「脚本家たちが一体どうやってリプリーを宇宙に戻すつもりなのか、私にはわからない」と答えている。「全然想像もつかないわ。でも、あの惑星は今もあそこにある。エイリアンの卵を山ほど抱えたままね」

ファンゴリア誌のある号に、『エイリアン』テレビシリーズ化計画に言及した短い記事が掲載されたが、実際はフォックスが映画の続編を作る可能性のほうが高いと見られていた。実は、1作目の公開前から、続編制作の噂が囁かれるようになっていたのだ。ウォーレンの『エイリアン』公式マガジンでは、次のような複数の可能性が列挙されていた。

・危うく脱出艇のエンジンの炎に焼かれるところだったエイリアンだが、何とかシャトルの外側で生き延び、リプリーと共に人間社会へとたどり着く。
・小惑星への2度目の調査隊が派遣されるが、現地に取り残され、遺棄船および自分たちの宇宙船の中で嵐を切り抜ける。乗組員たちはエイリアンの集団に遭遇。それがスペースジョッキーと同じ種族だったというクライマックスを迎える。
・続編ではなく、前日譚。スペースジョッキーの話が語られ、ノストロモ号の乗組員が到着して、『エイリアン』1作目の開始部分で終わる。
・小惑星が爆発してエイリアンの卵が地球に送られ、そこで彼らが大繁殖するという『ボディ・スナッチャー／恐怖の街』を思わせる展開になる。
・1作目で最も人気だった役者がシガニー・ウィーバーだったことから（もちろん、他は全員殺されてしまっている）、これらのシナリオには全てリプリーが絡んでくる。

「我々は既に続編の話を始めている」と、当時のガイラーは打ち明けている。だが、同じエイリアンは登場させないだろうとほのめかしてもいる。「今は、予備的な話し合いに参加しているところだ。だが、まだ何も公表できる段階にはない。ヒルと私が一緒に取り組んでいる最中だ。1作目と2作目を繋ぐ要素として、脱出艇に連れ込んだ猫に焦点を当てられると考える人が多いのは知っている。だが、そうではない。たぶん猫は全く関与しないことになるだろう」

「これといって特に良いアイデアはないんだが……」。キャロルはそう言うが、続編では謎めいた邪悪な〈会社〉が重要な役割を果たすかもしれないと考えていた。「そのアイデアが妥当なところだと思っている」

## マジカルナイト

1980年4月1日、第52回アカデミー賞授賞式がロサンゼルスのドロシー・チャンドラー・パビリオンで開催された。司会進行役はジョニー・カーソン。『エイリアン』は、視覚効果賞（H・R・ギーガー、カルロ・ランバルディ、ブライアン・ジョンソン、ニック・アルダー、デニス・エイリング）と美術監督・装置賞（マイケル・シーモア、レスリー・ディリー、ロジャー・クリスチャン、イアン・ウィテカー）の2部門にノミネートされた。同作はこの時点で既に、サターン賞のSF映画賞、監督賞（リドリー・スコット）、助演女優賞（ヴェロニカ・カートライト）やヒューゴ賞映像部門などを獲得しており、他にも沢山の賞の候補になっていた。

アカデミー賞視覚効果賞の候補作は他に、『ブラックホール』、『007 ムーンレイカー』、『1941』、『スター・トレック』（映画版）があり、ブライアン・ジョンソンは、さすがにスピルバーグの『1941』には勝てないだろうと予想していた。美術監督・装置賞のライバルは、『オール・ザット・ジャズ』、『地獄の黙示録』、『チャイナ・シンドローム』、『スター・トレック』で、賞を獲ったのは『オール・ザット・ジャズ』だった。

視覚効果賞のプレゼンターは、ハロルド・ラッセルとファラ・フォーセット＝メジャーズだった。このハロルド・ラッセルの起用は、なかなか興味深い判断だったと言える。彼は第二次世界大戦中の爆発事故により両手を失い、金属製の義手をつけていたのだ（これがきっかけでウィリアム・ワイラー監督が『我等の生涯の最良の年』に彼を採用し、アカデミー賞助演男優賞と特別賞の栄誉に輝いている）。

「長いこと待ち望んでいた瞬間がとうとうやってきた」と、ミア・ボンザーニは書き残している。「『受賞者は……』とプレゼンターのファラ・フォーセット＝メジャーズが言い、その時が永遠に止まるかと思った。彼女はゆっくりと封筒を開けて、満面の笑みを浮かべた……」

受賞したのは、『エイリアン』だった。

「ギーガーは、まるでタランチュラにでも噛まれたかのように、椅子から飛び上がった」と、ボンザニーゴは続ける。「ステージにダッシュしそうな勢いだった彼を、私はなんとか引き止めていた。とはいえ、私自身も興奮で震えていた。きちんと壇上へと招かれるまで待ち、受賞した仲間たちと一緒に歩いていくべきだと思った。カルロ・ランバルディはとても驚き、呆然としていた。私が肘でつついたら、ようやく我に返っていた。ステージの上に立った3人は喜びと安堵で破顔していた。カルロはスピーチ用の下書きの紙を取り出してしゃべり、ギーガーはシンプルに『サンキュー』とだけ言い、ブライアン・ジョンソンはスタッフからの感謝をリドリー・スコットに伝える役割を果たしていた」

「気絶するところだった」とジョンソンは言う。「あの金色に輝く像が自分の手の中にあるなんて。ズシリと重かった……」

舞台裏で、ギーガーはチャールトン・ヘストンと握手をした。ボンザニーゴの記録は続く。「私は涙を抑えることができなかった。子供の頃、父親に連れられて『地上最大のショウ』を観てから、彼はずっとヘストンを尊敬していたのだ。その本人と対面し握手までできたことで、ギーガーは呆然としていた」

「オスカー受賞者となった5人には今、取材が殺到している。ゲストたちは受賞会場のパビリオンを後にし、祝賀会に参加した。パーティ会場は大勢の人でごった返し、オスカー像をひと目見ようとする人もいた。ギーガーは照れくさいのか、プログラムで自分のオスカー像を包んでいたが、周りからオスカーコールが湧くと、はにかみながら小さな国民的ヒーロー像の産着を剥がした。そして、私たちは興奮で神経をピリピリさせながら、レッドカーペットを並んで歩いていった」

## 真剣勝負

フォックスの保存文書によれば、『エイリアン』のネガティブ・コスト(配給や宣伝の費用は除く、映画の制作と撮影の純費用)は最終的に1,079万1,763ドルとなり、広告には1,700万

**左下**／『エイリアン』はアカデミー賞視覚効果賞を受賞し、ギーガー、ランバルディ、ジョンソンの3人が授賞式で壇上に上がった(アルダーとエイリングは欠席)。プレゼンターは女優ファラー・フォーセット=メジャース(中央)と俳優のハロルド・ラッセル(左端)だった。

「この映画を見事に演出してくれたリドリー・スコットに感謝を示したい。彼の努力がなければ、我々は今夜この場所に立っていない。そして、イギリスのスタッフにも礼を言いたい。君たちは本当に頑張ってくれた。この賞は君たちが受賞したも同然だ」と、ジョンソンは受賞スピーチで語った。

**次頁**／英国アカデミー賞では、プロダクションデザイン賞(マイケル・シーモア)と音響賞(デリック・レザー、ジム・シールズ、ビル・ロウ)を獲得。大勢のスタッフが祝杯を上げた。

写真は左から、プロダクションバイヤーのジル・クワーティアー、製図者のアラン・トムキンス、ロザリンド・シングルトン、プロダクションデザイナーのマイケル・シーモア、美術監督のレスリー・ディリー、建設管理者のビル・ウェルチ、美術監督のロジャー・クリスチャン。手前にいるのが製図者のクリピアン・サリスだ(写真提供：アラン・トムキンス)。

"ALIEN" ART DEPARTMENT 1979

ドルが費やされたという。だが、このコストの金額もフォックスの会計方法も、1980年4月27日付のロサンゼルス・タイムス紙の調査記事で疑問視された。シャセットはこの時点でもまだハリウッドの薄汚いアパートに住んでおり、映画の配分利益は1セントも受け取っていなかった。彼とオバノンは手にすることが難しい純利益に基づいた配当を受け取る契約で、一方、ブランディワインのヒル、キャロル、ガイラーの契約は総利益に基づいていた。問題は、誰も何も受け取っていないことだった。

プロデューサーたちの発言に基づけば、『エイリアン』は、アメリカとカナダで3,707万693ドルの総収益を上げている。しかしながら、1月9日付のバラエティ誌は、同地域での総収益は4,008万6,573ドルだったと報道。しかも、これはフォックスから提供された情報だという。また、この数字は同誌の「1979年の人気レンタル映画」という記事でも立証されている。この記事のランキングでは、『エイリアン』が4,000万ドルで4位に入っていた(上位3作には『スーパーマン』、『ダーティファイター』、『ロッキー2』がランクインしている)。

だが、プロデューサーたちは『エイリアン』には240万7,427ドルの損失があったと主張した。つまり、利益配当の小切手は、すぐには関係者に渡されないということだった(なお、どちらの主張する金額も、12月29日付のフォックス社内報に掲載された総収益4,841万1,915ドルより低い)。

「さすがにこれはおかしい」と、先の記事でトム・ポロックは語っている。彼は、ジョージ・ルーカスがフォックスと最初に契約も結ぶ際に手助けした経験を持つハリウッドの敏腕弁護士でブランディワインの専属弁護士でもあった。「映画会社は利益配当を操作するのに発生主義をとる。どの映画会社でも、それが標準的になっている。不公平なやり方だ。会計の書面からは何もわからない。実際に会計監査の人間を送り込んで隅から隅までチェックするまでは、真実は出てこないものなのだ」

1980年3月29日付のフォックス社内報では、アメリカ国内、イギリス、ヨーロッパ、その他の海外地域および劇場以外の場所へのレンタルによる合計収益は6,138万3,100ドル(ライセンス料の14万2,513ドルを含む)だったと報告されている。このデータはロサンゼルス・タイムズの記者も知らなかったようだ。少なくとも1回は配当の小切手を送る予定だったようだが、プロデューサーたちはその件に気づいていなかった可能性もある。

さらに、フォックスはABCテレビと1,400万ドルで契約を結んだが、その頭金のパーセンテージが新たな不和の火種となった。フォックス側は為替相場の変動でポンド高ドル安に傾いたため、費用がかさんだと訴えている。だが、ハリウッドの内部事情を語る出来事はもうひとつ起きていた。

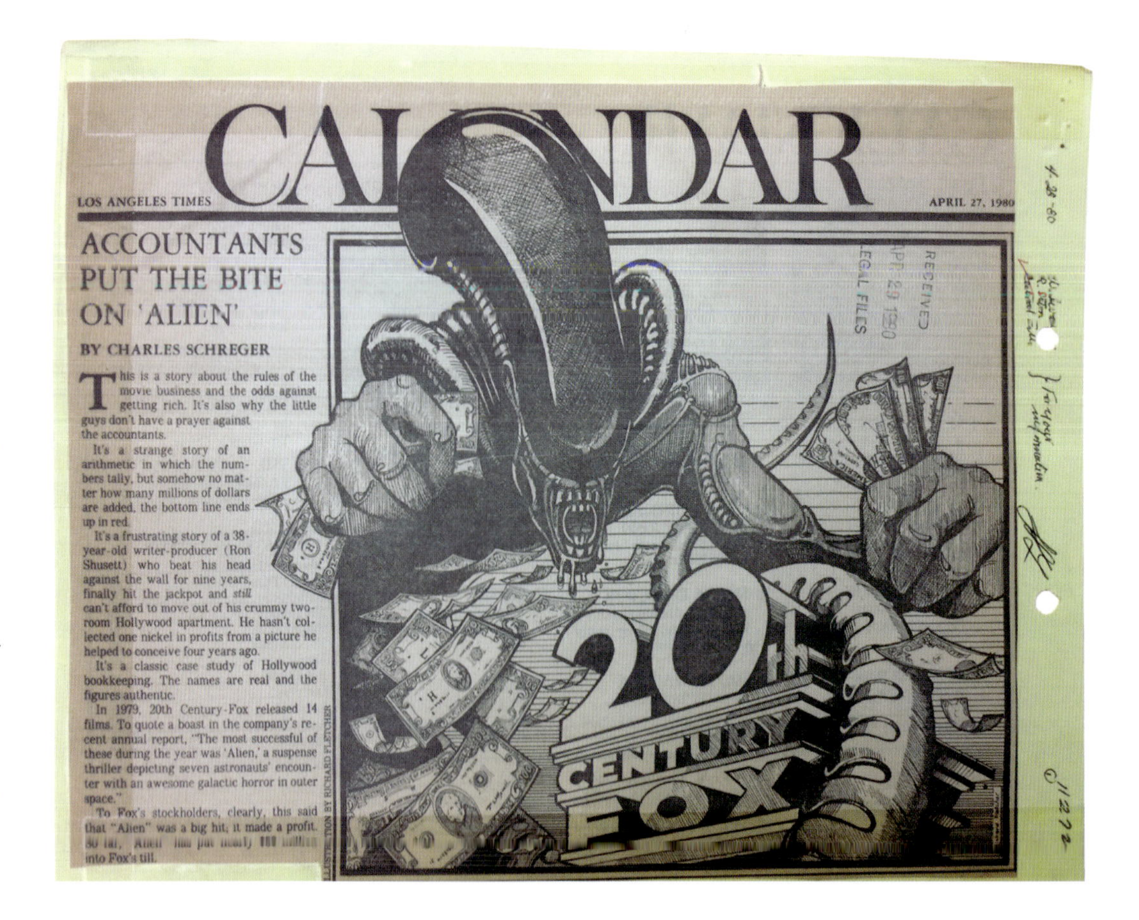

CALENDAR

LOS ANGELES TIMES　APRIL 27, 1980

RECEIVED
APR 29 1980
LEGAL FILES

ACCOUNTANTS PUT THE BITE ON 'ALIEN'

BY CHARLES SCHREGER

This is a story about the rules of the movie business and the odds against getting rich. It's also why the little guys don't have a prayer against the accountants.

It's a strange story of an arithmetic in which the numbers tally, but somehow no matter how many millions of dollars are added, the bottom line ends up in red.

It's a frustrating story of a 38-year-old writer-producer (Ron Shusett) who beat his head against the wall for nine years, finally hit the jackpot and *still* can't afford to move out of his crummy two-room Hollywood apartment. He hasn't collected one nickel in profits from a picture he helped to conceive four years ago.

It's a classic case study of Hollywood bookkeeping. The names are real and the figures authentic.

In 1979, 20th Century-Fox released 14 films. To quote a boast in the company's recent annual report, "The most successful of these during the year was 'Alien,' a suspense thriller depicting seven astronauts' encounter with an awesome galactic horror in outer space."

To Fox's stockholders, clearly, this said that "Alien" was a big hit; it made a profit. So far, 'Alien' has put nearly [illegible] into Fox's till.

ILLUSTRATION BY RICHARD FLETCHER



左/フォックス法務部のアーカイブにあった、1980年4月27日付のロサンゼルス・タイムズ紙の記事の切り抜き。リチャード・フレッチャーによるイラストがチャールズ・シュレガーによる『エイリアン』の利益配当についての調査記事に添えられている。

フォックスの歴史を1冊にまとめたオーブリー・ソロモンによれば、早くも1979年半ばの段階から、フォックスでは経営陣の交代が進行中だという噂が流れていたらしい。アラン・ラッド・Jrが自分の利益の取り分を広げようと動いていたためだ。だが、フォックスの社長であったデニス・スタンフィルは姿勢を変えなかった。ラッド・Jrは3年契約が切れる1979年12月、フォックスとの交渉で条件が折り合わず、カンター、ウィガンと共に同社を離れることになった。上層部離脱のニュースは、たった1日で同社の株を40.63ドルから38.87ドルにまで降下させたという。1980年1月には、フォックス離脱組の3人がワーナーの融資を受けて自分たちのプロダクション、ラッド・カンパニーを設立。このような経緯で、フォックスの管理体制は刷新されたのだった。

「これが誤りなのか、それとも会計記録が巧妙に改ざんされているのか、あからさまな不正行為なのかをまだ言える段階ではない」と、ポロックは付け加えている。「会計検査をするまでは何も言うことができないが、私が見てきた中でも、これは最悪のケースになるだろう。最悪中の最悪だ」

フォックスで最初に反応したのは、パブリシティおよびプロモーション部門部長のソール・クーパーだった。「本作が成功作だとされていることには同意する。しかし、リリース直後の支払いを期待していた人々は、少し認識が甘かったと思う」

「支払いの件に関しては、別に怒ってはいない」と、オバノンは言う。「でも、僕らは調査中だ。フォックスが自分たちの過失に気づくのは時間の問題だろう」。当事者の中でも、オバノンの反応は最も穏やかなものだったと言われている。反対に、シャセットは怒っていた。「『エイリアン』が成功するかどうか、僕は答えを知るのが本当に怖かったんだ」と、彼は強い口調で訴える。「成功しなかったらどうなる？ その考えに僕は怯え、不安でいっぱいだった。なぜなら、今まで成功したことがないからだよ。だが、結果は吉と出た。そして一山当てたはずなのに、金はどこにもない」

ガイラーも怒りを感じていた。「信じられない。この件については本当に、何を言っていいのかわからないくらいだ。言語道断だ。『エイリアン』が世界中で稼いだ大金が一体どこに行ったのか、想像もつかないよ」

ポロックはリドリー・スコットの弁護士でもあった。スコットには『エイリアン』の利益に絡む利害関係はなかったものの、ポロックが自腹を切ってロサンゼルス・タイムズ土曜版に2ページ見開きの広告を載せたのを覚えていた。「利益を得られない？ それでいいわけがない！」と訴えかける広告だったという。「彼は怒り狂っていたよ」と、スコットは当時を振り返る。

フォックスの記録文書には、ロサンゼルス・タイムズの記事に対する返答の下書きもあり、その日付は5月14日となっていた。その返答の中では、記事にあった内容は単にタイミングの問題であり、次の発表ではさらなる利益が示されるはずだと述べられていた。実際、1980年7月のフォックスの四半期財務諸表には400万ドルが上乗せされていた。

法廷を巻き込む出来事はさらに続いた。オバノンはジャック・ハンマーという作家から訴えられたが、結果的にはその疑いを晴らすことに成功した。伝えられるところによれば、ハンマーは、『エイリアン』が自身の『ブラック・スペース』という脚本の盗作だと主張したのだという。一方、フォックスは1980年7月14日に、『エイリアン』は『緋色の不協和音』からの盗作だと訴えていたヴァン・ヴォークトとの示談書にサインをし、彼に5万ドルを支払った（ヴォークトはスクリーンクレジットも望んだが、こちらの主張は通らなかった）。

『恐怖の火星探検』の脚本家ジェローム・ビクスビーの弁護士もまた、フォックスに連絡を入れた。『実のところ、私は『エイリアン』のことを孫のように感じているんだ』とビクスビーは記者に語っている。「正直に言うと、私のストーリーだって他の作品から生まれたようなものだ。ハワード・ホークス製作の『遊星よりの物体X』の設定を宇宙船内で展開させたのだから。あの映画は長い間、SF作家にとってのひな型になっていたからね」

『エイリアン』の公開が終わるまでに、アメリカ国内の収益は8,093万1801ドルに達し、海外では約2,400万ドルになり、全世界での合計興行収入は1億493万1,801ドルにまで膨れ上がっていた。そして、法廷での争いはしばらく続くことになる。

## 地球上のろくでなし

『エイリアン』が成功したことで、当然のことながら「突然変異体」—— 模造品、海賊版、盗作ギリギリの商品などが生み出され、世の中に流通するのは避けられない事態になった。1980年2月28日、フォックスの弁護士はヘリテージ・エンタープライズ社に『エイリアン・エンカウンター』という映画タイトルを使用しないよう警告状を出した。それより前には、NBCで『エイリアンの帰還』という番組も作られていた。

そして1979年9月17日には、イタリアとドイツの合作で、ベネズエラのプランコ・イ・タラウィエソ社が配給する映画『エイリアン2』の存在が発覚。副題は「地球のはみ出し者」だったが、予告編では、明らかに『エイリアン』の続編だと訴えるような作りになっていた。

また、監督兼脚本家のルイジ・コーツは、明らかにまがいものにしか見えない映画『エイリアンドローム』（80）を制作済みだった。大きなスライムだらけの卵、嘘っぽいエイリアンが人間に寄生して卵を孵化させる設定（英語版のアフレコも相当ひどいものだった）が登場する、超低予算のチープな映画だ。フォックスの弁護士は、コーツを説得してタイトルを『Contamination（邦題はエイリアンドロームのまま）』（80）に変更させた。

それでも、フォックスが次から次へと生まれる偽物を片っ端から排除できるわけもなく、法の目をかいくぐる賢いプロモーターが存在したのは事実だった。うちひとつは、『エイリアン・デッド』（80）だ。ハウスボートに隕石が落下するというプロットの作品だったが、金儲けのために直前でタイトルを変えたのだ。他にも、『悪魔の受胎』（81）、1981年にロジャー・コーマンが製作した『ギャラクシー・オブ・テラー／恐怖の惑星』（ある記者の話では、ギーガーのバイオテクノロジー的恐怖にかなり近い要素が取り込まれていたという）、『Xrro』（82）、『禁断の惑星エグザビア』（82）と、枚挙にいとまがない。

特筆すべきは——おそらくオバノンが興味深いと思ったはずだろうが——ジョン・カーペンターがハワード・ホークス作品を正式にリメイクした『遊星からの物体X』（82）だ。特殊メイクはロブ・ボッティンが担当。宇宙からの侵略者というテーマの映画では、まぎれもなく、かなり独創的な派生作品に仕上がっている。

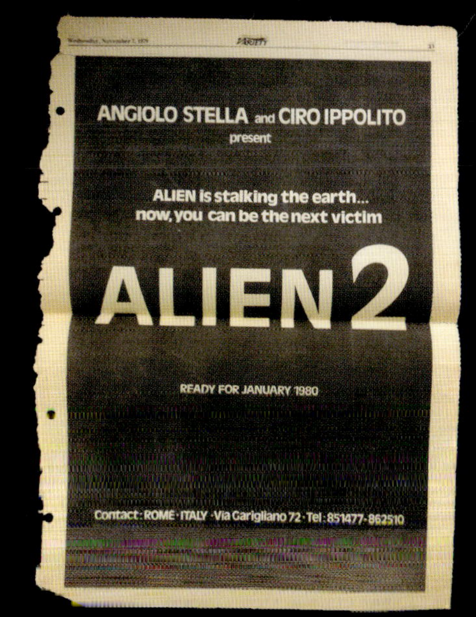


右／フォックス法務部のアーカイブにあった、バラエティ誌1979年11月7日号に掲載された『エイリアン2』の1ページ広告の切り抜き。だが、これはフォックスが正式に認めた続編ではなく、2作目を偽ったまがいものだった。

EPILOGUE

エピローグ

# 世代を超える悪夢

1979年5月～1980年

右 小惑星のセット。

E

『エイリアン』は、脚本家が必死の思いで生み出した物語だ。この作品で輝かしいキャリアへの一歩を踏み出した監督リドリー・スコットの指揮の下、この企画に惹かれたアーティストと職人たち——オバノン、ヒル、ガイラー、クリスチャン、コッブ、ボイジー、アルダー、ディリー、ローリングス、ゴールドスミス、シールズらが集結。試行錯誤と衝突を繰り返しながら、長く苦しい制作期間を全員で乗り越えた。

映画が公開されて数日、数週間、数ヵ月と経つ間、出演した俳優たちは次はどんな仕事をするのかと何度も質問された。カートライトは、別のSF映画に出演したと語った。「2作を立て続けに撮影したところ。どちらも全く違う作品だけど、気をつけないと自分の演技がひとつの型にとらわれてしまう可能性がある。だから、叫んだり泣いたりするのは避けることにしたの」

「『エイリアン』に出て良かったよ」と、スタントンは映画の成功を語る。「おかげでギャラが2倍になった。だが、実感としては今ひとつピンと来ない。それでも、もらえるものが増える分には文句はない。ロッキード社で働くよりずっとマシだ」

「私は舞台でシェイクスピア作品をやりたい。ニューヨークで新しい劇作家たちとの仕事も続けてるし——」と、ウィーヴァーは瞳を輝かせる。「そして、できれば他の映画にも出てみたい」

『エイリアン』の出演者たちは今や引っ張りだこの人気で、仕事探しの苦労はなさそうだった。同じことはスタッフにも言える。「映画のデザイナーに起用したいと、15本以上の映画脚本が送られてきた」とギーガーは明かす。

ただし、『デューン／砂の惑星』が1984年にようやく作られた際、彼に参加依頼は来なかった。「できるものなら、あの映画には本当に関わりたかった」とギーガーは言う。「私が協力できることはないかと、友人を通じてデヴィッド・リンチ監督に訊いてもらったんだが、彼から返事が来ることはなかった」

コッブは、19世紀前半にアメリカのロッキー山脈にいた「マウンテンマン」と呼ばれる猟師たちについての映画『Half the Sky（ハーフ・ザ・スカイ）』（のちに企画自体が中止となった）の仕事に取り掛かった。さらに、『コナン・ザ・グレート』(82)ではロゴデザイン、コンセプトアート、キャラクターデザインを担当した。

ローリングスとヒーリーは、チャールトン・ヘストン主演作『ピラミッド』(80)の仕事に移っていた。

オバノンとシャセットは『エイリアン』の公開から1週間後、独立系の映画会社から企画を持ちかけられ、ホラー作品『ゾンゲリア』(81)の脚本を書いた。シャセットは製作にも加わった。

「また新しい脚本を書くかもしれない」と、オバノンは言う。「自分で監督がしたいんだ。でも、『エイリアン』のような揉めごとに巻き込まれるのはもうごめんだと思ってる」。

オバノンはまた、自身の脚本『奴らは噛みつく』を小説化することを考えた（数年後、その題名を『Drone（ドローン）』に変更し、さらに『Omnivore（雑食性動物）』に変えている）。さらに、『ブルーサンダー』と呼ばれる作品の脚本をラスター・プロダクションに売り、1983年にジョン・バダム監督により映画化された。この映画会社には、ブランディワインと決別したキャロルがプロデューサーとして参加していた。のちにオバノンは、『悪魔のいけにえ』で一躍有名になったトビー・フーパー監督による『スペースバンパイア』(85)の脚本も担当。この作品も、宇宙船が宇宙人に侵略され、その中でカールセン大佐という主人公が唯一生き残るという設定だった。

「次の映画では、ファンタジーが現実になるということを描いてみたい」と、スコットは1979年に語っている。「今の僕にとって大事なのは映画を作り続けていくことだ。充分に映画を作れなくなるという罠にかかりたくはないんだ」

「特殊撮影と模型を使ってどんなことを実現できるのか、リドリーは悟り始めている」。そう話すのはパウエルだ。「それでもまだ、我々が到達したのは入口に過ぎない。『エイリアン』は特撮映画と言えるほどではなかったからね。あれはどちらかと言えば心理映画なんだよ」

スコットは、次の監督作は間違いなくSF以外の作品になるだろうと明言した。「全く異なる毛色の作品だ。『トリスタンとイゾルデ』のプロジェクトに戻るかもしれない。おそらくその作品は『Knight（騎士）』と呼ばれることになるだろう。親しみあるテーマを慣れ親しんだ方法で作る、そういう罠に陥らないようにしたいんだ。それが済んだら、またSFに戻ってくると思う」

ヒルが『ロング・ライダーズ』(80)を監督する一方で、ガイラーはコメディの脚本を書いていた。2人はラッド・Jrの新会社ラッド・カンパニーとのプロデュース契約を交わしたのだった。

映画業界では様々な企画が生まれては消えていく。一度は結ばれた提携や契約が解消される場合も少なくない。パウエルとスコットはオバノンが脚本を書いた『ブルーサンダー』を作る予定だったが、代わりにフィルムウェイ・ピクチャーズと手を組み、プロデューサーのマイケル・ディーリーと共に、フィリップ・K・ディックの小説『アンドロイドは電気羊の夢を見るか?』を原作とした映画を作ることになった。当初はまだタイトルが付いていなかったが、それはのちに誰もが知る『ブレードランナー』(82)になった。「皮肉にも、かつてはSFというジャンルを軽視していたスコットが今では『SFの神様』だと考えられている」と、作家

ALIENS
THIS TIME IT'S WAR
TWENTIETH CENTURY FOX
BRANDYWINE
JAMES CAMERON
ALIENS
SIGOURNEY WEAVER
JAMES HORNER
Alien Effects Created by STAN WINSTON
Certain Special Visual Effects Created by THE L.A. EFFECTS GROUP, INC.
Executive Producers GORDON CARROLL, DAVID GILER and WALTER HILL
DAN O'BANNON and RONALD SHUSETT
Story by JAMES CAMERON and DAVID GILER & WALTER HILL
JAMES CAMERON
RESTRICTED
UNDER 17 REQUIRES ACCOMPANYING PARENT OR ADULT GUARDIAN
DOLBY STEREO
Produced by GALE ANNE HURD
Directed by JAMES CAMERON
READ THE WARNER BOOK
Prints by DeLuxe
Original Soundtrack Available On Varese Sarabande Records And Cassettes

(86)の

のポール・サモンはコメントしている。

ベン・バートはシールズが担当した『ブレードランナー』の音響デザインを評価する。「『スター・ウォーズ』で使われたトラクター・ビーム発生装置の効果音が本作でも目立っている。リック・デッカードのアパートの音がそうだ。また、私は『エイリアン』でボツになった送信信号の音を『レイダース／失われたアーク《聖櫃》』(81)に使用した。聖櫃から精霊が飛び出すシーンだ。どんな仕事も無駄じゃないという良い例だよ」

リドリー・スコットが『騎士』と呼んでいたプロジェクトは、彼が監督した『レジェンド／光と闇の伝説』(85)になったと言ってもいいのかもしれない。「リドリーは一緒にやらないかと私を誘ってくれたんだ」と、ビールは明かす。「だが、そうして準備を始めたものの、どうしてもいい映画を作れる気がしなくて、結局この企画からは離れることになった」。なお、『トリスタンとイゾルデ』はスコットと弟のトニーのプロデュースにより、2006年にとうとう映画化された。ケヴィン・レイノルズが監督し、ディーン・ジョーガリスが脚本を担当した。

オバノンとシャセットはフィリップ・K・ディックの小説を基にした新たな映画の脚本を完成させ、映画化を実現するために奔走した。これがのちに、アーノルド・シュワルツェネッガー主演、ポール・ヴァーホーヴェン監督の『トータル・リコール』(90)という大ヒット作になるのだった。

## 続編制作へ

リドリー・スコットによれば、フォックスが続編について話を持ちかけてきたことは一度もなかったという。「あれは僕たちのアイデアだったんだ。もしもエイリアンが猫から出てきたら、それはエイリアンと猫のハイブリッドになるんじゃないかって」と、シャセットは明かす。「そいつは変化して成長し続ける――そして、有名なモンスター映画にありがちな悪い癖、つまりワンパターンになるのを避けることができるんだ。エイリアンは何を宿主にするかによって、成長する形やサイズが変わるわけだから」

「ゴードンとデヴィッドは僕に脚本を書けと勧めてくれた」と、パウエルは言う。「最初に書いたうちのひとつは、『エイリアン』の続編もしくは前日譚と呼べるもので、私はそれを『ユニバース』と呼んでいた。ロサンゼルスまで飛んで売り込もうとしたんだが……色々あって、残念ながら映画化には至らなかった。映画になる脚本なんて全体のほんのひと握りだからね。でも、この経験はその後の励みになった」

この結果は、ブランディワインが『エイリアン』の利益配当を不服として、フォックスを相手に訴訟を起こしている最中だったことも影響していたのかもしれない。ロサンゼルス・タイムズ紙の新たな調査記事によれば、フォックスは1983年春に、和解案の一部として『エイリアン』の続編制作を本格化させたという。しかしながら、フォックスのブランディワインとの和解案には映画のリリースまでは盛り込まれておらず、単にプロジェクトを進行させることに留まっていた。そしてフォックスの取締役であったジョー・ウィザンは、その企画に乗り気ではなかったと言われている。「ノーマン・レヴィ(フォックスの会長)は、続編の話が進んでいることは全く耳にしていなかったんだ」と、ガイラーが言う。「作っても大失敗すると思っていたらしい」

レヴィは、自分は続編の制作に反対していた覚えはないと反論しているが、その経費については確かに心配していたそうだ。

その夏、フェニックス社(ガイラーの制作会社)の開発部門幹部であったラリー・ウィルソンは、ジェームズ・キャメロンが書いた『ターミネーター』という作品の脚本を見つけ、彼に『エイリアン』の続編を書かせてみようとガイラーに提案。ガイラー、ヒル、キャロルの3人はその案に賛成し、キャメロンを採用することにした。そしてわずか3日で42ページのストーリーが書き上げられたものの、フォックスは何も動かなかった。

フォックスがマリオ・カサールとアンドリュー・G・ヴァイナに『ランボー』のフランチャイズ権を売ったのは、その頃だった。

1984年6月、ラリー・ゴードンがウィザンに代わってフォックスの取締役の座に就任。「当時、『エイリアン』の続編がまだ動き出していなかったなんて信じられなかった」と、彼は振り返る。

『エイリアン2』の監督と脚本にはジェームズ・キャメロンが採用され、もちろんシガニー・ウィーヴァーの参加も決まった。かくして1986年に公開された第2弾も大ヒットを飛ばし、フォックスは当初から重役たちが視野に入れていた『エイリアン』のシリーズ化を本格的に考えるようになった。そして第3作は1986年7月の時点で既に制作が想定されていたものの、デヴィッド・フィンチャー監督の『エイリアン3』が実現するまでには5年の月日がかかった。3作目は最初の2作ほどヒットはしなかったものの、第4弾にもゴーサインが出され、1997年、ジャン＝ピエール・ジュネ監督による『エイリアン4』が公開された。ウィーヴァーはこの4作全部に出演している。

「3作目の映画が作られた後、我々はフォックスと衝突した」とヒルは語る。フォックスとの間に再び金銭面での対立が生じたのだ。「だが、我々は今も、シリーズ化作品の所有権保持者だ」。ヒルとガイラーは4作目にもプロデューサーとしてクレジットされているが、実際にはほとんど関与していなかった。「僕とデヴィッドは、フォックスからお払い箱だと聞かされた。それならそれで構わない」

ヒルとオバノンの反目はずっと続いた。「脚本家としてのクレジットを争って負けた場合、表向きは一生、その作品の脚本家としてクレジットされることはないんだ」と、2003年にオバノンは語っている。「ウォルターがやってきて、あれは全部自分が書いたものなのにクレジットの権利をおまえに奪われたと言われてね。一度じゃない。何回もだ。頭に来た僕は古いアニメの怒れるドナルド・ダックよろしく「クワッ、クワッ、クワッ」と不満をまくしたてたよ。そして受話器を取り、弁護士に電話してこう言った。『ウォルター・ヒルに伝えてくれないか。もし彼がもう一度公衆の面前で口を開いたら、本当にひどいことをしてやるぞってね』。それからウォルターは口を閉ざした。僕は、世論の風向きが少しずつこちらに向き始めていることにも気づいていた」

「今更過去のことを言っても仕方ない」と、さらに彼は言った。「映画の公開後、僕はウォルターに徹底抗戦することもできたけど、次第に世の中の人たちが僕を『エイリアン』の脚本家として認めてくれるようになり、逆にウォルターのほうへ関心を向けなくなっていったのを肌で感じたんだ。だから『教訓を得た』と思った。そして、その後はこの件について話すのを躊躇しなくなった。だって、黙っていたら自分が不利になるだけ。声を大にしなければ、向こうが僕を踏みつぶしにかかってくるわけだからね」

(本書の著者は、本件に関する1979年の記事をほとんど読んでいるが、最後の一言が奇妙だと感じた。当時、オバノンはほぼ全てのインタビュー記事で映画の脚本家として扱われていた。また、結果として『エイリアン』の脚本家として単独でクレジットされることになった。ヒルがインタビューを受けたのはわずか数回だ。オバノンは『エイリアン』シリーズのDVDやブルーレイでメイキングの特典映像にたびたび登場する一方、ヒルは一度も登場していない)

「もう遠い昔のことだ。世の中にはもっと大切なことがある」と、2004年にヒルは当時の確執を振り返っている。「だけど、私はいまだに、真実がきちんと反映されなかったという理由で、全米脚本家協会の決断は不当だったと信じているんだ」

## 繭から蝶へ

新たな映画化が決まるたび、1作目の『エイリアン』は何年にもわたって様々なフォーマットやパッケージでリリースされてきた。最初は17分のスーパー8バージョン。1980年にはVHS版とベータマックス版が発売され、アメリカ国内だけで4,000万ドルを売り上げた。その後も色々なVHS版が続き、1作目単体としても、続編と一緒のボックスセットとしても売り出されている。次に出たのはレーザーディスク版とビデオディスク版で、これらに

一番上／1984年3月25日にABCで『エイリアン』がテレビで初放映されることを知らせるTVガイド誌の告知ページ。味のあるイラストは、これまで映画を観たことがない人々の関心を引いた。

拳銃の小道具は実際に映画のために作られたものだが、劇中でリプリーが握っているものとは異なる。テレビ放映版は冒頭に、暴力シーンに対する注意喚起の言葉が入れられた。

上／2003年に発売された『エイリアン』4部作DVDセットのアートワーク。

中央／『エイリアン3』(92)の映画ポスター。

右端／『エイリアン4』(97)の映画ポスター。

は地球外生命体の送信信号や繭の部屋などの未公開シーンも含まれていた。最初のDVDは1999年、オリジナル映画の20周年記念エディションだった。

「予算に余裕があれば、2時間半バージョンを作りたい。現行の1時間57分バージョンじゃなくてね」と、1979年にスコットは語っている。

「あの撮影をやり遂げ、映画が公開されると、皆が『エイリアン』を観たと言ってくれた」と、コットーは思い返す。「でも俺はこう返していたよ。『いや、君たちはまだ本当の『エイリアン』を観ていない。いつか観られる日が来るだろう』とね。正直、頑張って演じたシーンがカットされた時はかなり落ち込んだ。自分の熱演シーンがごっそりとなくなったもんだから、あの映画を観ても誰も俺に気づいてくれないんじゃないかって。俺はリドリーに電話をして、『いつになったら、あのシーンを映画に戻してくれるんだ?』と訊いたくらいだ(笑)」。コットーはシャセットにも電話をかけていたという。

そして、ディレクターズカット版は数十年後にやっと実現された。2003年、フォックスは『エイリアン』25周年記念として『エイリアン』4部作のDVDボックスセットの発売を計画し、スコットにオリジナルのデジタルリストアとリマスター、そして削除されたシーンの復活を依頼した。

「提案された映画の拡大バージョンを観たんだが、ただ長いだけで、ペースのバランスが完全に失われているとしか感じられなかった」と、スコットは当時を振り返る。「結局、そのシーンの削除にはちゃんと理由があったということだ。それでも、映画のファンには新しい体験をしてもらいたいし、これはこれでいいのかなと考えた。僕は拡大バージョンの作業に参加して再び編集作業を行い、削除されたシーンを戻しても滞りなく物語が流れるように処理して完成させたんだ」

その拡大バージョンは、1作目のゴーサインが出た記念の日でもある10月31日のハロウィーンの日に劇場公開されたが、フォックスはマーケティング上の理由から、「ディレクターズカット版」と呼ぶことにこだわった。このバージョンにはざっと4分の映像が復活し、逆に、オリジナル版から約5分の映像がカットされている。ほとんどは音響効果などのマイナーチェンジだったが、復活した素材には繭のシーンも含まれていた。

「リドリーは映画のある部分をカットして、地球外生命体の送信信号のシーンを戻したんだ」と、バートは説明する。「そこには私が作った効果音が入っていたんだが、元々送ってあった音とは違うものになっていた」

12月2日に発売された『エイリアン』4部作ボックスセットは、映画のオリジナル版とディレクターズカット版の両バージョンを

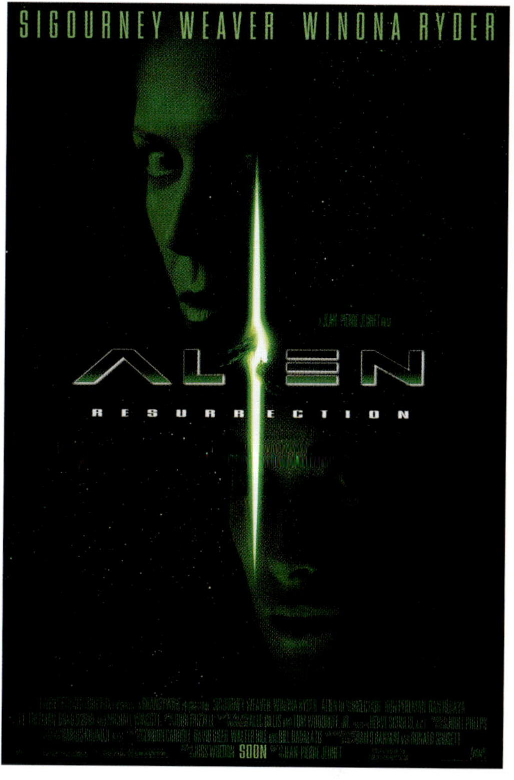


収録し、メイキングドキュメンタリー『The Beast Within(内在するビースト)』をはじめとする沢山の特典が盛り込まれていた。「オリジナル版はあらゆる意味で完璧だったんだと感じたよ」とスコットは言う。「今でもそう思っている。当時の私が何を捨て、何を選んだのかがそのまま残されているわけだ。『ディレクターズカット』という言葉は本来、クリエイティブ面での制限を取っ払った、監督のオリジナル版を復元することを意味するものだ。つまり、フィルムメーカーが映画会社の干渉から解放され、意に反してなされた変更箇所を元通りにしたバージョンということになる。ただ、『エイリアン』のディレクターズカット版はそれとは違う。エイリアンが全く異なる怪物になっているだけなんだ」

ディレクターズカット版のコメンタリーで、シガニー・ウィーヴァーは『エイリアン5』への興味を語り、一方、スコットは(続編を作るなら)エイリアンの過去やスペースジョッキーの正体を掘り下げたいと語った。

「ある時、『エイリアン5』を作るというアイデアが浮かんだんだ」とジェームズ・キャメロンは語る。「僕がその脚本を書いてプロデュースし、リドリーに監督させたらどうかと思いついた。僕たちは一緒にランチを食べ、その件を話し合った。だが、僕らは意気投合したものの、何も起きなかった。その頃、フォックスは『エイリアンVSプレデター』の話を進めていたんだ。僕は忠告した。『それは本気でやめたほうがいい。あなた方はこのシリーズを台無しにしてしまう。ユニバーサルが『ドラキュラ対狼男』を作るようなものだ』。そしてそれ以来、僕はもう『エイリアン』を新しく作る興味を失ってしまったんだ」

2000年、『エイリアン5』の可能性について問われたウィーヴァーは、「私たちはまず原点に戻らないといけないでしょうね」と答えている。「振り返ってみると、リプリーはある意味、私が演じた中で最も平凡なキャラクターだったと思う。だからといって、彼女が嫌いというわけじゃない」

2004年、『エイリアンVSプレデター』が劇場公開された。フォックスは、そうすることがこのシリーズを生かし続けるために最も確実な方法だと考えていたのだ。1979年から2003年までの間、フォックスは小説やゲームなど『エイリアン』シリーズの様々な映画タイアップ商品に関わってきたが、その中で最も成功したのが、1990年にランディ・ストラドリーとクリス・ワーナーがダークホース・コミックスから出版した『エイリアンvsプレデター』というコミックだった。この物語では、エイリアン・ゼノモーフが1987年の映画『プレデター』で知られるようになった地球外生命体、プレデターと戦いを繰り広げる（※訳注：「ゼノモーフ」というのはエイリアンシリーズに登場する様々な地球外生命体を指す名称で、『エイリアン2』から使われるようになった）。3年後には、続編『AVP エイリアンズVSプレデター2』が公開された。

キャメロンが監督した第2作を除き、『エイリアン』シリーズは軒並み批評家たちから酷評されているが（フィンチャーの作品は最も極端に意見が分かれた）、いずれも金を稼ぎ続けた。一方、スコットは長年温めてきた続編、前日譚、エイリアンの起源についてのアイデアを決して諦めてはいなかった。

## 古代の宇宙飛行士

ヒルとガイラーは、『プロメテウス』（12）で再びスコットとタッグを組むことになった。ジョン・スペイツが書いたオリジナルの脚本は、元々『エイリアン』のシンプルな前日譚として創作されたもので、例の小惑星で謎のピラミッドとフェイスハガーの入った容器が発見されるというストーリーだった。だが、新たに採用された脚本家のデイモン・リンデロフは、この作品は前日譚ではなく独立した作品にすべきではないかと提案してきた。

リンデロフが選ばれたのは、ゼノモーフの祖先や親の登場する脚本を改訂する作業のためだった。そしてギーガーも、過去作品を分析し、それを参考にゼノモーフを作り直すために再びプロジェクトに参加することになった。

『エイリアン』でカットされたリプリーとダラスのカジュアルなセックスシーンは、ショウとホロウェイという恋人設定の新キャラクターによって、この作品で再現されることになった。さらに、1976年にボツにされたヒルとガイラーによる物語の世界設定も復活。エリック・ヴァン・ダニケンが唱えた古代宇宙飛行士説（現在の人間の文明には、古代に地球を訪れた宇宙人が関係しているというもの）に影響を受けたプロットが採用されている。「我々が現在いる世界は、誰かの手を借りなければほぼ存在し得なかったはずだとNASAもバチカンも認めている」と、スコットは言う。「そこに注目したんだ。つまり、そこには神々や宇宙のエンジニアの介在があるのではないか。エイリアンが生物兵器として、あるいは惑星に送り込み先住生物を一掃するための道具として作られたものだとしたら？」

2015年11月27日、スコットは『エイリアン』新3部作の2作目を発表。『プロメテウス』の少し後という時代設定で、オリジナルの『エイリアン』へと繋がる前日譚第2弾だ（のちに、4番目の前日譚も作られる可能性があると示唆している）。この作品は最初の脚本の段階では『失楽園』というタイトルが付いており、人間とゼノモーフ両方の創造主である異星人〈エンジニア〉の過去が掘り下げられる予定で、1979年の『エイリアン』に繋がるように締めくくられていた。だが、前作『プロメテウス』に対する観客の反応が分かれていたため、背景や過去を描く方向は諦めてモンスターとの対決へと焦点を戻すことになった。最終的に、この企画は『エイリアン：コヴェナント』（17）として公開された。

「我々は段階的に、いかにもエイリアン的なものからは離れていく必要がある」と、2017年にスコットは説明している。「人々は、『もっとエイリアンが必要だ。顔を引き剥がしたり、胸を食い破ったりするシーンを入れてくれ』と言う。だから僕はそういう要素を『コヴェナント』に沢山盛り込み、うまく馴染ませることができた。だが、それをもう一度やるのなら、もっと興味深い新しい方法を探す必要があると思う」

『コヴェナント』でも、1979年の『エイリアン』で使われなかったアイデアがいくつか再利用されている。物語には、ウォルターとデヴィッドという瓜二つのアンドロイドが登場するのだが、映画の最後で、実はデヴィッドがウォルターを破壊して彼になりすましていたことが判明する。これは、スコットが元々『エイリアン』のエンディングに使おうと考えていた構想のひとつをアレンジしたものだった。

3番目の前日譚には、『Alien: Awakening（エイリアン：アウェイクニング）』という仮題が付けられた。『コヴェナント』が興行的に振るわなかったため、企画が棚上げになったままだったのだが、2017年12月にウォルト・ディズニー社がフォックスを買収し、映画の権利を所有することになった。スコットによればこのプロジェクトはまだ生きているそうだが、PG-13指定の映画にするようにというディズニーからの要求が障害になっていると思われる。「ああいうダークなテーマを扱うにしろ扱わないにしろ、ディズニーの気に入る作品にしなければならないのが今後の仮題だ」と、スコットは言う。「シリーズを貫くカラーは変えるべきではないと思う。ファンが望むものを与え続けて確固たる地位を築いたシリーズ作品なのに、それを変えてしまうなんてクレイジーだ」

## リトル・インディアン

プロデューサーとして、好調なRSAとスコット・フリー社の代表として、そして『テルマ＆ルイーズ』（91）、アカデミー賞作品賞に輝いた『グラディエーター』（00）や、『ブラックホーク・ダウン』（01）、『オデッセイ』（15）など数々の映画の監督として、スコットは今も精力的に活動し続けている。だが、『エイリアン』に深く関わった者たちの多くは既にこの世を去っている。

2009年12月18日、ダン・オバノンが他界。友人のデヴィッド・ファインは新聞の訃報記事に、オバノンの死は33年に及ぶクローン病との闘いの末の合併症によるものだと書いた。ギーガーのエージェントであり、オバノン家の友人でもあったレス・バラニーは、彼の病がチェストバスターのアイデア元になったのかもしれないと推測している。

ジェリー・ゴールドスミスは2004年に死去。彼はある時、『エイリアン』に『フロイド／隠された欲望』の音楽が使われていることに気づいた複数のファンから、「あなたは曲の使い回しをするようになったのか？」と書かれた手紙を受け取ったそうだ。スコットの判断に不満を抱いていたゴールドスミスだが、のちに、このように語ってもいた。「問題だったのは、私と監督、それぞれにそれぞれの想いがあったということだけだ。そしておそらく、監督のほうが正しかった」

「『エイリアン』の仕事をした期間はたった15日だったのに、その後10年間もメディアに取り上げられ、注目され続けることになった」。フランスの〈メビウス〉ことジャン・ジローは、同作で手掛けたデザインの賞賛を受け続け、2012年に亡くなった。スイスではギーガーが、アメリカではロン・コッブが、イギリスではクリス・フォスが同様に『エイリアン』のアーティストとして名声を得た。

H・R・ギーガーの死は、2014年に転倒した際の負傷が原因だと言われている。彼は1992年、「同じことを繰り返したくない」と言って絵筆を折った。亡くなる前、彼はスイスのグリュイエール村にギーガー・ミュージアムをオープン。バイオメカニック・スタイルの装飾が施されたカフェが併設されており、世界中から客が訪れている。彼の回顧展は、パリのマックス・フルーニ素朴派美術館の他、プラハ、オーストリア、フィンランドなど多くの場所で開催された。

ギーガーがデザインした第3形態エイリアンのスーツに入ったバデジョーは、鎖状赤血球貧血と診断され、ナイジェリアのラガス、エビュータ・メッタにある聖ステファン病院で39年の生涯を閉じた。兄弟の話では、バデジョーは1989年にナイ

上2点／上は『エイリアンVS プレデター』（04）のポスター。下は『エイリアン・デー』のポスター。『エイリアン2』公開から30周年の2016年、フォックスはノストロモ号の乗組員たちがエイリアンに遭遇した惑星LV426にちなみ、4月26日をエイリアン・デーとし、イベントなどを開催した。

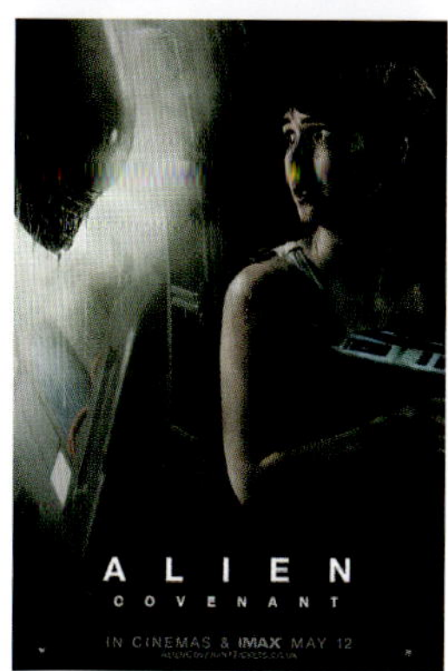


上2点／上は『プロメテウス』(12)のポスター。下は『エイリアン：コヴェナント』(17)のポスター。

ジェリアに戻り、自身の画廊を経営していたそうだ。

スコットは自身の監督作『キングダム・オブ・ヘブン』(05)で、『エイリアン』の降板以来初めてジョン・フィンチと再会した。フィンチは2012年に死去し、彼の代わりにケイン役を務めたジョン・ハートもその5年後に亡くなった。「これはものすごいカルト映画になった」と、ハートは映画のコメンタリーに言葉を残している。「メジャー中のメジャー映画だ。私は偶然にも、その映画の主要シーンを演じることができた。写真にサインをしてくれってファンが差し出すのが、きまってあのチェストバスター誕生シーンの写真なんだ。だから大抵の場合、『私はこっちだからね』と、矢印も書き込むんだよ」

2005年にはゴードン・キャロル、2017年にはハリー・ディーン・スタントンも他界し、これまでに複数の関係者が帰らぬ人となっている。しかし、フィルムやDVDに残された彼らのレガシーは永遠だ。2002年、『エイリアン』は文化的、歴史的、芸術的に重要な作品だと判断され、アメリカの国立フィルム登録簿に登録された。2008年にはAFI(米国映画協会)が発表した「アメリカ映画SFジャンルトップ10」で7位に選出。1位は『2001年宇宙の旅』で、5位『地球の静止する日』、6位『ブレードランナー』に次ぐ順位である。同年、エンパイア誌によるランキング「史上最高の映画500本」では33位に入った。これは、同誌の読者1万人、ハリウッド映画関係者150人、映画評論家50人を対象に実施したアンケート結果に基づいたランキングである。また、ランバルディが作成したオリジナルの第3形態エイリアンの顎は、2012年にスミソニアン協会で展示された。

2016年、フォックスは4月26日を「エイリアン・デー」とした。これは、『エイリアン』旧シリーズに登場する惑星LV426の数字にちなんだものだ(2009年5月25日も、1作目の公開初日にちなんで「エイリアン・デー」とされていた)。

しかし、栄誉や受賞歴などは、『エイリアン』という作品が生み出した功績の表層に過ぎない。

『エイリアン』には様々な解釈が存在するが、その言論の中心となっているのは性的な暗示、男性へのレイプと悪夢のような出産だ。映画史研究者のロジャー・ラックハーストは、アッシュの存在を次のように捉えている。「彼は宇宙船に入り込んだエイリアンと協力関係にある。なぜならこの怪物は、多国籍企業が進める新資本主義による際限なき搾取を具現化した存在だからだ」。だが彼は、次のように結論づけている。「反企業という姿勢は、生き残ろうとする者たちの虚飾にすぎない。『エイリアン』は、移り変わる混乱の時代にはびこる巨大企業という病のひとつの症状なのだ」

本書の筆者は、『エイリアン』の性的イメージは観客に深い意味を感じさせるというより、観客の恐怖を増幅させる道具として描かれたのだと考えている(それでも、何か深い意味があるのだと主張する人は多い)。オバノンによれば、男性キャラクターをメインの犠牲者にすることで、女性客より男性客を怖がらせようと狙ったのだそうだ。

他にも、『エイリアン・ゾーン：文化的理論と現代のSF映画』、『エイリアン・ウーマン：エレン・リプリー副船長の作り方』、『エイリアンからマトリックスまで：SF映画を読み解く』といった書籍が出版され、やさしい言葉で読み解いたものからアカデミックな内容まで、様々な解釈が論じられている。

2003年に、スコットは「この物語は、『魔の家』の中に『10人の小さなインディアン』がいるようなものだ」という趣旨の発言をしている。宇宙船を1932年のホラー映画『魔の家』に、そこに閉じ込められた乗組員をアガサ・クリスティによる1939年の戯曲『十人の小さなインディアン』に例えたのだ。

著名評論家にもフランソワ・トリュフォーにも支持されるような斬新な解釈は、いまだ存在していない。だが、『エイリアン』の評価は最初の公開以来、大幅に上がり続けている。2003年、『エイリアン』はロジャー・エバートの選んだ「偉大な映画」の「最も影響力のある現代アクション作品」にランクインした。さらに、映画批評サイト〈ロッテントマト〉では97％の満足度を記録している(本書執筆時点)。

『エイリアン』という作品が今後も数世代にわたって記憶され続けるとしたら、それはまぎれもなく、その芸術性――あらゆるデザインと様々な要素が音楽のごとく組み合わされているおかげだろう。スコットとローリングスは美しい映像とサウンドデザイン、そしてコールドスミスらの音楽を駆使し、巧みな編集技術を用いて、観る価値のある逸品を作り出したのだ。

上／1994年の『エイリアン』15周年記念ポスター。ポスターアーティスト、ジョン・アルヴィンの絵が用いられている。

# 付録
# キャスト&スタッフ完全版

## [オープニング クレジット]

[ファンファーレ:20世紀フォックス プレゼンツ]
ブランディワイン - ロナルド・シャセット プロダクション
リドリー・スコット フィルム
トム・スケリット
シガニー・ウィーヴァー
ヴェロニカ・カートライト
ハリー・ディーン・スタントン
ジョン・ハート
イアン・ホルム
ヤフェット・コットー
音楽:ジェリー・ゴールドスミス
指揮:ライオネル・ニューマン
(オリジナルUSCIコピーライト:1979 FOX Fanfare Music. Inc.)
製作総指揮:ロナルド・シャセット
脚本:ダン・オバノン
原案:ダン・オバノン、ロナルド・シャセット
製作:ゴードン・キャロル、デヴィッド・ガイラー、ウォルター・ヒル
監督:リドリー・スコット

## [エンド クレジット]

アソシエイト・プロデューサー:アイヴァー・パウエル
編集:テリー・ローリングス
撮影監督:デレク・ヴァンリント
プロダクションデザイン:マイケル・シーモア
美術監督:レスリー・ディリー、ロジャー・クリスチャン
〈エイリアン〉デザイン:H・R・ギーガー
〈エイリアン〉ヘッド エフェクト:カルロ・ランバルディ
特殊効果監修:ブライアン・ジョンソン、ニック・アルダー
タイトルデザイン:スティーヴン・フランクファート・コミュニケーションズ、R/グリーンバーグ・アソシエイツ、トニー・シルバー・フィルムズ
ビジュアルデザイン コンサルタント:ダン・オバノン
コンセプトアーティスト:ロン・コッブ
キャスティング(米):メアリー・ゴールドバーグ
キャスティング(英):メアリー・セルウェイ
プロダクションマネージャー:ガース・トーマス
建設マネージャー:ビル・ウェルチ
フロアエフェクト監修:アラン・ブライス
特殊効果技師:デヴィッド・ワトキンス、フィル・ノウルズ、ロジャー・ニコルス、デニス・ロウ、ニール・スワン、ガイ・ハドソン
編集:ピーター・ウェザリー
音声編集:ジム・シールズ、G・B・F・E
台詞編集:ブライアン・ティリング
プロダクション サウンドミキサー:デリック・レザー
再録音ミキサー:ビル・ロウ
再録音助手:レイ・メリン
ドルビーサウンド コンサルタント:マックス・ベル
音楽編集:ボブ・ヘザウェイ
第一編集補佐:レス・ヒーリー
フィルム編集補佐:ピーター・カルヴァーウェル、ブリジット・ライス、ピーター・ボルドック、モーリーン・リンドン
第一助監督:ポール・イベットソン
助監督:レイモンド・ベケット、スティーヴ・ハーディング
制作アシスタント:ヴァレリー・クレイグ
撮影用台本:カイ・フェントン
プロダクション経理:ビル・フィンチ
プロデューサー補佐:アリス・ハーモン、ロリ・コウェル
監督補佐:サンディ・モリー
監督補佐見習い:ボブ・ジョーダン
衣装デザイン:ジョン・モロ
衣装監修:タイニー・ニコルス
メイクアップ監修:トニー・マンダーソン
メイクアップ:パット・ハイ
ヘアドレッサー:サラ・モンザーニ
セットデコレーター:イアン・ウィテカー
美術監督補佐:ジョナサン・アンバーストン
ベンジャミン・フェルナンデス
小道具方:デヴィッド・ジョーダン
プロダクションバイヤー:ジル・クアーティアー
コンセプトアート:(メビウス)ジャン・ジロー、クリス・フォス
ヘッドカーペンター:ジョージ・ガニング
ヘッドプラスタラー(左官):バート・ロッドウェル
ヘッドペインター:ジョン・デイヴィ
小型〈エイリアン〉共同デザインおよび作製:ロジャー・ディッケン
アディショナル〈エイリアン〉メカニック:カルロ・ディマルチス、Dr.デヴィッド・ワトリング
〈エイリアン〉エフェクト コーディネーター:クリントン・ケイヴァース、マットアーティスト:レイ・ケイプル
模型制作監修:ピーター・ボイジー
模型制作:エディ・バトラー、シャーリー・デニー、パティ・ロジャース

### 本撮影ユニット

カメラフォーカス:エイドリアン・ビドル

コリン・デヴィッドソン
キーグリップ：ジミー・ウォルターズ
照明：レイ・エヴァンス
エレクトロニクスおよびビデオコーディネーター：ディック・ヒューイット

## ミニチュアエフェクト

撮影監督：デニス・エイリング
オペレーター：デヴィッド・リッチフィールド
フォーカス：テリー・ピアース
キーグリップ：ピーター・ウッズ
模型制作監修：マーティン・バウアー、ビル・ピアソン

広告宣伝コンサルタント：スタンリー・ビエレツキ、チャールズ・リッピンコット
ユニット広報担当：ブライアン・ドイル
スチール撮影：ボブ・ペン
特殊光学エフェクト：フィルメックス・アニメーション・サービス有限会社
特殊グラフィックエフェクト：バーバード・ロッジ
〈エイリアン〉：ボラジ・バデジョー
スタント コーディネーター：ロイ・スキャメル
スタント：エディ・パウエル
〈マザー〉担当声優：ヘレン・ホートン
〈ジョーンズ〉担当トレーナー：アニマルズ・アンリミテッド
交響曲第2番（ロマンティック）：ハワード・ハンソン
アイネ・クライネ・ナハトムジーク：W・A・モーツァルト、ドルビーステレオ録音

## キャスト

ダラス：トム・スケリット
リプリー：シガニー・ウィーヴァー
ランバート：ヴェロニカ・カートライト
ブレット：ハリー・ディーン・スタントン
ケイン：ジョン・ハート
アッシュ：イアン・ホルム
パーカー：ヤフェット・コットー

## パナビジョン撮影

カラー：イーストマン・コダック
現像：ランク・フィルム・ラボラトリー
プリント：デラックス
照明：リー・エレクトリクス
ビデオ装備：ソニー UK リミテッド

制作：20世紀フォックス・プロダクション・リミテッド
撮影スタジオ：英国シェパートン撮影所およびブレイ撮影所
ポストプロダクション スタジオ：英国E・M・I エルストリー撮影所
音楽録音スタジオ：英国アンヴィル録音スタジオ
製作：20世紀フォックス映画会社

## ［クレジットなしのキャストおよびスタッフ］

共同脚本：ウォルター・ヒル、デヴィッド・ガイラー
プロデ[illegible]付き秘書：[illegible]

プロダクション経理補佐：サンディ・ラングデール
経理助手：シーラ・ダニエル
経理秘書：モニカ・コプリー
カチンコ係：リチャード・ガーランド
ブーム・オペレーター（マイク操作）　ジョン・ソルター
サウンドカメラ：パット・ハイハム
ダビング編集：テリー・バズビー
編曲：アーサー・モートン
設計：エリック・トムリンソン
追加サウンドトラックワーク：レン・イーゲル
追加サウンドデザイン：ベン・バート
ハワード・ハンソン作曲「交響曲 第2番」指揮者：チャック・ジェラード
製図（製図および設計図）：
ロイス・W・バクスター、ロナルド・ベントン、クリスピン・サリス、ベンジャミン・フェルナンデス、スチュアート・ローズ、ロザリンド・A・シングルトン、アラン・トムキンス
セット費用見積り担当および経理補佐：スティーヴン・ロング
装飾およびレタリングアーティスト：ノーマン・ハート
模型制作：ブライアン・ミュアー
フェイスハガーの死体およびエッグの模型制作：ボブ・キーン
小道具制作：ロジャー・ショウ、ミッキー・ベーコン、ウィリアム・ロバート・ハーグリーヴス
美術部門秘書：メルセデス・ラザルス
美術部門見習い：クリスピン・サリス
背景画：ケン・ヒル
背景画塗装：エディ・ウォルステンクロフト
木工工事監修：アルバート・ロング
木工工事監修責任者：ロイ・ク[illegible]ムズ
[illegible]交代要員：アラン・[illegible]

# 付録
# キャスト&スタッフ完全版

カーペンター:ハフィ・ポーロック、ジョン・ヒーリー、レイモンド・フォックス、H・J・ウッズ、アルフレッド・クラーク、ヒュー・マッケンジー、トニー・ユード、ショーン・ウォルシュ、F・パロムド、ジョン・キャメロン、フランクリン・ロバーツ、トム・デイヴィス、ビル・マクマイヒミー、B・リードビター、D・ハンター、ブライアン・ヒギンズ、G・デヴリン、J・ビーアン、ニック・クック、アルバート・キー、S・ウィリアムズ、ジョン・オーボーイ、パット・オトゥール、クリス・グロス、フランク・フッド、イアン・グリーン、A・F・デイ、ウィリアム・A・ショウ、E・J・R・ベイリー、アンソニー・カー、F・B・アーチボールド、J・デヴリン、エディ・ヤング、F・H・ウィリス
機械工作責任者:ジョン・ワイルドガスト
機械工作:レス・ヘニング、ジム・ブレイ、C・ホッブス
H・O・D プラスタラー:ベフト・ロッドウェル
プラスター監修:ケン・クラーク
プラスター責任者:M・ガーディナー
プラスタラー交代要員:R・ナッシュ
プラスタラー:K・ブーム、J・クライトン、G・グリーンウッド、A・ホースフィールド、S・コート、ロン・ファウラー、ドミニク・ファルージア、マルコム・ミスター、トレヴァー・ピンク、ポール・ジギンズ、マルコム・ヒブス、マイケル・クィン、M・メリア、ブライアン・グラント、アラン・クローチャー
プラスター作業責任者:ジョン・ネザーソール、G・ジャイルズ、K・ジャクソン、ジョン・ブラウン、ジョン・ホルト、ジェームズ・ミュラー、コリン・レッドリング
H・O・D ペインター:ジョン・デイヴィ
ペイント監修:グラハム・バロック
ペイント責任者:アルフ・ウィング
ペイントスプレー責任者:J・H・ピアソン
ペインター交代要員:アラン・グラハム
ペインター:R・A・ウィリアムズ、ジェームズ・イード、A・ラングリッジ、M・エンライト、チャールズ・マクギンレー、ジム・E・イード、リチャード・モリス、クリス・メイソン、フランク・ベルリン
ペインター見習い:ブライアン・モリス
ペイント作業者:A・J・クールター、イーモン・レッドモンド
機材補修責任者:レッド・ローレンス
機材補修交代要員:フレデリック・クロフォード
機材補修:W・ノーゲート、コリン・マクドナー、パトリック・オニール、J・E・スミス、アラン・ウィリアムズ
建設倉庫管理:デイヴ・ミドルトン
舞台係責任者:アラン・ゲイツ
舞台係交代要員:ピーター・ブローン、ジョージ・ウィルキンソン、B・サウスホール、J・H・ホルムス、S・D・ウィルソン、W・J・ヒューズ、E・コーナー
小道具方:デイヴ・ジョーダン
衣装小物責任者:ブライン・ペイン、ジョセフ・ディップル
小道具交代要員責任者:ジェド・デール
小道具交代要員:キーロン・マクナマラ
小道具係:ブルース・ビッグ、アーチー・シモンズ、ジミー・ロッジ、レイモンド・ペリー、ミック・ウィーラー、ジョージ・メイリン
舞台倉庫管理:ピーター・ヘッジズ
小間物責任者:リック・ディッカー
小間物:クリス・ウエスト、ロジャー・グレゴリー
衣装交代要員:ジョン・ブリキンショー(別称:マザー)
ビデオ コンサルタント:アンソニー・ギャンビア=ペリー
ビデオ オペレーター:マイク・ヘヴィサイド
エレクトロニクス エンジニアおよびコンソール グラフィック:
ボブ・ディケンソン(もしくはロブ・ディッキンソン)
パネル制作スペシャリスト:バリー・ジョン・ワッツ
SFX技師:ロン・ニコルス、ジョン・スユワード・ハット、バリー・ウィットロッド、アンドリュー・ケリー、ブライアン・イーケ、ロン・ホーン、スティーヴン・ロイド
SFX模型制作:ピーター・ファー、マーティン・ガント、サイモン・ディアリング、ジョン・パッケナム
グリップ:ピーター・ウッズ
SFX部門秘書:ジリアン・ケース
SFX部門ドライバー:ジョー・ゲーツ
SFX部門アシスタント:ジョン・ソレンソン
ワイヤー操作:デレク・ボーテル他
広報部門秘書:キルスティン・ウィング
スパーク作業責任者:ノビー・クロス
火花担当:ブライアン・マーティン、レス・ウェイヘル
電気スパーク担当:マイク・ドノヴァン、エルウィン・ターナー、ジョン・ビーチ、W・ニコルソン
プロデューサー付きドライバー:コン・ルイス
ユニット ドライバー:ダン・クレシー、ピーター・フェレッティ、ジョン・ペリー、クリフォード・パスゴン、シャパートン・カー・ハイヤー
サービスおよびユニット ドライバー:パット・ローリー
代役(ダブル):エディ・エデン、サディ・エデン、アラン・ギブス、ディッキー・グレイドン、デレク・ホルト、ボブ・フッカー、アーサー・ハウエル、リズ・ミッチェル、アンドリュー・スコット、ロイ・ストリート、ジョン・サリヴァン、マルコム・ウィーヴァー、
ミニチュア代役:ロイ・フェザーストーン、
フレッド・グレイ、ポール・ヘイデン
代役(スタンド・イン):ボブ・ブッカー、トレイシー・エドン、
ヴィクター・ガルッチ、スー・ジェントル、アラン・ギブス、
ディッキー・グレイソン、デレク・ホルト、リズ・ミッチェル、
ピンキー・モリス、カイ・パワー=マクゴワン、アンドリュー・スコット、
ロッキー・タイラー、ジャッキー・トンプソン
マイムアーティスト:ベン:デニソン

フォックス幹部:アラン・ラッド・Jr、ジェイ・カンター、
ギャレス・ウィガン、ピーター・ビール、サンディ・リーバーソン、
レオナルド・クロール他

右／シェパートン撮影所でメイクアップ中のウィーヴァー。

## ●参考文献一覧


【書籍】

リンゼイ・アンダーソン著『The Diaries(ザ・ダイアリーズ)』(2005年/ロンドン、メシュエン・ドラマ社刊)
ハーラン・エリソン編『Onmi's Screen Flights, Screen Fantasies(オムニズ・スクリーン・フライト、スクリーン・ファンタジー)』(ダニー・ピアリーによるシガニー・ウィーヴァーのインタビューを掲載)(1984年/オリンピック・マーケティング社刊)
クリス・フォス著『21st Century Foss(21世紀のフォス)』(1978年/オランダ、ドラゴンズ・ドリーム社刊)
クリス・フォス著『Hardware: The Definitive SF Works of Chris Foss(ハードウェア:クリス・フォスSF作品傑作選)』(2011年/ロンドン、タイタンブックス社刊)
H・R・ギーガー著『Necronomicon(ネクロノミコン)』(1977年/チューリッヒ、エディションC社刊)
H・R・ギーガー著『Giger's Alien(ギーガーズ・エイリアン)』(1989年/ラスベガス、ガレリー・モルフェウス・インターナショナル社刊)
H・R・ギーガー著『Diaries 7/8(ダイアリーズ 7/8)』(2014年/チューリッヒ、エディション・パトリック・フレイ社刊)
イアン・ホルム著(スティーヴン・ジェイコブ共著)『Acting My Life(人生を演じて)』(2004年/ロンドン、バンタム・プレス社刊)
ロジャー・ラックハースト著『BFI Film Classics: Alien(BFIフィルム・クラシック:エイリアン)』(2014年/ロンドン、パルグレーヴ・マクミラン社刊)
イアン・ネイサン著『Alien Vault: The Definitive Story of the Making the Film(エイリアンの宝物庫:メイキングの裏話決定版)』(2011年/ロンドン、オーラム・プレス社刊)
ウィリアム・F・ノーラン、ジェイソン・V・ブロック著『The Bleeding Edge: Dark Barriers, Dark Frontiers(最前線:ダーク・バリアー、ダーク・フロンティア)(2009年/ワシントン州バンクーバー、サイカトリックス・プレス社刊)
マイケル・ペイリン著『Michael Palin Diaries 1969-1979(マイケル・ペイリン・ダイアリーズ 1969-1979)』(2007年/ニューヨーク、トーマス・ダン・ブックス社刊)
J・W・リンズラー著『The Making of Star Wars(メイキング・オブ・スター・ウォーズ-映画誕生の知られざる舞台裏-)』(2007年/ニューヨーク、ランダムハウス社刊)
J・W・リンズラー著『The Making of The Empire Strikes Back(メイキング・オブ・『帝国の逆襲』)』(2010年/ニューヨーク、ランダムハウス社刊)
マーク・ソールズベリ著(兼インタビュアー)『Alien: The Archive(エイリアン:アーカイブ)』(2014年/ロンドン、タイタンブックス社刊)
ポール・M・サイモン著『Ridley Scott: The Making of his Movies(リドリー・スコット:映画作りの流儀)』(1999年/ロンドン、オリオン社刊)
バール・スカンロン、マイケル・グロス著『The Book of Alien(ブック・オブ・エイリアン)』(1979年/ロンドン、W・H・アレン社刊)
ロバート・セラーズ著『Sigourney Weaver(シガニー・ウィーヴァー)』(1992年/ロンドン、ロバート・ヘイル社刊)
オードリー・ソロモン著『Twentieth Century-Fox: A Corporate and Financial History(20世紀フォックス:企業と財政の歴史)』フィルムメーカーズ・シリーズNo.20(1988年/メシュエン、スケアクロウ・プレス社刊)
アラン・トムキンス著『Star and Wars(スター・アンド・ウォーズ)』(2015年/グロスターシャー、ヒストリー・プレス社刊)
ジェームズ・ヴァン・ハイズ著『Monsterland Magazine's The Aliens Story(モンスターランド・マガジンのエイリアン・ストーリー)』(デニス・フィッシャーによるダン・オバノンのインタビュー掲載)(1988年/ラスベガス、ポップ・カルト社刊)

【雑誌および新聞記事】

ナイジェル・アンドリュー、ハーラン・ケネディによる記事「Space Gothic(スペース・ゴシック)」(『American Film(アメリカン・フィルム)』No. IV 1979年3月5日号に掲載)
デイヴィス・アンセン、マーティン・ケイシンドルフ、カトリン・エイメスによる記事「Hollywood's Scary Summer(ハリウッドの怖い夏)」(『Newsweek(ニューズウィーク)』1979年6月18日号に掲載)
ジョン・ブロスナンによる記事「Alien: The Review(エイリアン:批評)」(1979年『Starburst magazine(スターバースト・マガジン)』14号に掲載)
ケン・ブルゼナック他による記事「Alien Awakened(エイリアン覚醒す)」(1979年1月-2月『Mediascene(メディアシーン)』35号に掲載)
マイク・チャイルズ、フレデリック・S・クラーク、アラン・ジョーンズ、ジョーダン・フォックス、フレデリック・アルバート・レヴィ、グレン・ラヴェル、マーク・パトリック・カーダッチによる記事(1979年秋『Cinefantastique(シネファンタスティーク)』Vo.9 No.1に掲載)
ジェームズ・デルソンによる記事「Film: The Arts(映画:アート)」(『OMNI(オムニ)』1979年6月号に掲載)
ジェームズ・デルソンによる記事「Alien From the Inside Out Part I and II(徹底攻略『エイリアン』パート 1&2)」(『Fantastic Films(ファンタスティック・フィルム)』1979年10月&11月号に掲載)
ジャン・ドエンス、レス・ポール・ロブリーによる記事「H.R. Giger——Sliming Technology(H・R・ギーガー:スライミング・テクノロジー)」(1988年5月『Cinefantastique(シネファンタスティーク)』Vo.18 No.4に掲載)
ブルース・エダーによる記事「Film(映画)」(『Aquarium Weekly(週刊アクアリウム)』1979年9月26日号に掲載)
スティーヴン・ファーバーによる記事「The Horror! The Horror!(ホラー! ホラー!)」(『New West magazine(ニューウエスト・マガジン)』1979年6月18日号に掲載)
デニス・フィッシャーによるインタビュー記事「Designing Alien Cultures: Interview with Dan O'Bannon and Ron Cobb(『エイリアン』文化をデザインする:ダン・オバノン&ロン・コッブ インタビュー)」(1979年4月『Rocket's Blast Comicollector(ロケッツ・ブラスト・コミックコレクター)』No.148に掲載)
デヴィッド・T・フレンドリーによる記事「Aliens: A Battle-scarred Trek Into Orbit(『エイリアン2』:満身創痍の軌道上の旅)」(1986年7月24日付『Los Angeles Times(ロサンゼルス・タイムズ)』に掲載)
アール・C・ゴッツチョーク・Jrによる記事「How Fox's Movie Boss Decides That a Script Is a Potential Winner(フォックスの映画の大御所はいかにして脚本が勝者になり得ると判断するのか)」(1979年5月17日付『The Wall Street Journal(ウォールストリート・ジャーナル)』に掲載)
デヴィッド・ヒューストンによる記事「Ridley Scott(リドリー・スコット)」(1979年9月『Starlog(スターログ)』No.26に掲載)
デヴィッド・ヒューストンによる記事「H.R. Giger(H・R・ギーガー)」(1979年9月『Starlog(スターログ)』No.26に掲載)
バーバラ・ローリーによる記事「Veronica Cartwright's Alien Encounters(ヴェロニカ・カートライト エイリアンに接近遭遇)」(1978年5月『Starlog(スターログ)』No.22に掲載)
バーバラ・ローリーによる記事「Interview: Yaphet Kotto(インタビュー:ヤフェット・コットー)」(1985年5月『Starlog(スターログ)』No.94に掲載)
ボブ・マーティンによる記事「Special Interview: Alien(特別インタビュー:エイリアン)」(1979年6月『Starlog(スターログ)』No.23に掲載)
ボブ・マーティンによる記事「Interview: Walter Hill(インタビュー:ウォルター・ヒル)」(1979年7月『Starlog(スターログ)』No.24に掲載)
パトリック・マクギガンによるインタビュー記事「Walter Hill: Last Man Standing(ウォルター・ヒル:最後に生き残る者)」(2004年『Film International(フィルム・インターナショナル)』No.12に掲載)
エド・ナハによる記事「Alien Arrives(エイリアン到来)」(1979年7月『Future Life(フューチャー・ライフ)』No.11に掲載)
デニー・ペアリーによる記事「Sigourney Weaver interview(シガニー・ウィーヴァー インタビュー)」(1980年頃『Film and Filming magazine(フィルム・アンド・フィリミング・マガジン)』に掲載)
チャールズ・シュレジャーによる記事「Accountants Put the Bite on Alien(会計士『エイリアン』に噛みつく)」(1980年4月27日付『Los Angeles Times(ロサンゼルス・タイムズ)』に掲載)
リドリー・スコットによる寄稿「The Filming of Alien(『エイリアン』撮影術)」(1979年8月『American Cinematographer(アメリカン・シネマトグラファー)』Vol.60 No.8に掲載)
ドン・シェイによる記事「Creating an Alien Ambience(『エイリアン』の雰囲気を生み出す)」(1980年3月『Cinefex(シネフェックス)』No.1に掲載)
ジーン・シスケルによる記事「Alien succeeds in the scare department(恐怖を売り物にした『エイリアン』の成功)」(1979年5月25日付『The Chicago Tribune(シカゴ・トリュビューン)』に掲載)
スタッフ(もしくは匿名)記事「Alien: Collector's Edition(『エイリアン』コレクターズ・エディション)」(『Warren magazine(ウォーレン・マガジン)』1979年12月号に掲載)
スタッフ(もしくは匿名)記事「Alien: Review(『エイリアン』批評)」(1979年『Variety(バラエティ)』に掲載)
スタッフ(もしくは匿名)記事「An interview with Dan O'Bannon(ダン・オバノン インタビュー)」(1977年夏『Phobos(フォボス)』創刊号に掲載)
スタッフ(もしくは匿名)記事「The stages of Alien(『エイリアン』の段階)」(1980年4月27日付『Los Angeles Times(ロサンゼルス・タイムズ)』に掲載)
スタッフ(もしくは匿名)記事「Alien(『エイリアン』)」(1979年5月『Questar magazine(クエスター・マガジン)』No.5に掲載)
スタッフ(もしくは匿名)記事「Horror Fantasy Film Sneak Preview(ホラーファンタジー スニーク・プレビュー)」(『Omni magazine(オムニ・マガジン)』1979年1月号に掲載)
スタッフ(もしくは匿名)記事「Kill by Mouth(凶器は口)」(『Neon magazine(ネオン・マガジン)』1977年12月号に掲載)
スタッフ(もしくは匿名)記事「The Alien Strikes Again(エイリアン再襲撃)」および「Giger the Great Alienest of Artists(ギーガー 偉大なる異質のアーティスト)」(1979年10月『Famous Monsters(フェイマス・モンスターズ)』No.158に掲載)
ジム・サルスキによるインタビュー記事「Sigourney Weaver, Tom Skerritt, Veronica Cartwright, Gordon Carroll, and David Giler(シガニー・ウィヴァー、トム・スケリット、ヴェロニカ・カートライト、ゴードン・キャロル、デヴィッド・ガイラー)」(1979年12月『Fantastic Films(ファンタスティック・フィルムズ)』No.12に掲載)
エド・サンデン2世による記事「An Exclurive Interview with R. Cobb(ロン・コッブ 独占インタビュー)」(『Fantastic Films(ファンタスティック・フィルムズ)』1979年7月号に掲載)
エド・サンデン2世による記事「Dan O'Bannon on Alien(『エイリアン』のダン・オバノン)」(『Fantastic Films(ファンタスティック・フィルムズ)』1979年9月号に掲載)
デレク・ヴァンリントによる寄稿「Alien and Its Photographic Challenges(『エイリアン』と難題山積みだった撮影)(1979年8月『American Cinematographer(アメリカン・シネマトグ

ラファー)』Vol.60 No.8に掲載)
ジェフ・ウォーカーによる記事「The Alien: A Secret Too Good to Give Away(エイリアン:すごすぎて明かせない秘密)」(『Rolling Stone(ローリング・ストーン)』1979年5月11日号に掲載)

## ●インターネットソース

Alien Anthology Wiki (エイリアン アンソロジー Wiki):一般情報
Alien Exploration(エイリアン エクスプロレーション):一般情報、記録文書の写しなど(『Screen International magazine(スクリーン・インターナショナル・マガジン)』1979年9月号の『エイリアン』記事、デヴィッド・ルウィンによる『The Daily Mail(デイリー・メール)』1979年1月10日号掲載のリドリー・スコットのインタビュー記事、『Sci-Fi & Fantasy FX(SF&ファンタジーFX)』No.48、1998年7月『Dreamwatch(ドリームウォッチ)』No.47、『SFX magazine(SFXマガジン)』2003年12月号、1979年11月『Film Illustrated(フィルム・イラストレイテッド)』No.99掲載の記事「Duelling with Death, The Alien World of Ridley Scott(死との決闘 リドリー・スコットの『エイリアン』ワールド)」からの引用)
Alienseries.wordpress(エイリアンシリーズ.ワードプレス):デヴィッド・クローネンバーグの発言、レビュー集、ロブ・コップのインタビュー、「Casting of Ripley(リプリーのキャスティング)」、「Tom Skerritt and Veronic Cartwright at Texas Frightmare Weekend, 2013(2013年、テキサスの恐怖の週末のトム・スケリットとヴェロニカ・カートライト)」
Animated Views(アニメイテッド・ビューズ):「A Conversation with Terry Rawlings(テリー・ローリングスとの会話)」、2015年のベン・サイモン インタビュー
Cinam Dope(シネマ・ドープ):グレン・ラヴェルによる記事「"Alien" vs. "It! The Terror…(『エイリアン』vs『恐怖の火星探検』)」(元々は『Fort Laudrerdale Sun-Sentinel(フォートローダーデール・サン=センチネル)』に収録。2度目のバージョンは『Cinefantastique magazin(シネファンタスティーク・マガジン)』に掲載された)
Art of the Title(アート・オブ・ザ・タイトル):2013年8月のローラ・ランデキックによる記事(インタビュアーはイアン・アルビンソン)「R/Greenberg Associates: A Film Title Retrospective(R/GA社:映画タイトル回顧展)」
CNN:2010年10月の[illegible]による記事「Dolaji Badejo: The Nigerian giant who played Alien(ボラジ・バ[illegible]
Cinephilia Beyond(シネフィリア・ビヨンド):スタッフ記[illegible] Scott's Masterpiece Alien, Nothing is as Terrifying as the Fear of the Unknown(リドリー・スコットの最高傑作『エイリアン』:未知の恐怖ほど恐ろしいものはない)」
Den Of Geek(デン・オブ・ギーク):2009年および2007年のマーティン・アンダーソンによるインタビュー記事「Chris Foss and Dan O'Bannon(クリス・フォスとダン・オバノン)」
Facebook(フェイスブック):ダイアン・オバノンおよびチャーリー・リッピンコットの投稿
Face 2 Face Africa(フェイス・トゥ・フェイス・アフリカ):2016年のチャールズ・アニテイによる記事「Hollywood Remembers Nigeria's 'Giant' Alien, Bolaji Badejo(ハリウッドはナイジェリアの"巨大"エイリアン、ボラジ・バデジョーを忘れない)」
DGA(全米監督協会):2010年のトゥーラン・ケネスによる記事「Man of Vision(ビジョンがある者)」
Film Comment(フィルム・コメント):2016年のマイケル・スラゴーによる記事「Interview: Tom Skerritt(インタビュー:トム・スケリット)」
Following the nerd(フォロウイング・ザ・ナード):2012年の記事「Interview with Brian Muir(ブライアン・ミュアーへのインタビュー)」
The Guardian(ガーディアン):1979年のデレク・マルコムの『エイリアン』のレビュー
IGN:2003年のスティーヴ・ヘッドのヤフェット・コットーのインタビュー記事
Indie Wire(インディ・ワイヤー):2014年のエドワード・デイヴィスによる記事「James Cameron Wanted To Make 'Alien 5' With Ridely Scott, Says Prometheus 'Didn't Add Up Logically'(リドリー・スコットとの『エイリアン5』実現を望むジェームズ・キャメロン、『プロメテウス』が理論的に納得いかなかったと語る)」
Jerry Goldsmith Online(ジェリー・ゴールドスミス・オンライン):2007年のマイク・マテシーノのインタビュー
Midnite Ticket(ミッドナイト・チケット):ロナルド・シャセットのインタビュー
Originalprop(オリジナルプロップ):2009年のブランドン・アリンジャーによる記事「Brian Jonson Interview(ブライアン・ジョンソン インタビュー)」
Postmortem Podcast(ポストモーテム・ポッドキャスト):2017年のミック・ギャリスによる記事「Walter Hill Interview(ウォルター・ヒル インタビュー)」
Roger Ebert(ロジャー・エバート):2017年のチャーリー・ブリッジェンによる記事「The Great Unknown: The Story Behind Jerry Goldsmith's Score for Alien(「驚きの秘話:ジェリー・ゴールドスミス『エイリアン』サントラ作りの裏側)
Rotten Tomatoes(ロッテン・トマト):2009年のジョー・ウ[illegible]
Scified(サイファイド):2016年のロナルド・シャセット インタビュー
Screen Prism(スクリーン・プリズム):2015年のジェフ・サポリートによる記事「What's the story behind the guy who played the Alien xenomorph ?(『エイリアン』でゼノモーフを演じた役者の裏話)」
Script Mag(脚本・マグ):2013年の記事「Screenwriting the Dan O'Bannon Way(ダン・オバノン流脚本ライティング)」
Syfywire(サイファイワイヤー):2015年のジェフ・スプレイによるヤフェット・コットーのインタビュー
Tested(テステッド):2013年のデヴィッド・コナウによる記事「Dan O'Bannon and the Oringins of Alien(ダン・オバノンと『エイリアン』の起源)」
Vulture(ヴァルチャー):2010年のカイル・バッカーナンによる記事「Helen Mirren on The Tempest and Stealing All Her Best Roles From Men(『テンペスト』のヘレン・ミレン 男性から奪う最高の役柄)」
WTF pod(WTFポッド):2017年4月第805話 マーク・マロンによるウォルター・ヒル インタビュー
YouTube(ユーチューブ):1979年の『Eyes on Cinema(アイズ・オン・シネマ)』のキャロリン・ジャクソンによるリドリー・スコット、H・R・ギーガー、シガニー・ウィーヴァー、トム・スケリット、ゴードン・キャロル、デヴィッド・ガイラー インタビュー、2010年のイギリス国立メディア博物館でのロイ・スカンメルによるジョン・ハート インタビュー

**【その他(DVD、レーザーディスク、ブルーレイなど)】**

『エイリアン』20周年記念DVD(1999年発売):リドリー・スコットのコメンタリー
『エイリアン』4部作 DVDおよびブルーレイ:ダン・オバノンによるエッセイ「Something Perfectly Disgusting(完璧に不快な何か)」、特典映像、コメンタリー、レーザーディスク素材、2003年のチャールズ・デ・ロージリカ監督(および追加インタビュー)の『The Beast Within: The Making of Alien(内在するビースト:メイキング・オブ・エイリアン)』
デニス・ロウによるドキュメンタリー『Alien Makers(エイリアン・メイカーズ)』パートI〜VII:ニック・アルダー、ティム・エイリング、ミア・ボンザニーゴ、マーティン・バウアー、ディック・バッデン、ロジャー・クリスチャン、サイモン・ディアリング、ボブ・ディケンソン、ブライアン・イーク、H・R・ギーガー、ジョン・ハート、ロジャー・ホーン、ブライアン・ジョンソン、サンディ・リーバーソン、デニス・ロウ、パット・ローリー、ロジャー・ニコルス、ビル・ピアソン、アイヴァー・パウエル、フィル・レイ、テリー・ローリングス、マイケル・シーモア、ジョン・ソレンソン、ニール・スワン、ジョイス&ロバート・ボイジー、デヴィッド・ワトキンス、ジョン・ウルフの発言および情報
2014年のドキュメンタリー『Dark Star: H. R. Giger's World [illegible]
1979年のドキュメンタリー『Giger's Alien(ギーガーのエイリアン)』
2010年のヒーロー・コンプレックス・フェステバルにおけるジェフ・バウチャーとリドリー・スコットの質疑応答
2007年のBBC4ドキュメンタリー『In Search of Möeius(メビウスを探して)』

2018年のJ・W・リンズラーによるインタビューおよびメール取材
ピーター・ビール
ベン・バート
ロジャー・クリスチャン
レス・ヒーリー
ブライアン・ジョンソン
ジェイ・カンター
アイヴァー・パウエル
テリー・ローリングス
リドリー・スコット
アラン・トムキンス

上/第3形態エイリアンのコスチュームを着たバデジョーのテスト撮影時の写真。

# 謝辞

本書を作ることができたのは、ひとえに20世紀フォックスのおかげだ。同社の重役であるスティーヴ・アスベルが企画を始動させ、スティーヴ・ツァーリンとキャロル・ローダーが企画の進行を常に助けてくれた。正式にスタートしたのは2018年1月9日、キャロルからメールをもらった時点で、そこから作業はあっという間に進んでいった。だが、ニコール・スピーゲルの尽力がなければ、この企画はあっという間に行き詰まっていただろう。古い文書から極めて重要な脚本まで、アーカイブからあらゆる資料を見つけ、選び出すのに、ニコールの協力は不可欠だった。また、アーカイブの保管庫では、ヘザー・ホフマンにも多分に世話になった。

タイタン・ブックス社で、サイモン・ウォードと編集者のアンディ・ジョーンズと仕事ができたことは、本当に素晴らしい経験になったと思う。

アイヴァー・パウエルには最大の賛辞を送る。彼はインタビューに応じてくれただけでなく、数え切れない出来事のファクトチェックを手伝ってくれた。ピーター・ビールも同様だ。2人のおかげで作業はとても楽しくなり、過去の出来事について正確な情報を入手することができた。

もちろん、テリー・ローリングス、ベン・バート、ロジャー・クリスチャンをはじめ、記憶を共有し、当時の様子を気前良く語ってくれた全ての方たちに感謝する。

チャールズ・デ・ロージリカは寛容なだけでなく、素晴らしい知識と経験の持ち主で、20年以上スコットと共に仕事をしてきた人物だ。彼はブルーレイから自身の作品を探し出し、沢山の写真を提供してくれた。本当にありがとう。

ギーガーのエージェントを長年務めていたレス・バラニーと彼の助手のアンドレア・ケンパーは、最近発売されたギーガーの著書『Alien Diaries(エイリアン日記)』を送ってくれた。それが本書の執筆に大いに役立ったのは言うまでもない。

キャメロン+カンパニーは本書の執筆になくてはならない存在だった。カリフォルニアのペタルーナという美しい街に住む美術監督イアン・モリスとデザイナーのロブ・ドルガードは、真実に迫る貴重な情報や画像を提供し、美しく理解しやすい形にまとめてくれた。彼らに感謝してやまない。

そして2人のフレッド――フレッド・コギアとフレデリック・ブランチャードは、非常に価値のあるものを提供してくれた。また、クレッグ・バロンからはマットペインティングの秘密を教わることができた。メインでサポートしてくれたルベン・ヒメネス、最後の最後で助けてくれたブランドン・アリンジャーにも感謝する。

もちろん何よりも、私はリドリー・スコットに心からお礼を言いたい。人の目を釘づけにする彼の作品。彼の思いやり。RSAの倉庫を開けてくれた寛容さ。RSAではヴェラ・メイヤーも協力してくれた。スコットが描いたイラスト、言葉、そしてリドリーグラムを本書に載せることができて大変嬉しく思う。

最後に、『エイリアン』のユニットカメラマンだったボブ・ペンに特別な謝辞を送りたい。『エイリアン』撮影の章は、彼の協力なしでは成り立たなかっただろう。

次頁／撮影中に思わず噴き出したウィーヴァーとホルム。

左下／現在も残るノストロモ号。2007年、映画の小道具を売買するプロップ・ストアのスティーヴン・レインとブランドン・アリンジャーは、特殊メイクアップ会社のKNB EFXグループからノストロモ号の模型を調達するための手はずを整えた。この一件には、コレクターであり「映画考古学者」であるボブ・バーンズがひと役買っていた。バーンズは映画が公開された直後、この模型を救っていたのだ。

レインとアリンジャーはグラント・マッキューン・デザインと契約。モンティ・シュークとジャック・エジョリアン率いる修復チームが見事な仕事ぶりを発揮し、遺棄船は在りし日の輝きを取り戻した。

P336／遺棄船の中のケイン。

模型作製者のビル・ピアソンがナルキッソス号に貼りついたフェイスハガーのエンドショット(結局撮影されなかった)を思い返す一方、ギーガーはメイン撮影班が撮った別のエンディングを思い出していた。

ギーガーはフェイマス・モンスターズ・オブ・フィルムランド誌に次のように語っている。「シャトルの片隅には卵がひとつ乗っていた。ちょうどラッシュを見たところなんだが、見た感じはなかなか良かった。かつて試写会では、シャトルの隅に繭があるラストシーンも観客に見せたことがあった。卵が脱出艇に持ち込まれていたんだ。それは素晴らしかったんだが、削られてしまったよ」

# The Making of Alien

メイキング・オブ・エイリアン


## J・W・リンズラー（著）

『メイキング・オブ・スター・ウォーズ ー映画誕生の知られざる舞台裏ー』『メイキング・オブ・インディ・ジョーンズ ー全映画の知られざる舞台裏ー』（小学館プロダクション刊）といったニューヨークタイムズやロンドンタイムズのベストセラーや、売り上げNo.1の『スター・ウォーズ』のグラフィックノベルなど、数多くの書籍を手掛ける。

公式HP：jwrinzler.com／Twitter：@jwrinzler

## 阿部清美（訳）

翻訳家。主な訳書に『24 アルティメット・ガイド』、『24 TWENTY FOURシーズン7-8』、『タイラー・ロックの冒険』シリーズ、『シェイプ・オブ・ウォーター』（竹書房刊）、『アサシン クリード 預言』（ヴィレッジ・ブックス刊）、『クリムゾン・ピーク』（扶桑社刊）、『ギレルモ・デル・トロ創作ノート 驚異の部屋』、『ギレルモ・デル・トロのシェイプ・オブ・ウォーター』（DU BOOKS刊）などがある。

Twitter：@snowballtree



2019年11月16日　初版　第1刷発行

| | |
|---|---|
| 企画協力 | 株式会社イングリッシュエージェンシー ジャパン |
| 装丁・組版 | 武田康裕（Studio Days） |
| 編集 | 橋本史子 |
| 編集人 | 川本 康 |
| 編集担当 | 萩原 亮 |
| 発行人 | 北原 浩 |
| 発行所 | 株式会社玄光社<br>〒102-8716 東京都千代田区飯田橋4-1-5<br>［編集］TEL:03-3263-3513<br>FAX:03-3263-3514<br>［営業］TEL:03-3263-3515<br>FAX:03-3263-3045<br>http://www.genkosha.co.jp/gmook/ |

印刷・製本　シナノ印刷株式会社